HISTORIA DE ESPAÑA VISIGODA

Luis A. García Moreno

HISTORIA
DE
ESPAÑA VISIGODA

CÁTEDRA

HISTORIA MAYOR

Introducción

Fuentes de la historia hispanovisigoda

De las fuentes existentes para el estudio de las Españas durante la Antigüedad Tardía (siglos V-VII) podrían hacerse dos grandes grupos. Uno de ellos estaría constituido por todas aquellas fuentes que, en un sentido lato, pueden considerarse como literarias: obras de carácter narrativo, poético, legales y diplomáticas. Mientras que en el segundo grupo se incluirían todas aquellas que, en una u otra manera, pueden relacionarse con la prospección arqueológica: incripciones, monedas y excavaciones arqueológicas en sentido estricto.

Dentro de las que hemos quedado en llamar fuentes literarias convendría comenzar con aquéllas de carácter eminentemente narrativo. De entre estos escritos narrativos podemos destacar un grupo compuesto por obras que de una u otra manera fueron realizadas con el objetivo principal de conservar la memoria de acontecimientos históricos, aunque para servir, y esto es indudable en uno u otro grado, a finalidades políticas del momento presente. La llamada crónica de Hidacio nos permite seguir bastante bien, sobre todo para las regiones occidentales, los acontecimientos de los atormentados setenta primeros años del siglo V. Por contra, el último cuarto del siglo V y los dos primeros tercios del VI presentan gravísimas lagunas —faltas que desgraciadamente se corresponden también, como luego veremos, con las de otras fuentes literarias de enorme interés—, sólo subsanables por los paupérrimos restos de la llamada *Crónica de Zaragoza* o las muy breves y distorsionadas noticias de la *Historia Gothorum* de San Isidoro. Mucho mejor conocidos nos son los acontecimientos del último tercio del siglo VI, al menos hasta el 590 —y no sólo por este tipo de narraciones—; a la detallada enumeración cronística de Juan de Biclara tenemos que unir bastantes párrafos de la *Historia Francorum* de Gregorio de Tours con datos recogidos de testigos presenciales, aunque no exentos, ciertamente, de fuertes deformaciones ideológicas. Una nueva época de enorme sequía en lo tocante a escritos de estricto carácter histórico se extiende, en cambio, desde finales del siglo VI hasta el comienzo del reinado de Wamba (672-80); lagunas que malamente cubren noticias de la *Historia* isidoriana —hasta mediados del reinado de Suitila— y de la tardía *Continuatio Hispana* del 754, a las que habría que añadir unas muy escuetas noticias, para Sisebuto y Chindasvinto, transmitidas en el pseudo-Fredegario, cuya verdadera procedencia sigue aun presentando problemas. Mejor representados están, sin duda, los últimos treinta y tantos años del reino visigodo. En especial el comienzo del reinado de

11

Wamba nos es muy detalladamente conocido, por lo que tal vez sea la más original y elaborada obra historiográfica visigoda: la *Historia Wambae regis* de San Julián de Toledo. Para los reinados siguientes hasta el fin del reino contamos con las noticias de la *Continuatio Hispana* del 754, que son ahora ya más amplias, e incluso con algunos datos transmitidos por fuentes hispanoárabes que, aun siendo de época bastante más tardía, han podido basarse en relatos del siglo VIII. De carácter en gran medida eminentemente histórico —tal como definimos al principio este concepto—, habría que considerar dos escritos que pertenecen a un mismo género literario bastante bien definido: nos referimos a los *de viris illustribus* de Isidoro de Sevilla e Hildefonso de Toledo. Si el de Isidoro nos da importantes noticias prosopográficas que ayudan a colmar en parte las grandes lagunas de la primera mitad del siglo VI, el del toledano hace lo mismo para la primera mitad del siglo VII; ofreciendo ambos datos de sumo interés para historiar el ascenso en el poder del episcopado. El último, además, se vio continuado por San Julián y Félix de Toledo, ofreciéndonos de esta forma mayor conocimiento sobre la aristocracia eclesiástica de la segunda mitad del siglo VII.

La literatura de la Antigüedad Tardía entre sus grandes novedades ofrece un género de enorme importancia y significación cultural: el de las vidas de santos o hagiografía. Aun reconociendo lo mucho que hay de *topoi* propios del género —en parte derivados de su antecedente inmediato: la novela grecolatina de época imperial—, estas vidas de santos ofrecen para el historiador datos de enorme interés. En ellas se suele reflejar cuadros sacados del entorno social circundante de gran viveza y colorido, permitiendo de esta forma una entrada más segura y directa en las condiciones reales de existencia de la sociedad que otro tipo de fuentes, tales como las legales. Y esto sin desconocer además que la hagiografía, al constituir un poderoso medio de propaganda, podía estar al servicio de ideologías y finalidades políticas muy concretas. Desgraciadamente, la hagiografía hispánica de esta época no es en modo alguno tan numerosa como la de las Galias, pero las muestras que tenemos son de un enorme interés. Las *Vitae Sanctorum Patrum Emeritensium* escritas a mediados del siglo VII tienen el enorme interés de permitirnos observar las condiciones de vida —desde un punto de vista eminentemente eclesiástico— de una gran ciudad, Mérida, durante buena parte de ese siglo VI, en gran parte tan desconocido. La vida de San Millán, escrita por San Braulio hacia el segundo tercio del siglo VII, nos ofrece datos de enorme interés sobre las condiciones de vida en el siglo VI de un área eminentemente rural y marginal: el alto valle del Ebro y la Rioja. Al último cuarto del siglo VII pertenecen, en cambio, la vida de San Fructuoso, famoso monje y obispo de Braga, de mediados del siglo VII, así como los escritos autobiográficos de Valerio del Bierzo, celebrado eremita del último cuarto del siglo VII. Dichas obras nos ofrecen observaciones directas sobre la sociedad del occidente peninsular, y sobre todo de la región rural del Bierzo, en la segunda mitad del siglo VII.

Los escritos de tipo dogmático —abstracción hecha de la documentación conciliar, a la que nos referiremos después— y religioso pueden aportarnos también valiosos datos para el conocimiento de las formas sociales y económicas. Entre ellos ocupan ciertamente un lugar destacado las *Etimologías* de Isidoro de Sevilla, que debieron escribirse hacia mediados de la década de los 20 del siglo VII. El problema que plantea la obra isidoriana para su utilización como fuente histórica es el de saber hasta qué punto las noticias que transmite se refieren a prácticas contemporáneas del autor o son mera recopilación erudita de épocas y situaciones muy diversas. Es indudable que una contestación global a este problema es imposible; solamente se podrán dar soluciones para cada caso concreto tras un minucioso examen del contexto y su posible corroboración por otras fuentes contemporáneas. Por todo ello consideramos rechazable, como a veces se ha hecho, una reconstrucción de la vida económica de la Península en el siglo VII sobre la base de una utilización indiscriminada y global de los datos isidorianos. De interés considerable es también la obra dogmática y disciplinaria de San Martín de Braga. En especial su *De correctione rusticorum* nos informa de las mentalidades y actitudes de las masas rurales del área marginal del noroeste hispano en un periodo tan carente de fuentes como mediados del siglo VI. Y de enorme importancia son las varias reglas monásticas de época visigoda llegadas hasta nosotros. Si la de Isidoro de Sevilla nos informa de la organización económica de un monasterio típico peninsular a principios del siglo VII, las varias reglas propias de las fundaciones monásticas de Fructuoso —*Regula monachorum* y *Regula communis*— hacen lo mismo, pero con especiales detalles de una zona tan particular, tanto por sus propias condiciones geográficas como por su diferenciada tradición histórica, como es el noroeste en la segunda mitad del siglo VII. Reglas a las que habría que adjuntar dos breves escritos relacionados uno con los ambientes monásticos propios de la regla isidoriana —pero cuya redacción habría que situar un poco antes—, y otro con los monasterios del Bierzo a finales del siglo VII; nos estamos refiriendo, naturalmente, a la *homilía de monachis perfectis* y al opúsculo valeriano *De genere monachorum*.

En fin, dentro de este grupo de obras de carácter literario más o menos estricto, no se podría olvidar la epistolografía. Ésta nos ofrece datos tomados directamente de la realidad circundante, cogidos de puntos geográficos diversos y con la gran ventaja de ser particularmente abundante para los últimos años del siglo VI y la primera mitad de la séptima centuria, momentos en que, como ya dijimos anteriormente, la escasez de fuentes es particularmente sentida.

Pero sin duda el mayor volumen de documentación para historiar en general esta época es de carácter legal o canónico. La documentación de tipo canónico está constituida por la muy nutrida serie de concilios peninsulares reunidos en la llamada *Colección Hispana*. Este material conciliar puede dividirse en varios grupos en atención a su época de celebración, lo que a su vez determina grandemente su carácter y significación. Un primer grupo de 6 concilios celebrados en la primera mitad del siglo VI, sería de carácter provincial y pertenecientes casi todos ellos —salvo el de Toledo II, de difícil datación— a Cataluña y Levante; para su correcta comprensión hay que tener en cuenta la total separación entonces entre jerarquía católica y poder estatal visigodo. Un segundo grupo muy definido es el constituido por los dos primeros concilios Bracarenses (del 561 y 572), que representan el intento de reorganización eclesiástica sobre bases territoriales en el noroeste peninsular en el seno de un estado católico que actúa muy compenetrado con la jerarquía episcopal. Un nuevo grupo abarcaría el gran Concilio III de Toledo con otros seis de carácter provincial —fundamentalmente de la Tarraconense— que cubrirían el decenio del siglo VI, a los que cabría añadir los un tanto erráticos de la Cartaginense del 610 y de la Tarraconense del 614. Todos ellos representan el gran momento reorganizativo de la Iglesia hispánica con motivo de la nueva confesionalidad católica del Estado visigodo, lo que trae consigo las primeras mixtificaciones entre ambos poderes o estructuras administrativas y aristocracias —laica y eclesiástica. Un nuevo grupo podría hacerse con el provincial de la Bética del 619 y los tres generales del 631, 636 y 638; grupos que pudiéramos denominar isidorianos —aunque Isidoro sólo estuvo presente en los dos primeros— y cuya significación mayor es la de representar un paso decisivo en la politización de los concilios generales, intentándoseles configurar como suprema instancia arbitraria del Estado. Un nuevo conjunto comprendería tres concilios generales y uno de la Cartaginense entre el 646 y el 656, representando un nuevo paso más en la politización de las asambleas conciliares, que la configuran ya en parte como posibles órganos legislativos para el derecho público. Los choques de intereses que esta politización de los concilios produjo tuvo posiblemente como consecuencia la falta de nuevos concilios generales durante bastantes años: entre el 657 y el 680 solamente tenemos constancia de tres concilios provinciales —Mérida, Toledo y Braga— de carácter puramente eclesiástico. La definitiva politización de los concilios generales que se configuran ya plenamente como suprema cámara política del Estado —y por tanto, como el gran *ring* de la lucha entre los diversos grupos e intereses— está representada por los grandes concilios celebrados entre el 681 y 694. Todo este abundantísimo material conciliar contiene una gran cantidad de datos para el estudio de la propiedad eclesiástica: formación de patrimonio eclesiástico y ataque contra él, relaciones de producción principales que se dan en el seno de la propiedad de la Iglesia, y constitución de su fuerza de trabajo. Y no se olvide que la propiedad eclesiástica fue un elemento fundamental en la vida económica de la Península en esta época, cuya importancia fue a más según iba transcurriendo el tiempo.

Como ya hemos dicho, el otro componente esencial de datos para el estudio de la economía y sociedad nos es ofrecido por las fuentes de índole legal. Estas fuentes pueden subdividirse en dos grandes grupos: a) las leyes propiamente dichas; b) documentación de carácter diplomático. Si exceptuamos algún caso aislado al que luego me referiré, prácticamente la totalidad de leyes que afectaron a la Península en esta época se encuentra contenida en el llamado *Liber Iudicum*. Este código, o conjunto de leyes reunidas en libros y títulos según criterios de ordenación temática, fue por vez primera promulgado por Recesvinto —muy posiblemente en la segunda mitad de los años 50 del siglo VII—, para sufrir después una nueva revisión con Ervigio (680-87), a la que posteriormente se le añadirían varias *novelae* hasta principios del siglo VIII. Sin embargo, es evidente que en este Código se reunió material legal de muy diversa procedencia y épocas. Si exceptuamos la legislación postrecesvindiana, que viene bien datada con referencia a los sucesivos reinados, el resto forma dos grandes grupos: a) leyes *antiquae*, b) leyes de Chindasvinto o de Recesvinto. Con el apelativo de *antiquae* parece ser que se aglutinó un gran material legislativo anterior a la ferviente labor legislativa —y seguramente preparatoria para el nuevo Código— de Chindasvinto. Si exceptuamos unas pocas leyes que vienen asignadas a Recaredo I (586-601) o a Sisebuto (612-21), es muy posible que el resto se tomase o bien del llamado *Breviarium* de Alarico II —resumen con *interpretationes* del *Codex Theodosianus*, hechas en las Galias durante el siglo V—, o bien del llamado *Codex Revisus* de Leovigildo. Es evidente que en este último se acogió un gran número de textos legales provenientes del llamado Código de Eurico (466-84). Ahora bien, si descontamos las directamente testimoniadas por los fragmentos del palimsesto de París, resulta siempre extremadamente subjetivo poder llegar a distinguir cuáles, entre el resto de las *antiquae,* son de origen euriciano o posterior, sobre todo si se tiene en cuenta que se produjeron bastantes añadidos y enmendaciones. En cuanto al periodo y modo de aplicación de todo este material legal en la Península, es evidente que se trata de un problema íntimamente ligado al de la progresiva dominación del territorio peninsular por la monarquía visigoda, así como al muy debatido problema de la personalidad o territorialidad de los primeros momentos legislativos del Estado visigodo. Sin ánimo de entrar en esta última espinosa cuestión, es preciso señalar que hoy parece hacerse casi general la idea de la aplicación general —y por ende territorial— de la legislación real visigoda desde tiempos de Leovigildo, cosa que, por lo demás, parece coincidir con todo lo que sabemos de su política. Época que coincide indudablemente, como ya observamos, con la de la definitiva instauración del poder del Estado visigodo en la mayor parte del territorio peninsular. Dado, pues, el carácter tan heterogéneo de los materiales reunidos en el *Liber Iudicum,* consideramos requisito imprescindible para su utilización en cualquier reconstrucción histórica el tener muy en cuenta las épocas diversas de las leyes allí reunidas, de tal forma que puedan construirse series cronológicamente homogéneas que al confrontarse entre sí puedan descubrir la indudable evolución de la realidad sociopolítica del periodo. Es indudable que de utilizar de una forma indiscriminada todo el material allí reunido puede llegarse a obtener cuadros bastante falseados y en lo esencial faltos de la imprescindible en historia coordenada temporal. Junto con el material del *Liber,* hay que contar con dos importantísimas epístolas de Teodorico el ostrogodo a sus lugartenientes en la Península, que nos ofrecen datos de gran importancia sobre la situación social y económica de la Península en un momento muy concreto (523-26) y falto además de casi todo tipo de documentación.

Y por último, tenemos la documentación de carácter diplomático. Este tipo de textos tiene la enorme importancia de permitirnos penetrar de forma directa en concretas y reales relaciones económicas y sociales; pueden emplearse como un sano contrapeso a la documentación reunida en los códigos legales y en los concilios, al permitir observar en qué medida las disposiciones allí dictadas se llevaban o no a la práctica, así como la extensión misma de los hechos que la legislación intentaba coartar. Correctivo tanto más necesario en una época como la que nos proponemos estudiar, que está poseída por hondos movimientos transformativos en el seno de crisis profundas, en la que se debaten antiguos moldes administrativos y políticos por subsistir ante unas condiciones sociales y económicas cambiantes. No obstante, parece evidente que todavía queda mucho por hacer en el análisis de la documentación diplomática de la Península en esta época: aunque ciertamente las primeras piedras ya han sido puestas gracias al trabajo inédito de A. Mundó y al de A. Canellas. Gracias a la infatigable labor del primer autor, se pueden conocer ya cinco diplomas originales —y uno de ellos procedente de la cancillería regia— en pergaminos del siglo VII provenientes de la parte costera de la Tarraconense. Pero si el mal estado de conservación es tal vez un obstáculo para su total análisis y valorización documental, no pasa lo mismo con otros dos documentos diplomáticos que han llegado hasta nosotros a través de una tradición manuscrita. El primero de ellos se refiere al testamento del obispo Vicente de

Huesca (557-76?), en el que se incluye además una anterior cesión de bienes al monasterio fundado por San Victoriano en Asán (Huesca). Este documento, de cuya autenticidad parece hoy difícil dudar, nos permite el estudio de la composición y estructura de una gran propiedad rural en la segunda mitad del siglo VI, en una región además muy marginal de la Península como es la mitad septentrional de la actual provincia de Huesca. Pensamos que hasta este momento no se ha sabido valorar suficientemente la gran importancia y significación de este documento para el estudio de la sociedad y economía rural. El otro texto al que antes nos referíamos es de carácter público y se refiere a las disposiciones tomadas por los obispos de la actual Cataluña en orden a la percepción del impuesto directo —la antigua *capitatio-iugatio*— para el año 592. Este importantísimo documento nos permite adentrarnos en las realidades de las prácticas fiscales a finales del siglo VI; prácticas fiscales cuyo conocimiento, como muy bien demostró S. Mazzarino, resulta imprescindible para la comprensión de la realidad socioeconómica de la Antigüedad Tardía. Un nuevo grupo de documentación de tipo diplomático concreto estaría constituido por las famosas pizarras visigodas. El número de éstas es ciertamente abundante y por sus características son en gran parte asimilables a las famosas *tablillas Albertini,* cuyo descubrimiento y estudio representó una verdadera revolución en nuestros conocimientos sobre el África vándala. Aparecidas en varios lugares de las provincias de Salamanca y Ávila principalmente, solamente han sido publicadas en parte —fundamentalmente las de Diego Álvaro (Ávila)—, siendo su cronología desde finales del siglo VI por todo el siglo VII. No obstante, las enormes dificultades paleográficas y su mal estado de conservación, así como el no siempre seguro examen que de ellas se ha hecho, han originado el que prácticamente se hayan dejado de lado en cuantos estudios históricos sobre la época se han realizado. Al tratarse, sin duda, de los restos de archivos privados de algún gran propietario rural, hace aumentar aún más estos defectos en su estudio. Afortunadamente, dichos textos han sido objeto de un riguroso y completo estudio reciente por la doctora Isabel Velázquez Serrano, que esperamos vea pronto la luz. Y por último, tendríamos que tratar de otro tipo de documentos que, sin referirse a ningún acto legal económico concreto y datado, tienen un evidente carácter diplomático; nos estamos naturalmente refiriendo a las *formulae* notariales. Bajo el nombre de *formulae Wisigothicae* se conoce un conjunto de cuarenta y cinco modelos de documentos notariales del periodo visigótico conservados en un viejo códice mandado escribir en el siglo XII por el famoso prelado ovetense Pelayo, hoy perdido. Es muy probable que dicho conjunto se formase con material que, aunque proveniente de épocas diferentes, se encontraba en uso a finales del periodo visigodo, o principios del mozárabe, en algún escritorio cordobés.

Ahora pues, convendría que nos refiriéramos brevemente a aquellas fuentes que denominamos, asignando un significado muy amplio al término, de tipo arqueológico: epigráficas, numismáticas, y excavaciones arqueológicas. Es evidente que la reseña que a continuación vamos a realizar tiene un cáracter mucho más aleatorio y provisional que la de antes, hecha con referencia a las llamadas fuentes de tipo literario. En primer lugar, no se trata de un conjunto cuasi-cerrado como en el caso de las fuentes literarias, sino que está expuesto a previsibles ampliaciones. Y en segundo lugar, el por desgracia aún escaso volumen que presentan las prospecciones arqueológicas de la Antigüedad Tardía peninsular —tanto en cantidad, como en profundidad— hace que su significación en el conjunto de la documentación existente para el análisis de los objetivos propuestos en este trabajo no pueda considerarse como decisiva.

Tal vez sean la Epigrafía y la Numismática en donde estos problemas a los que antes aludimos se muestren con menos fuerza. Es indudable que ya en esta época las inscripciones, fundamentalmente las funerarias y cívicas, han dejado de ser tan numerosas como en los buenos días del Imperio. Por otro lado, además de ser muchos menos los datos que de ellas se pueden obtener, tal vez sean de menor interés: la pérdida de los *tria nomina* hace prácticamente imposible el establecer lazos de parentesco y, por tanto, el análisis de las estructuras familiares y de su incidencia en el conjunto político-social. Una ventaja que suele presentar, por el contrario, la epigrafía de este periodo consiste en poderse datar con bastante frecuencia con fechas absolutas, merced a la utilización cada vez más generalizada de la «era hispánica». La epigrafía, en fin, nos presta valiosos datos en lo tocante a la formación del patrimonio eclesiástico por medio de donaciones de laicos, así como sobre la paulatina cristianización en profundidad de las capas dirigentes. La Numismática visigoda y sueva ha sido objeto de numerosos y continuos estudios, que se han visto facilitados, además, al contar desde una fecha bastante temprana con un repertorio o *corpus* de tipo general. En la actualidad contamos con *corpora* de monedas suevas y visigodas ordenadas tanto por criterios tipológicos como topográficos y cronológicos: nos referimos, naturalmente a los de G. C. Miles y W. J. Tomasini. Sobre la base de éstos se ha podido realizar algún intento de análisis metrológico, y lo que es más importante aún, apoyándose en anteriores análisis concretos de tipología y topografía de hallazgos monetarios realizados por O. Gil Farrés y F. Marteu y Llopis, recientemente X. Barral y Altet, siguiendo la égida de los estudios de J. Lafauria para la Francia merovingia, ha publicado un meritísimo estudio sobre la circulación de las acuñaciones suevas y visigodas. Pero, no obstante el gran acopio de material y de erudición de que hace gala el autor, al historiador de la economía le es imposible no ocultar sus dudas sobre algunas de las conclusiones alcanzadas. Y ello fundamentalmente por el todavía escaso número de hallazgos realizados, y lo mal analizados de muchos de ellos que hacen dudar de la validez de cualquier conclusión de tipo cuantitativo.

Para finalizar este breve repaso a las fuentes existentes para el estudio socioeconómico de la Península ibérica en la Antigüedad Tardía tendríamos que referirnos a la prospección arqueológica propiamente dicha. La prospección arqueológica sería sin duda uno de los indicadores mejores para conocer los modos del habitat rural, estructura de las explotaciones rurales, avances o retrocesos de los cultivos, despoblación o renovación de las ciudades, extensión de las áreas habitadas de las ciudades, nivel de vida de la población y los gustos de las clases dirigentes. No obstante, es aún mucho lo que queda por hacer e incluso en un nivel como es el del análisis de laboratorio de los materiales menores es mucha la distancia que separa a la Península de la obra tan admirable por múltiples conceptos como es la de E. Salin. Sólo las grandes muestras de la arquitectura han merecido estudios más continuos, pudiéndose ofrecer ya obras de síntesis como las de E. Camps Cazorla, P. Palol, J. Fontaine y H. Schlunk. Pero falta sobre todo excavaciones en conjuntos arqueológicos completos, fundamental para el estudio de la demografía y del paisaje rural; los utilísimos índices redactados hace ya algunos años por P. Palol, consideramos dan suficiente noticia de lo superficial y escaso de nuestros conocimientos sobre ellos. Y las artes menores siguen estando, no obstante algunos meritorios trabajos, en las primeras etapas de clasificación y seriación tipológica y cronológica.

PARTE PRIMERA

De la invasión del 409 a la del 711.
La dialéctica de los acontecimientos

El periodo de las Invasiones (409-507): de las Españas teodosianas a las de los Baltos

El periodo de tiempo que se extiende entre la penetración de suevos, vándalos y alanos en España, hacia el verano del 409, y la batalla de Vouillé, librada en la primavera del 507, se presenta particularmente confuso desde el punto de vista de la tradicional historia política o, como suele decirse últimamente, con un galicismo de gusto dudoso, evemencial. Ese siglo verá la total extinción en España del poder del gobierno central del Imperio romano, lo que suponía poner fin a un capítulo de nuestra historia peninsular iniciado hacía más de seis siglos antes. La indudable confusión de la época obedece en buena medida a la misma naturaleza de nuestras fuentes. Salvo unas cuantas noticias fragmentarias, y en la mayoría de los casos llegadas a nosotros a través de intermediarios bastante alejados en el tiempo o en el espacio de los hechos, nuestro principal apoyo lo constituye el obispo galaico Hidacio. Las particulares circunstancias en que le tocó vivir hicieron que Hidacio prestase una singular atención a los turbulentos acontecimientos que en aquellos años se desarrollaron en la por fuerza más marginal zona noroccidental de la Península. Además, la narrativa del obispo de Chaves se interrumpe bruscamente en el 469. Y precisamente sería en esos años subsiguientes cuando debieron darse los pasos decisivos y definitivos en el derrumbe del poder del Imperio en España y su fundamental sustitución por el visigodo de los reyes de Tolosa.

Porque no cabe duda que, a pesar de la citada confusión y turbulencia bélica, el periodo visto retrospectivamente muestra una línea evolutiva muy clara: la progresiva sustitución del poder imperial romano por el del Reino visigodo sudgálico. Frente a este fenómeno se nos presentan como mucho más marginales los intentos por mantener localmente una autonomía frente a cualquier poder externo, protagonizados por provinciales de las zonas más urbanizadas de la antigua España romana, o, en el otro extremo, por las poblaciones peor romanizadas y urbanizadas de las marginales y montañosas áreas del norte peninsular, en Galicia, Asturias, Cantabria o zonas vasco-navarras. Y esto porque, liderados la mayoría de ellos por elementos de la antigua aristocracia senatorial tardorromana, cuando no por epígonos de la antigua aristocracia tribal prerromana —en aquellas zonas norteñas antes mencionadas—, o incluso motivados en la más pura y simple causa del estallido y revuelta social ante cualquier forma de organización estatal que supusiera una opresión fiscal y social para los grupos más humildes de la población, mostraban como su principal característica la dispersión y el cantonalismo, careciendo de todo proyecto político de futuro alternativo a un Imperio romano, de hecho ya inexistente en España, o la pura regresión a estadios de organización sociopolítica ya muy superados y de un neto carácter marginal en el concierto político del Occidente contemporáneo. En todo caso, el intento de crear una organización política autónoma en la mitad noroccidental de la Península, el llamado Reino suevo, tendría unas limitaciones excesivas debidas al carácter poco homogéneo y la misma debilidad demográfica del grupo invasor, así como también la atormentada geografía del noroeste peninsular y a la heterogeneidad social del elemento provincial allí asentado. Factores unos y otros que producirían un difícil, y excesivamente dilatado en el tiempo, proceso de acomodamiento entre el elemento invasor germánico y el provincial hispanorromano y la auténtica incapacidad del primero de superar el área marginal de dominio de su primer asentamiento, no obstante la inexistencia de fuerzas militares opositoras de una cierta importancia en el resto de la Península durante algunos momentos del siglo v. Hasta el punto que dicho Reino suevo no superaría la centuria sino a costa de reconocer una cierta supremacía del Reino visigodo de Tolosa, cuyo poder mientras habría suplantado por completo al del Imperio en las más o menos precisas fronteras orientales de los suevos.

Por tanto, si el hilo conductor del proceso político del siglo no es otro que la paulatina suplantación del poder imperial romano por el visigodo, se comprende perfectamente que el periodo se termine con aquel hecho de armas que significó un fundamental quebranto para el edificio político visigodo en las Galias. A partir de Vouillé dicho poder gótico pasaría a tener su asentamiento principal en las tierras peninsulares, hasta entonces consideradas no otra cosa que un área de expansión. Acontecimiento que decidiría la historia peninsular hasta la invasión islámica del 711. La presencia de un poder visigodo reconstituido con la ayuda militar de sus primos ostrogodos, bajo la égida de los Amalos, decidiría la cuestión de la unidad política peninsular de un modo positivo. Problema, como hemos señalado, fundamental de la quinta centuria y cuya resolución parecía entonces todavía de signo dudoso.

Las invasiones y el Imperio romano

Las grandes invasiones que se abatieron sobre el Imperio romano —y de modo particularísimo sobre su *Pars Occidentis,* que aquí más interesa— a partir de finales del siglo IV, representan un problema histórico multifacético, difícil de reducir a unas mismas causas y resultados en todos los casos. La muy rica historiografía moderna que a éstas se ha dedicado, *grosso modo* ha obedecido a una doble línea analítica. Pero desgraciadamente no siempre se ha realizado la imprescindible conexión entre ambos niveles de análisis. Éstos serían, por una parte, el estudio del desarrollo militar de las invasiones; y, por otra, el de las consecuencias de éstas sobre las poblaciones del Imperio. Lo primero constituye, sin duda, el aspecto mejor reflejado en nuestras fuentes de información, principalmente en la literatura de la época, y el más llamativo para los modernos. Sin embargo, es el segundo el que más puede interesar a una historiografía como la actual, más atenta a los fenómenos de «tiempo largo», a los cambios estructurales, que a lo puramente actual. No podemos dejar de decir que el primer aspecto prima el papel histórico de los invasores, considerados como auténticos protagonistas únicos del cambio histórico, al valorarlos positivamente por su sola superioridad militar. Por lo que no puede extrañar que dicha tendencia de estudio fuese la preferida de la historiografía alemana del pasado siglo y de principios del actual. La segunda línea de investigación, por el contrario, centra su atención en la determinación del cambio estructural acontecido en las sociedades provinciales romanas invadidas, en la reacción de la romanidad ante unos grupos humanos invasores de una muy evidente debilidad demográfica, en la inmensa mayoría de los casos. Por ello era natural que dicha problemática fuese el objeto de análisis predilecto de las historiografías modernas de los llamados países latinos, y que a la vista de algunos resultados pudieron llegar hasta negar la misma significación histórica de las, por otros pretendidas, grandes invasiones.

Debemos posiblemente al gran medievalista francés Marc Bloch la definitiva ruptura de dicha dualidad de tendencias investigadoras y valorativas y el primer intento de articulación dialéctica de ambas; y ello a pesar de que no podamos hoy en día considerarnos igualmente cómodos con la totalidad de sus conclusiones, que exigirían cuando menos una mucho mayor matización, tanto en lo regional como en la excesiva oposición estructural otorgada por el malogrado historiador a los invasores y a los invadidos. Es así que actualmente toda investigación regional —como la que pretendemos exponer en las páginas que siguen— sobre el fenómeno de las invasiones exige un complejo cuestionario, que en lo esencial podríamos reducir a lo siguiente: grado de desarrollo sociopolítico de los pueblos invasores; conexiones de los grupos dirigentes de los invasores con las autoridades imperiales y con sus congéneres provinciales; objetivos perseguidos por tales dirigentes invasores o por sus conglomerados populares, en la medida en que coincidan o diverjan entre sí o con los de los diversos sectores sociales de las provincias romanas invadidas; y relaciones diversas entre el gobierno y poder imperial central y los grupos dirigentes provinciales, o entre los humildes provinciales y los dos anteriores. Por todo ello, antes de centrarnos en la experiencia ibérica al respecto, convendría que contestásemos brevemente a algunas de las anteriores cuestiones en la medida que afectan al fenómeno general de las invasiones de finales del siglo iv y del v. Respuestas que no pueden venir sino de las tendencias de la moderna investigación sobre el *Völkerwanderungszeit*, que consideramos más acertadas y, también, de una mayor aplicación posterior al concreto caso hispánico que aquí nos interesa.

Uno de los principales problemas que plantean las grandes invasiones es sin duda el de sus causas, profundas y también inmediatas. Por una parte deben tenerse en cuenta las mismas debilidades de los invadidos, el Imperio romano, que, cuando menos, facilitaron mucho las cosas. Un bajo nivel demográfico —mal endémico agudizado tras las catástrofes de finales de la segunda centuria y de la tercera— y una mala administración y consiguiente malestar social, son cosas que se han solido resaltar especialmente por cuantos han querido ver en el fenómeno de las invasiones algo revolucionario. Por nuestra parte, preferiríamos también acentuar la importancia de la falta de solidaridad en los elementos dirigentes del Estado imperial. Mal entendimiento en momentos críticos —como fueron las primeras décadas del siglo v— entre los gobiernos de Ravena y Constantinopla, como frecuentemente se ha señalado; pero también creciente italianización del gobierno de la Parte Occidental y consiguiente movimiento centrífugo de las potentes aristocracias senatoriales sudgálicas e hispánicas, todo ello acentuado tras la muerte de Valentiniano III (455), último representante en el trono de Occidente de la casa de Teodosio, que siempre contó con fuertes lealtades entre el elemento senatorial de la Prefectura gálica. En fin, como ha señalado agudamente Peter Brown, tanto la aristocracia senatorial como la Iglesia —íntimamente interrelacionadas ambas en la Prefectura gálica— se sintieron cada vez más ajenas a la suerte e intereses de los grupos militares dominantes en el gobierno imperial, considerando en muchos casos preferible pactar directamente con los dirigentes de los invasores el mantenimiento de sus privilegios socioeconómicos y de control ideológico, al margen de un aparato estatal cada vez más distante y costoso. Y, por otro lado, no debe olvidarse que los mismos cuadros superiores del ejército imperial —y, por tanto, también las familias de los emperadores en Occidente— desde hacía tiempo se encontraban unidos por lazos de sangre y camaradería con los principales caudillos bárbaros de bastantes agrupaciones populares invasoras.

Para un correcto enjuiciamiento del suceso de las grandes invasiones, tampoco podemos perder de vista que el fenómeno invasor de pueblos transrenanos y transdanubianos sobre el Imperio romano no constituye un hecho aislado y de súbita aparición. Cimbrios y teutones ya protagonizaron a finales del siglo II a. C. los primeros intentos migratorios de grupos germanos hacia las tierras mediterráneas. Sólo la conquista de las Galias por César habría impedido una transgresión renana por los germanos, al derrotar al peligroso impulso expansivo protagonizado por la potente confederación sueva acaudillada por Ariovisto. La conquista romana de las tierras alpinas y danubianas, así como del estratégico punto de unión de los Campos decumates —desde el Meno al Altmühl— con la consiguiente constitución de un fuerte *limes* sobre el Rin y el Danubio contuvieron durante bastante tiempo cualquier nuevo intento migratorio por parte de los pueblos germánicos. Los desequilibrios y movimientos migratorios que sacudieron a todos los llamados germanos orientales, y que se especifican fundamentalmente en la gran migración gótica desde las orillas del bajo Vístula hasta las llanuras de Rusia meridional, acabarían también presionando sobre los grupos populares de los germanos occidentales. Entre los cuales, durante los dos primeros siglos de vida del Imperio romano, se habían producido cambios socioeconómicos conducentes a la formación de potentes confederaciones guerreras bajo un más centralizado caudillaje militar, como sería el caso de la liga alamánica —formada a comienzos del siglo III a lo largo del curso del Elba y el Saale, para de inmediato presionar hacia el suroeste— y la algo posterior franca en el bajo Rin. Las poblaciones germanas de las regiones costeras del Mar del Norte pudieron sufrir por esa misma época una radical disminución de sus terrenos aprovechables como consecuencia de la llamada transgresión dunkerquiana, así como de los aportes de emigrantes venidos de la Germania septentrional del Báltico. Como consecuencia de todo ello, desde el reinado de Marco Aurelio (161-180) y hasta la constitución de la Tetrarquía con Diocleciano (284-305) el *limes* del Rin y del Danubio habría sido roto en numerosos puntos y en varias ocasiones por la presión bárbara, que en sus penetraciones de pillaje y piratería alcanzaría hasta la misma zona costera mediterránea, afectando entre otras

Familia bárbara en un carro. Trofeo de Trajano. Museo Adamklissi (Rumanía)

regiones a toda la Galia y la mitad septentrional de la Península ibérica. Tras un nuevo intervalo y de claro predominio de las armas romanas en todos los frentes europeos —producto del reforzamiento de la estructura militar romana, con la multiplicación de sus efectivos y la creación de un ejército de élite de maniobra distinto del tradicional de defensa estática de la frontera—, de nuevo se produciría un segundo y definitivo asalto en la *Pars Occidentis* a partir del último tercio del siglo IV.

¿Cuáles eran las causas profundas de estas periódicas pulsaciones migratorias de los pueblos de la Europa septentrional y central sobre el territorio del gran Imperio mediterráneo? Los investigadores modernos han aducido causas climáticas, demográficas y sociológicas, movimientos y presiones sobre ellos de otros pueblos nómadas y jinetes de la estepa euroasiática, principalmente los hunnos. Todos estos factores debieron y pudieron tener su influencia en uno u otro grado. Algunos de ellos han sido ya señalados en las líneas superiores; otros lo serán en su momento oportuno más adelante. Pero cada vez resulta más claro que, tanto en el caso de los llamados germanos orientales como occidentales, tuvieron una importancia decisiva —cuando menos como condición *sine qua non*—, unos fundamentales cambios sociopolíticos y económicos, con aplicación inmediata a la misma tecnología bélica, que en ellos se produjeron durante los primeros siglos de nuestra era. La mayor parte de tales cambios tendrían su origen más o menos inmediato en instituciones y condiciones de vida observadas por dichos pueblos germanos de sus vecinos célticos e iranios, y sin duda se verían acelerados por el creciente contacto con el Imperio romano a través de una extensísima frontera muy permeable y jalonada de formaciones políticas bárbaras en un grado avanzado de aculturación.

En efecto, toda una serie de indicios, tanto de índole arqueológica como literaria, nos señalan cómo durante los siglos II y III d. C. las poblaciones que habitaban la *libera Germania* experimentaron un proceso evolutivo desarrollado en un claro progreso sociopolítico y económico. En ese orden de cosas se produciría una tendencia general a la creación de agrupaciones políticas más amplias de tipo confederal, con la creación de instancias de poder centralizado de mayor estabilidad, no obstante seguir teniendo una principal especialización bélica; al tiempo que se observa una mayor homogeneidad de sus estructuras sociales y económicas, acortando la distancia que les separaba de las propias del mundo grecorromano mediterráneo. Las razones de dicho proceso fueron fundamentalmente de orden interno. Se concretan en la extensión inusitada de un tipo de explotación agrícola que los arqueólogos alemanes conocen como propia de los *Haufendörfer,* y en el gran fortalecimiento —socioeconómico y político— de una nueva clase dirigente de grandes señores de la tierra ligados entre sí por lazos de parentesco y de asistencia mutua. Los arqueólogos han señalado la aparición profusa de las primeras tumbas principescas *(Fürstengräber),* delatoras de esta nueva y potente aristocracia, en Pomerania entre el 50 y el 150, para extenderse posteriormente, ya en el siglo III, al otro lado de la línea Oder-Neisse, avanzando hacia Sajonia-Turingia y el Meno por la ruta del Elba-Saale y desde Halle en dirección sudoeste; las ligas alemánica y franca generalizarían tales tumbas entre los más atrasado y pobres germanos trans- y cisrenanos en los siglos IV y V respectivamente. Lo que se ha interpretado como indicio de la generación de las nuevas circunstancias sociopolíticas entre los germanos del este, debiéndose su extensión a la progresión occidental de grupos tales como vándalos y burgundios. Dichos germanos orientales habrían tomado del vecino mundo nómada de la estepa euroasiática, caballeros alanos y sármatas principalmente, elementos innovadores en la tecnología bélica —una espada larga de doble filo (*spatha*), un escudo oval o redondo, picas, arcos y flechas—, especialmente útil a una aristocracia de jinetes que encontraba en la guerra el mejor medio de acrecentar sus riquezas y su predominio social y político. Ha sido mérito principal de la llamada «Nueva doctrina» (*Die neue Lehre*) en los estudios de antigüedades germánicas el demostrar cómo las instituciones tenían un claro tinte aristocrático en la época inmediatamente anterior a las grandes invasiones, aunque no en todos los casos se pueda hablar todavía de una auténtica nobleza de sangre (*Geburtsadel*) con privilegios políticos y judiciales reconocidos y distintos a los del común de los libres populares. Pero, en todo caso, era ya esta aristocracia la que determinaba la suerte futura de cada una de las agrupaciones populares germanas, al tiempo que sus intervenciones se convertían en decisivas en las antiguas asambleas tribales de los hombres libres en armas (*Wehrgemeinde*).

Es doctrina comúnmente aceptada la base del poder político de tales príncipes era la concentración en sus manos de un dominio territorial sobre el que ejercían su plena soberanía en calidad de «señores de la casa» (*Hausherren*). Entre los sometidos a dicha soberanía doméstica se encontraban gentes de condición jurídica y económica muy diversa. Además de esclavos, se incluía sobre todo a un grupo bastante amplio de semilibres, denominados *lites* o *laten*. Los príncipes germanos utilizaban a tales grupos de dependientes no-libres no sólo para el trabajo de sus tierras, sino también para la realización de acciones bélicas por su propia cuenta y en su provecho. Una cierta semejanza funcional con tales clientelas —basadas en un fuerte lazo de obediencia de raigambre céltica— tenía la institución que se conoce con el nombre de *Gefolge* (séquito). En virtud de la cual gentes de condición libre, y con frecuencia noble, se unían a tales príncipes mediante un lazo de fidelidad y mutua ayuda. Resulta evidente que tanto los clientes serviles como los semilibres (*Knechts-krieger* y *Dienstmannen*) y miembros de dichas comitivas en su funcionalidad militar tenían unas enormes posibilidades de desarrollo y evolución en épocas tales como la de las grandes invasiones y fundación de los reinos germánicos en territorio imperial.

Los lazos que unían a los miembros de una *Gefolge* con su jefe o caudillo estaban a mitad de camino entre los propios de los clientes semilibres con su señor y el de los guerreros libres y un caudillo prestigioso al que voluntariamente optaban seguir en una campaña militar (*Heerhaufen*). La reciente investigación ha creído ver en tales caudillos militares de prestigio el origen de las nuevas realezas germánicas. Estos «reyes del pueblo en armas» (*Heerkönig*) intentarían frecuentemente convertir sus guerras privadas en luchas que interesasen teóricamente a todo un pueblo o estirpe germánica. A tal fin acentuarían el componente gentilicio particularista, propio de sus orígenes étnicos, que se convertiría en elemento de cristalización de los demás elementos populares más diversos, procedentes tanto de fuera como de dentro de las fronteras del mismo Imperio romano. En todo caso, no se puede sino afirmar que fue la institución monárquica uno de los grandes vencedores de la época de las invasiones, pues ésta se benefició en grado sumo de la partición de tierras, del proceso de etnogénesis de grupos bárbaros fragmentados, de la estructuración de estos últimos con vistas al ejército, y del contacto con las concepciones monárquicas y con el aparato administrativo del Bajo Imperio.

Un último hecho a destacar, en lo relativo a la organización interna de los germanos en el momento de las invasiones, es sin duda el mecanismo de formación de las grandes unidades populares, o nacionales, en esa etnogénesis a la que antes nos referíamos. Dicho proceso es conocido por la erudición en lengua alemana como *Stammesbildung*. No cabe duda que siempre ha sorprendido la facilidad con que aparecen en el escenario histórico grandes agrupaciones populares con unos nombres y una cultura «nacionales» muy definidos; así como, por otro lado, la facilidad con que pueden desaparecer sin dejar el menor rastro ante los primeros descalabros militares. La explicación más satisfactoria de estos fenómenos es, sin duda, la ideada por el historiador de Gottinga Reinhard Wenskus. De acuerdo con ella, la mayoría de los pueblos (*gentes*) germánicos habrían comportado una realeza —en la mayoría de los casos de clara funcionalidad militar (*Heerkönigtum*)—, en cuyo entorno se habría adherido con fuerza un núcleo reducido portador del nombre y de las tradiciones nacionales de la estirpe (*gens, Stamm*). La agrupación popular habría salvado su unidad y existencia mientras dicho núcleo hubiera podido resistir. Pues, aunque sufriese severas pérdidas —por reveses militares o por fraccionamiento de grupos menores bajo liderazgo aristocrático, según el mecanismo de las guerras privadas y de las clientelas y comitivas—, continuamente podría ir aglutinando y dando cohesión a nuevos elementos populares, por heterogéneo que pudiera ser su origen nacional o incluso étnico. Teoría ésta que, además, resuelve otro problema de nuestras fuentes escritas: la exigüidad de las patrias otorgadas por la historiografía antigua a la mayoría de los grandes pueblos de la época de las invasiones, y la gran importancia que pudieron alcanzar en el apogeo de su carrera.

En lo que podríamos llamar en sentido estricto la historia militar de las grandes invasiones se distinguen claramente varias etapas u oleadas. La primera de ellas sería protagonizada en lo fundamental por pueblos germanos de los llamados ósticos —godos, vándalos, burgundios—, aunque con frecuencia se les unieron en su migración fracciones más o menos numerosas de nómadas sarmáticos o iranios (alanos) de las llanuras del sur de Rusia o del Danubio central y oriental, que más o menos tarde acabarían por diluirse en el seno «nacional» de la estirpe germánica a la que se juntaron. Se caracterizó por la amplitud de los movimientos migratorios, desde las orillas del Mar Negro a la Península ibérica y el norte de África, y por haber dado lugar a la aparición de los primeros Estados bárbaros en suelo del Imperio romano. La segunda, mucho menos aparatosa, sin embargo fue de resultados bastante más duraderos. Pues si la primera afectó a grupos minoritarios de inmigrantes bárbaros en comparación con los provinciales invadidos, entre los que estaban condenados a diluirse a corto o medio plazo, con la excepción de los visigodos, y ninguna de sus funciones estatales pasó la barrera de mediados del siglo VI, la segunda significó la penetración continuada y en masas bastante cerradas de grupos germanos en las Galias, Baviera y Gran Bretaña. Fue protagonizada fundamentalmente por germanos occidentales, cuya etnogénesis primera era bastante reciente y en la inmensa mayoría de los casos era el resultado de agrupamientos de fragmentos de diversas anteriores estirpes: francos, alamanes, bávaros, anglos y sajones. Una tercera oleada habría tenido como resultado principal el establecimiento de los lombardos en Italia y el dominio de las estepas y llanuras de Europa central y oriental por los ávaros, un pueblo no germano, posiblemente de origen mongol. Esta tercera participaría de las principales características señaladas como propias de la primera. De una manera paralela y contemporánea —sobre todo a las dos primeras—, se habrían producido movimientos migratorios menores protagonizados por los que podríamos llamar bárbaros interiores del propio Imperio romano. Serían las penetraciones y presiones de grupos beréberes sobre las zonas llanas y costeras del África romana; la progresión —si no resurgencias de sustratos anteriores indígenas ahora reforzados por nuevos aportes provenientes de áreas más marginales— de grupos euskaldunes en la zona del alto y medio Ebro y en la depresión vasca hispánicas y en la Novempopulania de la Galia sudoccidental; o las migraciones marítimas de los britanos celtas desde la Gran Bretaña e Irlanda al cercano continente, a la Bretaña gala y, posiblemente, también a nuestra Galicia; o las razzias y posterior asentamiento de irlandeses (escotos) en toda la costa oriental de la gran isla vecina, sobre todo en su mitad septentrional o posterior Escocia. Migraciones estas dos últimas que eran la otra cara de la moneda de las incursiones de germanos ribereños del Mar del Norte por toda la fachada atlántica europea, ya iniciadas en el siglo III.

LAS INVASIONES EN LA PENÍNSULA IBÉRICA

La primera de las grandes oleadas invasoras tuvo como puntos claves en su desarrollo bélico la batalla de Adrianópolis, en Tracia, en el 378, y el paso sobre el Rin helado a la altura de Estrasburgo en la Navidad del 406. El protagonista victorioso de la primera anécdota fue el pueblo godo, más concretamente en su rama conocida como visigodos. El de la segunda lo fue un conjunto popular mucho más heterogéneo, compuesto tanto por germanos ósticos (vándalos asdingos y silingos) como occidentales e incluso gentes de estirpe irania (alanos). Participantes populares en una y otra acabarían por invadir nuestra península. Por ello convendría que nos detuviéramos algo en los antecedentes de una y otra invasión. Para ello, entre otras cosas, tendremos también que acudir a la observación de lo que estaba ocurriendo en ese trasfondo de la *libera Germania* de los romanos que eran las grandes y abiertas estepas y llanuras centroeuropeas y euroasiáticas.

Los antecedentes y posterior desarrollo de la rota de Adrianópolis, actual Edirne, podrían recibir una rúbrica como ésta: la epopeya goda, de las orillas del Vístula al bajo Llobregat. Porque tales fueron los puntos extremos de una larguísima migración popular iniciada a finales del siglo II y terminada a principios del IV, cuyo recuerdo último y persistente en la tradición nacional fue por la vía del cantar de gesta o *saga* ligado a determinados linajes aristocráticos. Siguiendo las trazas del fundamental trabajo de R. Wenskus, recientemente el medievalista austriaco Herwig Wolfram ha analizado con precisión las diversas etapas de esta larguísima migración. A cada una de ellas habría correspondido una particular denominación nacional para el pueblo gótico, lo que sería la más plástica expresión de haberse producido una nueva etnogénesis, al unirse nuevos y étnicamente heterogéneos fragmentos populares al núcleo atesorador de las tradiciones «nacionales», compuesto por los jefes y representantes de los más esclarecidos clanes familiares (*Sippen*), cuyos orígenes la *Saga* gótica haría derivar de los dioses, probando su carisma en la brillantez de sus éxitos militares cantada por ella misma.

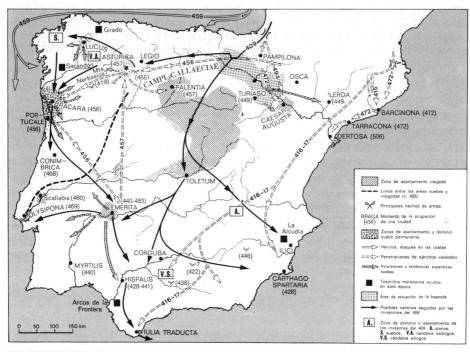

Los invasores del siglo v

Sin negar la posibilidad de que un pequeño núcleo portador de tradiciones nacionales se hubiese transferido del sur de la península de Escandinavia o de alguna isla báltica —como quiere la tradición recordada por Jordanes en el siglo VI—, parece que la auténtica etnogénesis del pueblo conocido a los etnógrafos grecorromanos como *gutones* se habría producido en el primer siglo de nuestra Era en la zona comprendida entre el medio Oder y el Vístula. En opinión de Wolfram, parece también bastante posible que dicho pueblo de los gutones hubiese formado parte de la importante amfictionia lugio-vándala. Pero el momento decisivo en la etnogénesis gótica se habría producido posteriormente a la gran migración que condujo a importantes grupos de gutones hasta las orillas del Mar Negro. La emigración, comenzada desde mediados de la segunda centuria, sería un proceso relativamente lento y realizado por etapas. En ellas quedarían al margen de la migración general fragmentos populares góticos, pero se les podrían unir otros de origen étnico diverso. Todas estas etapas intermedias servirían en el futuro para marcar un espacio cultural (*Kultsraum*) gótico desde los bordes bálticos de la Germania oriental hasta las orillas de la Póntide. Por ella circularían elementos sarmatoiranios asimilados por los godos de la Escitia, pero también nuevos aportes populares germanos —vándalos, hérulos, yutos, etc.— prestos a aglutinarse al núcleo nacional gótico. Si los gutones del Oder-Vístula ya destacaban, al decir de Tácito, por la fortaleza de su realeza confederal y dinástica, con una funcionalidad fundamentalmente militar y basada en su poderoso entorno clientelar, esta prolongada migración llena de éxito en su proceso de asentamiento final no haría más que re-

30

forzarla. Sería entonces cuando se cimentaría la particular facilidad gótica para convertirse en un pueblo en armas bajo la jefatura de un rey, capaz de aglutinar en torno suyo, y de su pueblo, fragmentos poliétnicos múltiples.

La estancia de los godos en las llanuras escíticas entre el Don y el Danubio tendría particular importancia en la etnogénesis gótica. Allí se cimentaría una profunda sarmatización del elemento germano godo, que tendría indudable importancia en la tecnología militar de los godos, como ya anteriormente señalamos. Aunque posiblemente la sarmatización total gótica en el sentido defendido por G. Vernadsky, no se llegó a dar, lo cierto es que hubo una intensa conexión y cooperación entre las aristocracias sarmática y alana y la goda. De los primeros, los godos aprenderían las maneras de entrar en contacto, violento y pacífico al mismo tiempo, con las muy helenizadas ciudades de la costa póntica. A partir del 238, y hasta los duros castigos inflingidos por los emperadores Claudio el Gótico (268-270) y Aureliano (270-275), un potente reino godo unificado trataría de romper las fronteras del Imperio, tanto en los Balcanes como mediante sangrientas incursiones por todo el ámbito del Egeo, hasta muy el interior de Asia Menor. Las derrotas inflingidas finalmente por las armas romanas serían causa muy decisiva en la división del pueblo godo en dos grandes grupos populares, con consecuencias de escisión política, que habría de tener amplias secuelas para el resto de la historia goda. Los grupos godos asentados al este del río Dniester pasaron a denominarse greutungos y ostrogodos, permaneciendo gobernados bajo una estructura monárquica que la tradición posterior hizo monopolizar por el clan de los Amalos, según ella herederos de la anterior realeza gótica unificada. Por su parte, los grupos góticos situados entre el Dniester y el Danubio bajo el apelativo de tervingios o vesos adoptarían formas de gobierno más abiertas y autónomas, rechazando la realeza, bajo el caudillaje de poderosas familias aristocráticas, entre las que la tradición y la historia visigoda posterior destacaría a los Baltos. Merece la pena señalar también que, por su misma situación geográfica y estructura sociopolítica el grupo tervingio-vésico, tenía un carácter poliétnico mucho más amplio que sus hermanos orientales. Por otro lado los tervingios-vésicos estarían sometidos a una fuerte influencia cultural romana a todo lo largo del siglo IV, constituyendo un importante reservorio de buenos soldados para los ejércitos imperiales. Sería a consecuencia de esta influencia como les llegaría la religión cristiana bajo su formulación arriana, de la mano del obispo microasiático de origen gótico Ulfila, lo que sin duda dotaría a estos grupos góticos de una inmensa mayor cohesión y personalidad cultural, tanto frente al resto del mundo germano-sármata como frente a Roma, sobre todo a medida que el arrianismo fue perdiendo terreno entre los habitantes del Imperio.

Pero toda esta situación de relativo equilibrio —y muy favorable para Roma— se derrumbaría como consecuencia de la gran invasión de los hunnos, un pueblo de jinetes nómadas posiblemente de origen húngaro y procedentes de las estepas de la Siberia occidental, en torno a la gran cuenca del Obi. Este pueblo, hasta entonces desconocido de las fuentes clásicas, tras derrotar y destruir al reino de los alanos tanaitas en el 375, haría otro tanto con el poderoso de los greutungos-ostrogodos, tras haber perecido en la batalla su rey Ermanerico. La desaparición de éste significó la de buena parte de la aristocracia ostrogoda. La continuidad de los ataques húnnicos hacia el oeste acabaría afectando también a la sociedad tervingia, que sufriría también importantes pérdidas en su aristocracia. La mayor parte del elemento popular ostrogodo y otras muchas fracciones populares que habían girado en su torno aceptarían la soberanía de los hunnos, que les permitirían mantener una cierta personalidad bajo el encuadramiento de algunos descendientes del clan real de los Amalos, todo ello dentro del caos poliétnico que comenzaba a ser la especie de imperio húnnico. Pero otros fragmentos populares ostrogodos y la mayor parte de los antiguos tervingios optaban por escapar al dominio de los hunnos y pedir permiso del emperador Valente para pasar la frontera del Danubio y asentarse en Tracia, lo que conseguirían algunos grupos de tervingios encuadrados a las órdenes de jefes militares electos como Alavivo y Fritigerno. Al poco, estos godos dediticios de Tracia acabaron representando un peligro para la seguridad del Imperio, al amenazar con una latente rebelión —en gran parte motivada por la explotación de que eran objeto por parte de los traficantes y funcionarios romanos— y permitir el paso del Danubio a los grupos de tervingios, ostrogodos, taifales y alanos que allí se agolpaban presionados por las continuas penetraciones de las bandas húnnicas y de las fracciones populares a ellas unidos. Una mal calculada acción del gobierno imperial para descabezar a los godos de Tracia acabó de precipitarlo todo. Unidos los rebeldes godos de Tracia a sus congéneres del otro lado del Danubio y otros grupos alanos, invadieron todos juntos y en profundidad la Diócesis trácica, encontrando un cierto apoyo en otros bárbaros allí asentados desde antes y en las capas más humildes de la sociedad provincial, como podían ser los trabajadores de las minas. Finalmente, cuando temerariamente, sin esperar los refuerzos de Occidente, el emperador Valente trató de hacerles frente se vio derrotado en la gran batalla de Adrianópolis (9-8-378), en la que él mismo perdió la vida. Decisivo en la victoria gótica habría sido el ataque de la caballería ostrogoda y alana comandada por Alateo y Safrac.

El nuevo emperador Teodosio (379-95) seguiría con respecto a los grupos góticos y aliados invasores una política distinta y decisiva en la evolución histórica posterior del Imperio y de los godos. De momento la incapacidad de los bárbaros para apoderarse de las grandes ciudades provistas de importantes obras de fortificación y la explotación hábil de las discordias entre los diversos caudillos bárbaros —principalmente entre los vesios Atanarico y Fritigerno—, y la actuación conjunta del ejército romano occidental con los restos del oriental permitirían llegar a un acuerdo de paz, mutuamente satisfactorio para los godos y el Imperio, hacia enero del 381. En el 380 el gobierno de Graciano había obtenido también la paz con otra fracción bárbara asentando a los ostrogodos y alanos de Alateo y Safrac como soldados federados en las provincias de Mesia I y Panonia II, anteriormente invadidas por los mismos. Ahora Teodosio optaba por integrar a los grupos vesios como federados del ejército imperial; según el acuerdo de paz del 3 de octubre del 382, se reconocía al pueblo vesio como federado y amigo del Imperio romano, en el interior de cuyas fronteras se le permitía vivir en contraprestación a su servicio militar en el ejército imperial. En éste la mayoría de los vesios se integraron en unidades comitatenses comandadas por sus propios jefes, elevados al oficialato imperial, y acantonadas aparte; solamente una minoría sería establecida como soldados campesinos, con un estatuto como el de los tradicionales *gentiles*.

El tratado de paz del 382 y el consiguiente acuartelamiento en unidades cerradas de los antiguos vesios resultarían decisivos en la etnogénesis visigoda, cuyo comienzo podemos datar ciertamente de este momento y que finalizaría con el establecimiento en Aquitania de un reino federado visigodo en el 416. Teodosio debía ser muy consciente del peligro de rebelión y secesión constante que residía en el mantenimiento de grupos compactos de visigodos en Mesia. Por ello fue avaro en la entrega de tierras y, sobre todo, trató de aprovecharse de las naturales disensiones entre los miembros más conspicuos de la nobleza goda, negándose en todo momento a reconocer una realeza o caudillaje común y único para todos sus federados visigodos. Sobre todo a partir de la revuelta de los federados visigodos del 389 al 391, la desconfianza entre Teodosio y la nobleza visigoda se hizo cada vez más patente; no atreviéndose el primero a utilizar a sus federados sino en campañas a gran distancia de los lugares de acuartelamiento de los segundos. Pero la prudencia de Teodosio a la hora de entregar tierras a sus federados godos tenía un alto precio fiscal, a través de sueldos y raciones de *annona*. Cualquier reticencia en su entrega —ocasionada por deseo explícito del gobierno imperial o por los mismos defectos y corrupciones de la pesada maquinaria burocrática— podía ser un motivo de revuelta, fácilmente aprovechable por un audaz caudillo godo, dispuesto a imponer su supremacía de forma incontestable sobre el resto de sus competidores nobles, para lo que era absolutamente necesaria la perspectiva de realizar una gran campaña militar en pos de un objetivo fácilmente identificable como común por todos los grupos populares godos. Ese noble ambicioso sería Alarico; el pretexto, la supuesta o previsible supresión de las entegras de sueldos y annonas (*consueta dona*) por parte del nuevo gobierno de Arcadio (383-408), tras la muerte de su padre Teodosio (17-1-395) dirigido por el poderoso Prefecto del pretorio Rufino, burócrata conocido por su germanofobia; el objetivo común, el deseo de conseguir de una vez por todas un *regnum* donde vivir autónomamente a la manera anterior a la catástrofe húnnica, pero en el interior de las ricas y seguras tierras del Imperio romano. Esto último con más razón, cuando que en el invierno del 395 los hunnos iniciaban una nueva y sangrienta invasión de la Diócesis trácica.

Alarico pertenecía a la noble familia de los Baltos. Es muy probable que sus antepasados directos gozasen de una posición continuada de mando a todo lo largo del siglo IV entre los tervingios del otro lado del Danubio. El mismo Alarico se había destacado en acciones bélicas en los años anteriores, con frecuencia en una posición de desafío frente al gobierno imperial. La elección como rey de Alarico por la inmensa mayoría de los grupos de federados visigodos de Tracia ha sido considerada por la moderna historiografía como uno de los casos más claros del *Heerköningtum* al que nos referimos con anterioridad. Como consecuencia de ello las fuentes de la época señalan una cada vez más estrecha unión entre los grupos góticos en armas y su rey Alarico; unión que se cimentaría en lazos de estructura clientelar, determinaría una drástica reducción de las clientelas de otros nobles godos, y se apropiaría de la exclusiva representación de la *gens* (*Stamm*) de los visigodos. Cimiento de tal unión debía ser la promesa de conseguir un asentamiento estable dentro del Imperio para su pueblo, así como la entrega regular de aprovisionamientos por parte del gobierno imperial. A cambio de ello, Alarico ofrecería al Imperio, al emperador legítimo, su ayuda militar como tropas federadas contra cualquier enemigo. Personalmente, Alarico deseaba el reconocimiento por el gobierno imperial de su estatuto de *rex gothorum,* lo que en la imprecisa teoría del Derecho público tardorromano significaba el reconocimiento de completa y exclusiva autonomía en el gobierno de sus súbditos gentiles. Además Alarico no renunciaba a reforzar su poder mediante la asunción de una alta dignidad castrense imperial, que le diese una cierta capacidad de gobierno sobre los provinciales romanos del área de estacionamiento de su pueblo, le asegurase el cumplimiento de las obligaciones imperiales de aprovisionamiento a su pueblo, y le permitiese influir decisivamente en la movediza política de la Corte imperial en pro del mantenimiento de su reconocimiento como rey gentil.

No es este el lugar apropiado para exponer cómo Alarico llevó a la práctica todo este programa desde el momento de su rebelión y proclamación real en el 395 hasta su muerte a finales del 410. Sin embargo, sí conviene señalar algunas características esenciales y hechos que pudieron ser decisivos. En primer lugar conviene decir que Alarico fracasó en su empeño principal de crear un reino gentil en suelo del Imperio y reconocido por éste. Posiblemente porque Alarico trató de hacerlo en zonas que eran demasiado vitales para el Imperio, desde un punto de vista estratégico y de los mismos intereses de la oligarquía dominante en Roma; tal era el caso del Ilírico, disputado por los gobiernos de Constantinopla y Ravena. Por eso, posiblemente el último intento de Alarico sería pasar con su pueblo al norte de África, una región separada por el mar de cualquier gobierno imperial, sólo frustrado por la impericia marinera de los godos. Resulta evidente que Alarico intentó aprovecharse de las desavenencias entre los gobiernos de Ravena y de Constantinopla durante el periodo de predominio de Estilicón. La desaparición de este último, en agosto del 408, supuso el predominio en la corte de Honorio de partidarios de una política radical de rechazo a cualquier exigencia bárbara; desechando el intento grato a Estilicón de integrar a unos godos y a un Alarico debilitados en la estructura militar del Imperio. Postura que el mismo Alarico ayudaría a radicalizar con sus medidas inmediatas: nombramiento de un antiemperador en la persona del senador romano Atalo en diciembre del 409, mantenimiento como rehén de Gala Placidia, la hermana de Honorio, y por último el terrible saqueo de la Ciudad Eterna entre el 24 y el 27 de agosto del 410. A partir de este momento lo que habían sido discrepancias en el seno del gobierno imperial en lo relativo a la política a seguir con unos federados rebeldes y con exigencias desmesuradas se transformó propagandísticamente en el dilema de elegir entre la salvación de la *Res Publica,* identificada en la suerte de su emperador legítimo, Honorio, o el triunfo de un rey y un pueblo presentados como la encarnación radical de la furia bárbara. Porque la verdad es que el fracaso de Alarico también se debió a las dificultades de encontrar en la Corte de Ravena a un interlocutor válido, con puntos de vista constantes, sobre todo tras la desaparición de Estilicón. Con excesiva frecuencia las decisiones —ora negociadoras, bien de oposición radical a las exigencias de Alarico— del gobierno de Honorio se vieron dictadas por los factores de la coyuntural fortaleza o debilidad militar o de las disensiones en el seno de la alta oficialidad del ejército occidental. Incluso en el caso de esta última se entrecruzaban los auténticos intereses del Estado romano con los particulares de algunos generales de origen germano, incluso gótico, que veían en Alarico a un antiguo enemigo de clan, a un competidor por la supremacía entre las clientelas bárbarogóticas, y a un peligroso contrincante por el mando en la jerarquía militar romana.

Tal vez Alarico se equivocó en su táctica de presión sobre el gobierno de la

Pars Occidentis. Su invasión del corazón del Imperio, Italia, le hizo tener que enfrentarse a ejércitos numerosos y bien avituallados. Cuando el gobierno de Ravena pudo reunir un ejército de maniobra para enfrentarse a los godos de Alarico, la victoria siempre estuvo del lado romano. Sin embargo, al gobierno de Honorio siempre le faltó la superioridad militar suficiente como para reducir a la impotencia a Alarico y sus godos. En unos casos la razón de ello haya tal vez que buscarla en una falta de interés político en conseguirlo. Estilicón, quien más cerca estuvo de la victoria militar completa, es posible que nunca haya desistido de utilizar en beneficio de un ejército imperial, siempre falto de nuevos reclutas, a unos godos federados y a un Alarico capitidisminuido y resignado a completar una carrera militar más o menos brillante bajo las águilas de Roma. En otros momentos el gobierno de Ravena habría tenido que utilizar su brazo militar en diversos escenarios bélicos y ante otros enemigos: invasión de Radagaiso y sus godos en Italia en el 406, invasión poliétnica de la Galia en el 406, y usurpación de Constantino III en el 407, afectando en tres años al conjunto de la Prefectura gálica. Y en todo caso, porque, no obstante las gravísimas pérdidas inflingidas en las filas de Alarico por las armas romanas, éste pudo equilibrarlas con creces al recibir en el curso de sus dos invasiones itálicas la unión de importantes contingentes humanos de procedencia étnica diversa. Hasta el punto que sería en Italia donde se produciría uno de los últimos actos y decisivos en el largo proceso de la etnogénesis visigoda.

En su marcha sobre Italia en el 401 es posible que se unieran a Alarico grupos de ostrogodos (greutungos) establecidos por el gobierno imperial como federados en Panonia. Tras la desaparición de Estilicón en el verano del 408, se le pudieron unir hasta unos 30.000 bárbaros, entre ellos los 12.000 soldados de élite que Estilicón había escogido de entre el ejército vencido de Radagaiso, por lo que cabe suponer que en su mayoría fuesen de origen ostrogodo. Poco después, durante el primer asedio de Roma, se uniría al ejército visigodo un número elevado, aunque indeterminado, de esclavos de las áreas itálicas circunvecinas a la capital. Y finalmente, en el 409, se le unió su cuñado Ataulfo al mando de una poderosa clientela de jinetes góticos y hunnos procedentes de Panonia Superior. Con lo que el número total de los efectivos de Alarico podría haber llegado a superar los cien mil hombres. Un hecho a destacar es el origen greutungo-ostrogodo de la mayor parte de estos refuerzos, lo que significa una creciente supremacía de la caballería en el ejército visigodo; arma precisamente que era la que más se había echado en falta cuando las derrotas de la primera campaña itálica frente a los soldados de Estilicón y sus hunnos federados. Esta ecuestrización de los godos de Alarico no dejaría de tener consecuencias sociopolíticas, tales como un refuerzo de la estructura nobiliaria y clientelar godas. En todo caso, significaba como una vuelta a los orígenes, una nueva nomadización, y una igualación con sus hermanos ostrogodo-greutungos de los en otro tiempo fundamentalmente campesinos e infantes tervingios. Con la llegada de Ataulfo culminaba el proceso de metamorfosis vésica de los visigodos históricos.

A la muerte de Alarico le habría sucedido como rey su cuñado Ataulfo, posiblemente en virtud de algún tipo de elección. Para ello debieron resultar determinantes la fuerza de las clientelas de los Baltos —Alarico debió morir sin descen-

dencia apta para el trono— y del mismo Ataulfo. Como tuvimos ocasión de señalar anteriormente, Alarico había dejado a sus godos sin resolver ninguno de sus
problemas históricos fundamentales: la integración en el seno del Imperio o la
constitución de un *Regnum* gótico en su interior; en definitiva la adquisición de
una *patria* que asegurase al pueblo visigodo su subsistencia con un cierto nivel de
vida y dignidad. Los años que van de la muerte de Alarico en el 410 a la firma del
definitivo *foedus* del 416 por Valia verán los esfuerzos de los diversos soberanos visigodos por resolver tan fundamental problema en un sentido o en otro, con mayor o menor radicalidad. Dilema que se encontraba íntimamente relacionado en
su resolución con la actitud a adoptar frente al gobierno romano. Por lo que se ha
podido hablar para estos años de la lucha en el seno de los grupos dirigentes visigodos de dos partidos; prorromano uno, romanófobo el otro. Evidente exageración y anacronismo. Pues en realidad ambas posturas no fueron sino las dos caras
de una misma moneda, medios y actitudes diferentes de presionar al gobierno romano para la consecución de los objetivos prioritarios antes señalados. En verdad,
Alarico había sido el inaugurador de esa misma doble política según en qué ocasión. Lo que, efectivamente, no se volvería a repetir sería el error de Alarico de
presionar al gobierno romano de Occidente directamente en su corazón, Italia; lo
que se había demostrado frustrante y hasta contraproducente para los auténticos
intereses visigodos. Así, la usurpación del galo Jovino —que contó con abundante
apoyo bárbaro— ofreció la oportunidad a Ataulfo de presionar al gobierno de Honorio a aceptar sus servicios militares para vencer al usurpador en suelo gálico. El
fracaso final del *foedus* del 413, firmado entre Ataulfo y Honorio en un tal sentido,
como consecuencia de las desconfianzas del cada vez más poderoso *magister militum*
Constancio, obligó al rey visigodo a un último esfuerzo, tratando de sustituir al gobierno imperial de Honorio por otro favorable a sus intereses y que le asegurase a
él y a su familia una posición preeminente en el futuro del Imperio. Para ello, apoyaría nuevamente al antiguo usurpador Atalo y contraería matrimonio «a la romana» con Gala Placidia, hermana del emperador Honorio, en enero del 414 en Narbona. Pero la firme intransigencia de Honorio y su poderoso general Constancio
arruinarían los planes del visigodo. Acosado militarmente, Ataulfo se vería forzado al saqueo de los provinciales sudgálicos y del noreste hispánico. En este último
habría penetrado por vez primera el ejército visigodo a finales del 414, huyendo
sin duda de la peligrosa vecindad del grueso de las tropas de Constancio, fuertes en
Arles, capital de la Prefectura gálica. En la ciudad hispánica de Barcino acabaría
por arruinarse la posibilidad de éxito de la política emprendida por Ataulfo. La
muerte del hijo tenido de Gala Placidia —que llevaba el significativo nombre de
Teodosio— fue el fin de cualquier esperanza de llegar a un entendimiento con Honorio. Poco después, en agosto o septiembre del 415, Ataulfo era asesinado por un
miembro de su ejército, que vengaba así la muerte de su antiguo patrón.

La desaparición de Ataulfo trató de ser aprovechada por grupos nobiliarios visigodos contrarios a la prepotencia alcanzada por el linaje de los Baltos. Para lo
que pudieron hacer valer ante el pueblo el fracaso de la política seguida por Alarico y Ataulfo. Lo cierto es que sería elegido rey Sigerico, miembro del poderoso linaje de los Rosomones, rival de los Baltos. El nuevo monarca godo, sin embargo,
no duraría más de una semana; corto espacio en el que sólo pudo dar muestras de
crueldad hacia la familia de su predecesor y poco amistosas para con el gobierno

imperial. La subsiguiente muerte de Sigerico a manos de nobles visigodos y la inmediata elección para sucederle de Valia, posiblemente se debiera a la lógica reacción del todavía poderoso grupo popular y nobiliario situado en torno al linaje Balto. Porque lo cierto es que no parece que el nuevo rey godo y sus valedores pretendiesen un cambio de la política de Sigerico en relación con el Imperio. En todo caso, el firme acoso a que les seguía sometiendo el *magister* Constancio no parece que dejase a los visigodos otra salida. De este modo se comprende que Valia intentase una vez más llevar a la práctica el último proyecto de Alarico: pasar al norte de África, región lo suficientemente alejada del ejército de maniobra occidental y bien provista de recursos alimenticios. Pero nuevamente la impericia marinera goda desbarataría el intento de alcanzar el continente africano, esta vez a través del estrecho de Gibraltar. Este fracaso y el control de los pasos pirenaicos por el ejército gálico de Constancio colocaron a Valia y al grupo nobiliario que le apoyaba en una situación extremadamente peligrosa, bloqueados en una España cuya desorganización administrativa y saqueo de hacía ya más de seis años de duración daban malas perspectivas de avituallamiento y posible establecimiento para la masa popular goda. Ante el fundado temor de una paulatina desintegración de la misma *gens* visigoda, Valia y sus adláteres no tendrían más remedio que llegar a un pacto con el gobierno imperial, representado por su generalísimo Constancio.

El *foedus* firmado en la primavera del 416 entre el Imperio y los visigodos de Valia parecía retrotraer a éstos a la situación de hacía más de veinte años, anterior a la rebelión de Alarico en el 395. Los visigodos se comprometían ahora a integrarse como soldados federados estables del Imperio en Occidente; y de momento se les asignaba la peligrosa tarea de eliminar a los grupos de bárbaros —suevos, vándalos y alanos— que tenían infestadas las provincias hispánicas. A cambio de ello, Valia no conseguía ninguna *patria* ni *regnum* para su pueblo, ni para él ningún magisterio militar. El gobierno de Honorio sólo se comprometía a la entrega anual durante el tiempo de campaña, de provisiones para poco más de unos quince mil guerreros góticos, algo muy inferior a cualquiera de las anteriores exigencias de Alarico, incluso en sus peores momentos. Además, los nobles visigodos se comprometían a la entrega de rehenes garantes del tratado. Con razón el *magister* Constancio podía considerarse vencedor; personalmente iba a contraer matrimonio con Gala Placidia, entregada por los godos, entrando así a formar parte de la familia imperial, cosa que había intentado inútilmente el linaje de los Baltos. Obligados a luchar para fortalecer el Imperio, con una monarquía nacional debilitada, y sin haber encontrado todavía un territorio donde asentarse autónomamente, el gobierno imperial, en el 416, podía esperar una posterior integración de los visigodos en la normal estructura militar del Imperio, desintegrando el aparato clientelar anudado por los Baltos y sus colaboradores. El curso posterior de los acontecimientos, tanto por obra de los propios visigodos y de su grupo dirigente como por parte de terceros agentes, variaría radicalmente el panorama. Sin duda que un factor decisivo en ello sería la victoria alcanzada por Valia y sus godos en España. Pero hora es ya de que pasemos a ver cómo habían penetrado suevos, vándalos y alanos en la Diócesis de las Españas.

Los acontecimientos que desencadenaron la gran desbandada gótica del 375 debieron en una u otra medida forzar la ya tradicional presión germana sobre el *límes* o frontera del Rin, que en los años inmediatamente anteriores había sido protagonizada por los francos y, sobre todo, por los alamanes. Por otro lado, a principios del nuevo siglo la frontera renana debía encontrarse especialmente debilitada en sus defensas. A las pérdidas ocasionadas por las incursiones germanas del 401 se unió el vaciamiento de tropas inmediato ordenado por el gobierno de Estilicón para reforzar los efectivos del ejército itálico con que hacer frente a la primera expedición de Alarico en Italia en el 402 y, posteriormente, al peligrosísimo ataque de Radagaiso en el verano del 406. Sería precisamente aprovechando esta particularísima coyuntura favorable cuando se produciría la definitiva ruptura del *límes* renano. Hacia el 31 de diciembre del 406 un heterogéneo y amplísimo conjunto popular bárbaro pasaba el Rin helado en su estratégica confluencia con el Meno, posiblemente hacia la altura de las plazas fuertes romanas de Maguncia y Argentorato (Estrasburgo), que serían las primeras en sufrir los desagradables efectos de la invasión. Nuestra mejor fuente al respecto es una conocida carta de San Jerónimo escrita unos tres años después de los hechos y remitida a una correspondiente suya galorromana, que debía tener una muy buena información al respecto. Según el asceta belenita, habrían pasado el Rin y procedido a invadir la Galia los siguientes componentes populares: quados, vándalos, sármatas, alanos, gépidos, hérulos, sajones, burgundios, alamanes y panonios rebeldes (?). ¿De dónde procedían estas gentes?, ¿cómo habían llegado hasta aquí? La verdad es que unas respuestas taxativas a tales preguntas no sea cuestión fácil, siendo asunto de aguda discusión todavía. Lo que digamos seguidamente no puede pasar de una hipótesis; eso sí, muy coherente con la manera de actuar de estos conglomerados bárbaros en esa época.

La irrupción húnnica que destruyó el gran Reino ostrogodo no se paró en los límites de la llanura ukraniana. Como vimos, avanzadillas de jinetes hunnos y de sus nuevos aliados vasalladizados iniciarían una serie de penetraciones hacia Occidente. Estas migraciones húnnicas, siguiendo seguramente la ruta del Dniester y el Bug, debieron afectar en el momento del cambio de siglo al importante pueblo de los vándalos hasdingos. Desde mediados del siglo II los hasdingos se habían asentado firmemente en la cuenca del Tisza, aunque seguían manteniendo sus contactos con sus anteriores establecimientos en la Pequeña Polonia (región de Cracovia) y Galitzia. En su progresión meridional habrían terminado por chocar por la posesión de la Transilvania occidental con sus antiguos conocidos godos, renovándose así una antigua enemistad y una alianza con los gépidos; mientras que grupos de vándalos derrotados por los godos pudieron ser asentados por Constantino el Grande como colonos-soldados en Panonia. La presión húnnica y ostrogoda posterior habría acabado por poner en movimiento a una gran parte de los hasdingos extrarromanos, que en su retroceso hacia Occidente penetrarían en el territorio de los quados. Estos últimos en el siglo IV se encontraban situados en las actuales Moravia y Eslovaquia, hasta más allá del valle del Ipoly; habiendo protagonizado en la segunda mitad del siglo IV varios ataques sobre el *límes* danubiano, para lo que contaron con la ayuda de los sármatas transdanubianos. Tras un largo periodo de paz, con posterioridad a las victorias de Valentiniano I, los quados habrían protagonizado en el 401 una incursión en las provincias del Nórico y Retia II en colaboración con marcomanos y silingos. Los segundos eran la rama menor de los vándalos, y se encontraban asentados en la Alta Silesia, en torno a la actual ciudad de Wroclaw (Breslau). Por su parte, los marcomanos eran en esta época ya un pueblo menor y escasamente peligroso para el Imperio, habiéndose visto presionado hacia el sur por la progresión de los pueblos de Sajonia-Lusacia y del Oder-Vístula. Aunque su principal asentamiento estaba en la región de Praga, en Bohemia, muchos contingentes marcomanos habían sido admitidos en el Imperio, situándoseles como soldados léticos y limitáneos en Panonia I y Valeria. Los extrarromanos se habrían visto profundamente influidos por los silingos, con los que pudieron realizar campañas bélicas conjuntas a principios del siglo V. Porque precisamente la profunda vandalización cultural es una de las características predominantes de marcomanos y quados del siglo IV. Dos pueblos de la antigua estirpe o ámbito cultural suevo, cuya importancia política, de todos modos, había disminuido enormemente con respecto a siglos anteriores. La otra característica común a estos epígonos suevos y a ambos grupos vandálicos era su profunda aristocratización. Desde el siglo III y por todo el IV la Arqueología revela en sus diversas patrias una proliferación en número y riqueza de las llamadas tumbas principescas con un característico ajuar.

Tal era el ambiente popular bárbaro en el que hay que situar la formación de un vastísimo plan de inmigración hacia el interior de las fronteras del Imperio hacia el 405-406. Posiblemente el detonante para ello pudo ser el temor a una mayor presión de las avanzadillas hunnas y gótico-húnnicas, así como la llegada de grupos populares —ostrogodos y alanos—, que se negaban a una vasallización por los hunnos. Sería en ese momento cuando, aprovechando la debilidad de las defensas romanas, como consecuencia de la expedición de Alarico, dos grandes grupos o conglomerados bárbaros atravesasen el Danubio en el límite entre Panonia II y Valeria. Uno de ellos, compuesto fundamentalmente de ostrogodos, bajo el mando de Radagaiso, intentaría la aventura italiana. El otro, más heterogéneo —silingos, hasdingos, marcomanos, quados, gépidos, sármatas, alanos— y bajo la dirección principal del rey alano Respendial y del hasdingo Godegiselo, se mantendría algo más a la expectativa. Posiblemente la llegada de noticias sobre el desastre de Fiésole haría recapacitar a este segundo grupo. Llevando tras de sí a una heterogénea multitud de colonos militares de Panonia y Valeria —alanos, vándalos, quados y marcomanos—, todo el grupo marcharía hacia Occidente en paralelo y por fuera de la frontera romana. Tras atravesar, bordeándolo, el territorio alamánico marcharían en dirección a la confluencia del Rin con el Meno. En estos parajes pudieron unírseles grupos menores de alamanes, pertenecientes también a la antigua estirpe suévica, y burgundios. Y todos juntos atravesarían por uno o varios sitios a la vez, el *limes* renano a fines del 406, como mostramos anteriormente. Es posible que aprovechando estas mismas circunstancias otros grupos de alamanes atacasen la Germania I, así como sajones y hérulos hicieran lo propio en las costas al sur del Escalda; completando de esta manera el cuadro invasor de la Galia trazado por San Jerónimo para el 406.

Por otra parte, durante este largo proceso migratorio, conjunto de conglomerados populares tan varios, era lógico que tuviesen lugar importantes procesos de etnogénesis; los cuales se reforzarían en su inmediato vagar bélico por la Galia entre el 407 y el 409. Dichas etnogénesis se realizarían siguiendo las estructuras y pautas que ofrecían las clientelas aristocráticas y la realeza militar (*Heerköningtum*).

Por diversas razones los dos grupos vándalos —sobre todo el de los hasdingos con su prestigioso rey Godegiselo, y sus sucesores hasta Genserico— y los alanos debieron adquirir muy pronto una acusada personalidad en el seno de todo el heterogéneo grupo migratorio. En años sucesivos sería el grupo hasdingo el único capaz de integrar nuevas fracciones populares a la deriva procedentes del mismo primitivo grupo migratorio común. Más difícil lo tenían los restantes elementos populares de la invasión del 406. Todos ellos debían ser de menor importancia numérica, su pasado histórico inmediato era menos brillante, bastantes paisanos suyos debieron optar por permanecer en sus patrias transdanubianas y no participar en la migración, y a ellos se les debieron unir bastantes colonos-soldados y letes asentados en tierras del Imperio y cuya conciencia de pertenencia a una particular *natio* debía ser ya bastante débil. Sin embargo, es muy posible que los grupos mayoritarios tuviesen todavía conciencia de su pertenencia a una teórica *gens* o estirpe común: la de los suevos. Grupo étnico ciertamente prestigioso, el que más en el mundo germano y romano, y que había demostrado en épocas pasadas una gran capacidad de integrar agrupamientos populares germánicos diversos, como fue el caso del vastísimo movimiento migratorio protagonizado por Ariovisto en tiempos de Julio César. Ante la necesidad de unirse y darse una identidad con el fin de escapar a la integración en los otros conjuntos nacionales ya formados —silingos, hasdingos y alanos—, los diversos grupos de germanos occidentales, de ascendencia más o menos suévica, estructurados en torno a clientelas aristocráticas, recurrirían a utilizar un nombre que les parecía común a todos ellos, que gozaba de gran prestigio y era conocido a cualquier extranjero con que pudiesen topar. Dicho proceso de integración popular y de etnogénesis tendría lugar a lo largo del gran recorrido migratorio que les condujo del medio Danubio a la Península ibérica, y se estructuraría en torno a una realeza militar común. Pero ello no sería óbice para que aún después de ultimarse dicho proceso elementos con conciencia de pertenecer a la estirpe sueva optasen por permanecer vinculados a los otros conjuntos nacionales participantes en la misma migración y que se habían diferenciado con anterioridad; y así se explicaría mejor cómo a consecuencia de graves reveses militares el grupo suevo diese de inmediato pruebas de falta de unidad política.

Pero volvamos a la narrativa de la invasión del 406. Tras el paso del Rin, los bárbaros habrían logrado vencer, aunque no sin cierta dificultad, la resistencia romana presentada por parte de colonos militares de origen franco. Posteriormente se dirigirían, posiblemente en una multiplicidad de bandas de saqueo, hacia la Galia septentrional, en dirección a Boulogne, siguiendo las rutas romanas que pasaban, distintamente, por Metz y Reims o por Langres. Pero en ese momento se produciría un acontecimiento político-militar romano que tendría hondísimas consecuencias en el curso posterior de la invasión: la usurpación de Constantino III.

La radical evacuación de tropas ordenadas por el gobierno de Estilicón en el 402 en Gran Bretaña produciría un profundísimo sentimiento de indefensión entre los grupos dirigentes britano-romanos y restos de la guarnición romana. Temerosos de verse por completo aislados del Continente, en un momento en que arreciaban las penetraciones y acciones piráticas germanas sobre las costas occidentales y meridionales de la isla, tales grupos optarían por el procedimiento normal en estos casos de tratar de imponer un emperador salido de los suyos, que pudiese atender mejor y más directamente a su defensa y garantizase la necesaria conexión con los centros de gobierno del Imperio. Tras varias tentativas fallidas entre el 405 y el 406, lo sería finalmente un militar de nombre Constantino. Éste, tras promocionar a toda prisa a comitatenses a las tropas limitáneas de guarnición en Gran Bretaña, se apresuraría a pasar al Continente, donde el comienzo de la invasión de diciembre del 401 amenazaba con dejar por completo aislada a la Britania romana. Constantino III, tras desembarcar en Boulogne, lograría ser prontamente reconocido por los restos del ejército romano de las Galias, procediendo también a alistar a contingentes léticos de origen franco, así como a grupos de burgundios y alanos. Con esta nueva fuerza militar improvisada, el usurpador lograría desviar el sentido de la invasión vándalo-alano-suévica, tanto mediante el uso de la fuerza como, posiblemente también, de la acción diplomática. Constantino III, interesado en un control del estratégico eje Tréveris-Lyon-Arlés lo más rápido posible, no debió tener grave inconveniente en permitir un deambular totalmente libre de los bárbaros invasores por el tercio sudoccidental galo. Lo cierto es que, antes de comienzos de mayo del 408, Constantino III había logrado su propósito de penetrar en la capital de la Prefectura, Arlés. Por su parte, los bárbaros, tras superar la línea del Loira, conseguían acceso libre a la rica Aquitania; iniciando así una progresión meridional que amenazaba por desbordarse en un futuro inminente sobre las tierras del otro lado de los Pirineos.

Pero el primer trastorno en la situación política y militar hispánica no vendría de la mano de invasores bárbaros, sino del usurpador Constantino III. Dueño de la Diócesis de Britania y de las Galias, era lógico que Constantino III tratase de ver reconocido su imperio en la Diócesis de las Españas, completando así su dominio sobre toda la Prefectura gálica; lo que habría de permitirle repetir, en cierto modo, la experiencia del llamado *Imperium Galliarum* de mediados de la tercera centuria. Temeroso de un posible contraataque de Honorio, Constantino tenía una razón suplementaria para dominar España, tan pronto como la situación de Italia y del Ilírico se lo permitiese: la posibilidad de una invasión de su Galia desde una Diócesis en la que la familia de su enemigo tenía poderosas influencias; lo que podía colocarle en una dificilísima posición militar, cogido así entre dos fuegos. Dichos temores no debían ser infundados. Pues los familiares de Honorio se habrían aprestado a una muy considerable defensa militar de la Diócesis en nombre del gobierno de Ravena ante la noticia de los preparativos del usurpador de enviar a España a su hijo Constante, nombrado entre tanto César, acompañado del mejor general del rebelde, Geroncio, y al frente de fuerzas comitatenses de origen germánico, los llamados honoriacos. Tal tarea sería protagonizada en lo fundamental por los hermanos Didimo y Veriniano, primos de Honorio, que habrían depuesto a tal fin ciertas diferencias anteriores existentes entre ellos. Según los relatos complementarios de Zósimo y Sozomeno —ambos basados en el muy fidedigno de Olimpiodoro de Tebas—, tal defensa habría tenido que realizarse muy en el interior de España, en Lusitania. A tal fin los legitimistas habrían podido contar con la lealtad de una porción importante de las tropas regulares de guarnición en la Diócesis, y desplegadas en lo fundamental a lo largo de la estratégica calzada que unía Burdeos con Astorga con su ramal hasta Lugo. Sin embargo, Didimo y Veriniano habrían resultado al fin vencidos por las tropas de Constante y Geroncio, aunque no de una forma total. Pues lo cierto es que ambos hermanos habrían podido proceder entonces a recomponer su ejército mediante el alistamiento de esclavos y campesinos, en su mayor parte oriundos de sus importantes propiedades fundiarias en España. Es posible que al frente de este nuevo ejército, Didimo y Veriniano obligasen a Constante a una prudente retirada hacia los pasos pirenaicos, hasta donde le habrían seguido ambos. Sin embargo, éstos no habrían sido capaces en tan crucial momento de impedir la entrada por los Pirineos de nuevos refuerzos enviados a su hijo por Constantino III. Gracias a los cuales Didimo y Veriniano sufrirían ahora una segunda y total derrota, cayendo ellos mismos prisioneros. Tras su victoria, el César Constante regresaría a Arlés, en compañía de sus prisioneros; dejando en España a su general Geroncio y a su mujer, así como a las tropas venidas con ellos. En Arlés, Didimo y Veriniano serían ejecutados sumariamente por orden de Constantino III, de cuya responsabilidad intentaría posteriormente liberarse, al tratar de llegar a un acuerdo con el gobierno de Honorio.

La política llevada a cabo seguidamente por Geroncio no dejaría de crear problemas a él mismo y a la suerte de la usurpación de Constantino III en tierras hispánicas. De momento, Geroncio situó su cuartel general en Zaragoza. Sin duda porque desde tan estratégico nudo de comunicaciones dominaba cualquier posible comunicación con la Galia, al tiempo que le permitía una más atenta vigilancia de los pasos occidentales de los Pirineos, por donde en esa fecha ya debía ser previsible un posible intento de invasión por parte de los grupos de bárbaros que vagaban y depredaban la Aquitania. Pero Geroncio, tras la victoria militar sobre los primos de Honorio, no parece que intentara ninguna política de pacificación y acuerdo con los grupos hispánicos que se habían opuesto a la usurpación de su emperador. Mientras que otros representantes de la familia de Honorio, como Teodosio y Lagodio, lograban escapar en petición de ayuda a sus familiares Arcadio y Honorio, Geroncio permitía a sus soldados semibárbaros el saqueo de la Tierra de Campos —asiento de importantes y ricas *villae* de la aristocracia senatorial hispana, en gran medida ligada por las relaciones de parentesco y amistad con la casa de Teodosio—, en pago por su esfuerzo militar anterior. Pero sobre todo Geroncio cometió el error de situar en la vigilancia y defensa de los pasos pirenaicos occidentales a estos mismos honoriacos, en sustitución del tradicional ejército limitáneo de guarnición en España, por desconfianza expresa hacia su lealtad, al haber luchado en un primer momento junto a Didimo y Veriniano.

Todos esos actos de su lugarteniente en España no debieron ser muy del agrado del gobierno de Arlés, máxime cuando, a comienzos del 409, se había llegado a un provisorio acuerdo con el gobierno de Ravena, reconociendo Honorio la legitimidad de la proclamación imperial de Constantino III. ¿Incluyó este acuerdo la caída en desgracia de Gerontio? Difícil es saberlo; pero de todos modos en los primeros meses del 409 existían inequívocas señales de los propósitos nada favorables del gobierno de Arlés para con Geroncio: se hacían los preparativos para enviar a España de nuevo al César Constante, haciéndole preceder por tropas al mundo del general Justo, con el visible propósito de sustituir a Geroncio por éste último. Pero éste no estaba dispuesto a dejarse marginar tan fácilmente. Geroncio, adelantándose a los acontecimientos, optó por romper primero con el gobierno de Arlés, proclamando Augusto a un cliente suyo, Máximo, que por ser hispánico podía despertar alguna simpatía entre las gentes de la Diócesis, a la vez que por pertenecer al cuerpo de élite de los *domestici* podía ser bien visto entre las tropas del usurpador destacadas en la Península. Porque lo cierto es que la rebelión de Geroncio y Máximo no se hizo sino tras contar con el apoyo de los honoriacos y realizar un pacto con los grupos de vándalos, alanos y suevos que pululaban en el sureste de la Galia. En virtud de este pacto los honoriacos dejaron pasar libremente los Pirineos occidentales a dichos bárbaros en septiembre-octubre del 409. A cambio del apoyo militar que habrían de prestar a Geroncio y Máximo frente a Constantino y su hijo, se permitía así la entrada en España a un peligroso y potente contingente bárbaro, cuyo avituallamiento, por parte de Geroncio y Máximo, no podría hacerse sino a base del sacrificio de la población hispánica, bien por vía de requisiciones fiscales suplementarias o bien dejando a los bárbaros aliados en libertad de saquear el país. Parece que uno y otro procedimiento se utilizó, al decir del testimonio contemporáneo del obispo galaico Hidacio. Procedimientos que serían igualmente utilizados por las fuerzas militares que acompañaban a Justo, dibujándose así un cuadro de invasión bárbara doblada de guerra civil especialmente costoso para la mitad septentrional de la Península ibérica, con particular incidencia sobre las ciudades y la aristocracia hispánica. No sería la única vez en la Historia de España en que una decisiva invasión exterior se producía con ocasión de una guerra civil interior para apoyar a uno de los dos bandos en lucha.

Desgraciadamente estamos muy mal informados de lo que ocurrió en España en el año y medio siguiente a la invasión de silingos, hasdingos, alanos y suevos. Sin embargo, su resultado final parece seguro: la derrota completa de las tropas enviadas al mando de Justo. Geroncio y Máximo desde su cuartel general en Tarragona parecían vigilar cualquier movimiento de Constantino III o Constante por los pasos de los Pirineos orientales; mientras que los occidentales debían seguir estando vedados para el gobierno de Arlés y bien controlados por los bárbaros invasores de la Península. A finales del verano del 410 pareció ofrecerse a Máximo y Geroncio una oportunidad de eliminar el peligro que suponían Constantino III y su hijo en la Galia. Pues en ese momento el usurpador britano había roto cualquier posibilidad de acuerdo con la corte de Ravena, al haber fracasado estrepitosamente en su intento de imponerse en ella mediante un golpe de fuerza y tras haber promocionado a la dignidad de Augusto a su hijo Constante. Frustrado su intento de invasión italiana y más libre el gobierno de Honorio del problema visigodo tras el fracaso y final de Alarico y sus visigodos, era de esperar que de un momento a otro tratase de eliminar por la fuerza al usurpador de Arlés. En el verano del 411 un ejército al mando de los generales de Honorio Constancio y Ulfila se dirigía hacia la capital de la Prefectura gala. Pero ya antes Geroncio había tomado la iniciativa, deseando así coger entre dos fuegos a Constantino y su hijo. Geroncio se habría dirigido en un primer momento contra Constante, en Vienne, para así impedir la posible llegada de refuerzos provenientes de las regiones renanas. Tras vencer a Constante, Geroncio le haría prisionero y le ejecutaría. Pero cuando Geroncio se dirigía a sitiar a Contantino III en Arlés sería interceptado por el ejército enviado por Honorio. Geroncio, deseando vencer, optó por una prudente retirada hacia sus bases hispánicas, lo que suscitó un motín de sus tropas. Abandonado de todos y sitiado por el enemigo Geroncio tendría una muerte heroica. Al poco el ejército de Ravena tomaba Arlés, haciendo allí prisioneros a Constantino III y a su segundo hijo Juliano, que serían poco después ejecutados en su camino hacia la corte de Honorio.

Hidacio nos informa de cómo a los dos años de su entrada en España los vándalos, alanos y suevos llegaron al acuerdo de cesar en sus correrías y sedentarizarse de una forma estable en ciertas zonas. Lo que también es corroborado por Orosio. Uno y otro señalan que tal decisión habría sido tomada de forma conjunta, habiendo procedido a sortearse las diversas zonas de ocupación. A los vándalos hasdingos les habría correspondido la provincia de Galecia en sus áreas interiores, fundamentalmente la rica Tierra de Campos y territorios circunvecinos; mientras las zonas más occidentales de esa provincia —correspondientes a los antiguos conventos jurídicos de Lugo, Braga y Astorga— habrían tocado a los suevos. Por su parte, los alanos se quedarían con la Lusitania y la Cartaginense. Y los vándalos silingos harían lo propio con la Bética. Aunque con frecuencia se haya dicho otra cosa, tal reparto —que en su precisa formulación por sorteo tiene precedentes puramente germánicos en tiempos de migración popular— debió hacerse por completo a espaldas del gobierno imperial, no siendo en absoluto la consecuencia inmediata de un *foedus* entre dichos grupos bárbaros y el Imperio, que pudiera semejarse al posteriormente sellado por los visigodos y el gobierno de Ravena para su asentamiento en Aquitania. La repartición, además de una cierta dosis de irracionalidad, pudo obedecer también a la diversa capacidad bélica de cada grupo bárbaro a la hora de tener que enfrentarse a una contraofensiva imperial, para lo que pudo tenerse en cuenta las diversas exigencias logísticas y estratégicas de las distintas zonas de ocupación. Tampoco parece descartable que tal decisión se relacionase con la alianza sellada, muy posiblemente por esas mismas fechas, entre dichos bárbaros y el usurpador Máximo, y a la que nos referimos con anterioridad. Incapacitada la administración de Geroncio y Máximo de obtener unos ingresos fiscales regulares en España, no les quedaría más remedio que permitir a sus ahora aliados militares una libertad de realizar requisiciones por su cuenta sobre la población civil. Y sería ésta la otra finalidad perseguida por los bárbaros en su reparto de las diversas provincias hispánicas.

Cuestión muy debatida, y de no poca importancia, es la del número de invasores bárbaros que penetraron en España a finales del verano del 409. Aunque cualquier cifra que se dé no puede ser sino aproximativa e hipotética en mayor o menor grado, un total para hasdingos, silingos, alanos y suevos de unas 200.000 almas —lo que daría no más de 56.000 combatientes— representaría el máximo aceptable, con preferencia hacia una cifra sensiblemente menor. En todo caso, ese máximo no constituiría ni siquiera el 5 por 100 del total de la población de la Península, que para esta época puede calcularse en unos cinco o seis millones de personas. Por lo que sabemos para tiempos inmediatamente posteriores, y por ciertos testimonios arqueológicos que parecen obedecer a un horizonte cultural más o menos vandálico, se puede inferir que los invasores procederían a su asentamiento en grupos de mediano tamaño en ciertos lugares de especial importancia estratégica o riqueza natural. Obedeciendo a su fundamental estructuración aristocrática, con clientelas de funcionalidad militar dotadas de gran autonomía, seguramente se procedería a la ocupación de grandes fincas abandonadas por sus antiguos propietarios, miembros de la poderosa aristocracia senatorial hispana, que o bien habían huido o bien habían perecido en los combates y convulsiones padecidas por la Península desde la lucha entre los primos de Honorio y el usurpador Constante. Con frecuencia dicho asentamiento se realizó en las zonas próximas a centros urbanos bien provistos de defensas. Pues en ellos podían establecer guarniciones con vistas al dominio del territorio circundante, previniendo ataques por parte de la población local o de los restos de tropas imperiales. Así, para todo el resto del siglo v, sabemos de la existencia de una población y guarnición sueva en los tres principales centros urbanos del noroeste —Braga, Lugo y Astorga— y del interés vándalo por ocupar las populosas Mérida y Sevilla. En todo caso, no parece que los clientes de funcionalidad militar de los aristócratas bárbaros pasasen a ocuparse en su gran mayoría del cultivo directo de las tierras en donde se asentaron, en su mayor parte vivirían de las tasas impuestas sobre los antiguos campesinos hispanorromanos, que al menos pudieron verse ahora liberados de una parte de la imposición fiscal.

Del testimonio conjunto de Hidacio y Orosio parece deducirse que, como consecuencia de dicho asentamiento, se produjo en España una cierta tranquilidad. Los optimistas podían esperar la asimilación de los invasores por la mayoría hispanorromana en un espacio de tiempo relativamente corto, según se había producido en numerosas zonas de la Galia a lo largo del siglo IV con el asentamiento de grupos germánicos como letes. Que dicho proceso de asimilación pudo ponerse entonces en marcha, posiblemente se testimonia en la conversión de los vándalos en ese momento al Cristianismo, aunque en su variante arriana. Pero este periodo de relativa paz iba muy pronto a terminar ante la reacción del gobierno de Ravena, representado en la decidida acción militar del generalísimo Constancio, empeñado en restaurar el dominio militar y efectivo del gobierno de Honorio en toda la antigua Prefectura de las Galias.

La derrota de Geroncio en la Galia había precipitado la caída de su emperador, el hispánico Máximo. Reducido a España, es posible que Máximo tratase de apuntalar su situación, ya bastante desesperada, con el dominio de África, vital para el aprovisionamiento del gobierno de Ravena. A tal fin la cargada atmósfera social y política de África parecía ofrecer alguna posibilidad. Entre tanto, del otro lado de los Pirineos, Máximo podía esperar algún respiro a consecuencia de nuevas usurpaciones surgidas allí contra Honorio. En todo caso, las esperanzas de Máximo fracasarían ante el motín de las tropas regulares romanas que aún quedaban a su lado. Depuesto por los soldados, que habrían optado por el gobierno legítimo de Ravena, a Máximo sólo le quedaría la protección de sus antiguos aliados bárbaros. Entre ellos lograría sobrevivir en la mayor de las oscuridades hasta principios de la década de los años 20, en que nuevamente protagonizaría un intento menor de usurpación de la púrpura, al que nos referiremos más adelante. La deposición de Máximo por sus tropas romanas y los nuevos problemas surgidos en la Galia al gobierno de Honorio, cuyo definitivo control llevaría algún tiempo al enérgico generalísimo Constancio, impidieron de momento que la corte de Ravena pudiese ocuparse de los asuntos hispánicos. Tal vacío de poder, especialmente en las zonas occidentales de la Península —asiento bárbaro del 411—, explica suficientemente la impugne aventura hispánica de los visigodos de Ataulfo y Valia entre 414 y el 416, a la que nos hemos referido ya con anterioridad. Vacío de poder que, por otra parte, posibilitaría una cierta estabilidad de vándalos, alanos y suevos en las otras regiones más orientales de nuestra Península, y en la manera que señalamos precedentemente.

En virtud del *foedus* firmado entre Valia y Constancio en la primavera del 416, la fuerza militar visigoda sería utilizada en provecho del Imperio y de su gobierno legítimo de Honorio contra los bárbaros asentados en España. La acción de los visigodos se dirigió contra aquellos grupos bárbaros que habían ocupado las provincias más ricas y romanizadas de la Península, asiento indudablemente de un mayor número de linajes senatoriales, que tendrían allí importantes intereses económicos que defender; máxime si se tiene en cuenta que la ocupación bárbara, con el consiguiente trastorno de la fundamental administración fiscal tardorromana, podía favorecer a una agitación campesina siempre latente. El dominio de las costas de tales provincias además resultaba esencial —como se demostraría posteriormente— para una defensa y protección de la estratégica Africa romana; a este respecto los intentos fallidos de Máximo y Valia habían sido ya un serio aviso. Y dichas provincias constituían las zonas tocadas en suerte en el reparto del 411 a los alanos y a los vándalos silingos. En el curso de rápidas campañas en los años 416 y 417, Valia y sus visigodos lograrían quebrantar de forma decisiva la fuerza militar de silingos y alanos, que perderían hasta su personalidad y autonomía étnicas. El curso concreto de tales campañas nos resulta desconocido, fuera de saber que Valia, en persecución del enemigo, habría llegado hasta el Estrecho de Gibraltar, en cuyas proximidades se libraría una batalla decisiva contra un ejército conjunto de silingos y alanos. Dada la estructuración aristocrática y clientelar de silingos y alanos, habría resultado decisivo en su derrota la eliminación de sus reyes respectivos, Fredbal y Adax. El primero sería hecho prisionero y enviado a Ravena; el segundo caería en batalla. Eliminados unos reyes que, como vimos, habían contribuido poderosamente a la etnogénesis de sus respectivos pueblos, los elementos populares restantes y dispersos optarían por integrarse en el pueblo que tenían más a mano y les era más afín, los vándalos hasdingos del rey Gunderico, que de esta forma pasaría a ser un bloque popular de estimable fortaleza, como lo demostraría su historia posterior. Sin embargo, y tras estas victorias, el generalísimo Constancio decidiría a principios del 418 hacer volver al sur de la Galia a Valia y sus visigodos. Ignoramos las razones de tal decisión. ¿Nuevas y mayores exigencias en avituallamiento de Valia, difíciles de cumplir por el gobierno romano?, ¿temor de este último a un excesivo éxito militar visigodo que, en virtud del mecanismo ya conocido de la *Stammesbildung,* potenciase peligrosamente la demografía visigoda?, ¿ciertas reticencias de Valia a combatir con los restantes bárbaros peninsulares, por tener con alguno de ellos —concretamente con los suevos— ciertas relaciones de amistad personal y de linaje?, ¿momentánea aceptación por parte del gobierno imperial de los ofrecimientos de paz hechos por dichos grupos bárbaros?, ¿exigencias perentorias de utilizar la fuerza militar visigoda en otros escenarios bélicos de mayor interés y peligrosidad para el gobierno de Ravena y Arlés? Difícil decidirse por una sola de estas razones; posiblemente hubo un poco de todas ellas. En todo caso, lo que importa señalar aquí es que, con la decidida retirada de Valia, el gobierno imperial en absoluto optaba por desistir de su anterior y decidido propósito de restaurar su completo y total control en la totalidad de la Península ibérica. Los años inmediatos verían una continuación del esfuerzo militar romano en España, pero ya bajo el mando directo de generales romanos y con la participación de tropas regulares romanas junto a otras federadas visigodas. Pero de eso hablaremos más adelante.

Porque lo cierto es que con su intervención del 416-418 los visigodos habían iniciado un largo proceso de colaboración con el Imperio; mejor dicho, con sus grupos dirigentes, y más concretamente con una buena parte de los miembros de la poderosa aristocracia senatorial de España y del Mediodía galo. Efectivamente, tras sus victoriosas campañas en la Península ibérica, Valia y Constancio habrían renovado el *foedus* de dos años antes a principios del 418. A cambio de seguir prestando su esfuerzo militar a favor del Imperio —y tanto en España como sobre todo frente a movimientos insurgentes en el interior de la Galia— los visigodos no recibirían más provisiones de avituallamiento por parte del fisco imperial; por el contrario, se les permitía asentarse de forma definitiva y con total autonomía interna en las provincias gálicas de la Novempopulania y de la Aquitania Segunda en su mayor parte. El viejo sueño de Alarico de establecer un *Regnum* propio en el interior de las fronteras seguras del Imperio, y sobre sus fértiles tierras, parecía haberse cumplido finalmente, aunque no sin ciertas limitaciones. El rey visigodo no obtenía ningún título magistratural romano, ni tampoco militar, que legitimase su gobierno y jurisdicción sobre los habitantes civiles galorromanos de sus zonas de asentamiento; y el gobierno imperial, en principio, seguiría nombrando gobernadores ordinarios para dichos territorios y dichas gentes, que se mantendrían sujetas a la legislación y fiscalidad romanas.

Para poder subvenir a las necesidades de avituallamiento de los visigodos, se facultaba a éstos a proceder a la confiscación, sin indemnización alguna, de dos terceras partes de las tierras de cultivo de determinadas fincas, y se les otorgaba el derecho a compartir, como copropietario (*consors*) y en condiciones de proporcionalidad a aquéllas, los bosques y baldíos anexos a dichas fincas, si se optaba de común acuerdo por mantener la unidad estructural de la antigua finca (*villa*), ahora dividida, con vistas a un mejor aprovechamiento de recursos. Parece probable que dicho procedimiento innovador para el avituallamiento y pago de bárbaros *foederati* se inspirase en el procedimiento de la *hospitalitas* u *hospitium* militar, recientemente regulado en el 398. Según el cual se obligaba a la población civil afectada a alojar a las tropas en tránsito por un territorio, mediante la división transitoria de la casa del *hospes* civil entre él y el militar alojado, con una proporcionalidad variable en función del rango de dicho militar. Es evidente que en dicho reparto solamente fue tenido en cuenta un número limitado de fincas. El estudio de la toponimia de probable origen godo en el sur de Francia parece indicar que el asentamiento de los visigodos y, por tanto el reparto de tierras, se realizó fundamentalmente en las zonas vecinas a Tolosa —que se convirtió en la sede de los monarcas visigodos— y en las fértiles tierras situadas en el valle del Garona. Por otro lado, es indudable que en estas áreas quedaron muchas fincas sin ser objeto de división alguna. La hipótesis más verosímil, sostenida con buenos argumentos por E. A. Thompson, propugna que sólo fueron objeto de reparto las fincas de un cierto tamaño, quedando libres las más pequeñas. La poderorísima aristocracia senatorial de esta parte de la Galia habría accedido a tal quebranto de su potencial socioeconómico ante el indudable beneficio que representaba la presencia visigoda para protegerles de posibles ataques de otros grupos bárbaros y, sobre todo, de las revueltas campesinas de tipo bagaúdico, muy frecuentes en estas zonas y época, que amenazaban directamente su privilegiada situación. Por otro lado, no puede olvidarse que muchas de estas tierras debían presentar unas perspectivas de rentabilidad dudosas como consecuencia de una endémica escasez de mano de obra agrícola ahora acentuada por la posible huida de muchos esclavos y colonos aprovechando la inestable situación política y militar del territorio. En todo caso, la pérdida de unas tierras de problemática explotación podía suponer una descarga de la pesada fiscalidad tardorromana para sus propietarios. En fin, una de las características de los patrimonios fundiarios de la aristocracia senatorial tardorromana era su dispersión, incluso por diversas provincias del Imperio, afectando tal expropiación solamente a una porción muy limitada de dicho patrimonio. A este respecto el caso bien conocido de Paulino de Pella, con posesiones en las proximidades de Burdeos —muchas de las cuales le fueron respetadas por los visigodos—, Marsella, regiones pirenaica y complutense en España, y Macedonia, puede resultar esclarecedor. A este respecto es muy significativo que la instalación goda en Aquitania se haya hecho acompañar por el gobierno de Honorio con la restauración del viejo *concilium* de las Siete provincias del Mediodía galo. Con ello se pretendía dar un mayor protagonismo político a la población civil gala, con particular incidencia a la hora de determinar el monto de los impuestos a pagar a la Hacienda romana cada año. En fin, dada la fuerte estructuración aristocrática y clientelar de los visigodos, parece lo más probable que dicho asentamiento y reparto de tierras se hizo en beneficio principalmente de la poderosa aristocracia gótica. De modo que, por lo general, cada noble visigodo acompañado de sus clientes y esclavos constituiría una unidad de asentamiento, beneficiándose los segundos a través de la entrega de los dos tercios de una importante hacienda galorromana a su señor. De esta forma la aristocracia goda entraría rápidamente en una comunidad de intereses y puntos de vista, de formas de vida, con la antigua aristocracia senatorial galorromana. Y la romanización de las bárbaras costumbres góticas era un requisito esencial para la grata aceptación del huésped germánico por su consorte senatorial galorromano. No cabe duda también que con el asentamiento en Aquitania el rey visigodo pudo fortalecer su situación, pues muy posiblemente el patrimonio imperial de las regiones cedidas pasaría a manos del monarca godo, y podría contar con ellas para recompensar a sus clientes. Lo cierto es que con todo ello se procedía por vez primera al reconocimiento oficial por parte del gobierno imperial de la existencia de un organismo autónomo dentro de sus confines.

Se constituía así un Estado dentro de otro, haciendo el Reino visigodo su territorio de aquel imperial-romano cedido en virtud de un *foedus,* pero que teóricamente seguía perteneciendo al Estado romano. Situación equívoca y contradictoria, a tenor del Derecho público romano, que se explica en la especialísima coyuntura del momento y que los tiempos inmediatamente posteriores solucionarían en el sentido de la plena e independiente propiedad del territorio por el Estado visigodo. Con dicho reconocimiento quedaba fundado lo que se conoce tradicionalmente como Reino visigodo de Tolosa, por la sede de sus monarcas. Y dicho Reino iba a tener una importancia y significación decisivas en la posterior historia de la Península ibérica. Pues es indudable que durante todo el siglo v dicha historia iba a estar en lo fundamental determinada por la paulatina mayor intervención y penetración del poder político y militar visigodo en España, así como por la contemporánea y paulatina caída y desintegración de la administración y poder del Imperio romano.

La penetración visigoda y la descomposición del poder imperial

La paulatina penetración e imposición del poder visigodo en España, y la concomitante ruina de la administración romana, debe articularse en dos épocas claramente diferenciadas. La primera llega hasta poco antes de la definitiva ruina del poder imperial romano en la *Pars Occidentis,* en concreto hasta los primeros años de Eurico (*c.* 466). La segunda se prolonga hasta la catástrofe del Reino de Tolosa en la rota de Vouillé, del 507, frente a las armas merovingias de Clodoveo. La primera época se caracterizaría porque las intervenciones militares godas en España se produjeron en nombre de la autoridad imperial y bajo el estatuto legal de tropas federadas según el acuerdo del 418, varias veces renovado en los años sucesivos. De modo que los ejércitos visigodos actuarían teóricamente en coordinación y bajo el mando supremo de los generales romanos destacados en España. En esta primera fase las acciones militares visigodas se ejecutarán principalmente contra los grupos de bárbaros que habían penetrado en la Península en el 409, que se habían visto reducidos a partir del 418 a sólo dos grandes agrupaciones populares: los vándalos hasdingos —que aglutinaron a los restos de los silingos y de los alanos— y suevos. En segundo lugar, dicha acción militar se ejercitó contra movimientos bagaúdicos surgidos en el valle del Ebro. Todo lo cual, traducido a términos sociopolíticos, quiere decir que la acción militar visigoda en esta primera etapa se realizó fundamentalmente en defensa de los intereses de los grupos dirigentes hispanorromanos. Aunque esta afirmación no signifique la ausencia de posibles roces esporádicos entre tales grupos y las tropas visigodas. Ellos serían el producto de las disputas por el poder imperial entre diversas facciones senatoriales del Occidente romano, o del deseo de ciertos elementos dirigentes hispanorromanos de una mayor autonomía, tanto frente al Imperio como frente a sus eventuales representantes o sustitutos visigodos.

Es indudable que la intervención militar de Valia en el 416 y 417 permitió un restablecimiento de la autoridad imperial en buena parte de la Península. En concreto, había servido para limpiar de toda presencia bárbara las estratégicas costas mediterráneas, manteniendo así seguras para el gobierno de Ravena las vitales comunicaciones con la Tingitana y entre la Narbonense y la Tarraconense. Por otro lado, el restablecimiento y reorganización del dispositivo militar romano en las Galias por obra del generalísimo Constancio en esas mismas fechas significaba la seguridad de que en el futuro no se producirían nuevas invasiones bárbaras en la Península ibérica. A ello contribuiría la presencia de los federados godos estacionados en el rincón sudoccidental de la Galia a partir del 418. Además, desde una fecha temprana —que cabe suponer poco antes de mayo del 416— se encontraban estacionados en la vertiente hispánica de los Pirineos orientales de 4 a 12 unidades (*auxilia palatina*) del ejército de campaña occidental. Al frente de ellas se situó a un alto comandante romano, un tal Sabiniano, ocupando el cargo recién creado de conde de las Españas y con una altísima graduación en la jerarquía militar; para el avituallamiento de esta tropa —unos cuatro mil quinientos hombres— de momento se contaba con los recursos fiscales de la Galia, a la espera de la restauración de la administración romana en España. Posiblemente la marcha de Valia con el grueso de sus visigodos a principios del 418 debió obligar al gobierno imperial a incrementar a más del doble el ejército de campaña destacado en España bajo el mando de su conde, según figura en la famosa *Distributio numerorum* que refleja la situación del ejército occidental en la segunda década del siglo v.

Las victorias de Valia y el dispositivo militar romano de vigilancia en la Tarraconense habían reducido la presencia bárbara en España al marginal cuarto noroccidental. Reducidos a un territorio limitado y sin posibilidades de recibir refuerzos, cabía esperar un rápido debilitamiento del invasor, con el surgimiento entre otras cosas de disputas entre vándalos y suevos por la posesión de un más amplio territorio donde poder realizar requisiciones. Mientras tanto, el ejército romano podía mantenerse a la expectativa. Porque lo cierto es que, tras la marcha de Valia y hasta el 419/420, no volvemos a tener noticias de acciones bélicas de alguna importancia. Para este año tenemos constancia precisamente del surgimiento de un conflicto entre los suevos y los vándalos. Parece lo más probable que la disputa tuvo su origen en un intento del grupo vándalo, sin duda el más fuerte, de aumentar su territorio —que se le había quedado muy pequeño tras la unión a los hasdingos de los restos de silingos y alanos— a costa de su vecino occidental. Lo cierto es que los vándalos serían capaces de cercar a una porción mayoritaria de los efectivos militares suevos en los ilocalizados montes Nerbasios. La que parecía inminente rendición por hambre de los suevos, sería evitado por la intervención del ejército imperial de maniobra destacando en España. Los vándalos, con su rey Gunterico, abandonarían el cerco y, tras avanzar hasta Braga y dar muerte a un cierto número de suevos allí residentes, acabarían por retirarse hacia el mediodía peninsular, de momento lejos del alcance del grueso de las fuerzas romanas. Sin duda, el alto mando romano, al actuar en defensa de los suevos, lo hacía por temer una supremacía de la agrupación bárbara más poderosa, los vándalos, que podía esperar engrosar sus efectivos con la destrucción de la monarquía militar sueva; al tiempo que con su proceder favorecía la posibilidad de un conflicto permanente entre las diversas *gentes* bárbaras. El número bastante inferior de los suevos de momento representaba un peligro secundario, y las posibilidades de disgregarlo y asimilarlo posteriormente parecían mayores.

El ejército imperial que obligó a los vándalos a levantar el cerco se encontraba al mando de Asterio, entonces conde de las Españas. Un testimonio epistolar contemporáneo sitúa la sede de este alto funcionario militar en Tarragona, al tiempo que señala el estatuto de ilustre —superior al exigido para ocupar el cargo de conde de las Españas— y sus íntimos lazos de parentesco con la nobleza senatorial hispánica, y más concretamente tarraconense. Posiblemente, Asterio —que al finalizar su actividad en España obtendría la máxima dignidad del patriciado— estaba también emparentado con la poderosa aristocracia senatorial romana. Todo ello no es sino un indicio claro del interés considerable del gobierno de Honorio por restaurar el dominio imperial en España y que trataba de conseguir tal objetivo para y mediante la alianza con la poderosa aristocracia senatorial hispánica, muy influyente desde los tiempos de Teodosio. En definitiva, una actuación del gobierno imperial en todo semejante a la realizada por Constancio poco antes en las Galias.

La voluntad del gobierno imperial de acabar de una vez por todas con el problema bárbaro en España parece quedar perfectamente reflejada en la expedición conducida en el 421 ó 422 por el nuevo generalísimo occidental Castino, el sucesor de Constancio, elevado a la dignidad imperial. Para ello Castino movilizaría un importante contingente militar más del doble del de su predecesor en España, Asterio, y engrosado fundamentalmente a base de federados visigodos. En el estado actual de la documentación no podemos más que sospechar la razón para tan considerable esfuerzo militar por parte del gobierno de Ravena que, por lo demás, pasaba por discordias internas tras la desaparición del fugaz Constancio III en septiembre del 421. Y tal razón parece haber sido el resurgimiento de una nueva usurpación imperial en tierras hispánicas. Como vimos anteriormente tras la derrota y fin de Geroncio su emperador Máximo no había tenido más remedio que encontrar refugio entre los bárbaros invasores de España, sus antiguos aliados y auxiliares militares. Pues bien, diversas fuentes analísticas nos indican que Máximo protagonizó ahora una nueva aventura imperial. Esta vez habría tenido la colaboración de un tal Jovino, desconocido por lo demás, y parece lo más probable que contó con el fundamental auxilio militar de los vándalos de Gunderico. Posiblemente la ocasión aprovechada por el último intento habría sido la salida de España de Asterio y la contemporánea crisis surgida en el gobierno de Ravena —y en las relaciones de éste con el de Constantinopla— con la proclamación como Augusto el 8 de febrero del 420 del patricio Constancio, que no debía gozar de excesiva popularidad en determinados medios. Desde luego, el rey vándalo había ya experimentado lo que podía esperar de Constancio: la negativa más absoluta a cualquier normalización de su situación en España mediante un estatuto de federados para su gente. La campaña de Castino se focalizó así en el rico y estratégico —por la posibilidad de pasar al África— territorio de la Bética, donde se encontraban los vándalos de Gunderico. Castino habría obtenido en la Bética unos primeros éxitos militares de importancia frente a los vándalos y sus posibles aliados romanos. Fruto de ellos serían muy probablemente el apresamiento del usurpador Máximo y su colaborador Jovino. Conducidos a Italia, serían juzgados y ejecutados en Ravena con motivo de la celebración de los *tricennalia* de Honorio en el 422. Sin embargo, cuando los vándalos, faltos de avituallamiento, parecían a punto de rendirse al generalísimo romano, éste sufriría una terrible y repentina derrota. A duras penas conseguía Castino escapar con el resto de su diezmado ejército hacia Tarragona. Al decir de Hidacio, la derrota de Castino se habría producido por la extemporánea defección de sus fundamentales auxiliares visigodos. Parece bastante probable que en tal comportamiento tuvieron un papel importante las intrigas y disensiones que aquejaban al gobierno de Ravena tras la muerte de Constancio III en septiembre del 421; más concretamente la enemistad de Gala Placidia, y de su hombre de confianza el conde Bonifacio, hacia Castino. Placidia, que debía seguir gozando de importantes influencias entre los visigodos, habría podido alentar su traición.

La derrota de Castino debió significar una pérdida irreparable para la potencia militar del Imperio en España. Los transtornos y quebrantos por los que iba a pasar inmediatamente el poder imperial en Occidente tras la muerte de Honorio en el 423 imposibilitarían cualquier intento del gobierno de Ravena por reponer las unidades comitatenses perdidas con Castino. Por otro lado, la tragedia del 422 habría demostrado hasta qué punto se podía confiar en la lealtad de los auxiliares godos para la defensa de los intereses generales del Imperio —y no de determinados dirigentes de éste, con particulares relaciones clientelares con los visigodos— en el futuro. Los años posteriores a la derrota de Castino marcarían así un paso más, y bastante considerable, en la ruina de la dominación imperial en todo el área península ibérica.

Desde esa fecha y hasta su paso al norte de Africa en el 429, toda la mitad meridional de España sería víctima de las continuas depredaciones de los vándalos vencedores de Castino. Especial interés demostraría Gunderico en el dominio de las áreas costeras, desde la provincia de Cádiz a la de Alicante incluida. La presencia vándala parece así demostrarse en estos años en lugares como Málaga, Ilice (Alcudia de Elche) y Cartagena. La toma de ésta última —que sufriría importantes destrucciones— debió poner a los vándalos en disposición de un cierto número de barcos. Inmediatamente después de su conquista, y hacia el 425, sabemos que una flota vándala visitó y saqueó las Baleares. Posiblemente Gunderico, conocedor de la experiencia del 421-22, trataba de impedir por todos los medios que se produjese un nuevo bloqueo marítimo por parte de Roma que pusiese en peligro su aprovisionamiento. Dueño del mar, Gunderico podría poner en peligro el normal desarrollo de las vitales rutas frumentarias que unían África y España con Italia y el sur de la Galia. En estos años se ponían así los cimientos de una hábil política de intimidación logística sobre el Imperio por parte de los vándalos, que se intensificaría años después con Genserico. Por otro lado, libre de la amenaza del envío de tropas imperiales a España —a consecuencia de la división político-militar del gobierno de Occidente en estos años del 423 al 425 y, posteriormente, en el 427 y 428—, Gunderico trató de ocupar centros vitales y estratégicos desde donde se pudiese articular una resistencia local a sus actividades depredatorias, además de constituir por sí lugares con concentraciones importantes de riquezas que saquear. En este sentido hay que comprender las tomas de Córdoba (?) y Sevilla. La captura de esta última sería en el 428; al poco moría Gunderico, sucediéndole al frente de los vándalos su hermano Genserico. En ese momento la devastación y saqueo de las ricas zonas de la Bética, Lusitania y Castaginense debía haber llegado a tal punto que hiciesen necesario y aconsejable el abandono del país y la invasión de otras provincias todavía intactas. Con un importante control de las aguas meridionales de España, la oportunidad de penetrar en la legendaria África le vino a Genserico con las disensiones entre el *comes Africae* Bonifacio y el gobierno de Ravena, que ocasionaron una clara disminución y división del poder defensivo del Imperio en la zona, además de constituir para el inmediato futuro una amenaza de nueva intervención militar romana en el sur hispánico. Poco antes del traslado de los vándalos al África por el estrecho de Gibraltar, en mayo del 429, Genserico con una pequeña tropa habría perseguido hasta las inmediaciones de Mérida a una banda de suevos comandados por un tal Heremigario. Posiblemente Genserico temía que dicho grupo militar suevo, en busca de botín, inquietase la siempre crítica opera-

Spatha vándala (?) de principios del siglo v. Béja (Portugal)

ción de embarque de un contingente popular numeroso —las fuentes dan un total de 80.000 almas— como era el vándalo.

Los años inmediatamente posteriores a la marcha de Genserico y su pueblo iban a ver la presencia exclusiva en España de los suevos como fuerza bélica de una cierta entidad. Éstos no encontrarían, en su intento de extender su zona de influencia y depredaciones, más resistencia que la ofrecida por los propios provinciales hispanorromanos, atrincherados en sus recintos murados urbanos o en sus *villae* fortificadas. Las escasas tropas romanas destacadas en la Península en estos años sólo debían bastarse para defender la estratégica Tarraconense, que aseguraba el control de las importantes comunicaciones con Italia por el mediodía galo. Hasta los primeros años de la década de los 40 el gobierno imperial en Occidente iba a tener que enfrentarse a numerosos y graves problemas, más urgentes para su seguridad y estabilidad que el saqueo por los suevos de las zonas extremo-occidentales de la distante España: intentos de extensión por Teodorico I del área de dominio visigodo a la costa provenzal en el 430 y en el 436-439; rebelión de tipo bagaúdico en la Armorica en el 435; sublevación de los *foederati* burgundios de la ribera izquierda del medio Rin; y el terrible avance de Genserico y sus vándalos por el norte de África, con la toma final de la metrópoli cartaginesa en el 439. Y el primero de estos problemas significaba, por otro lado, la problemática utilización de los federados visigodos como venía siendo costumbre por parte del gobierno imperial en España.

Sería precisamente en estos años, durante toda la década de los 40 y principios de la siguiente, cuando los suevos trataron de extender su influencia y dominación, o cuando menos sus actividades depredatorias, a otras provincias externas a su asentamiento en la Galia oceánica. Regiones que tenían una vida urbana más densa y ofrecían así mayores esperanzas de botín. Como consecuencia de sus éxitos militares y de saqueo, los suevos darían un paso más en la cimentación de su etnogénesis, de su unidad nacional, demasiado reciente como vimos. Sería entonces cuando en las fuentes se testimoniase con claridad la existencia de una monarquía sueva unitaria, prácticamente reconocida por la inmensa mayoría de los grupos populares y de las clientelas aristocráticas. Y, sin embargo, la realidad es que los suevos se mostrarían, en estos años tan favorables para su causa, incapaces de obtener y consolidar un dominio territorial amplio y estable, fuera de actos de saqueo esporádicos realizados en rápidas cabalgadas lejos de sus bases de asentamiento, que siguieron siendo prácticamente las mismas que en el decenio anterior. Y ello a pesar de que no tuvieron en frente a ninguna organización político-militar poderosa y dispuesta a contraatacar. Una dominación sueva estable sólo se dio en ciertas zonas de la *Gallaecia,* principalmente en el área costera en torno a Braga y en algunos otros núcleos urbanos de una cierta importancia y con valor estratégico y militar, como podían ser Lugo, Oporto y Astorga. De esta forma se explica que incluso en las áreas de dominio suevo más consolidado, como podía ser la Galicia sudoccidental, se mantuvieron siempre numerosos islotes y amplias zonas prácticamente independientes de todo control suevo, de hecho dominados por la aristocracia local hispanorromana, frecuentemente encuadrada en las filas del episcopado católico o priscilianista. Tal inestabilidad, y aun fragilidad, de la potencia sueva tenía varias causas, unas propias de los suevos, y otras de los hispanorromanos y aun del territorio galaico. Las primeras consistían, fundamentalmente, en lo reciente de la etnogénesis sueva y de su monarquía unitaria, lo que originaba una gran autonomía de los diversos grupos y clientelas y su tendencia al fraccionalismo a la menor crisis del débil poder central. Las segundas residían, principalmente, en la muy desfavorable relación númerica en que los suevos se encontraban en relación con la población indígena. Aunque cualquier cifra no puede ser más que hipotética, la apuntada recientemente por Thompson de unos 20.000 ó 25.000 suevos, contando mujeres y niños, parece bastante razonable, y más criticable por exceso que por defecto. Tal número no representaría más de un 3 por 100 para el total de la población provincial de la Galecia de influencia sueva, que en el siglo II superaba las 700.000 almas. La escabrosidad del terreno facilitaba siempre la defensa local de la población e impedía una buena coordinación centralizada de los varios grupos suevos. Aunque este último hecho también era un obstáculo desde el punto de vista de los provinciales, que se veían obligados a defensas puntuales y locales, difícilmente coordinadas. Por otro lado, los suevos podían aprovecharse del malestar existente entre los grupos humildes de la sociedad provincial, con un aumento peligroso del fenómeno del bandidaje, así como de disensiones en el seno de la Iglesia galaica entre católicos y priscilianistas.

Hidacio, obispo de *Aquae Flaviae* (actual Cháves), es un testigo y narrador de excepción de las relaciones entre suevos y galaico-romanos durante estos años, en los que él mismo tuvo un destacado protagonismo en la búsqueda de soluciones de coexistencia que salvaguardasen lo más posible los intereses de la aristocracia galaica y de la Iglesia católica, así como preservar una relación, aunque distante, de éstas con el gobierno imperial. E Hidacio nos señalará así minuciosamente las continuas escaramuzas entre los suevos y los provinciales galaico-romanos, en una interminable sucesión de saqueos y acuerdos de paz que se rompen fácilmente. Como señalamos anteriormente, del testimonio hidaciano se deduce con claridad que era la aristocracia provincial quien encabezaba la defensa a todos los niveles frente al poder, o mejor, los poderes suevos. En vano el obispo Hidacio en compañía de otros se dirigió a las Galias en el 431 en petición de ayuda al *magister militum* Aecio. El generalísimo romano se encontraba entonces demasiado ocupado con los problemas galos, principalmente ante el peligro representado por las apetencias del rey visigodo, que habría vanamente intentado formar una coalición antiimperial con los suevos. Más éxito tendrían cuando negociaron la paz con el rey Hermerico en el 433, que había experimentado dos años antes en su propio círculo de dependientes las dificultades de una lucha generalizada con los provinciales. En estos momentos el principal punto de conflicto entre suevos y galaicos habría residido en el intento de los primeros de extender su dominio efectivo por las zonas centro-meridionales de Galecia, posiblemente en torno a la actual provincia de Orense. La confirmación en el 438 del *status quo* entre la aristocracia galaica y los suevos permitió —y, en cierto modo, también les obligó— a los segundos la extensión de sus campañas de pillaje a zonas externas al noroeste peninsular; para ello los suevos se aprovecharían nuevamente de las dificultades del Imperio en las Galias, que tenían por completo ocupadas a las importantes fuerzas del patricio Aecio, así como de la reanudación de la ofensiva vándala en África y la iniciación de sus correrías pirática contra Italia y Sicilia.

La extensión extragalaica de las depredaciones suevas iba a ser fundamentalmente la obra de nuevo rey suevo Riquila, sustituto de su padre Hermerico, gravemente enfermo. Riquila intentará incluso ejercer una especie de protectorado o hegemonía reconocida en Lusitania y en la mitad oeste de la Bética. En el 438, los suevos lograrían penetrar profundamente en la depresión bética, consiguiendo derrotar a orillas del Genil a una fuerza armada, a lo que parece organizada localmente y comandada por un tal Andevoto, tal vez un *condottiero* de origen germánico al servicio de la potente aristocracia local. En los dos años siguientes a esta expedición en profundidad el rey suevo se afanaría por conseguir el control del valle del Guadiana y de la importante y estratégica ciudad de Mérida. Ésta sería ocupada en el 439, y al año siguiente la rica Mértola. El dominio de la capital de Lusitania y sede en otro tiempo del vicario de la Diócesis hispánica debió permitir al rey suevo controlar lo que quedaba de todo el aparato administrativo romano en dicha provincia. Finalmente, en el 441, Riquila lograría entrar en la gran metrópoli bética de Sevilla, tal vez en connivencia con un sector de la aristocracia local. Esta última conquista debió permitir al monarca suevo la extensión de su predominio incluso por la Cartaginense, al menos por sus tierras interiores. A principios de la década de los 40 por tanto, sólo la Tarraconense se mantenía en su integridad bajo el estrecho control del Imperio, y eso posiblemente con la ayuda de alguna tropa de federados visigodos. Significativa de la decidida voluntad expansiva de los suevos sería la constitución en Mérida de una especie de capital meridional del Reino suevo; en el 448 moriría en ella su rey Riquila.

Pero iba a ser precisamente en estos momentos de máximo apogeo de la potencia sueva, encaminada hacia su consolidación, cuando se produjese una decisiva inflexión de tal proceso. La década de los 30 significó la plena consolidación de la posición de Aecio como generalísimo de Occidente y verdadero amo del gobierno del jovencísimo Valentiniano III; lo que produjo una mayor concentración de fuerzas y unidad de dirección de la política imperial. En el 439, Aecio lograba en el mediodía galo una estabilidad satisfactoria para el Imperio con la firma de una nueva paz y la confirmación del viejo *foedus* de cooperación con el rey godo Teodorico I. Nuevos asentamientos de federados en las Galias en el 440 y 442, y de los derrotados burgundios en la Sapaudia, consolidaban la posición del Imperio en las regiones centrales y orientales de las Galias, posibilitando así al gobierno imperial a poner solución a las desestabilizadoras revueltas de tipo bagáudico. En el 442 se firmaba un tratado de paz con el vándalo Genserico, en virtud del cual se devolvía al Imperio el dominio sobre Mauritania y Numidia. Parecía llegado el momento de intentar restaurar el poder hegemónico del Imperio en España. Para colmo de males, en la única región hispana donde el poder romano se había logrado mantener incólume de los zarpazos depredatorios suevos, en la Tarraconense, el estallido de una revuelta de tipo bagáudico parecía tornar peligrosamente la situación para los intereses sociopolíticos que representaba el Imperio.

Los movimientos de tipo bagáudico arrancaban en la Prefectura gálica de tiempo atrás. En su origen estaban las causas estructurales del malestar campesino en el Bajo Imperio y los factores políticos potenciadores de las primeras: la rápida disminución de los pequeños campesinos y su paulatina conversión en gentes de un estado de dependencia personal e incluidos dentro de los circuitos productivos de la gran propiedad fundiaria, en lo que respecta a las primeras; la presión fiscal del Estado y la prepotencia cada vez mayor de los jefes militares y de los grandes propietarios, en lo tocante a las segundas. Y a unas y otras se unirían ahora los efectos desencadenados por las invasiones. Éstas hicieron necesaria una mayor presión fiscal para atender a las nuevas exigencias militares, al tiempo que los poderosos podían extender más fácilmente su autoridad y prepotencia sobre los campesinos, quienes, por su parte, se veían necesitados de protección ante lo inestable y confuso de la situación. Esta sólo podían ofrecérsela los primeros. Pero, por otro lado, ante la disminución y la quiebra del poder del Estado, y en la confusión coyuntural producidas por las invasiones y posteriores acciones de saqueo o de represión, no es de extrañar que un gran número de campesinos intentase escapar a la pesada fiscalidad imperial y a una mayor dependencia con respecto a los grandes propietarios abandonando los cultivos y dedicándose al pillaje, como forma de oposición a un orden socioeconómico y estatal que les era vejatorio. Es más, aprovechando estructuras culturales y sociales de raigambre céltica, todavía muy vivas en ciertas regiones marginales, es posible que tal *Jacquerie* campesina derivase también hacia la constitución de protoestados declaradamente extraños al Imperio, en los que podían ver colmada también su ambición algunos representantes locales de los grupos dirigentes de la sociedad provincial galo- o hispanorromana.

Tal parece ser el origen del movimiento conocido como *bagauda*, que iba a darse a lo largo del siglo v tanto en la Galia como en ciertas zonas de la Península ibérica. En concreto, oímos hablar de una bagauda hispánica por vez primera en el 440, coincidiendo cronológicamente con la segunda gran rebelión bagaúdica que, conducida por Tibatón, estalló en el territorio galo entre el Sena y el Loira; contemporaneidad que puede no ser una mera casualidad, en cuyo caso cabría pensar en una dependencia genética de la hispánica respecto a la gala y considerar para los rebeldes una estructura militar y logística de una cierta consideración. En España, la bagauda del 441 irrumpe en Araceli (¿Huarta-Araquil?) y Tarazona. Tal localización geográfica ha hecho pensar en su conexión con las poblaciones de estirpe euskalduna, entonces en un proceso emergente por la actual depresión vasca y novempopulania, que no acabaría sino a finales del siglo vi y que presentaba un signo cada vez más autónomo respecto del poder romano. Estén o no conexionados ambos movimientos —que tomado en un estricto sentido étnico-lingüístico, debe ser contestado negativamente—, lo que no debe olvidarse es que dichas poblaciones vasconas podían coincidir con la bagauda gala e hispana en mostrarse opuestas en gran medida al ordenamiento estatal tardorromano, en la medida que unos y otros conservaban bastante intactas viejas estructuras sociales de tipo comunitario y gentilicio, una agudizada conciencia de diferenciación étnico-cultural, consecuencia de su escasa romanización. Por ello, no resulta en absoluto extraño que el gobierno imperial, una vez que tuvo las manos un poco más libres en las Galias, tratase de destruir tales movimientos bagaúdicos de una manera enérgica y rápida. Máxime cuando tal rebelión se daba en la única provincia hispánica donde el poder romano todavía se mantenía intacto. Como antes en la Galia, se demostraría ahora que para el gobierno de Ravena el peligro bagaúdico era prioritario al problema bárbaro, si éste se desarrollaba en provincias geográficamente marginales al centro del Imperio.

Ya en el mismo 441 fue enviado a tal efecto el generalísimo Asturio, muy posiblemente titular en ese momento del magisterio de la milicia por las Galias. Asturio sería sustituido en el 443 por su yerno Merobaudes, sucesor también en su puesto militar gálico. El seguro origen hispánico del segundo, así como sus intereses económicos también presentes en la Galia, y su relación familiar con Asturio, son un indicio más del interés de la aristocracia senatorial hispanorromana en destruir tales movimientos bagaúdicos que ponían en peligro las mismas bases de su prepotencia sociopolítica. Pero también son un testimonio de la continuidad, a mediados del siglo v, de la alianza sociopolítica entre influyentes sectores de la aristocracia senatorial gala e hispánica y de su capacidad de influjo en el gobierno de Ravena, siguiendo así una tradición bien cimentada en los tiempos de Teodosio el Grande. Por el momento, la actividad militar de Asturio y Merobaudes fue capaz de restablecer la situación en la amenazada Tarraconense, aunque más tarde volveríamos a asistir a un rebrote de la bagauda en esos mismos parajes.

Restablecida la situación de la estratégica e indispensable Tarraconense, en paz la vital Galia con la restauración de su situación militar y la consecución de una nueva entente con los grupos de federados allí asentados, el gobierno imperial parecía estar dispuesto nuevamente, como hacía algo más de veinte años atrás, a reimplantar su completo dominio en la mitad meridional hispánica, donde tenía importantes intereses sociopolíticos y estratégicos que defender frente a los zarpazos suévicos que examinamos con anterioridad. A tal efecto se envió a Vito, nuevo titular del magisterio militar galo, en 446. El ejército de Vito debía estar compuesto en lo esencial de tropas federadas visigodas. La actitud de Vito debió desarrollarse sobre las vitales vía Augusta y valle del Guadalquivir. Pero, trabado combate entre sus federados visigodos y los suevos mandados por el rey Requila, los primeros serían derrotados, viéndose así obligado Vito a emprender la huida. Hidacio, nuestra fuente al respecto, transmite un dato especialmente significativo respecto a la campaña de Vito: el general romano y todas sus tropas habrían causado, con anterioridad a la derrota, ya un grave quebranto a los provinciales que afirmaban proteger; cabe suponer que mediante una política fiscal muy dura, consistente en requisas de gran volumen efectuadas sobre la población para el mantenimiento de sus tropas de federados. El dato es muy significativo. Por un lado, puede ponerse en relación con las afirmaciones hechas hacia el 445 para España y la Galia en general por el anacoreta marsellés Salviano en su *De gubernatione Dei*. Pues al señalar de forma apocalíptica el orden social imperante entonces en España, Salviano recuerda cómo muchos provinciales, abrumados por el peso de los impuestos, la brutalidad de los poderosos y de los funcionarios imperiales, preferían abandonar la lealtad al Estado romano y hacer causa común con los bárbaros invasores. Pero, por otro lado, el testimonio de Hidacio puede entenderse como el comienzo del despegue de las aristocracias locales hispanorromanos con respecto al Imperio, un organismo cada vez menos útil a sus intereses, incapaz de defenderlas eficazmente. Sin duda que el fracaso de la expedición de Vito, la última comandada por un general del Imperio en estas tierras, y la reacción ante ella suscitada entre los provinciales pudieron ser así causa no pequeña en el surgimiento y cimentación en el mediodía hispánico de poderes locales más o menos autóctonos, basados en las grandes ciudades de la región y en los epígonos de la aristocracia senatorial, a la que la jerarquía eclesiástica cada vez más iba a ofrecer el apoyo de unas estructuras acostumbradas tanto al gobierno de las personas como, sobre todo, de las almas. Poderes y autonomías locales que habrían de jugar un papel histórico nada despreciable en estas tierras durante más de un siglo con posterioridad al desastre de Vito.

Pero de momento la derrota de Vito benefició a sus vencedores directos: los suevos. Desde entonces los suevos debieron ejercer en estas tierras sureñas su supremacía, a lo que parece sin mayor contratiempo; situación que perduraría hasta la intervención del visigodo Teodorico II en el 458.

En el 448 moría en Mérida Riquila. Le sucedió su hijo Requiario. Los éxitos militares del padre parecieron razón y base clientelar suficiente para esta afirmación dinástica; no obstante, hubo una cierta oposición por parte de algunos elementos de la aristocracia sueva. El nuevo rey suevo fue el primero de su estirpe en haber abrazado el credo cristiano en su versión católica. Tal vez el joven pudo ver en su conversión un factor que pudiera ayudar a una entente con la población hispanorromana de su área de dominio e influencia; acercamiento que siempre perseguirían los monarcas suevos. Pero tal disposición hacia los provinciales no tenía por qué significar lo mismo con respecto al gobierno de Ravena y en relación al mantenimiento de su dominio en la Península ibérica. El momento parecía muy oportuno para que el suevo Requiario intentase extender su dominio al total espacio peninsular y acabase con el latente peligro que constituía la presencia de la administración imperial en la vital Tarraconense. Una coyuntura favorable parecía puntear en el horizonte: el surgimiento de desavenencias entre Aecio y sus antiguos aliados, los hunnos de Atila, que muy pronto se mezclarían con complicaciones surgidas en la Corte de Ravena, en el mismo seno de la familia imperial. Requiario pudo obtener la neutralidad de los visigodos para cualquier acción suya en la Tarraconense al desposar, a principios del 449, a una hija del godo Teodorico II. El visigodo proseguía así su políticca de acercamiento a los otros monarcas germánicos instalados en suelo romano-occidental; tal vez con tal alianza matrimonial Teodorico pretendiese evitar la posibilidad de verse atacado desde España en caso de que pudiesen prosperar los planes de Atila, que suponían un completo vuelco del actual equilibrio político existentes en las Galias. En su viaje a la Corte visigoda para contraer matrimonio, el rey suevo saquearía las áreas noroccidentales de la Tarraconense. En su viaje de vuelta —efectuado, a lo que parece, por los pasos orientales del Pirineo—, Requiario encontraría la ocasión de saquear la ciudad de Lérida y la región de Zaragoza. En el caso de esta última, Requiario y sus suevos pudieron aprovecharse de la confusión creada en la zona por la actuación de un nuevo movimiento bagáudico surgido otra vez en el valle medio del Ebro. Este segundo rebrote bagáudico debía presentar unas características bastante más acusadas que el anterior, que le hacían más peligroso para la integridad de la dominación imperial en la Tarraconense y los intereses sociopolíticos que esta última representaba. Poseía una dirección unificada bajo el liderazgo carismático —basado en sus hazañas bélicas— de un tal Basilio, atreviéndose ya al ataque y saqueo de centros urbanos, no sólo de la campiña. En el 449, la bagauda de Basilio lograría entrar en Tarazona; significativamente sería en la iglesia-catedral de ésta donde Basilio ordenaría dar muerte a la guarnición de federados, probablemente visigodos, que defendían la ciudad, y al obispo de ésta, León. Ambas acciones venían a demostrar la clara oposición de la bagauda tarraconense al orden sociopolítico que representaban la aristocracia local y los visigodos, defensores del Imperio en ese escenario.

Al final, la amenaza de Atila y su conglomerado popular sobre el equilibrio político establecido por Aecio en la Galia se habría plasmado en la realidad. En el momento decisivo, nuevamente los intereses del gobierno imperial y del Reino visigodo de Tolosa habrían coincidido. La gran victoria conseguida sobre Atila en la batalla de los Campos Cataláunicos —con toda propiedad denominada de «Las naciones»— del 20 de junio del 451 lo fue tanto del Imperio como de los visigodos de Tolosa, cuyo rey Teodorico I habría perdido la vida en combate. La derrota de Atila significó la preservación del anterior equilibrio político configurado por Aecio en las Galias. Más favorable si cabe para el gobierno imperial, en la medida en que la muerte de Teodorico I abrió una querella sucesoria en el seno de la misma familia real visigoda. Sobre todo a fines del 453 cuando Turismundo sería asesinado y sustituido en el trono godo por su hermano Teodorico II (453-466), sobre el que tenía gran ascendencia Eparquio Avito, antiguo prefecto del pretorio y poderoso senador galo. Algunos meses antes la súbita muerte de Atila significó el fin del peligro de invasión húnnica sobre el Occidente romano con la disgregación del vasto conglomerado de pueblos que había estado bajo su mando. Por tanto, de nuevo se daban las condiciones necesarias para que el gobierno de Ravena intentase restaurar su dominio en España, cuando menos en la estratégica Tarraconense.

En el 453 era enviada a los suevos una embajada imperial, conducida por el máximo representante del poder romano en España, el conde de las Españas Mansueto; la nueva mención de este alto mando militar indica ya un cierto restablecimiento de la estructura militar del Imperio en nuestra Península. La embajada obtuvo unas condiciones de paz en virtud de las cuales se impedirían a los suevos futuras penetraciones en la Tarraconense, provincia cuya conservación incólume seguía siendo objetivo prioritario del gobierno de Ravena y de Aecio. Tal interés se volvería a demostrar al año siguiente, en 454, cuando por un ejército de federados godos se aplastaba en nombre del Imperio a la bagauda tarraconense, ya de una manera definitiva. Pero hay un hecho significativo: esta vez los federados visigodos venían bajo las órdenes directas de uno de los suyos, Federico, hermano menor del rey Teodorico; Hidacio, nuestra fuente al respecto, no señala ya que le acompañase oficial romano alguno. Claro presagio de lo que habría de suceder en las décadas sucesivas. Los federados godos dejaban de ser cada vez más auxiliares para presentarse y actuar con mayor autonomía.

Pero de momento todo parecía indicar un reforzamiento de la situación del Imperio en partes esenciales de las Galias y de España. Sin embargo, en el espacio de unos pocos meses todo iba a cambiar de una manera totalmente imprevista, y ya definitiva, al producirse un vuelco en el seno del gobierno de Ravena y surgir una crisis dinástica y de poder. El 21 de septiembre del 454 moría Aecio, víctima de un complot entre los burócratas palatinos y el mismo Valentiniano III, celosos del poder del patricio y de su fundamental base en la aristocracia senatorial. El 16 de marzo del año siguiente le sucedía lo mismo a Valentiniano III, víctima del odio de los senadores y soldados privados (*bucellarii*) del patricio asesinado. Con la muerte de Valentiniano III se extinguía la casa de Teodosio, que había gobernado en la *Pars Occidentis* por más de medio siglo. La dinastía teodosiana se había revelado en estos tumultuosos años como un instrumento eficaz para mantener la unidad y la lealtad al Imperio de unas aristocracias regionales cada vez más dejadas a su suerte y, por ende, más autónomas; a lo que sin duda había contribuido el efectivo gobierno protagonizado por los grandes maestres de la milicia —Estilicón, Constancio, Aecio— capaces de anudar relaciones de amistad y clientelar con las poderosas aristocracias senatoriales de Occidente, sobre todo con las muy autonomistas gala e hispánica, y jefes bárbaros que así entraban de alguna manera en la órbita de los intereses del Imperio, coadyuvando a su mantenimiento. El relato del obispo galaico Hidacio es un magnífico testimonio de cómo pudieron ser sentidas ambas muertes, la de Aecio y la de Valentiniano, por una buena parte de la aristocracia senatorial hispanorromana: como el final de toda una época, sobre cuya continuidad existían por esos mismos motivos serias dudas. Porque lo cierto es que desde ese momento hasta la definitiva desaparición del poder imperial en la antigua *Pars Occidentis* se sucederán una serie de emperadores; bastantes, pero en su mayoría efímeros, y cuyos reinados suelen comenzar y terminar con un motín de las varias tropas de federados al servicio del Imperio, unidos por fuertes lazos de clientela a sus jefes, cuyas rivalidades y ambiciones no harán sino acelerar las poderosas fuerzas centrífugas ya operantes en las varias provincias de Occidente. Raramente se observará en estos años difíciles algún intento enérgico por restaurar el poder y autoridad imperiales, fuera de los límites geográficos de Italia; salvo la excepción del emperador Mayoriano (457-461). Va a ser precisamente en estos veintitantos años cuando se produzca la definitiva ruina de la administración imperial en España, incluso en la provincia Tarraconense, y la ya decidida penetración del poder de los reyes visigodos de Tolosa, que acabarían por convertirse indiscutiblemente en la principal fuerza militar y autoridad política existentes en nuestra Península. Bajo esta perspectiva, adquieren excepcional significación e importancia la campaña de Teodorico II en el 456 y las varias acciones de los ejércitos de su hermano y sucesor Eurico a partir del 468. El contraste de las formas diferentes bajo las que se realizaron una y otra acción militar, y de sus resultados también divergentes, puede mostrarse especialmente aleccionador sobre cuál era el futuro de las tierras peninsulares y el hilo conductor de su vivencia histórica contemporánea.

El 9 de julio del 456 era proclamado emperador en Arlés por el ejército romano de las Galias y por la aristocracia regional Eparquio Avito, sin duda el líder de la potente aristocracia senatorial sudgálica, antiguo colaborador político de Aecio y del efímero sucesor de Valentiniano III, el aristócrata romano Petronio Máximo (455). Pero Avito, además, era un amigo de la dinastía visigoda en el poder en Tolosa. La proclamación imperial de Avito antes que en Arlés se habría realizado ya en la capital goda, y contó con el importante apoyo ofrecido por los soldados federados visigodos. Con ello se ofrecía al rey Teodorico II la oportunidad de intervenir nuevamente en España, con el fin de apoyar la tambaleante situación de su protegido Avito en Italia, preservar los intereses de la aristocracia senatorial hispana, sin duda partidaria de Avito en unión de la sudgálica, su aliada natural y ya tradicional. Pero Teodorico II, asemejándose a Valia en su intervención hispánica, aspiraba también a algo más que su antepasado: a extender su esfera de influencia al sur de los Pirineos y obtener de paso un importante botín. Sería bajo este doble prisma como habría que entender la magna y decisiva expedición a España de Teodorico II en el 456; con una clara primacía del segundo objetivo a partir del descalabro italiano y subsiguiente deposición de Avito en octubre del 456.

La expedición del 456 debía tener un objetivo muy preciso: quebrantar de manera definitiva el creciente poder del Reino suevo. La muerte de Valentiniano III y de Aecio debieron servir de pretexto a Requiario para romper los anteriores acuerdos de paz con el Imperio. A principios del 456 los suevos habían reiniciado sus campañas de saqueo por la Cartaginense. A pesar de las protestas de dos embajadas sucesivas de Avito y de Teodorico II, el suevo Requiario por dos veces consecutivas se atrevería a extender sus acciones de pillaje a la Tarraconense en ese mismo año. De este modo, en el verano del 456, penetraría en España un poderoso ejército visigodo, mandado por el propio Teodorico II y proclamando actuar por orden de Avito y en nombre del Imperio. El ejército visigodo debió seguir la estratégica vía militar marcada por la gran calzada de Burdeos a Astorga. Trabado combate con el grueso de las fuerzas suevas a doce millas de Astorga, a orillas del Órbigo, Teodorico II obtendría una aplastante victoria el 6 de octubre del 456 en la batalla llamada del Páramo o del Órbigo. Inmediatamente el ejército visigodo, en una rapidísima marcha, lograría apoderarse sin apenas resistencia de la capital sueva, Braga, y de la importante fortaleza de Oporto. En las proximidades de esta última sería hecho prisionero el fugitivo rey Requiario, que sería ejecutado al poco tiempo, en diciembre de ese mismo 456. Con ello parecía que el Reino suevo había sido destruido de raíz, y tal debió ser la impresión causada a los contemporáneos a juzgar por la expresión utilizada al respecto por Hidacio. Según los mecanismos propios de la *Stammesbildung*, Teodorico debía proceder a integrar a los elementos suevos supervivientes dentro del esquema popular y clientelar visigodo. A realizar tal función parece que Teodorico destinó un cliente suyo de nombre Agiulfo. Éste era un elemento ajeno a la nobleza y a la estirpe godas; de origen varno, en virtud de las leyes de la hospitalidad germánica estaba obligado por un especial deber de fidelidad a su patrono y huésped, el rey godo. Es decir, parece como si Teodorico II quisiera que el aumento de potencia sociopolítica que podía significar la integración del elemento militar suevo en el sistema godo no sirviese para potenciar a la nobleza goda, sino exclusivamente a él mismo. Por otro lado, el origen varno de Agiulfo podía ser muy útil para tal función de integración sueva, pues posiblemente en la etnogénesis de los suevos de España habían participado elementos varnos.

Creyendo haber reglado así los problemas planteados por la derrota de Requiario, Teodorico pasaría a restaurar la situación en otras zonas peninsulares que en los años anteriores se habían visto afectadas por el expansionismo suevo. Para ello Teodorico avanzaría sobre la estratégica plaza de Mérida, donde pasaría algún tiempo, posiblemente en preparativos para una posterior expedición a la Bética. Pero sería entonces cuando le llegase la noticia de la deposición imperial de su protegido Avito, así como de su inmediata muerte, sucedidas en el pasado otoño. A finales de marzo del 457, Teodorico, con parte de su ejército, partía a toda prisa hacia las Galias, para encarar la nueva situación creada en el gobierno imperial. Sin embargo, dejaba al resto de sus tropas la tarea de apoderarse del resto de las principales plazas fuertes de la Meseta superior, ultimando así la labor de limpieza y restauración en las zonas circunvecinas al núcleo del Reino suevo vencido. Con ello Teodorico II mostraba con claridad la importancia que concedía a una expansión y afianzamiento del poder visigodo en España. Lo que no pasaría desapercibido a un observador tan agudo como Hidacio. De entonces radicaría el creciente antigoticismo del obispo galaico, que vería ya con claridad en las acciones militares godas la defensa de sus propios intereses expansionistas y no del Imperio romano. En los meses siguientes los generales de Teodorico dejados en España saquearían la Tierra de Campos. Pretestando representar una legitimidad imperial entonces ya más que dudosa, dicho ejército ocuparía las plazas fuertes de Palencia y Astorga, aunque sería incapaz de vencer la resistencia ofrecida por los provinciales hispanorromanos en el *castrum Coviacense* (Coyanza = Valencia de don Juan). Tras ello, el ejército godo y sus aliados abandonaban la península camino de las Galias.

Los años inmediatamente posteriores a esta magna expedición del monarca godo iban a ser extremadamente confusos en España. La proclamación imperial de Mayoriano en abril del 457 por el ejército de Italia, con el apoyo del poderoso y nuevo patricio Ricimer, permitirá a Teodorico II actuar durante algún tiempo con muchísima mayor libertad de movimientos. Hasta el 459 el rey godo no reconocería la legitimidad del nuevo emperador Mayoriano. Pero mientras tanto, y utilizando tal pretexto de manera formal —la famosa *coniuratio Marcelliana*—, Teodorico trató de extender su esfera de influencia en la Galia meridional, contando para ello con el evidente beneplácito de una buena parte de la potente aristocracia senatorial de la Provenza. Pero aunque, en un segundo plano de interés, tampoco descuidaría el rey godo preservar el predominio alcanzado anteriormente en España, donde la resistencia que a sus planes podía oponer el nuevo gobierno imperial era escasísima, por no decir nula. En el 458 y 459 dos expediciones militares godas sucesivas, bajo el mando de los condes Cyrila y Sunierico respectivamente, con la toma de posiciones en la Bética, tratarían de culminar los planes inopinadamente abandonados por Teodorico II en el 457. Allí el poder godo alcanzaría un cierto control de la importantísima Sevilla con el apoyo de una facción de la aristocracia local, hostil por completo al anterior predominio suevo.

Bastante más confusa sería la situación existente en el noroeste peninsular en estos años. A ello contribuirían la marginalidad geográfico-estratégica del territorio, la crisis del poder suevo tras el desastre del 456, algunos intereses extrapeninsulares tal vez, y el fracaso del ensayo de integración sueva en la *gens* goda intentado por Teodorico II. Porque lo cierto es que la derrota del Órbigo había cortado de raíz el proceso de consolidación y de entente entre el elemento suevo y la aristocracia local hispanorromana. Asimismo, las fuerzas godas —escasísimas en el mismo centro del antiguo poder suevo— se mostrarían incapaces de mantener el más mínimo orden; sus intereses estratégicos, como había demostrado la segunda parte de la campaña del ejército de Teodorico II y las expediciones militares godas de los años sucesivos, se limitaban a la ocupación de plazas estratégicas en la periferia de dicho núcleo, con el objetivo, entre otros, de impedir cualquier nuevo intento de un renacido poder suevo de expansionarse como en otros tiempos. Pero es que, además, el mismo lugarteniente y cliente personal dejado por Teodorico para realizar la futura integración sueva, Agiulfo, resultaría un completo fiasco. Aunque las fuentes al respecto no sean unívocas, parece lo más probable que, al poco de abandonar Teodorico II y su ejército el ámbito galaico, Agiulfo habría tramado una rebelión frente a cualquier tutela exterior, goda o imperial. Para ello Agiulfo debió intentar resucitar el Reino suevo mediante el instrumento aglutinador que sería una nueva monarquía por él encarnada y basada en una nueva clientela personal suya, en la que no debían faltar elementos suevos. Sin embargo, parece que Agiulfo habría encontrado la muerte antes de haber podido culminar sus planes, en junio del 457. La situación de vacío de poder creado por la desaparición de la monarquía sueva habría permitido un rebrote de la agitación social campesina en su antiguo territorio, tal y como parece testimoniarse por la inusitada actividad del bandolerismo en el territorio de Braga ya en el mismo 456.

En tal situación de anarquía y de gran labilidad política, no era difícil que grupos dispersos de clientelas militares suevas intentasen una desesperada resistencia a toda asimilación por parte de los visigodos o de la aristocracia galaicorromana, tratando de recrear una monarquía sueva en beneficio de los diversos caudillos o jefes clientelares. En los confines de Galecia, posiblemente en los septentrionales, un grupo de suevos habría elegido al poco de la muerte del rey Requiario a uno de los suyos, por nombre Maldras, como rey. La desaparición de Agiulfo, y con ello el fracaso de crear una nueva monarquía sueva, pudo facilitar el surgimiento de otro grupo disidente suevo acaudillado por un tal Framtán. La muerte prematura de este último, en la primavera del 458 seguramente, permitiría tomar su relevo a otro jefe suevo, Requimundo. Posiblemente la fuerza militar de alguno de ellos debido a su menor importancia les impidió, a veces, asumir el título real; lo que en absoluto equivalía a su renuncia a disputar, llegado el caso, la supremacía sobre todos los suevos. Tales grupos de suevos, más bandas de guerreros de estructura clientelar a la búsqueda de un territorio que dominar y donde asentarse firmemente, faltos de cualquier tipo de aparato administrativo, se veían obligados a un continuo deambular en busca de botín, y a intentar el control de algunos lugares estratégicos, tratando para esto último de llegar a algún tipo de acuerdo pacífico con la población provincial romana. Al convertirse el pillaje en el fundamental modo de vida de estas bandas suevas, se entiende mejor su tácita división del territorio fuera del alcance de las guarniciones o del interés militar godos: Maldras actuaría siempre en tierras lusitanas, entre el Duero y el Tajo, mientras que Framtán y Requimundo, sucesivamente, lo harían en el territorio galaico, más al norte de Oporto; mientras el primero prefirió las zonas costeras, los segundos penetrarían hacia puntos más del interior. Se trataba de desordenadas acciones sistemáticas de pillaje, de continuos encontronazos menores entre dichos grupos suevos y la aristocracia indígena, muy fuerte todavía en las zonas interiores de Galecia —como en la importante ciudad amurallada de Lugo— y, naturalmente, en Lusitania; aristocracia que, tras la campaña de Teodorico del 456, comenzaba a mostrarse en oposición a los visigodos, aunque éstos aparentasen ser representantes del Imperio, según se deduce del testimonio de Hidacio. Por otro lado, la ruptura entre el gobierno imperial de Ravena y los visigodos, y los preparativos bélicos de Mayoriano contra los vándalos, elevaban el interés de estos últimos y de los godos de poder contar con la neutralidad o la alianza de los divididos suevos.

El acuerdo al que se llegó después del 459 entre Teodorico II y Mayoriano —en virtud del cual se renovaba el *foedus* entre el Imperio y el Reino visigodo— permitiría una nueva intervención goda contra los suevos y en nombre del Imperio. De inmediato, tanto el gobierno imperial como el monarca visigodo comunicaron a los resistentes galaicos la renovación de tal acuerdo, lo que debía llevar aparejada la confirmación entre aquéllos del ejército visigodo como brazo militar del Imperio para dichas regiones hispánicas. Efectivamente, al año siguiente una porción del ejército godo, que venía actuando en el mediodía peninsular desde el 458 o el 459, bajo el significativo mando de un comandante godo, el conde Sunierico, y del segundo generalísimo de Mayoriano, Nepociano, marcharía sobre Galicia, atacando a la guarnición sueva de la estratégica Lugo, donde aquélla había implantado su dominio hacía muy poco. En esos momentos se había desatado una aguda competencia por la supremacía total entre dos caudillos suevos, que debían autotitularse posiblemente *reges:* Requimundo y Frumario. El primero, que posiblemente era el sucesor del episódico Framtán, tenía sus bases de poder en las zonas occidentales y costeras de Galecia, al tiempo que podía contar con un cierto apoyo entre la aristocracia local galaica, pretendiendo realizar una política de entendimiento y acuerdo con el poder visigodo y, por intermedio de este último, con el gobierno imperial. Por su parte, Frumario, con bases de dominio más meridionales e interiores, debía encontrar un cierto apoyo en grupos provinciales contrarios a toda intervención visigoda en España. Contexto este último en el que cabe situar la temporal prisión del obispo Hidacio entre agosto y noviembre del 460, ejecutada por los hombres de Frumario, pero con el apoyo ferviente de algunos provinciales, y aprovechando para ello la retirada de Galecia del ejército godo de Sunierico y Nepociano. Mientras este último se dirigía a tierras de Lusitania, donde en ese mismo 460 ocuparía la estratégica plaza de *Scallabis* (Santarem), útil para impedir cualquier posible expansión sueva por tierras lusitanas, los suevos de Requimundo recuperaban el terreno perdido en las zonas interiores de la actual Galicia, en los territorios de Orense y Lugo. Pero si los saqueos a las ciudades y a la población provincial galaica por parte de estos grupos de suevos era una necesidad impuesta para su misma supervivencia, no es menos cierto también que su misma rivalidad llevaría a ambos grupos suevos a buscar un acercamiento y coexistencia pacífica con esos mismos provinciales. Círculo vicioso que desde la perspectiva de un provincial ilustrado como era Hidacio no podía, sin embargo, más que ser comprendido en términos éticos y de caracterización etnográfica: los suevos, como bárbaros que eran, siempre actuarían como pérfidos y engañosos en sus promesas de paz. Tal situación se prolongaría hasta la muerte en el 464 de Frumario y la desaparición, a lo que parece, de la escena política sueva de Requimundo, acontecida de forma más o menos contemporánea.

Mientras estas cosas sucedían en el noroeste peninsular y Lusitania, en la mitad oriental de España la situación era sin duda menos compleja. Allí la autoridad imperial, que nunca había desaparecido del todo incluso en el plano militar, sería nuevamente restablecida en beneficio del gobierno de Mayoriano en el 458 por el narbonés Magno, nombrado para tal fin Maestre de los oficios o de la milicia. De esta forma, en mayo del 460, el emperador Mayoriano podía atravesar todo el este hispano hasta Cartagena al frente de un gran ejército. El fracaso de su expedición naval contra los vándalos forzaría la retirada de Mayoriano y su ejército hacia sus bases itálicas en ese mismo 460. Parece dibujarse un cierto paralelismo entre esta expedición oriental de Mayoriano y la occidental y contemporánea de Nepociano y Sunierico, pero también al mismo tiempo una diferencia. En la occidental la fuerza armada debía ser en su inmensa mayoría visigoda, con excepción del mando conjunto del general imperial Nepociano; otra cosa muy distinta debió ocurrir en la oriental, que constituía una prioridad en la política militar del gobierno de Ravena. La diferencia y el peligro para el futuro que representaba el primer expediente eran evidentes y no dejarían de hacerse sentir.

Todos los historiadores están de acuerdo en señalar a Mayoriano como el último que intentó restaurar el pleno poder y autonomía del emperador romano en Occidente. La crisis e interregno abiertas con el asesinato de Mayoriano en el verano del 461 serían, por tanto, irremediablemente decisivas en los destinos del Imperio. El patricio y primer Maestre de la milicia Ricimer ejercería un predominio absoluto en el gobierno de Ravena en los años sucesivos hasta su muerte en agosto del 472; y ello resultaría decisivo en el progreso de las fuerzas centrífugas que se estaban gestando desde hacía ya bastante tiempo en las Galias y en las Españas. En estos difíciles años, Ricimer se preocuparía exclusivamente de reforzar su preponderancia en Italia frente a las aspiraciones de la Corte de Constantinopla o de los otros jefes militares, posibles competidores suyos. Y mientras tanto en las provincias de Occidente los reinos germánicos iban a poder extender y consolidar sus zonas de dominio o influencia. Al tiempo que una buena parte de la potente aristocracia senatorial de dichos territorios iba a perder toda esperanza de restablecimiento de su antigua e indiscutida hegemonía sociopolítica del gobierno de Ravena mediante intervenciones armadas; de manera que ésta se iría mostrando ya dispuesta a una clara colaboración con los nuevos poderes de tales reinos germánicos, en busca de una participación importante en la cúpula política de dichos Estados emergentes, que así pasarían a ser plenamente romano-germánicos.

Este desinterés de Ricimer por los asuntos extraitálicos resultaría decisivo, junto con las disputas por la sucesión imperial tras la muerte de Mayoriano, para la definitiva extensión del dominio visigodo a la estratégica Narbonense. De esta forma el Reino de Tolosa alcanzaba su ansiado acceso al Mediterráneo, al tiempo que cortaba con ello la comunicación directa por vía terrestre entre el gobierno de Ravena y los dominios que éste todavía conservaba intactos en las zonas orientales de España. Dado que la realización de expediciones militares por vía marítima parecía muy problemática para la capacidad naval del Imperio, sin tener en cuenta el mismo predominio de la flota vándala en estos momentos en el Mar balear, lo cierto es que de ahora en adelante la supervivencia de tales dominios hispánicos dependía por completo de la voluntad de los soberanos visigodos de comportarse como fieles federados y aliados del Imperio. Por ello resulta extremadamente significativo que hacia el 462-3 un importante miembro de la aristocracia senatorial galaicorromana, Palogorio, se dirigiese directamente a la Corte de Teodorico II en Tolosa en petición de ayuda frente a las acciones depredatorias de los grupos rivales de suevos. Las dificultades por las que debía pasar Requimundo para imponerse definitivamente sobre su oponente Frumario pudieron permitir al soberano godo exigir al grupo suevo que le sostenía la aceptación como rey, y con el apoyo militar y político visigodo, de un tal Remismundo, posiblemente un noble suevo que había aceptado el patronazgo del monarca godo. En los años inmediatamente posterirores Teodorico II mantendría una especie de supremacía sobre el nuevo monarca suevo y su reino. En el 464, Remismundo desposaba a una visigoda elegida por el monarca de Tolosa que, siguiendo la costumbre germánica, hacía del suevo su «hijo de armas» (*Waffensohn*); adopción que significaba una especie de inclusión de Remismundo en la clientela militar del rey visigodo. Al año siguiente era enviado el galo Ayax como misionero de la fe arriana entre los suevos, contando para su actividad con el poderoso apoyo del rey Remismundo. Significativamente, cuando ese mismo año los suevos reanudaban sus tradicionales acciones depredatorias sobre la población galaica —más concretamente contra los habitantes de Aunona, localidad a ubicar probablemente en el distrito de Tuy—, éstas cesarían ante las protestas de una embajada goda venida exprofeso.

De esta manera el gobierno de Tolosa se mostraba una vez más partidario del mantenimiento de lo esencial de la situación social tardorromana, de la estabilidad de los privilegios de la aristocracia provincial. Pero, al mismo tiempo, es de notar que en sus intervenciones en España el poder godo va a actuar, de hecho, de una manera cada vez más autónoma, independiente de cualquier tipo de tutela o sumisión a los superiores dictámenes del gobierno imperial de Ravena. A este respecto es interesante señalar que, si todavía en vida de Mayoriano un ejército godo expedicionario en España era a la vez comandado por un conde visigodo, Sunierico, y un generalísimo romano, Nepociano, dos o tres años después ese mismo ejército lo era exclusivamente por un conde godo, Cyrila. Poco antes había sido el mismo Teodorico II el que de hecho destituyó al máximo representante del Imperio entonces en España, el Maestre de la milicia Nepociano. Su sustitución por un tal Arborio, a instancias también del soberano godo, posiblemente pueda ponerse en relación con el mutuo interés de Teodorico II y de Ricimer en neutralizar a todos los antiguos oficiales de Mayoriano y que, tras el asesinato de éste, podían hacer causa común con Egidio y Marcelino, que desde la Galia y Dalmacia, respectivamente, mantenían una oposición armada al nuevo dueño del gobierno de Ravena, no reconociendo de esta forma a su emperador títere Libio Severo. El poderoso patricio y el rey visigodo podían ver en Arborio, posiblemente un senador aquitano, un medio de atraerse a la aristocracia senatorial hispana, algunos de cuyos miembros, efectivamente, sabemos que por estas fechas profesaban claras simpatías por la causa del rebelde Egidio y del depuesto Nepociano. De esta manera se comprende mejor que la muerte de Libio Severo en noviembre del 465 y la inmediata e imperiosa necesidad en que se encontró Ricimer de pactar con el gobierno de Constantinopla y el conde Marcelino, tuviesen como contrapartida la destitución del tal Arborio de sus funciones de mando militar en España, no obstante haber podido continuar prestando sus valiosos servicios al soberano godo en Tolosa.

Por lo que sabemos, Arborio no sería ya sustituido en España por ningún maestre de la milicia. A partir de entonces sólo es posible documentar en la Península ibérica la presencia de un oficial militar del Imperio de rango bastante inferior: el *dux provinciae Tarraconensis* Vicencio. Muy posiblemente, tal cargo —no testimoniado con anterioridad— fue una creación de Mayoriano cuando su campaña hispánica. La unión en la persona de Vicencio de atribuciones civiles y militares en el ámbito de su provincia obedecía a una realidad entonces a todas luces evidente: el carácter fronterizo de la Tarraconense desde cualquier punto que se la mirase. A estas alturas del siglo v era ya la Tarraconense el único territorio hispánico en el que la autoridad imperial del gobierno de Ravena se mantendría más o menos intacta y con una cierta independencia y libertad de movimientos respecto a cualquier otro centro de poder; cosa que se veía facilitada por el mantenimiento de constantes comunicaciones con la Península itálica. Porque, por el contrario, los varios acuartelamientos de tropas limitáneas que a principios del siglo v existían en torno a la cornisa cantábrica —desde Lugo a Vitoria—, en estos momentos debían estar, según hemos podido ir observando en las páginas precedentes, bien vacíos y en ruinas o ya ocupados, o sustituidos por otros, por guarniciones visigodas, suevas o de la propia aristocracia local hispánica. Con respecto a las tropas del *comitatus* occidental, o ejército de maniobra, cuya presencia en España se testimonia a partir de la segunda década de este siglo, ya hemos visto cómo desde la expedición de Teodorico II del 456 fueron de hecho sustituidas por contingentes exclusivos de federados godos, con la única excepción probablemente de la campaña levantina de Mayoriano, cuya última finalidad extrahispánica por lo demás era evidente.

El año 466 iba a ver el asesinato en Tolosa de Teodorico II por su hermano Eurico, que le sustituiría en el trono. Sería en tiempos del nuevo rey godo Eurico (466-484) cuando el Estado visigodo de Tolosa extendiese su esfera de influencia y de efectivo dominio a vastas áreas de la Península ibérica, coincidiendo ello no fortuitamente con la desaparición de hecho de toda autoridad imperial romana en Occidente. Tradicionalmente se ha visto en el reinado de Eurico el momento definitivo en el que el Reino godo habría alcanzado la plena soberanía territorial mediante un acto de precisos contenido y definición jurídicos: la voluntaria y unilateral ruptura del antiguo *foedus* que, desde los días ya lejanos de Valia, ligaba a los visigodos de Tolosa con el gobierno imperial de Ravena. Pues bien, si lo primero parece ciertamente evidente, de lo segundo no creemos que exista rastro alguno en las fuentes contemporáneas. La verdad es que la obra de Eurico no fue sino continuación de la desarrollada por su hermano; el regicidio no cabe interpretarse más que por la ambición de reinar de Eurico y no por una opción política que representase una actitud romanófoba. En estos momentos es indudable que se darían pasos decisivos en la plena independencia visigoda en relación con el Imperio; pero éstos vendrían determinados por la propia inercia del proceso de disgregación que sufría la autoridad imperial romana en Occiente. Para decirlo con las palabras del historiador ostrogodo Jordanes: Eurico, «al observar la debilidad vacilante de la soberanía romana, [...] tiene ya bajo su propia jurisdicción a toda España y Galia». Se trató, pues, de la evolución normal de un proceso que conducía a la desaparición real de la autoridad imperial, pero sin que se pueda hablar de la existencia de un acto deliberado de independencia formulado en términos de Derecho internacional. Porque la cierta ruptura del antiguo *foedus,* que se iba a dar en tiempos de Eurico, se enmarca y adquiere su plena significación dentro de la lucha, de la competencia, por ocupar el trono imperial en Ravena entre varios aspirantes. Al igual que su hermano Teodorico no reconoció durante algún tiempo la legitimidad de los nombramientos de Mayoriano o del mismo Libio Severo, ahora Eurico haría otro tanto con los de Antemio (467-472), Olibrio (472) y Glicerio (473). Por el contrario, el soberano godo en el 475 reconocería a Julio Nepote (473-480), con el que renovaría el antiguo tratado de alianza en unos términos precisos que desconocemos. En virtud de éste, Eurico seguiría considerando a Nepote como legítimo emperador, no obstante los golpes de Estado de Orestes en el verano del 475 y de Odoacro en agosto del 476, que supusieron la ruina de la autoridad de Nepote en toda Italia y sur de la Galia. Significativamente, sería en el 476 cuando Eurico enviase un ejército visigodo al mando de un oficial romano, el duque de la Tarraconense Vicencio, en calidad de Maestre de la milicia para intentar defender en suelo itálico la legitimidad de Julio Nepote frente al esciro Odoacro. Ciertamente, el intento terminó en un fiasco y no supuso sino la confirmación definitiva de la total autonomía visigoda y la extensión de su área de dominio en la Galia. En definitiva, más que de ruptura formal de un tratado romano-visigodo, debemos hablar de intervención goda en las disputas de influencia y poderes por el trono imperial de Ravena, cosa que venía sucediendo desde el asesinato de Valentiniano III, como hemos tenido ocasión de examinar anteriormente. Aunque con la plena constatación final por Eurico y por los provinciales galos e hispanorromanos de sus zonas de influencia y dominio, de un hecho nuevo de enorme importancia: la autoridad imperial por esas fechas había dejado *de facto* de existir en Occidente por propia consunción.

La llegada al trono occidental de Antemio había sido el resultado de un compromiso entre Ricimer y el gobierno de Constantinopla. En dicho acuerdo había sido básica la promesa hecha por León I de prestar los medios y fuerzas necesarios para asestar un golpe definitivo al Reino vándalo de Cartago, auténtica pesadilla del gobierno de Ravena. Es evidente que de tener éxito tal expedición se produjese un fortalecimiento considerable del poder imperial en Occidente, que podría poner en peliro los últimos avances logrados por los visigodos sobre la estratégica zona costera de la Narbonense y la Provenza. En tal situación es comprensible que la diplomacia de Eurico tratase tanto de guardarse las espaldas negociando la nueva situación del poder godo en la Galia y España con el gobierno imperial, buscando también apoyos en la entonces prepotente Constantinopla, como de formar una especie de frente común con el suevo Remismundo y el vándalo Genserico. Doble política que también parece que fue intentada por esas mismas fechas del 467 por el rey suevo, que trataba a toda costa de preservar su independencia sirviendo de contrapeso al poderío godo en la Península ibérica. La inesperada catástrofe de la expedición de Basilisco en el otoño del 468 aclararía mucho la política exterior a seguir por el rey de Tolosa. Sería entonces cuando Eurico iniciaría en la Galia una vasta operación de expansión destinada a incluir en sus dominios efectivos y directos a todo el territorio situado entre el Loira y el Mediterráneo. Para ello Eurico pudo contar con el apoyo de ciertos elementos de la poderosa aristocracia senatorial galorromana, contrarios a las tendencias centralistas representadas por Antemio. Las tropas visigodas lograrían así fáciles triunfos, salvo en la montañosa Auvernia que, muy bien defendida por la antigua nobleza senatorial comandada por Sidonio Apolinar y Ecdicio, pareció intentar la aventura de una auténtica autonomía regional, apostando por el poder más lejano y tenue del legitimismo imperial frente al anexionismo del demasiado cercano Reino de Tolosa. Un intento imperial de detener el avance godo terminaría en la decisiva derrota sufrida en la Provenza por el hijo de Antemio en la primavera del 471.

Mientras tanto, en España se había producido en estos años cruciales una clara ruptura entre el poder visigodo y el monarca suevo Remismundo. Remismundo buscaba librarse de la tutela que sobre él y su reino ejercían los visigodos desde la expedición hispánica de Teodorico II, institucionalizada con su propia entronización. Para ello el suevo debió buscar el apoyo de Antemio e incluso del gobierno de Constantinopla, su auténtico soporte. Pero Remismundo buscaría sobre todo un acercamiento a la aristocracia galaica y de las zonas septentrionales de Lusitania. Todavía para la primavera del 467 se testimonia la acción de saqueo efectuada por Remismundo, arruinando por segunda vez la ciudad de Conimbriga (Condeixa-a-velha), tras haberla convertido en centro de operaciones para el control y pacificación de las áreas lusitanas vecinas. Pero ya algunos meses después, en el 468, los suevos conseguían ocupar la importante plaza fuerte de Lisboa, en una posición dominante sobre el estuario del Tajo, al contar con la colaboración de un mayoritario sector de la aristocracia local. Poco tiempo después los suevos lograban también un acuerdo de coexistencia pacífica con los habitantes hispanorromanos de Aunona, limitando sus acciones depredatorias a zonas más orientales que se sentían más favorables a una entente con el poder visigodo.

Estos últimos hechos pueden constituir indicio suficiente de un cambio en la actitud de la antigua aristocracia senatorial de estas regiones occidentales de la Península ibérica con respecto al poder suevo. En nuestra opinión, un testimonio bastante claro de dicho cambio lo ofrece el propio cronista y obispo galaico Hidacio. Aunque éste se muestra hasta el final conocido de sus días totalmente fiel al Imperio y dibuje un cuadro de los bárbaros —y, concretamente, de los suevos—, nada favorable, sin embargo, parece claramente darse cuenta, en estos momentos finales de la década de los 60, de la eficacia cada vez menor del poder imperial romano para defender los intereses de la aristocracia tardorromana del occidente hispánico, al tiempo que se mostraba capaz de reconocer el mal funcionamiento de la administración imperial en anteriores tiempos. Ante una tal constatación no resulta extraño que Hidacio en su *Crónica* cada vez vaya prestando mayor atención a los pactos establecidos entre provinciales y suevos por sí mismos, a los que considerará como motivo de esperanza en mejores tiempos. Por desgracia, la obra histórica de Hidacio se interrumpe bruscamente en estos momentos. Y no volveremos a tener noticias sobre el cuadrante hispánico noroccidental hasta mediados de la siguiente centuria. Pero, a juzgar por la posterior historia de estas tierras, da la impresión de que una porción mayoritaria de la aristocracia provincial de la zona hubiese decidido finalmente llegar a un completo acuerdo con un Reino suevo ya bastante debilitado y transformado tras la batalla del Orbigo, para de esta forma conservar en lo esencial sus privilegios socioeconómicos y, bajo la sombrilla ideológica del *nomen gentis suevorum,* fortalecer su real influencia e independencia políticas al margen de intervencionismos externos a la zona, y por ende más poderosos y centralistas, como pudieran ser el poder imperial o su más próximo continuador, el visigodo de Tolosa. Al menos la historia posterior del Reino suevo en la segunda mitad del siglo VI, muy dominado por la Iglesia católica y con una gran autonomía de los epígonos de la aristocracia tardorromana, parece dar la razón a lo antes afirmado. Es en un marco de colaboración en el que cabe situar la embajada enviada al emperador por Remismundo hacia el 468/469, presidida por un influyente representante de la aristocracia lusitana occidental.

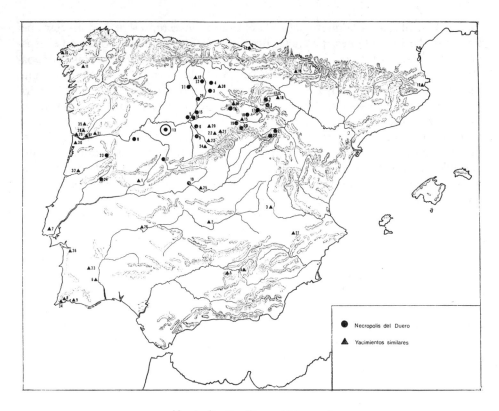

Necrópolis «tipo Duero» (siglos IV-V)

Necrópolis típicas (1 a 10, según Palol). (Círculos): 1. Suellacabras (Soria).—2. Tañiñe (Soria).—3. Hornillos del Camino (Burgos).—4. Nuez de Abajo (Burgos).—5. Simancas (Valladolid).—6. San Miguel del Arroyo (Valladolid).—7. Cespedosa de Tormes (Salamanca).—8. Las Merchanas, Lumbrales (Salamanca).—9. Roda de Eresma (Segovia).—10. Talavera de la Reina (Toledo).—11. La Olmeda, Pedrosa de la Vega (Palencia).—12. Ventosa del Pisuerga, Saldaña (Palencia).—13. Fuentespreadas (Zamora).—14. Villa romana de Valladolid.—15. Mucientes (Valladolid).—16. Yecla, Silos (Burgos).—17. Soria.—18. Calatañazor (Soria).—19. Aldea de San Esteban (Soria).—20. Tarancueña (Soria).—21. Arcóbriga, Monreal de Ariza (Zaragoza).—22. Aguilar de Anguita (Guadalajara).—23. Castro de Trepa, Sobral de Pichorro (Fornos de Algodres, Portugal).—24. Torre dos Namorados (Fundao, Portugal).—25. Palencia.

Yacimientos similares a los de las necrópolis del Duero o con hallazgos aislados (1 a 9, según Palol). (Triángulos): 1. Valdíos de Portezuelo, Coria (Cáceres).—2. Porcuna (Ciudad Real).—3. Sisante (Cuenca).—4. Peal de Becerro (Jaén).—5. Campillo de Arenas (Jaén).—6. Mértola (Portugal).—7. Ortimao (Portugal).—8. Logos (Portugal).—9. Montemor (Portugal).—10. Noalles, La Lanzada (La Coruña).—11. Santiago de Compostela (La Coruña).—12. Valsadornin (Palencia).—13. Peñaforua (Vizcaya).—14. Lara de los Infantes (Burgos).—15. Vadillo (Soria).—16. Liédena (Navarra).—17- Soto de Ramalete, Tudela (Navarra).—18. Corella (Navarra).—19. Ampurias (Gerona).—20. Torrecilla del Pinar (Segovia).—21. Aldeanueva del Monte (Segovia).—22. Duraton (Segovia).—23. El Espirdo (Segovia).—24. Madrona (Segovia).—25. Carpio de Tajo (Toledo).—26. Mérida (Badajoz).—27. Montealegre del Castillo (Albacete).—28. Castro de Bagunte, Vila do Conde, Cividade de Bagunte (Portugal).—29. Mina do Fojo das Pombas, Valongo, Porto (Portugal).—30. Castro de Fiaes, Vila da Feira (Portugal).—31. Castro de Fontes, Santa María de Penaguiao, Douro (Portugal).—32. Conimbriga, Coimbra (Portugal).—33. Beja (Portugal).—34. Boca do Rio, Budens, Lagos (Portugal).—35. Citania de Briteiros, Guimarães (Portugal).—36. Alcocer do Sal (Portugal).—37. Monte do Penouço, Río Tinto (Portugal).—38. Cueva de Quintanaurría (Burgos).

Dicha embajada y la nueva actitud del Reino suevo representaban un claro peligro para las ya evidentes apetencias hegemónicas del Reino de Tolosa en el espacio peninsular hispánico. Y así debió ser comprendido por Eurico. Tras la ocupación de Lisboa por los suevos, y en el mismo 468, observamos a un potente ejército visigodo que, tras afianzarse en la plaza fuerte y nudo de comunicaciones emeritense, realizaría una serie de operaciones de castigo en el área lusitana, no sólo sobre los elementos militares suevos allí establecidos, sino también sobre la población provincial colaboradora. Operaciones militares que hay que enmarcar dentro de una estrategia militar goda más amplia: la de obtener una clara limitación y encapsulamiento del territorio peninsular controlado por los suevos. Por ello, junto a las anteriores operaciones en Lusitania, las tropas godas realizarían otras en las zonas occidentales de la submeseta norte, en dirección a Astorga. Es en estos momentos cuando cabe situar una plena consolidación de los territorios controlados por suevos y visigodos en el área lusitana, que se mantendría prácticamente estable hasta el final del Reino suevo. De testimonios de época posterior parece deducirse con bastante seguridad que el límite entre unos y otros debió situarse sobre la línea del Tajo, quedando como posiciones más meridionales suevas Coimbra e Idanha, al sur de la sierra de la Estrella, que podría servir como segunda línea defensiva natural. Por su parte, la defensa y control de su zona lusitana por parte de los visigodos debería basarse en las plazas fuertes de Santarem —ya ocupada en el 460—, Mérida y, muy posiblemente, Lisboa, que habría sido tomada a los suevos con posterioridad al 469. Más al norte, por encima de la línea del Duero, la divisoria entre suevos y godos debió situarse en el límite entre la Tierra de Campos y el Páramo leonés, estableciéndose como plaza fuerte para los suevos Astorga y para los godos Palencia. De esta forma parece que se constituyó por entonces una auténtica frontera militar o *limes* de tipo tardorromano entre godos y suevos, basada en una serie de plazas fuertes o ciudades amuralladas fácilmente conexionadas entre sí por una importante calzada estratégica. En este caso dicha calzada sería la que unía Lisboa con Mérida, pasando por Santarem, y desde Mérida la gran calzada romana que iba a Astorga, con el ramal hacia Palencia, contando aquí con las plazas fuertes de Coria y Salamanca, además de Palencia. En este sistema defensivo instaurado por Eurico, la gran metrópoli del Guadiana, Mérida, debió constituirse en el centro de la dominación goda en todo el cuadrante sudoccidental de la Península. Área de dominio que debía, en esencia, abarcar los valles del Guadiana y Guadalquivir, y que según se iba avanzando hacia el sur debía ser más tenue; su consolidación sería la obra de los monarcas godos de los dos primeros tercios del siglo VI. Así se comprende que en el área emeritense se llevase a cabo en los años sucesivos una política de entendimiento con la muy poderosa y rica aristocracia senatorial allí asentada. Para el 483 sabemos que fruto de dicha colaboración —liderada por el general visigodo Salla— , sería el fortalecimiento de sus defensas, con la recomposición de la muralla tardorromana de Mérida y de su estratégico puente sobre el Guadiana, además de realizar un importante asentamiento militar godo de tipo aristocrático-clientelar. Cosa esta última que también parece documentarse arqueológicamente en otros lugares estratégicos de Lusitania.

Pero todavía más innovadora iba a resultar la política desarrollada por Eurico en las zonas orientales hispánicas, allí donde hasta ese momento la autoridad del Imperio se había mantenido de una forma bastante directa. El fracaso de Antemio ante los visigodos en Provenza precipitó su ruina, ya propiciada por el poderoso Ricimer y sectores de la aristocracia senatorial gala, como señalamos con anterioridad. La contestada posterior elevación al trono imperial de Olibrio y la misma muerte del omnipotente patricio en el 472 permitirían a Eurico reanudar sus avances en la Galia, ocupando sin mayores contratiempos toda la Provenza hasta Valença. Pero sobre todo debió permitirle la extensión de su influencia y dominio directo a la Tarraconense. Con ello el monarca godo reanudaba sus acciones militares en España, interrumpidas en el 468 ante la prioridad que representaba el frente subgálico para los intereses estratégicos y sociopolíticos del Reino de Tolosa. Afirmados ahora los límites del Estado tolosano en el Loira y el Ródano con el Durance, la Península ibérica pasaría a constituirse en el *hinterland* predilecto previsto para todas las futuras expansiones territoriales visigodas.

La conquista de la Tarraconense se habría realizado ya en el 472/473 mediante una maniobra en tenaza protagonizada por dos cuerpos de ejército que penetrarían respectivamente por los extremos oriental y occidental del istmo pirenaico. Un ejército visigodo al mando del conde Gauterito pasaba los Pirineos por Navarra, para apoderarse seguidamente de todo el territorio y núcleos urbanos situados entre Pamplona y Zaragoza, sin encontrar resistencia de importancia. Simultáneamente, otro ejército godo al mando del general Heldefredo penetraría por la importante vía Hercúlea y, tras apoderarse de Tarragona, ocupaba los principales centros urbanos del litoral. No parece que tampoco aquí las tropas visigodas encontrasen resistencia armada oficial, pues se les habrían unido voluntariamente los restos de tropas imperiales romanas comandadas por el *dux* de la Tarraconense Vicencio. Por el contrario, Heldefredo y su colaborador Vicencio tendrían que enfrentarse a una cierta resistencia ofrecida por la aristocracia local. Cuando en el 475 se renovaba la antigua alianza entre el Imperio y el Reino visigodo, aceptando Eurico la legitimidad imperial de Julio Nepote, es posible que el emperador reconociese el legítimo dominio visigodo sobre la ocupada Tarraconense, al mismo tiempo que hacía otro tanto con la recién ocupada Auvernia a cambio de la devolución de la Provenza al Imperio. Al menos sabemos que el último representante conocido de la administración imperial en España, el *dux* Vicencio, seguía a las órdenes de Eurico en el 476, como tuvimos ocasión de señalar anteriormente. De todas formas, la fáctica desaparición de la autoridad imperial en Occidente, con el golpe de Estado de Odoacro en el 476, iba a sancionar de hecho la plena autonomía y soberanía del Reino de Tolosa; por supuesto, también en estas regiones hispánicas. Eurico, además, al no reconocer la destitución de Julio Nepote por el generalísimo Orestes, volvía a denunciar por última vez la alianza con el Imperio, procediendo a la ocupación de la estratégica Provenza en ese mismo año.

LA PENÍNSULA IBÉRICA BAJO LA HEGEMONÍA DEL REINO VISIGODO DE TOLOSA

Los años que van desde la muerte de Eurico en el 484 en Arles, la antigua sede del prefecto del pretorio gálico, a la derrota visigoda en Vouillé ante los francos de Clodoveo en el 507 señalan la ocupación y estabilización del poder del Reino visigodo de Tolosa sobre una gran parte del espacio peninsular hispánico. En estos momentos, con la salvedad del Reino suevo en el noroeste peninsular y de las zonas cantábricas y vasconas, prácticamente independientes durante el periodo precedente y de escasísimo interés sociopolítico y estratégico —con la excepción, naturalmente, de Pamplona y de los pasos pirenaicos navarros—, el resto de nuestra Península debió estar bajo el directo dominio, o la influencia cuando menos, del Reino visigodo de Tolosa. Posiblemente una y otra cosa debieron ser en extremo tenues, o hasta inexistentes en algún caso, en las áreas más meridionales, marginales y montañosas de la Península. Cronológicamente —y desde el punto de vista del Reino de Tolosa—, el periodo abarca todo el reinado del hijo y sucesor de Eurico, que lleva el significativo nombre de Alarico II. La derrota de Vouillé significó prácticamente la ruina de todo el imperio visigodo en tierras galas. Desde ese momento, y hasta la invasión musulmana de principios de la octava centuria, éste quedaría reducido a una estrecha franja costera, que iba desde Cataluña hasta algo más al este de Nîmes, pero sin llegar a Arlés ni penetrar en el interior más allá de Carcasona. Indudablemente, hasta ese momento el centro del poder y de los intereses del Reino visigodo había estado constituido por sus territorios de la Galia, que con Eurico habían logrado alcanzar una especie de fronteras naturales: el Loira, Ródano, Golfo de Vizcaya o Gascuña y Mediterráneo. En tal perspectiva las posesiones hispánica godas no habían constituido más que un apéndice, un área de reserva preferente para futuras expansiones territoriales, cuya plena ocupación, como acabamos de ver, habría sido un hecho en lo fundamental tardío, fruto en su mayor parte —dominación del estratégico y vital pasillo tarraconense— del drástico desmoronamiento del poder imperial romano tras la desaparición de Mayoriano y, sobre todo, de Antemio. Al obrar así el poder visigodo, por otra parte, no había hecho más que seguir las líneas de fuerza, la tramazón de las estructuras sociopolíticas, que habían marcado la historia de la Prefectura de las Galias, que incluía la Diócesis de las Españas, en el Bajo Imperio.

Una última advertencia cabría realizar. Las noticias referentes a España durante estos años son en exceso escasas y fragmentarias además. Y eso, incluso, si las comparamos con las propias de los periodos estudiados en las páginas precedentes. Su causa: la creciente marginalidad de la historia hispánica para escritores situados fuera de nuestra Península y la no conservación de alguna obra de tipo cronístico continuadora del galaico Hidacio. Por lo demás, las escasas fuentes literarias conservadas hasta nuestros días circunscriben sus datos prácticamente a la Tarraconense, sin duda centro principal de la atención político-militar visigoda en estos momentos; dejándonos en la mayor de las oscuridades para el resto del espacio peninsular. Lo que es más de lamentar en la medida en que la ignorancia se extiende precisamente a zonas que, en una u otra forma, escapaban al efectivo dominio del Reino de Tolosa, e incluso del menor Reino suevo. Lo que resulta de extremado interés conocer para precisar cuáles hubieran podido ser las tendencias evolutivas de las sociedades provinciales del occidente tardorromano tras la desaparición definitiva de la administración imperial y sin la intervención de poderes político-militares externos. En esta situación, sólo el examen de las condiciones reinantes en dichas zonas tras el 507 puede arrojar alguna luz para el periodo inmediatamente anterior. Por otra parte, tal escasez de noticias constituye una característica general del reinado de Alarico II, por tanto extensible a la fundamental porción gálica del Reino godo.

La figura de Alarico II ha sido generalmente muy maltratada por la historiografía, ya a partir de los mismos tiempos de Isidoro de Sevilla, auténtico fundador de la historiografía nacional visigoda. Su reinado casi siempre ha sido enjuiciado retrospectivamente a partir de la nefasta jornada de Vouillé. Sin embargo, en los últimos tiempos un examen más detenido y objetivo de su época está permitiendo una considerable rehabilitación del hijo de Eurico. Porque la verdad es que se puede afirmar, sin temor a cometer equivocación, que Alarico II siguió lo principal de la política trazada por su gran padre, que por lo general ha sido alabada por una historiografía triunfalista con frecuente acento germanófilo. De esta forma Alarico habría tendido a fortalecer el poder real, frente a las apetencias de la nobleza goda y de la aristocracia provincial romana, y a ampliar y consolidar el dominio territorial visigodo, actuando ya por completo con total autonomía del poder visigodo y el personal de su dinastía mediante la creación de un Estado unitario en el que estuviese plenamente integrada la población provincial romana, repartiendo también un papel protagonista a su aristocracia, mayoritaria y conspicuamente representada por la jerarquía episcopal católica de su reino. Bajo esta perspectiva aparecen como elementos decisivos de su actividad la promulgación de la llamada *Lex Romana Visigothorum* y su política para con la Iglesia católica.

Tras la reunión de una comisión compuesta por obispos católicos y miembros de la nobleza y de la aristocracia provincial, Alarico II promulgó el 2 de febrero del 506 un cuerpo legal compuesto de *leges* procedentes del Código Teodosiano y *iura* tomados del Epítome de Gayo, de fragmentos de las Sentencias de Paulo, de los Códigos Gregoriano y Hermogeniano, y de *interpretationes* a un gran número de leyes y órdenes imperiales sacadas del Teodosiano. Tales interpretaciones —generalización de normas dadas para casos concretos y actualizaciones— en gran parte no fueron obra de los juristas de Alarico II, sino que provenían de comentarios hechos en las Galias por escuelas jurídicas locales a lo largo del siglo v. Para seleccionar los capítulos del Código Teodosiano se tuvieron ciertamente en cuenta las nuevas condiciones existentes en el Reino visigodo en relación al Imperio romano, mostrándose en las interpretaciones ciertas divergencias en relación a la norma imperial comentada, sobre todo en lo tocante al vocabulario administrativo. El nuevo código legal, según parece deducirse de su famoso *commonitorium* o misiva real introductoria, se promulgó como de aplicación general, excluyéndose la utilización de cualquier otra ley para causas tratadas en sus capítulos en los tribunales reales presididos por los diversos *comites civitatis,* magistrados con funciones civiles y militares entre los que abundaban gentes de procedencia gótica. Dichos tribunales tenían jurisdicción tanto sobre la población de nacionalidad goda como sobre los antiguos provinciales galos e hispanorromanos. La promulgación del nuevo código y su carácter de exclusividad parecen un reconocimiento claro por parte del Estado visigodo de que la tradición jurídica oficial romana constituía un elemento constitucional esencial del Reino de Tolosa. De esta forma se podría hablar de una concesión hecha a la aristocracia senatorial de sus dominios; pues sería ésta el principal sostén de dicha tradición. En este sentido se interpretaría también como un reconocimiento de la integración de dicha aristocracia en un lugar prominente de dicho Estado visigodo, y de que la población romana del reino, al igual que la de origen germano, constituía también parte indisoluble del *Staatsvolk,* si se nos permite utilizar esta expresión de los tratadistas del Derecho germánico antiguo.

75

Pero, sobre todo, la promulgación de tal código por Alarico II representaba el reconocimiento de la plena soberanía del rey y del Reino visigodos, y su consecuente puesta en práctica en la esfera más significativa: el Derecho. Pues la actividad legisladora, y máxime de reglas de indudable carácter romano, era una de las prerrogativas esenciales de la autoridad imperial. En virtud de dicha promulgación alariciana la antigua ley imperial se convertía en ley y Derecho del Reino visigodo; gotización que tendría su influencia en la constitución de un Estado unitario e integrador para la población romana. A esta misma política integradora, romanista e imperializante de Alarico II, pudo deberse la representación del monarca en una gema, salida de algún taller regio, con la cabellera y la barba arregladas a la romana, pues no se olvide la importancia que en la Antigüedad tardía se daba a los rasgos externos, de cabellos y traje, para una diversa adjudicación étnica.

Igualmente importante y significativa resulta la política religiosa de Alarico II, en lo tocante a sus relaciones con la Iglesia católica. También aquí el monarca godo había heredado de su gran padre un conflicto con ciertos elementos de la jerarquía episcopal de la Galia. Con independencia de los problemas entre Eurico y algunos obispos como Sidonio Apolinar o Basilio, cuya raíz política es indiscutible, lo cierto es que el rey se encontraba en torno al 474-475 desarrollando una abierta ofensiva frente a la jerarquía episcopal gala. En esta época nueve de los treinta y tres obispados de su reino se hayaban vacantes por decisión del monarca visigodo; lo que no dejaba de causar indudables trastornos a toda la organización y vida eclesiásticas. Las razones de tal actitud no eran en lo esencial de tipo religioso. Eurico en modo alguno buscaba una conversión forzosa al arrianismo de la jerarquía episcopal gala, siendo preferible buscar un origen político al conflicto. Posiblemente tales roces cabría situarlos dentro del marco más general de las relaciones entre Eurico y el gobierno imperial en aquellos cruciales años. La homogeneidad social del episcopado galo y los estrechos lazos que le unían con el gobierno imperial de Ravena podían convertirlo en sospechoso ante el rey godo, que por entonces no reconocía la legitimidad de ese último, dificultando así sus claros deseos de autonomía y extensión territorial de su dominio.

Ciertamente desconocemos si la actitud de Eurico para con el episcopado galo cambió tras el golpe de Estado de Odoacro de 476 y la definitiva desaparición de hecho del poder imperial en Occidente. Aunque probablemente no en su totalidad parece que Eurico no habría tenido la suficiente ductilidad en aquel momento como para acomodar su política eclesial a las nuevas circunstancias creadas por tal evento. De modo que resulta indudable que Alarico II heredó también una parte sustancial de dichos conflictos con el episcopado católico galo, en cierta medida también acrecentados ahora por la llegada al mediodía galo de algunos exiliados africanos y fervientes antiarrianos. Aunque las razones más concretas de estos conflictos fuesen ahora algo distintas, lo cierto es que parece estar en el núcleo de todos ellos un origen político. Con anterioridad al crítico 506 tenemos noticias del destierro de dos obispos sucesivos de la importantísima diócesis de Tours, Volusiano y Vero, hacia el 496 y antes del 506 respectivamente; también sabemos del forzoso exilio del gran Cesareo de Arlés, en tiempos muy próximos a esta última fecha. Las razones para los tres destierros serían de orden político: connivencias con la expansión franca en el caso de Tours, o con los burgundios en el de Cesareo, que se señalaría también como un fogoso polemista antiarriano llegado el momento. Pero tales intereses de los tres obispos en un cambio de la pertenencia territorial de sus sedes en absoluto parece que se pueda considerar como general entre el episcopado católico del reino de Tolosa. En los tres se trataría de intereses estrictamente localizados y personalizados por la especial situación geográfica y la importancia de sus respectivas sedes, cuyas aspiraciones y dignidades metropolitanas se veían en grave peligro, o disminuidas, por el trazado de las actuales fronteras políticas en la Galia.

En vista de lo anterior, no sorprende que la política eclesial de Alarico II estuviese dirigida, entre otras cosas, a impedir hechos como los antes expuestos. Para ello el monarca godo trataría de constituir una organización eclesiástica plenamente identificada con el ámbito geográfico del Reino de Tolosa; al mismo tiempo que intentaría definir con precisión la situación jurídica y política de la Iglesia católica en el seno del Estado. Instrumentos para la consecución de uno y otro objetivo serían tanto las disposiciones jurídicas promulgadas en la nueva *Lex romana visigothorum* como los acuerdos adoptados en el que podemos llamar concilio nacional del Reino visigodo reunido en Agde en septiembre del 506. Con respecto a la primera, habría que destacar la no inclusión de una reciente *novella* de Valentiniano III, en la que se subordinaban a la sede romana las metrópolis provinciales de la Prefectura gala; lo que evidentemente venía a obstaculizar la creación de una iglesia particular para el reino visigodo de Toledo. Al mismo tiempo, con tal exclusión se hacían coincidir los intereses de la Monarquía goda con los del poderoso Cesareo de Arlés, cuya sede metropolitana se erigía automáticamente en la principal del reino. El comportamiento posterior de este último sería un buen testimonio de lo acertado de la política entonces adoptada por el gobierno de Alarico al respecto. En lo demás el monarca visigodo procuraría mantener lo esencial de los privilegios eclesiásticos contenidos en el Código Teodosiano: carácter corporativo y, por ende, capacidad hereditaria de la Iglesia: consolidación de una jurisdicción eclesiástica, exclusiva para los clérigos y voluntaria para los laicos, capacidad manumitora del obispo, y el derecho de asilo. En contrapartida, el rey godo asumió ciertos derechos de intervención en los asuntos eclesiásticos; entre los que destacaría su capacidad para convocar sínodos generales del reino.

Pero sin duda sería en el Concilio de Agde, abierto el 10 de septiembre del 506, donde se completaría la nueva posición de la Iglesia católica como institución fundamental del Reino visigodo de Tolosa. En el concilio estuvieron representadas 34 diócesis de la parte gálica del reino. La no asistencia de obispos u otros representantes de las sedes hispánicas pudo deberse a la falta de tiempo o a las circunstancias de rebelión por las que entonces pasaba una buena porción de la Tarraconense. En todo caso, en Agde se anunció la celebración para el próximo año de otro nuevo concilio general, a celebrar en Tolosa, y para el que se preveía la asistencia de los obispos españoles, lo que sería un claro testimonio de la plena integración de los dominios hispánicos a la monarquía tolosana a principios del siglo VI. El concilio se encontró dirigido por Cesareo de Arles, que indicó con ello su preeminencia en la nueva Iglesia unitaria del Reino visigodo y su conciliación con la monarquía. La actividad legisladora de los miembros del concilio fundamentalmente se centró en la reorganización interna de las estructuras eclesiales existententes en el Reino de Tolosa. Dicha reordenación afectó a todos los aspectos de la vida eclesiástica, sobre la base de haber constituido un auténtico *corpus* canónico de referencia básica: reforma de las costumbres del clero; reafirmación de la propiedad eclesiástica; reglamentación de la liturgia para conseguir la unidad formal de todas la iglesias del reino; y reafirmación de la primacía episcopal en sus relaciones con las iglesias diocesanas, oratorios y monasterios.

Toda esta inmensa labor reorganizativa e integradora de los heterogéneos elementos sociopolíticos del Estado, realizada poco antes de la tragedia que puso punto final a la existencia del Reino de Tolosa, en grandísima medida vino forzada a Alarico II por la presión exterior ejercida por los francos unificados por el merovingio Clodoveo. El peligro de una expansión franca a costa de los visigodos comenzó a patentizarse a partir del 486, tras la derrota del romano Siagrio, que había formado una especie de reino autónomo en el norte de la Galia, en la batalla de Soisson por Clodoveo. Desde principios de la década de los 90 se producirían ya una serie de encuentros bélicos entre visigodos y francos en la zona del medio Garona. En el 498 los francos habían logrado ocupar la importante y estratégica plaza de Burdeos; aunque es verdad que debió ser al poco tiempo reconquistada por los visigodos. Sólo el fracaso de la intervención franca en la guerra civil burgundia entre Godegiselo y su hermano Gundebado supuso un freno momentáneo a la expansión franca. El vencedor Gundebado pagó la ayuda prestada por Alarico con una alianza entre los dos reinos germánicos arrianos de la Galia, que se selló en el 501 con la entrega de Avignon a los visigodos por parte del soberano burgundio. Por esas mismas fechas Alarico II debió contraer matrimonio con una hija del ostrogodo Teodorico, Tiudigoto, entrando así en la amplia red de alianzas matrimoniales que el Amalo había comenzado a trazar con diversos soberanos germánicos por esas fechas. La alianza del potente Teodorico en esos momentos debió significar para Alarico —no obstante su anterior apoyo al Amalo frente a Odoacro— un cierto reconocimiento de su inferior posición en el conjunto de la nación goda o, cuando menos, la aceptación expresa de que su realeza solamente afectaba a la porción visigoda de aquélla, renunciando a cualquier aspiración de encarnar a toda la *gens gothica*. Sería en esta nueva situación de inestable equilibrio de poderes en la Galia donde se situaría la entrevista del 502 entre Alarico y Clodoveo, acontecida en Amboise, en una isla en medio del Loira. En ella el franco y el visigodo acordaron suspender las hostilidades, al tiempo que posiblemente reconocieron el existente *status quo,* que en lo esencial debía consistir en una frontera entre ambos poderes en la línea del Loira.

Paralelamente a estos hechos de armas los visigodos habían intensificado sus acciones en España, conducentes en lo esencial a un más firme dominio de la Tarraconense, la última zona ocupada en la Península por los soberanos de Tolosa. Es posible que este mayor interés godo en nuestra Península se debiese a la mayor presión ejercida por los francos en las Galias. La coincidencia de fechas permite también abrigar la sospecha de que ciertas dificultades surgidas en la Tarraconense al poder godo hubiesen sido estimuladas, y luego favorecidas, por las contemporáneas campañas merovingias contra el reino de Tolosa en suelo galo. Concretamente la llamada *Chronica Caesaraugustana* —por desgracia solamente conservada de manera fragmentaria— trae una serie de noticias de la mayor importancia referentes a actividades visigodas en la zona del valle del Ebro en la segunda mitad de la década de los 90. Tales noticias en síntesis serían las siguientes: entrada de los godos en España en el 494; rebelión en ella en el 496 de un tal Burdunelo, asentamiento de los godos en la Península y entrega de Burdunelo por sus seguidores, para ser posteriormente ajusticiado en Tolosa en el 497.

Dejemos de momento de lado la cuestión aparentemente menor de la rebelión fracasada de Burdunelo para centrarnos en las noticias referentes a la penetración y asentamiento posterior godo en España, cosa que desde siempre se ha considerado esencial para comprender el posterior traslado a España, desde Aquitania, del centro de gravedad del poder político y militar visigodo.

Desde un fundamental estudio de síntesis del historiador catalán Abadal, se ha solido aceptar la idea de una doble inmigración, y posterior asentamiento, gótico en España: una de tipo popular, protagonizada por masas compactas de campesinos godos, que se centraría en torno al tránsito del siglo v al vi; otra aristocrático-militar, efectuada por unas cuantas familias con sus clientes, con una mayor dispersión temporal, y motivada por claras razones de índole estratégico-militar. Mientras la primera habría producido un asentamiento compacto en aldeas, la segunda habría sido fundamentalmente de tipo urbano. La delimitación geográfica del primer tipo de inmigración y asentamiento godos sería la alta Meseta castellana: en un área que, con centro en la actual provincia de Segovia, se extendería radialmente por las de Burgos, Soria, Guadalajara, Madrid, Toledo, Valladolid y Palencia. Tal delimitación se basaría en una serie de necrópolis, datables en la primera mitad del siglo vi y con un ajuar de tipo claramente germánico. Su reflejo puntual en las fuentes escritas serían las noticias antes señaladas de la Cesaraugustana para el 494 y 497. Pero por desgracia ni los datos arqueológicos ni los cronísticos nos parecen ya tan claros. Con referencia al testimonio arqueológico, hay que señalar que el tradicional mapa de necrópolis con ajuar visigodo trazado en su día por W. Reinhardt hoy habría que reducirlo en bastantes unidades, al haber incluido el sabio alemán una serie de necrópolis tardorromanas del valle del Duero con ajuar militarizante, pero de cronología anterior y en absoluto adscribible a los visigodos. De esta forma, las que parecen ser con seguridad necrópolis con ajuar propiamente visigótico se situarían todas ellas sobre una serie de grandes y estratégicas líneas de comunicación: la unión del valle del Ebro con el del Tajo a través del Jalón; en ese mismo Tajo y en las proximidades de Toledo; en la gran calzada de Burdeos a Astorga, con su variante meridional que enlazaba los valles del Ebro y el estratégico corredor del Jalón con el del Duero a través de Numancia, Oxma y Clunia; en la misma vía de la Plata; y en número muy crecido en las diferentes vías y calzadas que comunicaban las dos submesetas en sus porciones centrales de las sierras de Guadarrama, Gredos y Somosierra, y en el enlace de estas últimas con el corredor del Jalón por la altiplanicie de Atienza y con las calzadas transversales del valle del Duero. Cabe señalar también cómo la ubicación de todas ellas denota una estrategia visigoda tendente a dominar las vías de penetración desde el valle del Ebro y, por ende, las Galias en dirección al oeste peninsular, por una y otra submeseta. Conviene destacar cómo en este despliegue estratégico en forma de abanico el área situada en torno a Alcalá de Henares parece jugar un papel central de primera magnitud; lo que parece concordar con la red viaria tardorromana diseñada para la Península ibérica por el *Anónimo de Ravena*, en la que la antigua Compluto constituye un núcleo viario de primerísima importancia. Por otro lado, en la mayor parte de estas necrópolis resulta muy difícil la delimitación cronológica y de sus fases de utilización, bien por su no total exhumación o por la siempre pequeña incidencia del ajuar encontrado en el total de las tumbas. Y esto último puede ser un indicio de que en los poblados correspondientes a dichas necrópolis habitasen también hispanorromanos, y no sólo godos. En todo caso, dicha pobreza generalizada de los ajuares permite pensar en una fuerte diferenciación social en el seno de tales grupos humanos. De tal forma que en algunos casos cabría pensar que nos encontramos ante un asentamiento nobiliario visigodo con sus clientes y dependientes.

Por lo que se refiere a los datos antes señalados de la *Crónica de Cesaraugusta*, pensamos que han sido interpretados de una manera en exceso simplista para encuadrarlos en el seno de esa supuesta inmigración masiva y popular. Creemos, por el contrario, que nada se opone a interpretarlos como la llegada de un ejército visigodo a España, enviado por la Corte de Tolosa. Es más, pensamos que los usos lexicales de dicho texto nos orientan necesariamente en esta última dirección. Con respecto a la noticia del 497, que pudiera parecer la más parlera, no puede olvidarse que se la pone en relación inmediata con un hecho de armas: la derrota y aprisionamiento del rebelde Burdunelo, en paralelo con otras acciones bélicas señaladas por la misma crónica para el 506; todo lo cual parece excluir cualquier inmigración pacífica de masas campesinas. Y, en todo caso, como ya señaló el mismo Abadal, el tono de la susodicha crónica obligaría a pensar en un asentamiento en el área zaragozana. Para nosotros, desde luego, la noticia ofrece una interpretación todavía más simple: entrada de nuevas tropas visigodas que terminan por controlar el valle del Ebro, acabando con las últimas resistencias indígenas. Ocupación que, naturalmente —como unos decenios antes en el caso emeritense y lusitano—, obligaba al establecimiento de guarniciones y a proveer su forma de sustento.

Las noticias de la *Crónica de Cesaraugusta* adquirirían así su plena interpretación en el marco del progresivo control de la Península ibérica por el poder militar del Reino de Tolosa. Objetivo que ya había solidificado mediante el asentamiento de grupos de combatientes godos estructurados aristocrática y clientelarmente. Ya antes aludimos a los situados cerca de Astorga con anterioridad al 468 y a los asentados por Eurico en Mérida antes del 483, así como a otros lusitanos fijados con vistas a impedir cualquier posible expansión sueva hacia el sur y el este. Testimonios epigráficos parecen demostrar con muchísima probabilidad la presencia de nobles godos asentados en puntos estratégicos de la Andalucía occidental, dominando las calzadas que desde Sevilla se dirigían al este y al oeste, en fechas situadas en torno al cambio del siglo v al vi. Un testimonio arqueológico suelto podría ser indicio de otro asentamiento godo en la región granadina también por estas mismas fechas, dibujando así las líneas básicas desde donde el poder visigodo podría ocupar la totalidad del espacio peninsular. También en esto el reinado de Alarico II parece mostrar una continuidad total con respecto al de su padre, Eurico, profundizando en las direcciones por él marcadas.

Un último problema que cabría plantearse con respecto a estos asentamientos godos de finales del siglo v sería el de las condiciones jurídicas en que se relizaron. Últimamente J. Orlandis ha defendido con argumentos bastante verosímiles que en España los visigodos no habrían llegado a realizar divisiones de tierras al modo de lo ocurrido cuando su primer asentamiento aquitánico del 518, al que nos refe-

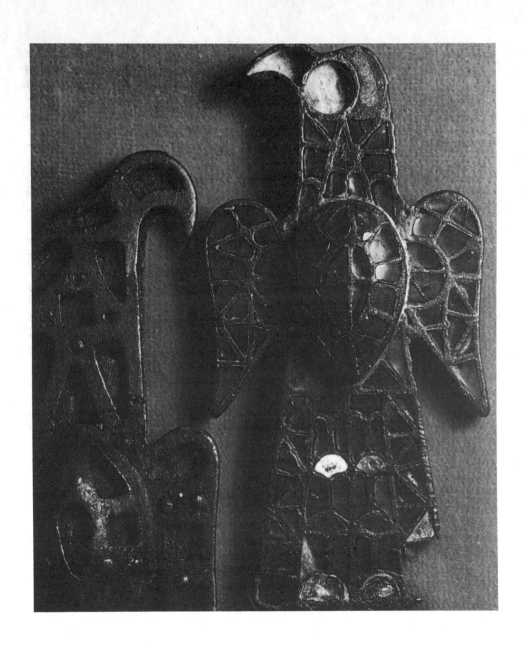

Fíbulas aquiliformes. Bronce y pasta de vidrio. Principios del siglo VI. Museo Arqueológico Nacional (Madrid)

rimos con anterioridad. ¿Se utilizarían en ese caso las fincas abandonadas por sus antiguos propietarios hispanorromanos, los *bona vacantia* y *caduca* de la legislación tardoimperial; o se llevaría a cabo donaciones regias sobre tierras de la extensa *res privata* imperial, que había pasado a formar parte del patrimonio de los reyes de Tolosa? La importantísima inscripción del puente de Mérida permite una y otra suposición. En todo caso, lo que este testimonio epigráfico y otros arqueológicos sí tienden a demostrar con escaso margen de error es que dichos asentamientos fortalecerían la estructuración aristocrática y clientelar de la población goda.

Por desgracia, también volvemos a caer en las dudas y en las hipótesis, más o menos verosímiles, al tratar de analizar los móviles y el origen de la rebelión de Burdunelo en el 497; la otra noticia de interés transmitida por la Crónica cesaraugustana para estos críticos años. Las especiales características de dicha fuente han hecho pensar a la mayoría de los estudiosos que la rebelión tuvo lugar en el valle medio del Ebro. Pero las dudas son difíciles de eliminar cuando se trata de decidir entre movimiento popular contra los perjuicios ocasionados por un más que dudoso asentamiento campesino godo en la zona, otro de carácter bagaúdico, o una sublevación de miembros de la aristocracia local, muy fuerte en el área riojana para mediados del siglo VI, como tendremos ocasión de ver más adelante. La utilización por el cronista de un término tan técnico como *tyrannis* preferentemente indicaría una rebelión organizada contra el poder legítimo del Estado tolosano, y no un tumultuoso levantamiento campesino. Por otro lado, sabemos cómo un sector de la nobleza tarraconense se opuso a la ocupación visigoda efectuada en el 472 por Eurico. Algunos años después, en el 506, la misma Crónica de Zaragoza nos vuelve a informar de un segundo levantamiento local contra el Reino de Tolosa. En esta ocasión el centro de la rebelión se situó en Tortosa; lo que por su carácter urbano puede ser un indicio de la participación en ella de miembros de la aristocracia local. Tras la toma de la ciudad, el jefe de los rebeldes, un tal Pedro, fue llevado a Zaragoza, para de inmediato ser ajusticiado.

Es posible que tanto la rebelión de Burdunelo como la de Pedro se hicieran en una cierta convivencia con el franco Clodoveo. Tras la precaria paz acordada en el 502 las hostilidades entre francos y visigodos habrían estallado nuevamente poco después de la celebración del Concilio de Agde. A pesar del intento de pacificación, y de fortalecimiento de la posición de su yerno, efectuado por Teodorico el ostrogodo, proyectando una alianza defensiva de los visigodos con los burgundios, herulos y turingios, en la primavera del 507 los francos debían haberse apoderado ya de varias plazas visigodas, tras haber obtenido una importante victoria sobre un ejército godo. Sería entonces cuando una rápida maniobra de penetración del grueso de las fuerzas francas en el corazón del Reino visigodo impulsaría a Alarico II a presentarles batalla en las proximidades de Poitiers con la práctica totalidad de su ejército de campaña. La batalla que allí se libró —y que se suele localizar en la actual Vouillé— terminó en un completo desaste para la fuerza goda, con la muerte del mismo rey Alarico. Aprovechándose de la confusa situación creada en el grupo dirigente visigodo, Clodoveo lograba seguidamente ocupar Burdeos y Tolosa. En la capital goda Clodoveo, además, se apoderaría de una porción del riquísimo tesoro real visigodo, que constituía una especie de símbolo de la monarquía y del reino. Mientras tanto su hijo Teodorico tomaba posesión de la Auvernia, una parte de cuya aristocracia senatorial en el último momento se había decidido por apoyar a los visigodos. Por su parte, el burgundio Gundobado, suicida aliado de última hora de los francos, descendía por el Ródano y penetraba en la Provenza; allí derrotaría a Gesaleico, un bastardo de Alarico II que había logrado reunir algunos contingentes del ejército visigodo vencido en Vouillé y poner a salvo en buena parte del fundamental tesoro real. Tras ello el burgundio ocupaba Narbona, de modo que en la primavera del 508 sólo las plazas fuertes de Carcasona y Arlés no habían caído todavía en poder de los vencedores. Hasta ese momento Teodorico el ostrogodo se había visto imposibilitado de acudir en socorro de sus aliados y parientes, encontrándose inmovilizado en Italia ante el ataque de una flota bizantina sobre las costas de la Península apenínica, sin duda en connivencia con los francos, y las perspectivas de una posible invasión burgundia por los pasos alpinos. Solamente sería en el 508, ya avanzado, cuando, libre de una y otra amenaza, Teodorico pudo enviar un ejército de socorro al mediodía galo; intervención que, como veremos más adelante, salvaría para el futuro la dominación visigoda en la Narbonense.

A pesar de que frecuentemente se ha dicho lo contrario hoy en día existe práctica unanimidad en achacar la derrota visigoda a la indiscutible superioridad en ese momento de los ejércitos de Clodoveo sobre los visigodos. El merovingio había logrado la unificación de numerosos grupos populares anteriormente dispersos y faltos de una organización unitaria. También cabe explicar la rápida derrota goda por la extensión excesiva que había alcanzado el ámbito territorial de dominio de los visigodos; la expansión hispánica y su fundamental carácter aristocrático y clientelar, como hemos visto, pudieron ser fatales, a este respecto, imposibilitando una rápida y total concentración de los contingentes militarizados godos con vistas a detener el esencial peligro que representaba el ataque fanco. Por otro lado, tampoco puede olvidarse que el complejo edificio de alianzas familiares trazado por Teodorico el Amalo en la última década del siglo v, y que tendía a rodear al emergente poder franco, comenzó a desmoronarse en Germania por esas mismas fechas del final ataque de Clodoveo sobre los visigodos. Factores bastante más secundarios, por el contrario, debieron ser la propaganda católica realizada por Clodoveo y su mismo intento de presentarse como el heredero legítimo de los intereses imperiales y romanos, entonces en hostilidad manifiesta a los intereses hegemónicos occidentales que trataba de llevar adelante Teodorico. Si todo ello pudo originar un filofranquismo en la aristocracia galorromana del Reino visigodo de Tolosa, solamente lo sería en sectores de ésta, no en su totalidad. Aunque la propaganda posterior de los medios eclesiales galos —muy bien representados en Gregorio de Tours— trataría de magnificar estos aspectos religiosos de la guerra franco-goda, en evidente beneficio propio. Y todo ello porque, como vimos en páginas anteriores, la promulgación de la *Lex Romana Visigothorum* y la celebración del Concilio de Agde debieron haber colmado una parte importante de las aspiraciones de dicha aristocracia y de la jerarquía episcopal católica. Miembros de la primera, además, ocuparon puestos de gobierno de bastante importancia en los reinados de Eurico y de Alarico II, tanto en la administración militar como en la civil. Como últimamente ha demostrado entre otros J. Orlandis, elementos galorromanos participaron ya normalmente en los ejércitos visigodos de esta última fase del Reino de Tolosa. En la batalla decisiva de Vouillé luchó al lado de Alarico un importante contingente de auverneses comandados por miembros de la aristocracia tardorromana de dicha región, bajo la dirección suprema de Apolinar, el hijo de Sidonio Apolinar, al final enemigo de Eurico. Testimonios epigráficos y arqueológicos, por otro lado, parecen confirmar una profunda romanización para la misma nobleza de sangre goda.

CAPÍTULO II

Los años dudosos (507-569). Visigodos, ostrogodos, suevos, bizantinos e hispanorromanos: aspiraciones y realidades

El título que asignamos al presente capítulo muestra a las claras el periodo de tiempo de historia hispánica que en él será objeto de estudio. El primer término cronológico al menos parece indudable. Un buen conocedor de la historia visigoda ha escrito no hace mucho que no «hay hito cronológico alguno de la importancia que supone Vouillé sin duda hasta el momento de la casi total unificación peninsular de Leovigildo». La rota del 507 significó el fin del sueño visigodo de jugar el papel de director en la herencia occidental del fenecido Imperio. Sería a los vencedores francos, a sus monarcas y guerreros de estirpe germánica y a sus decididos colaboradores de la aristocracia tardorromana de la Galia central, a quienes dicho papel les estaría reservado en el futuro, como se demostraría plenamente en tiempos de la segunda dinastía franca, unos dos siglos y medio después. La pérdida de los hasta entonces centrales dominios aquitánicos haría que los restos de la clase dirigente visigoda del Estado tolosano tuviese que centrar sus esfuerzos en la Península ibérica a partir de entonces. Hasta ese momento las tierras ibéricas no habían sido para los visigodos sino un lugar secundario destinado a futuras expansiones y conquistas. En ellas los monarcas y generales visigodos no habían tenido más preocupación que ocupar las tierras próximas a sus dominios sudgálicos, en Cataluña y el valle del Ebro, y dominar las dos grandes calzadas estratégicas que desde Burdeos y el Ebro conducían muy al interior de la Tierra de Campos o desde el último se internaban en el valle del Guadiana, en dirección a Mérida y, más allá, hasta Lisboa. Y esto último había sido provocado inicialmente, para ser causa de su permanencia después, con la intención de contener cualquier veleidad expansionista de los grupos suevos, arrinconados para siempre en el cuadrante noroccidental hispánico. Para conseguir tales objetivos de primordial interés estratégico los visigodos de Toledo habían sabido anudar, como vimos en las páginas precedentes, ciertas relaciones de dependencia y de mutua colaboración con epígonos de la prepotente aristocracia senatorial tardorromana. Esta última durante el siglo de agonía del poder imperial en tierras ibéricas no había hecho sino reforzar su poder, económica y socialmente, aunque es verdad que sobre unas bases regionales mucho más localistas y fragmentarias que antaño; aunque, tal vez por eso mismo, bastante más homogéneas. Por tanto, al día siguiente de Vouillé el destino del poder visigodo en Occidente parecía claro, y las bases para su desarrollo existían ya. Sin embargo, durante algunos decenios influyentes elementos del grupo dirigente visigodo tendrían sus dudas, y las recuperación de la perdida Aquitania parecía estar siempre en su mente a la espera de una oportunidad. La realidad de los hechos de guerra, el desentendimiento del reino hermano de los ostrogodos y el postrer y trágico destino de estos últimos acabarían por imponerse. Aunque teóricamente, y durante toda su secular historia, el Reino visigodo hispánico jamás renunció a su sueño de supremacía gala. Estas primeras dudas, la fragilidad de las bases hispánicas del poder visigodo, la profunda fragmentación política reinante en estas tierras, y la misma crisis en la clase dirigente y en el nervio militar visigodos, como consecuencia de la derrota del 507 y de la posterior tutela ostrogoda, explican la existencia de un quebrado periodo de transición hasta la plena consolidación del nuevo Reino visigodo español con capital en la central Toledo. Y ésta no tendría lugar plenamente hasta el reinado de Leovigildo (*c.* 569-586) cuando, tras una serie de brillantes campañas militares en todas las direcciones del solar ibérico y una amplia labor legislativa y de reforma administrativa de matiz centralista y autoritario, se pudo decir por boca de su contemporáneo Juan de Bíclara que «de manera admirable revoca hasta sus antiguos límites a la provincia de los godos, que ya había sido empequeñecida por rebelión de gentes diversas». Con Leovigildo se iniciaba una nueva época caracterizada por el pleno dominio del espacio peninsular —al menos en su inmensa y más importante parte— por el Estado visigodo de Toledo.

Por desgracia, estos más de sesenta años de historia hispánica son particularmente oscuros y confusos. La oscuridad proviene de lo escaso y fragmentario de las fuentes históricas existentes para el periodo. Podríamos señalar como fuentes narrativas de carácter historiográfico unas cuantas líneas que se suponen tomadas de una crónica de principios del siglo VII, el llamado *Cronicón cesaraugustano,* las en exceso parcas noticias de Isidoro de Sevilla en su *Historia Gothorum,* y las tan poco numerosas dedicadas de pasada a los asuntos hispánicos por el bizantino Procopio de Cesarea en sus *Historias de las guerras gótica y vandálica.* Las fuentes de carácter legislativo seguras estarían representadas por sendas ordenanzas de Teodorico el Amalo, recogidas por Casiodoro, una de ellas de una cierta longitud e importancia, y la llamada ley procesal dictada por Teudis en el 546. En el ámbito eclesiástico podemos contar con las actas de algunos concilios provinciales, además de unas pocas decretales pontificias. Más sustanciosas pueden ser las noticias sobre la vida de la iglesia emeritense a mediados del siglo VI contenidas en el opúsculo titulado *Vidas de los santos padres emeritenses,* escrito un siglo después. Datos de tipo histórico-literarios transmiten las breves biografías de *Los varones ilustres* de Isidoro de Sevilla. Al tiempo que para la historia del Reino suevo interesan las obras de tipo pastoral de Martín de Braga o Dumio y alguna noticia en la obra histórica de Gregorio de Tours. La otra dificultad presentada para el estudio de esta época la plantea la falta de unidad política imperante entonces en la Península ibérica, así como la intervención de fuerzas políticas ajenas a ella, tales como los ostrogodos del *Regnum Italiae* o los imperiales de Bizancio.

LA SUPREMACÍA OSTROGODA (507-549)

Los límites cronológicos de este primer apartado lo constituyen la batalla de Vouillé y el hundimiento del poder visigodo en Aquitania, por un lado, y el desgraciado final del último rey de estirpe ostrogótica en el trono hispánico visigodo, Teudiselo, por otro. En estos escasos cincuenta años es posible distinguir hasta dos fases o periodos definidos desde una perspectiva de historia política. El primero correspondería a los años de gobierno directo sobre el Reino visigodo por parte de Teodorico el Amalo, hasta la muerte de éste en el 526. Sin duda se trató de una fase de estabilización y fortalecimiento del poder godo en nuestra Península; al tiempo que se intentó el trasplante de ciertas estructuras y formas político-administrativas propias del *Regnum Italiae* de Teodorico al Reino visigodo. Los años de gobierno de Teodorico el Grande serían los últimos en que las relaciones entre ambas penínsulas mediterráneas se intensificarían hasta un cierto nivel por última vez en la llamada Antigüedad Tardía, tras haber sufrido un eclipse a partir de mediados del siglo v.

El segundo periodo estaría constituido por los reinados sucesivos de Amalarico (526-531), Teudis (531-548) y Teudiselo (548-549). Serían años de consolidación y extensión del poder visigodo en las tierras hispánicas; sobre todo en sus áreas meridionales, que hasta entonces, y salvo determinados lugares estratégicos, habían venido gozando de un fáctica independencia bajo el gobierno de las aristocracias locales tardorromanas y de la jerarquía católica. Sería en estos años decisivos y turbulentos cuando el centro de gravedad del Reino visigodo se trasladaría definitivamente del sur galo a España, a ese eje fundamental constituido por Toledo, Mérida y Sevilla. Tampoco puede olvidarse que en estos decenios todo el Mediterráneo occidental experimentó muy importantes cambios políticos a causa de la llamada Reconquista de Justiniano, como consecuencia de la cual el Reino vándalo de Tunicia sería destruido en el 533, y lo mismo ocurriría con el ostrogodo de Italia tras una larga y crudelísima guerra entre el 535 y el 552. Con ello el Mediterráneo occidental volvía a ser un lago romano —ahora se diría que bizantino—, lo que representaba para el inmediato futuro un peligro de intervención constantinopolitana en los asuntos hispano-visigodos, además de sumir al frágil Reino visigodo en un claro aislamiento político al quedar como único representante de los llamados Estados germano-orientales de la primera generación.

Una última advertencia convendría hacer sobre nuestra elección para esta época del apelativo de «supremacía ostrogoda», frente al más usual en nuestra historiografía de «intermedio ostrogodo». Hemos optado por el primero a sabiendas de indicar una característica sociopolítica de esta época del Reino visigodo. Porque la verdad es que este último, en tiempos del gobierno directo de Teodorico el Grande, se encontró sometido a las prioridades geopolíticas de éste, que pasaban por su Reino itálico y prepotencia en las orillas del Mediterráneo occidental y vigilancia del expansionismo merovingio con las armas diplomáticas y las alianzas. Sometimiento que también lo fue a una cierta minoría militar-aristocrática de origen ostrogodo, cuya supremacía perduraría en los años posteriores a la desaparición del gran Amalo mediante su enraizamiento hispánico a través de una política matrimonial y de alianzas familiares con poderosos representantes de la aristocracia visigoda e incluso hispanorromana. Supremacía que no constituiría una inferencia nuestra a partir de la constatación de tales hechos, sino también algo positivamente buscado por Teodorico y expresado por algunos voceros de su propaganda política. La asunción por su nieto del nombre de Amalarico, prefiriendo inusualmente la genealogía materna a la paterna, puede constituir un plástico reconocimiento del esplendor y supremacía de los ostrogodos Amalos sobre los visigodos Baltos, jerarquización entre las dos *Königsippe* godas del siglo v, rotundamente señalada por Casiodoro-Jordanes. Y para estos últimos la desgraciada muerte de Alarico II habría señalado el fin de un Reino visigodo autónomo, el del Reino Báltico, iniciándose otro con el gobierno de Teodorico el Amalo.

Como señalamos con anterioridad, sólo sería en el 508 cuando Teodorico se decidió a intervenir directamente en los asuntos sudgálicos, rescatando con ello lo que quedaba de un Reino visigodo amenazado de aniquilamiento total. Desde junio del 508 un importante ejército ostrogodo, comandado por el general Ibbas estaría operando en el Mediodía galo, lo que salvaría la dominación goda en la estratégica y rica franja costera de la Provenza y Narbonense. De esta forma Ibbas, en el 508, recuperaba Marsella y levantaba el asedio que amenazaba la metrópoli de Arlés. Al año siguiente, mientras una parte del ejército ostrogodo, a las órdenes del general Mammo, saqueaba y presionaba en las zonas meridionales del Reino burgundio, el mismo Ibbas recuperaba Narbona y levantaba el cerco franco a Carcasona. Junto a las acciones militares Teodorico trató asimismo de atraerse a una parte cuando menos de la imprescindible y poderosa aristocracia senatorial sudgálica con medidas políticas de deferencia, tales como la restauración de la Prefectura del pretorio galo y el Vicario de Las siete provincias.

En principio la intervención de los ejércitos ostrogodos no se habría realizado en oposición a Gesaleico, que incluso pudo ver reconocida su proclamación como rey visigodo por el mismo soberano Amalo. Pero la liberación de las fortalezas de Arlés y Carcasona puso en manos ostrogodas una parte considerable del famoso tesoro real visigodo además de significativas porciones del ejército y aristocracia visigodas. En Carcasona posiblemente se halló al joven Amalarico, hijo legítimo de Alarico II y nieto del soberano ostrogodo. Mientras tanto, el vencido Gesaleico había huido con otra porción del derrotado ejército visigodo al otro lado de los Pirineos, intentando hacerse fuerte en la plaza de Barcelona. Posiblemente temeroso de verse desplazado por su hermanastro Amalarico, como instrumento más dócil para el potente Teodorico el Amalo, Gesaleico pudo tratar de llegar a un acuerdo con los invasores de la víspera, francos y burgundios, para de esta forma frenar la contraofensiva ostrogoda. Lo cual a la fuerza tuvo que engendrar la oposición de todos aquellos próceres visigodos partidarios de una intervención activa ostrogoda y defensores así de los intereses del joven Amalarico; siendo posiblemente en tal coyuntura en la que cabría situar la muerte en Barcelona de Goarico, antiguo y fiel colaborador de Alarico II, a manos de Gesaleico. Sería entonces (*c.* 510) cuando Teodorico se decidió ya a una abierta intervención en los asuntos internos del tambaleante Reino visigodo. En el 511 su general Ibbas pasaba a España derrotando y poniendo en fuga a Gesaleico, para acabar expeditivamente con cualquier resistencia al predominio ostrogodo en el seno del ejército y aristocracia visigodos que hasta entonces habían acompañado a Gesaleico. Este último buscaría infructuosamente ayuda entre los vándalos, en cuyo seno habría encontrado refugio, para regresar al poco al sur de la Galia, donde pasaría semioculto casi un año. Aquí, tal vez con cierto apoyo franco, Gesaleico sería capaz de reunir alguna fuerza militar entre los dispersos soldados godos, con la que intentó crearse un dominio en España. Pero en su intento, Gesaleico fue derrotado por el general Ibbas a unas doce millas de Barcelona. En un desesperado intento de huir hacia el Reino burgundio, el hijastro de Alarico II sería hecho prisionero y asesinado en el 511, cuando se disponía a atravesar el Durance. De esta manera se iniciaba el reinado de Teodorico el Amalo sobre los visigodos, que duraría hasta su muerte en el 526 de modo fundamentalmente pacífico. Aunque la situación de guerra franco-goda en los límites de la Narbonense y Provenza continuaría hasta el 513 o el 515, como analizaremos más adelante.

A pesar de que algunos historiadores han pensado que Teodorico ejerció su mando sobre los visigodos como regente y tutor de su nieto, y posterior sucesor, Amalarico, parece preferible considerarle como rey de los visigodos por derecho propio. Tal parece deducirse del testimonio de la lista oficial de los reyes visigodos, redactada en el siglo VII, y que se conoce como *Leterculus Regum Visigothorum*, y de la datación por sus años de reinado de los concilios provinciales de la Iglesia católica hispana celebrados en aquellos años. La tradición historiográfica hispanovisigoda coincide en su totalidad a la hora de no considerar rey a Amalarico nada más que tras la muerte de su abuelo en el 526. Parece evidente que Teodorico trató de realizar la unión de ambos pueblos godos en una sola estirpe (*gens*) con la constitución de una monarquía única y común en el seno y en beneficio de su propia familia de los Amalos. A tal fin Teodorico debió apoyar una cierta política de matrimonios mixtos entre mujeres visigodas y varones ostrogodos, seguramente con el fin de enraizar entre los grupos dirigentes visigodos a representante de la aristocracia ostrogoda. La propaganda de Teodorico se apoyaría en la necesidad de alcanzar la unión de los dos pueblos hermanos ante el común peligro que representaban los francos merovingios. Y al mismo tiempo fundamentaría su propia realeza sobre los visigodos en la supuesta primacía que el linaje real de los Amalos había ostentanto sobre los Baltos en los tiempos del reino escítico de los antepasados de Ermanarico, también un Amalo. Coronación de su política de unión habría sido el matrimonio, en el 515, entre su hija Amalasvinta y Eutarico, miembro de una rama de los Amalos de Panonia emigrada hacía ya algún tiempo al Reino tolosano y emparentada con la familia real Balta. De esta forma su yerno Eutarico, y posteriormente sus hijos, parecía el sucesor ideal de Teodorico para reinar sobre la totalidad de los godos. Como heredero designado, Eutarico recibiría la adopción por las armas por parte del emperador Justino —como Zenón había hecho anteriormente con Teodorico—, al tiempo que ocupaba una plaza de cónsul en el 519 con el nombre romanizado de Flavio Eutarico Ciliga, lo que le capacitaría todavía más para ejercer la soberanía sobre la mayoría de población provincial romana de sus futuros dominios. La prematura muerte de Eutarico en el 522/523 frustraría tan concienzudos planes. Pues cabe suponer que la política de unión y predominio ostrogodo-amalo propugnada por Teodorico no dejó de promover ciertas resistencias y suspicacias entre algunos elementos de la aristocracia visigoda. En otro caso, se comprende mal el cuidado de Teodorico en mantener una clara individualidad del Reino visigodo unido de momento sólo en su persona: cómputo diferenciado de los años de reinado de Teodorico entre los visigodos y en su *Regnum Italiae;* trasladó a Ravena del tesoro real visigodo, pero mantenido aparte del ostrogodo; administración diferenciada para sus dominios itálicos, sudgálicos e hispánicos. En todo caso, tales resistencias explicarían mejor la incapacidad de Teodorico para acabar con la amenazante autonomía de que haría gala posteriormente su gobernador militar Teudis en el Reino visigodo, y a la que nos referiremos más adelante.

El Reino visigodo sobre el que iba a ejercer su gobierno Teodorico era ciertamente muy distinto al de Alarico II en lo tocante a su composición territorial cuando menos. De los antiguos dominios sudgálicos sólo se habían podido salvar de la ofensiva franco-burgundia la Baja Provenza hasta el curso del Durance, la Septimania o Narbonense, la Tarraconense, la Meseta central hispana hasta el límite noroccidental con el Reino suevo y el Tajo por el sur, la zona de Mérida hacia Lisboa en Lusitania y poco más. Una gran parte de la Lusitania y de la Cartaginense, con casi toda la Bética, quedaban como áreas de futura expansión e influencia, pero no de dominio efectivo por el momento.

Con el hundimiento del poder visigodo en Aquitania, es de pensar que se produjese una nueva emigración a España de elementos de estirpe gótica desde sus antiguos lugares de asentamiento sudgálicos; aunque existen pruebas indudables de que bastantes de ellos optarían por continuar residiendo allí bajo soberanía merovingia. También sabemos que al producirse la posterior derrota de Amalarico ante los francos en el 531, un cierto número de familias godas establecidas en la Narbonense buscó refugio en nuestra Península. Con los ejércitos ostrogodos venidos a ésta para defender al gobierno de Teodorico tuvo lugar una cierta emigración a España de elementos de estirpe ostrogótica. Ya antes aludimos a los matrimonios mixtos entre ostrogodos y nobles visigodas propugnados por Teodorico con su política de unión de ambas estirpes y reinos. Cuando a la muerte de Teodorico en el 526 se produjo la definitiva separación de ambos reinos se permitió a los ostrogodos así casados optar entre su propia nacionalidad y la de sus esposas, confirmando así su residencia hispánica. El historiador catalán Ramón d'Abadal caracterizó todas estas inmigraciones góticas a la Península ibérica como fundamentalmente aristocráticas y militares. En efecto, habrían sido los elementos visigodos de los ejércitos de Alarico II y su hijo Amalarico, así como la guarniciones de ciudades como Arlés y Carcasona, los protagonistas de tal movimiento migratorio en unión de sus familias. No se puede olvidar que en el Reino de Tolosa, principal componente de sus ejércitos, sobre todo en las guarniciones urbanas, debía ser el elemento de estirpe goda, aunque no fuese el servicio de armas algo exclusivo de éste. Y desde luego Teodorico practicó una escrupulosa separación de funciones entre la población de estirpe germánica y goda y la romana de su Reino itálico, reservando para la primera el regular servicio de armas.

La esencial estructuración aristocrática del elemento godo del Reino tolosano tenía consecuencias trascendentales a la hora de la composición y organización de los ejércitos visigodos. El núcleo de éstos debía estar formado por la aristocracia gótica en compañía de sus clientes con especial funcionalidad militar —como eran los *saiones* y *bucellarii*— y hasta de algunos de sus esclavos, relegando a un segundo plano a los simples libres, encuadrados bajo el mando directo del soberano. Estos *seniores gothorum* con sus familiares, clientes y esclavos debieron ahora establecerse en España según las pautas que analizamos en otro momento anterior y de manera particularmente dispersa. Lugar de asentamiento de muchos de ellos serían las ciudades, donde ocuparían puestos de gobierno. Tal parece deducirse de la referencia a los *gothis in civitate positis,* para la defensa de sus habitantes, en las ordenanzas transmitidas por Teodorico a sus lugartenientes en el Reino visigodo. Y algo semejante puede inferirse de la dispersión geográfica de los obispos arrianos que abjuraron de su credo en el 589; todos ellos ubicados en ciudades de marcado interés estratégico-militar en tiempos de Leovigildo. Por todo ello, pensamos que Abadal tiene razón cuando sostiene que la importancia de dicha inmigración residió no tanto en la cantidad como en el rango social y político de sus protagonistas. Dichas gentes y familias constituirían ciertamente ese reducido núcleo portador de las tradiciones y del nombre nacional gótico. A su supervivencia como grupo concienciado y concienciador se habría debido la permanencia del *Regnum (visi)gothorum* tras la rota de Vouillé y el intento frustrado de unión subordinada con su núcleo ostrogótico-amalo.

Una vez afianzada su supremacía sobre el elemento dirigente del Reino visigodo, Teodorico orientó sus esfuerzos a la restauración de la paz y el orden en sus recientes dominios ibéricos, fortaleciendo de paso el poder central de su monarquía y la posición hegemónica de su Reino itálico. La calamitosa situación de desorden y corrupción administrativa en que se encontraban dichos dominios hispánicos, así como las medidas tomada por Teodorico para su remedio, nos son conocidas gracias a las ordenanzas enviadas por el soberano a sus delegados en lo civil y lo militar en España, que nos han sido transmitidas en el repertorio cancilleresco conocido como las *Variae* de Casiodoro, ministro de Teodorico. En ellas se observa una evidente *Kulturpropaganda,* expresiva de la buscada y sentida superioridad política de Teodorico frente a los restantes Estados romano-germanos de Occidente, así como también de la querida igualdad con el Imperio de los romanos.

Toda la política interna de Teodorico propugnó un cierto mantenimiento formal de los cuadros político-administrativos heredados del Imperio. El propio soberano, además de *reiks/rex* para sus súbditos de estirpe barbárica y romana, respectivamente, es también *patricius* para los últimos, según nombramiento del emperador Zenón. En lo fundamental podríamos decir que el Reino ostrogodo prácticamente conservó todo el aparato administrativo de los últimos tiempos del Imperio en Occidente. Incluso se asistiría a ciertas restauraciones como la de la Prefectura del pretorio galo en la persona del prestigioso senador romano Liberio, con sede en Arlés y con jurisdicción territorial limitada a los estrechos dominios de Teodorico en el mediodía galo. Además, el soberano Amalo trató de mantener una estricta separación entre la administración propia de sus súbditos provinciales y la erigida *ex nibilo* para sus bárbaros. A estos últimos, considerados en gran medida como un ejército en cierta manera extraño al resto de la población provincial romana, no los colocó bajo la autoridad de los normales magistrados y poderes de origen imperial. Los súbditos de procedencia barbárica de su reino se encontraban situados bajo la fundamental autoridad de los *comites gothorum civitatis,* al tiempo comandantes del ejército con jurisdicción en las causas surgidas entre un godo y un provincial, además de otras atribuciones de tipo fiscal y policiaco.

Parece lógico pensar que Teodorico tratase de trasladar a su nuevo Reino visigodo hispánico este esquema administrativo de tipo dual, aun conservando ciertas tradiciones propias del fenecido Reino tolosano y a tenor de la herencia administrativa del Imperio, muchísimo más quebrada en la Península ibérica que en la itálica. En todo caso, parece plausible que Teodorico delegase el gobierno del territorio hispánico propio del Reino visigodo a dos autoridades con ámbito de competencia delimitado y contrapuesto. Al frente de todo el apartado administrativo provincial heredado del Imperio situaría a un Prefecto de las Españas. Cargo de nueva creación a imitación del restaurado de Arlés, significando una cierta desmembración territorial del viejo Reino visigodo, y dotado de atribuciones judiciales entre la población provincial y también fiscales. Para ocupar tal magistratura, Teodorico durante un cierto tiempo escogió a un tal Ampelio, de estirpe no bárbara al juzgar por su nombre. Y un mismo origen pudo ser también buscado para ocupar otros cargos inferiores en la administración civil de los nuevos dominios hispánicos. Al lado del Prefecto de las Españas, Teodorico situó a otras personas de probable origen bárbaro; de preferencia éstas serían ostrogodos, dado sus presumibles roces con sectores importantes de la nobleza visigoda, como señalamos con anterioridad. De estas personas una estaría al frente de todo lo referente al ejército godo allí estacionado. Mientras otra sería un superintendente de las extensas propiedades que en otro tiempo habían pertenecido a la *Res privata* imperial y luego al patrimonio *(domus regia)* real visigodo, y que ahora habían pasado a depender del *cubiculum* del soberano ostrogodo. Tenemos noticias de dos individuos que ocuparon sendos cargos durante un periodo de tiempo más o menos indeterminado. En la misma época en que Ampelio era Prefecto, un tal Liuverit debía estar al frente de la administración de las propiedades regias en España. Mientras que durante muchos años se testimonia al ostrogodo Teudis al frente del aparato militar y gozando de enorme autonomía como tutor también del joven príncipe Amalarico.

Con esta reestructuración administrativa, Teodorico se propuso, como ya dijimos, restaurar el orden en sus nuevos dominios, a la vez que reforzar el poder central de la monarquía. Para conseguir uno y otro objetivo el Amalo se ocupó fundamentalmente de restablecer y ordenar la administración fiscal. Ésta se escontraba en un lamentable estado como consecuencia de la avidez de los funcionarios encargados de la recaudación y de la prepotencia de determinados contribuyentes, capaces de sobornar a los primeros o de impedir violentamente su actuación. Para acabar con tal estado de cosas, Teodorico ordenó una minuciosa inspección y censo de todas las personas y patrimonios imponibles, al tiempo que prohibía con severas penas la extorsión de los indefensos provinciales mediante exigencias fiscales arbitrarias, tales como la utilización de pesas y medidas mayores que las reglamentarias, la doble exanción, en especie y en aderación, de la *annona,* requisiciones suplementarias de caballos para la posta pública, y la apropiación por los recaudadores de una masa tributada mayor que la entregada luego a la Tesorería o almacenes reales. Teodorico también se preocupó de impedir las ilegítimas acuñaciones de moneda por los particulares. Esto, además de representar una merma de ingresos a la Hacienda regia, significaba un evidente menoscabo de la autoridad real, muy identificada según el patrón tardorromano con la regalía sobre la moneda. El Amalo también se ocupó de reforzar su autoridad sobre lo antiguos bienes imperiales, impidiendo a los adjudicatarios de tales fincas exigir rentas desmesuradas a sus cultivadores, y tratando de cortar los vínculos de patrocinio que se estaban comenzando a establecer entre estos últimos y los capataces-administradores de dichas fincas. También parece que Teodorico trató de restablecer el envío de trigo fiscal hispánico a la ciudad de Roma; aunque subsisten dudas sobre la auténtica significación macroeconómica de tal intento, por encima de su valor simbólico de reanudación con la tradición imperial, uno de los rasgos más característicos de la política teodoriciana. Teodorico también trató de reforzar la vigilancia del Estado sobre los jueces con el fin de evitar arbitrarias penas capitales, al parecer muy frecuentes en el inmediato pasado. Clara medida de restauración del poder central del Estado, muy quebrantado a consecuencia de la gran libertad de acción de que habían gozado las aristocracias locales hispánicas anteriormente.

Carecemos de testimonios sobre el grado de cumplimiento de tales ordenanzas teodiricianas, y de sí pudieron cumplir con el objetivo marcado por el soberano Amalo. Algo sí debió conseguirse; pues en otro caso resultaría difícil explicar la sucesión de Amalarico y Teudis, cuyas bases de poder en gran parte eran las mismas que las de Teodorico. Aunque desde luego también parece evidente que dichas medidas, sobre todo las de tipo fiscal, pudieron ocasionar malestar entre los grupos dirigentes visigóticos e hispanorromanos, a la fuerza ya algo disgustados por la concesión a ostrogodos de los principales puestos de la administración y el gobierno del reino. Como dijimos anteriormente, es muy posible que su lugarteniente Teudis lograse una gran autonomía de actuación en España —rayana casi en la deslealtad— gracias a saber aprovecharse de tal descontento. Teudis para ello debía contar con el apoyo de la gran mayoría de las tropas ostrogodas de guarnición en el Reino visigodo, además de tener importantes lazos familiares y de amistad con influyentes sectores de la aristocracia ostrogoda del Reino itálico. Por otro lado, Teudis pudo gozar del apoyo y simpatía de importantes miembros de la antigua aristocracia senatorial hispanorromana. A tal efecto el historiador Procopio nos informa del matrimonio contraído por Teudis con una riquísima dama hispanorromana de estirpe senatorial; según el bizantino, fueron las rentas y campesinos de las grandes propiedades fundiarias de esta última lo que permitió al lugarteniente ostrogodo organizar una guardia personal de soldados dependientes, base fundamental de su reto autonómico frente a Teodorico.

El 30 de agosto del 526 moría el gigante Teodorico el Amalo; con ello se ponía fin al periodo de directo gobierno ostrogodo en España sobre el Reino visigodo. Fracasada la unión propugnada por Teodorico entre ambos reinos godos como consecuencia de la muerte prematura de Eutarico, cierta oposición aristocrática visigoda, y la misma excesiva autonomía mostrada por sus lugartenientes ostrogodos en España, no quedaba otra opción que la separación de ambos reinos. Mientras el Reino ostrogodo de Italia pasó a ser regido por su nieto Atanarico, bajo la atenta tutela de su madre Amalasunta, el visigodo pasó a las manos del joven Amalarico. Éste debía haber siempre permanecido en territorio visigodo y debía contar con el apoyo del poderoso Teudis, que había sido su tutor. Al separarse ambos reinos se estableció una frontera común en el brazo más occidental del Ródano. Mientras, se llegaba a un rápido arreglo pacífico para los restantes contenciosos entre ambos Estados. De este modo se devolvió a la autónoma Monarquía visigoda la parte más sustancial del famoso tesoro real, en otro tiempo trasladado de

Carcasona a Ravena por orden de Teodorico. El Reino visigodo se liberaba también de cualquier obligación fiscal para el Reino de Italia. En fin, se ordenaba la repatriación de las tropas ostrogodas destacadas en tierras visigodas, aunque se permitía optar por la *gens* visigoda a los ostrogodos que hubiesen contraído matrimonio con mujeres visigodas o hispánicas, como fue el caso del todopoderoso Teudis.

La verdad es que no es mucho lo que sabemos de la política interior practicada por el joven rey Amalarico. Cabe suponer que la estructura admistrativa levantada en tiempos del gobierno de Teodorico no habría de sufrir más cambios que aquellos estrictamente necesarios para su adaptación a la nueva situación de plena independencia del reino. Así se habría mantenido la importante Prefectura de las Españas. En el 529 se habría nombrado para dicho cargo a un tal Esteban, hispanorromano a juzgar por su nombre. Es posible que con tal nombramiento Amalarico tratase de sacudirse la tutela de Teudis, como podría deducirse de acontecimientos posteriores.

Por el contrario, estamos mejor informados de su política exterior, concretamente con el peligroso vecino franco. Posiblemente el joven rey buscase en una brillante acción militar el prestigio y la fuerza sociopolítica que le permitiese afianzar su autonomía frente a gentes como Teudis. Ello explicaría su arriesgada participación directa en el conflcito al frente de las tropas. Sin embargo, su audacia acabaría costándole el trono y la vida.

El propósito de Amalarico habría consistido en reforzar los dominios sudgálicos del Reino visigodo, e incluso extenderlos si se presentaba una situación favorable. Esta prioridad gala forzaba una preterición de los más extensos dominios hispánicos de su reino, apartándose así de lo que parecía haber sido el propósito de su abuelo Teodorico, tendente a centrar en España el poder visigodo. Por el contrario, Amalarico habría fijado su residencia en Narbona. ¿Tal vez temía el poder que Teudis debía seguir manteniendo en España con el apoyo de sus clientelas militares góticas e hispanorromanas? A este respecto su matrimonio con la princesa franca Clotilde, una hija menor de Clodoveo, pudiese resultar significativo. Concertado en una época anterior a su ascenso al trono, hasta ese momento habría servido como prenda de paz ente Teodorico y los francos. Ahora podía Amalarico ver en él un medio de reforzar su posición frente a su rival Teudis; pues nos consta que en los años anteriores este último había sabido utilizar sus buenas relaciones con los francos para asentar su independencia frente a Teodorico. Pero lo cierto es que, si tales eran los planes de Amalarico, los resultados serían opuestos. La debilidad indudable del nuevo rey visigodo habría instigado al merovingio Childeberto a aprovechar la oportunidad que le ofrecía la desaparición de Teodorico el Amalo para tratar de anexionarse la Septimania visigoda. Es posible que, como en tiempos de Alarico II y Clodoveo, la nueva ofensiva franca se doblase de una acción propagandística sobre la maldad intrísica del hereje monarca godo, dirigida a los súbditos católicos de éste. Aunque el desencadenante último de la ofensiva del merovingio hubiera sido el tratar de desquitarse del fracaso sufrido en su intento de apoderarse de la Auvernia, aprovechándose de la rebelión de una facción de la nobleza senatorial contra su hermano Teodorico. En todo caso, lo cierto es que en una rápida marcha, Childeberto lograba en el 531 derrotar a las fuerzas visigodas en las proximidades de Narbona. Como consecuencia de ello Amalarico emprendía una veloz fuga en dirección a la plaza fuerte de Barcelona, con la intención en todo caso de embarcarse rumbo al reino de su primo Atalarico, llevando consigo el imprescindible tesoro real visigodo. Pero aquí Amalarico sería detenido y muerto por un tal Bessón, franco de origen, a lo que parece con el beneplácito de Childeberto y la pasividad, cuando no participación, del mismo ejército visigodo, tal vez ya dominado por Teudis.

La muerte de Amalarico significó la extinción de la poderosa estirpe que con diversas alternativas había ostentado el trono visigodo desde los tiempos de Teodorico, el vencedor de Atila, y que se encontraba emparentada en uno u otro grado con la legendaria de los Baltos. En este sentido, la ocupación del solio visigodo por el ostrogodo Teudis señalaría la quiebra definitiva de la tendencia hereditaria que hasta ahora se había impuesto en el originario *Heerkönigtum* que fundara el gran Alarico. Que Teudis se convirtiese en rey visigodo como resultado de una elección por la asamblea del pueblo en armas o como consecuencia de una auténtica *invasión,* usurpación ilegítima, poco importa al historiador moderno. Más interesa su profundo significado socioeconómico y político-institucional. La realeza de Teudis, en definitiva, era el resultado del asentamiento de los *seniores gothorum* en las nuevas sedes territoriales del reino y de su mezcla con la potente aristocracia fundiaria hispanorromana de origen senatorial. Como consecuencia de una y otra cosa, se habían puesto los cimientos de una poderosa aristocracia unificada, fundamentada en la posesión de extensos patrimonios inmobiliarios trabajados por

Puig Rom (Rosas, Gerona). Fortaleza visigoda, siglo VI-VII

95

campesinos dependientes, parcialmente utilizables como soldados privados, cuando no en la ostentación de estos últimos con los frutos obtenidos de dichas tierras y trabajo campesino. La nueva *Landnahme* efectuada en España tras el desaste del 507 habría así beneficiado en lo fundamental a determinados círculos aristocráticos godos, mientras la vieja familia real de los Baltos debió sufrir muchísimo en su imprescindible base patrimonial con la ruina del Estado aquitano de Tolosa. En segundo lugar, la exaltación de Teudis nos indica que dicha segunda *Landnahme* goda había beneficiado también a determinados oficiales ostrogodos destacados en España al frente de tropas ostrogodas cuando el gobierno de Teodorico el Amalo.

Pero a pesar de las causas de su subida al trono, todos los esfuerzos de Teudis propugnarían un fortalecimiento del poder central del monarca, en detrimento de la nueva aristocracia fundiaria, tanto goda como hispanorromana. Teudis emplearía para ello tanto medidas de orden interno como una política militar ofensiva en el exterior. Aparente paradoja que a partir de entonces se convertiría en trazo esencial de la historia visigoda, dominada por esa infernal dialéctica monarquía-nobleza, hasta su desaparición a principios de la octava centuria.

La política exterior de Teudis se focalizó en dos frentes muy distintos; frente a los francos merovingios en la frontera de Septimania y de los Pirineos, y en el sur contra las veleidades independentistas de la poderosa aristocracia hispanorromana de la Bética y los bizantinos que ya asomaban sus águilas en la Mauritania Tingitana tras haber aniquilado al Reino vándalo (534).

La derrota de Amalarico por Childeberto representó un evidente peligro para el dominio visigodo en Septimania. Ciertamente que el monarca merovingio tras la muerte de Amalarico optó por retirarse de Cataluña y la Narbonense, al comprobar la hostilidad de la población provincial. Pero en Septimania los francos habrían sido capaces de reconquistar algunas plazas ocupadas por los godos en sus contraofensivas de mediados de la segunda década del siglo. Tal pudo ser el caso de Rodez, Albi e incluso Lodève; mientras que del territorio de Nîmes se segregaban Usez y Arisitum, erigidas de inmediato en sedes episcopales merovingias. Aprovechando la rota de Amalarico en el 532, se había realizado otra ofensiva franca sobre la Septimania visigoda, conducida esta vez por los príncipes merovingios Teudeberto, hijo de Teodorico I, y Guntar, hijo de Clotario I. La columna del primero habría penetrado hasta la plaza fuerte de Béziers, apoderándose de las fortalezas estratégicas de Dio (Dép. de Hérault) y Gabrières. Afianzado también el poder merovingio en la difícil Novempopulania, todas estas acciones militares habrían tenido como resultado último la reducción del poder visigodo en la Galia a una estrecha franja costera. Aunque los visigodos lograsen años después alguna que otra plaza, lo cierto es que dicha situación permanecería incambiada en lo fundamental hasta el final del reino godo, doblándose la frontera de un espacio de cuasi desierto estratégico.

El mayor interés de Teudis en su política meridional pudo incitar, en el verano del 541, a los reyes francos Childeberto y Clotario a probar nuevamente fortuna en la Tarraconense en busca de botín, al tiempo que de paso perseguían afianzar el dominio merovingio en la siempre inquieta Novempopulania. Los dos soberanos francos, acompañados de los tres hijos mayores de Clotario I, partirían de Dax para atravesar los Pirineos por los pasos navarros, para marchar sobre Zaragoza tras pasar por Pamplona. El ejército merovingio sometería a la ciudad tarraconense a un duro asedio de cuarenta y nueve días. Pero, tras haber saqueado la región zaragozana con dureza y no haber podido encontrar el esperado apoyo entre los provinciales católicos, el ejército franco optó por la retirada ante el temor de verse bloqueado al haber ocupado los pasos pirenaicos tropas visigodas al mando de Teudiselo, entonces general de Teudis, y ante las continuas asechanzas de los inamistosos vascones de la cordillera. La retirada, franca a lo que sabemos, fue total, habiendo perdido en su trascurso muchas vidas y botín. Es posible que el desastre de la expedición del 541 posibilitase una cierta contraofensiva goda en la disputada frontera de Septimania, pudiendo entonces los ejércitos de Teudis haber reocupado las plazas de Béziers y Lodève.

De mayor importancia y significación para la historia hispánica posterior habría de resultar la política desarrollada por Teudis en el mediodía peninsular. Con ella el Reino visigodo mostraría su clara ambición al dominio de la totalidad del espacio geográfico hispánico. Lo que a su vez pasaba por su consideración como asiento fundamental del reino y de la monarquía, con la correspondiente reubicación de la sede regia desde las ya irremediablemente excéntricas tierras de Septimania. Como señalamos anteriormente, con una tal actuación Teudis no hacía más que continuar la política de su predecesor, el gran Teodorico el Amalo, abandonando la fugaz aventura gala de Amalarico, terminada en un completo fracaso. De este modo Teudis se sacudía definitivamente lo que podríamos llamar el «complejo de reino de Tolosa», que había venido aquejando a la Monarquía visigoda desde la aciaga jornada de Vouillé. Así, Teudis abandonaría definitivamente Narbona como asiento de su Corte, para establecerse en ciudades peninsulares como Barcelona y Sevila, y con preferencia en Toledo. Ciudad esta última de importancia hasta entonces secundaria, pero cuya situación estratégica, dominando una red radial de calzadas, y en el centro del gran eje Sevilla-Mérida-Zaragoza-Barcelona, la convertía en ideal para quien pretendiese dominar el noroeste y mediodía hispánicos; al tiempo que su reducido y escarpado perímetro la hacían fácilmente defendible con los poco numerosos efectivos militares de que podía disponer en caso de apuro el poder real visigodo.

Fuera de las principales ciudades de la zona, de plazas fuertes y de algunos puntos estratégicos —asientos todos ellos de elementos de miembros de la aristocracia goda con sus dependientes campesinos y soldados— la verdad es que desde finales del siglo v, e incluso antes, las tierras de las actuales Autonomías murciana y andaluza, amén de la provincia de Badajoz, el sur portugués y alguna zona de la Comunidad valenciana, habían vivido en una situación política de factual independencia frente a cualquier poder extraño. En estos territorios el efectivo poder era detentado por los descendientes de la antigua aristocracia senatorial tardorromana. Y no se olvide que aquellas regiones se habían visto afectadas en menor medida por las depreciaciones y convulsiones de las invasiones del siglo v. La carencia de datos sobre la presencia de importantes contingentes de tropas externas en estas tierras desde el 460, aproximadamente, permite suponer un desarrollo pacífico de la vida bajo la égida de una aristocracia fundiaria, atestiguada tanto por la Arqueología como por la Epigrafía y alguna que otra fuente literaria. Unos y otros testimonios señalan durante estos decenios la abundancia de epígonos de la antigua aristocracia senatorial en la Bética y las áreas más ricas de Lusitania, la posesión por ellos de importantes patrimonios fundiarios, y que con preferencia seguían habitando en las viejas ciudades romanas como Sevilla, Mérida o Córdoba. Frecuentemente, dichos aristócratas hispanorromanos ocupaban puestos muy importantes en la jerarquía eclesiástica de la región; constituyéndose así esta última en un poderosísimo instrumento en manos de dicha aristocracia para ejercer su efectivo control y poder político, socioeconómico e ideológico sobre el resto de la población centrada en dicha ciudad. Es ciertamente en la esfera de la organización religiosa donde puede observarse también la mayor independencia durante estos años de tales aristocracias béticas y lusitanas, no obstante estar incluidas dentro del área de mayor o menor dominación visigoda. Así, mientras en 514 el Papado había otorgado al gran Cesareo de Arlés el Vicariato romano para los dominios galos e hispanos de Teodorico el Amalo, y en el 519 se entregaban poderes de representación papal en el Reino visigodo al obispo Juan de Elche, en el 521 se concedía el Vicariato romano para las exclusivas Bética y Lusitania a Salustio, metropolita de Sevilla. Lo que no puede ser más que indicio de la práctica vida aparte de la Lusitania y Bética con respecto a las zonas peninsulares más estrictamente dominadas por la administración ostrogoda. Y también sería en la esfera eclesiástica donde se podrían ver ciertos roces entre la mayoría provincial y el elemento godo asentado en alguna ciudad de gran importancia militar, como pudo ser el caso de Mérida en la década de los años 30.

Los intentos de Teudis de afianzar el poder godo en la rica depresión bética debieron comenzar muy pronto en su reinado, teniendo una naturaleza eminentemente pacífica mediante alianza con la potente aristocracia local tardorromana; como no podía ser de otra manera, en el caso de un godo casado con una rica hacendada hispanorromana. Y allí habrían de encontrarle los embajadores vándalos venidos en busca de la ayuda militar y diplomática goda en vísperas del desembarco, y posterior victoria, del general imperial Belisario en Tunicia. Las claras intenciones expansivas de Justiniano en el Mediterráneo occidental muy pronto harían ver a Teudis el peligro de una futura intervención de Bizancio en España, y más concretamente en sus estratégicas costas meridionales y levantinas. Por ello, el nuevo soberano visigodo trataría de afianzar su poder y dominio militar efectivo en ellas. Sería en tal contexto en el que habría que situar una cierta triple alianza defensiva, que entonces se intentó, entre visigodos, vándalos y ostrogodos; y prenda de la cual sería entre los dos primeros la ocupación por una guarnición visigoda de la estratégica plaza de Ceuta hacia el 533, en el momento de la máxima presión de Belisario sobre Gelimer. Poco tiempo después, sin embargo, los bizantinos habrían logrado expulsar a la insuficiente guarnición goda; colocando en su lugar otra imperial al mando de un tribuno bajo las órdenes directas del Maestre de la milicia africano. Razones semejantes llevarían a Teudis a intentar por segunda vez ocupar la plaza ceutí, en una fecha inconcreta a situar entre el 542 y el 548. Posiblemente, el monarca godo habría intentado esta vez aprovecharse de las dificultades por las que pasaba el ejército bizantino de guarnición en África ante los continuos ataques de las tribus bereberes de la región. Sin embargo, el intento militar visigodo habría terminado en un completo fracaso al verse sorprendidos por una inesperada salida de la guarnición bizantina de Ceuta.

Como anunciamos, la política interior de Teudis también habría seguido la pauta marcada por Teodorico en lo referente a centralización y reforzamiento del poder real. La llamada *Crónica cesaraugustana* recuerda la deposición en el 531, tras tres años de mandato, del Prefecto de las Españas, Esteban, en una reunión gubernativa tenida en Gerona. Cabe suponer que la destitución fue dictada por haber sido Esteban un leal y estrecho colaborador del recién asesinado Amalarico. En cuyo caso la reunión de Gerona habría supuesto un fortalecimiento de la posición de Teudis, que habría podido ver allí confirmada su reciente adquisición del trono visigodo. Tampoco se puede olvidar el no nombramiento de un sustituto para el puesto dejado vacante por Esteban. Como ya vimos, el cargo de Prefecto de las Españas había sido una creación de Teodorico el Amalo con la idea de trasladar al Reino visigodo su esquema administrativo itálico, con una doble estructura administrativa para godos y romanos. Con la eliminación de su nieto Amalarico, parece lógico pensar que se intentó volver a la tradicional unidad administrativa del Estado visigodo. Máxime si no nos olvidamos de que Teudis era un típico representante de ese nuevo grupo dirigente de base latifundiaria y compuesto por miembros de la aristocracia goda y de la senatorial tardorromana hispánica. Por otro lado, la vuelta a un sistema unitario y la desaparición de dicha Prefectura hispánica significaban un fortalecimiento del poder central de la realeza, al eliminar una instancia intermedia entre ella y la población hispanorromana, limitándose de paso las posibles aspiraciones autonómicas de miembros de la antigua aristocracia senatorial. En todo caso, su supresión simboliza el carácter único del Reino visigodo, comprendiendo tanto los extensos territorios peninsulares como los más estrechos sudgálicos. Deseo de unidad y de fortalecimiento de la realeza también se pueden ver como objetivos de Teudis al edictar su famosa ley sobre los costes del procedimiento judicial, dada en Toledo el 24 de noviembre del 546. La ley, que se ordenaba incluir en el llamado Brevario alariciano, iba dirigida a los gobernadores provinciales y otros funcionarios con jurisdicción tanto sobre el elemento godo como romano del Reino visigodo; constituyéndose así en un testimonio claro de unidad jurisdiccional y de aplicación territorial de una ley de la monarquía hispanovisigoda. Con su ley, Teudis trataba de poner remedio al muy frecuente soborno de los jueces por parte de uno de los litigantes; indicio de hasta qué punto habían caído en el vacío los intentos restauradores de Teodorico el Amalo hacía no mucho más que una quincena de años. En todo caso el altísimo umbral marcado por la ley para los pagos legales efectuados por los particulares a los jueces en concepto de costas indica claramente los auténticos límites del poder regio, y de sus bien intencionadas medidas reformistas, ante unas autoridades administrativas que, en su inmensa mayoría, pertenecían a los grupos dominantes de la sociedad hispanovisigoda. También merece destacarse la titulación como *Flavius* Teudis portada por el monarca en la rúbrica de la predicha ley. Apelativo por vez primera utilizado por un rey visigodo; posiblemente imitado de la titulatura del gran Teodorico y con el que se inició un fuerte proceso de «imperialización» de la realeza visigoda.

No mucho después de su desafortunada expedición africana, Teudis encontraría inopinadamente la muerte en su palacio en junio del 548, víctima a lo que parece de la venganza personal de alguien de su entorno. Porque todo parece indicar que la coalición político-social que había llevado al trono a Teudis se mantuvo unida tras la muerte de éste. Al menos sabemos de la sucesión sin mayor dificultad de Teudiselo, un brillante general de Teudis al que pudo también favorecer una cierta relación de parentesco con el ilustre linaje ostrogodo de los Amalos.

Teudiselo habría intentado continuar las grandes líneas políticas trazadas por sus inmediatos predecesores: afianzamiento del poder godo en el valle del Guadalquivir y fortalecimiento de la monarquía frente a la aristocracia. Pero Teudiselo habría tenido menor fortuna que Teudis a la hora de «contener a los visigodos». En diciembre del 549, Teudiselo caía víctima en su palacio de Sevilla de una conjura tramada por miembros de la misma facción política que hacía poco le había elevado al regio solio. Nuestra única fuente, Isidoro de Sevilla, indica que su muerte habría sido el justo castigo a los continuos adulterios cometidos por el monarca sobre las hijas de muchos nobles. Bajo tal acusación, el obispo hispalense tal vez oculte intenciones por parte de Teudiselo de llevar a cabo una enérgica política en absoluto favorable a los intereses de la potente aristocracia gótico-romana, en vías de integración y fortalecimiento. Es posible que la viciosa concupiscencia regia buscase enlaces familiares con las principales familias nobiliarias, con ventajosas dotes o compensaciones económicas para su persona y patrimonio regio.

UNA ÉPOCA DE ANARQUÍA Y DISGREGACIÓN POLÍTICA (549-569)

Los veinte años que median entre el regicidio de Teudiselo y la asociación al trono de Leovigildo por su hermano Liuva ciertamente son los más confusos y críticos de la dominación goda en España. Cuando subió al trono el enérgico Leovigildo el territorio peninsular verdaderamente dominado por el Reino visigodo había sufrido disminuciones considerables en casi todos sus frentes. Además del área noroccidental ocupada por el Reino suevo, en mayor o menor medida escapaban al efectivo control visigodo gran parte de la actual Andalucía, incluidos importantes núcleos urbanos como Córdoba, la zona de la Rioja y norte de Burgos, la Comunidad valenciana y Murcia, y otras áreas interiores de carácter más o menos marginal en tierras de Zamora, Tras-os-montes y Bragança. Para colmo de males, estos años verían la instalación de un tercero en discordia, junto a los Reinos visigodo y suevo, por la posesión de nuestro suelo patrio: el Imperio de Bizancio en una amplia franja costera por todo Levante y Andalucía. Por desgracia un momento tan crítico para la historia hispanovisigoda se encuentra especialmente falto de fuentes históricas.

El asesinato de Teudiselo no parece que fuera el fruto de las tradicionales disputas entre facciones nobiliarias visigodas, sino una acción conjunta de la inmensa mayoría de la aristocracia. Así se entendería mejor la rapidez con que se lograría la elección de un sucesor en la persona de Agila. Pero muy pronto el nuevo soberano, que debía encontrarse a la sazón en Sevilla, tendría que enfrentarse a graves dificultades. A los pocos meses de su elección, Agila tuvo que marchar a sitiar a la fuerte Córdoba. La rebelión cordobesa cabe explicarla como un intento de sacudirse el poder centralizador de la monarquía visigoda por parte de la poderosa aristocracia fundiaria hispanorromana de la zona, acostumbrada a ser dueña de sus destinos políticos desde hacía ya bastante tiempo. Las posibles disensiones surgidas en el grupo político dirigente del Reino visigodo con ocasión de la elección de Agila pudieron hacer concebir a dichos potentes cordobeses la esperanza de recobrar una autonomía que la expansión meridional de los últimos monarcas visigodos estaba gravísimamente recortando, cuando no anulando. En todo caso, es posible que los rebeldes justificasen su actuación acudiendo a motivos de tipo religioso, como era el carácter herético de la Monarquía goda. Sean como fueren las cosas, lo cierto es que Agila fracasó estrepitosamente en su intento de vencer a la rebelión por las armas mediante la toma de Córdoba. Sin que el visigodo hubiera podido poner sitio a la ciudad en toda regla, una salida de los cordobeses terminó en desastre para los atacantes. En la batalla, Agila, que logró escapar, perdió a un buen número de sus soldados, a su propio hijo y, lo que era más importante, parte del tesoro real.

Falto así de numerario, con que reclutar nuevas tropas y pagarles, Agila viose obligado a suspender momentáneamente la lucha contra los rebeldes cordobeses y retirarse estratégicamente hacia Mérida, donde parece que se encontraban los más seguros de sus apoyos. Pero sería entonces cuando las disensiones en el grupo dirigente visigodo se radicalizarían. Un godo de noble origen, Atanagildo, asumiría ilegítimamente la dignidad real con el apoyo de un sector de la nobleza y de las guarniciones visigodas, principalmente de las asentadas en el sur en torno a la metrópoli hispalense. Pero no existe prueba alguna de que la usurpación de Atanagildo hubiese sido promovida y apoyada por los rebeldes cordobeses, sino más bien todo lo contrario. Efectivamente, hacia finales de su reinado —concretamente en el 568—, volveremos a contemplar el espectáculo de la rebelde Córdoba contra un monarca godo, esta vez Atanagildo. Los cordobeses no se oponían a un rey visigodo en concreto, sino al dominio del Reino visigodo en su totalidad.

Muy perjudicial para la misma supervivencia como Estado del Reino visigodo español habría de mostrarse la subsiguiente guerra civil entre las contrarias facciones de Agila y Atanagildo. El usurpador muy pronto debió sentirse en inferioridad de condiciones ante su rival, al encontrarse encerrado en el valle del Guadalquivir, con escasas posibilidades de comunicación con las áreas centrales del poder visigodo, y al tener cortada la calzada de Sevilla a Mérida y estar rodeado de núcleos hispanos hostiles, como era el caso de la rebelde Córdoba. Ante tan negro panorama, Atanagildo pudo vislumbrar una posibilidad de apoyo militar del exterior en el Imperio de Justiniano, vecino por el norte de África de sus dominios béticos. De esta forma se le presentaba nuevamente al veterano emperador de Bizancio la oportunidad de intervenir en los asuntos internos del último reino germánico independiente que quedaba con amplios dominios costeros en el Mediterráneo occidental. Por tercera vez, tras los casos de vándalos y ostrogodos, un conflicto dinástico iba a favorecer la reconquista romana de Justiniano. Muy posiblemente se pactaría entonces un tratado por escrito entre Atanagildo y el Imperio. En él, a cambio de ayuda militar romana para imponerse a su rival Agila, Atanagildo cedería a los imperiales el dominio de una franja de tierra costera desde las proximidades de Cádiz hasta cerca de Valencia, pero respetando en todo caso el dominio godo sobre el valle del Guadalquivir. ¿Incluía también el tratado, además de la cláusula territorial, alguna otra, tal como un posible reconocimiento por el godo de la teórica supremacía imperial? Difícil es saberlo ante la falta de pruebas en un sentido u otro.

La verdad es que la situación del Imperio en aquellos momentos no era la más favorable para abrir un nuevo frente en la Península ibérica. En esos momentos el cubiculario Narsés se aprestaba a lanzar el último y definitivo ataque contra la enconada resistencia ostrogoda en Italia, tras más de dieciséis agotadores años de un crudelísimo *bellum gothicum*. Y sin embargo, Justiniano no habría querido dejar pasar la oportunidad; lo que indica bien a las claras el carácter global y sincero de su declaración constantinopolitana del 536, cuando afirmó su inquebrantable propósito de «restaurar el Imperio de los romanos en sus pristinos límites». Hacia finales de la primavera del 552 era enviada una pequeña fuerza expedicionaria bizantina a la Península ibérica. Al frente de ella el gobierno imperial pensó, en un principio, colocar al Patricio Liberio; su prudencia y la experiencia en los asuntos hispanovisigodos, como antiguo Prefecto del pretorio galo en tiempos de Teodorico el Amalo, parecían hacer de él la persona indicada para una expedición que confiaría más en la habilidad negociadora para trabar alianzas sobre el terreno que en su propia fuerza militar. Sin embargo, lo muy avanzado de la edad del senador romano le habría desaconsejado como comandante de dicha expedición, que al final habría partido sin él rumbo al sur peninsular desde Sicilia,

La fuerza expedicionaria bizantina debía contar con más bien escasos efectivos. Sin embargo, desembarcada en algún lugar de la costa meridional hispánica, habría bastado para, en el verano del 552, evitar lo que en otro caso habría sido el total aniquilamiento del cercado Atanagildo. Gracias a la fuerza militar de las tropas imperiales se habría podido infringir una grave derrota al ejército de Agila en su ofensiva final sobre Sevilla, cuartel general de su rival Atanagildo. En los años sucesivos, hasta principios del 555, habrían tenido lugar una serie de escaramuzas de menor importancia entre las fuerzas de unos y otros; pero sin que cada contrincante fuese lo bastante superior par alterar significativamente la demarcación de los límites de dominio del contrario. Es posible que las fuerzas bizantinas, conscientes de su escasa consistencia, se limitasen a prestar apoyo defensivo a su aliado Atanagildo, impidiendo así cualquier acción ofensiva de éste, siempre de resultado dudoso. En todo caso, los intereses últimos de los imperiales no podían encontrar más que beneficios, y con escasísimo coste personal propio, en una guerra larga, de posiciones y desgaste, entre ambas fuerzas contrincantes godas. Pero esta situación tenía que cambiar radicalmente al alterarse sustancialmente los presupuestos extrahispánicos de la política de Constantinopla. A finales del 554, la guerra ostrogoda en Italia había dado ya un giro definitivamente favorable a las águilas imperiales. A partir de ese momento el gobierno imperial estaba en disposición, si quería, de enviar masivos refuerzos a su cuerpo expedicionario en España, que le permitiese desembarazarse de su aliado coyuntural godo y asestar un golpe definitivo a la dominación visigoda en nuestra Península. Es posible que fuese entonces cuando se produjese un segundo desembarco de tropas bizantinas en España por el estratégico puerto de Cartagena. El refuerzo del contingente militar del Imperio debió abrir los ojos de la mayoría de los grupos dirigentes visigodos, con independencia de que militasen con Agila o Atanagildo, sobre la gravedad del peligro que se cernía sobre todos ellos. Isidoro de Sevilla nos informa de cómo los partidarios de Agila, faltando a sus juramentos de fidelidad, habrían asesinado en su cuartel general emeritense a su soberano en marzo del 555, reconociendo seguidamente por rey a Atanagildo, por temor a que los imperiales invadieran toda España al socaire de la guerra civil gótica.

La unión de las fuerzas militares godas bajo el cetro del antiguo usurpador Atanagildo iba a salvar lo que todavía quedaba del Estado visigodo. La verdad es que estamos bastante mal informados de la historia hispanovisigoda durante los años del reinado en solitario de Atanagildo. Pero las pocas noticias llegadas hasta nosotros coinciden unánimemente en mostrarnos una política centrada en la recomposición del muy quebrantado poder central del Estado, base insustituible desde donde intentar la recuperación del dominio sobre los territorios que en una u otra forma habían logrado escapar al control visigodo en los años confusos de la guerra civil y de la subsiguiente intervención imperial. ¿En qué medida consiguió el monarca godo sus objetivos? Los datos a nuestra disposición parecen indicar que sólo de una manera mediocre.

El problema mayor al que tuvo que enfrentarse Atanagildo, una vez rey de todos los godos, sería la progresión bizantina en tierras de la Bética y la Cartaginense. Máxime cuando ésta podía entrar en el futuro en colisión con la endémica rebeldía contra el poder central visigodo por parte de la aristocracia fundiaria del valle del Guadalquivir. Isidoro de Sevilla señala las continuas luchas sostenidas por Atanagildo contra sus aliados de la víspera, los imperiales. Aunque éstas no aportaron ningún éxito decisorio a la parte visigoda, al menos debieron servir par detener la penetración bizantina en España. Sería entonces cuando se estableciese entre ambos dominios una frontera fija, que los gobernadores militares del Imperio procederían de inmediato a consolidar mediante la creación de un complejo sistema defensivo, a base de ciudades fortificadas, plazas fuertes y una red de calzadas de unión, a la manera del ensayado pocos años antes en los recién reconquistados dominios norteafricanos. Es posible que tal etente se viese confirmada mediante la firma de un nuevo tratado entre el Imperio y Atanagildo, en el que se reconocería por ambas partes el *status quo* territorial alcanzado, tal vez con ganancia para el Imperio con relación al anterior tratado, redifiniendo también las relaciones entre el Reino visigodo y Constantinopla en términos de indiscutible soberanía e independencia para el primero en relación con el segundo. En todo caso, la definición territorial entre el Reino visigodo y la provincia imperial de *Spania* habría dejado las manos libres al monarca godo para tratar de recuperar el dominio del estratégico y rico valle del Guadalquivir. Aquí la situación debía haberse tornado peligrosamente grave para el Reino visigodo. Pues a la ya rebelde ciudad de Córdoba se había sumado con posterioridad al 555 la populosa Sevilla, que desde los días de Teudis y hasta entonces había sido la principal base de penetración y dominio visigodo en la zona. Sólo poco antes de su muerte, en el 568, habría podido Atanagildo apoderarse por la fuerza de la metrópoli hispalense. Mientras que, por el contrario, fracasó en sus varios intentos por hacer otro tanto con Córdoba, que se habría demostrado difícilmente tomable.

Las continuas guerras en el sur habrían tenido también consecuencias negativas para la Monarquía visigoda. Los análisis efectuados por Tomasini sobre las acuñaciones godas de imitaciones de sueldos y trientes imperiales en estos años indican un evidente envilecimiento en peso y ley de las piezas más recientes; ello puede ser indicio muy claro de la bancarrota de la Hacienda real y de las dificultades de ésta para encontrar numerario con que pagar a sus tropas; máxime si se piensa que una parte del fundamental tesoro real había caído en manos de los rebeldes cordobeses en el 550. Por otro lado, la primacía concedida a los problemas meridionales por Atanagildo le habría impedido prestar la necesaria atención a otros problemas de tipo independentista surgidos en otras áreas marginales del Reino visigodo. Porque, aunque ignoramos su concreta cronología y dinámica, lo cierto es que a finales de su reinado escapaban a la autoridad del monarca godo amplias zonas del norte peninsular, en regiones limítrofes con el entonces nuevamente floreciente Reino suevo, en el alto Ebro y en la Rioja. En estas dos últimas, la muy interesante *Vita Sancti Aemiliani,* escrita por Braulio de Zaragoza en la siguiente centuria, nos indica el dominio socioeconómico ejercido en los primeros decenios de la segunda mitad del siglo vi por grandes propietarios fundiarios que pomposamente se consideraban descendientes de la aristocracia senatorial tardorromana, llamándose *senatores.*

Bien es verdad que en otras zonas, donde la conflictividad había sido algo normal con anterioridad, tal como era el caso de la Septimania, la dominación ejercida por el monarca visigodo parecía haber mejorado considerablemente. Pero esta mejoría es muy posible que se debiese más a la creciente debilidad merovingia que a la fortaleza de la Monarquía goda. Las querellas intestinas entre los diversos sucesores del tronco común de Clodoveo, y los sucesivos repartos del reino, habían acabado por producir el fin de la expansión del poder franco a partir de la muerte de Teudeberto en el 548; lo que significó además un claro desplazamiento del centro de gravedad del Reino franco a Neustria, en detrimento de la anterior supremacía austrásica. Todo lo cual no dejaría forzosamente de favorecer el pacífico mantenimiento del dominio visigodo en el rincón septimano. Sería precisamente entonces cuando Atanagildo y las dos principales Cortes merovingias consideraron de mutuo interés establecer una alianza matrimonial con claros fines defensivos frente a cualquier intento por parte de Bizancio de extender sus dominios a costa de visigodos o francos. A este respecto no se debería olvidar cómo Clotario, poco antes de su muerte, hacia el 560, había protagonizado una de las últimas aventuras expansionistas francas, adueñándose del Veneto a favor del desorden e indefensión de la zona producidos por los largos años de la Guerra gótica. Pero al año siguiente la ocupación franca sería por completo barrida de esa región noritálica como consecuencia de una contraofensiva imperial, que de inmediato intentó extender su supremacía en el Nórico y la Provenza en claro detrimento de los intereses francos. En definitiva, la alianza franco-visigoda del 566-567 obedecería a los mismos motivos por parte merovingia que la que esta última también buscó, mediante los convenientes enlaces matrimoniales, con príncipes longobardos, ya vistos como potenciales enemigos del poder bizantino en Italia. Lo cierto es que como consecuencia de dichos acuerdos en el invierno del 566-567 dos princesas visigodas, Brunequilda y Galsvinta, hijas de Atanagildo y de la reina Gosvinta, viajaban al país franco para contraer matrimonio con Sigiberto de Austrasia y Chilperico de Neustria, respectivamente. Los testimonios de Gregorio de Tours y Venancio Fortunato nos han transmitido circunstancias anecdóticas del itinerario de las desposadas y de su boda, así como la posterior, diversa y desgraciada historia de ambas princesas godas. Brunequilda estaba destinada a desarrollar un preponderante papel político en la agitada historia merovingia de la época, hasta su trágica muerte en el 613. Su hermana, Galsvinta, sería muy pronto asesinada por orden de su propio marido, víctima de los celos y ambición de la concubina real Fredegunda, no sin antes haber imprudentemente exigido el divorcio y la devolución de la dote aportada. Trágido incidente en las relaciones entre las Cortes merovingia y visigoda que enfriarían un tanto sus amistosas relaciones, tal como parece probarlo la no consumación del proyectado matrimonio entre princesas francas y otros hijos de Atanagildo.

Atanagildo ha pasado a la historia hispanovisigoda como el primer monarca que habría fijado de una forma ya clara su residencia habitual en Toledo. Al obrar así, Atanagildo no hacía más que consolidar una decisión ya tentativamente tomada por Teudis. Le elección de Toledo se imponía todavía más en estos momentos cuando el dominio visigodo había sufrido serios reveses en el mediodía y levante peninsulares. Toledo se encontraba en el centro neurálgico de la gran calzada romana que unía las dos grandes zonas que aún quedaban en poder del Reino visigodo, y cuyo dominio resultaba básico para su supervivencia: la Lusitania central con el gran núcleo urbano de Mérida, con su enlace hacia Sevilla, clave para la reconquista visigoda del valle bético, y las zonas de Zaragoza y Cataluña, desde donde se vigilaban los pasos pirenaicos y era posible comunicar con el núcleo gálico del Reino visigodo.

Hacia mediados del 567 debía fallecer de muerte natural en Toledo el rey Atanagildo. Según nos informa Isidoro de Sevilla, el Reino visigodo careció de monarca durante cinco meses tras su muerte. Ningún testimonio ha llegado hasta nosotros sobre las causas de tan extraño interregno. Ciertamente que lo más probable es la falta de un mínimo acuerdo sobre la persona del nuevo monarca por parte del grupo dirigente del Estado. Al final en Narbona habría sido elegido como rey Liuva. Que ello tuviese lugar en una zona tan alejada de Toledo, centro de gravedad de la Monarquía en tiempos de su antecesor, no deja de presentar problemas de interpretación. Tal vez podría reflejar la dificultad insalvable para encontrar sucesor por parte del más estrecho círculo de clientes y fieles del rey difunto. Dada la proximidad peligrosa del vecino franco, la aristocracia y el aparato estatal godo en Septimania no habrían podido soportar por más tiempo la situación de anarquía, tratando de terminar con ella mediante el pronunciamiento unilateral en favor del tal Liuva. En todo caso, tal medida de fuerza y los meses transcurridos con vacante regia no habrían hecho más que aumentar la descomposición del dominio visigodo en España, como vimos ya iniciada en tiempos de Atanagildo. Por otro lado, la situación en la misma Septimania no era todo lo favorable que cabía esperar para el nuevo monarca. Para el 569 poseemos testimonios de la movilización de tropas francas en torno a la fronteriza Arlés por parte de los reyes Sigiberto de Austrasia y Guntramno de Burgundia. Posiblemente la conciencia de una y otra problemática fue causa principalísima de que Liuva, tras poco más de un año de reinado en solitario, viese necesario asociar al trono a su hermano Leovigildo, con la específica misión de gobernar lo que quedaba de los dominios visigodos en España y desde la sede regia de Toledo. Dicha asociación real, con total igualdad de poderes, aparecía tanto más necesaria y efectiva en la medida que Leovigildo contrajo matrimonio en ese mismo instante con la reina viuda Gosvinta. Parece lógico pensar que esta última aportó a su nuevo marido y rey la considerable fuerza sociopolítica que representaba la antigua facción nobiliaria que en otro tiempo había apoyado a su anterior marido Atanagildo. Si tales suposiciones están en lo cierto, la asociación real de Leovigildo, y su matrimonio con Gosvinta, serían la consecuencia de un acuerdo entre los dos grupos políticos, facciones nobiliarias, predominantes entonces en el Reino godo. Además, tal hipótesis se ve reforzada al comprobar la prepotencia y libertad de movimientos de que habría de gozar Gosvinta y durante los reinados de Leovigildo y de su hijastro Recaredo.

La renovación y consolidación del Reino suevo

Hidacio termina bruscamente su narrativa cronística en el 469, muy posiblemente por haberle interrumpido la muerte en la tarea, dejándonos así en la más absoluta falta de noticias sobre el acontecer histórico del noroeste peninsular durante poco menos de un siglo; pues las tinieblas sólo comienzan a desvanecerse, y tímidamente, a partir de mediados de la sexta centuria. Pero la orfandad de fuentes para estos años no parece padecida solamente por el historiador actual; en su tiempo también la habría sufrido el hispanovisigodo Isidoro de Sevilla, cuando se puso a escribir su *Historia sueborum*. A partir de, aproximadamente, el 550 tendremos ya algunos datos transmitidos por Gregorio de Tours y, para una fecha inicial algo posterior, Juan de Biclaro, ambos fuentes del obispo hispalense. Pero a uno y otro historiador sólo les interesan los asuntos suevos en la medida que pudieran afectar a su Galia merovingia o a su Reino visigodo. Una información más amplia, pero restringida al campo eclesiástico, nos aportan las actas de sendos concilios bracarenses del 561 y 572, un decreto papal del 538, y los escritos pastorales de Martín de Dumio.

La falta de noticias durante más de ochenta años es especialmente lamentable, pues fueron estos años oscuros en los que se habría producido la consolidación del Reino suevo que vemos hacer su plena eclosión en la segunda mitad del siglo VI. Para estas últimas fechas el Reino suevo ocupaba un amplio espacio en forma de triángulo recto en el noroeste peninsular, y siendo su divisoria con el dominio visigodo una línea que iría ligeramente al norte de Lisboa y Santarem, pero al sur de Idanha-a-velha, al oeste de Salamanca y Palencia, pero al este de Viseo, Lamego y Astorga, tal vez siguiendo el curso del Duero y del Esla u Órbigo. Es decir, el poder suevo a lo largo de estos años habría conseguido consolidarse dentro de unos límites ya marcados por Eurico en la década de los 80 del siglo V; lo que habría tenido particular incidencia en las tierras situadas al sur del Duero, en los cursos de los ríos Mondego y Vouga.

Tal consolidación se habría basado, además, en un fundamental proceso de integración de la población bárbara invasora y la mayoría provincial, que aparece ya totalmente completada en la segunda mitad del VI. La falta de noticias en las fuentes de la época ha hecho pensar a ciertos historiadores que estos ochenta años habrían sido un periodo en líneas generales de pacífico desenvolvimiento de la vida del Reino suevo, tanto desde el punto de vista de las relaciones de poder entre los diversos grupos dirigentes en el seno de la *gens* sueva como desde el de las relaciones de estos últimos con sus correspondientes hispanorromanos. Argumento *ex silentio*, siempre difícil de sostener o rebatir. En todo caso, sí creemos que se podría hablar de la consecución, más bien pronto que tarde, de un aceptable *modus vivendi* entre los antiguos invasores y la aristocracia tardorromana de la zona, de cuyos anteriores conflictos tan pormenorizada reseña nos ha legado Hidacio. Y desde luego, a la vista de lo que sabemos para tiempos posteriores, parece difícilmente defendible la idea de una aniquilación en estos años de la aristocracia indígena y su completa sustitución por otra de estirpe suévica. Además de datos prosopográficos que demuestran la supervivencia de potentes linajes tardorromanos hasta fechas muy avanzadas y ocupando posiciones de predominio en zonas de viejas dominación y depredación suevas, tenemos otros hechos que parecen apuntar a la misma idea. En primer lugar, cabría recordar cómo en los años inmediatamente anteriores al 469 dicha aristocracia parecía querer llegar a un entendimiento y coexistencia pacífica con el poder suevo, abandonando ya toda idea de restauración imperial. En segundo lugar, la decretal enviada en el 538 por el Papa Vigilio a Profuturo, metropolita de Braga, permite observar la completa libertad y autonomía que por entonces gozaba la Iglesia católica en el seno de un Reino suevo confesionalmente arriano. Hasta el punto que su jerarquía episcopal podía comunicar libremente con el exterior, edificar o reconstruir sus lugares de culto, tratar de impedir la apostasía arriana de la grey católica y hacer proselitismo, por el contrario, de su propio credo. Solamente se podría matizar estos últimos hechos con una posible prohibición de celebrar reuniones conciliares; aunque esto último podría deberse más a problemas de índole política exterior que a verdaderas dificultades en las relaciones entre la Monarquía sueva arriana y la Iglesia católica de su reino.

Parece probable que esta integración entre ambos sectores dirigentes del país se desarrollase en un clima de esencial paz exterior. El aislamiento y relativa pobreza de las tierras centrales del Reino suevo constituían un sólido fundamento para esta ausencia de turbulencias externas. Y desde principios del siglo VI su gran rival en la Península ibérica, el Reino visigodo, no atravesaba por uno de sus momentos de mayor pujanza, al tiempo que, por uno u otro motivo, los esfuerzos militares de este último tenían que concentrarse en el mediodía durante estos años. De modo que todo parece indicar que durante los primeros setenta años del siglo VI la efectiva y real independencia del Reino suevo con respecto a los visigodos no hizo más que ahondarse y consolidarse.

En tal clima de aislamiento y pacífico desenvolvimiento sería cuando se produjese un acontecimiento decisivo a mediados del siglo VI en ese funamental proceso de integración de los elementos suevo e hispanorromano: la definitiva conversión al catolicismo de la familia real y de su Corte. Desgraciadamente, tan importante hecho nos ha sido narrado por dos fuentes historiográficas distintas y no del todo coincidentes. Según Gregorio de Tours, la conversión tuvo lugar en tiempos del rey suevo Cararico, por lo demás desconocido, situándose cronológicamente en torno al 550. Por su parte, Isidoro de Sevilla adscribe la conversión al haber del rey Teudemiro, datándola unos veinte años con posterioridad. Afortunadamente, una y otra versión son coincidentes al indicar el papel fundamentalísimo jugado en dicha conversión por un eclesiástico de origen panonio, Martín, posterior abad y obispo de Dumio y Braga. El problema se complica, por otra parte, al tratar de establecer la secuencia cronológica entre ambos monarcas, Cararico y Teudemiro, y otros dos pertenecientes también a la segunda mitad del siglo VI y bien documentados en fuentes contemporáneas: Ariamiro y Mirón.

Aunque ante problemas como éste nunca pueda haber total certeza, posiblemente la posición más verosímil sea la aportada hace ya algunos años por Knut Schäferdiek, que tiene la virtud de respetar al máximo las diversas narrativas de las fuentes. Según sus conclusiones, en tiempos del rey Cararico, que se sitúa entre el 550 y el 558-559, habría tenido lugar la conversión al catolicismo de la Corte sueva bajo el influjo merovingio y como consecuencia de los esfuerzos misioneros del recién llegado Martín. Ente el 558-559 y mayo del 561, fecha del Concilio primero de Braga, habría que situar el reinado de Ariamiro; la convocatoria, a auspicios de este último, de un concilio nacional de la Iglesia del Reino suevo y la obra reformadora que en dicha reunión se realizó indican bien a las claras el carácter católico del gobierno de Ariamiro, al tiempo que testimonian la no mucha anterioridad de la conversión de la Monarquía sueva. Con posterioridad a esa última fecha, y hasta el 570, había ocupado el trono de los suevos Teudemiro; al que sucedería a partir de ese año Mirón, al que se supone su hijo, a pesar de la falta de apoyo incontrovertible en las fuentes. Dado que en tiempos de Teudemiro tuvo lugar una profundísima reorganización territorial de la Iglesia sueva, completándose la total reorganización de ésta como auténtica Iglesia nacional en tiempos de Mirón, en el Concilio segundo de Braga de junio del 572, se comprende que un observador no contemporáneo de los hechos como Isidoro de Sevilla adscribiese a Teudemiro la conversión al catolicismo de la Monarquía sueva. Hace algunos años, Stefanie Hamann sostuvo con fundamento que dicha conversión adquiere su pleno significado si se la enmarca en un proceso más amplio como el de la integración entre el elemento galaicorromano y el suevo, sobre el que habrían actuado como elementos catalizadores a partir de mediados del siglo VI influencias foráneas —de la máxima importancia, dado el secular aislamiento del Reino suevo— de procedencia merovingia e icluso bizantina. Merovingios y bizantinos verían en un Reino suevo integrado socialmente y dotado de una Monarquía católica una forma de incordiar por la retaguardia a su tradicional enemigo visigodo. A este respecto debe tenerse muy en cuenta la segura estancia del apóstol de los suevos, Martín de Braga, en el oriente bizantino con anterioridad a su llegada a Galicia, así como la coincidencia crónologica de ésta con el desembarco bizantino en el mediodía peninsular. Martín pudo llegar directamente a Galicia siguiendo una ruta atlántica, que sabemos transitada por buques de procedencia mediterráneo-oriental en esta época. Pero también pudo venir por la ruta del mar Cantábrico y con la mediación de los francos merovingios. A este respecto es interesante señalar cómo Martín de Braga se encontraba muy relacionado con personalidades influyentes del mundo franco de la época, tales como la reina Radegunda, Agnes de Poitiers, Venancio Fortunato y Gregorio de Tours. Es posible que la influencia merovingia se hubiese visto también favorecida por la existencia en la Galicia sueva de una gran veneración por San Martín de Tours, con anteriodidad a la llegada de su homónimo de Braga. Como sabemos, dicho santo turonense tuvo un papel muy destacado en la conversión de la Corte sueva al catolicismo, según la tradición eclesial transmitida por Gregorio de Tours.

La afirmación de unos contactos más o menos continuos y estrechos entre la Galicia sueva y la Galia merovingia, a través de la ruta marítima del Cantábrico con su puerto final del estuario del Garona, nos pone frente a uno de los enigmas más inquietantes de esta época oscura del Reino suevo: la posible llegada y asentamiento en Galicia de inmigrantes bretones. Lo cierto es que ya en tiempos de Teudemiro tenemos testimoniada la existencia de una *ecclesia Britoniensis,* sede episcopal situada en las proximidades del actual Mondoñedo (Lugo) en Santa María de Britoña. Su especial nombre de tipo étnico y ciertas especifidades de su organización, centrada en la comunidad monástica de San Máximo, han hecho pensar que estemos ante un foco cerrado de inmigrantes bretones. Si esto fuese cierto, sería preferible, como quiere E. A. Thompson, situar dicha inmigración en una fecha bastante reciente, con posterioridad a las graves derrotas inflingidas por los invasores sajones a los britanos hacia el 552, que podrían haber constituido el detonante último de la oleada inmigratoria a Galicia. En todo caso, la inmigración britona habría sido algo puntual, sin mayores continuidades, con una incidencia demográfica muy mediocre; siendo muy posible que los inmigrantes se asentaran en una zona prácticamente deshabitada.

La actividad de Martín de Braga contó en todo momento con el apoyo de la Monarquía sueva, y se dirigió a una cristianización profunda de toda la población del reino, en cuyos sectores rurales los restos priscilianistas y paganos todavía tenían fuerza. Además, Martín se propuso reorganizar la estructura eclesial sueva para adaptarla por completo a la nueva situación política que era un reino y monarquía católicas faltos de una verdadera Iglesia nacional. Para la consecución de uno y otro objetivo habrían de resultar decisivos los dos concilios nacionales celebrados en Braga en mayo del 561 y en junio del 572 repectivamente, bajo su indudable y directa inspiración. No es este el lugar oportuno para hablar de ambas reuniones eclesiales, sin embargo sí conviene señalar aquí cómo en la segunda de ellas se completó la creación de una Iglesia nacional sueva caracterizada por un cierto cesaropapismo de tinte bizantino. Pues el propio Martín en su obra pastoral-teológica habría intentado establecer un auténtico *speculum principis* que moldeaba la vieja realeza sueva de origen germánico con el ideal del soberano defensor de la Iglesia y con autoridad delegada de Dios. Por otro lado, ya con anterioridad al Concilio segundo de Braga, y con el apoyo también del mismo Teudemiro y la supervisión de Martín, elevado ya a la sede metropolitana de la capital, Braga, se llevó a cabo una profundísima reorganización territorial de la nueva Iglesia sueva. Todo el territorio del Reino suevo quedó subdividido entre trece sedes episcopales, algunas de ellas —como las de Viseo, Lamego e Idanha— de nueva creación; a su vez, éstas se organizaban en dos grandes distritos o provincias: una meridional con centro en Braga y otra septentrional en torno a Lugo, nueva sede metropolitana. Todo lo cual suponía romper con la tradición heredada del Bajo Imperio y confirmar eclesiásticamente las fronteras del Reino suevo con los visigodos. Lo que era todo un síntoma del alineamiento político de la nueva Iglesia nacional y católica de los suevos. Algunos años después se habría de contemplar el espectáculo de un rey suevo interviniendo en una guerra civil visigoda, so pretexto de prestar su ayuda a la facción apoyada mayoritariamente por la Iglesia católica del Reino visigodo.

Capítulo III

El Reino visigodo de Toledo (569-714). Esplendor y ocaso de una nación tardoantigua

El periodo de tiempo que va del 569 al 714, aproximadamente, constituye lo esencial de lo que conocemos como España visigoda. La primera fecha es el inicio del reinado de Leovigildo; mientras que la última puede considerarse como la de la ocupación por el poder islámico invasor de los últimos reductos de una cierta importancia de lo que hasta hacía poco era Reino visigodo. Este casi siglo y medio de historia peninsular representa el final de todo un vasto proceso histórico que se inició con las primeras penetraciones bárbaras del 409. Si al presente libro con propiedad le llamamos *Historia de España visigoda*, es porque durante más de un siglo todo el espacio peninsular estuvo, efectivamente, hegemonizado, y hasta dominado en su integridad territorial, por el Estado visigodo, cuyo centro de poder residía en la ciudad de Toledo. La tragedia histórica que constituyó la práctica destrucción del Reino visigodo en la sola batalla del Guadalete, la relativamente fácil ocupación del país tras la destrucción del núcleo de tropas del rey Rodrigo, la desaparición o muerte de este último, y la inmediata ocupación de su capital, Toledo, constituyen posiblemente la mejor prueba de cómo el Estado visigodo había llegado a dominar y controlar de una manera bastante efectiva casi todo el territorio peninsular, salvo alguna que otra área marginal y de significación económica más bien escasa. De esta forma, toda la historia hispánica anterior, desde el 409, adquiere pleno sentido, no obstante sus fuertes contrastes y su aparente fragmentación, a la luz del magno proceso de sustitución del poder imperial romano por el visigodo asentado capitalinamente en Toledo. A partir de los dos últimos decenios del siglo VI —merced en lo fundamental a la obra contrastada y complementaria de Leovigildo y su hijo Recaredo—, el llamado Reino visigodo de Toledo alcanzó un grado máximo de homogeneidad étnica, cultural y político-administrativa, así como geográfica, bajo el ropaje ideológico del dominio, coyunda en feliz expresión isidoriana, de la *gens Gothorum*, de la nación goda. Pues para la *intellegentsiya* hispano-visigoda de la época, preocupada por encontrar un sentido a la historia contemporánea en el doble plano de la universalidad de la Divina providencia y del Derecho público de la tradición romana, la coyunda gótica constituía el mejor instrumento para sostener la total independencia y autonomía política *de iure* respecto del Imperio romano, representado ahora por Bizancio.

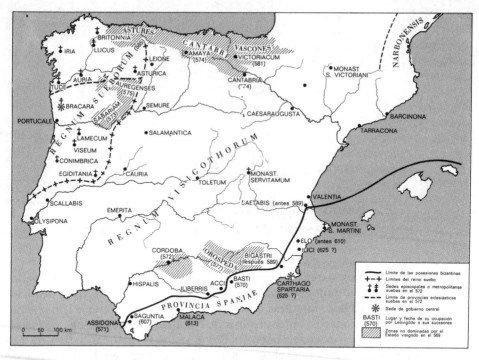

La formación del Reino de Toledo (siglo VI)

En este casi siglo y medio de historia del Reino de Toledo se pueden señalar dos momentos que aparecen como claras inflexiones de carácter constituyente. La primera de ellas está representada por los reinados sucesivos de Leovigildo y su hijo Recaredo (c. 569-601). Mientras que la segunda lo está por los de Chindasvinto y su hijo Recesvinto (642-672). Entre sí se encuentran separados por un periodo intermediario en lo esencial marcado por la lucha entre el poder real y el de la nobleza, en el que se pondrán al descubierto las contradicciones del sistema político propugnado por Leovigildo. Pues el reforzamiento del poder real querido por este último, a base de la imperialización de la Monarquía gótica a instancias justinianeas, habría de chocar radicalmente con un poder nobiliario fuertemente anclado en las tradicionales clientelas militares de raíz germánica, en los usos nobiliarios de los senadores tardorromanos y en las dependencias sociales y económicas engendradas por la propiedad latifundiaria en vías de señorialización. Contradicciones agudizadas al máximo tras las conversión al catolicismo de Recaredo, que significó el reconocimiento por parte de la Monarquía visigoda del poder e influencia institucional de una Iglesia y jerarquía eclesiástica cada vez más dominada por la nobleza hispanovisigoda. A lo largo de estos años, por otro lado, se asistiría a un giro copernicano del marco geopolítico en el que se tenía que desenvolver el Reino visigodo, con el decisivo retroceso de Bizancio en todo el Mediterráneo occidental, el avance incontenible del Islam por las orillas asiática y africana del Mediterráneo, y la paulatina pérdida de interés meridional por parte de los merovingios. Cada vez más aislado del exterior, el Reino visigodo en la segunda mitad del siglo VII evolucionaría hacia una protofeudalización profunda y pionera en sus estructuras sociales, políticas y culturales. Proceso que solamente se vería bruscamente interrumpido por la irrupción islámica de 711. Con ella se puede dar por finalizada la llamada Antigüedad Tardía en nuestra Península, iniciada en el 409.

La obra de la dinastía de Leovigildo (569-602)

Este tercio de siglo es sin duda uno de los más brillantes de toda la historia del Reino visigodo hispánico, y esencial para comprender su postrera evolución. Comprende los reinados sucesivos de tres monarcas pertenecientes a una misma familia, abuelo, hijo y nieto, respectivamente: Leovigildo (*c.* 569-586), Recaredo (586-601) y Liuva II (601-603). Sin duda, los dos primeros constituyen los más importantes; mientras que la corta duración y triste final del tercero son la mejor prueba del fracaso dinástico intentado por los dos primeros soberanos y de las contradicciones del régimen construido entre ambos. No obstante, Leovigildo y Recaredo habrían logrado previamente consolidar el Estado visigodo como fuerza hegemónica en el total espacio peninsular, al tiempo que conseguían, como base fundamental de lo primero, la plena integración política y cultural de los elementos dirigentes de etnia germánica e hispanorromana.

El reinado de Leovigildo constituye un hito en la historia de España en esta Antigüedad Tardía. Frente a su anterior fragmentación, a partir de este momento nuestra historia peninsular podrá ser seguida de una manera en lo fundamental unitaria. Que ello pudiera ser así tuvo su razón en la prodigiosa y victoriosa casi siempre, actividad del monarca en su política exterior y militar, pero también en grandísima medida en su labor de reorganización interna del Reino de Toledo. Afortunadamente, la época de Leovigildo es una de las mejor conocidas de toda la historia hispanovisigoda. Ello se debe en lo principal a las puntuales y regularmente objetivas anotaciones de la Crónica de Juan de Bíclaro. Juan nació en *Scallabis,* actual Satarem (Portugal), en el seno de una familia de origen godo, pero de credo católico. En su juventud, Juan marchó a Constantinopla. Una estancia de siete años en la entonces indiscutida capital del mundo mediterráneo le permitió familiarizarse con el ceremonial y la administración del Imperio romano, así como con los impulsos ideológicos de la Reconquista justinianea, que también había tenido graves consecuencias para su tierra natal hispánica. Juan habría vuelto a España hacia el 576-577. En ella se vería envuelto muy pronto en la vorágine política y religiosa que sacudió al Reino visigodo a partir del 579 a causa de la rebelión de Hermenegildo; como consecuencia de ello, Juan sufriría un destierro de cierta duración, que pudo ponerle en contacto con otras gentes y tierras peninsulares muy distantes de las suyas lusitanas. Tras la muerte de Leovigildo, Juan fundaría el monasterio de Bíclaro; poco después, hacia el 591, sería elevado a la silla episcopal de Gerona. La Crónica del obispo gerundense, todavía basada en una concepción romano-centrípeta de la Historia universal, sería la fuente donde bebió el posterior Isidoro de Sevilla para sus *Historias de los godos y de los suevos.* El sabio hispalense también pudo utilizar noticias tomadas de escritos diversos de la época, varios de ellos de carácter teológico-doctrinal, para componer sus breves biografías literarias conocidas como *De viris illustribus*. En todo caso, éstas y los recuerdos de infancia, en gran medida refrescados y transmitidos por su hermano mayor Leandro, serían sometidos por Isidoro a un finísimo filtro de autocensura en todo lo que pudiese afectar a la gran crisis de Hermenegildo. Más libres, pero también más anecdóticos, resultan los datos transmitidos por las obritas hagiográficas de la *Vida de San Millán* y de las *Vidas de los santos padres emeritenses*, redactadas hacia mediados de la séptima centuria. Ciertamente libres de toda censura son las noticias transmitidas por dos autores externos al Reino visigodo, y en gran medida contemporáneos de los hechos narrados: Gregorio de Tours y Gregorio Magno. Tanto uno como otro, recibieron informes de los acontecimientos hispánicos provenientes de testigos presenciales. Pero los propios del Papa romano debieron ser todos ellos abiertos partidarios del rebelde derrotado, Hermenegildo. Mientras que Gregorio de Tours escribió su obra histórica en cierta medida para sustentar la legitimidad de la dominación merovingia en el mediodía gálico frente a cualquier irredentismo gótico, por lo que el obispo galo debía presentar a la Monarquía visigoda como el mismo diablo encarnador de la herejía por antonomasia.

En lo esencial, el reinado de Leovigildo puede subdividirse en dos grandes periodos, constituyendo el límite entre ambos el estallido de la rebelión de Hermenegildo en el 579. Ciertamente, la crónica del obispo de Gerona permite seguir la secuencia cronológica de una serie de hechos de armas del monarca godo. Pero se resisten a tal ordenación cronológica una serie de importantísimas decisiones tomadas por Leovigildo en el terreno de la política interior, y cuya relación de causa-efecto con las primeras siempre es discutible. A este último respecto, hoy en día prevalecen dos posturas opuestas. Karl F. Stroheker en un importante artículo de mediados de siglo, matizó defensas anteriormente hechas sobre el carácter radicalmente unitario del reinado de Leovigildo, en el sentido de que si las principales medida tomadas por el soberano godo en pro del reforzamiento del poder real y de la consecución de la unidad social y política del Reino habrían sido anteriores al 579, aquellas otras de sentido religioso solamente serían comprensibles tras el estallido de la crisis de Hermenegildo, aunque también estas últimas pudiesen estar dirigidas a conseguir unos mismos fines unitarios y de reforzamiento del poder del monarca. Por su parte, en obra posterior, Knut Schäferdiek defendió una tesis fundamentalmente opuesta. Según este último investigador germano, la rebelión de Hermenegildo habría sido el factor desencadenante de la crisis de un ordenamiento estatal ya arcaico, heredado de Alarico II y del mismo Teodorico el Amalo. Sería solamente entonces cuando Leovigildo se habría visto obligado a realizar una profunda remodelación de la estructura estatal visigoda, urgido por la necesidad del momento y claramente tendente a la construcción de un Estado unitario, en el que habrían de integrarse por igual los sectores dirigentes góticos e hispano-rromanos bajo la indiscutida supremacía de una Monarquía modelada según el Imperio de Justiniano. Por nuestra parte, ya hemos defendido en otro lugar una tesis en cierta medida de síntesis entre las dos anteriormente mencionadas, basada en lo esencial en un intento de precisar la cronología de las medidas de política interna tomadas por Leovigildo. De tal modo que sea posible no perder de vista factores e impulsos más o menos coyunturales, pero que habrían podido acelerar o retrasar e impedir algunas decisiones o posibles soluciones sobre otras; y todo ello sin negar que el objetivo prioritario de Leovigildo lo constituyó siempre el reforzamiento del poder monárquico mediante una mayor integración y unidad de todas las fuerzas sociales del reino bajo patrones de clara imitación bizantina. Matización que nos viene exigida por nuestra creencia firme en que la rebelión de Hermenegildo marcó una auténtica crisis en la política centralista y autocrática de Leovigildo, señalando con claridad los límites a que podía llegar la anterior a la vista de la estructura social del Estado.

En un capítulo anterior vimos el grado de descomposición territorial en que debía encontrarse el Reino visigodo en el momento de la asociación al poder de Leovigildo por su hermano. Ciertamente que también deberíamos matizar lo anterior en el sentido de que tal descomposición afectaba a las zonas marginales y excéntricas del reino, y Atanagildo había sido capaz de conservar, o recuperar el dominio sobre los grandes ejes estratégicos del reino. Además, dicha descomposición territorial, con el estallido de autonomías locales, eran el producto más de causas internas —debilidad del poder real y tradiciones más o menos independentistas de la aristocracia hispanorromana— que de verdaderas intromisiones en los asuntos visigodos por parte de potencias extranjeras, tales como el Reino suevo, el Imperio bizantino o las diversas monarquías merovingias. Pero la situación no era, a fin de cuentas, menos grave por todo ello; por lo que forzosamente las primeras medidas tomadas por Leovigildo estarían dedicadas a restaurar la dominación visigoda en toda una serie de territorios, más o menos marginales e importantes, que en los años anteriores habían alcanzado una fáctica independencia y autonomía. Para ello el monarca visigodo, a partir del 570 y hasta el 577, realizaría una serie de campañas militares, las más de las veces victoriosas, consiguiendo por medio de ellas interesar en el renovado Estado visigodo a los poderes locales que hasta entonces habían puesto en la autonomía la esperanza de su supervivencia políticosocial. Como consecuencia de todo ello, Leovigildo sería capaz de «volver a extender de forma admirable hasta sus primitivas fronteras el territorio provincial de los godos, que había sido disminuido ya por rebeliones diversas».

Las primeras acciones reconquistadoras de Leovigildo se desarrollarían en el mediodía peninsular. Desde los tiempos de Teudis, la Depresión bética se había convertido en objetivo principal de los monarcas godos por su natural riqueza. Tras la constitución de la provincia bizantina de España la dominación de dichas tierras meridionales interesaba todavía más al Reino visigodo; pues éste necesitaba consolidar unas fronteras seguras con los bizantinos, empujándolos lo más posible sobre la costa y alejándolos del rico valle del Guadalquivir, cuya pérdida podía poner al Reino visigodo en auténtico trance de muerte. A tal fin, en el 570, Leovigildo lanzó una primera gran ofensiva sobre territorio bizantino, afectando a las zonas de Baza y Málaga. Dicha ofensiva debía tener como objetivo último seccionar en dos mitades el territorio ocupado por Bizancio, además de dominar definitivamente la estratégica área de enlace entre las depresiones béticas y el Levante, que allí se basaba en el curso de la fundamental Vía Augusta. Ciertamente, el primer objetivo no pudo lograrse al fracasar los visigodos en su intento de conquistar Málaga, pero el segundo sí se habría conseguido en una buena medida; pues la conquista de Baza debió muy probablemente significar también la de Guadix. En todo caso, parece que Leovigildo en esta su primera campaña habría conseguido un importante botín. De esta forma el godo centraría al año siguiente su esfuerzo bélico sobre el extremo occidental del dominio imperial. Los bizantinos, al ocupar el territorio de la actual provincia de Cádiz, amenazaban directamente el valle del Guadalquivir, además de controlar el estratégico Estrecho de Gibraltar, lo que debía constituir uno de los objetivos militares esenciales de la presencia imperial en España. De esta forma, en el 571, Leovigildo conseguiría la conquista por sorpresa de la plaza fuerte de Medina Sidonia, estratégicamente situada en la calzada que conducía de Algeciras a Sevilla y que debía constituir la espina dorsal del sector más occidental del *limes* bizantino. Según nos informa el Biclarense, dicha conquista se realizó mediante la traición perpetrada por un tal Framidanco, probablemente el gobernador imperial de la plaza.

La conquista de Medina Sidonia, su inmediata constitución en centro de la defensa y vigilancia visigodas en ese sector fronterizo, habría de servir a Leovigildo para prevenir cualquier ataque por la espalda por parte de los imperiales. De esta forma los esfuerzos bélicos de Leovigildo podían ya dedicarse a solventar el ya endémico problema planteado por la rebeldía de una buena parte de la aristocracia fundiaria bética, que tenía sus principales puntos de apoyo en la plaza fuerte de Córdoba y en numerosas *villae* fortificadas. De esta forma, en el 572, las tropas de Leovigildo lograrían apoderarse de la rebelde Córdoba junto con otros centros urbanos menores y castillos de la nobleza local. Parece probable que para resistir a Leovigildo dicha nobleza bética procediese a armar a sus campesinos dependientes.

Pero sería entonces cuando, a principios del 573, se produjese el fallecimiento de Liuva, como consecuencia de lo cual Leovigildo pasó a ostentar todo el poder del Reino visigodo. Si esto, por una parte, significaba disponer de mayores recursos militares y económicos, por otro lado aumentaba las preocupaciones del soberano superviviente. Pues no cabe duda que los territorios otrora reservados a Liuva —ya fuese sólo la Narbonense o con enorme probabilidad también la zona del valle del Ebro y de la submeseta norte— encerraban focos peligrosos de tensión para el poder godo. Por otro lado, las campañas meridionales realizadas por Leovigildo habían servido para consolidar la frontera con los bizantinos, cortando toda posibilidad de colisión con éstos por parte de los rebeldes hispanorromanos de la zona. Pero la verdad es que su fracaso había sido evidente, si es que el objetivo de tales campañas era la expulsión de los imperiales del solar hispánico o infringirles un grave quebranto en su dominación, pues ni se había logrado romper la franja continua de la España bizantina ni tomar centros urbanos de alguna importancia, con la excepción de Medina Sidonia y tal vez Baza. Por todo ello, parece lo más probable pensar que el cambio de escenario en el esfuerzo militar de Leovigildo en el 573 habría tenido su causa inmediata en la nueva amenaza que por el noroeste comenzaba a representar un Reino suevo renovado tras su conversión al catolicismo. Efectivamente, para el año 572 el Biclarense nos informa de la ofensiva desencadenada por el nuevo rey suevo Mirón contra el pueblo de los *rucones*. La estricta identificación y localización de este etnónimo, testimoniado en las fuentes de época visigoda, presenta serias dificultades. Sin embargo, parece lo más probable que se tratase de un conjunto popular dotado de una cierta cohesión étnica que le impulsaba a la búsqueda permanente de una cierta independencia y autonomía política frente a Estados más poderosos y mejor constituidos en su vecindad, como pudieron ser primero el Reino suevo y el visigodo posteriormente. También parece poderse afirmar que se trataba de un pueblo montañés que podía completar su economía de subsistencia con razzias frecuentes sobre los territorios del llano bien dominados por sus vecinos suevo o visigodo. Su ubicación más probable sería en la cornisa cantábrica, al este de los astures propiamente dichos. Si aceptamos esta última localización, entre los actuales Principado de Asturias y Cantabria, la campaña de Mirón representaría un reto al propio dominio visigodo en la fronteriza Tierra de Campos, en las actuales provincias de Palencia y este de León. De no ponerse freno a la dinámica iniciada por Mirón, era posible que en un breve espacio de tiempo el Reino suevo reforzase su dominación en sus confines orientales con el Reino visigodo, donde en los años anteriores podían haberse constituido núcleos indígenas más o menos autónomos, gobernados por elementos de la aristocracia local tardorromana, favorecidos por la fragosa orografía de la zona y por la misma debilidad política de los Reinos suevo y visigodo.

Lo cierto es que en el 573 la *Crónica de Juan* nos informa de una campaña de Leovigildo en la región denominada Sabaria, que terminó con la sumisión del pueblo local de los sapos. Parece lo más probable situar dichos topónimo y etnónimo en relación directa con la montañosa región bañada por el río Sabor, afluente por la derecha del Duero; lo que delimitaría una pequeña comarca situada al oeste de la actual provincia de Zamora y al sureste de la portuguesa Braganza. Las malas comunicaciones de la zona y la carencia de un núcleo urbano de significación habrían facilitado allí una cierta situación de práctica autonomía con respecto al Reino suevo por parte del conjunto étnico de los sapos; porque la verdad es que las fuentes nada nos dicen de un posible choque militar entre Leovigildo y el Reino suevo con motivo de dicha campaña. La ofensiva militar de Leovigildo se encaminaría al siguiente año contra otra zona marginal: el área del alto Ebro, parte septentrional de la actual provincia de Burgos y la región de la Rioja. Escabrosos territorios en su mayor parte, que recibían en esta época la denominación de Cantabria, y donde en los años anteriores se había constituido un poder político autónomo bajo el control de una potente aristocracia fundiaria que trataba de justificar la legitimidad de su intento político mediante su derivación, más o menos ficticia, con el todavía prestigioso estamento senatorial tardorromano. La ofensiva de Leovigildo también habría terminado aquí con tal conato independentista, ocupando militarmente la estratégica plaza fuerte de Amaya, que a partir de entonces se constituiría en centro militar de primer orden para la vigilancia visigoda sobre las levantiscas poblaciones del otro lado de la Cordillera cantábrica. Pues, aunque es posible que Leovigildo realizase entonces alguna penetración intimidatoria al otro lado de la cordillera, descartó toda dominación estable allí mediante la constitución de guarniciones militares permanenetes en ultrapuertos. Estabilizada la dominación en la estratégica Cantabria —que aseguraba las comunicaciones entre el valle del Ebro, con su gran núcleo cesaraugustano, y la Submeseta norte, con el enlace en Briviesca entre la calzada romana del Ebro y la de Burdeos/Astorga—, Leovigildo podría al siguiente año volver sus armas hacia las regiones limítrofes con el Reino suevo, donde habían proliferado, como vimos, las independencias locales acaudilladas por miembros de la aristocracia fundiaria indígena al calor de la hostilidad suevo-gótica. Ahora lograría Leovigildo el dominio sobre la región de los montes Aregenses, a localizar seguramente en el área oriental de la actual provincia de Orense. Allí había logrado en los años anteriores una práctica independencia un notable local de nombre Aspidio. Esta última conquista, unida a la del 573 sobre los sapos, dejaba a Leovigildo ya expedito el acceso hacia el corazón del mismo Reino suevo, en dirección a la capital Braga. En efecto, el *Biclarense* nos informa de cómo en el 576 Leovigildo atacó ya territorio del Reino suevo. Sin embargo, al poco de iniciar su ofensiva, desarrollada todavía en zona fronteriza, el rey godo la abandonó, aceptando las propuestas de paz solicitadas por el suevo Mirón. ¿Falta de ambición conquistadora por el momento por parte de Leovigildo o necesidad de su presencia militar en otras latitudes? Tal vez más de lo primero que de lo segundo. Pues parece lo más probable que, en virtud del acuerdo de paz pasado entonces entre Leovigildo y Mirón, el segundo se sometía a una especie de estatuto clientelar de vieja raigambre germánica que implicaba una radical limitación de la autonomía del suevo en todo lo que se refería a política exterior.

De todas formas, a finales del siguiente año, el 577, el *Biclarense* nos vuelve a informar de una nueva campaña militar del infatigable Leovigildo. Esta vez atacó y dominó la región de las fuentes del Guadalquivir, entre la Bética y la Cartaginense, ocupando sus núcleos urbanos y las *villae* fortificadas de la aristocracia local. La región, denominada la Oróspeda, a favor de su atormentada orografía y por encontrarse situada entre las zonas de dominación visigoda y bizantina, había podido también recrear una pasajera ilusión independentista en los años anteriores. El que poco después, en ese mismo 577, Leovigildo tuviese que reprimir allí una sublevación de campesinos nos revela a las claras el régimen aristocrático y latifundista que había imperado en la zona hasta la fecha. Pues los campesinos dependientes pudieron haber aprovechado la ocasión presentada por las luchas entre Leovigildo y la aristocracia local para rebelarse. En todo caso, la conquista de la Oróspeda venía a enlazar con su primera campaña contra los bizantinos del año 570, al afianzar su dominio sobre los estratégicos corredores que atravesaban las serranías penibéticas, que constituían el único enlace, fuera de la costa, entre las tierras levantinas y las meridionales de la provincia hispánica de Constantinopla. Es posible que fuera entonces cuando Leovigildo ultimase el establecimiento de un complejo sistema defensivo frente a las posesiones bizantinas y articulado a la manera de los *limites* ensayados por el ejército bizantino en todo el Mediterráneo occidental por aquellos años.

Tras ocho años de batallar continuo en varios frentes, Leovigildo había acabado por fortalecer la posición del Reino visigodo en España, presentándose de nuevo como hegemónica. Leovigildo había logrado recuperar, o dominar por vez primera, zonas más o menos marginales, pero algunas también de enorme riqueza como era el valle del Guadalquivir. Por vez primera desde los tiempos de Eurico un Reino suevo renovado y fortalecido se había visto obligado a reconocer nuevamente la supremacía del soberano godo, aceptando su *Diktat* y sometiéndose el rey suevo a una relación clientelar de tipo germánico con respecto a Leovigildo. Sólo en el sur y en el Levante los bizantinos habían sabido oponer una seria resistencia a los avances de las tropas godas. Aquí Leovigildo tuvo que contentarse con algunas ganancias parciales, consolidar la frontera y, en todo caso, con la neutralidad imperial en caso de conflicto entre el monarca visigodo y sus súbditos béticos. En los restantes territorios tradicionalmente dominados por la Monarquía goda no parece que hubiese sido necesaria la presencia militar del soberano, a pesar de que a veces se haya podido decir lo contrario sobre la base de una documentación numismática deleznable.

Pero durante esta primera etapa de su reinado no parece que Leovigildo se contentase con sólo las medidas militares antes relatadas. Probablemente, desde una fecha temprana, incluso a partir del 573, el visigodo habría comenzado un profundo plan de reorganización interior de su reino. Indudablemente, desde un primer momento dicho plan se centraría en la consecución de un Estado unitario y fuertemente centralizado en torno a un poder monárquico fuerte, capaz de impedir cualquier veleidad independentista protagonizada por la aristocracia fundiaria del reino, con independencia de su pertenencia étnica. Para conseguir tan ambicioso propósito, Leovigildo contaba con un importante e influyente modelo a seguir: el Estado Bajo imperial concretado en la recuperación justinianea. Con tal fin, Leovigildo encaminó su acción interior en las direcciones siguientes: acentuación de las distancias que deberían separar al rey del resto de los súbditos; metamorfosis lo más posible de una realeza electiva en hereditaria en el seno de su familia; refuerzo de las palancas del poder real; unidad y cohesión del Estado acabando con las diferencias étnicas y religiosas entonces existentes, intentando basar preferentemente en el vínculo general y iuspublicístico de súbdito la relación entre el monarca y los gobernados.

Moneda de Leovigildo

Juan de Bíclaro nos recuerda cómo al poco de la muerte de Liuva su hermano asoció al trono a sus dos hijos, Hermenegildo y Recaredo, habidos de un matrimonio de Leovigildo anterior al contraído con la viuda de su predecesor Atanagildo. Con tal medida el soberano visigodo trató de asegurar el trono en el seno de su familia, evitando dificultades en una futura sucesión. Interesa resaltar cómo para conseguir tal objetivo Leovigildo usó un procedimiento típico del Derecho político tardorromano; de forma tal que, al contrario de lo que significaban los *Teilreicher* de los merovingios de tradición germánica, la asociación al trono no implicaba en absoluto la ruptura de la unidad del reino. Contrariamente a lo que se había hecho en tiempos de la asociación *ex aequo* de Leovigildo por Liuva, en esta ocasión los dos hijos de este último se mantendrían en una posición de subordinación a su padre —semejante a la situación de los césares en relación al augusto en el ordenamiento tetrárquico— sin que en un primer momento se les asignasen específicos territorios donde ejercer sus funciones de soberanía y gobierno. Esta «imperialización» de la Monarquía goda ensayada por Leovigildo habría de reflejarse en otras decisiones adoptadas por el monarca en los años inmediatos. Isidoro de Sevilla nos ha conservado el recuerdo, como algo realmente memorable en el proceso de independencia hispanovisigoda frente a Bizancio, de que Leovigildo fue el primer monarca de su raza en utilizar trono y vestiduras reales, así como otros símbolos tomados de los atributos regios del emperador constantinopolitano; mientras que los antecesores de Leovigildo no se habían distinguido externamente del resto de sus súbditos en nada. La importancia de esta «imperialización» externa del monarca godo se realza si señalamos que Leovigildo no se limitó a explicarla en las estrecheces de la Corte, sino que las desplegó ante todo el mundo utilizando por vez primera un potente *mass media* a su alcance. En efecto, hoy en día se tiende a datar entre el 575 y el 577 los primeros trientes acuñados por Leovigildo y en los que figuraba su propio nombre en lugar de la vieja ficción imperial de las contrafacciones godas anteriores. En dichas monedas, desarrolladas a partir de las imitaciones anteriores de prototipos de Justino I y Justiniano I, aparece el busto del soberano godo ataviado con atributos tan típicamente imperiales como la diadema o el paludamento. El mismo hecho de acuñar moneda sin la ficción del nombre de un emperador romano significaba la asunción pública por Leovigildo de una prerrogativa muy unida a la soberanía imperial, y que con anterioridad solamente había usurpado de una manera regular el gran Teodorico el Amalo. Con hechos como éstos y otros semejantes —como pudo ser la asunción por Leovigildo de títulos muy vinculados a la figura del emperador— el monarca godo realzaba la realeza por encima de los miembros de la aristocracia, gótica o hispanorromana, de su reino, pero señalaba también muy a las claras su posición de completa soberanía e independencia frente a Bizancio; lo que no le impedía legitimar esto último mediante la asunción de características de la más pura tradición romanoimperial y la eliminación de rasgos etnográficos distintivos de raíz germano-barbárica.

Otro signo de la toma por Leovigildo de la tradición imperial habría de ser la fijación definitiva de la *Sedes regia* en la ciudad de Toledo, consolidando así una tradición ya iniciada por Teudis y, sobre todo, Atanagildo; y que habría de apartar totalmente a la Monarquía visigoda del modelo más germanizante de los merovingios de Corte más o menos itinerante entre una serie más o menos limitada de *Pfalzen*. A partir de Leovigildo, el evergetismo real visigodo se propuso convertir a la pequeña Toledo en una auténtica *urbs regia* a imitación de la Constantinopla de la época; a tal efecto Leovigildo pudo iniciar la edificación de un importante conjunto palaciego (*Praetorium*), en el que incluía también una capilla palatina bajo la advocación de clara resonancia constantinopolitana de «Los santos apóstoles Pedro y Pablo» así como también una basílica mayor dedicada a Santa María y que pudo servir de sede para el obispo arriano de la capital. Además, en el 578, como culminación de sus primeros años de victorias militares, Leovigildo levantaría en la región denominada de Celtiberia una ciudad a la que dio el nombre de Recópolis en honor del segundo de sus hijos. La fundación de ciudades era una prerrogativa de los emperadores, además de constituir objeto de continua vanagloria. Al denominar a la nueva ciudad con un apelativo dinástico y el componente griego de *polis* Leovigildo no hacía más que señalar a precedentes muy cercanos del propio Justiniano I. Posiblemente la ciudad del actual Cerro de la oliva estaba destinada a ser la residencia oficial de Recaredo, hecho en el 573 *consors regni*. Dotada de privilegios, Recópolis parecía destinada a convertirse en capital administrativa y centro de la dominación visigoda en Carpetania y Celtiberia, en posición vigilante en retaguardia sobre el *limes* recientemente consolidado en el Levante y sudeste frente a los bizantinos. Al igual que al año siguiente, el establecimiento del otro *consors regni*, Hermenegildo, en Sevilla podría interpretarse con vistas a una mayor vigilancia de los sectores más meridionales y occidentales de ese *limes*. Este último debió establecerse por Leovigildo en aquellos años mediante dos líneas defensivas sucesivas, a base de ciudades-fortaleza y otras fortificaciones menores, de enlace entre las primeras o en una situación más avanzada, y apoyadas sobre antiguas calzadas de gran valor estratégico. Entre las ciudades fortalezas constitutivas de dicho *limes* —ya con Leovigildo o con sus inmediatos sucesores— cabría mencionar las siguientes: Valencia, Játiva, Elda *(Elo),* Bigastro, Orihuela, Baza, Guadix, *Iliberris* (Granada), Mentesa, *Barbi,* Saguntia y Medina Sidonia.

Isidoro de Sevilla alude a otros dos tipos de acciones realizadas por el enérgico monarca godo en política interior, aunque desgraciadamente no ofrece ninguna precisión cronológica al respecto; lo que nos impide saber si alguna de tales medidas no fue tomada después del 579, lo que tal vez sea lo más probable. De éstas, unas tuvieron carácter administrativo, mientras que otras fueron también políticas. Tales serían la publicación de un remozado *corpus* legal, el enriquecimiento del Tesoro y del patrimonio fundiario de la monarquía, y una enérgica política frente a la nobleza.

Una serie de datos de tiempos inmediatamente posteriores nos ha hecho suponer que Leovigildo llevó a cabo una importante reorganización de la estructura administrativa del Reino visigodo, tanto en un nivel central como territorial, para la cual habría sido su modelo el Bizancio contemporáneo. Entre dichas medidas cabría resaltar la constitución de circunscripciones administrativas provinciales regidas en lo militar por un *dux exercitus provinciae* y en lo civil por un *rector provinciae,* heredero del antiguo gobernador bajo imperial; mientras que en un escalón inferior, Leovigildo generalizaría la institución del *comes civitatis* o *territorii*. La misma consolidación de Toledo como *sedes regia* podría enmarcarse en dicha reestructuración político-administrativa. Máxime si se piensa que a las ventajas estratégicas anteriormente mencionadas, Toledo unía la de carecer de un fuerte patrocinio aristocrático-episcopal ya bien arraigado, como debía ser el caso de otras grandes ciudades peninsulares del momento, como Sevilla o Mérida. Si dejamos a un lado este aspecto político-administrativo —que será tratado en su capítulo correspondiente de una manera más profunda y que, en todo caso, supone la final anexión del Reino suevo en el 585—, ahora conviene señalar que la labor legislativa de Leovigildo podría darse con preferencia en tiempos de la rebelión de Hermenegildo o, incluso, posteriormente, en una relación bastante directa con su política religiosa. Por el contrario, las otras medidas, a las que aludíamos al principio, debieron desarrollarse a todo lo largo de su reinado, pues concuerdan muy bien con los objetivos de fortalecimiento del poder real perseguidos por el enérgico monarca godo desde los mismos inicios de su reinado. El aumento de los bienes y recursos de la Hacienda está en una directa relación con sus victorias militares de los primeros ocho años y con su constante lucha contra todo rebelde al poder del Reino visigodo; y esto último se relaciona ya de modo muy claro con su política antinobiliaria. Pues, según Isidoro de Sevilla, esta última se habría concretado en proscripciones y penas capitales contra bastantes miembros de la aristocracia del reino, con la consiguiente confiscación de los bienes de éstos; lo que, al decir del hispalense, habría constituido el objetivo esencial de tales ataques. Nuestras fuentes, aunque todas ellas parciales en su valoración de los hechos, nos señalan que dicha actividad confiscatoria se habría ejercido también sobre los ya muy extensos patrimonios de la Iglesia católica hispana; lo que sin duda se vería favorecido y recrudecido por la revuelta de Hermenegildo y la posterior guerra civil. En todo caso, parecen existir escasas dudas de que dicha política antinobiliaria y confiscatoria, al mismo tiempo relacionada con el reforzamiento perseguido del poder monárquico, estaría en la base misma de lo que habría de constituir la principal crisis de su reinado: la rebelión de su propio hijo Hermenegildo.

Tras su larga serie de más o menos victoriosas campañas militares, Leovigildo, en el 579, haría contraer matrimonio a su hijo mayor Hermenegildo con una princesa merovingia, Ingunda, hija de Sigiberto de Austrasia. Con ello Leovigildo intentaba reanudar una alianza y colaboración con la Corte austrásica, donde la situación era especialmente favorable para los intereses de la dinastía de Leovigildo a consecuencia de los fuertes lazos de afecto existentes entre Brunequilda y su madre, la reina Gosvinta. También pudo acordarse entonces los esponsales del hijo menor del soberano godo, Recaredo, con Rigunta, la hija mayor de Chilperico de Neustria; aunque por la edad de ésta se optase por aplazar la consumación del matrimonio, y la venida de la princesa merovingia a España, para más adelante. Desgraciadamente, el proyecto diplomático con la Corte austrásica habría de fracasar como consecuencia directa del desgraciado final del matrimonio entre Ingunda y Hermenegildo.

En efecto, los problemas se iniciaron ya antes de la misma consumación del matrimonio. Al paso de Ingunda por Agde, camino de Toledo, el obispo católico de la ciudad, Fronimio, al decir de Gregorio de Tours, le induciría a resistirse a cualquier intento de abjuración católica y bautismo en la fe arriana. Llegada ya a Toledo, estallarían de inmediato los problemas entre la merovingia y su abuela, la reina Gosvinta, empeñada en bautizar a su nieta en el arrianismo. Gosvinta, además de una arriana fanática, debía estar profundamente dolida en su amor propio por la conversión, tal vez forzada, al catolicismo de su hija Brunequilda y el triste destino de su otra hija, Galsvinta, en la Corte de Neustria. Tras varias negativas de Ingunda, Gregorio de Tours nos dice que Gosvinta al final logró sus propósitos mediante el uso de la violencia. En todo caso, la situación en la Corte de Toledo y en el seno de su propia familia debió llegar a ser tan difícil que Leovigildo optó por alejar a Hermenegildo y a su joven esposa de la Corte a fin de evitar así mayores males, tanto en el plano de la política interior como exterior. A tal fin, el soberano godo confió a su hijo mayor especiales tareas de gobierno, como *consors regni* que era, en la Bética, fijando su residencia en Sevilla. La concesión de tales funciones de gobierno en una provincia rica y de enorme valor estratégico-militar, como consecuencia de la vecindad con los bizantinos y el siempre posible rebrote de la rebeldía de la aristocracia local, parecen indicar las escasas o nulas dudas que tenía Leovigildo en lo tocante a la fidelidad de su primogénito en aquellos momentos. Pero el alejamiento de Toledo y de su Corte, en lugar de calmar los ánimos coadyuvaría a los pocos meses al estallido de una rebelión abierta de Hermenegildo contra su padre. Aunque las fuentes dejan las cosas muy en tinieblas, parece probable que tanto la acción de la joven Ingunda como, sobre todo, las consejas y apoyo del metropolitano hispalense, el exiliado cartagenero Leandro, terminaron por conseguir la conversión a la fe católica de Hermenegildo. Hecho este que suponía una peligrosa ruptura en tan fundamental cuestión de la *unanimitas* que debía existir en el colegio desigual de los tres *consortes regni* visigodos.

Lo que sucedió tras dicha conversión, así como las mismas causas de esta última, ha sido algo enormemente discutido ya desde antiguo. En líneas generales, y dejando a un lado enfoques aprioristicos de clara matriz ideológica y anacrónica, podríamos decir que la diversidad de opiniones sobre el particular ha tenido su origen en las especiales características de nuestras noticias históricas. Al respecto hay que señalar en primerísimo lugar una radical distinción entre los datos transmitidos por autores contemporáneos hispanovisigodos y los referidos por otros extranjeros. De esta forma, Gregorio de Tours y Gregorio Magno señalan como causas de la rebelión la intolerable violencia y la persecución ejercida por Leovigildo sobre su hijo como consecuencia de su conversión a la fe nicena. Por el contrario, los autores hispanovisigodos, como Juan de Bíclaro o Isidoro de Sevilla, ocultan por completo este factor religioso, reduciendo el comportamiento de Hermenegildo al típico de un rebelde contra el poder real legalmente constituido, tachando así a Hermenegildo de *tyrannus*. Por desgracia, la moderna historiografía ha terminado de oscurecer los hechos al partir de claros presupuestos aprioristicos en su interpretación del comportamiento de Hermenegildo. En este sentido no ha sido un obstáculo menor el interés por descargar a Hermenegildo y a Leandro de Sevilla —considerados santos por la tradición católica posterior— de toda responsabilidad en los hechos. Sin embargo, las más recientes aportaciones, a partir de la aún fundamental de F. Görres, han terminado por subrayar resueltamente el esencial carácter y origen político de la rebelión de Hermenegildo. De esta forma los puntos de vista de Gregorio de Tours y de Gregorio Magno —cuya buena información de los asuntos hispánicos, aunque deformada, parece imposible poner en duda— se explicarían por la posterior política religiosa de Leovigildo, la propaganda del propio rebelde para justificarse por un hecho, reprobable ante las tradiciones políticas tardorromanas y la misma moral cristiana dominantes, y en las claras intenciones antivisigodas de la obra histórica del turonense.

Del relato de Juan de Bíclaro, el más próximo a los hechos e imparcial, parece deducirse que, tras el establecimiento de Hermenegildo en Sevilla, la reina Gosvinta se esforzó en aislar políticamente a su hijastro, para lo que podía contar con el apoyo de una importante facción nobiliaria heredada de su primer marido Atanagildo, como ya señalamos con anterioridad. En tal tesitura, Hermenegildo pudo ver una única salida en rebelarse contra la superior soberanía ejercida por Leovigildo. Para una correcta compresión de esta rebelión, resulta imprescindible el análisis de cuáles pudieron ser las bases político-sociales de Hermenegildo, así como de su cobertura ideológica. En relación a lo primero, es importantísimo señalar cómo Hermenegildo debió contar para su rebelión con el apoyo de aquellos sectores que en alguna medida se consideraban perjudicados por la enérgica política monárquica, de afianzamiento del poder central en detrimento de las aristocracias locales, llevada a cabo por Leovigildo. A este respecto, parece incuestionable que Hermenegildo encontró apoyos tanto en miembros de la nobleza gótica como hispanorromana. Por otro lado, no se puede olvidar ni el cierto grado de integración logrado ya entre ambas mediante matrimonios mixtos del tipo del ya señalado de Teudis, ni la existencia de *potentes* de viejo linaje gótico ya convertidos al catolicismo niceno. No obstante, lo más razonable es pensar que Hermenegildo encontró el grueso de sus apoyos entre la poderosa aristocracia fundiaria de la Bética, que debía haber experimentado un cierto quebranto en los años anteriores como consecuencia de las victorias alcanzadas por Leovigildo en estos parajes. En los primeros momentos, Hermenegildo pudo ver reconocida su soberanía, además de en Sevilla, donde tenía fijada su residencia, en todo el valle del Guadalquivir, incluyendo la importante plaza de Córdoba, y posiblemente en una gran parte de Lusitania con su floreciente capital, Mérida, inclusive. Fuera de estas zonas, parece dudoso que Hermenegildo lograse concitar adeptos de consideración, pudiendo contar a lo más con algún que otro foco localizado sobre la costa mediterránea.

Difícil de responder es el problema planteado por la actitud de la jerarquía católica ante la rebelión de Hermenegildo. Obstáculo principalísimo para ello lo constituye el profundo silencio del episcopado católico hispano en todo lo referente a tan peliagudo asunto tras la conversión de Recaredo; producto, a lo que parece, de un pacto entre la jerarquía y el heredero directo y fiel seguidor suyo, Recaredo. Ciertamente que la activa participación de apoyo al rebelde por parte de Leandro, obispo metropolitano de Sevilla, es incuestionable, al menos en los momentos iniciales y cruciales del levantamiento. Pero, por otro lado, el influyente metropolitano emeritense, el godo Massona, pareció observar una actitud menos militante; y en todo caso, Leovigildo pudo contar siempre con el apoyo de una facción minoritaria de la Iglesia católica de Mérida y Lusitania. De todo ello cabría negar la idea de una actitud generalizada del episcopado católico a favor de Hermenegildo. Tampoco parece que en los primeros momentos de la revuelta, con anterioridad al inicio de la política anticatólica de Leovigildo en el 580, se hubiese sumado abiertamente a las filas de Hermenegildo algún obispo católico fuera de la zona de su estricta dominación. Salvo, quizás, Fronimio de Agde, que se vio obligado a emigrar al Reino franco ya en el mismo 580; pero de las especiales relaciones de dicho obispo con Ingunda y de su enemistad con Gosvinta ya hablamos anteriormente. Por lo tanto, y en conclusión, no es posible ver en la diferencia religiosa, en la oposición catolicismo niceno/arrianismo, la causa última de la rebelión. Tampoco es posible ver ésta, como a veces se ha hecho, como un enfrentamiento entre godos e hispanorromanos; aunque también es una errada exageración contemplarla como un exclusivo conflicto entre godos. Pero hechas estas puntualizaciones y matizaciones, tampoco podemos negar la evidencia de que la diferencia de credo cristiano entre Leovigildo y Hermenegildo fue muy tempranamente utilizada por la rebelde para justificar ideológicamente su actitud. Es posible que con ello Hermenegildo esperase poder suscitar en los territorios bien dominados por su padre una especie de quinta columna entre la mayoritaria población católica. Que Hermenegildo fue el primero en utilizar la diferencia religiosa como bandera propagandística de la revuelta, se deduce del examen de las curiosas leyendas impresas por el sublevado en sus primeras acuñaciones de trientes áureos, que parecen afirmar una teocracia frente al cesaropapismo propugnado por Leovigildo, o del texto de una famosa incripción oficial del sublevado, encontrada en Alcalá de Guadaira (Sevilla), datada en el 580-581 y en la que se tacha a Leovigildo de «perseguidor» del rey su hijo por causa de su fe.

Moneda de Hermenegildo

Pero la proclamación de un cierto carácter teocrático de su monarquía por parte de Hermenegildo en absoluto equivalía para éste a renunciar a todo el fundamental proceso de imperialización real iniciado por su padre. Hermenegildo, además de acuñar desde un principio monedas áureas a su nombre, típica prerrogativa imperial asumida por su padre, hizo también amplio uso de titulaciones protocolarias propias de la realeza imperial tardorromana. En fin, Hermenegildo también procuró fortalecer su posición para la guerra civil, que se veía ya como inevitable, mediante alianzas exteriores. Si es que las mismas potencias extranjeras hostiles al Reino visigodo no incitaron a la rebelión con la esperanza de utilizar a Hermenegildo en sus propósitos de debilitar la potencia visigoda. Porque lo cierto es que, por una u otra razón, podían tener interés en un debilitamiento del Reino visigodo: el rey suevo Mirón, el emperador Tiberio II, y los merovingios Childeberto de Austrasia y Guntram de Borgoña. La alianza de estos dos últimos sería en gran medida neutralizada e impedida por Leovigildo como consecuencia de sus buenas relaciones con Chilperico de Neustria, que convertiría en peligrosa cualquier expedición militar hacia el Reino visigodo por parte de los otros dos merovingios. Por el contrario, la alianza con Constantinopla, con intereses y tropas en España, debía ocupar un lugar central en los planes del sublevado. Tratar de tal alianza debió ser la misión que llevase por estos años a la Corte imperial de Constantinopla a Leandro, convertido así en el gran mentor político-religioso de Hermenegildo. Tal vez se debería a la diplomacia bizantina el que el suevo Mirón decidiese más tarde intervenir en la contienda entre padre e hijo en beneficio del segundo, faltando así a la fidelidad debida a Leovigildo.

La actitud adoptada por Leovigildo ante el estallido de la sublevación de su primogénito fue de espectante prudencia; así parecían aconsejarlo tanto la magnitud de la misma como los apoyos exteriores con que contaba. Leovigildo solamente se decidiría a emprender una guerra abierta en el 582, a los dos años del comienzo de la sublevación. ¿Por qué esta tardanza en actuar por parte de una persona enérgica como Leovigildo? Parece lo más probable que el monarca godo con gran rapidez comprendió los peligros inherentes a una confrontación directa, sin antes debilitar las bases exteriores e ideológicas en que se apoyaba la rebelión y cohesionar un grado más sus propias fuerzas. Especialmente debía temer Leovigildo la extensión de las defecciones en las áreas que todavía estaban bajo su gobierno y autoridad, sobre todo como consecuencia de la bandera ideológica asumida por Hermenegildo de lucha por la fe nicena y de la posible existencia de algunos núcleos rebeldes en zonas muy distantes de las fundamentales bases meridionales de la sublevación. Por todo ello, Leovigildo emplearía estos dos primeros años en una activa política destinada a conseguir la unidad de sus filas y acabar, en la medida de lo posible, con los motivos que más fácilmente pudiesen originar la defección entre sus súbditos; tratando así de aislar a la sublevación radicalizándola en sus bases territorial-regionales y sociológico-ideológicas.

Planteado en el terreno de la propaganda el conflicto en términos religiosos, era claro que Leovigildo debía tomar al respecto inmediatas medidas que le devolviesen la iniciativa en este tema. Juan de Bíclaro nos informa de cómo ya en el mismo 580 Leovigildo convocó un sínodo de obispos arrianos en Toledo. Lo que indica con claridad dónde vio Leovigildo el mayor potencial de los rebeldes y el grado de efervescencia en la cuestión religiosa existente en el Reino visigodo en aquellos momentos. En dicho concilio arriano se decidió facilitar la conversión al arrianismo de los nicenos, suprimiendo la antigua obligación de un segundo bautismo y adoptando una declaración doxológica mediante la cual se trató de reducir al mínimo las diferencias dogmáticas que oponían el credo arriano al católico-niceno-calcedonense. Hasta tal punto que algunos investigadores recientes han llegado a hablar de tramutación del viejo arrianismo gótico en un práctico macedonismo, para servir así de puente de unión entre la doctrina arriana y la católica en la fundamental cuestión Trinitaria. Resulta así indudable que con tal medida perseguía la unidad religiosa de todos los súbditos, tratando además de arrebatar la buena bandera de la catolicidad a los sublevados y endosarles la dudosa de correas de transmisión del imperialismo bizantino. La difícil pirueta dialéctica de conseguir tal unidad mediante un arrianismo descafeinado muy posiblemente se debiese a razones tanto coyunturales como estructurales. En primer lugar, la adopción por Hermenegildo de la fe católica nicena como factor diferenciador obligaba a Leovigildo a forzar en torno suyo la unidad de los arrianos como punto de partida. Pero, por otro lado, tampoco podemos olvidar que la Iglesia arriana debía poseer una jerarquía mucho menos poderosa, con infinitamente menor tradición y arraigo territorial y patrimonial en el Reino visigodo en comparación con la católica hispanorromana. Por otra parte, la Iglesia arriana goda desde antiguo se había encontrado muy mediatizada por el poder real; y su estructura interna debía avenirse mucho mejor con el objetivo cesaropapista perseguido por Leovigildo de construir una Iglesia estatal capaz de servir a la integración de toda la población, al fortalecimiento del poder real, y a la diferenciación nacional frente a las potencias vecinas, fundamentalmente el Imperio de Constantinopla.

A partir del sínodo arriano del 580, Leovigildo se lanzó a una enérgica política en pos de la unidad religiosa bajo la fe arriana reformada. Con su política religiosa, Leovigildo en modo alguno trató de germanizar (?) su reino, como a veces se ha interpretado torcidamente, sino antes bien buscó la fusión de los sentimientos visigóticos e hispanorromanos en un solo ente nacional integrador bajo el supremo patronato regio. Para llevar adelante esta política de unidad religiosa el monarca godo se serviría de muy diversos medios. Intentó apropiarse de las más venerables tradiciones culturales y martiriológicas hispánicas en beneficio de su nueva Iglesia estatal, para de este modo eliminar los recelos que pudiesen hacer surgir entre la población hispanorromana el antiguo extranjerismo y visigotismo del arrianismo. A este respecto adquiere especial significación la adjudicación a la nueva Iglesia real de famosas basílicas y capillas martiriales, entre las que destaca el ejemplo bien conocido de la dedicada a Santa Eulalia en la ciudad de Mérida. Una finalidad propagandística en el interior del Reino visigodo tendrían la conducta seguida por los embajadores de Leovigildo en Francia, bien contada por Gregorio de Tours, o la fama de milagros obrados por clérigos arrianos. También procuró Leovigildo atraer a su causa a la influyente jerarquía católica de su reino. Pero para ello el enérgico monarca utilizaría en principio solamente medios pacíficos; aunque en una segunda fase se pudo llegar a medidas puntuales más duras, tales como el destierro. Sin embargo, los ejemplos conocidos de estos últimos —Leandro de Sevilla, Massona de Mérida y Fronimio de Agde— lo fueron fundamentalmente por causas políticas, o como consecuencia de graves conflictos y desórdenes públicos surgidos por el fanatismo y radicalismo de las minorías arrianas radicadas en sus sedes, como pudo ser el caso de Mérida. Pues la verdad es que no existen pruebas de que Leovigildo suprimiese sedes católicas o las hiciese ocupar violentamente por sacerdotes arrianos. En una situación así, no sorprende en demasía que el éxito logrado por Leovigildo con la jerarquía episcopal católica fuese muy modesto; conociéndose sólo un caso singular de apostasía, el del obispo Vicencio de Zaragoza. Mayor éxito alcanzó el monarca godo entre los laicos, sobre todo como consecuencia de la activa labor desarrolla por ciertas iglesias arrianas que, reorganizadas y apoyadas por el poder político, pudieron servir de centros de irradiación de la nueva Iglesia unitaria. Pero en conjunto los resultados obtenidos por Leovigildo con su política religiosa nos podrían ser calificados más que de muy discretos.

No resulta este el lugar más apropiado para tratar *in extenso* el problema de la legislación leovigildiana. El lector interesado en estos temas podrá encontrar puntual información, y más especializada que aquí, en otro capítulo de este mismo libro. Pero sí que nos interesa señalar aquí sus conexiones con la política general propugnada y desarrollada por el monarca visigodo. Pues indudablemente la obra legislativa de Leovigildo obedeció a ese interés por alcanzar una máxima integración y unidad de la sociedad del reino. Según una noticia transmitida por Isidoro de Sevilla, que parece repetir el preámbulo de su edición legislativa, Leovigildo corrigió un gran número de leyes que provenían ya de los tiempos lejanos de Eurico, cuando menos; añadió otras nuevas y eliminó aquellas que consideró ya superfluas. Lo que en la historiografía histórico-jurídica se conoce como *Codex revisus* de Leovigildo no nos ha sido conservado, ignorando así también la precisa cronología de su publicación. Sin embargo, existe la sospecha muy fundada de que a él pertenecieron un gran número de las 319 leyes calificadas de *antiquae* por el redactor del Código recesvindiano. De éstas la mayoría procede de preceptos ya existentes en el llamado Código de Eurico o en el Breviario de Alarico, mientras que algunas otras son por completo nuevas. La finalidad de esta nueva recopilación en la larga historia legislativa visigoda parece bastante clara: se trata ya de un Derecho indiscutiblemente unificador suprimiendo cualquier obstáculo a la integración de ambos elementos de la sociedad del Reino de Toledo, o cualquier situación de privilegio o diferenciación por diverso origen étnico-nacional. A este respecto, resulta de no pequeña significicción la eliminación de la antigua prohibición de matrimonios mixtos entre godos y provinciales. Ciertamente que el viejo precepto de Valentiniano había perdido por completo vigencia desde hacía ya tiempo, pero su misma existencia denotaba un resto de prejuicio racista y funcional hacia la población gótica por parte de la vieja aristocracia de estirpe tardorromana. Su derogación ahora pone bien a las claras cuál era el objetivo principal perseguido por Leovigildo con su nuevo Código. Con su promulgación, el monarca visigodo asumía nuevamente una típica prerrogativa imperial, al tiempo que mimetizaba una vez más a Justiniano. Por otro lado el nuevo Código representaba un acto más de completa independencia frente al Imperio. Pues, en teoría, se trataba de la constitución de un exclusivo Derecho nacional —cosa no tan visible en el viejo Breviario—; lo que no impedía que su contenido fuese básicamente de tradición romana, como convenía, entre otras cosas, a los intereses leovigildianos de reforzar la figura y el poder del monarca a imitación de los del emperador bizantino.

Tras la realización de esta importante reestructuración interna del Estado visigodo, Leovigildo debió considerarse ya en disposición de poderse enfrentar con éxito militarmente a su hijo. Por el contrario, sorprende la aparente inactividad durante estos años del rebelde, que habría permitido reorganizarse así a Leovigildo sin tratar de tomar la iniciativa bélica. Inactividad solamente explicable por la debilidad de las fuerzas militares propias a disposición de Hermenegildo. Pues, como mostrará el desarrollo de los acontecimientos bélicos, da la impresión de que Hermenegildo contaba bastante más con el apoyo de tropas extranjeras aliadas —suevos y, sobre todo, bizantinos— que con la fuerza de sus propios guerreros. Lo que puede ser un indicio suficiente de que Leovigildo fue capaz de mantener en lo esencial bajo su control los mecanismos de reclutamiento y la lealtad del ejército visigodo.

Antes de iniciar las hostilidades con los sublevados, Leovigildo estimó conveniente asegurarse los límites de su reino en la vital zona del alto Ebro, amenazada por las periódicas irrupciones de las no dominadas poblaciones de estirpe euskalduna. Como remate y consolidación a una operación de castigo sobre tales poblaciones, Leovigildo fundó en el 581 la plaza fuerte de Victoriaco, dominando la zona de mayor valor estratégico en territorio vascón. Ya al año siguiente, en el 582, Leovigildo logró apoderarse de la importante plaza de Mérida, abriendo así la principal vía de acceso al corazón del territorio de Hermenegildo, Sevilla. De esta forma el cerco de esta última podría iniciarlo Leovigildo ya en el 583. Sería entonces cuando habría de mostrarse ineficaz toda la activa labor diplomática desplegada por el usurpador en los años anteriores. Neutralizados, como ya vimos, los diversos soberanos merovingios entre sí, los bizantinos pronto dejaron de mostrar interés en apoyar una rebelión tan pronto como la intrínseca debilidad militar de ésta se manifestó; máxime en un momento en que la presión longobarda en Italia estaba aumentando y se producía un cambio de emperador en Constantinopla. En todo caso, Leovigildo, además, habría sabido presionar militarmente sobre los mismos bizantinos de España, atacándoles también por su frontera oriental. Sólo el suevo Mirón intentaría prestar una ayuda militar a Hermenegildo, tras haber mantenido con anterioridad una activa diplomacia con Bizancio y Guntram de Borgoña. Pero en el 583, Hermenegildo sufrió una fuerte derrota militar a manos de Leovigildo, cuando trató de romper el cerco que éste tenía sobre Sevilla —para lo que utilizaba a la decadente Itálica como especie de cerro padrastro— haciendo una salida por sorpresa desde la posición que ocupaba con lo mejor de su ejército en la fortaleza de Osset (San Juan de Aznalfarache), en situación dominante sobre la propia Sevilla. Tras la derrota campal del ejército de Hermenegildo, el suevo Mirón, cercado por Leovigildo, optaba por deponer las armas retirando su ejército a su lejana Galicia. Mientras en el 584 Leovigildo hacía su entrada triunfal en la capital del sublevado, Sevilla, Hermenegildo trató de hacerse fuerte y resistir en la plaza de Córdoba, confiado para ello en la fuerza de campaña que pudiese prestarle el gobernador bizantino en España. Pero este último, desconfiando de sus propias fuerzas y sin poder recibir más refuerzos de Italia o África, muy pronto debió considerar inútil continuar con su apoyo a la rebelión, aceptando el ofrecimiento hecho por Leovigildo de abandonar a su suerte a Hermenegildo a cambio de 30.000 sueldos de oro. De esta forma el acto final del drama se precipitó hacia febrero del 584. Tras dejar en Córdoba a su mujer Ingunda con una pequeñísima guardia, Hermenegildo se adelantó con las pocas tropas que le quedaban al encuentro de la cita concertada con el ejército bizantino. Pero al encontrarse con la espantada de estos últimos y ante el avance del ejército paterno, Hermenegildo trató de hacerse fuerte en una iglesia suburbana próxima a Córdoba, intentando así ganar un tiempo precioso que permitiese a su mujer huir de la indefensa ciudad. Sin embargo, Igunda y su pequeño hijo Atanagildo serían retenidos por soldados bizantinos cuando trataban seguramente de alcanzar refugio en la Corte de sus parientes en Francia. Tomados como rehenes, Ingunda y Atanagildo serían enviados hacia Constantinopla; mientras que la madre moría en el viaje en su escala siciliana, el joven príncipe godo sería durante algún tiempo utilizado por la diplomacia del emperador Mauricio como instrumento de presión sobre la Corte austrásica, para que ésta interviniese militarmente en Italia contra los lombardos y en beneficio de los intereses imperiales. Por su parte, Hermenegildo se rendía a su padre y hermano bajo la promesa de conservar la vida. Destituido de todas sus prerrogativas y derechos como *consors regni,* Hermenegildo sería conducido preso a Valencia y, posteriormente, a Tarragona. En esta última ciudad Hermenegildo sería asesinado en el 585 por un tal Sisberto, sin que sea posible saber a ciencia cierta si con ello se cumplía órdenes de Leovigildo o Recaredo.

Resuelta satisfactoriamente la grave crisis que supuso la rebelión de Hermenegildo, los dos años que van desde el final de ésta a la muerte de Leovigildo en abril de 586 contemplarían la continuidad en la política de integración nacional y unidad ya emprendida con anterioridad por el enérgico monarca. En todo caso, dicha política parecía más necesaria ahora que antes si se deseaba cicatrizar las heridas abiertas en la guerra civil. Por lo demás, estos dos años verían la solución satisfactoria a los intereses del Reino visigodo de las secuelas internacionales de la pasada contienda.

Como señalamos más arriba, Leovigildo logró neutralizar la intervención de Borgoña y Austrasia a favor de su rebelde hijo mediante su alianza con la rival Neustria, además de contar a su favor con las dificultades internas endémicas de los *Teilreicher* merovingios. En todo caso, en septiembre del 584 se producía el viaje a España de la princesa neustriaca Rigunda para consumar su pactado matrimonio con Recaredo, tras varias dilaciones anteriores a causa de problemas familiares. Tras la derrota de Hermenegildo, Childeberto de Austrasia se vio enredado por la diplomacia bizantina —que sabiamente supo utilizar el señuelo del pequeño sobrino del monarca franco, el godo Atanagildo—, que le indujo a una expedición militar en Italia contra los lombardos. Por el contrario, la situación de Guntram de Borgoña tras el *fiasco* hermenegildiano parecía mucho más libre. Los dominios de Guntram rodeaban ahora por completo al enclave visigodo de la Septimania, tras haberse desembarazado del pretendiente aquitano Gundobaldo. Guntram pudo ver en ese momento, tras la derrota de Hermenegildo, la oportunidad de oro de adueñarse de la Septimania goda, cumpliendo así el viejo sueño de su antepasado el gran Clodoveo. Máxime si se tiene en cuenta que el nervio militar de Leovigildo parecía entonces por completo ocupado en la conquista del Reino suevo. De esta forma, en el 585, Guntram trataba de enviar refuerzos por la vía marítima del Cantábrico al amenazado Reino suevo. Mientras que por tierra lanzaba un doble ataque en tenaza sobre Septimania, desde las Bocas del Ródano y desde Tolosa de Francia, tratando con el segundo de impedir la llegada de refuerzos militares godos desde España. Sin embargo, los resultados obtenidos por el franco serían muy otros a los deseados. En el Cantábrico la flota de Guntram, compuesta principalmente de pesados barcos mercantes, era completamente aniquilada por navíos visigodos antes de llegar a su destino galaico. Por su parte, Guntram no lograba apoderarse de la estratégica plaza fuerte de Nimes, mientras el ejército salido de Tolosa, a pesar de haberse apoderado por traición de la fuerte posición de Carcasona, al final sufría graves pérdidas, para huir en desbandada ante la muerte de su general, Terentiolo, y la inesperada resistencia ofrecida por la población septimana. Finalmente el ejército comandado por el propio Guntram, ya muy castigado por el hambre y las continuas hostigaciones de la población, era gravemente derrotado por el ejército de socorro visigodo venido de España y comandado por Recaredo. Al decir del franco Gregorio de Tours, Guntram dejaría en el campo de batalla no menos de cinco mil muertos; mientras que el príncipe godo conseguía también ocupar sendas posiciones estratégicas y fortificadas en las Bocas del Ródano y en las proximidades de la reconquistada Carcasona.

Pero sin duda el mayor éxito exterior y militar de todo el reinado de Leovigildo habría de ser la conquista y anexión del Reino suevo. Tal proyecto, que podía venir preparándose por Leovigildo desde hacía ya tiempo, indudablemente se precipitó como consecuencia de la traicionera intervención de Mirón en la revuelta de Hermenegildo. Ésta debió poner al descubierto el peligro que suponía para el Reino visigodo la existencia de un reino independiente a sus espaldas, potencialmente hostil y capaz de entrar en colisión con los tradicionales enemigos franco y bizantino.

El traspiés y humillación sufridos por Mirón ante Sevilla debió quebrantar la fortaleza militar y política del pequeño Reino suevo. En definitiva, la jornada sevillana del 583 institucionalizó un derecho hegemónico de intervención sobre el Reino suevo por parte de Leovigildo, convertido en patrono de armas del rey Mirón. Al poco tiempo de su humillante derrota militar, nada más regresado a su patria galaica, el soberano suevo fallecía, sucediéndole en el trono su hijo Eborico. Pero la derrota y la humillación sufridas, la subordinación al visigodo impuesta a Mirón y aceptada también por su hijo, debieron crear un enrarecido clima entre la aristocracia del Reino suevo. Lo único seguro, de todas formas, es que al siguiente año, en el 584, Audeca, cuñado del rey Eborico, se rebeló, logrando su entronización tras relegar a un convento al destronado Eborico. El nuevo rey de inmediato contraía matrimonio con la viuda de Mirón, Siseguntia, con el fin de fortalecer su situación sociopolítica mediante el apoyo de las clientelas unidas a ésta. Es posible que Audeca también tratase de realizar una serie de reformas en la Hacienda real sueva a imitación de las hechas por Leovigildo y destinadas a fortalecer el poder del soberano en posible detrimento del de la aristocracia. Pero estas reformas y las mismas posibles disensiones en el seno de los grupos dirigentes del Reino suevo, y en el seno de la propia familia reinante, no podían más que acabar facilitando a Leovigildo su decidido propósito de conquista del Reino suevo. En todo caso, el monarca godo tenía un pretexto para legitimar su intervención militar: la defensa de los derechos de su cliente Eborico. Lo cierto es que cuando en el 585 Leovigildo se vio libre de la guerra en el sur contra Hermenegildo —y el mismo asesinato de éste alejaba cualquier posible resurrección de la revuelta— penetraría en Galicia al frente de su ejército. Leovigildo, tras privar del reino a Audeca, encerrado a su vez en un monasterio, se apoderaba del fundamental tesoro real, anexionando a sus dominios el territorio del antiguo Reino suevo. Un posterior intento por parte de un tal Malarico de restaurar en ese mismo año la independencia sueva en su provecho sería prontamente desbaratado por los generales de Leovigildo. A fin de evitar nuevas sorpresas, Leovigildo debió optar por colocar potentes guarniciones militares visigodas en los principales núcleos del territorio anexionado, como podían ser Viseu, Lugo, Oporto, Tuy y Braga. Además, Leovigildo procedería de inmediato a realizar aquí su política de unidad religiosa bajo la nueva Iglesia estatal arriana. En el corto espacio de tiempo entre la conquista y la muerte de Leovigildo serían establecidos obispos arrianos en Viseu, Lugo Tuy y Oporto. Sus principales fieles debieron ser ciertamente las tropas visigodas de guarnición en dichas ciudades. En todo caso, también es posible que todavía subsistiesen núcleos arrianos entre la población sueva, y pudieron producirse conversiones en un cierto número al calor de la victoria militar visigoda. Pero, en todo caso, no parece que Leovigildo llevase a cabo acción violenta alguna contra la Iglesia católica sueva: los obispos católicos continuarían pacíficamente en sus sedes, incluso donde se establecieron otros nuevos arrianos.

Entre el 13 de abril y el 8 de mayo del 586 debió fallecer el ya anciano Leovigildo. Su segundo hijo Recaredo, asociado ya al trono desde hacía tiempo, le sucedería de inmediato, sin que sepamos de oposición alguna o de ningún acto electoral. El reinado del nuevo monarca godo en múltiples aspectos podría parecer paradójico. A primera vista, las realizaciones más llamativas de su reinado se podrían presentar como el contrapunto a la política desarrollada por su padre y predecesor; así sería el caso de su conversión al catolicismo niceno-calcedoniano, su pacto con la potente jerarquía católica, y su política de concordia con la aristocracia laica. Pero si cosas como éstas se observan más de cerca, sería posible también ver en Recaredo a un esencial continuador de la política paterna, al perseguir con ahínco la unidad e integración de todos los grupos dirigentes que componían el Estado, el fortalecimiento del poder de la realeza y, más concretamente, de su dinastía. Todo lo cual en absoluto puede asombrar en un leal colaborador de Leovigildo, como fue hasta el final Recaredo. Porque la verdad es que las únicas modificaciones —algunas epocales, es cierto— introducidas por el nuevo monarca en el esquema y praxis políticos leovigildianos serían dictadas por la propia experiencia del reinado anterior. Es decir, Recaredo modificó todo aquello que había producido la gravísima crisis que representó la guerra civil de Hermenegildo. En ese sentido la actividad amistosa del nuevo monarca para con la nobleza —a pesar de los conflictos que ésta no dejó de plantearle a lo largo de su reinado— puede ser tenida como paradigma. Por otra parte, Recaredo era plenamente consciente del fracaso cosechado por la política religiosa de Leovigildo, el máximo expediente acuñado por su predecesor para superar tan grave crisis. A pesar de los esfuerzos desplegados por el soberano, pocos fueron los miembros de la jerarquía católica en adherirse a su proyecto de Iglesia estatal arriano-macedoniana. Lo que no sólo no hizo más que amenazar con desequilibrar a todo el Estado, al romper la anterior coexistencia pacífica entre poder político arriano e Iglesia católica, inaugurada con Alarico II. Así pues, con Recaredo se asiste a la primera toma de conciencia clara de la profunda contradicción que aquejará al Reino visigodo a lo largo de toda la siguiente centuria: aun deseando reforzar a toda costa el poder de la Monarquía y de sus familias, los soberanos godos se verían obligados para ello a pactar con la nobleza laica y eclesiástica, con evidentes beneficios para estas últimas; lo que en último análisis será el origen de la debilidad estructural del poder central del Estado toledano.

Sin embargo, esta fundamental continuidad entre Leovigildo y Recaredo —como tantas otras veces a lo largo de la Historia— no fue algo percibido por los contemporáneos. Tanto un testigo de los acontecimientos como Juan de Bíclaro, como otros dos algo más tardíos, pero bien informados, como son el anónimo autor de las *Vidas de los padres emeritenses* e Isidoro de Sevilla, hacen hincapié en la radical diferencia entre padre e hijo. Posiblemente tal oposición fue un lema de la propaganda de Recaredo y de los grupos eclesiásticos que sostuvieron su política. De igual forma que esa misma propaganda se cuidó mucho de negar cualquier tipo de concomitancia o continuidad entre Recaredo y su desgraciado hermano mayor; no obstante que en lo religioso tal relación podía resultar evidente para observadores extrahispánicos como San Gregorio Magno.

El reinado de Recaredo consta de dos periodos bastante bien diferenciados, constituyendo su línea divisoria el III Concilio de Toledo de 589, sin duda el acontecimiento más importante y trascendente de su reinado. Aparentemente, los hechos más relevantes de la época de Recaredo habrían tenido lugar dentro del primer periodo, aunque ello pueda no tratarse más que de una distorsión causada por la misma naturaleza de las fuentes llegadas hasta nosotros. Pues éstas son relativamente abundantes, y hasta prolijas, para dicho primer periodo, mientras que a partir del 590, tras la interrupción del inapreciable Biclarense, ya sólo podemos contar con algunas actas conciliares de importancia secundaria y algunas cartas de los registros epistolares de Gregorio Magno.

En el momento de su ascensión al trono, Recaredo heredó dos graves problemas irresueltos; referente el uno a política exterior, el otro al plano interno del Reino. El segundo de ellos ya ha sido mencionado; se trata, ni más ni menos, que de los conflictos originados por la forzada política religiosa de Leovigildo, en gran medida fracasada. La herencia exterior se centraba en la beligerancia de Guntram de Burgundia. Si hasta el momento, como vimos, el estado de guerra con el franco se había salvado con ventaja goda, los acontecimientos posteriores demostrarían que el merovingio en absoluto había renunciado a sus sueños de anexión de la Galia visigoda, poniendo tal deseo por encima de cualquier posible identidad ideológica de signo religioso. Seguidamente trataremos de uno y otro conflicto por separado, aunque ambos se entrelazan en el tiempo y, en parte, en sus causas.

Cierta tradición de origen extrahispánico, representada con alguna variante menor por Gregorio de Tours y Gregorio Magno, afirman que Leovigildo poco antes de morir se convirtió al catolicismo o, cuando menos, se arrepintió profundamente de la política religiosa por él propugnada hasta entonces. Aunque el hecho en sí sea de imposible confirmación, sin embargo ciertos indicios abogan por un cambio en la política religiosa de Leovigildo no mucho antes de la fecha de su muerte. Tales serían, a mi entender, el final de los destierros de Massona y Leandro de Sevilla y lo que parece claro macedonismo en la fe cristiana de Leovigildo y su camarilla de gobierno. A tal punto que parece legítimo pensar que Leovigildo dudase a estas alturas de la viabilidad de su política religiosa, tal como ésta se había concebido en el Sínodo del 580. Sea lo que fuese, lo cierto es que uno de los primeros actos del nuevo rey Recaredo sería su conversión personal al catolicismo niceno. Tal conversión se realizó a los escasos diez meses de su coronación, posiblemente en enero-marzo del 587, significando ya una devolución, o entrega, de basílicas arrianas a los católicos. ¿En qué medida ello se acompañó de un apartamiento, y hasta eliminación, de aquellas personas del entorno de Leovigildo compro-

Recópolis (El cerro de la Oliva, Zorita de los Canes, Guadalajara). Los llamados arsenales reales

metidas con su política anticatólica y, más concretamente, responsables del trágico desenlace final de la rebeldía de Hermenegildo? Difícil dar una respuesta concreta, aunque algún indicio, como la inmediata ejecución sumaria de Sisberto, el verdugo de Hermenegildo, inclina a la sospecha afirmativa. Porque lo cierto es que Recaredo en absoluto parece que obrase con precipitación al dar un paso tan decisivo, y de incalculables consecuencias en la posterior historia del Reino visigodo de Toledo. El monarca debía imaginar la oposición que tal hecho encontraría en ciertos grupos dirigentes del Estado visigodo, por lo que antes de nada trató de hacerse fuerte en el exterior y en el interior. Para ello pactó una lianza con su madrastra Gosvinta, ferviente arriana y jefe de filas de una potente facción arriana, posiblemente también con apoyos externos en el mundo merovingio, en virtud del cual ésta habría de conservar una posición preminente en la Corte. Por intermedio de Gosvinta es muy posible que Recaredo tratase de afianzar una alianza con el gobierno de la merovingia Austrasia, donde dominaba Brunequilda, su hermanastra. Pero además intentó ganar a su causa al mayor número posible de miembros significados, obispos, de la Iglesia arriana; en lo que, a juzgar por las actas del III Concilio de Toledo, conseguiría un notable éxito. A tal fin Recaredo dio a conocer, proponiendo su ratificación, su conversión a una especie de conferencia sinodal de los obispos arrianos, en unión de algunos católicos. En dicha reunión el soberano debió obtener la aquiescencia y apoyo de una mayoría muy significativa del episcopado arriano, seguramente bajo la promesa de ciertas garantías, tales como el mantenimiento de su *status* jerárquico en el seno de la nueva Iglesia católica, sin tener que procederse a una nueva ordenación sacerdotal. A cambio de ello los obispos arrianos cedían en ciertas formalidades, como era la castidad a guardar por parte del clero, y acordaban entregar las basílicas arrianas a la Iglesia católica.

Pero a pesar de todos estos esfuerzos y prudencia, lo cierto es que acabarían por estallar más de un conflicto inmediatamente después de producirse dicha conversión. En todos ellos la cuestión religiosa aparentemente sería de suma importancia. Otros puntos comunes a todos serían: a) la dispersión territorial e incluso cronológica, lo que hace pensar en una total falta de coordinación entre los rebeldes, siendo inexistente, por tanto, un supuesto frente unido anticatólico y contrario a Recaredo; b) la participación en todos ellos de obispos arrianos, que actuarán como cabezas visibles de la sublevación y como elemento legitimador ideológico de ella, al afirmar que Recaredo se ha hecho indigno de la corona visigoda al convertirse a una fe errónea; c) la inclusión en todos ellos de importantes miembros de la nobleza goda, muchos de los cuales ocupaban puestos importantes en la administración territorial del reino. En nuestra opinión, sería en estos últimos donde cabría buscar la razón profunda de tales rebeliones y conflictos, al resultar éstos la respuesta de sectores de la nobleza, unidos entre sí por medio de lazos de fidelidad y dependencia personal, ante un poder real muy fortalecido por Leovigildo. Pues Recaredo, a todas luces, parecía seguir en dicha senda centralizadora y realista, al tiempo que con su conversión personal negaba cualquier otra representación vinculante de la *gens* gótica fuera de la institución monárquica. Naturalmente que dichos nobles, cuyo fin último era la sustitución de Recaredo por uno de los suyos, buscaron en la fe arriana su ideología diferenciadora y legitimista de la auténtica representatividad de la nación goda. En este sentido me atrevería a afirmar que las llamadas rebeliones arrianas contra Recaredo recuerdan bastante a la católica de Hermenegildo contra su padre.

El primero de tales intentos de rebelión en estallar tendría su foco en Lusitania, y más concretamente en la ciudad de Mérida, viejo asiento de estirpes nobiliarias góticas. Aquí un conjunto de nobles de acrisolada fe arriana, muchos de los cuales ocupaban la dignidad condal en ciudades lusitanas, hacia marzo del 587 trató de hacerse con el control de Mérida mediante un golpe de fuerza concretado en el asesinato del *dux* lusitano Claudio y del metropolitano Massona. El primero pertenecía a la vieja nobleza senatorial tardorromana de la zona, mientras que el segundo era, posiblemente, la cabeza visible de un grupo de familias godas convertidas al catolicismo hacía algunas décadas; y en todo caso, Claudio y Massona debían ser significados instrumentos de la política diseñada por Recaredo. Es posible que los planes de los conjurados apuntasen, en un segundo momento, al nombramiento de un nuevo rey en la persona de uno de los suyos, Segga, deponiendo así a Recaredo. Los sublevados utilizarían como elemento aglutinador al fanático obispo arriano de Mérida, Sunna. Pero, por otro lado, tampoco puede olvidarse que en la rebelión y conjura participaron también gentes de fe católica. El intento fracasó ante la falta de suficiente apoyo popular y, sobre todo, a consecuencia de la complicada red de fidelidades y dependencias personales en el seno de la aristocracia, tanto hispanorromana como gótica, de la zona. Esto último habría sido la causa de que uno de los conjurados, el joven guerrero Witerico —que posteriormente sería rey—, hiciese traición, informando de toda la trama al duque Claudio. La decidida y rápida actuación de este último aplastaría el complot antes de nacer; quedando así todo circunscrito a Mérida, sin que en el resto del territorio lusitano quepa suponer otras operaciones que de control y precavida represalia. Las posteriores medidas políticas tomadas por Recaredo tras el aborto de la sublevación muestran su extremada prudencia, al intentar infructuosamente ganarse a su causa al fanático obispo Sunna —que al final no hubo más remedio que desterrar al norte de África— e imponer castigos muy selectivos sobre los nobles conjurados con el claro fin de dividirlos. Pues mientras se premiaba al delator Witerico, las máximas e infamantes penas se imponían a Segga, cabeza de la sublevación e hipotético candidato al trono.

Los intentos de rebelión y conspiración con pretexto religioso volverían a surgir en el tercer año del reinado de Recaredo. Por una parte la poderosa reina viuda Gosvinta en compañía de Uldila, muy posiblemente el obispo arriano de Toledo, trató de conjurar contra el monarca, tras haber en un primer momento aceptado aparentemente la nueva política propugnada por Recaredo. El plan, que no debía llegar a traspasar los muros palaciegos de la Corte, sería rápidamente neutralizado mediante el destierro de Uldila y la coincidente muerte de Gosvinta, en condiciones más o menos oscuras ciertamente.

El tercer intento sería un poco posterior, entre finales del 588 y principios del año siguiente, mostrándose bastante más peligroso al contar con el apoyo del vesánico Guntram de Borgoña y mezclarse así con la peligrosa herencia exterior dejada por Leovigildo a su hijo. La rebelión estaría encabezada por Granista y Wildigerno, dos ricos *comites civitatis* de Septimania, teniendo como ideólogo al obispo arriano de Narbona Ataloco. La revuelta tendría como epicentro a la propia Narbona, donde se producirían hechos violentos de una cierta intensidad. Para cortar la peligrosa rebelión sería rápidamente enviado a Septimania el duque del ejército de Lusitania, el leal Claudio. Mientras un potente ejército burgundio comandado por los generales Bosón y Antestio marchaba sobre Narbona, otras tropas de Guntram al mando de Astrovaldo se adueñaban pacíficamente de Carcasona, posiblemente sede condal de alguno de los sublevados y centro estratégico de vital importancia para el control de las comunicaciones, siempre difíciles, entre la Galia merovingia y la visigoda. En esta difícil situación el ejército de Claudio, contando posiblemente con algún apoyo de Childeberto y Brunequilda de Austrasia, se apostaría sobre el río Aude en las proximidades de Carcasona con el fin de cortar el paso al ejército de Bosón y Antistio e impedirles la unión de sus fuerzas con las de Astrovaldo. Entablado combate, el ejército visigodo obtendría la que habría de ser su más importante victoria jamás lograda sobre los francos: cinco mil de éstos yacerían muertos mientras otros dos mil eran hechos prisioneros. Mientras Bosón y Antistio emprendían veloz huida las fuerzas de Astrovaldo optaban por evacuar a toda prisa Carcasona. Eliminado el apoyo exterior, el aplastamiento de los sublevados de Septimania debió ser cosa fácil.

Sería precisamente entonces, tras el reforzamiento de la posición de Recaredo y de su nueva política religiosa con el aplastamiento de todos los intentos de rebeldía, cuando el monarca se decidió a dar el paso decisivo en su política de unificación en la fe católica. El 4 de mayo del 589 se reunía en Toledo un magno concilio general de la Iglesia católica de todo el Reino visigodo para ratificar la abjuración oficial de la herejía arriana por parte del monarca y de la *gens* gótica, y realizar la pertinente reoganización de la nueva Iglesia unitaria y nacional del reino, con un acento muy especial en la coordinación que a partir de entonces debería existir entre la nueva Iglesia y el poder real, algo que debía considerarse esencial para evitar nuevas y sangrientas contiendas civiles como las recientemente pasadas. La reunión conciliar, como en su tiempo la de Nicea —con la que sería comparada por la propaganda oficial—, fue convocada por el rey, que ocuparía la presidencia en todas las sesiones; lo que venía a señalar las atribuciones de protección y vigilancia que la Monarquía se atribuía para con la nueva Iglesia visigoda. Con ello Recaredo reformaba y profundizaba el proceso de imperialización de la realeza visigoda, algo perseguido con ahínco por su padre y predecesor. Porque lo cierto es que en las actas del III Concilio de Toledo el regio poder es adjetivado como *maiestas* e *imperium;* a semejanza de los emperadores constantinopolitanos, Recaredo fue aclamado por los padres conciliares como *orthodoxus rex*, atribuyéndosele funciones apostólicas con un especial cuidado por la fe de su pueblo y la salud de la Iglesia. Todo lo cual, en grandísima medida, parece prefigurar ya la concepción del monarca godo como *minister Dei* y *vicarius Dei* que habría de acuñar Isidoro de Sevilla; pero con un sentido mucho más favorable que la del hispalense para el poder regio, que en cierta manera quedaba por encima de la nueva Iglesia nacional, más que incardinado dentro de ésta. Con ello se iniciaba además un proceso de *cristianización* de la institución real, que habría de desarrollarse extraordinariamente a lo largo del siglo VII. Muy posiblemente una tal sacralización de la realeza fue una de las principales ganancias que Recaredo obtuvo con su nueva política religiosa. En efecto, tomando modelos claramente bizantinos, y sobre la base de la teoría descendente del poder ampliamente difundida en la teología contemporánea, la institución monárquica se dotaba de un hálito sacral que habría de defenderla de los ataques de una levantisca nobleza. Por otro lado, en el Concilio toledano habría de sancionarse la unidad de todos los súbditos en la esfera religiosa, sin distinción de su diverso origen étnico. A partir de entonces, en la documentación oficial expresiones tales como *gens gothurum, gens suevorum,* o *gens iudeorum* se utilizarían fundamentalmente con el sentido de distinguir su antiguo credo religioso. A tal afecto no debe olvidarse cómo uno de los grandes ideólogos del Concilio III de Toledo, Leandro de Sevilla, señalaba el común y único origen adamítico del género humano.

Según las actas que nos han sido transmitidas del III Concilio de Toledo, éste constó de dos partes muy bien diferenciadas por su contenido y objetivos, estando en él representadas al menos sesenta y tres sedes episcopales del reino, más un número desconocido de abades y clérigos ilustres, y jugando un papel predominante en su desarrollo el metropolitano de Sevilla Leandro y Eutropio, abad del monasterio Servitano. La primera parte estuvo dedicada a manifestar, dando pública y oficial constancia, la conversión a la fe católica de Nicea y Calcedonia del rey y la reina, de un número importante de obispos y clero arrianos, y de determinados nobles godos. En esta fase lo principal habría sido la aceptación de un *tomus fidei* propuesto por el rey, con lo que se explicaba clarísimamente el papel de Recaredo como promotor de la unidad de la Iglesia y de la paz de ésta. Aunque también es cierto que en él se procuró correr un esquisito y tupido velo sobre el trasfondo o

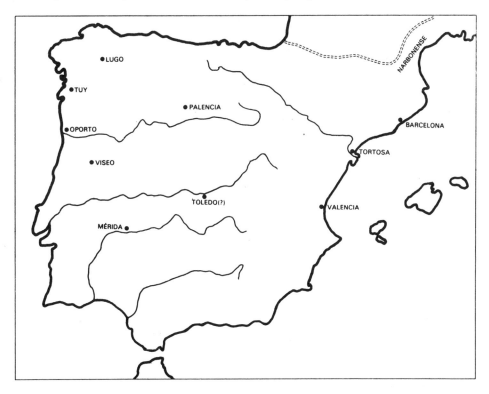

Ciudades en las que consta la existencia de un obispo godo arriano cuando la conversión de los visigosos al catolicismo

apariencia religioso de la pasada guerra civil, omitiendo cualquier referencia nominal, condenatoria o laudatoria, tanto a Leovigildo como a Hermenegildo; empeño en el que el monarca habría de verse fielmente acompañado por toda la *intelligentsiya* de la nueva Iglesia nacional.

La segunda parte del concilio se dedicó a la aprobación de una serie de cánones en los que se intentaba regular la estructura y funcionamiento de la nueva Iglesia visigoda y, sobre todo, se intentaba delimitar las funciones de gobierno de ésta no estrictamente eclesiásticas en el seno del Estado visigodo. Tras precisar claramente cuál era la tradición canónica de la nueva Iglesia se procedió a reforzar la disciplina eclesiástica, muy debilitada y relajada durante los largos años anteriormente pasados sin haberse celebrado concilio alguno. También se procedió a regular las circunstancias del paso a la fe católica del clero e Iglesia arrianos. Por evidente presión real se decretó el mantenimiento del clero y jerarquía en sus antiguos grados, sin hacerles pasar por la humillación de su reordenación sacerdotal, lo que pudo no ser aceptado a regañadientes por un sector de la jerarquía católica. En contrapartida se situó a los bienes de la desaparecida Iglesia arriana bajo la jurisdicción de los obispos católicos de las sedes en cuyo territorio se ubicasen. Un gran número de cánones se dedicó a garantizar y conservar los bienes y prerrogativas eclesiásticas, tales como la perpetuidad e indestructibilidad de la propiedad eclesiástica, incluso en oposición al poder regio, llegándose hasta formular una especie de inmunidad fiscal para los clérigos y esclavos de la Iglesia o de sus obispos, cuando menos con respecto a sus cargas más duras o *munera sordida*. También se legisló en torno a la organización y disciplina diocesanas, tendiéndose generalmente a fortalecer las atribuciones de los obispos y la homogeneidad litúrgica en todo el reino. En último lugar habría que señalar toda una serie de cánones en los que de una manera patente se reflejan las nuevas funciones atribuidas a la Iglesia nacional y unitaria en el seno del Estado. Como principalísimo medio de articulación de ello se instituyeron los llamados concilios provinciales, a celebrar cada año a principios de noviembre convocados por el metropolitano y con la asistencia obligatoria de los representantes de la administración civil —en sus ramas judicial y fiscal— en un nivel provincial. Es más, se ordenó que en dichos sínodos provinciales los obispos pudiesen emitir sentencia, incluso con inmediato valor ejecutivo, sobre la conducta de los funcionarios de dicha administración civil. También se atribuyó a los obispos reunidos en concilio especiales competencias a la hora de fijar y regular la recaudación tributaria, por ejemplo en lo relativo a las tasas de aderación de los impuestos en especie. En otro orden de cosas, se adjudicó a los obispos una especial *cura morum* extendida a la represión de los herejes y paganos, de los infanticidios, así como también a la observancia de una larga serie de ordenanzas represivas contra los judíos, en su inmensa mayoría recogidas de la antigua *Lex Romana Visigothorum*. Por último, el rey emitió un edicto en virtud del cual se daba fuerza legal, con imposición de penas civiles, a las decisiones conciliares, siguiendo así una tradición imperial bizantina; lo que constituye la prueba más evidente de la íntima compenetración entre Estado e Iglesia.

Como adelantamos al principio, el otro gran problema irresuelto dejado por Leovigildo a su hijo era el de las hostiles relaciones con algunas Cortes merovingias. Dichos conflictos giraban en torno a Brunequilda de Austrasia y Gutram de Borgoña; mientras que con Neustria, en la persona de Chilperico, las relaciones seguirían siendo buenas tras la desaparición de Leovigildo. Recaredo, dispuesto a mantener buenas relaciones de vecindad con los francos —requisito indispensable para la seguridad de Septimania—, pudo llegar a un acuerdo con la Corte austrásica, utilizando muy posiblemente los buenos oficios de Gosvinta, madre de la prepotente Brunequilda. Tras su, a lo que parece, finalmente frustrado matrimonio con Riguntis Recaredo, al poco de subir al trono, trataría de conseguir la mano de otra princesa austrásica, Clodosinda, ya prometida al longobardo Autarido. Aunque este matrimonio también habría de fracasar ante la cerrada oposición de Guntram, la benevolencia de Brunequilda y del gobierno austrásico quedó de todas formas asegurada por Recaredo, que cedió a la antigua princesa visigoda dos enclaves septimanos, los actuales Juvignac y Corneilhan.

Muy distinta habría de ser la fortuna de las relaciones con Guntram de Burgundia, con quien también Recaredo trató en un principio de llegar a un acuerdo satisfactorio. Pero las esperanzas del borgoñón de anexionarse la Septimania goda en absoluto habían desaparecido con los descalabros sufridos ante Nîmes y Carcasona de manos del otrora príncipe Recaredo. Al poco de morir Leovigildo, Guntram, por medio de su general Desiderio, trató nuevamente de penetrar en Septimania por el sudoeste. Pero tras un inicial éxito los francos habrían de sufrir una nueva y sangrante derrota bajo los muros de la estratégica Carcasona, como consecuencia de una tempestuosa salida de la guarnición visigoda de ésta. Como ya vimos con anterioridad, nuevamente intentó Guntram invadir Septimania aprovechando la rebelión nobiliaria y arriana del 589, obteniendo finalmente en esta ocasión una total derrota que acabó prácticamente para siempre con cualquier intento franco de anexión de la gótica Septimania. De entonces podría datar la definitiva composición de una potente línea fronteriza basada en la defensa de las estratégicas Nîmes y Carcasona y en una franja de tierra interior muy despoblada. Interesa también señalar que, no obstante las ampulosas declaraciones de la Historiografía oficial merovingia, muy bien representada por Gregorio de Tours, estas acciones bélicas de los merovingios en absoluto se debieron a razones de orden religioso, pues se produjeron tanto contra un monarca católico como Recaredo como a favor de unos rebeldes arrianos como Ataloco, Granista y Wildigerno, al tiempo que la ferviente arriana Gosvinta podía servir de enlace entre los católicos Recaredo y Brunequilda. La razón última de los ataques francos a Septimania serían, pues, el deseo de botín y gloria, así como la esperanza anexionista.

Poco es lo que sabemos del reinado de Recaredo tras la celebración del magno III Concilio de Toledo, tanto en lo referente a la política interna como a las relaciones exteriores. Isidoro de Sevilla, aunque sin precisar desgraciadamente la cronología, menciona las operaciones militares de Recaredo contra las endémicas irrupciones de los vascones y bizantinos. Los primeros habrían continuado con sus acciones depredatorias y de más o menos real independencia frente a las tierras llanas bien dominadas por el Estado toledano; y todo ello a pesar de la importante derrota que, en otro tiempo, les había infligido Leovigildo y no obstante la barrera que la erección de la fortaleza de Victoriaco debió representar para sus incursiones. Los pueblos euskaldunes en estos últimos decenios del siglo VI debían encontrarse inmersos en un proceso expansivo de una cierta potencia, que les llevaba también a presionar insistentemente en Novempopulania, máxime tras los impedimentos puestos a su progresión meridional por las campañas de Leovigildo.

Por su parte, los bizantinos pudieron experimentar ahora alguna ganancia territorial en España, tal vez en el estratégico extremo occidental de sus posesiones sobre el Estrecho. Recuperación imperial que pudo deberse a una mayor presencia militar en España en tiempos del gobierno del prestigioso general (*magister militiae*) Comenciolo, y obedeciendo a la importante reorganización administrativo-militar llevada a cabo por el emperador Mauricio en las posesiones occidentales de Bizancio, con la constitución de los Exarcados de África e Italia. Frente a esta renovada agresividad imperial, Recaredo, en oposición a su padre y predecesor, se habría esforzado sobre todo por mantener lo esencial del *status quo* alcanzado por Leovigildo. Algunos testimonios de tipo diverso apuntan así a un importante esfuerzo por parte de Recaredo de solidificar las defensas visigodas frente a la provincia bizantina; tales podrían ser la constitución de los nuevos obispados de Elo y Bigastro, como núcleos del *limes* visigodo en sus zonas levantina y del sudeste, o la construcción de importantes fortalezas en la estratégica Ilíberris. En todo caso, lo que sí es seguro es que a finales de la década de los 90, Recaredo quiso llegar a un arreglo pacífico de las diferencias con Bizancio, garantizando por escrito la situación fronteriza existente en aquel entonces. Para ello Recaredo trató de utilizar los buenos oficios del Papa Gregorio Magno como intermediario ante la Corte imperial de Constantinopla, intentando también rentabilizar tal vez el hecho de la reciente conversión al catolicismo entre la influyente jerarquía eclesiástica de la provincia bizantina de España, entonces en parte molesta por ciertas ingerencias cesaropapistas del poder civil. Mientras que anteriormente el monarca visigodo pudo haber tenido ciertos recelos de complicidad entre el Papado y Constantinopla, explicativos del desmesurado retraso en la comunicación al Papa de la fausta noticia de la conversión, que se realizó no antes del 596 en todo caso.

Carecemos también de suficientes noticias a la hora de trazar la historia interna del Reino visigodo desde el 589 al 601, fecha de la muerte de Recaredo. Juan de Bíclaro menciona una nueva conjura nobiliaria contra Recaredo en el 590. En esta ocasión quien se propuso sustituirle en el trono fue un tal Argimundo, a la sazón *dux* de una provincia del reino y que, como *cubicularius*, detentaba un cierto control sobre la Hacienda real. No obstante, el complot pudo ser descubierto a tiempo; mientras Argimundo era castigado a la manera bizantina con la amputación de la mano derecha y la infamante decalvación, paseándole de esta guisa por la ciudad de Toledo sentado sobre un pollino, sus compañeros y clientes eran condenados a muerte. Nuestro informante, el Biclarense, concluye su relato afirmando que así «se enseñó a los criados a no ser soberbios con sus amos», haciéndose así eco de una cierta propaganda real que sostenía el carácter de *dominus* del soberano visigodo, frente al cual los súbditos, incluso los nobles, no eran más que servidores. Es así posible que la conspiración de Argimundo fuese la respuesta de un sector de la nobleza al intento protagonizado por Recaredo en el III Concilio de Toledo de reforzar el poder del rey vía su sacralización. En todo caso, si hubo más y posteriores sublevaciones nobiliarias durante los últimos años del reinado de Recaredo, resulta imposible de averiguar. Isidoro de Sevilla años después aludiría abreviadamente a la política filonobiliaria de Recaredo. Según el hispalense, dicha política se habría concretado en la devolución a muchos nobles de los patrimonios fundiarios confiscados en tiempos de Leovigildo, al tiempo que se les concedían otros nuevos, así como altos cargos en la Administración. Por otra parte, Recaredo habría reconocido a la nobleza una cierta representatividad honorífica de la *gens* gótica al hacer figurar la firma de una serie de *seniores gothorum* en el documento de abjuración del arrianismo presentado y confirmado en el Concilio III de Toledo. Particular importancia habría tenido en esta política la concesión a la Iglesia de extensas propiedades fundiarias, destacando la dotación de nuevos monasterios. Posiblemente esta política se habría iniciado muy tempranamente en su reinado —según Juan de Bíclaro ya en el mismo 587— para continuar tras el 589 en mayor escala si cabe. En todo caso, no parece que tales muestras de generosidad llegasen a afectar negativamente a las disponibilidades líquidas de la Hacienda real, que pudo seguir viviendo de los recursos acumulados por Leovigildo. Con todo ello Recaredo se habría propuesto crear una potente facción nobiliaria fiel a su linaje, que permitiese la pacífica sucesión en el trono de su hijo. Ya aludimos al pacto alcanzado al poco de subir al trono con su madrastra Gosvinta, posible cabeza de una poderosa facción nobiliaria con ramificaciones incluso exteriores. Fracasados sus intentos matrimoniales con los merovingios Recaredo se nos presentaría en el 589 casado con una tal Badón, probablemente una noble visigoda. El hecho de que vaya a ser Badón la única reina visigoda que aparezca firmando un documento conciliar en toda la historia del Reino godo podría ser un indicio de su influencia, consecuencia lo más probable de ser la cabeza de una potente facción. En ese caso dicho matrimonio, en modo alguno anterior al 588, pudo haber sido propiciado por alianzas nobiliarias contraídas por Recaredo tras derrotar a los usurpadores de Mérida y Narbona. También interesa señalar cómo en sus intentos de crear tal facción, Recaredo no habría hecho distinción entre nobles de procedencia gótica e hispanorromana, participando tanto unos como otros en puestos claves de gobierno; tales serían los casos conocidos de Argimundo, Claudio, Escipión o Witerico.

Pero, por otro lado, esta política filonobiliaria contrasta —o, mejor dicho, está en fragante contradicción— con otras medidas de Recaredo encaminadas a una mayor centralización de la Administración con la finalidad de cortar los numerosos abusos y exacciones cometidos por los altos funcionarios en provecho propio. El vocabulario de las leyes de Recaredo llegadas hasta nosotros testimonia una vez más el deseo regio de imponer la concepción de corte tardorromana e imperializante de la no distinción dentro del estado general de súbdito, haciendo en especial tabla rasa de las diferencias entre las diversas *gentes* integradas en el Estado visigodo. Lo que es especialmente significativo en el caso de la *gens gothorum,* cuyos representantes tradicionalmente eran los nobles godos *(seniores)* junto con el monarca. También Recaredo trataría de limitar y controlar los posibles matrimonios, poderoso instrumento en manos de la nobleza para anudar relaciones clientelares. Así, una ley de Recaredo, inspirándose en principios más o menos caros a la tradición canónica católica, defiende el derecho de las viudas y vírgenes a negarse a matrimoniar en contra de su voluntad. La misma generosidad del soberano para con la Iglesia parece contrabalancearse en alguna medida con el claro deseo regio de controlarla mediante nombramientos discrecionales de obispos, o entrometiéndose en asuntos de la exclusiva disciplinalidad eclesiástica, como testimonia la famosa carta de apelación enviada al rey por un tal Tarra, monje del monasterio emeritense de Cauliana, acusado de relajamiento.

Es, precisamente, de la esfera eclesiástica de la que tenemos más noticias para los últimos años del reinado de Recaredo. En efecto, se nos han conservado las actas de seis concilios celebrados en esta época, de los cuales cinco son provinciales —Narbona (589), Sevilla (590), Zaragoza (598) y Barcelona (599)— y uno general, el de Toledo del 597, aunque solamente con la asistencia de 15 ó 16 obispos. Los primeros nos prueban el cumplimiento de la normativa aprobada en el Concilio III de Toledo referente a la realización de concilios provinciales con periodicidad anual. En casi todos ellos —y de ahí, posiblemente, la razón de su conservación en la *Hispana*— se trató de reforzar y acomodar las medidas tomadas en la magna reunión toledana a las particularidades provinciales, en lo referente a la disciplina del pueblo cristiano, patrimonio eclesiástico, conversión del clero arriano y organización diocesana.

El *Liber Iudicum* nos ha conservado unas pocas leyes atribuidas a Recaredo. Aunque vienen sin fecha precisa, todas ellas parecen posteriores al 589, al hacer clara referencia a cuestiones aprobadas en el III Concilio de Toledo. Elemento común a destacar en todas esas leyes es su carácter unitario, sin distinción alguna entre godos e hispanorromanos; reflejando la unidad jurisdiccional ya existente desde hacía algún tiempo. Dicha legislación pone en práctica el proyecto sancionado en el sínodo de Toledo de dotar a los obispos de un poder de inspección y vigilancia sobre la administración civil; así, la conocida ley XII, 1, 2 deja el nombramiento de los *numerarii*, funcionarios fiscales de carácter local, en manos de los obispos, sancionando al mismo tiempo la inspección y denuncia de los funcionarios civiles —*rector provinciae, comes civitatis, actores fisci,* etc.— por parte del episcopado. La legislación de Recaredo contra los judíos también sería una muestra más de la inspiración religiosa de una parte de la acción de gobierno del monarca. Esta última legislación reformaba la contenida en el *Breviario* alariciano en el sentido de suprimir la pena de muerte en determinados delitos, siguiendo así la normativa emanada del III Concilio de Toledo. Al mismo tiempo podríamos fecharla con posterioridad al 595 si la relacionamos con el frustrado intento de sobornar al rey por parte de la comunidad judía del Reino visigodo, denunciado a Gregorio Magno por un tal Probino. Aunque a pesar de esta última noticia existen serias dudas del cumplimiento dado por Recaredo a su propia legislación antijudaica a juzgar por algún otro testimonio posterior; hasta el punto que ha habido un investigador dispuesto a ver en Recaredo una cierta actitud permisiva, cuando no favorable en la práctica, para con la potente comunidad judaica visigoda.

Recaredo fallecería de muerte natural en Toledo en diciembre del 601. Y todos los indicios apuntan a una sucesión sin problemas por parte de su hijo Liuva II. Pero el nuevo monarca poseía algunos serios defectos para poder augurar un reinado estable. Hijo bastardo de Recaredo, Liuva carecía de sangre noble por parte materna, lo que indudablemente le restaba el apoyo nobiliario y clientelar que hubiera podido prestarle una familia materna poderosa e influyente. Por otro lado, su extremada juventud, había nacido en el 585, abría serias dudas sobre su habilidad para mantenerse en el complicado juego de alianzas que su padre y predecesor debía haber entretejido entre la nobleza. Lo cierto es que en el verano del 603 un golpe de Estado, a lo que parece incruento y desde un principio con exito, dirigido por el otrora rebelde y traidor Witerico destronó a Liuva II. Witerico, tras inhabilitarle para reinar en primera instancia mediante la ablación de la diestra, en un segundo momento le mandó asesinar para mayor seguridad propia. Witerico era de ascendencia noble y de origen lusitano. Y, tras su traición a los conjurados emeritenses del 587, debía haberse mantenido muy unido a la facción nobiliaria encabezada por el duque de Lusitania, Claudio, de probada lealtad a Recaredo. Este echo, así como la facilidad con que se impuso como rey Witerico, inducen a pensar que se trató de un complot surgido en el mismo grupo nobiliario que se había constituido en sostén de Recaredo en sus últimos años de reinado. Ciertos datos prosopográficos inducen a ver una continuidad entre la élite gobernante de Recaredo y de Witerico. En todo caso, parece difícil sostener que Witerico fuese el representante de una nobleza gótica enemiga acérrima de la creciente influencia de la Iglesia y de la antigua nobleza hispanorromana. Por el contrario parece evidente ver en el derrocamiento de Liuva el más estrepitoso de los fracasos de la política filonobiliaria desarrollada por Recaredo frente a su más enérgico predecesor.

ÉXITOS Y FRACASOS DEL PODER REAL: DE WITERICO A TULGA (603-642).

En las páginas encabezadas por el presente *lemma* trataremos una de las épocas más turbulentas del Reino visigodo de Toledo; aunque, por desgracia, una de las peor conocidas también. En el transcurso de los reinados de desigual duranción de unos ocho monarcas —Witerico, Gundemaro, Sisebuto, Recaredo II, Suintila, Sisenando, Quintila y Tulga— se asistirá a éxitos resonantes del poder real, pero también a fracasos rotundos del mismo que marcarán una irreparable quiebra en los ideales de gobierno esbozados en otro tiempo por Leovigildo e, incluso, su hijo Recaredo. Así, este amplio espacio de tiempo de algo menos de cincuenta años podría ser enmarcado entre esas dos cúpulas que significaron los reinados de Leovigildo-Recaredo y Chindasvinto-Recesvinto, unos y otros representantes a su manera de un titánico esfuerzo por imponer el poder de la realeza sobre el de una nobleza señorializada y cada vez más protofeudal.

A lo largo de esta bipolaridad de éxitos y fracasos del poder real central del Estado, no estaría en demasía lejos de lo realmente sucedido distinguir dos fases sucesivas y de características más bien opuestas. En efecto, los reinados de Witerico, Gundemaro, Sisebuto y gran parte del de Suintila representan un momento relativamente álgido del poder central, del monarca, del Estado visigodo. Significativamente esta centralización monárquica se ve acompañada de los éxitos exteriores más resonantes de toda la historia del Reino de Toledo, con la recuperación total de las tierras peninsulares ocupadas por Bizancio. Por el contrario, los restantes reinados hasta el 642 señalan una profunda crisis del poder real frente a las apetencias autonomistas de la aristocracia laica y eclesiástica, cuya supremacía socioeconómica, vía sus posesiones fundiarias, es cada vez más evidente. La incapacidad institucional del Estado visigodo para estabilizar dicha supremacía nobiliaria, estableciendo una auténtica Monarquía de carácter pactista y feudalizada, originará el caldo de cultivo imprescindible para el surgimiento de inumerables rebeliones y golpes de Estado.

También en el terreno de la documentación llegada hasta nosotros, una y otra fase se muestran distintas. Efectivamente, la primera de ellas cuenta para su reconstrucción histórica con epístolas —algunas con datos de política exterior— y textos legales, además de las siempre tendenciosas y lacónicas entradas de la *His-*

toria isidoriana. Por el contrario, el rico material conciliar se reduce a tres sínodos de carácter provincial, de importancia principal para la historia eclesiástica. Siendo en conjunto los reinados de Gundemaro y Sisebuto los más afortunados por el número de datos. Por el contrario, en la segunda y crítica fase, destaca grandísimamente la abundante documentación conciliar, de importancia fundamental para conocer la evolución socioeconómica y política del Estado visigodo. Porque la verdad es que frente a este material canónico palidecen las escuálidas noticias transmitidas por la llamada Crónica mozárabe o Hildefonso de Toledo en su *De viris illustribus*, además de ciertas leyendas monetales de interpretación harto dudosa.

Como escribimos anteriormente, en virtud de un triunfante golpe de fuerza en el verano del 603 Liuva II fue sustituido por Witerico. Este noble visigodo de procedencia lusitana, más bien rudo, pero de notables virtudes castrenses, sabría mantenerse en el trono hasta su asesinato en abril del 610. No son muchas las noticias que tenemos de su reinado, pero todas ellas parecen apuntar la idea de su intento de realizar una política enérgica, tanto en la esfera interior como en la exterior. En lo tocante a la segunda, sabemos de sus relaciones con los bizantinos y con los Reinos merovingios.

Isidoro de Sevilla recordó las frecuentes acciones bélicas de Witerico contra las posesiones bizantinas en España; volviéndose de esta manera a la política claramente ofensiva propugnada en su día por Leovigildo, y tan solamente frenada posteriormente por la recuperación del poder bélico del Imperio que representó para sus posesiones occidentales el reinado de Mauricio. A este respecto no parece mera casualidad que la reanudación de la ofensiva visigoda coincida en el tiempo con la horrible crisis interna y externa que significó para el Imperio la rebelión y reinado de Focas (602-610). La inundación sasánida de todo el Oriente bizantino y la renovación de la ofensiva lombarda en Italia habrían de impedir cualquier envío de refuerzos militares a España por parte del gobierno imperial de Constantinopla. Eso sin contar con las dificultades de Focas con el Exarcado de Cartago, del que dependía administrativamente la provincia bizantina de *Spania*. Aunque Isidoro de Sevilla tiende a disminuir radicalmente los éxitos de un rey que, a todas luces, no le era grato, parece evidente que los esfuerzos de Witerico contra Bizancio en absoluto fueron vanos. Éstos se centrarían fundamentalmente en torno al extremo occidental de la provincia bizantina, en la vital región del Estrecho. Aquí Witerico pudo restablecer la situación alcanzada por Leovigildo al apoderarse de Medina Sidonia. En efecto, los visigodos habrían ahora tomado la plaza fuerte de *Saguntia*, situada un poco más al norte que Medina Sidonia sobre la misma estratégica calzada que unía Besipo con Sevilla. Pero a pesar de esta focalización sobre el Estrecho, tampoco descuidaría Witerico los otros sectores fronterizos con las posesiones imperiales, al menos continuaría con el esfuerzo de consolidación de la línea defensiva ya emprendido por Recaredo; tal pudo ser el caso del vital sudoeste donde la plaza de Iliberris debía ser baluarte esencial.

La política practicada por Witerico con los Reinos merovingios obedecería a un doble objetivo, al tratar de conservar el favorable *status quo* alcanzado por Recaredo en la sensible frontera septimana buscando apoyos y seguridades exteriores a su familia y a su política contra Bizancio. La *Crónica neústrica* llamada de Fredegario, nos informa de un proyecto de alianza matrimonial en el 607 entre Witerico y la Corte de Burgundia. En virtud de éste, el merovingio Teodorico II de Borgoña se comprometió a casar con Ermenberga, hija de Witerico; unión que debería traducirse en una estrecha alianza y amistad entre ambos soberanos. Pero tal proyecto habría de fracasar por completo ante la cerrada oposición de la prepotente Brunequilda, tal vez influenciada por los profundos lazos que la unían a la dinastía de Leovigildo destronada por Witerico. Así Brunequilda conseguiría que Teodorico II no llegase a consumar su matrimonio con la princesa visigoda, que sería devuelta virgen a España, mientras que su cuantiosa dote era retenida en Francia. Ante este *fiasco,* Witerico trató entonces de anudar una muy amplia alianza con los grandes enemigos de Brunequilda: Clotario II de Neustria, Teudeberto de Austrasia y el longobardo Agiulfo. La participación de este último significaba de paso un respaldo a la política antibizantina del soberano godo. Pero por las razones ignotas que fuesen, lo cierto es que tampoco esta cuádruple alianza dio los frutos apatecidos por el gobierno hispánico.

A partir de testimonios numismáticos se ha pretendido por parte de algunos investigadores adjudicar a Witerico la realización de alguna expedición militar de castigo contra los astures transmontanos, siempre mal dominados y prestos a la rebelión y el saqueo. En todo caso, no se habría tratado más que de las habituales acciones de castigo y defensa visigodas inscritas en la organización militar visigoda en esos confines septentrionales del Reino toledano.

Más inciertas y escasas son las noticias que nos han llegado sobre la política interna del reinado de Witerico. A juzgar por la curiosa correspondencia del noble Bulgar, conde septimano en tiempos de Witerico y posterior *dux* de la región con Gundemaro, Witerico realizaría una política enérgica frente a determinados sectores de la aristocracia, al menos de la establecida en la Narbonense. Un hecho significativo a destacar es que toda una serie de indicios apuntan a que Witerico pudo contar con el apoyo de ciertos sectores del episcopado en su lucha contra tales nobles, entre otros con el metropolitano de Narbona Sergio. En todo caso, sí conviene resaltar también que esta política de afirmación del poder real y de su familia en absoluto significó la vuelta a una política gótica y arriana, contraria a la aristocracia de origen hispanorromano, como se ha afirmado por más de un investigador.

Esta política enérgica y limitativa para las prerrogativas de la potente nobleza hispanovisigoda debió ocasionar hondo malestar incluso en las propias filas de la facción nobiliaria que había llevado al poder a Witerico en el 603; existiendo indicios de cómo algunos antiguos colaboradores del soberano en los últimos tiempos de su reinado habrían protegido a nobles perseguidos por el monarca. Es muy posible que al final el propio Witerico tomase plena conciencia de la peligrosa situación por la que se iba deslizando, e intentase llegar a un acuerdo con aquellos sectores nobiliarios de su antigua facción con los que se había enfrentado, tal y como parece indicarlo la tardía reposición del perseguido Bulgar. Pero es posible que ya fuese demasiado tarde, pues en abril del 610 Witerico era asesinado en el trascurso de un banquete y como consecuencia de una conjura tramada en el seno de su propia facción.

A consecuencia de este nuevo golpe de Estado subió al trono Gundemaro, posiblemente por elección entre los conjurados que acabaron la vida y reinado de Witerico. Nada con seguridad sabemos de la vida y carrera política anterior del nuevo monarca visigodo, aunque todo apunta a la idea de que había pertenecido a la facción nobiliaria que en otro tiempo había apoyado a Witerico. Al menos sabemos que Gundemaro continuaría la misma política exterior propugnada por su antecesor, y que, con excepción de algunos cambios de todo punto necesarios, la mayor parte de los altos cargos de la Administración continuaron en manos de las mismas personas. Tal sería el caso del ya citado Bulgar que, ya conde de alguna ciudad septimana en los últimos tiempos de Witerico, ahora pudo ser elevado al ducado de la Narbonense merced a la estrecha amistad que le unía al nuevo rey. Esta continuidad en la política exterior del Reino toledano la vamos a ver concretada en los dos frentes ya tradicionales: el Imperio bizantino, más concretamente su provincia hispánica y la Galia merovingia.

El Imperio bizantino en este momento se encontraba sumido en una crisis todavía mayor, si cabe, como consecuencia de la rebelión africana de Heraclio y los increíbles progresos realizados por las tropas de Cosroes II en el mismo corazón anatólico del Imperio. Consecuentemente, las oportunidades para nuevas ofensivas visigodas contra la España bizantina eran inmejorables. Isidoro de Sevilla nos habla de una expedición de Gundemaro, cuyo objetivo último habría sido el asedio de una importante plaza fuerte en poder de los bizantinos. Ciertos indicios numismáticos podrían indicarnos que tal plaza se encontraba en la zona del Levante peninsular. En todo caso, no parece que el ataque visigodo hubiese tenido consecuencia definitiva alguna. La política antibizantina, destinada ya a terminar con la presencia imperial en el solar hispánico, encontró su reflejo en la declaración conjunta realizada por Gundemaro y un gran número de obispos de todo el reino en octubre del 610, todo ello como consecuencia de un previo sínodo de quince obispos de la provincia eclesiástica Cartaginense convocado por orden real el 23 de octubre de ese mismo año. En dicha declaración, muy posiblemente redactada por Isidoro de Sevilla, se afirmó el carácter indivisible de la provincia Cartaginense, resaltándose la indiscutible primacía metropolitana de la sede toledana. Tales afirmaciones estaban en abierta oposición con la creación en tiempos de Leovigildo o Recaredo de la provincia de Carpetania con aquellos territorios de la antigua Cartaginense en poder del Reino de Toledo, lo que en alguna manera venía a sancionar la legitimidad de la presencia bizantina en España. Declarar a Toledo metrópoli de todas las iglesias cartaginenses, contra los derechos de la bizantina Cartagena, equivalía a reafirmar los derechos históricos del Reino visigodo a poseer todo el territorio peninsular, considerando así ilegítima y temporal la presencia bizantina en España.

Con respecto a la Galia merovingia, Gundemaro continuó con la política de amistad con Teudeberto de Austrasia y Clotario II de Neustria, así como de hostilidad con Brunequilda y Teodorico II de Burgundia. Temiendo un ataque conjunto de borgoñones y ávaros sobre Austrasia, Gundemaro envió subsidios pecuniarios a Teudeberto por intermediario de su leal Bulgar, duque de la fronteriza Septimania. Este mismo Bulgar procedería a ocupar las localidades de Juvingac y Corneilhan —enclaves cedidos a Brunequilda por Recaredo— en represalia por el aprisionamiento de una embajada visigoda a la Corte austrásica por parte de los borgoñones, al tiempo que se obstaculizaba a otra segunda embajada conducida por los nobles godos Guldrimiro y Teudila. En esta situación todo induce a pensar que habría acabado por estallar la guerra entre Burgundia y el Reino visigodo. Posiblemente si ésta no se produjo finalmente, sería por el brusco giro de la política borgoñona como consecuencia de la desgraciada muerte de Teoderico II a fines del 612, seguida en el otoño del 613 de la deposición y ajusticiamiento de la anciana reina Brunequilda.

Como su antecesor, Gundemaro también habría tenido que realizar alguna expedición para cortar las periódicas depredaciones en las tierras llanas de los valles del Duero y Ebro por parte de las poblaciones autónomas de la Cordillera cantábrica y del País vascón. Las razzias e insolencias de unas y otras habían comenzado a experimentar un sensible aumento hasta alcanzar su culmen en tiempos de Sisebuto y Suintila. Según la *Historia* isidoriana, centró su acción de castigo sobre los váscones. Pero por otro lado, la acuñación por Gundemaro de trientes en la ceca fronteriza, y con cuño de jornada, de Pésicos, en el occidente de la actual Asturias, induce a pensar también en operaciones militares visigodas sobre esta zona asturiana limítrofe con la dominada Galecia.

Si la política externa de Gundemaro parece muy semejante a la de su destronado predecesor, la interna se nos muestra radicalmente diferente, siendo así una prueba *a fortiori* de las causas profundas de la conjura nobiliaria que acabó con la vida y reinado de Witerico. Gundemaro debía el trono a la clamorosa oposición que la enérgica política de Witerico había terminado por provocar en amplios sectores de la nobleza laica y de la jerarquía eclesiástica; por tanto, la actitud de Gundemaro con una y otra tenía que ser radicalmente distinta. De esta forma, en absoluto podemos extrañarnos de que el citado decreto de Gundemaro y los obispos cartaginenses muestre una actitud completamente favorable a las pretensiones de la nobleza. En efecto, por debajo de una cierta jerga imperializante, muy del gusto del hispalense, lo cierto es que en el decreto susodicho se delimitan radicalmente los poderes del soberano, criticándose así veladamente la política de Witerico. Pues una tal limitación era nada menos que la formal renuncia real a nombrar en el futuro a obispos para las sedes vacantes de la Cartaginense, contrariando los intereses del metropolitano y de la Iglesia, como con frecuencia se había hecho anteriormente. Esta política de concordia con la poderosa aritocracia fundiaria le permitiría a Gundemaro acabar su vida y reinado en paz. En febrero o marzo de 612, Gundemaro terminaba sus días en la capital toledana.

Desaparecido así Gundemaro, los grupos nobiliarios en el poder se habrían puesto rápidamente de acuerdo para elegirle sucesor en la persona de Sisebuto. La personalidad del nuevo rey ciertamente es una de las más interesantes, y sin duda la mejor conocida, de la larga serie de monarcas visigodos. Como ha dicho de él un moderno estudioso de la Historia visigoda, Sisebuto fue «quizá el más culto, piadoso y sensible de todos los monarcas visigodos». Su importante formación literaria, con conocimiento tanto de las letras sagradas como de las profanas, son impropias de un estadista romanogermano del siglo VII. La producción literaria llegada hasta nosotros —un curioso poema de contenido científico, el *Astronomicum*, la obrita hagiográfica *Vita sancti Desiderii*, y alguna carta— permite encuadrarle perfectamente en lo que ha quedado en llamarse el «Renacimiento isidoriano». Precisamente el rey mantuvo una estrecha relación de amistad y colaboración, al menos en la primera parte de su reinado, con el cada vez más influyente prelado hispalense, que escribiría su *De natura rerum* por encargo del mismo Sisebuto, al que dedicaría también una primera redacción de sus *Etymologiae*. Pero esa misma formación literaria habría permitido a Sisebuto familiarizarse, y adoptar, concepciones de la función monárquica muy enraizadas en la tradición tardorromana e imperial, con una clara tendencia centralizadora y cesaropapista, como se reflejaría en algunos de sus más significativos actos de gobierno. De esta forma se ha podido llegar a definir su *Vida de San Desiderio de Cahors* como una especie de *speculum principis* relacionable con el concepto de monarca desarrollado por Isidoro de Sevilla en sus *Sententiae*. Es decir, el monarca es concebido por Sisebuto como una especie de rey-pastor al estilo del Nuevo Testamento, con la obligación estricta de velar por el Bien moral y de reprimir el pecado.

Estas concepciones sobre el papel del monarca le llevarían a Sisebuto a caminar nuevamente por la senda de la imperialización, a imitación bizantina, de la Corona visigoda, ya iniciada por Leovigildo y Recaredo. Así el domingo 26 de octubre del 618, Sisebuto inauguraba solemnemente la basílica toledana dedicada a Santa Leocadia. La efeméride —considerada por Isidoro digna de ser consignada en su sucinta *Chronica Mundi*— era un paso más en la imitación constantinopolitana de la *Urbs regia toletana*. Pues la basílica dedicada a la hasta entonces insignificante mártir local se debió construir fuera del recinto primitivo de la capital, en un suburbio monumentalizado por los monarcas visigodos y junto a las edificaciones que constituían el palacio real, a imitación así de la *Hagia Sophia* constantinopolitana. La religiosidad así de Sisebuto se nos presenta más que como algo sentido en la intimidad de su alma como una consecuencia de su concepción monárquica. Pero es que, además, ésta debía sentirse muy teñida de esperas escatológicas y visiones apocalípticas muy en voga en el mundo mediterráneo del momento, sometido a la terrible crisis de la invasión sasánida de todo el Oriente y a los resultados todavía inciertos de la titánica reconquista de Heraclio. El paralelismo del occidental Sisebuto con el famoso y místico emperador bizantino sería todavía más cercano si recordásemos que tanto uno como otro escribieron sendos tratados antronómicos, sin duda ansiosos de encontrar respuesta en ellos a la inquietante cronología escatológica. En las líneas siguientes tendremos ocasión más de una vez de relacionar determinados hechos de la política interior y exterior desarrollada por Sisebuto con este doble trasfondo intelectual e ideológico del culto soberano.

En su breve reinado, Gundemaro no había podido por menos de dejar a medio terminar sus acciones militares contra la dominación bizantina en tierras peninsulares, así como su represión de las cada vez más peligrosas rebeldías de las poblaciones septentrionales del reino. La política de Sisebuto se centraría en la resolución de uno y otro problema.

Contra los bizantinos, Sisebuto planificó una amplísima operación ofensiva que en dos campañas le llevaría a la conquista de una buena parte de la provincia de *Spania*. Para ello el monarca visigodo sabría aprovechar perfectamente la inmejorable coyuntura que le ofrecían las terribles incertidumbre de los primeros años de la agotadora lucha entre Cosroes II y Heraclio, que exigió al segundo concentrar todo el músculo militar bizantino en el vital Oriente, dejando por completo a su suerte a las provincias y Exarcados occidentales. Para mayor seguridad, es posible que Sisebuto planease una activa acción diplomática. Al giro favorable dado a los intereses visigodos en la Galia merovingia con el definitivo derrumbe en el 613 de la política de Brunequilda, hostil a los intereses septimanos del Reino godo y proclive a una alianza con Bizancio en la escena italiana, Sisebuto pudo unir unas buenas relaciones con la Corte longobarda de Pavía. Así, su famosa carta al rey Adaloaldo pudo tener la segunda intención de formar una alianza ofensiva contra los intereses de Bizancio en sendas penínsulas mediterráneas; de esta forma al declarado objeto de exortar a convertirse al catolicismo, muy propio de la concepción de la función real por Sisebuto y de sus inminentes expectativas escatológicas, se adjuntaba una alusión a la afinidad de sangre entre ambos monarcas, en todo caso difícil de reducir a términos genealógicos concretos. Así, aseguradas las espaldas, los esfuerzos militares de Sisebuto se centrarían en dos sucesivas campañas militares dirigidas por el futuro rey Suintila, a la sazón duque. A lo que parece, el esfuerzo militar visigodo partiría de las estratégicas bases del alto Guadalquivir, entrando en cuña entre las porciones levantina y meridional de la provincia bizantina, para de inmediato proceder a la sistemática conquista de la segunda, ocupando así los importantes centros urbanos de Media Sidonia y Málaga con toda la zona de su entorno. Según nos informa Isidoro de Sevilla, las operaciones militares debían estar ya por completo finalizadas en el 615. Pero sería entonces cuando Sisebuto, de forma inesperada, aceptase entrar en negociaciones de paz con el gobierno imperial por intermedio del patricio Cesario, seguramente el gobernador militar bizantino en España. Cuatro curiosas cartas cruzadas entre Sisebuto y Cesario nos informan del curso de tales negociaciones. A cambio de detener la desfavorable marcha de la guerra, Cesario aceptó entregar los rehenes visigodos en su poder, entre otros al obipo Cecilio de Mentesa, y reconocer las ganancias territoriales visigodas mediante la firma de un nuevo tratado, a cuyo fin se despachó a Constantinopla una delegación conjunta de Cesario y Sisebuto. Resulta difícil conocer las auténticas razones de Sisebuto para aceptar detener su triunfante ofensiva. ¿Acaso el místico soberano visigodo, impregnado de imágenes apocalípticas, se sintió violentamente conmovido por el avance sasánida en Oriente —con la entrada triunfante de Cosroes II en la santa Jerusalén el 5 de mayo del 614— y creyese que había llegado la hora final en que convenía que los cristianos depusiesen sus querellas para hacer frente común al Anticristo? Resulta difícil dar una respuesta rotunda a este interrogante. Puede ser también significativa la extremada magnanimidad ejercida por Sisebuto en sus campañas contra los bizantinos, liberando de la esclavitud a muchos prisioneros de guerra, rescatándolos a sus expensas. En todo caso tal proceder se incardina muy bien en el ejercicio de la *pietas,* una de las más características virtudes imperiales. En fin, una vez obtenida la victoria y acordada la paz, la propaganda real de Sisebuto, muy bien canalizada a través de Isidoro de Sevilla en escritos tales como su *Historia Gothorum* o su *De viris illustribus,* trataría de fundamentar y legitimar el dominio del Reino de Toledo sobre todo el solar hispánico, demostrando el carácter herético del emperador más representativo de Bizancio y creador de la provincia de la España bizantina, Justiniano, y recordando el repetido juicio de Dios referente a la superioridad militar goda sobre el Imperio. Sea como fuera, lo cierto es que a partir de entonces la provincia imperial de *Spania* debió quedar reducida a una limitada franja territorial en torno a la importante plaza fuerte de Cartagena en el sudeste peninsular, además de las islas Baleares y la norteafricana plaza de Ceuta.

Las otras operaciones militares desarrolladas por Sisebuto serían, como ya señalamos, contra las poblaciones septentrionales de nuestra Península ibérica, desarrollándose también a principios de su reinado, pudiendo estar finalizadas en una primera fase en el 613, aun antes de comenzar las campañas contra los bizantinos. Dichas acciones bélicas debieron tener dos frente y fases principales y sucesivas, cada una de ellas dirigida por un *dux provinciae*. A principios del reinado el duque Riquila penetraría por Oriente, consiguiendo el sometimiento momentáneo, con el preceptivo pago de tributos, de los rebeldes astures tramontanos y gentes de la antigua Cantabria romana, pudiéndose servir para ello de operaciones de desembarco en la costa cantábrica. En una segunda expedición más occidental, el duque Suintila, posteriormente convertido en rey, con posterioridad a sus éxitos meridionales contra los soldados del Imperio, lograría el sometimiento de los rucones.

Para finalizar, cabría señalar la existencia de fuertes indicios de que Sisebuto con respecto a la Galia merovingia prosiguió la misma política ya fijada por su predecesor Gundemaro. En la Galia franca la situación había cambiado radicalmente al poco de subir al trono Sisebuto. Con la muerte y ejecución, respectivas, de Teodorico II y Brunequilda en 612, Clotario II logró nuevamente la unificación de todos los *Teilreicher* merovingios. Pues bien, al escribir su obrita hagiográfica sobre Desiderio de Vienne, a quien la tradición hacía víctima de las perversas maquinaciones de Teoderico y Brunequilda, el monarca visigodo justificó por completo la cruel ejecución de Brunequilda decretada por la nobleza austrásica, así como la ocupación de Austrasia y Borgoña por Clotario II. Muy posiblemente Sisebuto perseguía con ello la continuación de la tradicional política de alianza y amistad con Clotario y Neustria, ya iniciada por Gundemaro. Política tanto más necesaria para la seguridad de Septimania ahora que las fuerzas francas se encontraban nuevamente unificadas en manos de un solo monarca.

Ciertamente, tenemos algunas noticias más sobre la política interna de Sisebuto que respecto a la de sus dos inmediatos predecesores; concretamente en lo que respecta a la política violentamente antijudía del rey y a su actitud para con la Iglesia. La política frente al problema judío se inició por Sisebuto al poco de subir al trono al dictar una ley de carácter general que debía ser cumplida en todos sus extremos a partir del 1 de julio de 612. En esa misma fecha también tenía que entrar en vigor una ley particular, pero de igual tenor, especialmente dirigida a los obispos Agapio de Tucci, Cecilio de Mentesa y Agapio de Córdoba, así como a las restantes autoridades civiles y eclesiásticas de Barbi, Aurgi, Esturgi, Iliturgi, Beatia, Tuia, Tutugi, Cabra y Epagro, todas ellas situadas en una zona de la alta Andalucía, donde la concentración de comunidades judías debía ser particularmente intensa. Por otro lado, se nos escapa el porqué de esta particular referencia regional con una legislación específica. Su vecindad a la frontera bizantina, que iba a ser al poco expugnada, plantea el interrogante de si acaso se temía una actitud favorable de las comunidades judías hacia los bizantinos o, por el contrario, se deseaba impresionar a los católicos de la provincia bizantina mostrando que los visigodos eran los más celosos guardianes del cristianismo atacado por aquellos años en Oriente por los judíos. En todo caso, lo cierto es que la finalidad de ambas leyes

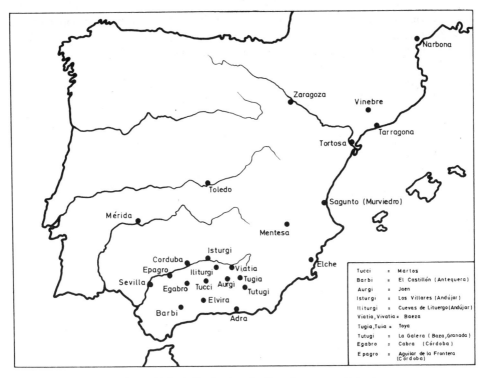

Comunidades judías (testimonios literarios y arqueológicos)

Map labels: Narbona, Zaragoza, Vinebre, Tarragona, Tortosa, Toledo, Sagunto (Murviedro), Mérida, Mentesa, Isturgi, Corduba, Epagro, Iliturgi, Viatia, Tugia, Sevilla, Aurgi, Tugugi, Egabro, Tucci, Elvira, Elche, Barbi, Adra

Legend:

Tucci	=	Martos
Barbi	=	El Castillón (Antequera)
Aurgi	=	Jaen
Isturgi	=	Los Villares (Andújar)
Iliturgi	=	Cuevas de Lituergo (Andújar)
Viatia, Vivatia	=	Baeza
Tugia, Tuia	=	Toya
Tutugi	=	La Galera (Baza, Granada)
Egabro	=	Cabra (Córdoba)
Epagro	=	Aguilar de la Frontera (Córdoba)

era la erradicación del proselitismo judío, defendiendo así la integridad y unidad del pueblo cristiano; mientras que de paso se reconocía la práctica inobservancia de la abundante legislación antijudía en los años anteriores, en particular de la más reciente de Recaredo. Así, las leyes de Sisebuto refuerzan las antiguas prohibiciones tardorromanas contra la conversión al judaísmo de cristianos y contra los peligrosos matrimonios mixtos, restableciendo así la tradicional pena de muerte —derogada por Recaredo— contra el proselitismo judío. Con agudo sentido práctico, la nueva legislación intentaba atacar a los sectores más ricos e influyentes de la comunidad judía visigoda, que con sus dádivas y sobornos debía haber burlado la anterior legislación de Recaredo. En este sentido importa señalar ahora cómo la ley exigía la venta, siempre en la misma localidad o vecina a donde había venido viviendo el esclavo, o en otro caso, la manumisión con *peculium* de todos los esclavos cristianos propiedad de judíos. La nueva ley también prohibía la muy extendida práctica del patronato sobre libertos cristianos por parte de sus antiguos amos judíos. La finalidad de las medidas antijudías de Sisebuto parece obedecer a criterios ideológicos más que económicos. La concepción que del papel del rey tenía Sisebuto, como vimos, le llevaba a una especial preocupación por la vigilancia de la fe y la integridad del pueblo cristiano a él confiado; por otro lado, las tensiones escatológicas del monarca debían inducirle a lograr por todos los medios la unidad religiosa de sus súbditos, de la misma forma que también le habían aconsejado proponer al longobardo Adaloaldo su conversión al catolicismo. En ese caso las san-

151

ciones económicas previstas por la legislación de Sisebuto no pueden considerarse más que intrumentos, que parecían los más eficaces, para luchar contra los sectores más influyentes de la comunidad judía visigoda.

Parece así muy verosímil que las medidas antijudías del monarca visigodo pudieron verse influidas por las muy duras y sangrientas situaciones creadas a la cristiandad oriental como consecuencia de la colaboración de las comunidades judías con el invasor sasánida. Numerosos testimonios muestran cómo en esos momentos, junto a un renovado mesianismo judaico de realización terrenal, se recrudeció en todo el mundo mediterráneo el tradicional recelo hacia el judaísmo por parte de las masas cristianas. En este contexto pudo tener especial tracendencia la llegada a España, tal vez con osación de las embajadas intercambiadas con la Corte constantinopolitana en el 615, de la apocalíptica noticia de la toma de Jerusalén por Cosroes II el 5 de mayo del 614, seguida de la colaboración de los judíos de Palestina, colocados por el invasor como guardianes de la ciudad santa, y del sacrilegio cometido por el persa con la venerable reliquia de la Vera cruz. En una situación así se explicaría mucho mejor el que algún tiempo después, hacia el 616, Sisebuto intentase una conversión en masa de la población judía del Reino toledano. No se olvide que existen testimonios claros de que España debió también vivir por aquellas fechas claras tensiones escatológicas en gran medida compartidas por el propio rey, que no habría dudado en hacer oblación a un monasterio de su querido hijo Teudila, y facilitadas por determinados fenómenos astronómicos, como pudieron ser los sucesivos eclipses lunar y solar del 611 y 612 respectivamente. Y no se olvide que en la escatología cristiana un momento importantísimo lo constituía la conversión del pueblo deicida. Ignoramos los medios utilizados por Sisebuto para llevar a cabo una medida tan radical. En todo caso, su éxito no debió ser excesivo, a juzgar por las declaraciones de los obispos reunidos en el Concilio IV de Toledo del 633. Así, mientras algunas familias judías optaron por emigrar a la Galia merovingia, otras muchas pudieron realizar una fraudulenta conversión. Por otro lado, algunos judíos influyentes debieron contar con un cierto apoyo dentro del gobierno o nobleza del reino, como parece demostrar el incidente entre Froga, tal vez el conde de Toledo, y el metropolitano Aurasio de la misma capital. Es también posible que algunos miembros del episcopado visigodo, entre los cuales pudo encontrarse en algún momento el influyente Isidoro de Sevilla, no estuviesen totalmente de acuerdo con una política tan radical, al menos con la violencia utilizada para llevarla a término. Y, sin embargo, la trascendencia histórica de la medida de Sisebuto habría de ser enorme en un futuro próximo. A partir de ese momento, Monarquía e Iglesia visigodas tendrían que enfrentarse con el terrible problema de los judioconversos, con sus inevitables secuelas de marginación social, ambigüedad y tentación inquisitorial.

Los testimonios que tenemos de la actitud de Sisebuto para con la jerarquía eleclesiástica parecen mostrar una postura bastante dura por parte del monarca. En efecto, junto a la amistad entre Sisebuto y el poderoso Isidoro y la indudable piedad del soberano, su actitud de intransigente censura al obispo Cecilio de Mentesa o al metropolitano Eusebio de Tarragona, así como su indudable intervención en el nombramiento del inhábil Agapio para el obispado cordobés, nos están indicando una clarísima tentación cesaropapista en Sisebuto, muy interesado en reforzar la regalía sobre los cruciales nombramientos episcopales.

Es posible que tal tendencia autoritaria para con los obispos tuviese algo que ver con las crecientes tensiones escatológicas del monarca y su reino y con la misma concepción que Sisebuto tenía de su papel como príncipe cristiano. Pero tampoco se puede descartar su relación con un claro reforzamiento de la autoridad de Sisebuto a raíz de sus brillantes éxitos militares. Pues no se puede olvidar que al comienzo de su reinado la actitud de Sisebuto para con la nobleza fue muy favorable. En efecto, en su famosa ley antijudaica del 612, reconocía de manera explícita el derecho de supervisión y consulta de la alta nobleza en el poder sobre toda clase de acto gubernativo o iniciativa legislativa. No resulta descabellado pensar que la previsión del monarca de ser sucedido por su hijo Recaredo, en un nuevo intento dinástico, tenía bastante que ver con este reforzamiento de su autoridad a partir del 615.

Si estamos en lo cierto al descubrir esta razonada tendencia imperializante a partir del 615, indudablemente ésta no habría de dejar de encontrar oposición en el seno de la aristocracia dominante. En la llamada redacción breve de su *Historia* Isidoro de Sevilla nos da la sorprendente noticia de la posible muerte de Sisebuto por envenenamiento, ocurrida en febrero del 621. Muy sospechosa resulta también la muerte a los pocos días de Recaredo II, un hijo de Sisebuto de corta edad, al que su padre pudo haber asociado al trono poco antes de su muerte en un rasgo claramente «imperializante». Tras un oscuro, y no del todo seguro, interregno de casi tres meses se haría con el trono el poderoso y prestigioso duque provincial Suintila. De admitirse el hecho de un tal interregno, tendríamos una confirmación más de las disensiones que hicieron presa en el grupo nobiliario en el poder durante los últimos años del reinado de Sisebuto.

El reinado de Suintila puede dividirse en dos partes muy bien definidas, tanto por su diversa actitud política y militar como por las fuentes que de una y otra han llegado hasta nosotros. Durante los primeros cinco años de su reinado serían las actividades militares las que destacasen sobremanera. Éstas habrían de desarrollarse en los dos frentes bélicos ya experimentados en tiempos de Sisebuto. Uno sería lo que quedaba de las posesiones del Imperio constantinopolitano en el sudeste; el otro lo constituirían las inveteradamente rebeldes poblaciones septentrionales.

Muy tempranamente en su reinado, ya en el verano del 621, a todo lo más el 622, Suintila habría dirigido el esfuerzo militar visigodo hacia el osco septentrión. La razón para una tan grande celeridad solamente podía proceder de la peligrosidad evidente que debían estar alcanzando ya las depredaciones y penetraciones en el valle del Ebro protagonizadas por autónomos montañeses de estirpe vascona. Parece muy verosímil que los problemas interiores de los últimos tiempos del reinado de Sisebuto y el posterior interregno habrían constituido una oportunidad inmejorable de sacudirse el pago de tributos y practicar saqueos para esas poblaciones del área serrana vasco-navarra, que habrían llegado en ese momento a poner en peligro con sus razzias hasta la lejana metrópoli cesaraugustana. Ciertos datos numismáticos —monedas de Saldaña y Zaragoza encontradas en un cementerio godo de Pamplona, o la acuñación por Suintila en la ceca calagurritana— parecen indicar que la campaña de Suintila se desarrolló en un amplio ataque por varios puntos desde el alto y medio Ebro, para terminar penetrando en el corazón de la actual Navarra. Esta vez la victoria y operación de limpieza conseguidas por las armas del Reino toledano debieron ser bastante considerables. Los rebeldes montañeses prometieron obediencia en el futuro, con el consiguiente pago de tributos, y se obligaron a colaborar en la construcción de una importante plaza fuerte en *Oligicus*, muy probablemente la actual Olite, donde se establecería una guarnición militar visigoda. Como seguridad de todo ello, los vencidos harían una entrega de rehenes. Posiblemente con ello Suintila procedió a la organización de una sólida línea de defensa del valle del Ebro y de vigilancia de los movimientos imprevistos de las poblaciones serranas vasco-navarras. Porque lo cierto es que en los años sucesivos no volveremos a oír de nuevas incursiones de dichos montañeses en el valle del Ebro. Algún otro dato numismático pudiera ser también indicio de la realización de alguna otra operación militar de castigo en el frente occidental de la conflictiva área de los astures transmontanos; pero en todo caso, se trataría de algo de importancia menor y rutinario.

De mayor importancia y significación histórica serían las campañas militares realizadas por Suintila entre los años 623 y 625 contra lo que quedaba de las posesiones peninsulares de la provincia bizantina de *Spania*. Esta vez el monarca visigodo supo aprovechar la mejor ocasión para asestar el golpe de gracia a la experiencia bizantina en España: cuando el emperador Heraclio se encontraba en el momento crucial de su titánica lucha contra el sasánida Cosroes II y el Exarcado de Italia estaba pasando por enormes dificultades ante las renacidas agresiones longobardas, mientras el de África a duras penas podía contener la cada vez más peligrosa progresión bereber. Confiadas así a su suerte las exiguas fuerzas bizantinas en España, debieron ser fácilmente derrotadas por los ejércitos de Suintila. Éste con facilidad pudo vencer y hacer prisioneros a dos comandantes sucesivos de las tropas imperiales, apoderándose seguidamente de las ciudades que todavía quedaban en poder del Imperio tras las victoriosas campañas de Sisebuto. En concreto, sería entonces conquistada la capital, Cartagena, que sería sometida a una destrucción de carácter ejemplar, dejando de existir como ciudad y sede episcopal.

Más difícil de estudiar es la política interna desarrollada por Suintila. Cuestión ésta intimamente ligada con la oscuridad que envuelve a los cinco últimos años de su reinado. Pues éstos solamente se encuentran iluminados por un documento de veracidad más que dudosa: la declaración de los obispos y nobles reunidos en el Concilio IV de Toledo del 633 tratando de justificar la rebelión contra Suintila que llevó al trono a Sisenando. Isidoro de Sevilla en la versión larga de su *Historia*, posiblemente escrita hacia el 625, alaba la política interna desarrollada hasta ese momento por el rey Suintila. Concretamente el obispo hispalense menciona la generosidad desplegada por el monarca para con la Iglesia y el resto de la aritocracia, la prudencia y consulta preliminar antes de la toma de cualquier decisión de gobierno, y la fidelidad. Esta última habría que entenderla con referencia a los juramentos hechos por el soberano en el momento de su coronación, que precisaban su particular vinculación con la *gens gothorum*, pero también respecto de las relaciones de dependencia personal y fidelidad existentes en el seno de la nobleza y entre los *fideles regis* y el rey. Virtudes todas ellas que se corresponden muy bien con el *speculum principis* trazado por el sabio hispalense en sus *Sentencias*. Y la verdad es que un tal proceder filonobiliario en sus primeros años de reinado era del todo previsible si pensamos en cómo se produjo su ascensión al trono, tras el malestar de la nobleza y de la jerarquía eclesiástica por la política en demasía imperializante de Sisebuto.

Pero Suintila no habría de ser una excepción en la galería de los soberanos visigodos victoriosos en la guerra. Sus brillantes éxitos militares de los primeros años acabarían induciendo a Suintila un cambio de política interior, tendente a reforzar los aspectos imperiales de su gobierno que, entre otras cosas, acabasen por apuntar el predominio de su familia. Inmediatamente después de su histórico triunfo sobre las tropas bizantinas, ya en ese mismo año de 625, Suintila se atrevió a dar un paso decisivo en un tal proceso, y en todas las ocasiones mal visto por la nobleza: la asociación al trono de su joven hijo Ricimiro, para preparar así su sucesión. Mientras que, por otro lado, la propaganda regia se esforzaba por acentuar las características imperiales del poder ejercido por Suintila: calificando a éste de *maiestas* y de *sacra* la regia estirpe de su sucesor pregonado Ricimiro. Los obispos del IV Concilio de Toledo señalaron luego como el principal crimen cometido por Suintila la extrema rapacidad del soberano, que habría procedido a confiscar un gran número de propiedades eclesiásticas; aunque ciertamente no podemos precisar la exactitud de tales afirmaciones, interesadas y *a posteriori*. La crónica neústrica denominada del *Pseudo-Fredegario* señala como causa directa de la rebelión del Sisenando la iniquidad de Suintila para con los nobles de su propia facción —¿tratando, tal vez, de premiar a unos *fideles regis* sobre otros, para así dominarlos mejor?—, que habría terminado por ocasionar la animadversión de todos ellos. La sorprendente coincidencia o coherencia de todos estos datos parecen señalarnos con claridad toda una política antinobiliaria de Suintila, que forzosamente tenemos que situar en los últimos cinco años de su reinado. Aunque estimamos excesiva la idea desarrollada por algunos investigadores de un Suintila, en contrapartida, favorable a los judíos y opresor de las autonomías eclesiásticas. De lo primero no tenemos pruebas palpables, mientras que de lo segundo las tenemos en contra, al menos en lo que respecta a una supuesta prohibición de celebrar concilios provinciales. Por el contrario sí que tenemos indicios de depuraciones en personas que habían ocupado primerísimos lugares durante el reinado de Sisebuto, como pudo ser el caso del duque Riquila.

En tales circunstancias no debemos sorprendernos del posible surgimiento de un extendido descontento entre la nobleza, que así se veía atacada en sus más importantes intereses y prerrogativas. A este respecto cabría recordar cómo dos de las acusaciones falsas (?) por las que fue depuesto el obispo Marciano de Écija en un sínodo provincial de *c.* 628-629 fueron por haber hablado en contra del rey y haber consultado a adivinos sobre la muerte del mismo, por lo que estaría un año preso, justo hasta el derrocamiento de Suintila. De esta forma, hacia finales de 630, se formaría, con base principal en la Narbonense, un potente complot nobiliario contra el monarca. El elemento aglutinador de la conjura debió ser una poderosísima familia muy bien asentada en Septimania. Su jefe por entonces era un tal Sisenando, a la sazón muy posiblemente duque de dicha demarcación militar; mientras que otro miembro de la misma familia, el padre del famoso asceta y posterior obispo de Braga, Fructuoso, debía ejercer por esas mismas fechas el ducado de Galecia. Otros dos miembros de la misma estirpe, Sergio y Sclua, serían promocionados a los obispados de Beziers y Narbona, respectivamente, tras el éxito de la rebelión. Pero, a pesar de que los conjurados debían contar con importantes fuerzas dentro del Reino visigodo, decidieron solicitar la ayuda militar de Dagoberto de Neustria. El merovingio pudo ver así una oportunidad de fortalecer su posición en todo el área pirenaica, cosa que venía intentando ya desde antes al haber establecido en el 629 a su hermano Cariberto II en el trono de Aquitania. Cuando menos Dagoberto se aseguró el pago de su ayuda con la promesa de entrega de una famosa fuente de oro de 500 libras de peso y perteneciente al tesoro real godo. Ante tan poderosa conjunción de fuerzas, de inmediato se debieron producir gran cantidad de defecciones en las mismas filas de Suintila; traiciones que alcanzarían incluso al propio hermano del rey, Geila. Cuando los rebeldes, en unión del ejército expedicionario franco —compuesto de mesnadas borgoñonas bajo el mando de los generales Abundancio y Venerando—, llegaron a Zaragoza Suintila y su familia, abandonados por sus propias tropas, se entregaron sin combatir. Al mismo tiempo, y hacia el 26 de marzo del 631, la nobleza visigoda aclamaba rey al jefe de la rebelión, Sisenando.

La forma tiránica en que se produjo la deposición de Suintila incitaría al nuevo monarca a tratar de legitimar y fortalecer su posición mediante el público refrendo de los poderes fácticos del reino: la nobleza laica y eclesiástica. Para conseguirlo, el mejor medio era la convocatoria de un concilio general; hecho no repetido desde el 589. Pero Sisenando se vería obligado a posponerlo hasta finales del 633, tras dos años de la deposición de Suintila y su entronización ¿Qué había pasado entre tanto?

Un minucioso análisis de las actas del IV Concilio de Toledo y de ciertas cartas de Isidoro de Sevilla, junto con documentación numismática, han permitido ofrecer una explicación de tan anómalo proceder. Como vimos, la rebelión de Sisenando contó con fuertes apoyos en la mitad septentrional del Reino de Toledo; la rapidez de la acción militar rebelde permitiría su pronto control. Pero la situación pudo haber sido muy distinta en el sur, donde las recientes victorias de Suintila sobre los bizantinos le pudieron permitir la constitución de importantes apoyos sociopolíticos. De forma que muy posiblemente aquí pudiera surgir una fuerte resistencia al golpe de estado de Sisenando. Por las actas del IV Concilio sabemos que Geila, el hermano de Suintila, tras haberse pasado en los primeros momentos a las filas rebeldes, al poco había cometido una segunda traición. Por otra parte, se han encontrado algunos trientes áureos acuñados a nombre de un ignoto rey Iudila en las cecas de Mérida e Ilíberris, que por su tipología hay que fechar con seguridad en estos momentos. Es, pues, seguro que en estas zonas meridionales estalló una rebelión contra Sisenando hacia el 632, cuyo resultado habría sido la proclamación real de Iudila. La situación caótica y bélica que entonces se produjo en el valle bético queda demostrada también por la ocultación del gran tesorillo de la Capilla, cerca de Carmona; compuesto de más de 1.000 trientes áureos, posiblemente pertenecientes a un noble partidario de Iudila. Pero Sisenando lograría al fin aplastar la rebelión en el sur; región donde también contaba con algunos apoyos entre la nobleza local, como parece demostrarlo la lealtad y apoyo prestados a su causa por el prestigioso Isidoro de Sevilla. Sería sólo entonces cuando Sisenando pudo ya convocar en Toledo la magna reunión de la nobleza laica y el episcopado.

Moneda de Iudila

Es imposible negar que las decisiones tomadas en el magno concilio general reunido en la basílica toledana de Santa Leocadia el 5 de diciembre del 633 marcan una etapa decisiva en la evolución de las relaciones monarquía-nobleza, eje ya de toda la vida política del Estado visigodo. El carácter de rebeldía nobiliaria de la ascensión al trono de Sisenando y las dificultades con que éste se encontró en los primeros años ofrecían a la nobleza visigoda una magnífica ocasión para ver reconocidas sus aspiraciones políticas. Éstas se verían plenamente reflejadas en el famoso canon 75 del IV Concilio de Toledo. El propósito que guió al redactarlo a los padres conciliares —actuando así como portavoces de toda la nobleza y bajo la guía intelectual de Isidoro de Sevilla— era nada menos que el de poner fin a una desastrosa situación anterior, concretada en continuas rebeldías y luchas intestinas entre los nobles. Para ello había una sola solución posible: reglamentar la sucesión real, mediante la definición de la naturaleza y elementos constitutivos del Reino, de forma que surgiesen las menores discordias nobiliarias. De esta forma el concilio propuso que, a la muerte del soberano, su sucesor tuviese que ser nombrado de común acuerdo por todos los obispos y la alta nobleza laica. Una vez elegido rey, todos los súbditos habrían de prestar inmediatamente juramento de fidelidad al monarca, por la estabilidad de la patria y la prosperidad del pueblo godo. Con ello se sacralizaba un elemento esencial en la cohesión entre el rey y sus súbditos, existente ya de tiempo atrás; al tiempo que se explicitaba la autonomía del cuerpo nacional —representado principalísimamente por la nobleza laica y eclesiástica— frente al rey. Pero si los reyes quedaban así protegidos sacralmente —máxime si fue entonces cuando se instituyó la práctica de la unción a imitación de la sacerdotal y de los antiguos soberanos bíblicos—, también se habría reforzado por vía sacramental el viejo juramento germánico del rey a sus súbditos. De esta forma dicho juramento de alianza se especificaba ahora en la obligación estricta de los monarcas de atenerse en sus actos de gobierno al contenido de las leyes del Estado; lo que estaba en estrecha comunión con la teorización política desarrollada por Isidoro de Sevilla, según la cual el rey era un *minister Dei*, como los obispos, con obligaciones sagradas y en una posición no superior a la Iglesia. Es más, se llegó a especificar que los reyes no podrían actuar como jueces únicos en las causas capitales y civiles, en las que debería tenerse en cuenta la opinión de las autoridades judiciales y el *consensus publicum*. Lo que en la práctica significaría la imposibilidad regia de condenar a un noble sin el consentimiento del conjunto de ellos. También se decretó

157

que en el futuro aquellos reyes que se comportasen despóticamente serían apartados de la Iglesia, lo que constituía una sacralización del *Widerstandrecht*, al tiempo que una legitimación de la deposición de Suintila. Aunque bien es verdad que el concilio no llegaría a explotar hasta sus últimas consecuencias la teoría isidoriana del tiranicidio, al hacer hincapié en que en último término Suintila había abdicado voluntariamente (*sic*). Y concretamente a Suintila y su familia se les respetó la vida a cambio de sufrir la confiscación de todos sus bienes y el destierro.

El IV Concilio de Toledo también se ocupó de otras cuestiones estrictamente internas de la Iglesia, muy necesitada de reglamentación por los muchos años transcurridos sin concilios generales. De esta forma se intentó uniformar las prácticas litúrgicas de la Iglesia visigoda, para lograr así una mayor unidad de ésta. También se dictaron decisiones sobre el patrimonio eclesiástico, intentando reglamentar la espinosa cuestión de los derechos respectivos de obispos, clero diocesano y fundadores y patronos de iglesias rurales. Sobre todo se reforzaron los lazos de dependencia entre la Iglesia y sus esclavos y libertos, quedando éstos bajo una perpetua e insoluble relación de patrocinio eclesial. Numerosos cánones se dedicaron a reforzar la disciplina y costumbres del clero, al tiempo que se excluía toda prerrogativa regia en el nombramiento episcopal. Al mismo tiempo se decretó lo que parece una completa inmunidad fiscal de todo el clero de condición libre. Finalmente se dedicaron diez cánones a tratar nuevamente la cuestión judía. Los obispos reconocieron la injusta radicalidad de las medidas de Sisebuto y su fracaso, aunque validaron las conversiones forzosas según el principio del realismo sacramental. Por ello se consideró oportuno reforzar las antiguas medidas discriminatorias de Recaredo y Sisebuto, que debían haber sido un tanto incumplidas en tiempos de Suintila. Ahora se añadió la prohibición a los judíos de ocupar cualquier cargo público, así como la separación de sus padres de los niños judíos con el fin de educarlos en instituciones eclesiásticas; prohibiéndose también las relaciones de cualquier tipo entre judioconversos y los todavía no cristianos, incluso con efectos retroactivos en los casos de matrimonio.

Carecemos de datos sobre los postreros años del reinado de Sisenando. Aunque todo hace suponer que el monarca se mantuvo dentro de los límites marcados por la potente aristocracia fundiaria, laica y eclesiástica, en diciembre de 633. Así lograría morir pacíficamente el 12 de marzo del 636 en la capital toledana.

El sucesor de Sisenando fue Chintila. Ignoramos si el nuevo soberano fue elegido según lo acordado en el IV Concilio, aunque existen indicios de que sí. En verdad, es muy poco lo que sabemos de su reinado; prácticamente toda nuestra documentación son las actas de los Concilios V y VI de Toledo. Y, aunque en ellas se alude de forma más o menos velada a una situación política muy lábil y caótica, se nos escapa la concreción en el tiempo y en el espacio de lo que pudieron ser numerosos intentos abortados de conjuras y rebeliones nobiliarias.

Al poco de subir al trono, a finales de junio del 636, el nuevo rey decidió convocar un concilio general en Toledo. La finalidad de éste era clara: se trataba de renovar la alianza con la poderosa nobleza ante una situación de inestabilidad política. Algunos indicios apuntan al estallido de más de una rebelión, favorecidas ciertamente por la creciente tensión social del Estado. Y es posible que Septimania y

Galicia escapasen en un cierto grado al control del poder toledano en el momento de convocarse el concilio. Los escasos 22 obispos reunidos en Toledo en el V Concilio, junto con altos dignatarios palatinos de la nobleza, intentarían nuevamente instaurar un equilibrio y estabilidad políticos siguiendo en grandísima medida las pautas de la reunión precedente.

Los padres conciliares se dan perfecta cuenta, y así lo expresan, que la inestabilidad política presente se concreta en esencia en las disensiones entre los diversos nobles y entre éstos y el rey, y que la causa principal de tales disensiones es su inestabilidad económica; nadie está seguro de su fortuna y existe una lucha constante entre los poderosos por aumentarla, con lo que esperaban al mismo tiempo obtener una mayor seguridad. Por eso, tras reafirmarse en la idea de que la sucesión real debe ser reglamentada por la elección de los nobles y los obispos —al tiempo que se dice explícitamente que el elegido habrá de pertenecer a la nobleza, con lo cual, se esperaba fortalecer su unidad— y lanzar las máximas penas canónicas sobre todo aquel que tramase una conjura para alzarse con el trono o maldijese el nombre del rey, los obispos van a intentar poner remedio a lo que para ellos es la raíz de todo el mal. Puesto que en el Reino visigodo el principal factor de desequilibrio en la estructuración económica de la nobleza provenía del rey —capaz con sus confiscaciones y donaciones o entregas condicionadas a sus *fideles* o a la Iglesia de enriquecer a unos nobles y arruinar a otros—, son a sus acciones a las que dedican su atención los obispos. De este modo se decretó que en adelante las propiedades justamente adquiridas —es decir, las no provenientes de confiscaciones de otros nobles principalmente— o donadas por el rey a sus *fideles* no podrían serles arrebatadas por su sucesor en el trono, pues en caso contrario sería imposible que tales personas sirviesen con lealtad al rey y le prestasen su ayuda en todo momento cuando tenían que pensar en no atraerse la enemistad de sus posibles futuros sucesores, es decir, sería imposible en ese caso evitar las conjuras. Pero los obispos tampoco desconocían que los reyes solían aumentar grandemente la fortuna de sus familiares durante su reinado, lo que con frecuencia originaba la envidia de los reyes sucesores, o que aun en vida de ellos algunos pensasen en arrojarles del trono para hacerse con tales fortunas, y que por tanto los reyes, para evitar tales eventualidades, aumentaban la presión sobre sus súbditos. Por consiguiente, decretaron que la descendencia de Chintila debería continuar tras la muerte de éste, y sin ser molestada por nadie, con la propiedad de todos aquellos bienes entregados o donados justamente, o transmitidos lícitamente por herencia, por su padre. Significativo es también que los obispos terminen aconsejando al rey piedad y generosidad en el enjuiciamiento de cuantos obrasen contra tales decretos. Se trataba de mantener a toda costa la concordia en el seno de la nobleza y entre los nobles y el rey.

Sin embargo, unos acontecimientos, cuya naturaleza exacta se nos escapa, debieron poner muy pronto en entredicho las medidas tomadas en el 636. Tales hechos serían conjuras e intentos de rebelión, además de los endémicos problemas de defensa frente a las levantiscas y depredatorias poblaciones del norte peninsular. De esta forma, el 9 de enero del 636, el rey consideró oportuno la celebración de una nueva reunión conciliar que confirmase los acuerdos tomados en el 636. Esta vez se consiguió una masiva asistencia episcopal —48 obispos más 5 representados— al VI Concilio de Toledo reunido en la basílica de Santa Leocadia. Los obispos volvieron a lanzar anatemas contra todo aquel que tramase algo contra la vida del rey o para intentar luego sucederle ilegalmente, es decir, sin el mutuo consenso por elección de todos los nobles y obispos. De nuevo ratifican la decisión del concilio precedente referente a la estabilidad de los bienes entregados justamente por el rey a sus familiares y de los poseídos en propiedad por éstos. Estas insistencias parecen hacer referencia a situaciones muy concretas, posiblemente a varios intentos de rebeldía y usurpación bien conocidos por documentos posteriores. La situación debía ser bastante difícil, por lo que se comprende que los obispos exhortasen a todos a participar activamente a fin de evitar tales rebeliones; es más, saben perfectamente que quienes podían usurpar el trono eran sólo alguna persona de entre ellos, un miembro de la nobleza. Por tanto, todos ellos deben comprometerse a que si Chintila fuese muerto por alguna conjura, aquel que de entre ellos fuese elegido rey legalmente deberá perseguir a los asesinos, labor en la que el resto deberá prestarle su total apoyo. En un intento desesperado por evitar tales rebeliones, los obispos no dudan tampoco en recordar la extrema benevolencia de Chintila, que ha llegado a perdonar a varios culpables de rebeldía en un intento por mantener la concordia del reino. Pero es de señalar sobre todo cómo el VI Concilio, siguiendo al quinto, refuerza todavía más las medidas en pro de mantener el presente equilibrio económico de la nobleza. Se vuelve a insistir, pero con mayor precisión aún, en la inviolabilidad de los bienes y cargos concedidos por Chintila a los *fideles regis*, bienes de los que gozarán plenamente y podrán legarlos a sus descendientes o donarlos a otros. Mayor es aún la insistencia en la incolumidad de la propiedad eclesiástica —en realidad de la jerarquía eclesiástica—: posibles enajenaciones de tierras de la Iglesia concedidas a los clérigos menores para su sustento, imposibilidad para los libertos de la Iglesia y sus descendientes de alejarse del patrocinio de ésta y abandonar su *obsequium*; es más, de modo terminante se dice que todos los bienes justamente entregados a la Iglesia por los reyes o los particulares no podrían ser enajenados por nadie. El concilio termina reforzando la cohesión y la posición política de la nobleza aún más al decretar el honor y reverencia que el resto de la población debe prestar a los más altos representantes de la nobleza, los *primates palatii,* y al recordar que todos aquellos que habiendo huido al extranjero por cometer algún delito si vuelven caerán *in potestate principis ac gentis*, es decir, no sólo del rey, sino también de la nobleza.

Fuera de ambos concilios, el resto de la documentación conservada para el reinado de Chintila se refiere a la siempre presente cuestión judía. Parece que con Chintila se asiste a un nuevo brote de antisemitismo. Urgidos por lo angustioso de la situación interior, e incluso por presiones externas —como la famosa carta del Papa Honorio I, leída y contestada por Braulio de Zaragoza en el VI Concilio —, se llegaron a poner en vigor las antiguas medidas de conversión forzosa. De ello da fe el famoso *placitum*, o acuerdo, firmado por la comunidad judía de Toledo el 1 de diciembre del 637, en el que los judeoconversos de ella se reafirmaban en su nueva fe, comprometiéndose a no contraer en el futuro matrimonios consaguíneos, a no usar la Ley mosaica, ni a realizar ninguna práctica cotidiana distintiva; con lo que cabía esperar minar definitivamente su cohesión interna como grupo diferencial. Es más, en el mismo Concilio VI se llegó a dictar la prohibición para el futuro de vivir dentro de las fronteras del Reino visigodo a todas aquellas gentes de religión no católica. Se trataba así de la primera amenaza clara de expulsión contra la comunidad judía en la historia peninsular.

Las últimas medidas tomadas en el VI Concilio, tendentes a aumentar la cohesión del grupo nobiliario unido por lazos de fidelidad estrecha a Chintila, debieron permitir la sucesión por su hijo Tulga. Pero la tierna edad de éste y su débil y poco autoritario gobierno alentarían muy pronto las conjuras nobiliarias por hacerse con el trono. Varios conatos de rebelión debieron estallar en los pocos más de dos años que duró su reinado. Finalmente lograría deponerle una poderosa rebelión nobiliaria capitaneada por el anciano Chindasvinto, probablemente duque de un distrito militar septentrional y que ya había participado en más de una frustrada intentona golpista anterior. Hacia el 30 de abril del 642 los rebeldes debían tener la situación controlada y conseguida la entronización de su jefe, Chindasvinto, en la capital toledana. Piadosamente, el nuevo monarca se contentó con inhabilitar a su joven predecesor, al que se tonsuró y encerró en un claustro monástico.

La obra reformadora de Chindasvinto y Recesvinto (642-672)

La documentación existente para reconstruir estos años, tan decisivos en la historia hispanovisigoda, presenta unas características muy peculiares. Lo esencial de ésta es de carácter legal y conciliar, fuera de las parcas noticias cronísticas del Pseudo-Fredegario y de la llamada *Crónica Mozárabe,* así como un desigual material epistolar de no fácil cronología. En estos años se celebraron tres concilios generales —Toledo VII, VII y X— y dos provinciales —Toledo IX y Emeritense del 666—, cuyas actas nos han sido transmitidas. Por otro lado, en el *Liber Iudicum* —magna y exclusivista recopilación legal preparada por Chindasvinto y publicada por Recesvinto hacia el 658— se nos han transmitido 99 leyes promulgadas por el anciano monarca y otras 87 por su hijo Recesvinto; todo ello sin contar la amplia labor reformadora y de adaptación de un material legal anterior muy abundante. Ciertamente, tal documentación legal y canónica resulta muy apropiada para el estudio de las reformas administrativas, muy profundas, introducidas en esta época, así como para el desarrollo de las fuerzas sociales y políticas. Por el contrario, el concreto acontecer histórico en el tiempo de la coyuntura se nos escapará en demasiadas ocasiones, sobre todo a partir del 656, cuando la legislación conciliar se hace escasa y parcial.

Resulta innegable que estos dos reinados, junto a los de Leovigildo y Recaredo, forman el otro gran momento constituyente del Reino toledano. Sería entonces cuando éste adquiriría su conformación clásica transmitida, más o menos mitificada, a la Cristiandad peninsular medieval. Ambos reinados, en especial el primero, señalarían uno de los esfuerzos supremos por fortalecer la institución monárquica y la idea estatal centralizada y de índole pública heredadas del Bajo Imperio. Pero, paradójicamente, un tal intento se iba a realizar a partir del reconocimiento contradictorio de la insoslayable realidad de la estructuración sociopolítica visigoda sobre la base de una clase dominante latifundista, de la que depende un gran número de campesinos por lazos de índole económica y extraeconómica; grupo dominante cohesionado entre sí por múltiples lazos de dependencia y fidelidad mútuas. Todo lo cual traía como consecuencia inevitable la formación en su seno de facciones nobiliarias, en lucha continua por alcanzar la hegemonía representada por el poder regio. Y en el fondo la gran reforma administrativa de la época consistiría en el intento de estructurar un Estado centralizado y poderoso sobre la base de tal realidad socioeconómica claramente protofeudal. A la larga, el fracaso estaba garantizado, tal y como analizaremos en el siguiente apartado.

Los primeros años del reinado del anciano Chindasvinto, hasta la asociación al trono de su hijo Recesvinto el 20 de enero del 649, estarán dedicados a poner orden en la caótica situación interior del reino mediante un reforzamiento de su posición como rey y como miembro de una poderosa familia y facción nobiliaria, paso previo a la necesaria reorganización administrativa.

Chindasvinto al subir al trono contaba con setenta y nueve años de edad, y tenía tras sí un turbulento pasado como partícipe en numerosas conspiraciones nobiliarias en la década anterior; su misma ascensión tiránica al trono había sido consecuencia de la última. Por todo ello, no cabe duda que Chindasvinto conocía muy bien en qué consistía el mal interior que aquejaba al Reino visigodo y los mecanismos de formación de las facciones y conjuras. Para conseguir sus fines, Chindasvinto acudiría esencialmente a cuatro instancias. En primer lugar, ejerció un mayor control sobre los intentos latentes de rebeldía de ciertos elementos nobiliarios mediante profundas purgas y confiscaciones en su seno, así como interviniendo en las posibles alianzas entre los nobles. En segunda instancia trató, de crear una «nobleza de servicio» muy adicta, así como un grupo nobiliario especialmente unido a su persona mediante la concesión de notables privilegios y beneficios. En tercer lugar, trató de incrementar la base económica, fundiaria, suya y de su familia. Por último, aumentaría una vez más las instancias teocráticas de la regia institución.

El carácter de rebelión que tuvo su subida al trono debió originar que en varias regiones del reino hubiese una fuerte resistencia a su entronización. Ciertos indicios numismáticos han apuntado a la zona emeritense como una de ellas. Por un famoso pasaje del llamado Pseudo-Fredegario sabemos que Chindasvinto, con el principal propósito de evitar posibles rebeliones de nobles contra su poder, realizó poco después de subir al trono una profunda purga entre la alta y la mediana nobleza: en concreto fueron ajusticiados 200 *primates Gotorum* y 500 *mediogres (sic)*. Sabemos que otros nobles tuvieron que huir al extranjero para evitar ser condenados a muerte o para desde allí intentar realizar con éxito una conjura contra Chindasvinto, entre los cuales *refugae* eran bastante numerosos los eclesiásticos. Es más, algunos no vieron otra salvación sino en el ingreso en el estado clerical, para así librarse de una muerte segura. Tanto para los huidos al extranjero como para los ajusticiados, la confiscación de bienes fue de aplicación general. Para la realización de estas últimas medidas consiguió, de manera bastante expeditiva al parecer, el acuerdo y el consentimiento del Concilio séptimo de Toledo, en bastante correspondencia con lo regulado en *L.V.* II, 1, 8, donde se hace extensa referencia a los *refugae* y rebeldes, tanto eclesiásticos como laicos, imponiéndoles severas penas. En general se les castigaba con la pena de muerte y la confiscación de sus bienes; con la benevolencia real podían hasta conservar la vida, pero con avulsión ocular, y obtener la devolución posterior de una vigésima parte de su fortuna. Aunque en modo alguno podía consistir esto último en bienes poseídos anteriormente por el culpable, se trataba al menos de desarraigarles de sus antiguas posesiones. El cumplimiento de estos acuerdos fue exigido mediante juramento a toda la población del reino. Por esta ley sabemos de qué forma muchos nobles culpables de conjuración o rebeldía habían salvaguardado sus intereses económicos evitando los efectos de las confiscaciones: hacían donación de sus bienes a parientes suyos inocentes o a la Iglesia, para recibirlos después de éstos bajo la forma jurídica del *precarium*. En otra escala, pero también con el fin de controlar la formación de grupos y facciones nobiliarias, así como la agrupación de sus fortunas —dos cosas claras a perseguir por la nobleza laica siempre empeñada en velar por la integridad, y reconstitución de sus bases económicas de poder—, es una ley sobre la prohibición de matrimonios entre consanguíneos hasta el sexto grado: de lo contrario, ambos cónyuges serían enviados de por vida a un monasterio y sus bienes pasarían a sus herederos legales. Con el fin de controlar mejor la administración provincial y local y al mismo tiempo refrenar las veleidades autonomistas de los nobles ocupantes de tales cargos administrativos —cargos ahora más poderosos tras la militarización de la administración efectuada en nuestra opinión por Chindasvinto-, estaría destinada la concesión de ciertos poderes judiciales a los obispos y sobre todo de inspección o contrapeso sobre los fallos judiciales de los funcionarios laicos, medidas éstas que tienen también sus paralelos en Bizancio; al mismo tiempo, podía controlar de este modo más de cerca al episcopado al convertirlo en una instancia más de la administración real. Chindasvinto también intentó controlar el enriquecimiento de algunos nobles que ocupaban cargos administrativos abusando de sus poderes de gobierno: cualquier cosa de la que se apoderasen de este modo, *post nomen regie potestatis*, sería devuelta por duplicado, así como todos los frutos obtenidos en el tiempo de su ilícita posesión.

La creación de una adicta y servicial *Dienstadel* por medio de la cual poder llegar mejor a los últimos rincones de la administración y que oponer como grupo social a la *Geburtsadel* siempre levantisca y difícil de controlar, fue siempre una idea acariciada por todos los reyes de estos siglos, al tiempo que constituyó uno de los factores más importantes para la promoción y movilidad social. A este respecto es interesante observar cómo Chindasvinto concedió privilegios muy notables a ciertos esclavos reales. Como es sabido, el esclavo carecía del derecho a testificar en el Reino visigodo y, por tanto, de poder incriminar a alguien, a no ser que su declaración fuese obtenida bajo tormento; pues bien, Chindasvinto exceptuó de esta norma a los esclavos reales que ocupaban altos puestos en el *officium palatinum*, tales como *praepositi stabulariorum gillonariorum argentariorum* y *coquorum*, así como al resto de los esclavos reales de inferior categoría con tal que, para estos últimos, así lo considerase pertinente el rey. Por esta ley nos enteramos, pues, de cómo Chindasvinto empleó para ciertos puestos importantes de la administración real a esclavos; según se deduce de una queja del XIII Concilio de Toledo (a. 683), el empleo de esclavos para altos puestos del *officium palatinum* había sido bastante frecuente, es más, parece ser que a veces se debió encumbrar a tales cargos a antiguos esclavos y libertos para que éstos, una vez revestidos de su dignidad palatina, pudiesen inculpar en causas de alta traición a sus antiguos amos. Pero Chindasvinto no pudo sustraerse a algo que era ya normal en el Reino visigodo: intentar atar fuertemente a su persona y a los destinos de su casa a un determinado grupo de nobles, unidos a él por un especial vínculo de fidelidad, mediante la concesión de gran número de privilegios y prebendas. Fredegario nos recuerda que una gran parte de los bienes confiscados a los nobles purgados fue entregada por Chindasvinto a sus *fideles*, al tiempo que, casándoles con las mujeres e hijas de sus víctimas, intentaba reestructurar en su provecho los lazos de parentesco y alianzas entre la nobleza. Y como sus predecesores, legisló terminantemente que las donaciones hechas por los reyes no podrían ser enajenadas en el futuro mientras sus beneficiados no fuesen encontrados culpables de traición. Chindasvinto preveía también la posibilidad de convertir a los *fideles regis* en una especie de inquisidores regios del funcionamiento de la administración y de la situación política del reino: si alguien sabía de algún crimen capital —y casi todos los de este tipo eran las conjuras o rebeldías contra el rey, o la fabricación de falsa moneda— podía darlo a conocer inmediatamente al rey por intermedio de un *fidelis regis*.

Chindasvinto tampoco descuidó ni mucho menos algo que desde siempre había sido esencial para sentirse seguro en el trono: reforzar su base económica personal, aumentar sus propiedades fundiarias. Las ocasiones para ello no le debieron faltar ciertamente, pues ya antes aludimos a las numerosísimas confiscaciones llevadas a cabo por este monarca; por eso no es de extrañar que los obispos y nobles reunidos en el Concilio octavo de Toledo se lamentasen de las grandes riquezas acumuladas por Chindasvinto, que fueron a parar en gran medida a su propio patrimonio particular.

Un reflejo externo de este gran aumento de las disponibilidades económicas de Chindasvinto se dio ciertamente en el aumento en el peso y en la mejora de la ley de los trientes acuñados por él en relación a los de sus predecesores inmediatos. A este mismo orden de cosas corresponde una ley de Chindasvinto por la que se decreta que los esclavos fiscales sólo podrán obtener la libertad si ésta se acredita por un acta firmada por el propio rey; Chindasvinto se había visto obligado a tal medida porque, según declara, con anterioridad numerosos esclavos del fisco habían sido liberados subrepticiamente, con lo que *fisci vires adtenuantur*. En fin, Chindasvinto intentó reforzar grandemente las instancias teocráticas de su poder real, y por ende su intervencionismo en los asuntos internos de la Iglesia. El rey, vicario de Dios en la tierra, es el ejecutor de la voluntad divina al estar inspirado por la divinidad y, por tanto, su desobediencia es entre otras cosas un sacrilegio. Curiosamente, Chindasvinto no aumentó la tradicional presión sobre los judíos, contentándose sólo con impedir su proselitismo entre los cristianos. Indudablemente, otros asuntos más graves preocupaban al soberano.

En su intento por reforzar el poder central y el control sobre todo el reino tras la época caótica precedente, Chindasvinto también se preocupó del sempiterno problema de las periódicas incursiones predatorias de las poblaciones septentrionales. Estas últimas debían haberse aprovechado de los años de anarquía. Sintomáticamente, el obispo de Pamplona no acudiría a ningún concilio de la década de los 30 a la de los 50; indicio, tal vez, de una situación de independencia de aquellos territorios. Una inscripción encontrada en Villafranca de Córdoba y las numerosas emisiones monetarias realizadas por Chindasvinto en las llamadas cecas fronterizas del norte prueban la realización por este soberano de expediciones de castigo sobre tales poblaciones del país vascón y Cordillera cantábrica desde el mismo 642.

Solamente sería después de sus enérgicas medidas frente a la nobleza cuando Chindasvinto se atrevió a convocar un nuevo concilio general, el VII de Toledo.

Este, celebrado el 18 de octubre de 646 y con una cierta reticencia por parte de los obispos septimanos y tarraconenses, aprobó las duras medidas antinobiliarias decretadas anteriormente por Chindasvinto, al tiempo que tomaba algunas decisiones sobre disciplina eclesiástica y trataba de poner cota a la codicia de algunos obispos galaicos que se apropiaban de los bienes de las parroquias rurales. Sería con posterioridad a esta refrenda episcopal de su política cuando Chindasvinto se decidió a dar el paso definitivo en su política de consolidación del poder de su familia, asociando al trono a su hijo Recesvinto el 20 de enero del 649, en fragante contradicción con las normas estipuladas en los concilios IV y V de Toledo. La medida, que pudo verse precedida de cierta iniciativa episcopal, pudiera considerarse también síntoma de una creciente oposición a Chindasvinto, deseando así sus fieles partidarios asegurarse la continuidad del régimen y, por ende, en el disfrute de las prebendas recientemente conseguidas. Lo cierto es que padre e hijo se mantendrían en el poder sin mayores problemas hasta la muerte del primero el 30 de septiembre del 653.

Pero nada más comenzar el reinado en solitario de Recesvinto se pondrían dramáticamente de manifiesto las debilidades estructurales del régimen edificado por su predecesor y padre. Y ello porque los grupos nobiliarios privilegiados por Chindasvinto —que al final de su reinado llegó a conceder a los obispos y altos dignatarios un poder de veto al perdón regio en casos de alta traición— forzosamente tenían que oponerse a un aumento exclusivo de la base económica patrimonial del soberano, en detrimento del posible crecimiento de las suyas propias. Las reformas administrativas de Chindasvinto, por otra parte, habían tenido el efecto de concentrar el poder en determinados altos funcionarios, en especial los *duces provinciae*. En fin, a pesar de sus sangrientas purgas, todavía debían subsistir algunos elementos nobiliarios marginados por Chindasvinto, pero ostentadores de un cierto poder.

En esta situación en absoluto puede extrañar el estallido de una nueva rebelión aprovechando el momento de confusión producido por la muerte del enérgico monarca y la sucesión en solitario de Recesvinto. Ésta sería acaudillada por un tal Froya, muy posiblemente el duque de la Tarraconense. Sería en esta última región donde se concentrase lo esencial de la revuelta que, no obstante, también pudo contar con algún que otro apoyo entre la nobleza de otras provincias. La fuerza militar del rebelde, además de contar con los imprescindibles exiliados y gentes socialmente marginadas y prestas a cualquier ocasión de botín, se componía también de un fuerte contingente de vascones; aprovechándose así del descontento de éstos por la presión ejercida en los años anteriores por Chindasvinto. El ejército rebelde lograría así apoderarse de una gran parte del valle del Ebro, poniendo sitio a la estratégica ciudad de Zaragosa durante varios meses. Pero su fracaso final ante ésta permitiría a Revescinto reunir la fuerza militar necesaria para derrotar a los rebeldes y ajusticiar a Froya. Sin embargo, el aviso había sido de consideración; y Recesvinto se habría visto obligado a cerrar filas con sectores mayoritarios de la nobleza para reprimir la sublevación. En un plazo más o menos corto, éstos habrían de pasarle la factura. De esta forma la tan cacareada política «demoledora de los godos» de su predecesor Chindasvinto estaba a punto de naufragar por completo.

Lo cierto es que al poco de aniquilar la rebelión de Froya, Recesvinto debió recibir fuertes presiones nobiliarias —un ejemplo de las cuales es la famosa carta enviada por el noble y asceta Fructuoso— para que moderase las represalias a tomar, incluso las ya ejecutadas por su padre, contra los culpables de alta traición. Y las presiones nobiliarias se verían en un alto grado reconocidas con la convocatoria de un nuevo concilio general. El VIII Concilio de Toledo se celebró así con enorme rapidez, el 16 de diciembre del 653; a pesar de ello, la asistencia episcopal fue muy alta, siendo el primero cuyas actas irían también firmadas por los altos dignatarios del *Officium Palatinum* y un número de grandes abades, lo que implicaba un cierto reconocimiento de gobierno colegial del reino muy del gusto de la nobleza. Su inspirador eclesiástico pudo muy bien ser el matropolita Eugenio II de Toledo, conocido detractor de la política de dureza de Chindasvinto. En este ambiente se comprende que la primera propuesta presentada al concilio fuese la de conceder una cierta amnistía a los inculpados desde tiempos de Chindasvinto en virtud de la ley II, 1, 8 sobre delitos de alta traición. El concilio, tras aducir numerosos textos de las Sagradas Escrituras y patrísticos, se inclinó por resolver el dilema hacia la propuesta real: se dejaba en las manos de Recesvinto el poder ejercer misericordia con los inculpados, pero con la salvedad de que el perdón no fuese total y de que de él no se derivase ningún peligro o pérdida para la *gens* o el país. Parece, pues, evidente que los grupos nobiliarios beneficiados con las confiscaciones de Chindasvinto, y que aún continuaban en el poder, no estaban dispuestos a ver disminuidas sus fortunas. En esto consistió la concordia entre la nobleza y el monarca en dicho concilio. Los obispos y dignatarios palatinos pasaron inmediatamente a una profunda y aguda crítica de aquellas medidas de Chindasvinto que más les habían atacado: a) el monstruoso enriquecimiento de su patrimonio personal y familiar, b) la no elección por la nobleza de Recesvinto.

Los nobles y obispos del VIII Concilio critican con las más duras palabras las confiscaciones múltiples llevadas a cabo por Chindasvinto, sobre todo porque estas confiscaciones sólo tuvieron como consecuencia el enorme crecimiento de su patrimonio personal y no fueron añadidas al fisco ni concedidas a los dignatarios palatinos; es decir, porque ni un sólo noble, sino la familia de Chindasvinto, se benefició de tan cruentas y copiosas confiscaciones. Por tanto, los obispos y nobles decretaron: a) que todos los bienes adquiridos por Chindasvinto desde el día de su subida al trono quedarían en poder de Recesvinto, pero no en concepto de patrimonio personal, sino de patrimonio real, de la Corona, de modo que fuesen adjudicados a quienes les correspondiese su administración, el resto debería ser entregado por Recesvinto a cuantas personas designase; b) aquellas propiedades de Chindasvinto adquiridas con anterioridad a su toma del poder y aquellos bienes adquiridos *de iustis proventibus* —es decir, no provenientes de confiscaciones o apropiaciones ilícitas— serían de la plena propiedad de sus descendientes, quedando para siempre en su patrimonio familiar. Tales decisiones atacaban, como fácilmente se comprenderá, la misma base de la prepotencia de Chindasvinto, por eso Recesvinto intentó en la medida de lo posible reducirlas a proporciones más tolerables; tal parece deducirse de la confrontación del *decretum* nobiliario y episcopal con la ley de Recesvinto *L.V.* II, 1,6. Ante todo, Recesvinto generalizó los términos de su ley para sacarlos del estrecho marco de la precisa y concreta acusación a

Inscripción de la fundación de la iglesia de San Juan de Baños (Palencia) por el rey Recesvinto

su padre, que sin duda debía resultarle molesta. En este sentido legisló que los bienes adquiridos por los reyes desde los tiempos lejanos de Suintila —es decir, hasta donde podía alcanzar normalmente la generación viviente— y de los cuales los reyes nada hubiesen dispuesto, pasarían en su totalidad al actual ocupante en el trono en la condición de patrimonio de la Corona, pero dicho monarca podría entonces disponer de ellos libremente. En cuanto a todos aquellos bienes pasados al rey de su patrimonio familiar o adquiridos o donados libremente por cualquier persona, podría disponer libremente, y en caso de no haber decidido nada sobre ellos pasarían a sus herederos legales; sólo aquellos bienes adquiridos por los reyes injustamente —escrituras arrancadas por la fuerza a sus propietarios— serían devueltos a sus antiguos dueños, a la muerte de los primeros cuando menos. Al final se debió llegar a una especie de acuerdo entre el concilio y el rey: ambos textos adquirirían fuerza legal y en el futuro podrían ser utilizados indistintamente.

También es de destacar cómo el concilio volvió a recordar que los reyes deberían alcanzar el trono mediante elección, realizada allí donde hubiese muerto su antecesor por los obispos y los altos dignatarios palatinos. Y esto naturalmente podía con facilidad ser tomado como una crítica del modo de alcanzar el trono por Recesvinto. Por eso, este último, en su ley confirmatoria, aunque sí se refiere a las posibles sucesiones ilegales enumeradas por el concilio —*per tumultuosas plebes aut*

167

per absconsa dignitati publice macinamenta adeptum esse constiterit regni fastigia—, para nada menciona cuál debería ser la manera legal de acceder al trono. También frente a las aspiraciones teocráticas de Chindasvinto y de intervención en los asuntos eclesiásticos el concilio volvió a conceptuar a la realeza, siguiendo de nuevo a San Isidoro, como un cargo, el desempeño de cuyas funciones exige unas determinadas condiciones por parte de su titular. Lo cual constituía, junto con las disposiciones sobre la propiedad real y las condiciones de acceso al trono, una coherente y primera definición limitativa de la función y poderes regios.

El VIII Concilio también se ocupó de la cuestión judía, volviendo a hacer hincapié en el cumplimiento de todas las decisiones antijudaicas anteriores. Aunque en oposición al rey el concilio se habría negado a dictar normas para los judíos todavía no convertidos. Un documento referente a la conversión de la comunidad judía de Toledo, firmado el 18 de febrero del 658, muestra, sin embargo, la vuelta a la práctica de las conversiones forzadas desde el poder. Además, el documento ratifica el previo de tiempos de Chintila, encargando a los propios judíos de castigo de los transgresores y capacitando al rey para la donación a quien quisiera de los bienes confiscados. Por su parte, el nuevo código legal promulgado por Recesvinto reunía, sin ninguna atenuante, toda la anterior legislación restrictiva sobre los judíos, tratando de cortar de raíz, por vez primera, ciertas prácticas y ritos de fundamental importancia para el mantenimiento del judaísmo a la luz pública —normas matrimoniales, tabúes dietéticos, circuncisión y la Pascua judaica—, además de quitarles el derecho a entablar juicio y testificar contra los cristianos, prohibición sólo extendida anteriormente a los judeoconversos. En fin, el VIII Concilio también se ocupó de algunas cuestiones referentes a las costumbres y vida del clero superior, muy degradado por la simonía, incontinencia y ocupación de grados por gentes no preparadas; lo que, en cierta medida, era una condena más a la política de Chindasvinto, de fuerte intervencionismo en los nombramientos episcopales.

El VII Concilio había terminado así en un cierto fiasco para Recesvinto. Éste, suficientemente escarmentado, no volvería a convocar ningún nuevo concilio general para tratar de cuestiones claramente políticas. Los concilios, cuyas actas se nos han conservado, son de naturaleza provincial —de la Cartaginense o Lusitania— o, en todo caso, tratan de materias puramente eclesiásticas, cual el X de Toledo de diciembre del 656. En todos ellos se discutieron numerosas cuestiones referentes a la disciplina eclesiástica y, sobre todo, al patrimonio de la Iglesia. Principalmente en los Concilios IX de Toledo (noviembre de 655) y de Mérida (noviembre del 666) se pretendió reforzar la cohesión de dicho patrimonio, volviendo a prohibir el abandono por los libertos de la Iglesia de sus relaciones de servicio y patrocinio; mientras que, por otro lado, se trató de poner freno a las enajenaciones de bienes eclesiásticos, principalmente de las basílicas rurales, por parte de los obispos, con lo que se buscaba eliminar la principal fuente de disturbios entre el episcopado y la nobleza laica. El IX Concilio de Toledo volvería a replantear el tema judío, estableciendo la vigilancia episcopal sobre la conducta de los judeoconversos firmantes de *placita* colectivos.

Pero, sin duda, uno de los acontecimientos principales del reinado de Recesvinto sería la publicación en el 654 de un nuevo cuerpo legal de uso exclusivo y características marcadamente nacionales. En el futuro, el *Liber Iudicum* sería la más clara herencia del antiguo Reino toledano. El nuevo código recogía leyes consideradas *antiquae* —provenientes en su mayoría del llamado Código de Leovigildo—, algunas leyes nominales de Recaredo y Sisebuto y, sobre todo, leyes nuevas de Chindasvinto y Recesvinto; aunque muchas de estas últimas venían a sustituir, sin grandes cambios, a anteriores del *Breviario* alariciano. El nuevo código había comenzado a prepararse ya en tiempos de Chindasvinto, y en su última etapa de redacción había sido confiado a Braulio de Zaragoza. Las aproximadamente ochenta y siete leyes promulgadas por Recesvinto muestran ya el claro giro de su política con respecto a la seguida por su predecesor y padre. De esta forma su legislación refleja la estructuración de la sociedad en nobles y simples libres, además de esclavos y libertos, como *de facto* existía de tiempo atrás. Aunque en alguna ley Recesvinto se esfuerza por contrarrestar la desmesurada prepotencia de la nobleza en la esfera judicial, su legislación en absoluto puede considerarse antinobiliaria. A este respecto es interesante señalar cómo la posición privilegiada de la nobleza quedó por completo reconocida en el plano procesal, limitándose incluso su diferencia con el círculo más restringido de los altos dignatarios palatinos, que había constituido uno de los objetivos de Chindasvinto. Al mismo tiempo se aumentaron las funciones e influjo del episcopado en la administración, lo que era una concesión más a un sector nobiliario siempre difícil de controlar por el rey a consecuencia de su carisma. Y significativamente el *Liber* recogía también bastante de la formulación restrictiva de la función y poderes regios del Concilio VII, declarando sin ambages el sometimiento absoluto del rey a la Ley; de modo que el primer libro del nuevo código se dedicaba a definir la naturaleza de la Ley y las obligaciones del legislador, es decir, el rey.

Desconocemos prácticamente todo de los últimos años del reinado de Recesvinto. Es muy posible que se realizase alguna expedición militar, probablemente contra las poblaciones vascas o cantábricas, muy agitadas a finales de su reinado y principios del de Wamba. También es posible que la situación sociopolítica del Estado se deteriorase en un sentido muy desfavorable al poder central. Los padres conciliares del XI de Toledo del 675 aluden a la existencia de una verdadera «confusión babilónica» con referencia a los años precedentes. Sin embargo, Recesvinto lograría morir en paz en su finca de Gerticos, situada en el valle del Jerte, sobre la calzada que unía Toledo con Salamanca, el 1 de septiembre del 672, rodeado de los altos dignatarios del reino.

Para finalizar, habría que referirse brevemente a la importante reforma administrativa realizada por Chindasvinto y Recesvinto, cuya culminación habría sido la promulgación del nuevo código legal. En nuestra opinión, tal reforma en esencia habría sido una radical militarización administrativa. En su aspecto externo, dicha militarización consistió en la asunción por los funcionarios y mandos militares de las atribuciones y funciones encomendadas con anterioridad a los civiles, y en la consiguiente desaparición de estos últimos. Así, los antiguos duques militares de tiempos de Leovigindo, ahora en número de seis — Galicia, Bética, Lusitania, Cartaginense, Tarraconense y Narbonense—, pasaron a desempeñar todas las funciones atribuidas a los gobernadores provinciales (*rectores*), como jueces supremos y encargados de la recaudación de ciertos tributos. Para esta última función los duques asumirían antiguos cargos de naturaleza fiscal como eran el de *comes patrimonii, thesaurorum, cubiculariorum* y *scantiarum*. Estos títulos reflejan, por otra parte, la creciente importancia de las rentas provenientes del patrimonio fundiario de la Corona en la estructura del *in put* de la Hacienda visigoda. Aunque Chindasvinto se esforzó también por emitir una muy buena moneda áurea, semejante a la de Leovigildo en peso y ley, para lo que se serviría de las confiscaciones ejecutadas contra la nobleza opositora y de la culminación drástica de un proceso de reducción y concentración de cecas, quedando sólo las ubicadas en centros de importante vida urbana o concentración militar.

En el nivel inferior al provincial, el del *territorium*, siguió situado el *comes civitatis* o *territorii*, también con atribuciones judiciales, fiscales y militares; desapareciendo muy posiblemente el antiguo cargo del *defensor civitatis* de carácter exclusivamente civil y muy relacionado con la antigua organización curial ya extinguida. Como agentes gubernativos inferiores quedaron el vicario (del conde), tiufado, quingentenario y centenario; los tres último de los cuales no habían tenido hasta entonces más que funciones estrictamente militares.

Las causas de esta reorganización hay que buscarlas en el estado de inseguridad reinante, con un poder central debilitado, y en el avanzado proceso de feudalización sociopolítica. De tal forma que parecía de todo punto necesario reestructurar la Administración sobre bases mucho más simples y concordantes con la realidad social, con la existencia de una nobleza con lazos de dependencia muy amplios y cruzados, con respecto al resto de la población, entre sí y con los reyes, y con una funcionalidad militar muy marcada. Coyunturalmente a Chindasvinto, esta militarización y simplificación administrativa pudieron parecerle un buen medio para controlar a una nobleza que, por su parte y tras convertirse sus miembros en *fideles* restringidos suyos, también deseaba concentrar entre sus manos el mayor número de funciones de gobierno y palancas de poder, y mostraba ya un acusado regionalismo. El futuro vendría a demostrar la equivocación del rey y el acierto de los nobles. Por otro lado, estas reformas eran la extensión al Reino godo de soluciones administrativas semejantes a las que por entonces se estaban asumiendo por Bizancio, a partir de precedentes también comparables, como eran los regímenes de los Exarcados de Mauricio y de los Temas de los Heráclidas.

La protofeudalización del Estado: de Wamba a Agila II (9672-714)

En este último apartado analizaremos los últimos años de la historia hispanovisigoda. El periodo, que abarca nada menos que a seis reyes —Wamba (672-680), Ervigio (680-687), Egica (687-702), Rodrigo (710-711) y Agila II (710-714)—, se caracteriza por la aguda desintegración del Estado, irremediablemente inclinado por la pendiente de su feudalización profunda y fragmentación en unidades políticas locales. En último término, el proceso se vería acelerado, y también desviado, por el imprevisible fenómeno de la invasión islámica del 711.

Las fuentes para el estudio de este ultimo periodo del Reino toledano son de variado carácter. Hasta aproximadamente el 702 tenemos un cierto número de fuentes literarias —crónicas, historias monográficas como la de Wamba, epístolas y biografías—, además de un abundante material conciliar y legal, en especial para tiempos de Ervigio y Egica. Pero a partir del 702 nos tenemos que contentar con las noticias transmitidas en la llamada *Crónica Mozárabe* del 754 y las muy escuetas del *Ordo gentis gothorum* inserto en la *Colección cronística Albeldense,* como únicas fuentes muy próximas a los hechos narrados. Datos a los que se pueden añadir los muy velados transmitidos por algún himno mozárabe contemporáneo y los muy difíciles de verificar de las historias arábigas y cristianas posteriores, entre las que destacan la llamada *Crónica del moro Rasis* y la *Crónica Rotense y de Alfonso III.*

El mismo día 1 de septiembre del 672, en que moría en Gerticos Recesvinto, era elegido por los altos dignatarios palatinos el noble Wamba, personaje ya de una cierta edad, lo que parece indicar una cierta solución de compromiso. Sin embargo, el nuevo rey dilataría su plena coronación hasta la llegada a Toledo el 19 de septiembre, posiblemente para conseguir así el mayor consenso entre las fuerzas vivas del reino. En Toledo, Wamba sería investido de todos los atributos de la realeza, destacando la ceremonia de la unción de manos del metropolitano toledano Quírico. Aunque es posible que esta última ya hubiese sido utilizada con anterioridad, sería ahora cuando pasase a ocupar un lugar preeminente en toda la simbología y ceremonial de la entronización, siguiendo un uso litúrgico que pudo ser entonces compuesto por el influyente clérigo toledano y futuro primado, Julián. En todo caso, la unción era un paso fundamental en el proceso de sacralización de la realeza visigoda, reflejando plásticamente la suprema intervención del episcopado en la elección real.

Pero tras estos actos inaugurales, Wamba se tendría de inmediato que enfrentar a una gravísima situación interior y exterior, en gran parte originadas en los confusos últimos tiempos de Recesvinto. Afortunadamente, estamos muy bien informados de todos ellos gracias a la *Historia Wambae regis seu rebellionis ducis Puli,* escrita por Julián de Toledo, no obstante su tono retórico y finalidad propagandística de un especial modelo de monarca.

En la misma primavera del 673, Wamba marchó al frente de un ejército a tierras actuales de la Rioja —la antigua Cantabria visigoda— con el objetivo de realizar una gran expedición de castigo contra las poblaciones de estirpe vascona. Cuando aún se encontraba en los preliminares de la operación llegaron noticias del surgimiento de una rebelión nobiliaria en Septimania, conducida por Ilderico, conde de Nimes, y Gumildo, obispo de Maguelonne. Utilizando ayuda militar merovingia, los rebeldes lograrían fácilmente controlar las tierras más orientales de Septimania, desde un poco al oeste de Nimes hasta la orilla del Hérault. De inmediato Wamba enviaría parte de su ejército al mando de Paulo, muy posiblemente nombrado a tal efecto duque de la Narbonense. Pero tan pronto se separó del grueso de las fuerzas reales, Paulo concibió la idea de acaudillar una nueva y más amplia rebelión. Para su intento encontró el inmediato apoyo de sectores nobiliarios de la actual Cataluña, capitaneados por Ranosindo, duque de la Tarraconense, de la zona de las estratégicas Clausuras pirenaicas y de la Narbonense. Llegado a Narbona, Paulo fue elegido rey por los nobles sublevados, con la sola oposición de Argebado, metropolita narbonés. De inmediato, Paulo recibiría la adhesión de los antiguos rebeldes Ilderico y Gumildo. Sin embargo, Paulo no encontraría apoyos en los restantes territorios del Reino visigodo. Lo que da idea del avanzado proceso de fragmentación territorial que carcomía la unidad del Estado. Y sería este hecho lo que inclinase a Paulo a intentar llegar de momento a un acuerdo con Wamba, contentándose con la soberanía en la Narbonense y Tarraconense. Aunque más adelante parece lo más verosímil que Paulo intentaría apoderarse del resto del reino, apoyándose en mercenarios francos y vascones.

Wamba y sus leales, sin embargo, rechazaron cualquier acuerdo y decidieron actuar con suma rapidez y energía. Tras una rápida y victoriosa incursión en territorio vascón —que en sólo una semana lograría la acostumbrada entrega de rehenes y tributos por parte de las comunidades vasconas del llano—, el ejército de Wamba marcharía por Calahorra y Huesca hacia Cataluña. Tras apoderarse sin excesivas dificultades de las plazas fuertes de Barcelona y Gerona, el ejército real se dividió en tres columnas para su penetración en Septimania. Estas tres columnas avanzarían, respectivamente, por el valle del Segre y la Cerdaña, por la plana de Vich y el valle de Tech hasta Ceret, y a lo largo de la costa por la antigua Vía Augusta. La captura por las tropas de Wamba de los importantes puntos defensivos de las Clausuras pirenaicas significó el principio del fin de la rebelión. Combinando el ataque por tierra con un bloqueo marítimo en un práctico paseo militar, Wamba logró apoderarse de Narbona, Béziers, Agde y Maguelonne. Finalmente, la plaza fuerte de los rebeldes, Nîmes, caería el 1 de septiembre del 673, tras un rápido ataque sobre sus muros que impidió la llegada a tiempo de refuerzos francos a los rebeldes. Al día siguiente se lograba la rendición de los principales jefes rebeldes refugiados en el antiguo anfiteatro romano, con la sola condición de respetar sus vidas. Dos días después los sublevados fueron juzgados de alta traición en presencia de la alta nobleza del reino y del ejército. Como consecuencia de ello, y en aplicación de la pertinente legislación civil y conciliar, Paulo y sus compañeros fueron condenados a la infamante y peligrosa pena de la decalvación, a la pérdida de la facultad de testificar, y a la confiscación de todos sus bienes, gran parte de los cuales fueron donados o entregados *sub stipendio* a nobles *fideles* restringidos de Wamba. Tras evitar todo intento de postrer invasión franca y reorganizar el gobierno de Septimania con nobles leales, Wamba retornó a Toledo triunfalmente tras una campaña que en total no había durado más de seis meses.

Sin embargo, y a pesar del éxito alcanzado, Wamba era consciente de la gravedad potencial de la rebelión de Paulo, reveladora de la debilidad del poder central y del creciente deseo de autonomía de las noblezas locales. Por otro lado, Wamba debió encontrar en el curso de la campaña dificultades para reclutar su ejército, ante las reticencias de bastantes nobles. Precisamente una de las primeras medidas del gobierno de Wamba para restablecer la situación tras su éxito militar, iría encaminada a eliminar tales dificultades para el futuro. En *L.V.* IX, 2, 8 del 1 de noviembre del 673, Wamba dictamina las medidas que han de tomarse ante dos supuestos bélicos bien diferenciados: a) en el caso de una incursión enemiga sobre las fronteras del Reino visigodo, b) si se produce una rebelión interior contra el orden político establecido. En el primer supuesto, tras observarse la lamentable situación presente creada por el desinterés generalizado por las obligaciones de defensa, se decreta que todos los obispos y eclesiásticos de cualquier grado, así como la nobleza laica, altos dignatarios del reino y cualquier persona existente en el lugar del ataque, o en otro no alejado de aquél en más de 100 millas, deberán acudir a la lla-

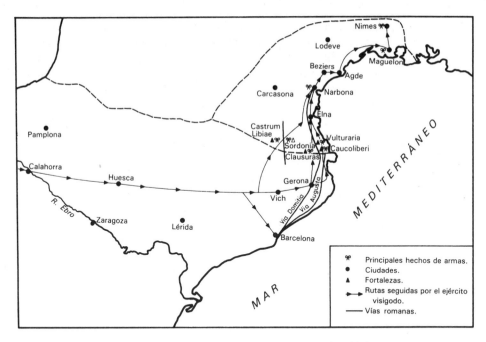

Campaña militar de Wamba contra la rebelión de la Galicia Narbonense

mada de los jefes militares de la zona juntamente con todas las fuerzas propias que fuesen capaces de reunir, es decir, con sus clientelas de hombres armados, tal como se deduce de la posterior ley de Ervigio. En caso de incumplir con tales obligaciones se incurriría en una serie de penas: los eclesiásticos de cierta dignidad pagarán de sus bienes propios los daños producidos por la incursión enemiga o sufrirán destierro, el resto de los eclesiásticos y todos los laicos, tanto nobles como no, perderán la capacidad de testificar, sus bienes serán confiscados para reparar los daños, y ellos mismos quedarán a merced del poder real. En el segundo supuesto, las obligaciones eran semejantes y afectaban a las mismas personas, pero las penas por su incumplimiento eran bastante más pesadas. Todos, incluso los obispos, serían castigados con el destierro y con la confiscación de todos sus bienes. Es más, en el caso de justificar satisfactoriamente el no haber podido acudir a la convocatoria por causa de fuerza mayor, tal como enfermedad, no se estaba dispensado, sin embargo, de enviar sus clientelas armadas. Conviene señalar por el momento que estas medidas de Wamba representaban en teoría un intento muy enérgico de controlar efectivamente el país, de ser dueño de los reales instrumentos de poder; que lo consiguiese o no, eso es ya otra cuestión. Al menos debió proporcionar a Wamba un notable incremento de su base económica. Las confiscaciones debieron ser muy numerosas, pues Ervigio en el *tomus* dirigido al duodécimo Concilio toledano manifestó que en el cumplimiento de la ley militar de Wamba se había llegado a un estado tal de cosas que en muchos casos era casi imposible encontrar a alguien que pudiese testificar en un juicio: *dimidiam fere partem populi ignobilitati perpetuae subiugavit.* Exageración, sin duda, pero que prueba bien a las claras que Wamba hizo todo cuanto estuvo en su mano para que se cumpliera su ley.

A estos mismos fines centralizadores y de un mayor control de las funciones

173

gubernativas corresponden ciertos intentos de Wamba por tener más sujetos a los funcionarios de la administración, cargos que ya de antiguo venían siendo ocupados por la nobleza. Los obispos y nobles presentes en el XIII Concilio de Toledo y el mismo Ervigio prohibieron que en adelante pudiesen ocupar las altas dignidades palatinas personas de origen no libre, lo cual, según ellos, había sucedido en los reinados anteriores con gran perjuicio para los nobles. También sabemos que por mandato de Wamba, Festo, metropolitano de Mérida, había nombrado *numerarius* —cargo de la administración fiscal de categoría inferior, al tiempo que peligroso, pues podía verse sometido a reclamaciones— a un tal Theudemundo, miembro importante de la nobleza: *spatatius* de Egica y tal vez *comes*. Intentos evidentes uno y otro por desvincular, al menos en parte, la administración del reino de los privilegios de la nobleza y por recalcar enérgicamente la autonomía total del rey en el nombramiento de los cargos administrativos. Otras medidas de Wamba parece que iban dirigidas a controlar más de cerca al episcopado visigodo. El Concilio XII de Toledo se quejó enérgicamente de la creación de nuevos obispados por Wamba —se conocen dos casos ciertos, uno para la iglesia palatina de los Santos Apóstoles Pedro y Pablo, otro para el monasterio de San Pimenio en *Aquis*, Lusitania—, al tiempo que declaró nulas y sin efecto tales erecciones de sedes. En diciembre del 675 legisló dos normas referentes a los bienes eclesiásticos. Por la primera trataba de impedir la rapacidad de algunos obispos que se apoderaban de los bienes de las iglesias y monasterios rurales, tanto diocesanos como de fundación privada, es decir, iglesias propias: los obispos, o bien unían bienes de dichas iglesias al patrimonio de sus sedes catedralicias o bien los donaban o entregaban *sub stipendio* a otras personas, con lo cual, evidentemente, los obispos podían aumentar su base social. Wamba, respetando las usurpaciones con una antigüedad de más de treinta años, declaraba nulas todas las otras, así como para el futuro, en el que ni siquiera tendría valor la usurpación de 30 años. Con la otra ley, Wamba intentaba frenar algo que atentaba contra la *publica utilitas*, es decir, contra el interés de la monarquía: muchos obispos hacían que los libertos y libertas de la Iglesia casasen con gente de condición libre, y así los bienes de estos últimos y los hijos habidos caerían *in obsequium eclesiae*. Wamba, para evitar algo que conducía a una *manifestam inligationam persone vel rerum*, y que por tanto haría disminuir el número de personas que en virtud del vínculo general de súbdito dependerían, junto con sus bienes, sólo de la realeza, decretó que los bienes de los no libres, así como los ganados por los hijos de ambos serían de la familia del cónyuge libre y en el caso de que no hubiese herederos pasarían a poder real; por otra parte, los hijos habidos de tales matrimonios pasarían a ser esclavos del rey. ¿Qué perseguía Wamba con estas leyes? Evidentemente, evitar el excesivo crecimiento del patrimonio eclesiástico en detrimento del real, y tal vez evitar perjuicios a la nobleza laica —muchos de cuyos miembros serían sus *fideles*—, fundadora de iglesias y monasterios rurales. ¿En qué medida consiguió sus propósitos Wamba? Esto es mucho más difícil de responder. Debe tenerse en cuenta que muchas veces los obispos contaban con la complicidad de los funcionarios civiles encargados de impedir tales abusos y que en 675 el XI Concilio de Toledo manifestaba lo frecuente de los bienes usurpados por los obispos, tanto a particulares como al fisco.

Gracias a la *Historia Wambae* de San Julián, podemos conocer bastante bien cuál era el concepto de la realeza y del Estado prepugnado por los nobles, y más concretamente por el episcopado, en tiempos de Wamba. El carácter sacral de la realeza es fortalecido, el nuevo rey es un predestinado por Dios que claramente ha señalado cuál debía ser el sentido de la elección; la unción regia es pensada como elemento constitutivo y muy esencial de la *ordinatio principis*. Está claro que con todo ello el episcopado podía aumentar enormemente su peso en la política del reino. Muy característico es que junto a la *misericordia*, se indique también como virtud esencial del buen príncipe, el cuidar por la integridad del patrimonio eclesiástico, siendo señalada la rapacidad como una de las características del tirano. El buen príncipe debe consultar con los altos dignatarios del reino todas las decisiones importantes, así como mantener la concordia entre sus súbditos y ser capaz de prestarles ayuda y seguridad en todo momento. Al mismo tiempo, no sólo el rey puede juzgar y condenar en causas en las que esté en juego la *salus et stabilitas gentis et patriae*, sino que debe hacerlo en compañía con los *senioribus cunctis palatii*. También conviene señalar aquí cómo en los dos concilios celebrados en tiempos de Wamba cuyas actas se nos han conservado —XI Concilio de Toledo y III de Braga—, los obispos visigodos dictaron una serie de normas con el fin de evitar discordias y rencillas internas, así como con el de suprimir, o al menos reglamentar, las posibles colisiones entre los obispos y los nobles.

Los obispos, pues, abogaban en definitiva por una mayor cohesión y unión de nobles y eclesiásticos, que formando un único bloque pudiese gobernar el país conjuntamente con el rey. Frente a esto, las medidas de Wamba se mostraron un tanto contradictorias. En su famosa ley sobre el reclutamiento militar reconocía que el ejército real se formaba por la agrupación de las huestes particulares de los altos dignatarios del reino, tanto laicos como eclesiásticos. Y por otra parte, al distinguir los dos supuestos —ataque enemigo desde el exterior y revuelta interna— y conceder una indudable prioridad al segundo, está reconociendo y descubriéndonos que su poder se basaba esencialmente en el apoyo de los *fideles regis*. Los rebeldes no sólo atacan al rey, sino al mismo tiempo a sus *fideles*, y es por tanto a ambos a los que se trata de defender —*ad vindicationem aut regis aut gentis et patrie vel fidelium presentis regis*—; y todos los que acuden a tal defensa lo hacen, por tanto, *in consortio fidelium*. El rey visigodo depende, pues, cada vez más de unos determinados grupos o coaliciones nobiliarias a las que debe proteger y privilegiar mediante la entrega de bienes, principalmente tierras, y la concesión de los cargos de la administración.

En esta situación, en absoluto puede extrañar que el reinado de Wamba acabase de forma un tanto dramática o, cuando menos, confusa. Según se nos informa en las actas del XII Concilio de Toledo, el 14 de octubre del 680, Wamba se había sentido enfermo de muerte, por lo que habría pedido recibir la penitencia canónica y la tonsura eclesiástica, lo que equivalía a su incapacitación para reinar. Al mismo tiempo habría firmado sendos documentos por los que designaba como su sucesor en el reinado al conde Ervigio y urgía al metropolitano toledano Julián a proceder lo antes posible a la unción de éste, cosa que se realizaría el domingo 21 de octubre. Con posterioridad, Wamba se repondría de su dolencia y, con evidente disgusto y a la fuerza, habría tenido que retirarse a un claustro monacal, en el que todavía permanecía con vida en enero del 681. Una fuente medieval posterior, de finales del siglo IX, junto con datos difíciles de contrastar sobre el origen griego del padre de Ervigio, afirma con claridad la existencia de un complot palaciego para deponer a Wamba capitaneado por Ervingio. Este habría consistido en la administración a Wamba de un fuerte narcótico que, al ponerle en trance de muerte, le forzó a recibir la penitencia y tomar los hábitos. Visto el curso posterior de los acontecimientos y la misma afirmación por una fuente de principios del siglo VIII de la privación a Wamba del reino por obra de Ervigio, tal noticia parece verosímil. De otra forma resultaría difícil de comprender la urgencia de Ervigio en ser ungido y en recibir el *placet* nobiliario en una magna asamblea conciliar. Y desde luego de lo que no puede caber duda es del esencial papel desarrollado en todo este confuso asunto por Julián de Toledo, al prestarse de inmediato a administrar la penitencia a Wamba y a ungir a Ervigio. Existen pruebas indudables de la estrecha amistad que unía a Julián con Ervigio, anterior a la entronización del segundo. Por otro lado, el nuevo rey debía contar con importantes apoyos en el seno del grupo nobiliario dirigente formado desde tiempos de Chindasvinto, y al que él mismo pertenecía.

La subida al trono de Ervigio en octubre del 680 constituye la más clara prueba del fracaso de la política centralista, y en cierta medida antinobiliaria, de Wamba. El nuevo rey, un antiguo *fidelis* restringido de Wamba, comenzaba su reinado con una pesada hipoteca política: debía el trono a un grupo nobiliario y a la decidida actuación de algún obispo. Parece bastante claro que Ervigio intentó en un primer momento fortalecer algo su precaria situación. Para ello recurrió a profundizar los elementos de tipo religioso de la realeza, buscando al mismo tiempo una más estrecha colaboración con la jerarquía eclesiástica. La más clara explicación de ello puede verse en el XII Concilio de Toledo, celebrado al poco tiempo de su subida al trono con el fin principal de legitimar su designación por Wamba. Ervigio invita a los obispos allí reunidos a que expresen sus opiniones y consejos, pues éstos —que habrán de tener fuerza de ley— podrán hacer reinar la verdad y la justicia en su gobierno. Es decir, Ervigio invita claramente a los obispos a tomar una parte activa en el buen gobierno del reino. Ervigio también recuerda en su *tomus* que la corona le ha sido otorgada *fautore Deo*, y su unción ha sido un elemento esencial en la legalidad de su elevación al trono. Por tanto, no es de extrañar la concesión de evidentes favores y privilegios a los obispos por parte de Ervigio. En ese mismo XII Concilio se revocó la fundación de nuevos obispados hecha por Wamba que había perjudicado claramente a algunos obispos, así como se legisló con dureza contra los idólatras, en su casi total mayoría campesinos dependientes, imponiendo graves penas a aquellos señores que protegiesen a los campesinos en sus paganas prácticas. Pero tal vez más importante que esto sean los grandes poderes de supervisión sobre las autoridades civiles concedidos por Ervigio a los obispos: ante un juez parcial e injusto se puede acudir ante la presencia del obispo del lugar para que éste en compañía del juez, dé una nueva sentencia; si el juez se negara a los requerimientos del obispo, este último tendría derecho a reformar él solo la anterior sentencia injusta, que sería después confirmada por el rey; si el juez mantuviese en su poder al reo y se negase a entregarle al obispo, pagaría una multa de dos libras de oro. Ervigio, a cambio de estos favores y concesiones, obtuvo un indudable apoyo por parte del episcopado en dicho XII Concilio: a) la legitimación de su designación para el trono y la sanción eclesiástica de la incapacidad en que se encontra Wamba para recuperarlo; b) los obispos habrían de admitir en la comunión de la Iglesia a quienes, culpables de haber atentado contra *gentem et patriam,* hubiesen sido perdonados por el rey. Pero sobre todo alcanzó el consenso eclesiástico en algo que podía ser clave para la consecución de sus fines: en adelante cualquier vacante episcopal sería cubierta por un candidato real consagrado por el metropolitano de Toledo; se trataba, pues, de la plena institucionalización de la regalía episcopal. En resumen, parece claro que Ervigio intentó apoyarse en la Iglesia para reforzar su poder; con lo cual también concuerda la adopción de ciertos símbolos religiosos en algunas monedas acuñadas durante su reinado.

Basándose precisamente en este apoyo eclesiástico, Ervigio intentó también oponerse a ciertas apentencias de la nobleza laica, donde es posible que procediese en un primer momento a realizar alguna purga contra elementos minoritarios en absoluto favorables a la deposición fraudulenta de Wamba. Al igual que Chindasvinto, Ervigio trató de inmiscuirse en las alianzas nobiliarias que pudiesen hacerse mediante matrimonios, prohibiendo a las viudas contraer segundas nupcias antes de haber transcurrido un año desde la muerte de su primer marido, salvo que dicho segundo matrimonio se realizase a instancias regias. Y ya en el XII Concilio se dispuso un fuerte castigo —político y religioso— para aquellos nobles que abandonasen a sus mujeres, salvo adulterio de éstas; precepto igualmente tendente a estabilizar las alianzas en el seno de la nobleza por via matrimonial.

Mayor importancia tiene la llamada ley militar que vino a sustituir otra anterior de Wamba. Ervigio se encontró ante las mismas dificultades para el reclutamiento del ejército real: dicho ejército se componía principalmente de las clientelas armadas de los nobles, y éstos se interesaban sobre todo por que sus campos no quedasen faltos de brazos y, por tanto, de laboreo. Pero por otra parte, reconoció en el XII Concilio que la aplicación de todas las penas propuestas por Wamba era prácticamente imposible: eran tantas aquellas personas que habían perdido la capacidad de testificar que en algunas aldeas y territorios era casi imposible llevar a buen término los juicios. Ervingio solicitó el levantamiento de dicha pena; y tal devolución de la capacidad de testificar fue realizada además con efectos retroactivos. Ervingio con su nueva ley intenta esencialmente lo mismo que Wamba, es decir, asegurarse el reclutamiento del ejército, para lo cual va a imponer penas tan severas como Wamba con la sola excepción de la pérdida del poder testificante. Cualquiera que no acudiese al lugar señalado para la reunión del ejército, si era persona de alta dignidad —duque, conde o gardingo—, sería castigado con el exilio y la confiscación de sus bienes, que quedarían a disposición real; si era persona de inferior condición sería flagelado, decalvado y, además, pagaría una multa de una libra de oro, o en su defecto pasaría a depender del rey como esclavo. Es más, Ervigio ordena de forma clara y diáfana que todo súbdito debía acudir a la llamada del ejército llevando consigo la décima parte de sus esclavos convenientemente armados a sus propias expensas; en caso contrario, tras un minucioso censo de sus esclavos, pasaría al poder real dicha décima parte, que podría además entregar a quien quisiese. La ley militar de Ervigio es ciertamente un documento del mayor interés; el rey tiene que reconocer la inevitable realidad de una situación que ya venía de antes: una sociedad en un avanzado estado de feudalización en la que los lazos de dependencia entre los hombres son decisivos, y que, por tanto, las verdaderas fuerzas militares del reino están constituidas por los grupos humanos bajo la dependencia directa de un reducido número de personas, de la nobleza laica y eclesiástica. Al reconocer esta situación, y declararse tácitamente no dispuesto o impotente para modificarla, Ervigio sólo tenía una posibilidad para contar con los recursos militares unificados del reino: intentar asegurarse la obediencia a su *Heerbann* de aquel reducido grupo de personas poseedoras de dichas clientelas armadas. Su ley militar tenía esta exclusiva finalidad; pero legítimamente cabe preguntarse ¿tenía la realeza en aquellos momentos el poder de coerción suficiente para asegurarse tal obediencia sin ningún contratiempo?, ¿no dependía ya en buena parte de algunos de aquellos cuya obediencia quería asegurarse por vía coercitiva?

El XIII Concilio de Toledo, celebrado en noviembre del 683, demostró bastante bien a las claras el gran poder de los nobles. Ervigio en su *Tomus* comenzó exhortando a los obispos y grandes del palacio allí presentes a que le aconsejasen y confirmasen lo que estimaren oportuno de una serie de propuestas suyas. El concilio, entendido como magna reunión del alto clero y de la nobleza secular dirigente, es aceptado implícitamente como órgano con ciertos poderes de gobierno, aunque Ervigio confirmó luego las decisiones del concilio mediante una ley incorporada al *Liber.* Por la primera propuesta Ervigio pedía la confirmación del perdón a todos aquellos que participaron en la rebelión de Paulo, así como a sus hijos. Dicho perdón comprendía dos partes: a) devolución de su derecho a testificar, b) entregarles sus antiguos bienes confiscados. Esta propuesta era ambigua para los intereses de la coalición nobiliaria entonces en el poder; si por una parte podía ver con buenos ojos el perdón de alguno de los compañeros de Paulo con el que les uniesen lazos familiares o de cualquier otro tipo, un perdón indiscriminado no podía ser totalmente bien visto por un grupo nobiliario que prácticamente era el mismo desde los días de Wamba. Más espinosa era aún la cuestión de la devolución de sus antiguos bienes; pues como muchos de ellos habían sido entregados por Wamba a sus *fideles,* su devolución implicaba un evidente perjuicio para muchos de los nobles entonces en el poder. Las ventajas que Ervigio podía obtener con su propuesta eran evidentes: ampliación grande de su base política y debilitamiento del frente nobiliario al dividir su poder económico entre un mayor número de miembros. Bajo estos supuestos, son fácilmente comprensibles las variaciones exigidas por el concilio a la propuesta ervigiana: a) ampliación del perdón no sólo a los rebeldes con Paulo, sino a todos los nobles caídos en desgracia desde los tiempos de Chintila, b) devolución solamente de los bienes que hubiesen sido unidos al *fiscus,* pero no de aquellos entregados *causa stipendii* o donados a otras personas. Con ello tales nobles obtenían claras ganancias: a) los perdones alcanzarían a un mayor número de nobles, muchos de los cuales estarían ciertamente aliados al grupo entonces en en poder, y no sólo a aquellos de cuya derrota los principales beneficiados habían sido ellos mismos; b) la fuerza económica del monarca sería la única afectada por tales medidas. Es significativo que Ervigio en su ley confirmatoria fuese ciertamente oscuro y confuso en lo referente a ambos puntos que claramente no debían serle muy gratos. Gran significación tiene también el canon 2.°; en él se contiene lo que se ha quedado en llamar desde los tiempos de Felix Dahn el *Habeas Corpus* de los godos. Desde siempre, una de las principales armas de los monarcas —y que debió ser muy arteramente utilizada por Chindasvinto— había sido la acusación de traición. Tal acusación podía ser hecha mediante una confesión arrancada por la violencia o por falsos testigos; culpa que cuando menos llevaba aparejada la confiscación de todos los bienes del condenado. Con la decisión de este XIII Concilio, los obispos y dignatarios palatinos —es decir, la más alta nobleza eclesiástica y laica del reino— van a intentar ponerse a salvo de tales peligros: en adelante, cualquier obispo, optimate palatino o gardingo acusado de cualquier crimen habría de ser juzgado por una reunión conjunta de *sacerdotum seniorum atque etiam gardingorum*; y antes de ser juzgado no podría ni ser encarcelado, maltratado, ni sometido a tormento o confiscación de sus bienes. Esta disposición, además de aumentar la cohesión del estamento nobiliario al ser en su conjunto el órgano capaz de juzgar a uno cualquiera de sus miembros, significaba también la institucionalización de una privilegiada situación ante la ley. Obispos y nobles lograron también inutilizar otro arma del que la realeza había intentado servirse: la constitución de una adicta *Dienstadel* mediante la colación de funciones palatinas o de administradores de los dominios fiscales a esclavos o libertos. En adelante, ninguna persona de condición servil, a excepción de los esclavos y libertos fiscales, podría ejercer funciones de gobierno. Con ello la nobleza cerraba aún más sus filas al cortar uno de los principales medios de acceso a ella, que beneficiaba, además, a la monarquía. A cambio de todas estas enormes concesiones, ¿qué obtuvo Ervigio en dicho concilio? Una cierta protección para su familia. Los obispos anatematizaron a cualquiera que una vez muerto Ervigio se atreviese a tramar algo contra la vida o la salud de su viuda o de sus hijos e hijas, así como sus yernos y nueras, o contra sus bienes, o bien les mandasen al exilio o a los claustros. Protección no muy grande y que, además, sólo afectaba a sus derechos más mínimos y primarios, y todo explícitamente, porque «la misericordia del rey mostró ser tan extraordinaria, que obliga a nuestra asamblea reverendísima a promulgar algo que sirva de recompensa a la misericordia real, y aproveche en lo futuro a su regia descendencia». En fin, el concilio también confirmó los acuerdos habidos en el XII con una mucho menor presencia de obispos.

Fuera de la actividad conciliar, sabemos que Ervigio llevó a cabo una nueva edición del *Liber Iudicum*, consistente en la corrección de 84 leyes anteriores y en el añadido de varias *novellae* propias. La nueva redacción debió realizarse inmediatamente después de la reunión del XII Concilio, debiendo participar en ella muy activamente el elemento episcopal, que vio aumentado el ámbito de su jurisdicción, promulgándose el 21 de octubre del 681. De parte de su contenido, ya hemos hablado antes, en especial de sus medidas contrarias a la nobleza laica. El otro elemento característico de su legislación es el reforzamiento de las medidas antijudáicas. Éstas comprenderían nada menos que 20 nuevas leyes, siendo dispuestas en los meses anteriores al XII Concilio, donde serían ratificadas por los obispos y la nobleza palatina, dándolas a conocer a la judería toledana el 27 de enero del 681. En general, la legislación de Ervigio reafirma las decisiones ya tomadas anteriormente por Sisebuto y Recesvinto, poniendo nuevamente el acento en prohibir a los judíos tener esclavos cristianos y hacer proselitismo. Además, tomaba buena cuenta del fracaso de los compromisos colectivos (*placita*), asumidos por grupos compactos de judeoconversos, de mantenerse fieles a su nueva fe, proponiéndose por ello su sustitución por otros de naturaleza individual mucho más coactivos, señalándose ahí el comienzo de una nueva fase en la política antijudía del Reino visigodo. Máxime cuando Ervigio impuso también el bautismo obligatorio a toda la comunidad judía visigoda, designando a partir de entonces el término *iudeus* exclusivamente a los conversos. En caso de incumplimiento, en un plazo no superior al año, el infractor recibiría 100 azotes, sufriría la decalvación y sus propiedades serían confiscadas en beneficio del rey. Con la repetición de la prohibición para los judíos de ocupar puestos que implicasen una situación de mando, se dictaron también normas que trataban de impedir la libre circulación por el reino de los judíos y desarrollar así sus normales ocupaciones. Del cumplimiento de tan compleja y meticulosa legislación quedaban encargados los obispos. Sin embargo, la repetición de las medidas antijudías puede ser un testimonio de su misma ineficacia. Evidentemente, todas ellas centraban su ataque en los elementos de la comunidad judía económicamente más poderosos y que ejercían un cierto mando sobre toda ella. Pero sería precisamente a éstos a quienes más fácil les sería sobornar a las autoridades laicas e incluso eclesiásticas. Muy verosímilmente esta legislación ervigiana antijudía se realizó a instancias de un sector del episcopado, en especial de Julián de Toledo. Este último fue el autor de varios opúsculos justificativos de las medidas coercitivas contra los judíos, y su misma procedencia de una importante familia judeoconversa toledana le hacía particularmente inclinado al fanatismo de sus contumaces hermanos de sangre. Aunque ciertamente también se pueden lanzar dudas sobre el grado de cumplimiento de toda esta legislación en los años inmediatos, al menos en regiones alejadas de la Corte, como podía ser la Narbonense.

Posiblemente tampoco sea casual la coincidencia en el tiempo de la legislación antijudía de Ervigio con una radicalización de la tensión social. Es indudable que durante su reinado el problema ya endémico de los esclavos fugitivos se agravó hasta el punto de exigir del Estado nuevas y enérgicas medidas. De esta forma se procuró evitar todo intento de ayuda por parte de otros esclavos o campesinos a los fugitivos; los que indica la existencia de un estado generalizado de insatisfacción y oposición en las capas más bajas de la sociedad. Las razones de tal radicalización eran fundamentalmente de tipo estructural, pero pudieron verse agravadas por una coyuntura económica especialmente desfavorable. En efecto, sabemos que durante el reinado de Ervigio una serie continuada de malas cosechas produjo hambrunas con una fuerte incidencia demográfica; posiblemente como consecuencia de inclemencias climáticas con inviernos muy fríos y nevosos. La desesperada situación de amplias masas del país aconsejaría a Ervigio, en noviembre del 683, a condonar los tributos directos, cobrados ya en especies, que, anteriores al primer año de su reinado, permanecían todavía impagados. Al mismo tiempo, Ervigio condenaba los abusos cometidos por la nobleza titular de los altos puestos de la administración aprovechándose de la desesperada situación de los campesinos, haciéndose así con sus pequeñas haciendas y convirtiéndoles en dependientes suyos.

Ervigio no volvió a reunir un nuevo concilio general en el resto de su reinado. Pues no podemos considerar como tal el extraordinario celebrado en Toledo del 14 al 20 de noviembre del 684. Este XIV Concilio de Toledo fue convocado por el metropolitano Julián de forma un tanto súbita, lo que pudo producir una cierta suspicacia en el resto de los metropolitas visigodos, y su origen y finalidad fueron exclusivamente religiosos. La motivación para él fue la llegada de legados pontificios con la petición de la adscripción de la Iglesia visigoda a los acuerdos tomados por el Concilio II de Constantinopla, celebrado *in Trullo* en 680-681, con la condenación del monotelismo. El XIV Concilio procedería a aprobar dichas actas, al tiempo que se redactaba, bajo la dirección de Julián, una respuesta teológica a la cuestión de las naturalezas y voluntades del Cristo a enviar al Papa Benedicto II. Es muy posible que la no convocatoria de otros concilios generales por Ervigio se debiese a los tropiezos muy graves sufridos en el XIII de Toledo. De esta forma, parece pertinente interrogarse sobre la prosecución por Ervigio de su primitiva política de fortalecimiento del poder real, no obstante las concesiones hechas a la nobleza en el XIII Concilio. Una respuesta segura parece imposible. Sin embargo, un indicio puede ser la declaración de Egica en el XV Concilio de Toledo sobre las numerosas confiscaciones, procesos y deposiciones llevados a cabo por Ervigio en sus últimos años.

A decir de una crónica altomedieval, el reinado de Ervigio se habría cerrado con el primer aviso del peligro musulmán. Éste habría consistido en el desembarco frustrado de una flota omeya en las costas levantinas hispánicas. De ser cierta esta noticia, explicaría una posible decisión visigoda de reforzar su posición en el estretégico Estrecho de Gibraltar ante el simultáneo desplome bizantino y despliegue del poderío omeya por el norte de África. ¿Sería entonces cuando la fortaleza de Ceuta pasase de manos imperiales a visigodas, creándose un distrito militar con sede en Iulia Transducta (Algeciras)?

El jueves 14 de noviembre del 687 Ervigio caía mortalmente enfermo, designando sucesor, en presencia de la alta nobleza, a Egica, marido de su hija Cixilo, a pesar de tener él hijos varones. Al día siguiente, Ervigio tomaba penitencia y absolvía a los nobles presentes del juramento de fidelidad a su persona. De inmediato estos últimos marcharían a Toledo en compañía de Egica. El 24 de ese mismo mes se procedía a la solemne coronación y unción del nuevo soberano visigodo. Egica estaba emparentado con Wamba, al decir de una crónica asturiana tardía; y en todo caso, no cabe duda de la influencia ejercida sobre él por el depuesto monarca en algún momento de su vida. En el momento de su designación, Egica ocupaba un ducado provincial, siendo por tanto, una de las ocho personas con más poder en todo el reino; por lo que su promoción real pudo ser en alguna medida impuesta a Ervigio.

El reinado de Egica se caracterizaría por los intentos desesperados del monarca de fortalecer su posición personal y la de su familia, aceptando ya por completo la estructura protofeudal del Estado. Por ello las confiscaciones y purgas entre las filas de la nobleza constituirán un rasgo esencial de su reinado. Y todo ello en un ambiente de creciente tensión social y una situación exterior cambiante como consecuencia del avance islámico en Ifriquiya.

En principio, la base política en que se apoyó Egica consistiría en la misma coalición nobiliaria heredada de su suegro. Por lo menos, tal parece la conclusión alcanzada del estudio de la alta nobleza palatina a principios de su reinado, con la mayoría de sus miembros ya presentes en tiempos de Ervigio. Por otro lado, este último le había hecho prometer solemnemente que defendería a sus familiares, a quienes había dotado con muy importantes patrimonios fundiarios. Pero muy pronto empezaría Egica a dar muestras de un vivo interés por liberarse de tal hipoteca política. Al poco de subir al trono, Egica convocó un nuevo concilio general, a celebrarse en Toledo a partir del 11 de mayo del 688. Ante los numerosos obispos y la nobleza palatina allí reunidos, Egica presentó una petición cuya finalidad era muy clara. El rey comenzó manifestando encontrarse ante un grave dilema; al haber jurado a Ervigio, al contraer matrimonio con Cixilo, que en el futuro protegería a su familia política, velando por sus intereses; pero jurar también, al subir al trono, el obligado compromiso de hacer justicia a todos los pueblos cuyo gobierno le había sido confiado. Según el nuevo monarca, ambos juramentos eran incompatibles porque los intereses de los hijos de Ervigio eran contrarios al interés general del pueblo, puesto que Ervigio había beneficiado a sus parientes grandemente con bienes confiscados a bastantes nobles injustamente. Harto significativa fue la decisión adoptada por el concilio a este respecto; dado que el segundo juramente tenía una significación mucho más amplia, era éste el que debería prevalecer, en caso de incompatibilidad habría de tenerse siempre presente el interés general de los pueblos frente al de una familia particular. Pero ello, remarca el concilio, no implica una abrogación pura y simple de las obligaciones contraídas en virtud del primer juramento, puesto que en principio ambos juramentos no tienen por qué oponerse; el concilio de una manera taxativa y explícita ordena a Egica comportarse con justicia para con la familia de Ervigio, no debiendo conceder las reclamaciones injustas contra ella. Pero aún más significativa fue la postura adoptada por el concilio ante otro problema planteado por Egica en relación al *status* de su familia política. Egica hizo saber al concilio que numerosas personas en el reino estaban quejosas del juramento general que todos los súbditos habían sido obligados a prestar en favor de sus hijos por Ervigio. Tal juramento hacía referencia a las decisiones tomadas por el XIII Concilio, a las que antes aludimos, en virtud de las cuales se protegían sus más elementales derechos; pero al parecer había personas que decían que toda reclamación judicial contra los hijos de Ervigio sería un perjurio. Pues bien, el concilio afirmó tajantemente que tales juramentos tenían como única finalidad la defensa de derechos elementales propios de cualquier persona y a los que obligaban los preceptos del cristianismo. El concilio declaró, además, que quienes así se quejaban lo que hacían con ánimo malicioso, con el fin de lograr reclamaciones injustas contra los hijos de Ervigio. También determinó el concilio quiénes, concretamente entre los reclamantes, podían hacerlo con justicia. Obispos y nobles del XV Concilio obraron, pues, muy en concordancia con la agrupación política que formaban; al mismo tiempo lucharon por mantener su cohesión de grupo evitando introducir cualquier elemento de discordia interna: los intentos de Egica por desligarse de sus compromisos políticos fueron refrendados dentro de lo posible.

Por lo demás, el concilio examinó las acusaciones de herejía del pontífice Benedicto II contra el escrito enviado por los obispos del Concilio XIV de Toledo. Bajo la dirección de Julián, los obispos visigodos se reafirmaron en sus anteriores concepciones teológicas; y, tras redactar un nuevo alegato con numerosas citas testamentarias y patrísticas, anunciaron su decidido propósito de apartarse de la Sede romana en caso de que ésta no lo aceptase. Se trataba así de un *ultimatum* de cisma por parte de la Iglesia visigoda. No obstante, cuando llegó el escrito a Roma, Benedicto II ya había muerto y sus sucesores prefirieron olvidar tan enojoso asunto. Si es que no aceptamos la verosímil versión mozárabe de los hechos, según la cual el Papa Sergio aceptó y agradeció el envío de este Segundo apologético, remitiéndolo por su parte al emperador con las mejores recomendaciones.

El choque entre Egica y la alta nobleza en el poder se había así producido en el XV Concilio de Toledo ¿Cuál fue el desarrollo posterior de los acontecimientos? Parece bastante seguro que Egica llegase entonces a repudiar a su mujer Cixilo, lo que significaría una ruptura con aquellos sectores más ligados a la familia de su antecesor. Y ello pudo no ser más que una parte de un conflicto más grave entre el rey y sectores de la alta nobleza dominante. En el concilio celebrado en Zaragoza el 1 de noviembre del 691 por mandato real, se intentó poner freno al aumento del patrimonio personal de los obispos al convertir en esclavos propios a muchos libertos de sus iglesias. Igualmente se volvió a dictar normas para proteger a las viudas de los reyes, las cuales deberían ingresar en un claustro inmediatamente después de la muerte de sus regios esposos. Las tensiones debieron ir en un grave *crescendo*, hasta que finalmente desembocaron en una importante conjura —en la cual participaron tanto miembros de la nobleza laica como de la eclesiástica, destacando entre estos últimos el metropolitano de Toledo Sisiberto— para derribar a Egica. Pero Egica logró descubrir a tiempo la conjuración y reprimirla con gran dureza. Con facilidad puede deducirse que dicha intentona frustrada sirvió de pretexto a Egica para iniciar una enérgica política de afianzamiento personal y dinástico frente a un gran sector de la nobleza y del episcopado. Para el conocimiento y el análisis de esta política contamos con las actas de los dos últimos concilios que han llegado hasta nosotros, ciertas leyes dadas en su reinado y las noticias transmitidas por la *Continuatio Hispana*.

El comienzo de tal política se puede ya observar en el concilio general convocado por el rey en Toledo el 2 de mayor del 693, con una representación episcopal de dos tercios del total. En éste nuevamente Egica intentó acentuar el carácter sagrado de la realeza, resaltando su origen divino; de ello se deducía, además, la virtualidad del monarca para intervenir en los asuntos internos de la Iglesia. Con referencia a esto, sobresale el cambio de sedes metropolitanas tras descubrirse el complot de Sisiberto; así a la sede toledana pasaba Félix, metropolita de Sevilla, a la de Sevilla, Faustino, anterior ocupante de la de Braga, y a ésta Félix, obispo de Oporto. Ante esta medida tomada por el monarca, los obispos del XVI Concilio no les quedó otra alternativa que confirmarla, añadiendo el formulario consentimiento del clero y pueblo de dichas sedes: el cesaropapismo y los deseos de centralizar la Iglesia visigoda eran evidentes. También Egica obtuvo de los obispos la renovación de las más pesadas penas canónicas contra aquellos que, profanando su juramento de fidelidad, se atraviesen a maquinar algo contra el rey, *gentem eius*, o el país, quedando sólo en la potestad real la posibilidad de conceder perdón alguno; las decisiones del VI concilio de Toledo se volvían a pronunciar. También obtuvo Egica como su predecesor el apoyo eclesiástico para su familia una vez que se produjera su muerte, salvaguardia que no sólo habría de afectar a sus personas, sino también a los bienes heredados o donados por su padre, o adquiridos justamente por ellos.

El XVI Concilio también se ocupó de redactar una pormenorizada declaración de fe, de la protección de los patrimonios de las iglesias rurales y fundación privada contra la rapacidad de los obispos, de ciertos asuntos relacionados con las buenas costumbres, y sobre el problema judío, del que nos ocuparemos más tarde.

Egica también comenzó, el poco de este último concilio, una activa labor legislativa, incluyendo la corrección o anulación de algunas leyes de Ervigio, muy criticadas por el soberano. La nueva legislación de Egica pretendía una vez más fortalecer su posición como individuo y como monarca. Así, intentó refrenar la multiplicación de los lazos de dependencia entre los hombres, que amenazaban por descomponer, y reducir a la total inutilidad, los vínculos de índole pública, y facilitaba lo que era tal vez más peligroso: la formación de continuas alianzas y conjuras en el interior de la nobleza, poniendo en continuo peligro la estabilidad del Estado. Tras el fracaso de la conjuración de Sisiberto —complot en el que sus participantes se encontraban íntimamente entrelazados por los vínculos de un juramento—, Egica publicó una ley prohibiendo las vinculaciones mediante juramento entre personas, con la excepción, naturalmente, de la representada por el juramento de fidelidad al rey o de los juramentos emitidos en defensa de los propios intereses en un juicio. Quien obrase contrariamente sería castigado con las mismas penas que los culpables de infidelidad o traición al rey. En mi opinión, esta ley es del mayor interés: Egica trataba de cortar todas las vinculaciones que, al margen del Estado, se estaban realizando entre los hombres del reino, esencialmente entre los miembros de la nobleza; vinculaciones cuya base formal o jurídica estaba constituida por un juramento —muy verosímilmente por un juramento de fidelidad— que obligaba mutuamente. Por otra parte, Egica trataba de monopolizar en provecho propio estas vinculaciones —que ¿por qué no? podríamos llamar vasalláticas, o prevasalláticas al menos— como único medio de mantener la cohesión de la nobleza toda en torno suyo. Bajo estos supuestos, se comprende su interés en destacar la importancia y obligatoriedad del juramento de fidelidad al rey prestado por todos los súbditos, y sobre todo sus esfuerzos por que todos los nobles —*ex ordine palatino*— prestasen dicho juramento; y estos últimos lo habrían de prestar, además, directa y personalmente ante el rey a diferencia del resto de los libres que lo darían ante unos delegados o *discussores iuramenti*. También intentó Egica reforzar el poder y las prerrogativas del Estado frente a la amenaza representada por los lazos del patrocinio y similares. Al menos pensamos que bajo este supuesto hay que comprender la *novella* II, 2, 10 en virtud de la cual se prohíbe a todos aquellos que hubiesen comenzado una causa judicial ante el rey, o incluso cualquier otro juez del reino, ponerse de acuerdo antes de la emisión de sentencia; aunque desde luego Egica se veía obligado a reconocer la frecuencia de tales hechos.

Pero Egica era realista y sabía muy bien cuáles eran las palancas ciertas de poder con las que podía contar. Por eso sus principales esfuerzos fueron encaminados a fortalecer su base económica y social y a debilitar la de sus posibles enemigos. En este sentido puede resultar muy significativo que Egica intentase engrosar las filas del ejército real con aquellos libertos fiscales manumitidos por orden regia: quien entre éstos faltase a la convocatoria de la hueste regia sería castigado con la revocación de su concedida libertad. Muy posiblemente tal medida iba encaminada a no depender exclusivamente de las fuerzas prestadas por las clientelas de los poderosos. Pero Egica utilizó sobre todo, al igual que sus predecesores, el arma terrible de las confiscaciones; a este respecto su reinado debió ser fundamentalmente sobresaliente. El anónimo clérigo autor de la crónica del 754 caracterizó su reinado por la feroz persecución contra los nobles: *hic Gothos acerva morte persequitur*. A los numerosos nobles condenados a muerte, a esclavitud, o al destierro, les fueron confiscadas sus propiedades y perdieron sus puestos palatinos; al tiempo que a otros muchos les arrebató con violencia cauciones sobre sus bienes. Parece cierto que esta violenta política contra la nobleza debió comenzar tras el frustrado golpe de Sisiberto; al menos la comparación entre los *viri illustres* que suscribieron las actas del XV Concilio y las de XVI muestran claramente la existencia de una censura en la nobleza palatina. De los 16 firmantes en el XVI, sólo cuatro —Vítulo, Wimar, Ega y Audemundo— figuraron ya en el XV; otros dos más, Teodulfo y Teudefredo, firmaron las del XII, al igual que Vítulo y Wimar, habiendo figurado también en el XIII Vítulo y Audemundo. En resumen, en el XVI Concilio hay nada menos que 10 *homines novi*, mientras que ya vimos la gran semejanza entre las signaturas del XIII y XV, a pesar de haber ocurrido un cambio en el trono. Por tanto, es casi seguro que poco antes del XVI Concilio, Egica realizó una importante purga en las filas de la alta nobleza que ocupaba importantes puestos en el gobierno del reino. Tales bienes confiscados, en virtud de la acusación de infidelidad y traición al rey, pasaron a la plena propiedad de Egica, que en parte los entregó a la Iglesia, a sus familiares o a personas que le habían servido fielmente. Por eso se comprende el gran interés de Egica en obtener de los concilios defensas canónicas contra aquellos que intentasen en el futuro arrebatar a sus hijos o partidarios los bienes con los que les había beneficiado. En fin, también Egica luchó contra el crecimiento del poder económico de los obispos al prohibir una vez más que se sirviesen de los bienes de las iglesias rurales como si se tratase de cosas propias. También trató Egica de suavizar el exagerado poder de los dueños sobre sus esclavos, para lo que repuso la antigua prohibición chindasvintiana de darles muerte.

También se asistirá durante el reinado de Egica a un nuevo incremento de la tensión social. En el 702, la situación creada por los esclavos fugitivos era tan grave que Egica viose obligado a promulgar una nueva y pormenorizada ley sobre el particular. En ella se declara que en aquellos momentos era tal el número de esclavos fugitivos que no existía ciudad, plaza fuerte, aldea o finca señorial en todo el reino donde no se encontrase algún esclavo huido. En la ley se endurecen radicalmente los medios y métodos para impedir y descubrir las fugas de esclavos. Además se reconoce que las anteriores medidas normalmente habían sido ineficaces a consecuencia del descuido de las autoridades locales y, sobre todo, de la colaboración con los fugitivos de numerosas personas, generalmente humildes también. Y a este respecto puede ser muy significativo ver cómo Egica estableció el principio de la responsabilidad colectiva de las comunidades campesinas en caso de ocultación de esclavos fugitivos. A las razones estructurales de tales tensiones sociales se deberían haber sumado ahora otras coyunturales. Las malas cosechas, con las consiguientes hambrunas, debieron continuar siendo muy frecuentes. En el 691, Egica viose nuevamente obligado a condonar los tributos del precedente ejercicio fiscal. Una fuente hispanoarábiga posterior señala nuevas hambrunas para los años 708 y 709, ya en el reinado en solitario de Witiza. También sabemos de una terrible epidemia de peste bubónica hacia el 693 y siguientes, cuyos efectos demográficos catastróficos se habrían hecho notar sobre manera en Septimania. Y la epidémia tendría un nuevo rebrote cíclico entre el 707 y el 709.

Puede no ser una mera coincidencia la de tales catástrofes naturales y aumento de la tensión social con la toma por Egica de nuevas y más brutales medidas contra las juderías visigodas. Éstas habrían ya comenzado en el XVI Concilio de Toledo, donde se prohibió a todo judío no convertido la realización de cualquier tipo de negocio con cristianos, aumentándoseles, además, su tributo especial; y se les quitó cualquier propiedad fundiaria adquirida de cristianos, aunque con una pequeña compensación monetaria. Pero un ataque mucho más definitivo sería lanzando en el XVII Concilio de Toledo reunido el 9 de noviembre del 694, centrado en el tema judío junto a otras cuestiones menores de tipo litúrgico. La razón para las nuevas medidas díjose ser la noticia de que los judíos visigodos tramaban una sublevación general contra sus soberanos cristianos, contando para ello con el apoyo de sus hermanos de ultramar, posiblemente del norte de África. A ello, Egica y el concilio replicaron con la confiscación de todos los bienes de los judíos no conversos, que se entregaron a nobles adictos al rey; con lo que Egica conseguía de paso reforzar a su clientela nobiliaria, lo que no debía ser de escasa importancia. Por su parte, tales judíos eran convertidos en esclavos y dispersos por todo el reino, entregándoles a personas que se comprometían a no dejarles practicar sus ritos. La única excepción a esta regla fueron los judíos de Septimania y de las Clausuras pirenaicas, a causa de la mortandad habida en ambas regiones como consecuencia de la peste y los ataques del exterior. Los judíos de uno y otro lugar quedarían así a disposición de los gobernantes regionales. En todo caso no parece que se pueda negar que el Reino visigodo viviese en esos momentos en una especie de tensión apocalíptica a la que no eran ajenos otros lugares de la cristiandad mediterránea. A la interrogación ansiosa de un Julián de Toledo algunos años antes a los testimonios testamentarios sobre el final de los tiempos, parecía dar respuesta ahora la aparición de cuatro auténticos jinetes apocalípticos: el hambre, la peste, la guerra —con los francos y el avance musulmán por el norte de África— y envidia, ejemplarizada con las conjuras y querellas en el seno de la nobleza visigoda. Así se comprenden mejor los tintes muy tétricos del *corpus* de homilías *de clade* —sobre la peste bubónica— compuesto en este momento, y la sensación de angustia destilada al decretar el XVII Concilio de Toledo letanías mensuales para conseguir la remisión de los pecados de la nación visigoda. Algunas personas más desesperadas llegarían al suicidio, adelantándose así a lo que algunos creían iba a ser un Juicio divino inminente.

Las crónicas llamadas del ciclo de Alfonso III, del siglo IX, transmiten una noticia bélica de tiempos de Egica por lo demás desconocida: la realización por este monarca de tres expediciones militares contra los francos, ciertamente faltas de éxito. Algunos indicios parecen apuntar la veracidad de dicha noticia, permitiendo precisar la cronología de dos de ellas hacia el 688-690 y poco antes del 694. Totalmente segura es la noticia del rechazo durante su reinado de un intento de desembarco de una flota bizantina en la región murciana. Dicho éxito militar habría sido obtenido por el gobernador de la zona, el noble Teodomiro de Orihuela, que llegaría en tiempos de la invasión islámica a un tratado de autonomía para su antiguo distrito gubernativo. Muy posiblemente tal ataque naval pudo realizarse por la flota bizantina que huyó de Cartago en el 698 tras la definitiva caída de la metrópoli africana en poder del Islam.

Conocemos, por lo demás, muy mal lo sucedido en los últimos siete años del reinado de Egica, al faltarnos ya la vital información conciliar tras el XVII de Toledo. En este último, dedicado en su casi integridad al problema judío, tampoco faltaría una nueva declaración de apoyo a la familia real, ante la previsible desapa-

Placa de cancel. Iglesia señorial de la Villa de las Tamujas (Toledo), siglos VI-VII. Museo de los Concilios (Toledo)

rición de Egica. Por vez primera se menciona entre dichos familiares a la reina Cixilo, la hija de Ervigio anteriormente marginada. Si de eso pudiera deducirse una reconciliación en el seno de la real pareja, ello podría deberse a un esfuerzo más de Egica por reforzar y ampliar la facción nobiliaria en torno suyo, cerrando así viejas fisuras, innecesarias, tal vez, en estos momentos. En todo caso, y como coronación de las medidas tendentes a fortalecer su posición personal y la de su familia, Egica procedería a asociar al trono a su hijo Witiza en el 694-695, en la cúspide de su poder. Acto que intentaría legitimar buscando el consenso y el apoyo de la Iglesia y de la facción nobiliaria dominante en sucesivos concilios generales, cuyas actas, por desgracia, no han llegado hasta nosotros.

Pero a pesar de todo ello, y de las enérgicas medidas tomadas por Egica en los años inmediatos, le sería imposible evitar la explosión de una nueva y peligrosa rebelión nobiliaria. Ésta estallaría muy probablemente a principios del siglo VIII, aprovechando la confusión creada por la pertinaz epidemia de peste y la agudización de la tensión social. La rebelión, encabezada por un tal Suniefredo —probablemente un poderoso duque provincial—, logró apoderarse de la misma capital toledana, donde llegaría a acuñar moneda. Aunque la revuelta pudo ser finalmente sofocada, lo cierto es que, cuando Egica falleció a finales del 702, su hijo y sucesor Witiza creyó necesario, o viose presionado a ello, cambiar radicalmente de política.

En efecto, la *Crónica Mozárabe* del 754 nos informa de cómo muchos nobles castigados por Egica fueron repuestos en sus puestos de gobierno por Witiza, al tiempo que les eran devueltas sus posesiones anteriormente confiscadas. Además, el nuevo rey habría procedido a la quema de todas las cauciones que su padre les había hecho firmar, favoreciéndoles con nuevas e importantes donaciones. Todas estas medidas contribuirían a cimentar la fama de Witiza en una tradición historiográfica mantenida en al-Andalus. Pero también es evidente que supusieron una grave pérdida para la Hacienda real, cuya principal fuente de ingresos la constituían ya las rentas procedentes del patrimonio fundiario de la Corona o del propio soberano. A este respecto es muy instructivo observar cómo las acuñaciones de trientes por Witiza presentan una drástica reducción en su peso y ley, quedando convertidas prácticamente en monedas de plata con un baño de oro.

La desgraciadísima falta de fuentes nos impide conocer más del reinado de Witiza. No obstante, todo inclina a pensar que en su curso la nobleza asumió un definitivo predominio sobre la monarquía. Y ello en un ambiente social cada vez más enrarecido, con bandas de esclavos fugitivos y el malestar de los judíos por las últimas medidas esclavizadoras de Egica. Por otro lado, en la orilla africana del Estrecho de Gibraltar, la marea musulmana se veía cada vez más inminente que acabase arribando a las costas hispánicas. Documentación numismática ha venido a demostrar cómo la invasión agarena del 711 no fue un hecho fortuito, sino que su preparación por los estrategas de la Ifriquiya marwaní venía de antes, a la espera sólo de una ocasión propicia, y una vez solucionado la rebelión beréber.

En tan inquietante situación se produciría el fallecimiento de Witiza a principios del 710. Un sector mayoritario de la alta nobleza procedió entonces a elegir como rey a Rodrigo, a la sazón muy probablemente duque de la Bética y con fama de buen guerrero. La entronización de Rodrigo, aunque legal, debió producirse en unas condiciones que asemejaban mucho a las de un complot o conjura faccional. Pues lo cierto es que otro sector de la nobleza, especialmente unido por lazos de fidelidad a la casa de Egica y Witiza, y en el que se encontraría algún duque provincial, hubiese preferido la sucesión en algún familiar del fallecido soberano. Entre éstos debía destacar el hijo de Egica, Oppas. Fuentes arábigas altomedievales —cuya veracidad concreta resulta difícil de delucidar— han transmitido la noticia del inmediato estallido de una guerra civil, en la que Rodrigo habría llevado la mejor parte. En todo caso, parece muy probable que este último no hubiese podido hacerse con el control de todo el territorio del Reino visigodo. En sus regiones más orientales, en el valle del Ebro, Cataluña y Septimania, la oposición a Rodrigo por parte de los sectores witizanos es muy probable que llevase a la proclamación de otro soberano en la persona de un tal Agila II, cuya relación de parentesco con Witiza desconocemos, aunque parece difícil que fuese hijo suyo.

Tan caótica situación en las lejanas tierras nororientales del Reino toledano muy verosímilmente constituyó la coyuntura favorable esperada por los generales de la Ifriquiya musulmana para dar el salto a España; y ello sin descartar posibles connivencias entre éstos y sectores nobiliarios visigodos opuestos a Rodrigo. Lo cierto es que la noticia del desembarco en Algeciras de un cuerpo expedicionario musulmán, y el saqueo por éste de la baja Andalucía, le llegó al soberano godo cuando se encontraba guerreando en tierras nororientales de la Península.

En el mes de julio del 711 el ejército visigodo de Rodrigo era destrozado en la llamada batalla del río Guadalete —posiblemente cerca de la antigua localidad de Laca— por los infantes musulmanes, en su mayoría beréberes, comandados por Tarik, lugarteniente de Muza, reciente conquistador de Marruecos. El ejército visigodo derrotado se encontraba comandado por el propio Rodrigo y de él formaba parte la flor de la nobleza visigoda con sus clientelas armadas. Parece difícil negar que las armas del Islam se vieron favorecidas en esta ocasión por las rivalidades internas existentes en el ejército oponente, con muchos nobles contrarios al liderazgo de Rodrigo que hicieron defección en medio mismo de la batalla. Rodrigo debió encontrar la muerte en el combate; y con él otros muchos nobles, incluso los que trataron de hacer defección. Todo ello contribuiría a aumentar la confusión y hacer muy difícil la formación de otra hueste visigoda que oponer a los invasores; máxime cuando un intento desesperado de frenar la penetración enemiga por parte de los restos del ejército godo derrotado fracasó totalmente en las proximidades de Écija. Tarik, muy bien aconsejado a lo que parece, tomaría la vía directa a la capital del Reino visigodo, mientras dejaba a lugartenientes suyos la anulación de pequeños focos de resistencia en Córdoba y en la Andalucía oriental. La rápida ocupación de Toledo por Tarik debió tener efectos psicológicos y políticos muy desfavorables para la posible defensa contra los invasores. El alto grado de centralización del Reino visigodo y las ceremonias litúrgicas muy precisas que debían hacerse en Toledo para la elección de un nuevo monarca impedirían la constitución de una defensa organizada, resolviéndose ésta en una multiplicidad de núcleos locales, amparados en la fortaleza de sus murallas (Mérida) o en la huida a las montañas. En todo caso, Tarik sabría eliminar con gran celeridad, y demostración de su perfecto conocimiento de la realidad administrativo-militar goda, las posibles concentraciones militares del Reino visigodo en sus marcas septentrionales, con su marcha sobre Amaya y Astorga. La derrota y desaparición de Rodrigo no harían, por otro lado, más que reavivar una guerra civil mal apagada cuando se produjo la invasión. Witizanos como Oppas no hicieron más que colaborar con los invasores en su fundamental tarea de eliminar a la élite dirigente visigoda de la facción derrotada, la única capaz de organizar una posible defensa territorial. Por último, la llegada del propio Muza, posiblemente ya en 712, con nuevos y más numerosos refuerzos, aceleraría la conquista total del país. La contienda civil en el seno de la nobleza visigoda, el desentendimiento de las tierras nororientales del Reino visigodo, la grave tensión social y la mortandad por las recientes epidemias de peste y las hambrunas repetidas, explican la rapidez de la conquista islámica entre el 711 y el 714. En estos años Muza lograría alcanzar los puntos extremos de Lugo y Barcelona, mientras su hijo Abd al-Aziz terminaba con las últimas resistencias en el mediodía peninsular, utilizando uno y otro la fuerza de las armas o la capitulación pactada con algún que otro señor local, como Teodomiro de Orihuela o el conde Casio en el valle medio del Ebro.

La repentina llamada a Damasco de Muza, para rendir cuentas ante el califa al-Walid, y la confusión política creada por el matrimonio de Abdal-Aziz con la viuda del rey Rodrigo, con claros fines autonomistas frente a Damasco, paralizarían momentáneamente la progresión de la conquista islámica. Aunque, por otro lado, pudieron contribuir a soluciones pactistas con los sectores de la nobleza visigoda fieles a la herencia política de Rodrigo. Y es posible que se asistiera entonces a una cierta recuperación en tierras catalanas por parte de los grupos nobiliarios que habían propiciado la entronización de Agila II. Según una lista real visigoda de procedencia catalana, este último, tras un reinado de tres años, sería sucedido por un tal Ardo. Éste habría sido capaz de mantenerse en el trono durante siete años más. En todo caso, el nuevo gobernador omeya de España, al-Hurr, habría procedido a la conquista de las tierras catalanas entre el otoño del 716 y la primavera del 719. Cuando tras el desastre de la batalla de Tolosa (9-6-721) las tropas musulmanas reiniciaron su ofensiva allende los Pirineos no parece que se encontrasen más que con focos de resistencia nucleados en torno a las principales ciudades septimanas —Narbona, Carcasona, Nimes— y bajo el liderazgo de sus nobles locales, monopolizadores del cargo condal. En el horizonte límite del 725 no existía ni sombra del poder centralizador que había significado la Monarquía visigoda, auténtica vertebradora del Reino toledano.

PARTE SEGUNDA

Sociedades y economías.
Dialécticas antiguas y nuevas

Capítulo IV

La economía y la vida rurales. Grupos sociales y relaciones de dependencia

Resulta un tópico señalar la primacía del sector primario en todas las economías preindustriales. A pesar de la importancia excepcional del fenómeno urbano, el Mundo antiguo fue fundamentalmente agrario. Por ello la encuesta histórica que ahora iniciamos se nos presenta amplia y multiforme. Concretamente, dos serán los elementos esenciales a analizar: en primer lugar estudiaremos los que podemos considerar elementos portantes del mundo rural de la época: la tierra, los instrumentos tecnológicos de la explotación, los objetivos de esta última y la incidencia sobre ella de las catástrofes naturales. En el fondo, todas estas cuestiones en sentido amplio podrían englobarse en la compleja noción del paisaje rural. En segundo lugar examinaremos la esencial cuestión de la estructura de la propiedad. Problemática esta última que incluye también la del análisis de la fuerza de trabajo humana y la de los grupos beneficiados de dicha estructura de propiedad.

EL PAISAJE RURAL

Es estudio del paisaje rural peninsular en esta época encierra serias dificultades, en algún punto hoy día insalvables. En primer lugar, no podríamos olvidar el hecho esencial de la gran diversidad geográfica de España, muy diferenciada ya por los mismos antiguos. Y junto a los factores de orden natural o físico tampoco podemos prescindir de las diversas tradiciones históricas, en absoluto niveladas por la romanización, mediterraneizante a este respecto. Y, por desgracia, esta diversidad contrasta muy vivamente con los testimonios a disposición nuestra: textos literarios escasos y frecuentemente generalizadores; documentación arqueológica insuficiente y no siempre crítica. La verdad es que se trata éste de un terreno especialmente virgen en estudios modernos, lo que nos impedirá, entre otras cosas, la muy instructiva comparación con la situación del paisaje rural hispánico en tiempos imperiales.

a) *La organización y distribución de los cultivos.* El estudio de la organización de los cultivos incluye una previa cuestión: la distinción entre explotación agraria en sentido restrictivo y silvo-pastorial; lo que implica ya una previa división del suelo en espacios dedicados al cultivo de especies con vista a la alimentación humana y otros de carácter forrajero, o incluso dejados incultos y de utilización principalmente ganadera o complementaria. En el caso de las superficies cultivadas, cabría distinguir entre las dedicadas a la producción cerealística y hortícola y las plantaciones. En todo caso, no se puede olvidar que la utilización agropecuaria del suelo obedece a dos tipos de factores, unos de orden físico-natural y otros de índole histórica y sociomental. Entre estos últimos cabría destacar las diversas tradiciones alimenticias.

En relación a la dieta alimenticia de la época, es norma entre los estudiosos del Occidente distinguir entre una tradición romano-mediterránea y otra germánica. La primera tendría su base en los cereales panificables y legumbres, junto al vino como bebida principal y el aceite de oliva como grasa fundamental. Por su parte, la germánica habría dado mucha mayor importancia a la ganadería como productora de carne, grasa y derivados lácteos. La escasez del aporte germánico en España y la necesaria atracción ejercida por los moldes alimenticios romano-mediterráneos, considerados como culturalmente superiores, hacen suponer en principio la continuidad de usos alimenticios. Pero la Península ibérica reúne, junto a amplios espacios muy aptos para cultivos de tipo mediterráneo, otras zonas, septentrionales o montañosas del interior, mal dispuestas para la cerealicultura, el viñedo o el olivar.

Para conocer la dieta alimenticia de la España de estos siglos contamos con el testimonio precioso de ciertas reglas monásticas: principalmente las de Isidoro de Sevilla y Fructuoso de Braga. La primera, escrita entre el 615 y el 624 y con un ámbito de aplicación bético, establece como base alimenticia de sus monjes las verduras y legumbres acompañadas del pan y del aceite de oliva como única grasa; en determinadas festividades el potaje podía verse enriquecido con algunos trozos de carne. Como bebida, se señalan tres vasos de vino por monje y día, lo que, en comparación con lo demás, constituye una medida elevada. Por su parte, la Regla de Fructuoso —unos veinte años posterior y con un ámbito de aplicación diverso: del Bierzo y zonas internas de Galicia al Océano gaditano— sigue señalando como base de la dieta las verduras y legumbres, mientras que el imprescindible pan se dice de cebada y se acepta la posibilidad de enriquecer la dieta a base de pesca, marítima o fluvial. Pero, sobre todo, la regla fructuosiana destaca por la no mención del aceite de oliva y una drástica restricción del vino, reducido a 162,5 centílitros por monje y día. Estas diferencias, en apariencia leves, cobran toda su significación geográfica si se las relaciona con la llamada *Regula Communis,* compuesta bajo influencia fructuosiana en la segunda mitad del siglo VII para una confederación monástica con asiento principal en el Bierzo y en las tierras del sur del Miño, en torno a Braga. Pues en dicha regla se señala la importancia fundamental de la ganadería ovina para la supervivencia económica de sus monasterios, dada la total insuficiencia de la cerealicultura en aquellas tierras, incapaz por sí sola de alimentar a los monjes por más de tres meses al año.

De estos textos creemos que se puede deducir cuál era el régimen alimenticio normal en la España de la época, si prescindimos de ciertas rigurosidades monásticas en lo relativo a la carne y al vino. Es evidente que dicha dieta se basaba en los cereales panificables, legumbres, vino y aceite de oliva. Lo que indica una total

Pentateuco de Ashburnham. Historia de Adán (París, Biblioteca Nacional)

continuidad de los usos alimenticios de la romanidad mediterránea, negando una vez más toda significación al posible aporte étnico germánico. Por su parte, la confrontación entre el testimonio isidoriano y el fructuosiano señalaría una primera diversidad entre las zonas béticas y las montañas del noroeste en lo tocante a la relativa importancia de la cerealicultura, viñedo y olivar frente a la explotación ganadera.

Documentos literarios de diversa índole señalan claramente que las tierras dedicadas al cereal y viñedo eran mayoría en la España visigoda. Así lo indican, entre otras, las descripciones-tipo de fincas de la *formulae* notariales y un documento de carácter fiscal tan importante como el llamado *Edictum de tributis relaxatis* del 683; así como también lo reflejan otra serie de documentos legales de cronología diversa.

En todos estos testimonios se oponen a los viñedos las llamadas *terrae* o *agri,* dedicados a la producción cerealística. Por ello convendría ahora referirse a los tipos de cereal cultivados y a su diversa extensión geográfica. Faltos de la precisa documentación arqueológica para un tal estudio, sólo contamos con los siempre problemáticos *Origenes* isidorianos. El docto hispalense distingue tres especies cerealísticas propias de la alimentación humana —trigo, cebada y centeno— y una cuarta destinada a los animales, el *farrago.* En el caso del trigo, distingue entre los de grano mondo, específicos para la panificación, y los más bastos a los que se da el nombre genérico de *far adoreum,* señalándose también el trimesino o de primavera. En lo relativo a la cebada, Isidoro distingue entre la de invierno y la de primavera. Mayor importancia que estos datos tiene, ciertamente, precisar su respectiva extensión. Ante todo cabría destacar un hecho: la gran importancia de la cebada en la producción cerealística de la época. Aunque el trigo se cultivase en zonas dudosamente aptas, como las estribaciones septentrionales del Sistema Central (Diego Álvaro), lo cierto es que la cebada se veía favorecida por su mayor resistencia a la sequía y su más temprana maduración, pudiéndose así también cultivar en zonas de mayor altitud incluso que el centeno, lo que explicaría la generalización del pan de cebada en la regla fructuosiana. La extensión de la cebada, al menos al 50 por 100 con el trigo, se testimonia en dos documentos fiscales tan diversos como son el llamado *De fisco barcinonense,* del 592 y aplicación a la actual Cataluña, y el famoso pacto entre Teodomiro de Orihuela y Abd al-Aziz, del 713 y con un ámbito territorial situado en Hellín, Villena, Elda, Elche, Alicante, Orihuela, Lorca, Mula y Cehegín. También cabría destacar la mención isidoriana al centeno, sin duda una de las novedades más representativas de la agricultura medieval europea. Su resistencia hizo del centeno un cereal más apto que el trigo para su cultivo en las zonas húmedas y frías o en los suelos montañosos pobres y con exceso de silicio. De destacar es sobre todo que el Hispalense señale al centeno como panificable.

Pero estos *agri* también podían dedicarse al cultivo de leguminosas. El desconocimiento, como luego veremos, de la rotación trienal impide, en todo caso, imaginar un terruño organizado racional y alternativamente entre cereales y leguminosas. Pero la dieta alimenticia exige pensar en un cultivo muy amplio de tales especies en toda la España visigoda. Isidoro de Sevilla testimonia el cultivo de varios tipos de legumbres: habas, lentejas, guisantes, fríjoles, garbanzos y altramuces; destacando como el más generalizado el de habas que, reducidas a harina, podían incluso constituir una especie de pan. Estas legumbres, junto con las tradicionales hortalizas —rabanillo, nabo, lombarda, rábano, lechuga, escarola, cebolla, puerro, pepino, calabaza, melón, espárrago y alcaparra—, podían ser objeto de cultivo en huertos, de dimensiones siempre más reducidas que las tierras de pan y provistos de riego artificial. De las reglas de Isidoro y Fructuoso se deduce que esos huertos por lo general estaban situados en las cercanías de los lugares de habitación de sus cultivadores, en su caso los monjes, constituyendo un área bien diferenciada de las *terrae* dedicadas a la cerealicultura. Tales huertos así situados se beneficiaban de mejores posibilidades de abono animal y de una más cuidadosa y constante atención, propia y necesaria en todo cultivo de azada. Por lo general se encontraban defendidos de las incursiones de animales domésticos u otros intrusos, mediante setos o tapias. El que tales incursiones se castiguen muy severamente en la legislación visigoda indica la importancia que tales huertos tenían en la economía doméstica de la mayor parte de los campesinos, así como lo muy generalizado de su existencia junto a cualquier vivienda campesina. Lo cual se deduce por otros textos tan diversos como un canon del II Concilio de Toledo del 531 y un conocido pasaje de la autobiografía de Valerio, aplicable a las montañas bercianas a fines del siglo VII.

Junto con las tierras de cereal, el otro tipo de cultivo que dominaba el paisaje rural era el viñedo. R. Dion ha mostrado que fue la vid una de las especies que más se extendió en Europa por estos siglos, incluso en tierras poco aptas para su cultivo. Y en ello influirían principalmente razones de orden mental: el prestigio de las tradiciones alimenticias clásico-mediterráneas y el simbolismo religioso que el cristianismo otorgó a la viticultura, hasta el punto que fueron la Iglesia, en particular los monjes, quienes se convirtieron en sus grandes difusores. Documentos literarios antes señalados prueban sobreabundantemente lo generalizado del viñedo en la España de la época, hasta el punto que Chindasvinto decretó periodo de vacaciones en los juzgados durante la vendimia. Pero aunque la legislación visigoda castigue con el duplo la destrucción de una viña —indicativo de su valor—, no debía ser normal proteger los viñedos con cercados, a lo más se les rodeaba con una fosa que pudiera servir de intimidación a cualquier posible invasor.

Pero la Península ibérica tiene climas y altitudes muy variadas, no siempre los más idóneos para la viticultura. La Bética, el valle del Guadalquivir, había contado en tiempos imperiales con viñedos próximos a sus grandes centros de habitación, situación que debía persistir en época visigoda a juzgar por las descripciones-tipo de fincas que se nos han conservado en las *formulae* notariales de procedencia cordobesa, la dieta alimenticia propuesta por Isidoro a sus monjes, y por la persistencia del cultivo vinícola en tiempos de prepotencia coránica. También el viñedo era frecuente en las fértiles llanuras del valle del Guadiana en Lusitania, según testimonios literarios y arqueológicos. Y lo mismo puede decirse de las fértiles vegas del sudeste y levante, a juzgar por el pacto firmado en el 713 por Teodomiro de Orihuela. Testimonios conciliares permiten sospechar una abundancia del viñedo en las zonas centrales de España, al igual que el área catalana.

Pero en España también existen zonas de montaña poco aptas para la viticultura; cosa particularmente penosa, dadas la dieta alimenticia imperante y la insuficiencia de los transportes. Isidoro de Sevilla conocía perfectamente estas dificultades existentes en áreas septentrionales de montaña, donde el vino podía verse sustituido por destilados de cereales fermentados. Pero las gentes de la época ciertamente se esforzaron por vencer tales dificultades. Una de las regiones poco aptas, donde sabemos de la plantación de viñedos en esta época, fueron las montañas bercianas, no obstante dar la regla fructuosiana una menor importancia al consumo de vino que la de Isidoro. Y también en las zonas centrales peninsulares, serranas y frías, se testimonia el cultivo de la vid en estos siglos: en el área del actual Diego Álvaro (Ávila) el viñedo era vecino de la fresa, señal inequívoca de la frialdad y humedad del terreno. Y también en las sierras pirenaicas y subpirenaicas el viñedo ganó terreno en estos años: tal en los montes de Sobrarbe y en las estribaciones oscenses de la Sierra de Guara.

El estudio de los hábitos alimenticios de la época debe conducirnos ahora al análisis de un último gran cultivo: el olivar. Sabida es la importancia, en calidad y cantidad, de la producción oleícola hispánica en tiempos imperiales, con una particular concentración de ésta en la Bética. Isidoro de Sevilla en la dieta alimenticia de sus monjes coloca al aceite de oliva como única grasa, mientras en sus *Orígenes* distingue entre varios tipos de aceitunas cultivadas en su patria, caracterizando a una especialmente como hispánica; y el olivar aparece como elemento esencial del patrimonio donado en la famosa fórmula métrica de *Morgengabe* de origen cordobés y datada en el reinado de Sisebuto. Todo lo cual entra en contradicción directa con ciertas afirmaciones recientes sobre la desaparición del olivar, por vía destructiva y de abandono, en la campiña bética a principios del siglo v; afirmaciones basadas en argumentos *ex silentio* a partir de un material arqueológico mal analizado por desconocimiento hasta tiempos muy recientes de las tipologías cerámicas postconstantinianas y visigodas. De la continuidad de la producción oleícola bética hablarían finalmente las fuentes arábigas que señalan, entre otras, la región del Aljarafe sevillano como de densísimos olivares.

La oleicultura, aunque en menor proporción que en la Bética, también se encontraba bastante extendida por otras regiones peninsulares. Testimonios literarios y arqueológicos muestran la importancia de la producción aceitera, al menos para satisfacer las necesidades de abastecimiento local, en la fértil penillanura del Guadiana, en las ricas huertas levantinas —en las que el olivar parece ocupar un cuarto de la importancia del viñedo—, y en el valle medio del Ebro, y en la costa catalana. Aceite procedente de esta última zona podía incluso exportarse a la vecina Francia merovingia por el puerto de Marsella. Existen también ciertos datos referentes a un avance de la olivocultura en zonas de montaña y de clima en principio poco favorable para el olivar, como podía ser la montaña berciana. No obstante la ignorancia del aceite en la dieta de la regla fructuosiana, y la importancia concedida a la grasa animal en la *Regula Communis,* indican una clara insuficiencia de la producción oleícola en estas zonas peninsulares del noroeste.

Pero en general la visión que se obtiene en las fuentes de la época es la de una importancia, cualitativa y cuantitativa, del olivar en la explotación agrícola de la época. A esta impresión cuadyuvan las altas valoraciones del olivo, frente a otros frutales, en el *Liber Iudicum;* lo que obedecía también al largo periodo de tiempo necesario para que un nuevo olivar entrase en producción. De la generalidad de la oleicultura habla el que en los últimos tiempos del Reino de Toledo los tributos, ya exigidos en especie de modo general, lo fuesen fundamentalmente en cereales, vino y aceite. Tríptico mediterráneo reconocido como fundamental por otra serie de leyes de época visigoda.

Para finalizar el análisis del espacio agrícola cultivado tendríamos que referirnos a su articulación dentro del paisaje rural. Algunos aspectos de tal problemática ya han sido tratados, tales como los de las dimensiones y situación de las huertas. Dada la relativa extensión de la pequeña posesión —sino propiedad— campesina, es de suponer la multiplicidad muy grande de tales huertos familiares, y su paulatino proceso de división por vía de la herencia, al formar una especie de unidad indisoluble con la casa campesina. Y estos huertos y jardines de carácter familiar formarían así como una especie de primer círculo en torno a los núcleos de habitación aldeanos. Primer círculo en el que serían dominantes su extrema parcelación y la existencia de setos o empalizadas. Defensas en sumo grado necesarias tanto por razones de orden mental como físico: íntima ligazón de la casa y núcleo familiar con su huerto y extrema cercanía a hombres y animales domésticos amenazadores de invasión y destrozos. Pero más allá de este estrecho círculo de huertos y jardines nos encontraríamos —al menos en las zonas de ocupación agrícola antigua y extensa— con los espacios más amplios de los viñedos, olivares y las tierras de labor. No parece que en su aspecto externo, en su disposición sobre el paisaje, puedan establecerse grandes diferencias entre unas y otras. Aunque en términos absolutos las tierras de labor serían más numerosas y amplias. Pero también tenemos datos de grandes superficies dedicadas a la viticultura, como las famosas 200 hectáreas donadas por Vicente de Asan en Plasencia (Huesca). Sobre la base de los datos que tenemos, parece que en este segundo y amplísimo círculo del área cultivada dominaba un claro régimen de campos abiertos. La ley visigoda, incluso, protegía el derecho de paso de ganados y viandantes por tales campos, aunque se encontrasen ya sembrados y no en barbecho o yermos. Régimen de campos abiertos que explica la existencia de una amplia legislación referente a la invasión de campos de cultivo por animales domésticos; constituyendo una única excepción a dicha permisividad general aquellas fincas cultivadas situadas en los bordes de las vías públicas, a las que se obligaba proteger con artilugios defensivos. Pero aunque dominante el *open field,* no decaía por eso la necesidad de marcar las divisiones o límites, ya entre unas propiedades y otras, ya entre las diversas parcelas autónomas en el marco de la gran propiedad. Para ello se utilizaban sistemas de honda tradición en nuestros campos: bien mediante montones de tierra longitudinales, denominados *arcae;* bien por medio de cipos de piedra dotados de inscripciones; o incluso por señales grabadas en los árboles llamadas *decuriae.* Aunque la tendencia a la concentración de la propiedad fundiaria había vaciado de contenido socioeconómico a la centuriación de la colonización romana, el papel de ésta como elemento organizador del paisaje en las zonas cultivadas debió continuar en gran parte incambiado; prueba de ello sería la perduración de los viejos caminos rurales trazados por la implantación colonial romana, a la vez límites e instrumento de fácil comunicación entre las varias parcelas.

b) *Baldíos, pastizales y bosque.* Pero no todo eran campos de cultivo. Junto a éstos habría que tener en cuenta a los baldíos y tierras dedicadas a pasto natural y, por último, al bosque. Siempre se ha hablado de la importancia que en la economía occidental de la época tenían el bosque y los baldíos: amplios espacios subexplotados por las insuficiencias demográficas y tecnológicas; además de constituir el bosque fuente de aprovisionamiento de algunas materias necesarias, tales como la miel, la madera, carbón vegetal, y, sobre todo, la cría del ganado porcino en régimen de montaraza.

Un primer hecho a establecer sería el de la relativa extensión del bosque en relación con las áreas de cultivo. Si exceptuamos ciertas zonas montañosas del norte y noroeste, y algunos bosques de las altas cimas del interior, en el resto de la Península ibérica domina el bosque de tipo mediterráneo. Pero este tipo de bosque desde muy antiguo ha mostrado tendencias muy claras hacia su degradación. Bosque por lo normal poco denso y con tendencia al matorral o chaparral, degradado muchas veces por las propias condiciones físicas, con suelos ligeros, frecuentemente en pendiente, y con una pluviosidad generalmente escasa y discontinua, e incluso históricas. Un bosque dominado por las agrupaciones de glandíferas, generalmente por la encina. En definitiva, un bosque no difícil de roturar y susceptible en todo momento de ser utilizado como pastizal. Pero hecha esta advertencia de tipo general, resulta ya muy difícil determinar su extensión. Por desgracia, sólo contamos con las noticias en exceso generales de Estrabón para época de Augusto y con las más concretas y posteriores para las áreas meridionales de los geógrafos arábigo-españoles. Sobre los datos de estos últimos, Ch. Higounet estableció algunos hechos de interés. Así sabemos de una frondosa mata de coníferas extendida por todo el Algarve; de otras matas boscosas en las zonas occidentales de las cadenas béticas, extendidas hasta el Campo de Montiel (Ciudad Real). En fin, habrían existido pinares de una cierta consideración en las serranías mediterráneas orientales, en las regiones en torno a Cuenca y Tortosa; y el testimonio estraboniano permite suponer un amplio manto boscoso en toda la zona cantábrica y pirenaica. Por su parte, los testimonios de repoblación de la Alta Edad Media prueban la existencia de densas matas boscosas en varias serranías longitudinales del área catalana y en el interior de las dos Mesetas, donde dominaba la encina y, en segundo lugar, el roble. Y ello por no citar la provincia eclesiástica de Galicia, en cuyas montañas, junto al roble, abundarían las hayas, castaños y abedules. Variado manto forestal, hábitat de animales como el jabalí, venado y lobo, bien testimoniado para esta época por el Páramo leonés y la región berciana.

Todos estos datos, aunque escasos, nos ofrecen un panorama forestal hispánico bastante más tupido que el actual, resultado de las grandes roturaciones medievales y modernas. Y en su conjunto permiten ya atisbar la significación del bosque en la economía rural de la época. Por eso no causa extrañeza que en las descripciones de fincas-tipo en las fórmulas notariales visigodas se señale siempre la presencia de bosques, incluso en la misma región bética. De estas extensiones boscosas las más numerosas serían las de glandíferas, en especial de encinas. Curiosamente, la legislación visigoda valora la encina en unión a las restantes especies de frutales, lo que constituye un claro índice de su importancia económica para la cría y alimentación del ganado porcino; por ello la mayor parte de los testimonios sobre matas forestales en el *Liber Iudicum* se refieren a bosques de glandíferas. Tras las encinas y robles debían ocupar un segundo lugar —por extensión y generalidad— los bosques o agrupaciones de pinos e higueras; árboles los dos típicamente mediterráneos que se documentan muy bien para toda la zona andaluza y levantina.

Y junto con los bosques, los terrenos de baldíos o yermos y los prados artificiales; aunque con orígenes y aspectos diferentes, unos y otros tenían una misma significación económica: servir de pastos para el ganado, por lo que de forma genérica en las fuentes se les denomina *pascua*. Su frecuencia debía ser grande a juzgar por las descripciones de fincas-tipo en las fórmulas notariales visigodas o en otros documentos de carácter diplomático de procedencia pirenaica. Dentro de estos *pascua*, sin embargo, habría que distinguir entre los naturales y los artificiales. Entre los primeros ocupaban un lugar muy importante las praderas de montaña, *estivae* o *estivolae*, utilizables como pasto en la estación seca e imprescindibles en una ganadería trashumante de tipo mediterráneo, y que tenemos documentadas para la época en la zona del Sobrarbe. Pero también tenemos testimonios de la existencia de prados artificiales, objeto de especial dedicación. Tales prados bien se encontraban abiertos, o bien provistos de empalizadas u otras defensas; pero incluso en el primer caso era frecuente se constituyese algún obstáculo al libre deambular de animales en los momentos inmediatos a cada siega. Documentación legal testimonia que era normal la existencia de zonas dedicadas a pastos de utilización común por los miembros de una comunidad aldeana, con tal de que éstos no cercasen sus propios campos de labor; uso comunitario de los pastos que recibía el nombre de *compascuus*.

c) *La explotación ganadera.* La utilidad normal del bosque y de los baldíos era la ganadería. Ésta proporcionaba productos alimenticios, servía de fuerza motriz y sus excrementos bonificaban las tierras de cultivo. La importancia de la ganadería en la España de la época puede deducirse a partir del gran número de leyes recogidas en el *Liber Iudicum,* que tratan de dilucidar con precisión y minucia los conflictos posibles de surgir en las comunidades campesinas como consecuencia de la ganadería: robo o pérdida de ganado, utilización de animales ajenos, destrozos causados por éstos, etc. Distinguiendo entre ganado mayor y menor, en el primero cabría destacar a los équidos. Las tradiciones cinegéticas y militares de la aristocracia senatorial tardorromana y las propias de la nobleza gótica contribuían a una alta valoración del caballo por parte de la sociedad hispanovisigoda; lo que se refleja perfectamente en la legislación, según la cual un animal de tiro valía un tercio más que una vaca y dos tercios más que un ovino. Tras el ganado equino, el segundo en valoración en la economía de la época era el vacuno. Éste, además de producir carne y abundante estiércol, unía sus capacidades lácteas y, sobre todo, motrices. Posiblemente esta última utilización fuese la más apreciada por los campesinos visigodos. Algunas leyes del *Liber* muestran cómo eran los bóvidos más utilizados como animales de tiro que los équidos en el caso de las economías campesinas más débiles; el buey era más barato que el caballo y tenía mucha más potencia de tiro que el asno. Una interesante ley de Chindasvinto muestra cómo este tipo de animal de tiro polivalente podía constituir parte del utillaje normal propio de un campesino autónomo de tan bajo *status* como podía ser un esclavo. En definitiva, todo parece indicar que, salvo en determinadas zonas del país, la ganadería mayor constituía ante todo un instrumento de trabajo más que un animal productor de derivados alimenticios o artesanales, tal y como sería el caso del ganado menor. Tal situación parece corresponderse perfectamente con otras semejantes bien testimoniadas para tiempos anteriores a la gran revolución agrícola medieval en otras zonas del Occidente europeo.

Dicho lo anterior, convendría, sin embargo, realizar algunas matizaciones de carácter local o regional. En concreto, parece evidente que ciertas áreas minoritarias de nuestra Península contaban con un ganado mayor bastante abundante y no exclusivamente con vistas a su utilización como fuerza de trabajo. Dichas zonas de preponderancia ganadera se encontrarían en las áreas montañosas, tales como los Pirineos, Sistema Central y montañas del noroeste; sin contar la Cordillera cantábrica, de la que carecemos de datos. En algunas de éstas las especiales condiciones climáticas obligarían a la realización de una activa transhumancia, al menos local. Tal transhumancia —testimoniada hasta tiempos recientes en todas las zonas hispanas de montaña— puede rastrearse en la documentación de la época visigoda. Junto con los pastos de verano o *estivae* testimoniados en el Sobrarbe aragonés, Valerio del Bierzo nos habla del paso masivo de bóvidos a principios de octubre en su tradicional marcha desde los pastos de verano en la montaña leonesa a los de invierno situados en el llano más al sur.

Salvo en estas zonas minoritarias, la posición económica del ganado menor en la España tardoantigua era muy diferente de la antes descrita para el mayor. Las fuentes literarias de la época claramente señalan lo frecuente de dos variedades fundamentales dentro del ganado menor: el ovino y el de cerda.

Las fuentes escritas aluden al ganado ovino con el término genérico de *pecus,* utilizable tanto para ovejas como cabras, y más raramente el más preciso de *oves.* Por lo que no siempre es posible distinguir entre unas y otras. La mayor abundancia de citas al ganado ovino en el *Liber Iudicum* ya puede ser un testimonio de su mayor extensión; lo que parecen apuntar también textos como la regla monástica de Isidoro, que delimita la explotación ganadera-tipo de sus monasterios a la cría de ovino y cerdos. Los testimonios de una *villa* rústica de los siglos VI-VII situada en las proximidades de la actual Alcalá de Henares, muestran una superabundancia de restos óseos de ovinos frente a los de otro animal doméstico. La generalidad del ovino en las explotaciones agrarias de la época no obstaculiza que en ciertas zonas, de características climáticas y geográficas especiales, ésta llegase a constituir algo primordial. Tales zonas serían las mismas anteriormente señaladas, como de una mayor importancia del ganado mayor. A este respecto, la llamada *Regula Communis* testimonia a la ganadería ovina como fundamento económico de las comunidades monásticas fructuosianas en el noroeste hispánico, en especial en la zona berciana. Datos que concuerdan muy bien con las conocidas actividades de administración patrimonial del padre de Fructuoso en esa misma región a mediados del siglo VII. Y algunas pizarras escritas de Diego Álvaro (Ávila) muestran cómo la cabaña ganadera de un pobre campesino de esa zona serrana se componía de carneros junto con algún bóvido y cerdos. El procedimiento normalmente seguido para la cría del ovino en absoluto era la estabulación, sino un libre deambular por las zonas de pasto natural existentes en cada región y época del año: bosques, pastos de montaña o *estivolae,* baldíos y, en gran medida, tierras de cultivo en tiempos de barbecho. Tal régimen de pasto al aire libre por bosques y campos abiertos explica perfectamente el que el ganado ovino se encuentre normalmente citado en cuantas leyes del *Liber* tratan de delimitar las responsabilidades por la entrada de animales en terrenos cultivados. Pero tal tipo de pastoreo imponía en grandísimas porciones peninsulares un régimen de transhumancia bastante pronunciado. Dicha transhumancia —que nos es muy bien conocida desde la constitución medieval de la Mesta castellana— tiene su origen y razón de ser en imposiciones climáticas. Y a ella aluden una serie de leyes *antiquae* del *Liber,* que muestran lo normal del paso de los rebaños por los campos en barbecho y desprovistos de defensas —cosa que el Estado visigodo pasó a proteger como un derecho ganadero—, así como la misma existencia de cañadas. Resulta evidente que la presencia de tal régimen de pastoreo y transhumancia habría de tener consecuencias en la organización del paisaje en numerosas zonas de la Península; tales serían una relativa extensión del régimen de *open fields* y una organización de las *culturae* de marcado signo comunal con vistas al barbecho.

Para finalizar, habría que referirse al ganado de cerda. Es ya un tópico señalar la incrementada importancia del porcino en la economía rural de Occidente tras las grandes invasiones del siglo v. Y a este respecto la situación hispánica en absoluto parece que constituyese una excepción. La gran difusión de los montes y bosques de glandíferas facilitaba la expansión de la ganadería porcina. Porque este ganado de cerda era criado en régimen de montaraza, según se deduce de una serie de muy interesantes *antiquae* del *Liber,* que tratan de precisar y evitar los litigios, sobre el derecho de pasto del ganado porcino en los bosques de glandíferas. El engorde de los cerdos tenía lugar preferentemente en una época determinada del año, coincidente con la maduración de la bellota, que comenzaba en septiembre para continuar durante todo el otoño. Para ello se utilizaban, bien montes comunales —propios de una aldea de campesinos libres o de una gran *villa* señorial—, marcándose entonces una proporcionalidad en el número de cerdos con base a la cantidad de tierra de labor ostentada por cada comunero; o bien en bosques privados y aislados. En el caso de los bosques, propios de una gran propiedad, y a utilizar por los campesinos dependientes, y en los privados era necesario pagar una cuota de pasto consistente en un diezmo, seguramente sobre el número total de cerdos enviados

Pizarra con escritura cursiva, siglo VII.(Diego Álvaro, Ávila). Noticia de quesos

al monte. De esta forma se comprende que las piaras de cerdos eran algo que debía estar siempre presente en casi todas las economías campesinas de la España visigoda. La regla monástica isidoriana, y para una época posterior el llamado Calendario mozárabe de Córdoba, así lo testifican para la región bética. Para las zonas centrales peninsulares —Sierras de Gredos y de Béjar-Francia— hacen lo mismo las famosas pizarras, alguna de las cuales prueba cómo el ganado de cerda constituía una parte insustituible de la pequeña cabaña ganadera de un pobre campesino dependiente, por cuyo engorde en el monte señorial tenía que pagar un censo. En la *Cirritania,* actual Cerdeña, la cría de cerdos debía ser algo esencial en su economía de montaña.

d) *Articulación agricultura-ganadería y espacio cultivado-no cultivado.* Del análisis que hemos intentado hacer en las páginas anteriores se deduce la imagen de un paisaje rural configurado sobre la base de una explotación agrícola en cuyo seno se encuentra integrada la cría del ganado. No obstante, cabría señalar que en bastantes aspectos esta última se sitúa muy próxima a formas de cría geográficamente marginal con respecto al cultivo. Efectivamente, acabamos de ver cómo el ganado estabulado no ocupaba sino una porción menor en la explotación ganadera, además de ser principalmente utilizado para carga y tiro; lo que implica una menor extensión de los prados y praderas artificiales y una producción deficitaria de estiércol. Por su parte, para los mayoritarios ganados ovino y porcino, constituían pastos fundamentales terrenos en gran parte marginales a los cultivos: bosques, baldíos, pastizales de verano de alta montaña, y los barbechos de los interminables *open fields.* Esta cría integrada, con tendencia a la marginal, se veía forzada en grado sumo como consecuencia de la bajísima productividad agrícola de la época, hasta el punto que en muchas ocasiones los animales domésticos serían auténticos competidores de los campesinos para su alimentación; lo que constituye una típica paradoja de la llamada agricultura de subsistencia. Sólo en unas muy determinadas áreas, montañosas y septentrionales, existiría una organización de los cultivos orientada fundamentalmente a la cría del ganado; aunque también aquí ocuparían un lugar esencial los pastos naturales frente a los artificiales. Pero el predominio en el resto del país de un sistema de explotación integrada no dejaba de tener profundas consecuencias en la organización del paisaje rural. Así, las zonas de explotación agrícola se dispondrían en tres franjas concéntricas en torno a los núcleos de habitación rural —huertos domésticos, tierras de cultivo básicas, bosques y baldíos—; el régimen de *open fields* sería preponderante en las tierras de cultivo, con la consiguiente existencia de servidumbres y solidaridades comunales en la explotación agraria: organización de los barbechos, utilización conjunta de los bosques, etc.

EL HABITAT RURAL

Podríamos definir el habitat rural como el modo de situarse y distribuirse en el paisaje las gentes que viven en el campo, y en su mayor parte también de él. Tradicionalmente se distingue entre habitat agrupado y disperso; aunque no es raro que puedan convivir ambos en una misma zona. Los factores que han podido contribuir al predominio de uno u otro han podido ser de origen y naturaleza muy diversos; por lo que parece un imperativo de la más reciente sociogeografía el huir de todo esquematismo o generalización apriorística, imponiéndose así un análisis regionalizado. Lo que en relación a nuestro tema de estudio presenta obstáculos difíciles de salvar: una documentación escrita en gran parte de carácter generalizador, y cuando es regional sólo ayuda a estudiar zonas radicalmente minoritarias en el conjunto peninsular.

En un importante pasaje de sus *Origenes,* Isidoro de Sevilla distingue entre varios tipos de habitats agrupados en el medio rural, radicalmente diferentes de la ciudad tanto por criterios cuantitativos como cualitativos: el *vicus,* el *castellum* y el *pagus.* El primero tiene una cierta organización urbanística, pero carece de defensas; el segundo es una pequeña aglomeración poseedora de defensas, tanto naturales como artificiales; y el tercero es un pequeño conjunto de casas de carácter rural muy marcado. Enumeración que parece coincidir con la ofrecida exhaustivamente en una famosa ley del 702: *castellum, vicus aut villa vel diversorium.* Última cita que nos plantea de lleno el grave problema de la significación concreta de *villa* en esta época: habitat disperso, a base de cortijos o haciendas señoriales, o agrupado, aldea de dimensiones variables.

Ciertamente, el término *villa* muestra una gran imprecisión en toda la documentación escrita del Occidente contemporáneo. Junto a la vieja acepción de mansión señorial, sirve también para designar a todo el gran dominio en el que la primera se encuentra ubicada, y hasta puede indicar una cierta demarcación territorial con un núcleo habitado agrupado y compuesto por uno o varios dominios señoriales y diversas explotaciones campesinas libres o independientes. Es decir, bajo esta última acepción, los términos *villa* y *vicus* llegan a ser en la práctica intercambiables. Que esta diversidad de significados se daba también en la España visigoda parece lo más probable, al menos a juzgar por la más abundante documentación altomedieval. Pero incluso en los documentos de los siglos v al vii el término *villa* parece cada vez menos apropiado para señalar un determinado dominio señorial, prefiriéndose para ello otros como *fundus, praedium, domus* y, sobre todo, *locus;* especialmente si atendemos a los textos de carácter legal. Esta abundancia de términos para señalar la existencia de un gran dominio —provisto de un centro edificado de carácter señorial y de apéndices territoriales propios de toda gran explotación agraria— viene a coincidir con testimonios indudables de la utilización de la voz *villa* con el significado amplio de demarcación rural provista de un centro o núcleo habitado y que, por el contrario, puede tener una estructura de la propiedad fundiaria bastante diversificada, según se testimonia tanto en textos hagiográficos como en el *Liber Iudicum.* Como hipótesis, se podría suponer que la alternancia en el uso *vicus/villa* podría tener en muchas ocasiones sólo una razón de tipo cuantitativo, pudiendo designar *villa* con preferencia a una agrupación aldeana de tamaño reducido en relación al *vicus.* La desespecialización así sufrida por *villa,* a la par que la extensión de su significado a toda agrupación de carácter aldeano, podría tener su explicación en ciertos hechos históricos de indudable interés. La indistinción en el paisaje hispánico de la época entre la aldea campesina y la antigua *villa,* o gran dominio señorial aislado, se veía favorecida por la extensión de los lazos de *patrocinium* y los pasos de gigante dados por la gran propiedad fundiaria; cosas ambas que conducían a la integración de antiguas comunidades aldeanas libres en el marco del gran dominio señorial. Pero, por otro lado, la generalización de un régimen de explotación para la gran propiedad consistente en la existencia de parcelas autónomas trabajadas por campesinos dependientes, portadores de derechos y obligaciones comunitarias en el conjunto todo del gran dominio, favorecerían también la constitución en el seno de este último de habitats campesinos agrupados. De forma que podría decirse que fue en èsta época cuando en la Península ibérica se dieron los pasos decisivos para la conversión de las antiguas *villae* señoriales aisladas en verdaderas comunidades aldeanas, muchas de las cuales habrían de continuar dando al paisaje rural una fuerte impronta personal ya hasta tiempos muy recientes. A este respecto la prospección arqueológica podría en el futuro prestar utilísimos servicios, aunque de momento tengamos que conformarnos con unos pocos ejemplos dispersos. Tales serían la constitución de indudables habitats campesinos agrupados adyacentes a antiguos establecimientos agrícolas señoriales tardorromanos, ya en fechas que oscilan entre el siglo v y vi, perdurando hasta mucho después, en las proximidades de Alcalá de Henares, Fuentespreadas (Zamora), Dehesa de la Cocosa (Badajoz), La Alberca (Murcia), Santiscal (Arcos de la Frontera, Cádiz). Siendo de señalar que punto importante de referencia de los nuevos agrupamientos aldeanos en la mayoría de estos casos serían construcciones de carácter basilical o martirial edificados junto, o en, a la antigua estructura señorial tardorromana.

De todo cuanto llevamos dicho se desprende ya una primera y muy importante conclusión: el indudable predominio del habitat agrupado sobre el disperso, que a lo que parece habría experimentado serios retrocesos en bastantes áreas peninsulares con respecto a épocas precedentes. Por desgracia, las fuentes de la época son poco parleras con respecto a estas aldeas o pueblos de campesinos; siendo razonable pensar que su tamaño y aspecto físico pudiesen mostrar diferencias muy notables. Desde luego, era normal que presentasen un aspecto compacto con un rudimentario esquema o trama urbanístico. De estos *vici* algunos podían tener dimensiones considerables, que les hiciera funcionar como cabeceras de comarca a fines administrativos. Tal podía ser el caso de las localidades del antiguo Reino suevo citadas en el llamado *Parroquial suevo,* compuesto en el último tercio del siglo vi, y que aparecen siempre bajo la denominación de *pagus,* es decir, un distrito rural poseedor de un centro, *vicus,* de cierta importancia. No se olvide al respecto que algunas de estas agrupaciones noroccidentales lograrían en la siguiente centuria obtener una condición de *civitas,* con la erección en ellas de una nueva sede episcopal; tal como serían las cosas de Egiditania, Lamego, Caliabria y Laniobriga. Por otra parte, tales cambios de *status* se dieron en otras regiones peninsulares; por lo que podríamos pensar en una gran antigüedad para tales distritos rurales a cuyo frente se encontraba un *vicus* de mayor importancia. Para la región bética tendríamos así los ejemplos de los distritos Celticense y Reginense, situados en los límites de Córdoba y Écija; al igual que para el Alto Aragón el testamento de Vicente de Asán nos informa de tales distritos para mediados del siglo vi: Tierrantona, Barbastro, Boltaña, etc. Un hecho característico de estos agrupamientos rurales en esta época será su progresiva y rápida cristianización, ejemplificada en el exterior —aspecto que ahora solamente nos interesa— por la construcción de basílicas y la constitución de necrópolis adyacentes con netas características cristianas, lo que nos documentan abundantemente la Arqueología y Epigrafía en Lusitania, Bética y Tarraconense: Mértola, Pinos Puente (Granada), Coscojuela (Huesca), Alanje (Badajoz),

Tavira, Montoro (Sevilla), Bobalá (Lérida), Albelda de Iregua (La Rioja), Ventosilla-Tejadilla (Segovia), Herrera de Pisuerga (Palencia), El Castellar (Villajimena, Palencia), Burguillos (Badajoz), Valdecebadar (Badajoz), Alandroal (Alentejo, Portugal).

Anteriormente vimos cómo las fuentes de la época distinguían entre el simple pueblo o aldea campesinos y el *castrum* o *castellum*, o agrupamiento provisto de defensas, bien artificiales o bien a deducir de su misma situación sobre alguna prominencia natural del terreno. Este aspecto militar tenía su importancia a la hora de señalar para el *castellum* una significación y funcionalidad sociológica bastante distinta a las otras concentraciones del habitat rural. Nos estamos refiriendo a la posible presencia en ellos de elementos militares, de gentes no directamente relacionadas en ese momento con la producción agraria; lo que podía implicar, por añadidura, la presencia de miembros de la élite política y socioeconómicamente dirigente, monopolizadora de los altos puestos de la milicia. Aunque, por otro lado, las tendencias autárquicas de la economía visigoda favorecían, u obligaban, a que dichos *castella* y buena parte de las gentes que en ellos vivían, en absoluto se encontrasen dispensados de un trabajo o relación directa con la tierra circundante; máxime si aceptamos la constitución en el Reino de Toledo de una especie de soldados-campesinos semejantes a los llamados limitáneos protobizantinos. Esta incardinación en el mundo rural de los *castella* visigodos se avendría muy bien con el material arqueológico encontrado en uno de ellos, el de Yecla de Silos, situado en un lugar de importancia estratégica en el sector fronterizo septentrional: junto a puntas de flechas y lanzas numerosos aperos agrícolas. Mientras que en la localidad leridana de Alger surgiría en pleno periodo visigodo un núcleo habitado de cierta importancia junto a lo que había sido sólo un *castellum* tardorromano. Todo lo cual concuerda también con la observación que se ha hecho de la existencia, junto a varias necrópolis tardorromanas y visigodas de la Submeseta septentrional, de castros fortificados situados estratégicamente en la defensa de ciertas calzadas romanas de penetración en Cantabria y de enlace entre los valles del Duero y Ebro: Suellacabras, Tañine (Soria), Nuez de Abajo, Hornillos del Camino (Burgos), San Miguel de Arroyo y Simancas (Valladolid). De modo que parece una pregunta válida la de si pudo constituirse el *castellum* en época visigoda en núcleo aglutinante, y dotado de especiales derechos de jurisdicción y militares, de distritos rurales, prefigurando en cierta manera lo que pasado el tiempo habría de ser el régimen de las «castellanías» del Feudalismo clásico. A tal suposición inducirían dos noticias procedentes de los últimos tiempos del Reino visigodo de Toledo: una ley de Ervigio que supone una autoridad civil distinta del obispo para castigar las blasfemias cometidas en un *castrum,* a diferencia de las pronunciadas en una *civitas* o *territorium;* y la personalidad jurisdiccional y administrativa señalada en el XVII Concilio de Toledo a la zona de las *Clausurae,* erizada de castillos en los Pirineos catalanes. Los diversos datos existentes sobre tales *castra* y *castella* en el Reino de Toledo permiten ubicarlos en sitios que cabe suponer expuestos a las penetraciones hostiles, bien frente a Bizancio —como sería el caso de los de San Esteban y *Castella* en las proximidades de Iliberris a fines del siglo VI—, bien frente a las poblaciones septentrionales de la Cordillera Cantábrica y País Vasco-Navarro mal dominadas: Miranda, Revenga, Carbonaria, Abeiga, Brunes, Cenisaria (Cenicero) y Alesanco, todos ellos situados entre Miranda de Ebro y Logroño; Amaya, Briviesca, Vindeleia,

Mave, Pésicos (Cangas de Narcea), Bergidum, Georres (Puebla de Valdeorras), Petra (Piedrafita), posiblemente *Castrum Petrense* y *Leonis* (en el Bierzo), y Coviacense (Valencia de D. Juan), al menos este último hasta mediados del siglo v. Finalmente en los Pirineos orientales, en tiempos de Wamba, en las llamadas *Clausuras* se testimonian: *Castrum Libyae* (Llivia), Sordonia (Cerdanne), *Clausurae* (l'Ecluse), Vulturaria (cerca de Sorède) y Caucoliberi (Colliure).

Así pues, la impresión general que se obtiene de la documentación es, como ya dijimos, la del predominio del habitat agrupado. Y en las zonas centrales peninsulares la Arqueología ha puesto al descubierto, junto a las ya citadas, otras varias necrópolis correspondientes a poblados rurales de esta época: Deza (Soria), Duraton, Madrona, Castiltierra (Segovia), Piña de Esgueva (Valladolid), Villel de Mesa (Guadalajara), Daganzo de Arriba (Madrid), y Carpio de Tajo (Toledo). Pero fuera de estos nombres, la verdad es que no mucho podríamos decir de tales poblados. Resulta evidente que, en lo relativo al tamaño, riqueza de sus edificaciones y diferenciación social de su población, la diversidad entre unos y otros debía ser bastante considerable. Algunos de ellos, como Mértola u otros, eran casi verdaderas *civitates*. Pero en la mayoría de los casos debía tratarse de pequeñas y pobres aldeas cuyo tamaño difícilmente alcanzaría en ningún caso los 1.000 habitantes. A este respecto cuantificador, las llamadas necrópolis visigodas de la Meseta pueden aportar algún dato clarificador, no obstante las claras insuficiencias de su estudio arqueológico, en especial en lo referente a su estratigrafía horizontal. Quitando el caso de Castiltierra —en el que cabe suponer un máximo de 870 habitantes—, lo normal es que correspondiesen a aldeas de no mucho más de un centenar de habitantes. Y tampoco cabe hacerse demasiadas ilusiones sobre el aspecto exterior de este tipo de aldea. Salvo contadas excepciones —basílica de Bobalá—, la mayoría de las iglesias correspondientes a tales poblados presentan un aspecto generalizado de rusticidad, pobreza y dimensiones francamente mediocres. Rusticidad y pobreza, que son también patentes en el resto de las edificaciones, por lo demás muy mal estudiadas: una casa excavada en el poblado de Herrera de Pisuerga presenta una extensión total de 85,40 m², constando de sólo tres pobres habitaciones, a las que habría que unir un reducido patio trasero en el que se situaba el hogar al aire libre. Todo lo cual parece corresponderse a la perfección con lo dicho por Isidoro de Sevilla sobre las moradas campesinas, denominadas *casae:* «morada rústica con cubierta a base de palos, matojos y cañas, que sirve a sus habitantes como protección del rigor del frío y del azote del calor».

Pero predominio del habitat agrupado no equivale a inexistencia del disperso, o que este último no pudiera llegar a predominar en algunas zonas muy determinadas. Incluso en las áreas de predominio del agrupado podría darse otro disperso intercalar. Tal podría ser el caso en las amplias y ricas llanuras lusitanas y béticas, prefigurando así lo que habría de ser el histórico y posterior régimen característico de cortijadas. Datos hagiográficos nos hablan de la abundancia de granjas aisladas a la vera del Guadiana en el siglo vi, y la Arqueología nos muestra la plena perduración en tiempos visigodos de los antiguos establecimientos señoriales tardorromanos en Torre de Palma (Alemtejo), Casa Herrera, San Pedro de Mérida (Badajoz). Y para la Bética, lo mismo podría decirse en los casos de Santisteban del Puerto (Jaén), Vega del Mar (Málaga) y toda una serie de antiguos establecimientos romanos entre Carmona y Écija. Es posible que en la Bética algunas de estas *villae* señoriales se hubiesen fortificado, al menos durante la época turbulenta y de inexistencia de un poder central fuerte con anterioridad a Leovigildo. Por último, habría que señalar cómo la expansión creciente del fenómeno monástico habría de traer consigo la erección de monasterios rurales, situados preferentemente en parajes aislados, a veces incluso de nueva roturación. Al respecto, la Arqueología nos presenta los casos conocidos de El Germo (Sierra Morena, Córdoba), Rus (Úbeda, Jaén). En las zonas centrales peninsulares los datos son más escasos. El tamaño muy reducido que hemos propugnado para la mayoría de las agrupaciones rurales en ambas submesetas hace que aquí a la fuerza la dispersión intercalar fuese menos necesaria y provechosa. Y en todo caso, en estas tierras muchas antiguas *villae* señoriales habían devenido en verdaderas agrupaciones aldeanas. En todo caso, datos literarios y arqueológicos permiten también aquí hablar de la perduración de algunos de tales establecimientos señoriales: Gerticos (Jerté, Cáceres), Deibiense y Cabense cerca de Toledo, Guarrazar (Toledo), las Tamujas y el establecimiento monástico de Santa María de Melque (Toledo). Ciertamente, en la zona serrana del Sistema Central el habitat disperso tendría una mayor significación. Aquí la fragosidad del terreno, la existencia de muy amplios espacios no aptos para el cultivo, y la subsiguiente importancia de una ganadería en gran parte transhumante, podían favorecer este tipo de habitat disperso.

Pero sin duda el habitat disperso tenía profundas raíces históricas y geográficas en todo el noroeste peninsular. En la zona del actual Portugal la Arqueología señala restos de la perduración de antiguas *villae*, aunque con significativas transformaciones: Odrinhas (Ericeira), Arnal (Leiria) y S. Cucufate (Vidigueira). Pero ciertamente es del Bierzo de donde tenemos una más abundante documentación. Aquí las especiales condiciones geográficas y la importancia de la ganadería habrían de favorecer ese tipo de habitat disperso. Las reglas fructuosianas aluden ya a la importancia grande de las granjas aisladas en la zona berciana y áreas galaicas adyacentes, al menos entre los elementos dirigentes de la sociedad. Y a este último respecto es posible que también aquí algunos de estos establecimientos señoriales estuviesen provistos de fortificaciones, como el caso del *castellum* de Rufiana, o la noticia genérica de Hidacio sobre la resistencia hacia el 430 de los provinciales galaicos en sus *castella* frente a las depredaciones suevas. Pero, evidentemente, este habitat disperso aquí no sólo debía circunscribirse a los grandes dominios de la aristocracia. La geografía de la zona hacía que hubiese aún amplias áreas inhabitadas, sin explotar, y sin que nadie ejerciese un concreto derecho de propiedad sobre ellas. El indudable aumento demográfico que en el Bierzo se produjo en la segunda mitad del siglo VII haría que se roturasen nuevas tierras y que, como en toda agricultura de colonización, se produjese un habitat disperso. A este respecto, el movimiento monástico fructuosiano pudo tener una particular incidencia. Pero, naturalmente, todos estos datos en absoluto niegan la existencia también de un habitat agrupado en el noroeste hispánico. La zona del Bierzo y las nuevas áreas de colonización monástica no eran más que una parte, indudablemente minoritaria. Muy posiblemente en su conjunto fuese más cercano a la realidad hablar de un habitat disperso intercalar, siempre teniendo en cuenta que los núcleos de poblamiento agrupado por lo general serían de pequeñas dimensiones, todo lo más como los antes analizados de la Meseta.

En la zona llana del valle del Ebro y en el área no pirenaica de la actual Cataluña el habitat no debía ser muy diferente del de otras regiones del interior peninsular. Aunque en Cataluña, como en la Bética, se observa una mayor densidad urbana. Por desgracia, los datos arqueológicos de la zona son muy poco abundantes. Así se podría hablar de la continuidad de antiguos establecimientos señoriales tardorromanos en Fraga (Lérida), el Ramalete y Liédana (Navarra). La *villa* de esta última localidad podría encontrarse fortificada, concordando así con datos literarios que nos hablan de *villae* señoriales tipo *castellum* entre Huesca y Lérida a principios del siglo v. Algo más numerosas son las noticias referentes a la zona propiamente catalana, en especial en su área costera, donde habrían perdurado antiguas *villae* señoriales en Tossa del Mar (Gerona), Casaloi d'Espuny (Penedés), Porpolas y Centcelles (Tarragona); al tiempo que noticias literarias nos hablan de un rosario de villas suburbanas en la campiña del Llobregat para principios del siglo v. Pero, desde luego, donde el habitat disperso debía alcanzar una importancia y significación mayores sería en la zona pirenaica, catalana y aragonesa. El famoso testamento de Vicente muestra para la zona del Sobrarbe la imagen de una densa red de establecimientos agrícolas aislados, aunque siempre puestos en relación con agrupamientos mayores en cuyo distrito se ubicaban; lo cual permite también aquí poner un límite a la extensión de dicho habitat disperso. Habitat en todo caso acorde con las particulares condiciones físicas y socioeconómicas de la zona, con abundancia de baldíos, preponderancia de la ganadería y de la gran propiedad y grandes posibilidades de empresas privadas y aisladas de nuevas roturaciones.

Si quisiéramos ahora resumir en pocas líneas el aspecto general del habitat rural peninsular en esta época, habría que señalar en primer lugar el contundente predominio del agrupado. Éste domina en las zonas llanas y ricas de las depresiones y costas, como la Bética, la suave y descendente llanura extremeña y alemtejiana a lo largo del Guadiana, el curso medio y bajo del Ebro, o la costa catalana; y también en las dos submesetas castellanas. Intentar ir más allá sería siempre cuando menos provisional, a la espera de una prospección arqueológica cada vez más completa. De todas formas sí que parece que podría afirmarse que en las áreas del Guadiana y Guadalquivir, y tal vez en alguna zona del Ebro —Rioja, por ejemplo—, y en Cataluña u otras zonas levantinas, las agrupaciones del habitat distintas de las *civitates* serían de mayor tamaño, rozando alguna de ellas un aspecto casi urbano. Mientras que en la Meseta central predominaría un tipo de habitat agrupado de muy pequeñas dimensiones, con múltiples aldeas que no sobrepasarían los 100 ó 150 vecinos. Por otro lado, sin negar en todas las áreas citadas anteriormente la existencia de un habitat disperso intercalar, muy emparentado con la existencia de la gran propiedad del tipo «coto cerrado» —particularmente importante en las zonas marginales, de nueva roturación o predominio de la plantación, o en las amplias vegas próximas a importantes centros urbanos— la dispersión predomina sobre todo en las áreas de geografía más fragosa. En aquellas zonas montañosas y boscosas donde la ganadería y la existencia de amplísimos baldíos es predominante. Zonas donde la gran propiedad cerrada es un factor básico, pero donde existen también amplios terrenos abiertos a la posibilidad de nuevas roturaciones o de un más intenso aprovechamiento silvopastoril. Estos últimos hechos se relacionan con el problema de las nuevas fundaciones y roturaciones monásticas, pero también con las empresas privadas e individuales de campesinos faltos de tierra, con el multiplicarse de cercados en las márgenes de las áreas de cultivo y en las zonas re-

Escenas de la vida en el campo: una gran villa (siglo IV-V). Túnez (Museo Nacional de Bardo)

cientemente rescatadas al bosque. Cosas a las que nos referiremos también más adelante.

LA TECNOLOGÍA RURAL

La tecnología, el bagaje de técnicas e instrumentos utilizados en las explotaciones agrarias, sería elemento de grande influencia en los rendimientos de la economía rural de la época y en las mismas tradiciones agrarias. De la sofisticación y complejidad de dicha tecnología depende el porcentaje de participación en los resultados de la empresa agrícola del trabajo humano y condicionamientos naturales, los otros dos grandes factores que participan en toda empresa agraria. En el fondo, el análisis de la tecnología agraria muestra implicaciones dialécticas con cosas tan diferentes como el grado de transformación del paisaje, las estructuras de la propiedad fundiaria y de la fuerza de trabajo, la incidencia de las catástrofes naturales, y la red de distribución de los productos agrarios. Atendiendo a todos estos factores, se puede clasificar el conjunto de técnicas agrarias en dos grandes grupos: a) técnicas relacionadas con la explotación agraria en sentido estricto, hasta la recolección; b) técnicas utilizadas para la transformación y conservación de dichos productos. A su vez, el primer grupo podría subdividirse entre técnicas empleadas previamente a cualquier ciclo de cultivo y las utilizadas en y durante el desarrollo completo de este último.

El estudio de las técnicas previas al ciclo de cultivo comprende el acondicionamiento del espacio físico o terruño, mejora de simientes, fabricación del instrumental agrícola, y lucha contra plagas naturales entre otros progresos y acondicionamientos de los diversos factores implicados en el futuro cultivo.

Al estudiar la distribución de los cultivos se señalaron ya algunas técnicas empleadas en el acondicionamiento del medio físico. A este respecto cabría citar, en primer lugar, la roturación de espacios yermos; lo que se realizaría de forma tradicional, mediante tala y posterior incendio del matorral. También sabemos de la realización de obras de abancalamiento en los terrenos abruptos, así como la consolidación de éstos frente a la acción del agua mediante la plantación de setos arbóreos o arbustivos. La construcción de setos era especialmente frecuente en el caso de huertos o plantaciones de frutales; aunque muchas veces éstos no pasarían de simples empalizadas o incluso fosas excavadas en torno al espacio cultivado. También eran muy normales estos cercados (*conclusi*) en los espacios de nueva roturación, ganados recientemente al bosque. En estos casos el seto, además de impedir invasiones, marcaba de forma plástica y rotunda la nueva ocupación individual de un antiguo baldío.

Otra tecnología previa del ciclo de cultivo muy documentada en esta época son las obras de irrigación; tanto en lo referente a la elevación de caudales acuíferos inferiores, como en la distribución de dichos caudales por las zonas cultivadas. De la importancia y costo de tales tecnologías dan cumplida cuenta su mención explícita en las descripciones-tipo de fincas. Mientras que Isidoro de Sevilla nos ha dejado una descripción pormenorizada de los diversos procedimientos elevatorios del agua: desde el simple shaduf (*telo* o *ciconia*) y torno artesiano (*girgillus*), aptos para subir pequeños caudales desde pozos o cursos de agua y de forma discontinua, hasta las complejas norias o ruedas de arcaduces o de cangilones y paletas (*rota* y *austra*), movidas por fuerza animal. Pasaje isidoriano que viene a demostrar así la existencia y difusión en España, al menos en sus zonas meridionales, de este último tipo de artilugios hidráulicos de gran capacidad elevadora, con anterioridad a la llegada del Islam. Esta misma anterioridad hay también que afirmar en el caso de los sistemas de acequias y regulación jurídica del agua, siguiendo tradiciones de gran antigüedad en nuestra Península. A este respecto es muy instructiva una ley recisvindiana, con referencia clara a las zonas de la España seca, por la que se regula penalmente la distribución del escaso y preciado líquido por acequias y canales de riego, estableciéndose un canon por la utilización de un determinado caudal durante un tiempo preciso.

Por el contrario, no parece que en España en estos siglos se realizase una especial investigación sobre posibles mejoras técnicas a introducir en la empresa agrícola. A este respecto, los pasajes isidorianos en sus *Orígenes* no pasan de simples descripciones tomadas de conocidos centones latinos. La agricultura visigoda seguiría así los cauces tradicionales de la romana; a lo sumo se dio mayor difusión a ciertas especies cultivadas o instrumentos agrícolas, como sería el caso del molino hidráulico al que nos referiremos más adelante. En cuanto a las técnicas de lucha contra plagas, se podría aquí recordar una noticia algo posterior para la zona andaluza —contenida en el famoso Calendario mozárabe de Córdoba—, según la cual la lucha contra la langosta comenzaba tempranamente en el mes de marzo, nada más iniciarse la formación de los peligrosos cordones.

Por técnicas aplicadas durante el cultivo, entendemos todas aquellas tendentes a conseguir un mayor rendimiento del área cultivada durante un ciclo. Al estudiar las especies cultivadas hicimos ya alusión al predominio de los cereales, vid, hortalizas y leguminosas. Tal policultivo era exigencia de factores económicos y extraeconómicos: estructura dominante de la propiedad fundiaria y las posibilidades ofrecidas para la comercialización de los productos alimenticios. Unos y otros factores facilitaban y forzaban a una cierta autarquía en toda la escala de las microeconomías rurales. Cosa a la que también obligaban las mismas tradiciones alimenticias mediterráneas y grecorromanas. Por el contrario, ninguna razón técnica interna forzaba a tal policultivo, del tipo de rotación de cultivos racional. Por otro lado, vimos cómo la cerealicultura, la viticultura y la oleicultura, por este orden, constituían lo esencial de un sistema de cultivo de tipo extensivo. Éste era obligado fundamentalmente por los bajos rendimientos de la agricultura del momento y por el bajo nivel tecnológico de los sistemas de bonificación de la tierra, que exigían el uso y abuso del barbecho. Por el contrario, en las zonas dedicadas a hortalizas se practicaría un cultivo de tipo intensivo. Pero salvo en las posibles áreas de regadío artificial de Andalucía y Levante, y algunas otras menores, en los restantes casos debía tratarse casi siempre de pequeños huertos familiares. Y en lo que respecta a integración entre explotación agrícola y ganadera, también vimos anteriormente cómo, salvo en zonas septentrionales y de montaña, en el resto predominaba un tipo de ganadería integrada en los cultivos con una clara tendencia a la marginalidad.

Esta última afirmación plantea ya de lleno el importante problema de la tecnología empleada para la bonificación del suelo. En toda agricultura tradicional, y con predominio claro del *dry-farming,* tres son los grandes sistemas para tal fin: el barbecho y la rotación racional de cultivos, el abono y el trabajo de la tierra. Isidoro de Sevilla, en un muy interesante pasaje de sus *Etymologiae,* señala una serie de actividades encaminadas a conseguir esa regeneración del suelo y una más abundante cosecha: barbecho *(intermissio),* diversas formas de abono *(cinis, incensio stipularum, estercoratio)* y labores varias de aireación, reblandecimiento de la tierra *(aratio, occatio)* o de eliminación de hierbas parásitas *(runcatio).*

De la general práctica del barbecho tenemos abundantes noticias de carácter escrito, como son varias leyes *antiquae* referentes al tránsito de animales y personas por los campos *vacantes.* Es una noticia de sobra conocida afirmar que los libres germanos habrían ido introduciendo en la Romania mediterránea un sistema trienal de rotación de cultivos a base de cereal de invierno —cereal de primavera— barbecho. Sin embargo, no parece que pueda afirmarse que los visigodos u otros pueblos germánicos introdujesen en la Península ibérica este sistema trienal. A este respecto, cabe señalar que aquí en estos siglos los cereales de ciclo corto o de primavera —trigo trimesino y cebada—, aun conociéndose, estaban relegados sólo a situaciones de emergencia climatológica. Lo que concuerda con otras afirmaciones de las fuentes contemporáneas sobre un sistema tradicional de barbecho al 50 por 100 con la hoja cultivada anualmente. Las desventajas de la no utilización de un sistema trienal en parte se compensaban con la puesta en cultivo extensivo de nuevas tierras; al tiempo que los cereales de ciclo corto exigen un tipo de tierras profundas y de alta fertilidad no muy abundantes en España, donde la mayoría de los suelos son ligeros y sometidos a prolongados y precoces calores y sequías, capaces de echar a perder las siembras de marzo.

Como acabamos de ver, el Hispalense cita tres posibilidades de abono. La *incensio stipularum* no ofrece dudas; se trata de la tradicional quema de las rastrojeras. Por su parte, la *cinis* puede referirse a la quema inicial en todo campo recién roturado, tradicional en un sistema de rozas, o más concretamente a la práctica agrícola conocida como «hormigueros» o «borronos». En todo caso, ambos procedimientos eran limitados en sus virtualidades bonificantes. Las dos posibilidades de la *cinis* solamente podían realizarse de tarde en tarde, y hoy sabemos que tras unos primeros excelentes resultados pueden acabar por quemar literalmente la capa superior del suelo vegetal, un *humus* ciertamente no muy abundante en España. La quema de rastrojeras, por su parte, representaba un freno al desarrollo de la ganadería, limitando así el tercer tipo de bonificación del Hispalense: la *stercoratio,* sin duda el más apreciado. Pero la debilidad general que señalamos para la ganadería mayor suponía ya una relativamente escasa producción de estiércol; lo que concuerda con la falta de referencias al estiércol en los textos de la época. Y no parece que esta escasez pudiera ser paliada por el abono directo de los campos mediante los excrementos del ganado menor. Los principios del *dry-farming* heredado de Roma exigían el mantenimiento de una capa superficial de polvo, que impidiera una mayor evaporación de la humedad, así como evitar competencias vegetales a las plantas cultivadas. Todo lo cual se conseguía mediante el frecuente laboreo y la cuidadosa escarda de los terrenos. Por ello la normal mención en los textos del ganado menor en los campos debe considerarse como más debida a la transhumancia de éste que a su régimen de pastoreo permanente.

Ante las deficiencias de los métodos de abono sólo quedaba a la agricultura visigoda la posibilidad ofrecida por las diversas labores del terruño. Isidoro de Sevilla menciona tres. De ellos el trabajo del arado (*aratio*) era ciertamente el más importante. No resulta tarea fácil averiguar el tipo de arado utilizado en España en esta época, ante la falta de datos arqueológicos concretos. Sólo se puede decir que el arado descrito por Isidoro de Sevilla se corresponde con el que los tratadistas agrónomos conocen con el término de *sole-ard;* tipo de arado utilizado hasta tiempos muy recientes en las áreas meridionales de España de forma generalizada. Y desde luego, sí podemos negar la utilización del arado centroeuropeo de ruedas, denominado *carruca.* Parece lo más probable que el arado fuese tirado por bueyes o, en todo caso, por vacas en los suelos más ligeros y entre los campesinos más pobres. Y resulta evidente que la utilización de tal tipo de arado presentaba claras deficiencias, al mostrarse tal arado incapaz de realizar labores profundas por carecer de vertedera, dejando —lo que era lo más grave— completamente sin resolver espacios intermedios entre los muy diferenciados surcos, no destruyéndose así los pesados y duros terrones muy normales en los suelos arcillosos tan abundantes en España. Tales limitaciones sólo se podrían superar con una cantidad de trabajo proporcionalmente mayor. Cosa problemática en las condiciones sociales de una agricultura extensiva; y lo cierto es que los testimonios de la época no permiten afirmar nada más que la realización de dos pasadas por el arado en las tierras cerealísticas. Escasez de laboreo con el arado que malamente se suplía con otras operaciones que, en líneas generales, podemos resumir bajo el término de *occatio* o rastrillaje. Pero significativamente Isidoro de Sevilla parece ignorar la grada; instrumento de importancia básica para romper los terrones, lo que hacía muy problemática la misma tarea de la *occatio* en los suelos ligeros y secos hispánicos, dado que el empleo de otros instrumentos de mano —abundantemente atestiguados por la Arqueología— se encontraba limitado por la no abundancia de mano de obra humana en las explotaciones agrícolas de la época. Y, desde luego, el hacer pasar a los bueyes por los campos arados para destrozar con sus pezuñas los terrones no podía ser más que una medida paliativa.

De todo lo anterior se deduce que, en esencia, sólo una labor era realizada acudiendo a un instrumento de mayor complejidad y en el que la fuerza animal era imprescindible: la labra de las tierras. Y también podría aquí haber excepciones; tales podrían ser tierras en especial pendiente o muy pedregosas, o minúsculas explotaciones familiares o de campesinos no poseedores de animales de tiro. Para el trabajo de ese tipo de tierras, Isidoro de Sevilla señala una serie de instrumentos férreos de mano bien atestiguados en los registros arqueológicos de la época. Si el cultivo de los huertos exigía así el empleo de una mayor fuerza de trabajo humana, algo parecido debía ocurrir en la viticultura. Isidoro de Sevilla al respecto señala cuatro operaciones distintas a realizar con las cepas, todas ellas a mano; lo que en conjunto presupone dos grandes labores de azada al año, al igual que se testimonia en otras zonas del Occidente, constituyendo un mínimo de cuidado en la viticultura.

El docto hispalense y la Arqueología nos testimonian, ciertamente, la existencia de un variado instrumental férreo para el trabajo del campo. Pero ello no equivale necesariamente a afirmar su extremada difusión, utilización ni bondad. Los testimonios de las reglas monásticas de Isidoro y Fructuoso, que cuidadosamente prestan mucha atención al mantenimiento y guarda diaria de dicho instrumental férreo, puede ser un indicio suficiente de lo costoso y preciado que era éste, así como de una calidad metálica no excesivamente envidiable, máxime si se intentaba prolongar su periodo de utilización lo más posible. Por otro lado, el testimonio arqueológico ha mostrado la existencia de pequeños talleres en algún que otro gran dominio de la época, para la fabricación de tal instrumental *in situ*. Talleres extremadamente simples y rústicos y en los que debía trabajar un artesano en absoluto especializado. Por todo ello cabe pensar que en muchas ocasiones el instrumental agrícola de los campesinos más pobres se redujese a imitaciones de objetos metálicos hechas de madera endurecida al fuego.

Otro gran grupo de técnicas agrarias es el de las relacionadas con la transformación y conservación de los productos agrarios. Y en primer lugar, cabría referirse a las propias de la transformación del cereal en harina. La siega de las mieses se hacía con hoces, seguramente dentadas y de hierro; faltando cualquier testimonio de utilización de la famosa segadora empujada por bueyes, propia de grandes latifundios tardorromanos de la Galia. La mies era segada a una altura bastante superior a como se realizaba en tiempos más modernos, lo que suponía una disminución de la producción de paja. Lo que concuerda bien con la debilidad general de la cabaña ganadera en buena parte del país. Y en todo caso, sabemos de la misma utilización de la paja como combustible. La trilla se efectuaba en lugares *ad hoc* denominados *areae* y, según el testimonio isidoriano, por medio de un instrumento denominado *tribula,* correspondiente al trillo de madera y pedernal utilizado normalmente en España hasta tiempos muy recientes, y siendo arrastrado por bueyes o incluso animales herrados, como caballos y asnos. Pero es posible que en ciertas zonas marginales del norte peninsular se siguiesen utilizando procedimientos más primitivos, como el simple pisoteo por animales de la parva o el golpeteo de la mies por la fuerza humana. Y la operación del aventeo se realizaba de la manera tradicional utilizada hasta tiempos muy recientes: lanzamiento al aire de la mies, aprovechando un momento de leve viento.

Un instrumental bastante más sofisticado precisaban las operaciones de transformación del grano en harina, de la aceituna en aceite, o de la uva en mosto. El mundo romano conoció tres sistemas para la molienda del grano: el molino manual, el movido por fuerza animal y el hidráulico. Este último, el más sofisticado y efectivo, pero de elevado costo de construcción, a lo que parece se utilizó poco en tiempos imperiales. Según la conocida tesis de Marc Bloch, habría sido a partir del siglo v cuando el molino de agua comenzase realmente a difundirse por todo Occidente. Y ello consecuencia de un mejor conocimiento del ingenio, una menor disponibilidad de fuerza de trabajo humana y animal, así como un avance de los latifundios trabajados por campesinos dependientes instalados en unidades autónomas de producción. De la documentación que tenemos, parece evidente que tal panorama hay que trasladarlo a la Península ibérica en tiempos visigodos. Una interesantísima *antiqua* del *Liber* testimonia el conocimiento y utilización generalizados del molino de agua en la España visigoda, pero también lo costoso de tales artilugios y que se encontraban trabajando a tope. Este último debía ser consecuencia del trabajo más perfecto por ellos realizados, y del menor costo por unidad de grano molida, pero también del relativo bajo número que estarían entonces en servicio. La falta de cursos de agua en bastantes partes de España, y el desconocimiento del molino de viento, harían que zonas especialmente áridas, o en bastantes haciendas campesinas modestas, se siguiese recurriendo a los tradicionales sistemas de molinos de mano o de fuerza animal. De todo ello es sintomático que la regla monástica isidoriana desconozca el molino hidráulico. Documentación arqueológica y de los *Orígenes* isidorianos permite saber que la fabricación del aceite y mosto se realizaba mediante molinos olearios, movidos por energía animal, y prensas olearias y vinarias.

En lo tocante a los métodos de conservación de los productos agrarios, las fuentes nos hablan de la existencia de *horrea* para la conservación del grano. Éstos estaban construidos en madera, pero también en algunos casos en piedra. De un carácter diferente era el *cellarium* o especie de almacén donde se conservaba todo tipo de alimentos, entre ellos vino y aceite, utilizando para ello grandes recipientes cerámicos, tales como *dolia* o *flascones.* Este tipo de habitáculos se encuentra siempre presente en las grandes propiedades agrarias, tales como monasterios o *villae* señoriales. Pero, en definitiva, se trata de datos en demasía escasos para poder analizar algo tan importante para evaluar los rendimientos finales de la empresa agrícola. Pues no se olvide que en toda economía agraria tradicional uno de los más graves problemas lo constituye lo defectuoso e inapropiado de las técnicas de conservación.

Útiles agrícolas y de carpintería. La Yecla de Santo Domingo de Silos. Siglo VII

Con el análisis previo de las técnicas agrícolas estamos ya en disposición de acometer posibles reflexiones sobre los rendimientos o productividad del agro peninsular en la Antigüedad tardía. Dado el predominio de la cerealicultura, resultará esencial determinar los rendimientos de las diversas especies cereales. Por desgracia, carecemos de datos cifrados sobre ello; sin embargo, pensamos poder alcanzar algunas respuestas bastante seguras sobre la base de una serie de indicadores. Éstos podrían ser, en primer lugar, la tecnología empleada, y su comparación con la propia de épocas y regiones de condiciones semejantes. El segundo indicador sería la incidencia sobre tales rendimientos de las catástrofes naturales de carácter más o menos frecuente o periódico. El tercero serían las variaciones de la extensión de la superficie cultivada; dado lo dudoso de una importante alza demográfica, como veremos más adelante, tales extensiones serían el resultado de los escasos rendimientos por superficie cultivada, constituyéndose así el fenómeno del «hambre de tierra» típico de las agriculturas tradicionales.

Así pues, un factor determinante en los rendimientos agrícolas habría sido la tecnología; pero ya vimos el bajo nivel de esta última. Junto con un instrumental primitivo e imperfecto, la agricultura hispánica de la época se encontraba fundamentalmente huérfana de buenos procedimientos de bonificación de las condiciones pedológicas, entre las que sólo contaban realmente la práctica del barbecho y la multiplicación de las labores cíclicas. Pero la primera exigía la progresiva extensión de las superficies cultivadas, pudiendo obligar así a roturar zonas marginales, además de implicar una disminución de los espacios susceptibles de utilización ganadera. Mientras que la misma desforestación podía tener efectos ecológicos desastrosos a medio plazo, especialmente si se tiene en cuenta que muchos suelos peninsulares tienden a degradarse en los llamados «suelos rojos» o aun en los «encostrados» cuando descansan en un subsuelo calcáreo o indefensos ante la erosión. Y, en todo caso, la ampliación de la superficie cultivada tendría sus límites naturales en la misma fuerza de trabajo humana disponible. Naturalmente, que estos límites actuarían con mayor crudeza en las economías campesinas más débiles. En fin, las rigideces de una dieta alimenticia exigida por la tradición y el prestigio obligaban a realizar determinados cultivos —en especial la cerealicultura y la vid— incluso en lugares muy poco apropiados para ellos. En todo caso, las deficiencias de los canales de distribución de los productos agrícolas obligaban también a un policultivo extensivo, aun en zonas poco aptas para algunos cultivos considerados imprescindibles. En fin, la siembra anual se realizaba por lo general acudiendo a semillas de la cosecha precedente, lo que hacía que muchas de estas simientes pudiesen degenerar genéticamente y, sobre todo, encontrarse en mal estado ante las conocidas deficiencias de la técnica de conservación: humedades en los silos o corrupción por plagas como la del gorgojo en los cereales debían ser, por desgracia, excesivamente frecuentes.

Todos los anteriores condicionantes bastarían ya para suponer unos rendimientos realmente mediocres por superficie cultivada de cereal. Aunque carecemos de cifras hispánicas, sí creemos que pueden servir de indicios otras conocidas para áreas del Continente europeo de características pedológicas y climáticas en absoluto más desfavorables que las españolas, y para unas fechas anteriores a la gran revolución agrícola medieval del siglo XIII. Tales cifras suponen para el trigo unos rendimientos en años normales entre 1,6 y el 3 por 1; del 1,6 y al 5 por 1 para el centeno; y del 2,2 al 4,5 por 1 para la cebada. Si trasladamos estas cifras a la Península ibérica, de inmediato se nos presenta el panorama de una agricultura típicamente de subsistencia, perpetuamente amenazada por el espectro del hambre ante el menor contratiempo natural. Lo cual se reflejaría en el bajísimo nivel de vida y estado de mala alimentación de la población campesina, y en el bajo índice porcentual de las rentas señoriales pagadas por el campesino dependiente.

El cuadro pesimista antes esbozado adquiere tintes dramáticos si se analizan las llamadas plagas y catástrofes naturales. Entre éstas habría que distinguir, al menos, los fenómenos o alteraciones climáticas, las plagas y parasitismos animales y vegetales, y las epidemias con incidencia directa sobre la fuerza de trabajo humana y la cabaña ganadera. Y, desde luego, todo análisis que se precie de histórico de tales plagas y catástrofes no podría perder de vista la diferenciación social de su incidencia.

La incidencia de la climatología en la economía agraria de subsistencia puede ser por medio de fenómenos puntuales o de más larga duración. Por desgracia, las investigaciones históricas sobre el clima están todavía en sus inicios. Y la verdad es que las fuentes de la época tampoco son muy parleras al respecto. Sin embargo, análisis realizados sobre el avance o retroceso de los glaciares alpinos y de los diagramas políneos en turberas alemanas han permitido deducir algunas conclusiones generales sobre las condiciones climáticas para todo el Occidente europeo en estos siglos. De forma que hasta el 550 dichas tierras habrían estado bajo un ciclo climático, iniciado hacia el 180, caracterizado por una mayor humedad; pero a partir de mediados del siglo VII, por el contrario, se habría entrado en una nueva fase más cálida y seca. Ciertamente que no debemos exagerar las posibles consecuencias económicas de tales datos. En primer lugar, porque la oscilación climática no superaría en conjunto el grado centígrado; y, en segundo lugar, porque se trata de observaciones generales, que en absoluto impiden la presencia de bruscos cambios estacionales de signo opuesto a la tendencia general. En fin, tampoco podemos olvidar la gran compartimentación geográfica de nuestra Península, capaz de tener microclimas de brutales diferencias en radios de no muchos kilómetros a veces. Pero si descontamos estas advertencias, no deja de resultar significativo que los datos no demasiado abundantes, referentes a las condiciones climáticas en estos siglos concuerdan a grandes rasgos con los ciclos antes señalados. En efecto, las noticias que tenemos sobre fuertes sequías en España son todas ellas posteriores a mediados del siglo VI; destacando por su minuciosidad una referente a una sequía que afectó durante varios años seguidos la región emeritense a principios del siglo VII. No obstante, las oscilaciones entre unos años y otros podían ser muy grandes. Así, dentro de un ciclo climático general seco, el invierno del 683-684 se habría caracterizado por su gran pluviosidad; o en esa misma región de Mérida, tras siete años de sequía, el Guadiana se desbordó catastróficamente en el 631. La incidencia de acontecimientos como este último en la economía agraria debía ser muy grande: pérdida de cosechas, muerte de animales e incluso personas, destrucción de casas, acequias o molinos. Y, sobre todo, se multiplicarían al año siguiente al tener su origen las semillas en la cosecha del fatídico año.

Lo que todavía resulta más grave es que catástrofes climáticas de efectos de acción persistente en el nivel de las cosechas, como las sequías, eran causa muy directa del abatimiento sobre la zona de otra grande y terrible plaga de la agricultura de la época: la langosta. Hoy en día, tras los esenciales estudios de Uvarov en 1912, estamos en óptimas condiciones para comprender los mecanismos de desencadenamiento y progresión de esta brutal plaga polífoga de la Antigüedad. En concreto, sabemos que una misma especie de estos ortópteros puede presentarse bajo dos formas o fases distintas: la solitaria, que vive en las llamadas zonas marginales de reserva y es inofensiva; y la gregaria, surgida en el espacio de dos o más años de la anterior, que en su fase adulta es capaz de organizar primero grandes cordones o manchones inmigratorios y finalmente desencadenar las terribles nubes que en su invasión pueden llegar a regiones separadas por centenares de kilómetros de sus reservas naturales. El paso de la solitaria a la gregaria se produce por alteraciones en su medio ecológico: generalmente producto de una prolongada sequía que agosta el pasto natural de estos insectos en sus reservas marginales. En concreto la langosta hispánica es la llamada *Dociostaurus maroccanus* (Trumb.), que tiene sus áreas de reserva principalmente en La Serena (Badajoz), zona de Trujillo (Cáceres), valle de Alcudia (Ciudad Real), comarca de Hinojosa del Duque (Córdoba) y Los Monegros (Huesca). En condiciones pertinaces de sequía, esta langosta ha llegado a afectar en sus migraciones centrífugas la mayor parte de la Península, salvo el área lluviosa septentrional y atlántica. Si observamos los testimonios de las fuentes sobre tales plagas en estos siglos, podemos comprobar en qué alto grado se acomodan a lo que acabamos de decir. A este respecto es preciosa la descripción de Gregorio de Tours para una plaga de langosta entre el 578 y el 584, años de una especial sequía en toda España. La plaga, extendida en un principio por la actual región de Castilla-La Mancha, habría acabado por invadir en años sucesivos la zona levantina ocupada entonces por Bizancio, afectando en la destrucción completa de cosechas un amplio rectángulo de 225 por 150 kms. Por desgracia, para sus gentes, las condiciones de la zona manchega debían ser particularmente favorables para tales plagas, con reservorios propios o muy cercanos, su tradicional sequedad y su orografía muy plana. Puesto que tales invasiones dependían en tan alto grado de unas especiales características geográficas y climáticas, en absoluto extraña que acabasen por ser allí prácticamente endémicas durante el siglo VII, hasta el punto de generalizarse un adelanto de la siega a mediados de julio en la Cartaginense para así intentar salvar la cosecha de las langostas.

Desgraciadamente, sequías y propagación de la langosta se encontraban en una relación de dependencia muy estrecha, de forma que la langosta venía a comerse una cosecha ya muy menguada por culpa de la sequía. Las consecuencias sociales de unas y otras no podían ser más que el hambre y, en último término, hasta la misma mortandad. Aunque los efectos sociales serían ciertamente diferentes. Dada la escasísima rentabilidad media de la agricultura de la época, la pérdida de una cosecha acabaría por arrojar al hambre a un gran número de míseros campesinos. De modo que en absoluto podemos extrañarnos ante el fenómeno de la mendicidad urbana o de las auténticas bandadas de campesinos hambrientos recorriendo los campos de España en tiempos de escasez, y que nos documentan las fuentes para estos siglos. Porque la verdad es que esas mismas fuentes nos testimonian la coincidencia en el tiempo de sequías, plagas de langosta y terribles hambrunas: último tercio del siglo VI; mediados del siglo VII; década de los 80 del VII; y del 706 al 709, etc. Y no estaría de más recordar cómo ciertas prohibiciones conciliares parecen señalar una recrudescencia de las prácticas abortivas o de asesinatos de recién nacidos por sus padres en momentos de fuertes hambrunas: 546, 589 y mediados del siglo VII. Sin olvidar las causas estructurales socioeconómicas de estas prácticas de tipo malthusiano, su posible recrudescencia y coincidencia con otros fenómenos catastróficos es muy significativo; en sociedades de economía de subsistencia parece haberse podido documentar alzas en la fertilidad humana correspondiendo a épocas de penuria y hambres.

Mayores debían ser las pérdidas de vidas humanas causadas por los sucesivos azotes de la peste bubónica, así llamada por la aparición de unas inflamaciones o bubones especialmente en la ingle. Dicha infección vírica se presenta de modo brusco, y de no existir tratamiento adecuado, como en esta época, el óbito suele producirse, tras unos ocho o diez días de terribles sufrimientos, en el 50 por 100 de los casos. En estos siglos la epidemia debía tener origen norteafricano, y avanzando desde el Nilo y distribuyéndose desde Alejandría. Su transmisión a Occidente siempre habría tenido lugar en grandes pandemias, una de las más famosas sería la llamada «peste de Justiniano» entre los siglos VI y VII. La enfermedad se transmite a gran velocidad por intermedio de los roedores, que se convierten en sus grandes reservorios, y de las pulgas. Las fuentes de la época testimonian una primera invasión pestífera en el 410, coincidiendo con las invasiones de suevos, vándalos y alanos, y en unión a una terrible hambruna. Después de un largo intervalo nuevamente visitaría la Península en el 542, en una primera oleada de la «peste de Justiniano». Con posterioridad se producirían nuevos brotes de esta terrible pandemia a lo largo de los siglos VI y VII, en rebrotes cíclicos, cada vez más letales, cada cuarenta o cincuenta años. Particularmente bien informados estamos de la oleada del 577 al 583. Ésta permite ver cómo la incidencia mayor de la peste se daba en las ciudades, así cómo la infección procedía por pulsaciones periódicas de corta duración, obedeciendo muy posiblemente a bruscos cambios estacionales, siendo su vía de penetración por lo general ciudades portuarias en contacto con el Oriente bizantino. Pulsaciones cíclicas nos son conocidas para el 633-641 y para el 694, y hasta prácticamente el final del Reino de Toledo; esta última habría tenido una particular letalidad en las áreas septentrionales de la actual Cataluña.

LA DEMOGRAFÍA CAMPESINA

Por desgracia, carecemos de cifras fidedignas sobre la incidencia demográfica de tales epidemias de peste. Aunque una letalidad del 50 por 100 de la población, como apunta alguna fuente hispanoarábiga, parece a todas luces exagerada. De todas formas, no puede olvidarse que los efectos de las epidemias serían diferentes según los grupos sociales y las diversas áreas geográficas. En principio, los ricos podrían salir mejor librados, mientras que en el polo opuesto estarían las pobres gentes de las ciudades portuarias o situadas en alguna gran ruta. Pero especialmente significativo es un hecho repetidamente testimoniado por las fuentes de la época: las pulsaciones cíclicas de la pandemia siempre coincidieron con momentos de grandes hambres y sequías. Dicha coincidencia en absoluto es fortuita; pues los factores de progresión de una epidemia de peste no son otros que: a) abundancia de reservorios; b) abundancia de vectores (insectos transmisores); c) factores de aglomeración de los reservorios; d) contactos de estos últimos con el hombre; e) disposición de éstos frente la infección. Y fácilmente se comprenderá cómo todos estos factores se veían incrementados en momentos de sequía y hambrunas.

De esta forma, lo auténticamente dramático de toda la serie de catástrofes naturales que llevamos examinando sería el que nunca se presentasen por separado. Al encontrarse mutuamente relacionadas y potenciadas, el resultado final serían unos efectos desastrosos y hasta letales. Máxime si se observa cómo tales fenómenos suelen prolongarse durante varios años seguidos. Así, unas malas cosechas continuadas, con sequías y plagas de langosta, pueden disminuir en bastantes años las posibilidades de recuperación de los cultivos: pérdidas irreparables a corto plazo en las plantaciones arbustivas y en la cabaña ganadera. Aunque también es verdad que los efectos letales sobre el hombre habrían podido ayudar a un más rápido restablecimiento del equilibrio de la economía agraria. Pero este último hecho —de indudables efectos benéficos en una economía muy mercantilizada— se vería radicalmente corregido a la baja en una economía agraria como la de la época, muy poco flexible y altamente compartimentada, con una escasísima circulación comercial de los productos agrarios fuera de un marco exclusivamente local y hasta patrimonial. Por ello, en absoluto puede extrañarnos que las fuentes de la época permitan señalar unos momentos o *acmés* especialmente funestos a lo largo de estos siglos: 410, 540-545, 577-590, 630-641 y 694-709.

A todas estas catástrofes naturales habría que unir otra más de origen sociopolítico: las devastaciones producidas por las frecuentes guerras de la época. Conocidas son las numerosas depredaciones de la primeras bandas de bárbaros durante la primera mitad del siglo v, continuadas después en el noroeste principalmente por los suevos. También son conocidas las frecuentes luchas, desde mediados del siglo vi hasta Leovigildo, entre el poder visigodo y la nobleza hispanorromana meridional, redobladas por la rebelión de Hermenegildo y las luchas contra los bizantinos. Para sumar en el siglo vii las numerosas rebeliones nobiliarias por alcanzar el trono visigodo. Pero fundamentalmente lo que nos interesa resaltar aquí es que las condiciones en que se realizaban tales acciones bélicas pesaban muy negativamente sobre los rendimientos agrícolas. A las devastaciones de los cultivos se unía la extinción de una buena parte de la cabaña ganadera y las exigencias y robos sin fin de la soldadesca. Pero es que, además, las frecuentes guerras se hacían notar también sobre la misma fuerza de trabajo humana de la agricultura. Y ello no tanto por la muerte en batalla de los soldados como por las bajas habidas criminalmente entre los campesinos lugareños y la importante cantidad de cautivos vendidos como esclavos en tierras lejanas a sus patrias de origen. En fin, no se puede perder de vista que los ejércitos de la época cada vez más lo fueron de milicias privadas de los miembros de la aristocracia, constituidas en su mayor parte por los campesinos dependientes de sus propios dominios.

Un último indicador de la demografía campesina serían las variaciones efectuadas en la superficie de tierra cultivada. Con referencia a la economía del Occidente en estos siglos, se ha discutido mucho sobre la posible existencia de nuevas roturaciones. Concretamente, y con respecto a la Francia merovingia, la opinión más generalizada es que tales roturaciones pioneras en absoluto se debieron a un movimiento demográfico en alza —en el siglo VII posiblemente en su punto más bajo—, sino a otras dos causas muy diferentes: a) variaciones concretas en la magnitud de determinadas familias campesinas; b) desplazamientos de grupos humanos hacia regiones hasta entonces marginales, principalmente por obra de las nuevas fundaciones monásticas.

Aunque los datos al respecto son muy escasos para la Península ibérica todo parece indicar que la familia campesina media se caracterizó por sus dimensiones más bien reducidas. Sin embargo, en bastantes casos concretos se podían dar situaciones de superabundancia de la fuerza de trabajo familiar. En otras ocasiones dicho excedente de mano de obra podía deberse a inmigraciones más o menos locales, productos de lo frecuente de las guerras de la época, o a los deseos de un campesinado dependiente en exceso explotado por buscar nuevas perspectivas fuera del terruño señorial de sus antepasados. La legislación visigoda no está exenta de términos como *hospites* y *accolae,* indicadores de recién venidos acomodados malamente en una comunidad aldeana, o de repetidas leyes que tratan de cortar de raíz el problema de los esclavos fugitivos, en aumento a todo lo largo del siglo VII. La necesidad en ambos casos de habilitar nuevos espacios para el cultivo venía así ocasionada por la escasa elasticidad de la economía agraria del momento. El bajo nivel de rendimientos de ésta exigía la roturación de nuevas tierras para dar trabajo a la nueva mano de obra campesina. A este respecto, es particularmente instructiva una *antiqua* del *Liber;* por ella sabemos también que uno de los motivos que podía impulsar a tales roturaciones familiares era el deseo de ampliar subrepticiamente las tierras de cultivo bajo censo sin que este último se viese incrementado. En todo caso, se trataba de roturaciones individuales, realizadas por pioneros aislados, por lo general en tierras marginales, en los linderos de los baldíos y el bosque. Por eso lo frecuente de que estas roturaciones se rodeasen de obras de defensa y su preferente utilización ganadera.

Mayores dimensiones, aunque una posiblemente mayor focalización geográfica, tendrían las roturaciones originadas por la nueva implantación monástica. Isidoro de Sevilla propone para sus monasterios una preferente ubicación en lugares ásperos y solitarios; y a tal mandato pudo deberse la construcción de un monasterio en Rus (Jaén) en el siglo VII, o los muchos surgidos en la serranía de Córdoba conocidos por posteriores fuentes mozárabes. Por su parte, el movimiento monástico fructuosiano, con una profunda huella del cenobitismo oriental filoeremítico, también trató de ubicar sus fundaciones en lugares hasta entonces deshabitados y yermos. Sería en la zona del Bierzo donde las fundaciones fructuosianas darían lugar a un mayor movimiento roturador, dado lo fragoso de la zona y su marginalidad agrícola anterior. Estas implantaciones monásticas originarían muy débiles cultivos cerealísticos cumplimentados en altísimo grado por una muy activa ganadería. Pero también habría que señalar límites a tales roturaciones monásticas en su posible incidencia económica. Ante todo representaban un claro trasvase de población desde áreas cultivadas de antiguo a las de nueva roturación, más que un neto aumento de la superficie explotada. Y en muchos casos las nuevas fundaciones se ubicarían en lugares de previa implantación agrícola; no pudiéndonos dejar llevar al 100 por 100 por las afirmaciones retóricas de los propagandistas del cenobitismo sobre lo desértico de los lugares de sus fundaciones.

Junto con las roturaciones monásticas habría que considerar las muy abundantes de carácter eremítico. Los adeptos de este movimiento —muy numerosos en el siglo VII— construían sus lugares de habitación en sitios abruptos, con frecuencia en cuevas y refugios rupestres situados en profundos roquedos, labrando en las mismas laderas de los valles pequeñas explotaciones agrícolas. Éstas tendrían como única finalidad subvenir a las necesidades alimenticias muy frugales del eremita, teniendo principalmente el carácter de pequeños huertos y prados. Tales roturaciones, por completo pioneras y aisladas, debieron anteceder en muchos lugares del norte —el Bierzo, áreas septentrionales de Burgos, Santander, Álava, Navarra y La Rioja— a una posterior colonización monástica, formando en todo caso una especie de red intercalar entre los posteriores núcleos de esta última. En todo caso, estas nuevas implantaciones visigodas habrían constituido una punta de penetración y enlace con las poblaciones de ultrapuertos escasamente sometidas al poder centralizador de Toledo.

LA GRAN PROPIEDAD FUNDIARIA

La economía y la sociedad visigoda se encontraban profundamente determinadas por las estructuras y resultados agrícolas, por el campo y sector primario. Hasta ahora hemos analizado aquellos factores o componentes más naturales y primarios que condicionaban dicho sector agrario, aunque nunca hemos dejado de señalar la muy diversa incidencia social que podían tener cada uno de ellos. Hora es ya de que estudiemos aquel componente, profundamente social y político a la vez, que más incidía sobre el campo hispano de la época, al menos desde una perspectiva humana, la única que realmente es objeto de la Historia: las estructuras de la propiedad fundiaria y las relaciones de producción que en su seno se daban. Unas y otras —condicionadas, y condicionantes a su vez, de los factores naturales hasta este momento examinados— están en la base misma de la especial estructura y dinámica social existentes en la España de estos siglos tardoantiguos, que a su vez impregnaron las estructuras político-ideológicas en su conjunto del Estado visigodo, constituyendo ese total historicocognoscible que conocemos como el *protofeudalismo visigodo*. Pues bien, no puede caber la menor duda que en esas estructuras de la propiedad fundiaria y sus relaciones sociales de producción lo decisivo —y auténticamente progresista en el sentido marxiano del término— fue la gran propiedad señorial. En las páginas siguientes analizaremos, por lo tanto, esa gran propiedad: sus orígenes y modalidades diversas, su dinámica y las relaciones sociales de producción que en ella se dieron a lo largo de estos tres siglos de historia hispana. En sucesivos apartados se analizarán la mediana y pequeña propiedad campesina libre, así como las consecuencias político-sociales de tales estructuras de la propiedad fundiaria y relaciones sociales de producción.

Como hemos tenido ocasión de lamentar en otros momentos, carecemos de datos cifrados, y de una cierta abundancia, que permitan tener una idea concreta de la magnitud de los grandes patrimonios fundiarios de la época. La fragmentación política y regional que sufrió el Occidente con la desaparición del poder imperial romano posiblemente debiera obligarnos a pensar en la inexistencia en la España de la época de patrimonios fundiarios de la magnitud de algunos senatoriales del Tardo-Imperio, evaluables sólo en miles de sólidos, según las tradiciones contables de la época, y de naturaleza supraprovincial, y cuyo prototipo mejor conocido es el de Melania la Joven y Piniano para principios del siglo v. Reducidos a las fronteras hispánicas, con el apéndice septimano a lo sumo, cuando no regionales por mor de la fragmentaria historia política hispana en los siglos v y vi, los grandes patrimonios fundiarios hispanovisigodos no por ello dejarían de ofrecer magnitudes muy considerables; incluso prescindiendo de aquéllos de carácter institucional, como podían ser los no siempre bien definidos de la Iglesia y la Corona. Aunque las riquezas de los *potentes* hispanovisigodos estaban por lo general compuestas de importantes bienes muebles tesurizables —joyas y metal precioso, no siempre en forma acuñada—, lo que era especialmente conveniente ante las incertidumbres políticas de los tiempos, lo cierto es que su elemento esencial eran la propiedad fundiaria y la mano de obra que en ella vivía y trabajaba. Dada la escasa rentabilidad de la agricultura de la época, no podemos por menos de suponer un inmenso patrimonio territorial a la rica hispanorromana esposa de Teudis, capaz de pagar los servicios de 2.000 soldados especializados de a caballo, lo que supone una magnitud en hectáreas difícilmente inferior a las cinco cifras para tierras fundamentalmente cerealícolas. La legislación sobre la dote promulgada por Chindasvinto y Ervigio ha permitido suponer una valoración de 10.000 sólidos para el patrimonio fundiario *standard* de un noble visigodo en la segunda mitad del siglo vii; aunque ciertamente los habría mucho mayores. En todo caso, no debe olvidarse que un patrimonio fundiario muy regionalizado y, por tanto, no de los de gran tañamo, como era el del obispo Vicente de Huesca a mediados del siglo vi, incluía entre otras muchas una finca por entero dedicada al viñedo de una extensión de 200 hectáreas. Aunque todas estas cifras pudieron no ser del todo significativas, si tenemos en cuenta que un patrimonio fundiario en esta época se valoraba no tanto por la extensión de la tierra como por la cantidad de fuerza de trabajo humana, con frecuencia escasa y disputada, con que contaba.

a) *La formación de la gran propiedad*. A pesar de cuanto se ha podido decir sobre las devastaciones de las invasiones del siglo v, y, no obstante, los testimonios dramáticos interesados de ciertos contemporáneos como Hidacio, lo cierto es que no parece que las invasiones «bárbaras» produjeran quebrantos insuperables a la poderosa aristocracia senatorial tardorromana de España, que en el siglo iv contaba con un riquísimo patrimonio fundiario bien testimoniado por la Arqueología. Un mejor conocimiento de las llamadas cerámicas postconstantinianas y visigodas está permitiendo retrotraer las fechas de abandono de múltiples *villae* bajo-imperiales hispánicas, que habrían continuado en uso, sin al parecer sufrir daño alguno, desde el siglo iv hasta el fin del Reino godo. Testimonios epigráficos y literarios nos hablan de la permanencia de epígonos de la vieja aristocracia senatorial tardorromana en posiciones de poder y riqueza a lo largo del siglo vi en lugares tan diversos como el valle del Guadalquivir, Lusitania, La Rioja, Aragón y costa mediterránea. Muchos de los miembros de las estirpes senatoriales habrían superado las dificultades de los tormentosos siglos v y vi, con el fin del poder imperial y la implantación del visigodo, acaparando sedes episcopales, siguiendo así unos precedentes ya incoados en tiempos teodosianos. Junto a potentes familias con varios miembros ocupando sillas episcopales en una misma región veremos también el curioso caso de un descendiente de la rica familia de los *Cantabri* de Coimbra, obispo de esta última sede a mediados del siglo VII, superando así a la ruina de su ciudad y a las dificultades que su familia pasó con el poder suevo a mediados del siglo v. A pesar de que en algunas zonas —campiña cordobesa, montes orensanos, La Rioja— tales epígonos senatoriales pudieron oponer cierta resistencia armada a la implantación y afianzamiento del Reino visigodo, tampoco parece que tal eventualidad significase la ruina de ellos como clase, fuera de algunos individuos especialmente comprometidos. En particular, no parece que el nuevo Estado visigodo fuese particularmente negativo para sus ricos patrimonios fundiarios. Existen muy serias dudas sobre la extensión del régimen de la *hospitalitas*, establecido en virtud del *foedus* de Valia con el Imperio en el 417, a la Península ibérica. Los datos que tenemos sobre el establecimiento de godos en España en el siglo v indican que éste se realizó preferentemente sobre baldíos y en posiciones de marcado interés estratégico-militar. Por ello parece lo más probable que se utilizasen las abundantes tierras del fisco imperial, al tiempo que obligaría a una dispersión por toda la superficie peninsular del muy minoritario elemento godo encuadrado por la aristocracia, lo que la Arqueología parece comprobar cada vez más. En todo caso, sabemos que incluso durante el periodo de predominio ostrogodo una porción importante del elemento militar godo era mantenido por el tradicional sistema de libramiento de raciones de *annona* con cargo a la Hacienda pública, lo cual excluye el que tales gentes hubiesen sido beneficiadas con un *hospitium* fundiario en la Península. En fin, no parece tampoco que las estipulaciones hospitalarias del 417 afectasen gravemente a la riqueza patrimonial de los senadores sudgálicos, con cuyo acuerdo se hizo.

Esta implantación goda en nuestra Península, de carácter eminentemente militar y señorial, obedeciendo a las típicas tradiciones de la *Hausherrschaft* germánica, originaría el surgimiento de una gran propiedad fundiaria en manos de los grupos dirigentes góticos, en todo comparable a la de los epígonos senatoriales antes mencionados. Muy romanizados tales elementos dirigentes desde tiempo atrás por sus contactos con la muy abierta aristocracia militar del Bajo Imperio romano (*Militaradel*), su prolongada estancia en Aquitania, en contacto directo con una de las más exclusivistas aristocracias senatoriales del Occidente tardorromano, no haría más que igualarlos en gustos y medios de vida con tales epígonos senatoriales, que a lo largo del siglo v optarían en su inmensa mayoría por integrarse en los círculos dirigentes del Estado visigodo de Tolosa. En esta situación no puede extrañar que desde muy pronto se celebrasen matrimonios mixtos entre nobles godos y epígonos senatoriales, normalmente realizados entre un varón gótico y una rica senadora provincial. Con ello no se hacía más que seguir las pautas marcadas por la propia aristocracia militar tardorromana y que la dinastía de Teodosio no habría hecho más que seguir e incluso promocionar. Y desde luego que la famosa ley valentiniana prohibitiva de los matrimonios mixtos entre bárbaros y provinciales no parece que impidiese tales uniones entre miembros de ambas cúpulas dirigentes. En todo caso, la ley parece que se hizo a instancias de ciertos sentimientos de superioridad por parte de grupos senatoriales recalcitrantes, y opuestos al propio predominio de la aristocracia militar tardorromana. Cuando Leovigildo procedió explícitamente a derogar dicha ley, reconociendo previamente su inanidad ya desde

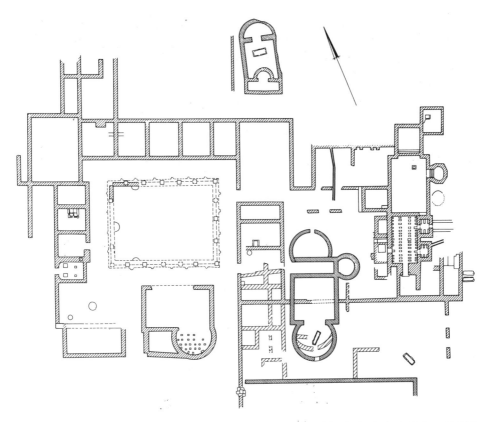

Villa de La Cocosa (Badajoz) con edificaciones religiosas de época visigoda (según J. de C. Serra Rafols)

mucho tiempo atrás, no hizo más que un acto retórico y propagandista, como tuvimos ocasión de señalar en su momento. Con ello Leovigildo explicitaba la constitución de una nueva clase dirigente de Estado, compuesta tanto de elementos góticos de raza como provincial-romanos, negando la superioridad política de la romanidad —entonces representada por el enemigo bizantino— y haciendo hincapié en el *nomen gothicum* como elemento diferenciador e integrador. La posterior conversión al catolicismo de Recaredo y representantes conspicuos de la nobleza gótica no hizo más que promocionar y sellar dicho propósito político y social, del que se harían activos propagandistas gentes de Iglesia como Isidoro de Sevilla y posteriormente Julián de Toledo, creadores de una auténtica conciencia nacional hispanovisigoda sobre la base, metafóricamente expresada, de la unión indisoluble entre la ubérrima y piadosa *patria* hispana y la viril nobleza gótica, que había liberado a la primera, por otro lado, del yugo de Roma, *urbs omnium victrix*. Mientras que, por otra parte, se recordaba y justificaba el prestigio de lo gótico aludiendo a su antiquísima genealogía que le diferenciaba así de las innobles *nationes* germánicas, representadas por antonomasia en el vecino y secular enemigo franco, al que los godos siempre habrían derrotado *(sic)*.

Tales declaraciones no eran más que la explicación ideológica de la existencia,

227

como *Klasse für sich,* de una unitaria nobleza hispanogótica en el siglo VII. Clase dominante y dirigente que se autodenominaba gótica, prohibiendo el acceso al trono a cualquier persona extraña a ella (VI Concilio de Toledo), es decir, extranjero. Por ello en absoluto resulta extraño la extremada extensión de la onomástica gótica entre dicha nobleza hispanovisigoda, y a partir de ella llegaría a impregnar por mimetismo hasta a los grupos más humildes de la sociedad visigoda. Onomástica que en absoluto puede considerarse a estas alturas del siglo VII como un indicio de progenie gótica o provincial-romana; lo que, de ser cierto, no explicitaría más que una conciencia racista en unos y otros y una competencia por la supremacía política que las fuentes en absoluto testimonian más que en los nacionalismos románticos de la Modernidad. Y también ello explicaría la perduración de ciertas costumbres ancestrales góticas, como el famoso «regalo de la madrugada nupcial» *(Morgengabe),* sólo utilizado por la nobleza hispanovisigoda del siglo VII con exclusión de cualquier otra persona con independencia de cuál pudiera ser su lejano origen racial. Pero, por otro lado, esta clase dominante unitaria se caracterizaría también por la veneración como propia de la tradición cultural clásica refugiada cada vez más, eso sí, en círculos eclesiásticos dentro de esa misma nobleza y que tiende a reducirse a un tinte fuertemente cristiano. Pues dicha cristianización sería el elemento ideológico cimentador de la unidad de esta nueva clase dirigente, lo que se reflejaría, como señalamos anteriormente, en sus propias residencia, al proliferar nuevas construcciones basilicales, o incluso cenobiales, yuxtapuestas a las antiguas *villae* señoriales tardorromanas como sus hogaño elementos más lujosos y de uso «de prestigio». Pero unidad en toda nobleza en absoluto equivale a olvido de sus orígenes de estirpe, máxime cuando la mayoría de sus elementos, tanto góticos como provinciales, podían aducir la antigüedad y nobleza de la suya. Así se explica que en pleno siglo VII —Braulio de Zaragoza, anónimo autor de las *Vitas Patrum emeritensium*— pudiese considerarse algo digno de mención y ennoblecedor señalar los antepasados senatoriales de cierto elemento de la nueva clase dirigente, como el duque Claudio, o de la nobleza gótica, como el metropolita Renovato o el anónimo destinatario de la fórmula notarial en verso de tiempos de Sisebuto. Por todo ello, la romanizante princesa visigoda Brunequilda podía no haber olvidado tampoco su progenie en el seno de la casa real del segundo Reino burgundio. A recordar esto último podían servir tanto las lealtades heredables de los séquitos armados *(Gefolge)* de raigambre germánica —constituidos así en un elemento reproductor ideológico—, como los llamados por Isidoro de Sevilla *cantica maiorum;* sustituidos estos últimos en la común latinidad por escritos del tipo de los *versiculi sancti Fructuosi,* en los que se narra la descendencia real, de la casa de Sisenando, del santo.

Establecidos así los orígenes históricos y sociales de la gran propiedad laica visigoda, convendría examinar ahora sus formas de crecimiento, destrucción y hasta mutación.

Ciertamente, la herencia y el matrimonio, más o menos ventajoso, eran las formas normales de acrecentamiento del patrimonio fundiario de la nobleza visigoda. Sin embargo, las leyes sobre la herencia heredadas de Roma imponían un límite a la libre disposición por el testador de su patrimonio, obligando a un reparto lo más equitativo posible entre los herederos forzos, sus descendientes directos. La legislación visigoda del siglo VII recogió tales limitaciones, incluso aumentándolas. Un soberano enérgico como Chindasvinto llegó a restringir a sólo la décima parte la posible mejora de uno o varios herederos forzosos, rebajando a la quinta parte lo de libre disposición. Ciertamente, que con ello el anciano monarca trataría de evitar las transferencias voluminosas de propiedad entre los nobles, eliminando al máximo la posibilidad de formación, mediante legados más o menos forzosos, de una potencia patrimonial amenazadora de su supremacía. Ciertamente, que la inevitable tendencia al mayorazgo propia de toda nobleza forzaría a un rey más débil como Ervigio a elevar al tercio la parte de mejora, especificando además que tal restricción sólo afectaba al patrimonio parafernal del testador y en absoluto a las donaciones regias, de las que podía disponer libremente. Esta misma tendencia real a limitar las incontroladas transferencias patrimoniales entre la nobleza se observa en la legislación chindasvintiana sobre la dote, que fija en un máximo valorable en mil sólidos. Aunque nuevamente el más condescendiente Ervigio aquí también subiese el listón hasta el 10 por 100 en riqueza inmobiliaria, a sumar otros mil sólidos en mobiliar.

La salvedad hecha por Ervigio en la herencia, ciertamente que no debía ser *peccata minuta* en la tendencia nobiliaria a la concentración patrimonial, pues una de las principales fórmulas, sino la que más, de aumento rápido patrimonial para un laico era la manuficiencia regia. La historiografía visigoda, claramente filonobiliaria, no duda en presentar como ejemplos de buenos monarcas a aquellos que practicaron una activa política de entregas fundiarias a la nobleza. Tales serían los casos de Recaredo I y Witiza, que al respecto se habrían comportado como el polo opuesto de sus enérgicos progenitores y antecesores en el trono, Leovigildo y Egica. La debilidad endémica del poder regio visigodo y la necesidad permanente para los reyes de ganarse lealtades entre los cada vez más poderosos nobles debió forzar desde muy pronto a los reyes godos a entregar bienes, muebles o inmuebles, a sus más fieles servidores. Con ello no hacían más que seguir precedentes bien conocidos tanto del Bajo Imperio como de los *Hausherren* germanos para con los miembros de sus diversos séquitos. En el primer precedente la transmisión de propiedad, en el caso de bienes inmuebles, era total; mientras que en el segundo —como la noción de plena propiedad del tipo quiritario romano no existía— difícilmente se comprendía fuera del mantenimiento de unos lazos de lealtad, sino dependencia. En Roma, los bienes donados por el emperador, como cualquier otro tipo de propiedad quiritaria, solamente era revocable mediante confiscación; algo reservado para determinados delitos especificados por la Ley, y en especial para el crimen de traición o lesa majestad. El precedente germano inmediato habría consistido fundamentalmente en bienes muebles, dada la etapa de nomadismo migratorio y de economía predatoria en el que acababan de vivir los godos y otros pueblos hermanos; se trataría de los típicos bienes mencionados en el Beowulfo. Sólo tras el *Landnahme* dichos regalos habrían podido adquirir una formulación fundiaria. Cuando ese hecho se produjo en el caso visigodo, los monarcas góticos se encontraron con que las potencias económicas más comparables a ellos —las grandes casas senatoriales y la Iglesia sudgálicas— utilizaban la entrega de tierras, a título condicional y sin transmisión de la *propietas*, sino de la *possessio, iure precario* según la terminología del Derecho romano, a aquellas personas que se encontraban bajo su dependencia más o menos personal o funcional y como pago a sus servicios y mientras éstos se realizasen. Se trataba de gentes tan diversas como campesinos en una relación estrecha de patrocinio, precaristas libres, clérigos diocesanos de diversa condición y hasta soldados privados con un juramento de fidelidad y presto *obsequium* hacia sus *patroni*, llamándose estos últimos *buccellarii*. Especialmente la Iglesia había desarrollado este tipo de entregas fundiarias condicionales; y su especial tendencia burocratizante y libresca la había llevado a formalizarlas al máximo creando un vocabulario *ad hoc*, a imitar posteriormente por sus equivalentes laicos: *stipendium* para designar el bien entregado, indicando así su condicionamiento a la prestación de un servicio, y recurso frecuente al contrato escrito de la *precaria* sobre todo para el caso de sus servidores de más bajo nivel social.

Sabemos muy poco, por no decir nada, de las relaciones entre los monarcas visigodos y los elementos de la clase dirigente de sus Estados durante el siglo v y el vi. Cuando a partir de la tercera década del siglo vii la ya muy abundante literatura de los concilios toledanos concentra su discurso político en dichas relaciones, es evidente que la entrega de bienes fundiarios por el rey a sus nobles se ha convertido en la piedra de toque de sus relaciones. Lo que observaremos entonces es todo un entramado jurídico y económico desarrollado y consolidado, muy coherente con lo que sucedía en otras relaciones situadas más abajo en la escala social del Estado visigodo. Los precedentes y prácticas que hemos señalado anteriormente no habían hecho más que trabajar en tal sentido de conceptualización jurídica de unas entregas fundiarias cada vez más necesarias ante la creciente falta de disponibilidades en numerario en poder de la Monarquía para poder subvenir a los gastos de la administración y el ejército, principales *out put* de la Hacienda visigoda. Según dicha documentación conciliar, los reyes godos entregaban bienes inmobiliarios a aquellos elementos de la clase dirigente que se encontraban en una relación de fidelidad a ellos, explicitada en un juramento de carácter público y por escrito, en virtud de la cual se encontraban en todo momento dispuestos a prestar un leal y puntual *servitium* y *obsequium* en defensa de la estabilidad e incolumidad del país (*patria*) y pueblo (*gens*) de los godos y del monarca reinante y su familia (*vidua* y *filii*). Tales entregas, a lo que sabemos, podían ser de dos tipos: donaciones en el sentido pleno de la palabra (*res profligata aut largitate principis adquisita, donata*), o realizadas en concepto de sueldo o paga (*in stipendiis data*). Evidentemente, y en teoría, los bienes donados lo serían según las reglas del Derecho romano y, por tanto, transmisibles a su vez por herencia o donación y solamente enajenables por el poder real mediante el proceso de confiscación por algún delito particular. De los segundos, aunque los textos en absoluto son claros al respecto, cabe deducir que su posesión estaría condicionada al desempeño eficaz por el beneficiario de las funciones y servicios, siendo su soldada (*stipendium*); en otro caso no se entendería la oposición señalada por los textos entre unos y otros (*donata / data*), y ello concuerda con los precedentes y paralelos eclesiales y del bucelariato antes mencionados. Por el contrario, mucho más problemático resulta que dichas entregas *in stipendio* tuviesen un tratamiento jurídico específico según la figura del *precarium* del Derecho romano clásico, como ha defendido en más de una ocasión Sánchez Albornoz. En último término, las distinciones jurídicas podían perder peso ante la realidad de confiscaciones frecuentes, y por motivos más que dudosos, de los bienes donados y, por otro lado, de la usual herencia de los dados en estipendio por parte de algún descendiente del beneficiario primitivo como consecuencia de seguir prestando las mismas funciones y servicios que su progenitor, tal y como era norma prevista en el caso del bucelariato y de los estipendios eclesiásticos, sus dos precedentes y paralelos inmediatos. Porque lo cierto es que la historia de los bienes entregados, en uno u otro concepto, por los reyes a sus *fideles* pertenecientes a la clase dominante visigoda es la de la progresiva consolidación de su carácter hereditario y estable. En este sentido, las fundamentales sentencias de los Concilios V (a. 636), VI (a. 638) y XIII (a. 683) de Toledo habrían representado el deseo unánime de la nobleza de imponer a monarcas en situación de debilidad —Chuintila y Ervigio— la supresión para la realeza de tan temible arma en su enfrentamiento político con ella, como eran las confiscaciones o la revocación unilateral de las concesiones estipendiarias. Indudablemente que la misma repetición de tales decisiones conciliares indica que monarcas fuertes, como Chindasvinto, Wamba o Egica, volvían a intentar disponer libremente de unos bienes que en principio habrían pertenecido a la Corona. Pero la misma contradicción en que se debatía la Monarquía visigoda en su último medio siglo de existencia habría forzado a defender al propio Chindasvinto la irrevocabilidad de los bienes donados, ya que no de los estipendiales, por él a sus leales. Puestos a elegir entre enriquecimiento de la Corona —o mejor dicho, de la familia reinante de turno— y alguno de sus miembros, la nobleza visigoda como clase habría preferido la segunda eventualidad. Lo que, por otro lado, parece concordar por completo con la misma evolución de este tipo de bienes en los vecinos territorios aquitanos.

Porque lo cierto es que la nobleza visigoda, como clase dominante y dirigente del Estado toledano, no sólo habría más o menos conseguido consolidar la vía de engrose de sus patrimonios frente a la Hacienda pública por medio de tales donaciones y concesiones estipendiarias, sino que en buena medida habríase también apropiado de aquellos bienes públicos cuya administración les fue confiada a bastantes de sus miembros en calidad de altos funcionarios, tales como duques provinciales y condes territoriales. Porque resulta evidente que cargos de esta naturaleza llevaban aparejada la administración de bienes fiscales situados en sus distritos, y de aquellos recursos de naturaleza fiscal con los que deberían hacer frente a los gastos administrativos, y fundamentalmente de índole militar, a los que estaban obligados por su cargo. La evolución de la estructura de la Hacienda visigoda, al descansar cada vez más en los recursos obtenidos del patrimonio inmobiliario de la Corona, habría hecho que las usurpaciones de tales altos funcionarios se trasladasen desde la apropiación de las rentas tributarias a ellos encomendadas —como se testimonia desde los primeros tiempos del Estado visigodo— a la del patrimonio fundiario público situado bajo su jurisdicción inmediata, tal y como parece demostrar la anécdota de Fructuoso a mediados del siglo VII, al disponer libremente, y a título hereditario, de unas tierras del fisco que su padre habría administrado como duque en la zona noroccidental de España. Pero lo que podía resultar todavía más grave es que tales altos funcionarios se sirviesen de su poder gubernativo para utilizar en su provecho la fuerza de trabajo de las gentes situadas bajo su jurisdicción o para añadir a su patrimonio privado bienes requisados a dichas personas en virtud de su delegación gubernamental; prácticas las primeras que tenemos ya testimoniadas desde Recaredo, y la segunda con Ervigio. Esta tendencia de la nobleza visigoda a patrimonializar sus derechos y funciones administrativas y jurisdiccionales de índole pública, prefigurando así lo que habría de ser la evolución de los *honores* en el feudalismo carolingio, explicaría muy bien situaciones como las de Teodomiro de Orihuela en el momento de la invasión musulmana y parecen convertir a inane y cínica proclamación del derecho, reconocido por los Concilios VI y XIII de Toledo, de los reyes a deponer libremente a los funcionarios por *causa inutilitatis,* es decir, por su negligente o mal intencionada administración de la cosa pública a ellos encomendada.

Pero daríamos un cuadro equivocado del patrimonio fundiario de la nobleza visigoda si no señalásemos también las amenazas que sobre él se cernían. Algunas de ellas, como las temibles confiscaciones regias argumentando ruptura del juramento de fidelidad, o los desmembramientos forzosos de los patrimonios en virtud de una legislación sobre la herencia contraria al mayorazgo y fieramente defendida por algunos monarcas enérgicos como Chindasvinto, ya han sido examinadas. En todo caso, baste señalar como comprobación de la constante fragmentación que la herencia creaba en la gran propiedad laica el que los no muy numerosos testimonios diplomáticos de la época casi siempre se refieran a *portiones* de una *villa* o *fundus,* o el que la legislación visigoda tenga que prestar una minuciosa atención a la compleja problemática surgida de la fragmentación de una propiedad fundiaria entre diversos herederos *(consortes heredis)* con el muy usual mantenimiento de la unidad estructural y de explotación, en todo o en parte, del bien matriz. Para evitar unos y otros peligros, la clase dominante visigoda utilizó un curioso recurso en absoluto libre de profundas implicaciones ideológicas: la conversión de su patrimonio fundiario en propiedad de la Iglesia. Los epígonos senatoriales y la unitaria nobleza visigoda, posteriormente, habrían continuado la tendencia ya iniciada por sus compañeros de clase de tiempos teodosianos de realizar importantísimas donaciones, principalmente fundiarias, a la Iglesia. Con mucha frecuencia tales tensiones místicas y pietistas condujeron a la construcción de basílicas en sus propiedades fundiarias más usadas como residencia. Construcciones basilicales y martiriales que con mucha frecuencia se convirtieron en núcleos de establecimientos cenobíticos. Tales hechos se hicieron sobre todo muy frecuentes en casos de ricas viudas o herederas sin descendencia directa, o en casos de grandes propietarios vueltos a la vida eclesial o monacal. Son varios los casos conocidos que tenemos de tal proceder, sobre todo para el siglo VI; época en que estaba vigente una ley según la cual el patrimonio de los religiosos y clérigos que muriesen sin descendientes de hasta el séptimo grado iría a engrosar directamente la propiedad eclesiática. De esta forma una de las querellas que enfrentaría secularmente a la nobleza laica con la jerarquía eclesial visigoda sería la del control último por una u otra de las llamadas basílicas rurales de fundación privada, a las que impropiamente se les ha adjudicado la denominación de «iglesias propias» *(Eigenkirche),* aunque les conviene mucho más el de «iglesias de patronato». La disputa se planteó jurídicamente entre los conceptos conflictivos del reconocimiento por el Derecho canónico visigodo de la personalidad patrimonial y jurisdiccional de toda basílica rural y del *ius episcopale* que reservaba al obispo una superior jurisdicción sobre todas las iglesias levantadas en su diócesis, lo que se traducía en la reserva de un tercio de las rentas parroquiales producidas por dichas basílicas rurales y en su privilegio exclusivo de consagración. El conflicto se habría ido saldando en beneficio de los fundadores laicos de tales basílicas, a los que en virtud del *ius fundi* romano-clásico se les reconocería en el IX Concilio de Toledo (a. 655) un derecho hereditario de vigilancia sobre el patrimonio de tales basílicas, para que no sufriesen merma alguna por causa de la rapacidad episcopal, y de presentación de clérigos rectores, aunque este último no era heredable; mientras que ya anteriormente (633) se trató de limitar la libertad de uso de las tercias de tales basílicas por parte del obispo, obligado a emplearlas íntegramente a la reparación de sus fábricas. En todo caso, monarcas enérgicos como Chindasvinto, Wamba o Egica habrían intentado favorecer en dicho conflicto al sector laico, del que formaría parte el grupo restringido de sus *fideles*.

Pero en definitiva, el recurrente tratamiento en los concilios de la segunda mitad del siglo VII, e incluso por la misma legislación real, del conflicto entre nobles fundadores y obispos no puede ser más que un indicio de que por ahí se producían escapes de la propiedad laica en beneficio de la eclesial. Pero si la Iglesia hispánica se resistió en todo momento a permitir la consagración de oratorios privados a los particulares, impidiendo así que estos *quaestu cupiditatis* se hiciesen con las sustanciosas rentas engendradas por el culto, cosa distinta ocurría con los monasterios. El Derecho canónico visigodo en todo momento reconoció la total independencia patrimonial de los monasterios respecto del ordinario en cuya diócesis se hubiese levantado. Ciertamente, que los obispos hispanos tratarían en más de una ocasión de extender su mero control disciplinar sobre los monasterios a los aspectos económicos de éstos, tratando de controlar en todo caso la proliferación de fantasmales cenobios en las grandes propiedades laicas y no compuestos de más que una pequeña basílica pero sin auténtica congregación monástica. Sin embargo, todo parece apuntar a que en esta nueva batalla entre la gran propiedad eclesiástica y la laica la victoria habría sido casi completa de esta última. En los últimos decenios del Reino visigodo, y en un ambiente de renovada excitación pietista, muchos grandes propietarios habrían convertido sus posesiones en monasterios, en los que los monjes serían la propia familia del fundador y sus esclavos. De esta forma los grandes propietarios ponían su patrimonio fundiario al amparo de las temidas confiscaciones regias o de los desmembramientos por herencia, al tiempo que aumentaban la explotación y el control a ejercer sobre el campesinado de sus propiedades y de los alrededores, al doblar su previo poder socioeconómico con el ideológico. A pesar de que la Iglesia —en sus concilios y por boca de gentes como Valerio del Bierzo— no se cansó de denunciar esta especie de monasterios familiares la tendencia era imparable. El mismo Fructuoso no habría hecho más que consolidarla y darla carta de legitimidad religiosa fundando él mismo monasterios sobre propiedades arrancadas dudosamente al fisco, constituyendo como abades de ellos a sus propios esclavos y reflejando las relaciones de dependencia personal que se daban en la gran propiedad laica mediante los pactos monásticos en los que la obediencia al abad por parte de los monjes se concretaba en un juramento de fidelidad anotado por escrito.

El conflicto entre los obispos y los grandes propietarios laicos por el control de las basílicas rurales y los monasterios no es consecuencia más que de haberse constituido en la España visigoda un patrimonio eclesiástico de gran dimensión. Éste no debía haber dejado de crecer desde los tiempos de Constantino, y ya entonces debía tener alguna consistencia según se deduce del famoso concilio iliberritano. El patrimonio eclesiástico habría ciertamente superado las dificultades políticas de los siglos v y vi todavía mejor que la gran propiedad senatorial. A las tendencias al pietismo de muchos epígonos senatoriales, como vimos, se unió el creciente poder del obispo como representante de los provinciales ante los nuevos poderes bárbaros. Y no parece que el patrimonio eclesiástico hispano hubiese tenido que temer a los monarcas godos arrianos, o a sus nobles, más que los intentos lógicos de todo poder civil por controlar tan enorme potencia social y económica. En todo caso, si una historiografía parcialmente adversa pudo señalar al enérgico Leovigildo como confiscador de bienes a la Iglesia católica, no parece que esto, de tener algo de cierto, pudiera separarse de su política final de unidad en el arrianismo. En todo caso, sabemos que Leovigildo entregó bienes del propio patrimonio de la Corona a instituciones monacales católicas. Y tras la conversión de Recaredo, el patrimonio eclesiástico, engrosado con los bienes de la desaparecida Iglesia arriana, no había dejado de crecer con las donaciones de ricos particulares y de los soberanos. Donaciones y legados testamentarios de los laicos que sólo se verían limitados a partir de Chindasvinto con la restricción de la libertad testamentaria. La Iglesia hispana procuró por todos los medios evitar la salida de su patrimonio de bienes que en alguna manera ya se encontraban afectos a ella, como las propiedades personales de los clérigos y religiosos muertos sin parientes cercanos o el abandono del hábito eclesiástico por aquellos que, creyéndose erróneamente en peligro de muerte inminente, habían abandonado el estado seglar y entregado sus riquezas a la Iglesia. En todo caso, la propiedad eclesiástica se encontraba en mejor disposición que la laica frente a las amenazas de destrucción. Las posibilidades de confiscación por parte del poder regio debieron ser escasas, sobre todo desde que a partir de Recaredo y, sobre todo Sisenando, los soberanos pasaron a depender mucho de la protección ideológica que les podía prestar la Iglesia en su cotidiana confrontación con la nobleza. Por su parte, la legislación canónica desde el Concilio de Agde del 506 y la real, desde el mismo Código de Eurico, proclamaron el principio fundamental de la inalienabilidad de la propiedad eclesiástica, tratando de realizar al mismo tiempo una nítida distinción entre el patrimonio parafernal de clérigos y religiosos y el propiamente eclesial, beneficiándose en caso de duda a este último. Este principio se impuso no sólo en lo referente a los bienes inmuebles, sino también en lo referente a la fundamental fuerza de trabajo que habitaba en las tierras de la Iglesia. Ésta, con anterioridad a los grandes propietarios laicos, practicaría una única forma de manumisión de sus abundantes esclavos, aquella que mantenía a los nuevos libertos en *obsequio eclesiae,* con estrictas obligaciones de carácter económico y dependencia personal hacia su patrona, la Iglesia. Y mediante la ficción jurídica de que la «Iglesia no muere nunca», tales lazos de dependencia y obligaciones económicas se constituyeron en permanentes y hereditarias para el liberto y sus descendientes, presentes y futuros.

De esta forma, la verdad es que la propiedad eclesiástica sólo habría tenido que encarar dos tipos diversos de peligros en su lucha por aumentar y consolidarse *ad libitum.* Uno de ellos tenía su origen en ese terreno conflictivo con la gran propiedad nobiliaria que representaban las iglesias rurales y los monasterios de fundación privada. Y ya vimos cómo el primero de estos conflictos pareció saldarse más beneficiosamente para la Iglesia que para los grandes propietarios laicos; no obstante que algún rey enérgico como Wamba tratase de limitar en algo el avasallador crecimiento del patrimonio eclesiástico y de los lazos sociales de dependencia que en él se creaban, con leyes como la del 23 de diciembre de 675, que prohibía terminantemente los matrimonios entre libertos de la Iglesia y personas libres, cuyos bienes y descendencia, según la legislación canónica, habrían de pasar a la propiedad o dependencia, respectivamente, de la Iglesia. El otro tipo de peligros tenía su razón de ser en el principio canónico de la autonomía patrimonial de cada sede y en la jurisdicción episcopal, y derecho de administración superior, que se reconocía en exclusiva al obispo, así como en la extendida práctica de la entrega a los clérigos de bienes fundiarios, con su mano de obra, eclesiásticos a título estipendial, como ya señalamos anteriormente. En definitiva, ambos peligros no hicieron más que aumentar ante el creciente proceso de feudalización en que se vio inmersa la Iglesia hispanovisigoda. De modo que los obispos pretendieron disponer sin cortapisas de todos los bienes eclesiásticos cuya administración les era reconocida, al tiempo que trataron de imponer unas relaciones de dependencia personal hacia ellos del resto del clero de su diócesis. Cosas que explican tanto el surgimiento de auténticas dinastías episcopales y la imposición de su sucesor por parte del obispo anterior, lo que se testimonia muy bien ya en el siglo VI, como la creciente simonía e intervención regia en el nombramiento de los obispos o de algunos otros clérigos con beneficios económicos anejos de consideración. Ciertamente, que la Iglesia como institución corporativa y colegial trató de impedir ese peligro de desafectación de la propiedad eclesiástica por parte de los obispos. Así, la voz corporativa de los concilios no dudaría en denunciar tales pérdidas del patrimonio eclesiástico, tales como las frecuentes manumisiones, con entrega de un peculio e incluso liberándoles del *obsequium ecclesiae,* de esclavos de la Iglesia por parte del obispo en sus últimos momentos de vida o por testamento. Pues la verdad es que si algunos de estos casos pudo ser dictado por el celo caritativo de algún prelado, como el famoso Ricimiro de Dumio o Massona de Mérida, en otros muchos se trató de enriquecer con el patrimonio eclesiástico a familiares del obispo u otras personas de su interés. También los concilios hispanos desde el 572 no dejarían de denunciar y prohibir las apetencias desmedidas de los obispos a controlar el patrimonio y rentas eclesiales de las iglesias rurales como si se tratase de su propiedad privada; sobrepasando así con mucho el límite de un tercio de las rentas, que desde el 666 se ordenó podían ser sólo empleadas en la reparación de la fábrica de tales basílicas rurales. En todo caso, la repetición de tales quejas conciliares hasta los últimos tiempos del Reino visigodo puede ser un indicio seguro del escaso cumplimiento por los obispos de tales prohibiciones. Desde fechas tempranas se testimonia la costumbre de entregar a los clérigos diocesanos o parroquiales una porción del patrimonio de su iglesia en concepto de *stipendium.* El crecimiento de la propiedad fundiaria eclesiástica haría que tales entregas se fuesen cada vez más realizando en forma de tierras, cuya condicionalidad se expresaría mediante una *chartula precariae* a semejanza de como sucedía en la gran propiedad laica en relación con numerosos campesinos autónomos dependientes. Costumbre ésta que parece por completo generalizada en el 638. En esta situación, los clérigos así beneficiados habrían tratado desde muy pronto de convertir en plena propiedad personal y hereditaria lo que no era más que una posesión condicional y de duración limitada, generalmente de por vida. A evitar tal peligro de desafección del patrimonio eclesiástico, en claro perjuicio de las prerrogativas y poder del obispo, se habría dirigido la legislación conciliar que, además, contaría desde muy pronto con el apoyo del legislador regio. La menor repetición de tales condenas puede ser un buen índice del grado de su cumplimiento, marcándose así una clara diferencia entre el poder real de los obispos y el de los clérigos menores, en la medida en que se enfrentaban al primero, en el muy jerarquizado y feudalizante Estado visigodo.

b) *Las inmunidades de la gran propiedad.* La evolución trascendental que condujo a las inmunidades eclesiásticas y nobiliarias del feudalismo postcarolingio tenía su base en la estructura y relaciones sociopolíticas en las que se constituyó la gran propiedad fundiaria a partir de los tiempos bajo-imperiales. De esta forma, y con anterioridad de varios siglos al régimen inmunitario de la Europa feudal, el Estado protobizantino conoció situaciones bastante semejantes en lo que se conocen como propiedades autoprágicas. Por ello en absoluto puede extrañar que en la España visigoda se diesen también pasos muy importantes en la consecución por los grandes propietarios laicos y eclesiásticos de un régimen inmunitario frente a los poderes públicos, que encuentra paralelos muy cercanos en las concepciones autoprágicas del Oriente protobizantino de los siglos VI y VII. Tales inmunidades se documentan bien en lo tocante al poder jurisdiccional, en sus aspectos policiacos, judiciales y de coerción. En el Código leovigildiano se reconoce el exclusivo derecho del dueño a juzgar y castigar a aquellos esclavos que hubiesen cometido un robo en perjuicio suyo o de algún otro esclavo también suyo. Aunque todavía Leovigildo trató de reservar para el Estado el derecho de castigar otros posibles actos criminales cometidos por los esclavos. Intento, ciertamente, que debió encontrar profundas resistencias entre los grandes propietarios, pues decenios después Chindasvinto reconocía lo normal de la justicia privada aplicada por los grandes propietarios sobre sus campesinos dependientes, que podía llegar a la pena capital. Todavía este monarca y su hijo Recesvinto se resistían a legalizar dichas prácticas, al menos en lo tocante al castigo de muerte. Pero no muchos años después un soberano más débil frente a las apetencias nobiliarias como Ervigio, habría reconocido el total derecho de los grandes propietarios a juzgar y castigar, en todos sus grados, a las gentes bajo su dependencia, con tal de que en verdad hubiesen cometido un delito *(sic)*. De esta forma, en absoluto puede extrañarnos que la legislación de los últimos tiempos de la Monarquía visigoda, de Ervigio o Egica, reconozca a los grandes propietarios el derecho o inmunidad de hacer cumplir por sus propios medios a los campesinos de sus propiedades leyes tales como la de la prohibición de las prácticas paganas, o de ejercer como exclusivos policías en su fundos contra los esclavos fugitivos. Y el mismo Ervigio tuvo que reconocer la excesiva frecuencia con que dicha jurisdicción nobiliaria se ejercía según la voluntad de los grandes propietarios y no conforme a los preceptos legales. En último término, estos derechos jurisdiccionales concedidos a los grandes propietarios no eran más que la consecuencia o el complemento de la existencia en manos de éstos de mesnadas privadas, legitimadas ya en tiempos de Eurico, así como de la utilización patrimonial de los poderes concedidos a muchos de ellos en virtud de ocupar un alto cargo en la administración territorial del Estado. De forma que, al igual que llegaron a aplicar en beneficio propio el poder de coerción y gobierno delegado —imponiendo confiscaciones y multas a su antojo, aplicando una justicia fraudulenta—, en otras ocasiones pudieron eximir de ciertas obligaciones públicas, como la de ir a la guerra, a las gentes de sus distritos, haciéndose recompensar económicamente por ello. Y, en todo caso, los reyes se veían por completo impotentes de cortar las intolerables presiones de los *potentes* sobre los funcionarios inferiores, que aplicaban así una justicia parcial en beneficio de tales grandes propietarios y de las gentes bajo su patrocinio que actuaban por cuenta de aquéllos.

Sánchez Albornoz apuntó en su día la idea de que los grandes propietarios hubiesen conseguido en la segunda mitad del siglo VII la inmunidad fiscal. Ello resulta posible aunque faltan testimonios claros en tal sentido y algunos indirectamente podrían hablar en contra. Y lo mismo podemos decir de la pretendida exención fiscal del elemento gótico, cuando menos hasta tiempos de Leovigildo; y en lo que se refiere al impuesto fundiario por las propiedades que estas gentes tuviesen los testimonios a disposición nuestra en absoluto permiten tal conclusión. Sin embargo, sí parece posible hablar de una inmunidad fiscal, cuando menos parcial, alcanzada por la propiedad eclesiástica. El III Concilio de Toledo, siguiendo una tradición bajo imperial sólo anulada en tiempos de Valentiniano III, habría eximido a los clérigos de la nueva Iglesia nacional de todo tipo de *munera sordida*, con la novedad de que tal exención se extendía a los esclavos propiedad de la Iglesia o de los clérigos, incluso aunque éstos trabajasen en tierras del fisco entregadas usufructuariamente a la Iglesia, cosa que no debía ser nada anormal. En el 633, aprovechando una coyuntura especialmente favorable con un soberano necesitado del apoyo episcopal, la Iglesia visigoda habría conseguido, muy verosímilmente, la exención fiscal completa para todos los clérigos de condición libre; inmunidad que algunas anécdotas posteriores parecen comprobar, aunque muy posiblemente no alcanzasen a las tierras fiscales ostentadas por la Iglesia y cada vez más utilizadas en provecho propio por los obispos. Pero, en todo caso, ya en el 589 los obispos habían conseguido el derecho a fijar en compañía de los funcionarios civiles el monto y condiciones —tasa de aderación— de la imposición directa, erigiéndose a los concilios provinciales en auténticos tribunales de cuentas y de apelación fiscal. Y no parece extraviado suponer que tal derecho fuese utilizado por los obispos en beneficio de la propiedad eclesiástica y personal.

c) *Las relaciones sociales de producción en el seno de la gran propiedad.* En las páginas precedentes se ha podido ver cómo una de las características esenciales de la gran propiedad de la época, sobre todo de la laica, era su extremada movilidad: en un proceso perpetuo de construcción y destrucción, en que el perpetuo fraccionamiento y la ambición de redondear patrimonios dispersos eran su norma constante. En la documentación diplomática y legal hispanivisigoda tales fracciones de una anterior unidad patrimonial se denominan, como vimos, *portio* y también *sors*. En principio, no existía ningún lazo de solidaridad especial entre los propietarios de las varias *portiones* de una *villa*, o unidad rural de referencia consolidada por la tradición histórica del lugar, y a los que se denominaban normalmente *consortes*. Aunque esto no se contradice con que razón principalísima de la práctica de tales fraccionamientos era el mantenimiento de la unidad estructural y económica que constituía la *villa* matriz, y que en modo alguno convenía destruir. El dominante policultivo de la época, que analizamos en capítulos precedentes, la especial estructuración en el seno del espacio cultivado entre tierras de labor y de plantación o huertos, y la relación de éste con los baldíos, pastizales y bosques, hacían que la unidad que constituía la *villa, locus* o *fundus* tuviese un carácter compuesto muy marcado, por lo que difícilmente podían constituir extensiones continuas las unidades de explotación en que la primera se podía descomponer. Por eso, con muchísima frecuencia, una *portio* más que indicar una división física del dominio, lo era de la propiedad y de los derechos dominicales: tales como rentas, esclavos, producción, utilización de sus zonas baldías, etc.; hasta el punto de que no se pudiera a veces señalar físicamente la porción de cada copropietario. En todo caso, lo usual, incluso si se llegaba a una repartición física de la *villa,* era que los bosques y pastos se mantuviesen proindiviso, siéndolo cada consorte propietario de ellos —o mejor dicho, de su derecho de utilización— en la proporción en que lo era en el conjunto de la propiedad. Es en este contexto de una gran propiedad, en absoluto dominada por el coto cerrado como se comprende la abundante legislación del *Liber Iudicum,* en general procedente de sus capas más antiguas, en la que se tratan los diversos conflictos que podían surgir del mantenimiento de tales propiedades proindiviso. Así, los bosques de glandíferas y pastizales podían ser utilizados para la cría de ganado propio por los diversos consortes en proporción con la parte de tierras cultivadas que les correspondían en la unidad superior del *locus,* dividiéndose en virtud de dicha misma proporcionalidad el diezmo a pagar por ganaderos ajenos a la propiedad. O en caso de realizarse por un copropietario la roturación de un baldío proindiviso, éste quedaría de su propiedad sólo en caso de que pudiese entregar al otro copropietario otro baldío de igual valor, siempre suponiendo el consentimiento de este último.

Pero el fraccionamiento de la villa visigoda no sólo afectaba a su propiedad, sino también a su posesión y modalidad de explotación. Desde tiempos romanos se había ido imponiendo en todo el Occidente europeo una forma específica de gran propiedad fundiaria, según la cual ésta se descomponía en una especie de cotos cerrados de cierta extensión y que se explotaban directamente por el propietario, y en una serie de unidades menores entregadas para su explotación autónoma a una serie de tenancieros de estatutos jurídicos y socieconómicos diferentes, y contra el pago de una serie de prestaciones en especie y trabajo personal. Evidentemente, que este marco teórico se prestaba a una variedad de especificaciones grandísima que, por desgracia, los escasos diplomas visigodos solamente permiten atisbar. En todo caso, deberíamos negar la existencia de la típica *villa* bipartida de los grandes polípticos carolingios, en la que las tenencias se articulaban íntimamente con la reserva, al cultivarse ésta de forma muy importante con las prestaciones de trabajo de los tenancieros. Y ello porque en la España visigoda tales prestaciones no parece que llegasen a ser un porcentaje importante de la coerción de los grandes propietarios sobre el campesinado dependiente de sus dominios, constituyendo en el caso de existir por lo general en obligaciones de acarreo de la cosecha a los graneros o lugares *ad hoc* señalados por el propietario *(angariae)*. Aunque en época tardía podría detectarse en la zona galaica una mayor aportación del trabajo de los tenancieros para la explotación de la reserva señorial, aunque limitada a la gran propiedad eclesiástica y como forma de apropiación por los obispos de la fuerza de trabajo de los esclavos de la Iglesia en beneficio de sus propias explotaciones. Mientras, por otro lado, se observan *villae* compuestas sólo de reservas señoriales o sólo de tenencias campesinas, sin que pudiera así existir una articulación íntima y complementaria entre una y otras.

Parece algo muy seguro que en estos siglos en España las reservas, por así llamarlas, señoriales siguieron siendo trabajadas como en tiempos de Roma por esclavos del propietario, siendo su número bastante elevado. De ello da cumplida cuenta el famoso testamento del obispo Ricimiro de Dumio a mediados del siglo VII, que habría donado nada menos que 500 esclavos de su iglesia entre sus deudos y algunos libertos de la iglesia especialmente queridos por él. Y tal cifra de esclavos trabajando en dependencia directa resulta comparable a las que conocemos para algunas grandes abadías carolingias. Y si, ciertamente, el patrimonio de la iglesia dumiense podía no ser representativo de la media, no se olvide que en la segunda mitad del siglo VII se estimaba como muy pobre, e incapaz de sostener a un rector, toda iglesia rural que contase con un número inferior a diez esclavos, lo que supone un mínimo de dos grupos familiares. Incluso había esclavos —sin duda *casati*— poseedores a su vez de esclavos para ayudarles en su trabajo. En todo caso, los esclavos de la reserva se encontraban íntimamente unidos a ésta, hasta el punto que no se concebía transmisión alguna de la propiedad de ésta sin la de los primeros, que eran así enumerados por su nombre en los diplomas correspondientes.

Cuando estudiamos el habitat rural señalamos ya el predominio del agrupado, indicando el trascendental fenómeno de la evolución de la *villa* romana a la aldea medieval. Pues bien, tal hecho se correspondía al nivel de las relaciones sociales de producción con el predominio de aquellas propiedades fundiarias estructuradas en tenencias campesinas —por lo general, a muy larga duración; y, en la práctica, casi hereditarias— trabajadas autónomamente por un campesinado dependiente de estatuto jurídico diverso, aunque con una clara tendencia a la unificación en la esclavitud, como tendremos ocasión de ver seguidamente. Tales tenencias recibían denominaciones diversas, tal y como ocurría allende los Pirineos. Así se testimonian los términos de *colonica, agella* —posiblemente para aquéllas de menor tamaño y menos orgánicamente unidas al *fundus* matriz— y, muy posiblemente, alguna palabra relacionada con lo que después en país franco generalizó en *mansus,* como podía ser *mansio,* que así incluía tanto a la vivienda campesina como también la tierra trabajada por sus posesores. Sin embargo, el término genérico más utilizado, al menos en las fuentes jurídicas, sería *sors,* posiblemente por no prejuzgar en absoluto la condición jurídica del tenanciero y por su normal utilización en los textos técnicos romanos. La extensión de estas tenencias en absoluto debía ser uniforme, obedeciendo a factores muy diversos. Sin embargo, y a partir de una ley *antiqua,* podría deducirse que, como regla general, y en tenencias-tipo basadas principalmente en la cerealicultura, su extensión estaba en dependencia directa del número de yuntas con que contase el tenanciero, fijándose en seis hectáreas el mínimo apropiado para el que poseyese una sola. Extensión que se corresponde bastante bien con el término medio de las tenencias serviles, según los polípticos carolingios de la *Ile-de-France.* Incluidos frecuentemente en el conjunto más amplio de la *villa, fundus* o *locus* los tenancieros —a los que podría denominarse genéricamente como *mansores*—, tenían ciertos derechos comunitarios e interdependientes. Así podrían utilizar los bosques y pastizales del dominio en una relación de proporcionalidad con la extensión de las tierras de cultivo de sus tenencias, pudiendo ser facultativo del dueño la obligación del pago de una renta —por lo general un diezmo sobre el ganado a apacentar— o no por el tenanciero. Estamos muy mal informados de la estructura de las rentas señoriales, que debían variar mucho, según la extensión de las tenencias y la misma condición jurídica de los tenancieros. Al menos para los de condición no servil, una estructura-tipo de tales rentas estaría compuesta por el diezmo sobre todos los frutos obtenidos, a lo que se sumaban toda una serie de entregas consuetudinarias de los productos de la tenencia englobadas en la denominación genérica de *exenia*. Más raras debían de ser las rentas a pagar en dinero. Y en cuanto a las prestaciones de trabajo personal por parte de los tenancieros, o corveas, ya señalamos su general marginalidad y concreción por lo general en las de acarreo (*angariae*). El conjunto de estas rentas recibía la denominación genérica de *census* o *canon*, siendo anotadas sus entregas o libramientos minuciosamente por los encargados de la administración de tales conjuntos fundiarios, a los que se daba el nombre de *vilicus, actor* o incluso *maior loci*.

Un gran número de estas *mansiones* estaban trabajadas por gentes de condición esclava. No de otra forma se comprende la frecuencia con que en las leyes visigodas se hace referencia al *peculium* de un esclavo. Éste se componía de ajuar, bienes muebles, instrumental agrícola y toda clase de animales domésticos; siendo estos últimos impensables de no tener el esclavo su propia explotación agraria o *mansio*. Es más, era norma que tales esclavos pudiesen hacer frente a pequeñas composiciones pecuniarias, y hasta redondear la producción de la tenencia con la obtenible de un pequeño majuelo o edificación de su «propiedad». Dada la generalidad de la existencia de tales tenancieros esclavos en la propiedad eclesiástica, se comprende fácilmente el interés de la Iglesia por que sus esclavos manumitidos permaneciesen *in obsequio*, siguiendo así trabajando las mismas parcelas que antes venían haciendo como esclavos.

Otro grupo importante de tales *mansores* lo constituían los libertos; concretamente aquellos que permanecían *in obsequio*, bajo el patrocinio de sus antiguos amos. En la España visigoda el número de esclavos manumitidos debía ser muy amplio. Desde tiempos romanos la Iglesia había siempre abogado por las manumisiones, generalizándose así entre la aristocracia senatorial la manumisión por testamento. Tales prácticas persistieron en tiempos visigodos, hasta mediados del siglo VII habrían coexistido dos tipos de manumisión: a) la total, en virtud de la cual el esclavo accedía a la dignidad de los antiguos ciudadanos romanos, no manteniendo ninguna relación de dependencia con su antiguo amo; y b) la emancipación restringida, por la que el liberto quedaba en una relación de dependencia (*in obsequio*) con respecto a su amo, convertido ahora en su *patronus*. La primera posibilidad era ciertamente la más favorable para el liberto, que alcanzaba además la plena propiedad sobre su peculio. Ahora bien, la tendencia desde el siglo IV fue la de generalizar el segundo tipo de manumisión. De tal forma que en el último tercio del siglo VII la legislación visigoda daría el paso decisivo al legitimar exclusivamente la emancipación restringida. A partir de una ley ervigiana, todo esclavo manumitido debería obligatoriamente permanecer *in obsequio* de sus antiguos amos; el liberto que tratase de romper tales lazos de dependencia personal y económica perdería todas sus pertenencias, pasando éstas a ser propiedad de sus patronos. Sin embargo, muchos libertos tratarían de escapar a tan estrechas ligaduras, por lo que Egica y Witiza, al filo de los siglos VII y VIII, volverían a insistir nuevamente en dicho extremo, añadiendo ahora que el vínculo afectaba no sólo a los libertos, sino a toda su descendencia presente y futura, en caso contrario el transgresor y sus hijos serían reducidos para siempre a la condición de esclavos. Ante tan desfavorable le-

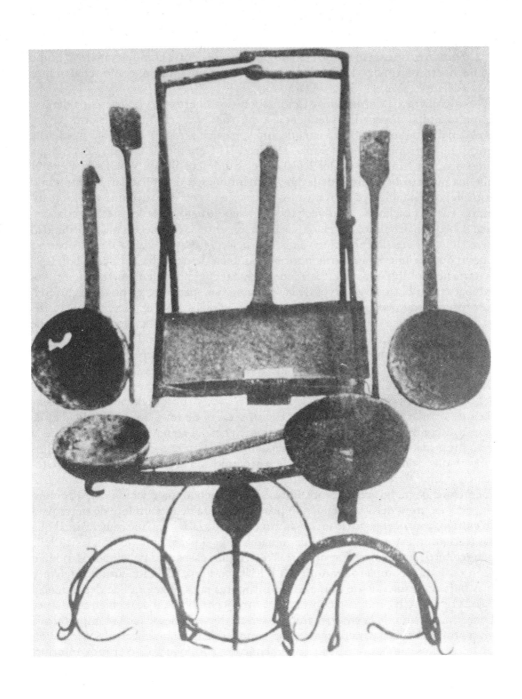

Ajuar doméstico. La Yecla de Santo Domingo de Silos

gislación no es de extrañar que el malestar existente entre el muy numeroso grupo de los libertos a finales del Reino visigodo fuese muy intenso, como señalaremos más adelante.

Sin embargo, la última legislación sobre los libertos no podría considerarse como una total novedad. La tendencia a que sólo se dieran manumisiones *sub patrocinio* del antiguo dueño ya venía de antes, particularmente en el más juridicista medio de·la propiedad eclesiástica. Desde el III Concilio de Toledo del 589 una preocupación constante de los legisladores canónicos habría sido la de asegurar que los numerosos libertos de la Iglesia mantuviesen una relación de patrocinio con ella, continuando con los mismos trabajos en beneficio suyo que venían realizando cuando esclavos. Aprovechando un subterfugio de la legislación contractual sobre el patrocinio, la Iglesia visigoda, en el 633, establecería la continuidad heredable por sus descendientes de la condición *in obsequio ecclesiae* de sus libertos, puesto que «la Iglesia no moría nunca». También desde fecha temprana la Iglesia trataría de prohibir a sus libertos vender o donar cualquier elemento de su peculio, salvo a otros libertos o esclavos de la misma iglesia, para que así no disminuyesen su capacidad de producción en las tenencias eclesiásticas que detentaban. Finalmente, se llegaría a ordenar la obligatoria entrada en el patrocinio de la iglesia de las gentes de condición libre que contrajesen matrimonio con libertos de la iglesia o sus sucesores; lo que produciría no pocos abusos en perjuicio de la gran propiedad laica y de los intereses del Estado, por lo que un soberano enérgico como Wamba trataría de abolir esta última pretensión de la propiedad eclesiástica.

Semejante al estatuto de los libertos *in obsequio,* y sobre todo al de sus descendientes a partir de la legislación de Egica, sería el de toda una multiplicidad de gentes de condición jurídica libre, que también ocupaban tenencias en el seno de la gran propiedad. Tal vez el caso más frecuente debía ser el constituido por aquellos *mansores* que estaban en una relación de patrocinio con el gran propietario de su tenencia. Como veremos más adelante, desde principios del siglo v se hizo muy frecuente que pequeños campesinos libres se acogiesen a una relación de patrocinio respecto de un poderoso, recibiendo posteriormente de éste un lote de tierra para su cultivo, contra el pago de un *census.* En el caso de la Iglesia, fue muy normal que los clérigos inferiores fuesen gentes situadas bajo el patrocinio de su iglesia, de la que recibirían una concesión de tierras que, en los casos más beneficiosos, podían ser a título por completo gratuito. La Iglesia, con una tradición jurídica mayor y más burocratizante, desde muy pronto formalizó tales relaciones de dependencia bajo la figura de la *precaria,* o contrato de entrega condicional de un bien fundiario. Dicha institución de la *precaria* también sería extendida desde fecha temprana a la gran propiedad laica para formalizar las cesiones de tenencias hechas por los *potentes* a pequeños campesinos libres encomendados, a los que nos referimos anteriormente. En principio, estas cesiones *per chartulam precariae* podían ser por tiempo definido, pero el caso más frecuente es que lo fuesen de por vida e incluso la heredasen, bajo las mismas condiciones, los hijos del precarista, con la condición de entrar también en la misma relación de patrocinio de sus padres, con el *patronus* de éstos o sus descendientes. Situación muy semejante a la del precarista, del que sólo se diferenciarían en alguna formalidad legal de importancia menor, era la de aquellos campesinos libres que mediante un contrato (*placitum*) —que podía asumir la formulación incluso de una *epistola precariae* o no— recibían contra el pago de un canon anual una tenencia, generalmente por un largo espacio de tiempo. Estos tipos de tenancieros menos estables y con una razón de dependencia menor respecto del gran propietario, serían más idóneos para pequeñas porciones de tierra, por alguna u otra razón aisladas o alejadas del núcleo del *fundus* del gran propietario. En bastantes casos se trataría de terrenos sin roturar o baldíos faltos de una familia tenanciera habitual *(vacantia)* especialmente aptos para entregar a inmigrantes, en absoluto infrecuentes en las condiciones de inseguridad de los siglos v y vi *(advenae, hospites, accolae);* pudiéndose dar incluso algunos casos de subtenencias.

Por el contrario, parece que en la España visigoda desapareció el estatuto jurídico del colonato, que posiblemente había constituido el grueso de los tenancieros en los tiempos inmediatamente precedentes. Al menos las menciones a *coloni* en las fuentes hispanovisigodas son escasísimas y ninguna de ellas parece referirse a una realidad contemporánea. Parece lo más probable que una tal desaparición de los colonos en la España del siglo vii se deba a su previa confusión con los esclavos *(servi),* con los que habrían pasado a constituir una única entidad jurídica como consecuencia del empeoramiento de la situación socioeconómica de los primeros. Posiblemente tal proceso de nivelación por la base entre el campesinado dependiente ya se había iniciado tiempo atrás, en los confusos momentos de las *Völkerwanderungen.* Salviano de Marsella, a mediados del siglo v, señala en dos etapas la degradación de muchos campesinos libres de España y el Mediodía galo: abandono primero de sus propiedades en beneficio de un potente, del que se convertirían en colono en una relación de patrocinio, para finalmente ser considerado por su patrono como un auténtico esclavo. Tal proceso de degradación del colono se encuentra ya plenamente reconocido y legalizado por la famosa *novella* III de Valentiniano III, al igualar por completo la condición jurídica de los colonos *originarii,* o adscritos al suelo y encomendados a la de los esclavos. Poco tiempo después las *interpretaciones* alaricianas al Código teodosiano no harían más que reconocer tal fenómeno, al considerar a tales originarios dependientes de un dueño —del de la tenencia que trabajaban— y no de su *colonica.* Y aunque ignoramos la concreta adscripción territorial de los famosos *Fragmenta Gaudenziana,* no deja de ser significativo que allí se diga expresamente que términos como los de *(coloni) tributarii* y *originarii* son totalmente sinónimos de *servi.* Así pues, el sentido de la evolución tendía a la homogenización jurídica bajo el estatuto servil de todos los campesinos dependientes que trabajaban en las grandes propiedades hispanovisigodas; buscando así la coherencia entre las estipulaciones jurídicas, todavía manchadas por anacronismos clasicistas, y la realidad socieconómica de la constitución de una gran clase de campesinos dependientes contrapuesta a la de los poderosos o grandes propietarios. Tal evolución tiene ciertamente paralelos en el resto del Occidente contemporáneo, aunque en España tendría mayor coherencia y radicalidad. A ello favorecían también las concepciones germanas sobre la esclavitud, que dependían de la noción más amplia de la *Hausherrschaft,* en la que se incluía también a gentes de condición libre. En todo caso, no se debe olvidar que ya en tiempos de Eurico se contemplaba la igualación funcional entre esclavos y libres encomendados *(buccellarii)* en algo tan fundamental en aquellos momentos como era la constitución de mesnadas señoriales privadas, cosa que volveremos a tratar más adelante. Y reconocimiento de tal ámbito de confusión entre esclavos y libres *in patrocinio,* en el común crisol de las relaciones de dependencia señoriales y feudalizantes, sería el que

Chindasvinto y Recesvinto extendiesen la especial reglamentación del Derecho romano clásico para los delitos cometidos por esclavos *sciente* o *iubente domino* a los libertos y libres que estuviesen en una relación de patrocinio, eximiendo a unos y otros de responsabilidad directa.

LA MEDIANA Y PEQUEÑA PROPIEDAD FUNDIARIAS

Es indudable, y no faltan testimonios para ello, que en la España visigoda subsistió la pequeña o muy pequeña propiedad fundiaria libre. Las normas sobre la dote, a las que nos referimos ya antes, permiten deducir que se consideraba el valor de un patrimonio medio en unos 1.000 sólidos, propio de gentes de desahogada posición económica pero que no pertenecían a los grupos dominantes y dirigentes del Estado visigodo. Sin embargo, no debían ser muchos los patrimonios fundiarios que se acercasen a tal suma. Es más verosímil pensar que la valoración de las posesiones fundiarias de los pequeños campesinos libres no sobrepasase esos 20 sólidos que el Concilio de Agde señaló como el máximo a donar a los esclavos de la Iglesia manumitidos y beneficiados así por un obispo. En todo caso, más que ponderar las magnitudes concretas de tales patrimonios, para lo que carecemos de datos, lo que aquí nos interesa es señalar cómo estos *populi privati, possessores,* o *mediocres et inferiores personae* estaban inmersos en un claro e inexorable proceso de degradación, en pos de su confusión en la inmensa clase emergente del campesinado dependiente, que antes estudiamos. Proceso que, por otra parte, no habría sido exclusivo de la Península ibérica, sino que habría sido común a todo el Occidente romanogermano.

El deterioro de la pequeña explotación campesina libre habría comenzado ya mucho antes en todo el Imperio romano, y en especial en sus provincias occidentales. Las invasiones y el subsiguiente establecimiento de los reinos romanogermano no habrían hecho más que favorecer la tendencia a que las pequeñas propiedades fuesen siendo englobadas en el seno de la gran propiedad, generalmente bajo la forma de tenencias campesinas dependientes. De esta forma, y como ya vimos anteriormente, sus antiguos propietarios pasaban a depender de los poderosos bajo el estatuto de colonos o los más difusos creados por los invasores lazos del patrocinio. La creciente presión fiscal del Imperio moribundo y la gran inestabilidad política del periodo serían factores muy coadyuvantes en tal proceso. Pues un examen más profundo de los hechos permite observar cómo éste podía hacer que se sintiesen favorecidos no sólo los poderosos, sino también los pequeños campesinos. Los propietarios, aunque renunciasen a las hipotéticas mayores ganancias que una explotación directa de sus grandes patrimonios pudiera depararles, se aseguraban la imprescindible mano de obra para trabajarlos, cosa que en estos tiempos no abundaba, y se evitaban peligrosos estallidos de violencia que las concentraciones de esclavos en las reservas señoriales podían engendrar en tiempos de inseguridad militar. A mayor abundamiento, algunas de las personas que entraban bajo su patrocinio, especialmente aptas y convenientemente beneficiadas por sus patrones, podían servirles de soldados privados: algo imprescindible para mantener, cuando menos, incólumes sus patrimonios y privilegios y posibilitarles intervenir activamente en la agitada vida política, en la lucha por el poder, de sus respectivos espacios geográficos. Por su parte, los humildes que decidían entrar en una relación de patrocinio respecto de un poderoso, se aseguraban un trozo de tierra, que les permitiese al menos subsistir en una época de hambres y calamidades, y una cierta protección frente a la enorme presión fiscal del Estado, su creciente violencia institucionalizada, y los inciertos avatares de la vida del siglo. Tales habrían sido las circunstancias que posibilitaron y favorecieron la evolución exclusiva del *patrocinium* romano-clásico en el sentido de la coincidencia en una misma persona del *patronus* del encomendado y del *dominus* de la tierra que trabajaba, y la enorme extensión y éxito que experimentó desde finales del siglo IV en todo el Occidente. Esto último también se explica por las nuevas circunstancias representadas por los nuevos reinos romano-germánicos, con un poder central mucho menos fuerte que el imperial y muy necesitados de llegar a una componenda con los epígonos senatoriales de sus espacios geográficos, por lo que desde muy temprano —al menos desde Eurico— accedieron a legitimar tales relaciones de patronato y en todos sus extremos. Hecho este último que se explica aún mejor si se tiene en cuenta que la estructura sociopolítica del elemento invasor germano se basaba en los lazos de dependencia personal y económica, en gran parte semejantes a los del contemporáneo *patrocinium* romano, engendrados en la fundamental *Hausherrschaft*.

Aplicado todo ello al tema que nos interesa aquí, de la evolución de la pequeña y mediana propiedad fundiarias, dos son los indicadores que deberían ser examinados seguidamente: a) progresiva disminución de la pequeña propiedad; b) aumento en extensión e intensidad de los lazos de dependencia de los campesinos en realción con los grandes propietarios.

Muchas gentes humildes se encontraban con frecuencia en un estado tal de miseria que se veían obligadas a tomar medidas extremas. Tal era la de venderse como esclavos. Práctica nada infrecuente, pues se encuentra tratada ya por el Código de Eurico, para serlo posteriormente por Ervigio, y estar dedicada a ella nada menos que una fórmula notarial visigoda. La razón que llevaba a tan extremada medida era la miseria: con su venta, él, bajo la forma de peculio, o su familia se harían con algún dinero. Estados de gran miseria y necesidad llevaba a otros pobres libres a vender como esclavos a sus propios hijos; o a exponerlos por los caminos, de modo que cualquiera que los cogiera podía convertirlos en esclavos suyos; por no hablar de las frecuentes prácticas abortivas. Todo lo cual permite suponer una escueta composición de la familia campesina-tipo, de no más de cinco personas; al tiempo que la esperanza de vida campesina tampoco debía ser muy grande, siendo infrecuentes los que alcanzasen a superar los cincuenta años.

Pero las posibilidades de que un humilde perdiese su principal propiedad, su libertad, eran todavía mayores y no precisamente voluntarias. Todo aquel reo que no pudiese efectuar la composición pecuniaria exigida por la ley quedaba convertido en esclavo del demandante o perjudicado. Incluso la vieja norma de la esclavitud por deudas habría resucitado. Es más, cualquier liberto o liberta que mantuviese *contubernium* con un esclavo o esclava ajenos, tras ser advertidos por tres veces, de persistir en su situación pasaban a ser esclavos del dueño del esclavo o esclava; y fines semejantes les estaban reservados a los hombres y mujeres libres que mantuviesen dicho contubernio. Y en casos de hijos habidos de tales uniones éstos siempre seguirían la condición del progenitor inferior, cosa que no dejaría de ser aprovechada por algún avispado dueño de esclavos. El que la legislación visigoda contemple la frecuencia de tales uniones es una prueba más de que, pese a los anacronismos legales, la igualación por la base entre todos los humildes, ya fuesen libres o esclavos, era un hecho.

Otras gentes humildes de condición libre podían ver muy disminuida su libertad personal al quedar unidas y sujetas a otra persona mediante los lazos de varia intensidad inscritos en la general relación de patrocinio a la que nos referimos previamente. Ya señalamos cómo el número de las gentes *in obsequio ecclesiae* podía aumentar mediante fraudulentas uniones matrimoniales entre libertos de la Iglesia y libres, al pasar estos últimos automáticamente bajo el patrocinio de esa iglesia; cosa que Wamba habría tratado de limitar por considerar que perjudicaba los intereses del Estado. Por su parte, quienes detentaban alguna autoridad o poder públicos también debieron utilizarlos para aumentar el número de personas bajo su patrocinio, al igual que hicieron para engrosar sus patrimonios fundiarios, como vimos en su momento. Pues los *potentes* podían no sólo ejercer presión sobre los humildes para que se colocasen bajo su patrocinio, sino que también podían ofrecer ciertas ventajas, tales como defenderlos contra terceros, inclusive el propio Estado. Ya Teodorico el Amalo se quejaba de cómo los administradores de los grandes dominios de la Corona visigoda, y de los suyos privados en España, obligaban a situarse bajo su patrocinio a los campesinos que de ellos dependían, incluso contra su voluntad. Mientras que para mediados de la centuria precedente el testimonio de Salviano de Marsella señala otra práctica muy generalizada en el sur de las galias, que también debería darse en España. Al decir del santo, pequeños y humildes propietarios, habitantes de los *vici,* empobrecidos por la rapacidad del fisco y las continuas razzias de soldados romanos y bárbaros, se veían en la necesidad de refugiarse bajo el patrocinio de los poderosos, a los que entregaban sus pequeñas propiedades para recibirlas luego bajo la forma de *precaria*. Según el marsellés, tal práctica no era más que un contrato leonino, pues: «el comprador no paga nada y lo recibe todo; mientras que el vendedor no cobra nada y lo pierde todo. Esta especie de acuerdo es algo extraordinario, pues al tiempo que las fortunas de los compradores aumentan, a los vendedores no les queda sino la mendicidad». Proceso que continuaría actuando en nuestra Península en los siglos sucesivos. Según el tenor de una fórmula notarial visigoda de principios del siglo VII, los precaristas visigodos eran gentes muy humildes que, obligados por la necesidad, se ponían bajo el patrocinio de un poderoso, recibiendo luego una tierra *iure precario*. Un testimonio legislativo ervigiano muestra cómo a finales del siglo VII no debía ser nada anormal que pequeños propietarios entregasen y donasen sus tierras a otros para recibirlas después de éstos y disfrutar de su *possesio*. Se trata de la misma necesidad que hacía que con frecuencia los pequeños propietarios tuviesen que pedir préstamos a interés, teniendo para ello que dejar una prenda que, en caso de impago, pasaría al usurero.

Las causas de tales miserias y penurias de los pequeños campesinos libres no son difíciles de adivinar. Ya vimos cómo la agricultura hispana de la época se caracterizaba por sus bajísimos rendimientos y por su exposición continua a las calamidades y catástrofes naturales y de los hombres. Y sobre un campo así abonado venían a descargar como un golpe de gracia y determinante la creciente presión de los poderosos y todo el duro peso de la fiscalidad del Estado visigodo; excesiva en sí, por la necesidad apremiante de los monarcas y por la generalización de la corrupción y las prácticas abusivas de cuantos tenían a su cargo la administración fiscal. Además, si los poderosos laicos y la Iglesia obtuvieron pingües inmunidades o exenciones fiscales, o se encontraban en una posición de fuerza para oponerse al Estado y defenderse a ellos y a sus leales e imprescindibles encomendados, el agobiante peso fiscal visigodo se iría concentrando cada vez más en los pequeños y medianos propietarios. Por eso no es de extrañar que Chindasvinto se viese obligado a prohibir a todos los *privati,* que estaban sometidos a pagar tributo, vender, donar o conmutar sus tierras con personas que estuviesen exentas o no fuesen a pagar los tributos por cualquier otra razón, con el fin de que las entradas del fisco regio no se viesen amenazadas en su cuantía. Ciertamente, una vana ilusión del anciano y enérgico soberano, pero todo un síntoma de la realidad de la pequeña propiedad libre a esas alturas de la historia hispanovisigoda; al final la única salida era la condonación de los impuestos, como Ervigio y Egica hicieron en más de una ocasión. Aunque cosa distinta era conseguir que los *potentes* devolviesen las tierras que habían arrebatado a sus pequeños propietarios aprovechándose de sus dificultades fiscales y de sus propios atributos gubernativos.

Conflictividad social y jerarquización protofeudal

De las páginas precedentes una cosa habrá quedado clara: la estructura de la propiedad fundiaria, y las determinantes relaciones de producción que en ella se daban, estaban insertas en una dinámica muy activa, cuyo desenlace era ya muy claro. La sociedad visigoda en virtud de dicho proceso habíase visto a finales del siglo VII totalmente polarizada en dos grandes clases sociales contrapuestas: la dominante formada por los grandes propietarios fundiarios, a la vez patronos de múltiples gentes *in obsequio,* y el amplísimo campesinado dependiente. El primero de ellos se encontraba a su vez inserto en una aguda confrontación por conseguir mayores concentraciones patrimoniales y de lazos de dependencia personal. De esta forma, la dinámica de esta clase social dominante habría sido la de su reducción y confusión total con el grupo dirigente del Estado visigodo; desde mediados del siglo VII, a partir de las brutales purgas de Chindasvinto, podemos decir que los *seniores gothorum, maiores natu* o *loci,* o *potentes* eran prácticamente los mismos que los *primates, proceres* o *seniores officii plalatini* o *aulae regiae.* Es decir, constituían con los obispos y dignatarios eclesiásticos ese colectivo dirigente del Estado, en cuyas manos estaba institucionalizada la elección real, al que se denominaba extraoficialmente y de forma colectiva el *Senatus gentis gothorum.* Habiéndose constituido el poder regio en la principal fuente de aumento de su patrimonio fundiario y redes de dependencia personal, a la vez que de su destrucción, lógicamente las contradicciones en el seno de esta clase dominante y grupo dirigente se habían acabado por polarizar en la lucha por el control del trono visigodo, manteniéndose así un precario equilibrio con las poderosas fuerzas centrífugas existentes en el Reino visigodo. Un ahondamiento de tales contradicciones parecía, sin embargo, difícil de detener; y en vísperas de la invasión agarena el Reino visigodo parecía cercano a su explosión interna víctima de tales tensiones y fuerzas centrífugas. Máxime cuando tales tensiones y contradicciones se producían en el seno de una agudización del malestar social por parte de los humildes; pues, como hemos visto, esa constitución de la clase progresista de los campesinos dependientes se había hecho en lo fundamental mediante una nivelación por la base, con la inmersión bajo el estatuto de la esclavitud de amplios sectores de pobres campesinos libres, con lo que eso conllevaba de trauma psicológico, principalmente, en una sociedad todavía dominada por las concepciones ideológicas clásicas que oponían *servitudo* a *ingenuitas* y *civilitas* a *rusticitas,* con una oprobiosa valoración del primero y el cuarto frente a sus parejas. En estas circunstancias, dos parecían ser las consecuencias fundamentales de tales estructuras de la propiedad y relaciones de producción: una agudización de la conflictividad social y la constitución de una compleja jerarquización de tipo protofeudal. Esta última parecía la única respuesta capaz de limitar las peligrosas contradicciones en el seno de la clase dominante, para así resistir los embites del malestar de las masas de campesinos oprimidos y dependientes, nueva base de articulación de un Estado cuyas estructuras institucionales y administrativas procedían directamente del Estado bajo imperial, mucho más centralizado y con unas capacidades recaudatorias y vínculos de tipo público que eran ya muy débiles e inexistentes en el visigodo de fines del siglo VII.

a) *La creciente conflictividad social.* Parece que en los últimos tiempos del Reino visigodo existía un estado de latente agitación y malestar entre las capas más humildes e inferiores de la sociedad visigoda, culminando un proceso que había tenido manifestaciones de violencia y tipología variable ya desde el siglo V. De las 21 leyes que constituyen el primer título del libro IX del *Liber Iudicum* —denominada «De los que huyen y de los que los ocultan»— 16 son antiguas; de Chindasvinto, 1, de Ervigio, 2, y de Egica-Witiza, otra más. Lo que indica la continuidad de un problema, el de los esclavos fugitivos, y su agravación en los últimos decenios del siglo VII. A este respecto, es de especial interés la *novella* ervigiana, que recapitula varias disposiciones anteriores sobre el tema, introduciendo cambios también muy significativos. Así, en la nueva ley se concretan y aumentan las obligaciones y responsabilidades penales de quienes acogiesen en su casa a un esclavo fugitivo, que se veía obligado a entregarlo a su dueño, de saber quién era, y no sólo ponerlo en conocimiento de la autoridad más cercana. Según se desprende de esta misma ley y de otras *antiquae,* no era infrecuente que los esclavos fugitivos encontrasen ayuda y cobijo en otros esclavos; claro indicio de una cierta conciencia y solidaridad de clase. Al decir del testimonio legal de Egica-Witiza, el problema de la huida de esclavos era enormemente grave en el 702, hasta el punto que no debía haber «ciudad, plaza fuerte, aldea, granja o lugarejo en el reino en el que no se encontrase oculto alguno de ellos». El legislador viene entonces a reconocer que las normas dictadas anteriormente se habían visto burladas con excesiva frecuencia, como consecuencia de la incuria de las autoridades locales y, sobre todo, por la colaboración de numerosas personas con los huidos, por lo que se imponía castigar a unos y otros con mayor dureza que anteriormente. Al hombre libre que no pusiese de inmediato en conocimiento de las autoridades la llegada de un forastero —que podría ser o no, un esclavo fugitivo— se le penalizaba ahora con nada menos que 100 latigazos y una libra de oro, conmutable por otros 200 latigazos, lo que suponía haber doblado la pena prevista por Ervigio. Es más, Egica extendió la responsabilidad colectiva de todas las gentes de una aldea en su deber de denunciar y expulsar de sus posesiones a cualquier forastero sospechoso. La implantación de esta responsabilidad colectiva es más que significativa: no debía ser nada infrecuente que los esclavos fugitivos levantasen amplias simpatías y recibiesen el apoyo conjunto de todos los habitantes de una aldea. De lo agudo de la situación creada por tanto esclavo fugitivo habla, en fin, la extrema dureza de las penas impuestas por Egica a todos los que, debiendo velar en virtud de su cargo o posición por el cumplimiento de sus ordenanzas, mostrasen una clara negligencia; de tales castigos no se excluía ni siquiera a los condes territoriales ni a los obispos. Lo que puede ser un intento de cortar con un factor coadyuvante en tal inestabilidad social: la rivalidad entre los grandes propietarios por hacerse con mayor número de campesinos dependientes y gentes de valor.

Otro indicio de la creciente oposición de los esclavos, de los campesinos dependientes en general, al Estado visigodo puede ser la legislación referente a los castigos impuestos por los dueños de esclavos a éstos. La legislación bajo imperial impedía la muerte de un esclavo por su dueño, y así fue estipulado en el Breviario alariciano. Sin embargo, una ley leovigildiana concede ya al dueño plena libertad de castigos al esclavo ladrón. El que Chindasvinto, por razones que vimos anteriormente, prohibiese tal proceder implica, según el mismo texto legal, lo frecuente del mismo, que sería nuevamente legalizado por Ervigio con una mayor amplitud. Pues este soberano eliminaría una ley recisvindiana que prohibía que los amos maltratasen a sus esclavos hasta el punto de causarles alguna amputación. Castigos corporales que se daban también en el seno de los esclavos de la Iglesia con excesiva frecuencia, al decir del Concilio emeritense del 666. Estos hechos, su agravación en el tiempo con la huida de esclavos y el empeoramiento de la situación de los libertos, ya señalada, no pueden tener más que un sentido: el aumento de la desconfianza y el odio mutuo entre los no-libres y los poderosos que, en un momento dado, podían preferir debilitar su propio capital de la siempre escasa fuerza de trabajo humana.

Como es sabido, se trata de un fenómeno sociológico normal el que la expansión y agravación del bandolerismo tengan lugar en momentos de una especial efervescencia social. El bandolerismo es un fenómeno típico de contrasociedad y es significativo el origen humilde de la mayoría de sus componentes, y que, aunque muchas veces marginados sociales, encontrasen amplio apoyo en las clases populares y más bajas de la sociedad. Como síntoma de protesta social y de desesperación de las masas populares, es algo bien conocido y estudiado para el Bajo Imperio. Y algo semejante podríamos señalar para la España visigoda. A este respecto es interesante recordar que para el legislador visigodo esclavo fugitivo y ladrón sean términos casi equivalentes, lo que indicaría que muchos esclavos huirían de las grandes propiedades con el fin de llevar una vida al margen de la ley y de robos. Un conocido fragmento de la *Vida de San Millán* de Braulio de Zaragoza permite ver cómo también la diferencia entre mendigos y ladrones no era fácil de percibir para la mentalidad del *Establishment,* aunque se pudiera estar influido por la caridad eclesiástica. Por otro lado, los testimonios de Braulio de Zaragoza y Valerio del Bierzo señalan cómo el bandolerismo, las bandas de criminales armados para el robo, eran huéspedes en exceso frecuentes de los caminos del Reino visigodo y de sus zonas de montaña más o menos marginales, en la segunda mitad del siglo VII. Y no debía ser infrecuente que los ladrones encontrasen el apoyo o, al menos, la ayuda para no ser descubiertos, de las capas más bajas de la sociedad.

El robo a los grandes propietarios y las ciudades, donde se ocultaban las «riquezas del siglo», había sido una de las funciones de los movimientos bagáudicos que en coordinación temporal con los del otro lado del Loira, habían aparecido en la zona del alto y medio valle del Ebro a mediados del siglo v; todo ello unido a otros componentes de reafirmación etnográfica céltica en una Romanidad que se veía asaltada por otros grupos etnográficos diferenciados. En todo caso, movimientos como los bagáudicos sólo serían pensables en momentos de gran inseguridad e inestabilidad políticas y en áreas como las señaladas vecinas a zonas marginales y de siempre mal dominadas como eran los Pirineos occidentales y Euskalerría. En fechas posteriores no volvemos a oír hablar de estos movimientos bagáudicos, pero sí de frecuentes razzias sobre el valle medio del Ebro, el del Duero o las áreas orientales de la actual Galicia de grupos de astures, cántabros y vascones mal dominados por el Reino visigodo, a pesar de que a partir de Leovigildo se intentó establecer un dispositivo militar de contención y penetración estratégica sobre sus escabrosos territorios. En todo caso, norma habitual de estas razzias norteñas eran el saqueo y robo sobre las propiedades del llano. Su peligrosidad y penetración habrían sido máximas en momentos de guerra civil en el Reino visigodo, sobre todo si algún rebelde al poder visigodo constituido intentaba utilizarlas en su apoyo, como fue el caso de Froya a mediados del siglo vii. En estos casos, y como muy bien ha señalado H.-J. Diesner, no se distinguía entre invasores y *exercitales* del propio Reino visigodo, para los que la práctica del botín era motivación muy importante. A la hora de intentar usurpar el trono o de oponerse a la dominación por el Estado visigodo, muchos nobles pudieron servirse de bandas de gentes desarraigadas o marginados y delincuentes como el medio más rápido de obtener un cierto apoyo social y soporte armado. Sería en esos momentos, sirviendo así a sus dueños y patronos, cómo los explotados campesinos dependientes de la España visigoda habrían hecho desembocar su protesta social en una revuelta armada peligrosa para el poder constituido de turno, aunque no para el sistema de una forma consciente. Posiblemente, una tal etiología habrían tenido las revueltas armadas de *rustici* en la campiña cordobesa y en la Oróspeda en el 572 y 577, y a las que nos referimos en otro lugar de este libro. En todo caso, así habría que explicar la peligrosidad del *rusticarum plebium seditiosus tumultus* que se trata de ilegitimar en el 653 como forma de conseguir el trono. Pero las confrontaciones entre el poder real y diversos grupos de nobles, con sus secuelas de confiscaciones, no podían por menos de facilitar la colusión coyuntural entre los intereses de nobles arruinados y exiliados y estas bandas de esclavos y campesinos fugitivos, ladrones y pueblos marginales al Reino visigodo. No cabe duda que si se presentase un invasor exterior potente, todos estos hechos no harían más que ayudar a la desintegración del Estado visigodo hispano.

b) *Sociedad y jerarquización protofeudal.* Como hemos podido ver en las páginas precedentes, las relaciones sociales de producción y la estructura de la gran propiedad fundiaria en la España visigoda acabaron basándose en las relaciones de dependencia entre la masa de campesinos y la minoría dominante y, a la postre, también dirigente. Tales relaciones de dependencia, desequilibradas en beneficio del *dominus et patronus,* se formalizaron según la vieja institución romana del *patrocinium,* transformado ahora por nociones cristianas que teñían el concepto de *fides* de contenido religioso: y se concretaron en la obligación del cliente de cumplir con un *fidele servitium et promptum obsequium* a su patrono, que a cambio les beneficiaba asegurándoles un medio de vida —aunque éste estuviese unido a una clara explotación por la obligación del *census*— y una cierta protección contra terceros. Como también señalamos en su momento, estas relaciones de dependencia sobre la base institucional del *patrocinium* y la contraprestación fundiaria por parte del patrono no se habían limitado al campesinado dependiente, sobre el que en gran parte también pendía la antigua sanción romana del derecho de propiedad dominical, sino que se habían extendido a gentes de condición social más elevada. Desde tiempos de Eurico, el Estado visigodo había legalizado las relaciones de dependencia entre un gran propietario y un hombre libre de cierta posición y marcada funcionalidad militar. El *buccellarius,* a cambio de prestar servicio de armas en beneficio exclusivo de su patrono, recibía de éste una posesión fundiaria a título completamente beneficial. Como diremos en su momento, este último tipo de relaciones de patrocinio se vio también favorecido por la existencia de análogas situaciones entre el elemento etnográfico gótico en virtud de la fundamental «soberanía doméstica». Es más, el paralelo germánico y la realidad del momento tendían a que tales relaciones de dependencia se convirtiesen en hereditarias y de imposible abandono por parte del encomendado, so pena de graves sanciones; aunque las nociones heredadas del Derecho romano clásico sobre las *ingenuitas* obligasen al legislador visigodo a prever la disolución del vínculo a conveniencia del encomendado, con la sola pérdida del beneficio. Pero en la práctica, esto debió ocurrir muy poco. Lo cierto es que desde principios del siglo v observamos que los principales contingentes militares operantes en la Península ibérica, en lo esencial debían componerse de mesnadas de soldados privados encomendados a epígonos senatoriales o nobles y reyes godos. La importancia política y social de tales hechos no dejaría de tener hondísimas implicaciones.

Como ha señalado en repetidas ocasiones el investigador alemán Walter Schlesinger, la importancia de los séquitos armados dependientes en las agrupaciones populares germánicas de las invasiones, nucleadas en torno a monarquías militares, fue enorme. Al producirse el *Landnahme* visigodo, tales séquitos asumirían las concepciones gemelas del *patrocinium* romano, sobre todo en lo tocante a la naturaleza religiosa del vínculo de fidelidad y a la contraprestación fundiaria beneficial. Los soberanos visigodos desde una fecha temprana debieron basar la coherencia de su mando sobre sus súbditos góticos sobre un doble juramento de fidelidad: el prestado por el círculo de los guerreros que formaban su séquito, y del que debían formar parte elementos de condición no libre y otros de elevada posición social, de fidelidad a su persona y prestación de apoyo y servicio bélico; y el prestado por él hacia éstos de comportarse con justicia y beneficio para sus seguidores. Al establecerse en territorio provincial, convertir a sus fieles seguidores en propietarios fundiarios a la manera de los epígonos senatoriales, e incluir entre sus súbditos a la población romana provincial, se plantearía la necesidad de establecer unos vínculos de índole pública que uniesen al soberano con todos sus súbditos libres. Dada la naturaleza de las dependencias de hombre a hombre existentes en el nivel de las relaciones sociales de producción de la España visigoda, y la herencia tradicional gótica, a la que antes nos hemos referido, parecía normal que se tratase de establecer ese vínculo general sobre la base de ese doble juramento del que antes hemos hablado. La iniciativa pudo ser regia, confiado en la posición de fuerza tradicional del *Herr* gótico sobre sus séquitos y en el carácter heredable de éstos. Lo cierto es que a partir del 633 tenemos documentado el hecho consuetudinario de la prestación de uno y otro juramento al comienzo de cada reinado. En esencia, el juramento de fidelidad de los súbditos al rey en ese momento se encontraba plenamente cristianizado, estableciendo la obligación de todo leal súbdito (*fidelis*) del soberano de prestarle a éste «fiel y presto servicio y entrega», salvaguardando así la vida y estabilidad del monarca reinante, del Reino (*patria*) y la Nación (*gens*) de los godos.

Es posible que estos dos últimos elementos hubieran sido añadidos a instancias de la potente nobleza hispanovisigoda; como apéndices posteriores a este juramento de fidelidad estarían el compromiso de salvaguardar la vida de la viuda y la descendencia real, con la plena propiedad de los bienes heredados de su padre y marido, y la estabilidad de los bienes donados o entregados *in stipendio* por el monarca difunto a sus leales servidores y colaboradores. Este juramento se tomaba por escrito y a él estaban obligados todos los súbditos libres del reino so pena de incurrir en delito de lesa majestad, de infidelidad, en caso de incumplimiento. Por su parte, el juramento prestado por los reyes en Toledo en el momento de su elevación al trono debía incluir una promesa de fidelidad al Reino y al pueblo de los godos, concretada en una acción de gobierno justa (*iustitiam commissis populis*), con añadidos más concretos y puntuales, como serían la lucha contra el judaísmo (desde el 638), o la de guardar una estricta separación entre los bienes propios y los de la Corona (desde el 653). La permanencia hasta fines del Reino visigodo de este segundo juramento, a diferencia de lo que se observa en otros reinos romano-germanos, sería una prueba más de la debilidad de la monarquía visigoda frente a la poderosa nobleza. Pero por fuerte que pudiera ser el juramento de fidelidad de todos los súbditos al rey, la realidad de los hechos lo demostraría con frecuencia más frágil que las relaciones de fidelidad existentes entre los potentes y sus encomendados. Como sabría advertir Egica al tratar de prohibir, a lo que parece inútilmente, los vínculos de juramento establecidos entre particulares con el decidido propósito de atentar contra la estabilidad del poder regio u otra persona. Y por la misma razón, a lo largo del siglo VII, los monarcas visigodos tratarían también de protegerse mediante la sacralización de la figura y la función regias, cuya plasmación y culminación sería la institucionalización de la unción regia, tal y como señalamos en otro capítulo de esta obra. Sin embargo, la Historia demostraría que la mejor protección para un monarca visigodo era la ofrecida por una red de dependencias personales más amplia.

De esta forma, parece indudable que en el Estado visigodo se daría el paso decisivo, en el siglo VII cuando menos, de crear un círculo de *fideles regis* mucho más restringido, vinculados al monarca por un juramento de fidelidad que constreñía más fuertemente a los así juramentados al *fidelem y promptum servitium vel obsequium* al soberano, con la contraprestación, en una relación de causa-efecto que los textos señalan inequívocamente a partir del 633, de bienes fundiarios, bien en plena propiedad o a título estipendiario. Formalmente, dicho juramento restringido no parece que se distinguiera del prestado de modo general por todos los súbditos libres, pero por una ley de Egica sabemos que un grupo especial de personas estaban obligados a emitirlo, no en sus lugares de residencia y ante unos enviados del rey (*dis-*

Broche circular en oro de procedencia bizantina (finales siglo VII). Necrópolis del Turuñuelo (Medellín, Badajoz). Los Magos prestan pleitesía al Niño Rey

cussores iuramenti), sino personalmente e *in presentia principis,* lo que parece tener paralelos inmediatos en la Francia merovingia en tiempos de Dagoberto. Los *fideles regis* así obligados eran los miembros del *officium palatinum,* es decir, aquellos elementos de la clase dirigente que monopolizaban la Administración visigoda de manera cada vez más feudalizante, como señalamos en su momento.

De esta forma, podríamos decir que en el Reino visigodo de la segunda mitad del siglo VII se había formado una auténtica jerarquía vasallática *(Lehnshierarchie)* que abarcaba prácticamente a todos los miembros de la clase dominante. En su cima se encontraba situado el soberano, cuya imagen se modeló a imitación de los emperadores protobizantinos y con un muy fuerte influjo eclesiástico. Por debajo del soberano se encuentran los *potentes,* entre los que se contaban los altos funcionarios de la Administración *(duces y comites)* y dignatarios palatinos de menor categoría (los *gardingi),* que en su conjunto formaban el *officium palatinum* y el *aula regia.* Todos ellos por su especial juramento de fidelidad *in presentia principis* recibían con-

253

traprestaciones fundiarias, bien en plena propiedad o bien condicionadas por razón de su cargo. El monarca se esforzaría en consolidar y convertir en hereditario a este grupo de especiales *fideles,* tendiendo así a una Monarquía de tipo patrimonial y feudal; mientras que tales *fideles* tratarían de consolidar sus prebendas y feudalizar sus funciones de gobierno, y todo ello a título hereditario. En la medida en que uno y otros consiguieron sus objetivos se explica la dinámica histórica de la España visigoda en su último siglo de existencia.

A su vez, estos *fideles regis,* en sentido restringido, anudaban en torno suyo a toda una red de gentes en situación de dependencia según las leyes del *patrocinium,* y unidos por juramentos de fidelidad. Con ellos acudían a la guerra y formarían el núcleo de *coniurationes* o rebeliones contra el soberano reinante. Y tales redes de dependencia se encontraban también en el seno de la Iglesia. Aquí los obispos, a la manera de los reyes, establecieron una especie de vínculo de dependencia general hacia ellos de todos los humildes *(pauperes)* del reino, y obligarían a todos los encomendados de su iglesia a renovar el vínculo de dependencia en el momento de la consagración de un nuevo obispo. Y también se trataría de fomentar un protocolo de visitas anuales, de obligación de acudir a la *curia* metropolitana o de derecho de presentación, de los metropolitanos sobre sus sufragáneos, y del primado toledano —a partir de Julián— para con todos, muy a imitación del palatino. Pero sobre todo numerosos cánones del X Concilio de Toledo del 656, del de Mérida del 666 y del XI de Toledo del 675 permiten comprobar cómo los obispos tenían en su patrocinio personal a los clérigos menores de su iglesia, y los presbíteros de las iglesias rurales a sus auxiliares —aunque estos últimos ya solían ser de condición servil—, recompensándoles con la entrega de bienes inmuebles del patrimonio eclesiástico. Y es en este contexto cómo se comprende el interés de los obispos por desafectar en su provecho el patrimonio de su iglesia catedral o de las rurales y monasterios de su diócesis, como examinamos con anterioridad.

Las leyes militares de Wamba y Ervigio reflejan un Estado feudalizado en función tan principal como la bélica, así como las contradicciones de éste. Si los ejércitos visigodos de fines del siglo VII y principios del VIII estaban compuestos por las mesnadas particulares, armadas por ellos, de los *potentes* del reino, que eran también los más restringidos *fideles regis,* tampoco puede extrañar que mostrasen menor celo por defender fronteras lejanas y vidas ajenas que por asegurarse el trabajo de sus propiedades y la seguridad de su encomendados, o que en todo caso acudiesen a la batalla «por rivalidad y dolosamente por la ambición del reino», como señaló el anónimo clérigo mozárabe del 754 para el ejército de Rodrigo en el Guadalete.

CAPÍTULO V

La ciudad y la vida urbana.
El comercio y la economía monetaria

El análisis de las estructuras urbanas en estos siglos tardoantiguos puede realizarse bajo varios puntos de vista. En primer lugar nos referiremos a lo que podríamos llamar la estructura física de las cuidades: murallas, principales edificaciones de carácter o función públicos, disposición de suburbios o espacios de transición al mundo rural, etc. Seguidamente trataremos del contenido socioeconómico de dichos espacios urbanos: principales grupos humanos habitantes de las cuidades y sus actividades económicas. Finalmente analizaremos los problemas de la cuidad y de la ordenación del territorio.

TOPOGRAFÍA DE LAS CUIDADES HISPÁNICAS EN LOS SIGLOS V AL VII

Es doctrina generalmente aceptada que la vida cultural y socioeconómica del occidente romano durante el Alto Imperio se basó en una desarrollada red de centros urbanos. También se ha solido aceptar, tal vez con un exceso de generalidad, que las grandes mutaciones iniciadas con la llamada Crisis del siglo III significaron un cambio decisivo en dicha estructura urbana, en el sentido de un empobrecimiento y consecuente ruralización de la sociedad. Las invasiones y el estado generalizado de inseguridad interior, muchas veces de raíz social, propiciaron abundantes obras de fortificación en las principales cuidades occidentales, entre las que las peninsulares no habrían de constituir ninguna excepción.

La simple enumeración de los restos existentes de recintos murados de época bajo imperial demuestra a las claras la amplitud e importancia del fenómeno en nuestra Península: Iruña (*Veleia*), Cantabria (despoblado próximo a Logroño), Gerona, Barcelona, Lérida, Zaragoza, Inestrillas, León, Lugo, Coria, Cáceres, Mérida, Toledo, Ávila, Évora, Egitania, Augustóbriga, Caparrá, Palencia e *Ilici*. La Arqueología parece mostrar lo precipitado de la construcción de muchos de estos recintos, habiéndose utilizando abundante material de desecho.

La concentración septentrional de muchos de estos recintos demuestra también su finalidad defensiva militar, así como la ubicación de los principales problemas estratégicos. Mientras en el sur y Levante subsistirían los viejos recintos de época republicana y alto imperial. Durante el tormentoso siglo v sabemos que muchas de estas murallas constituyeron obstáculos insuperables para varios de los invasores. Lo confuso de la llamada época de transición — de Alarico II a Leovigildo– y la posterior existencia de fronteras interiores del Reino visigodo de Toledo en el sur, hasta la segunda década del siglo VII, y a lo largo de la Cornisa cantábrica, junto al malestar y conflictividad social siempre en aumento, eran razones más que suficientes para la conservación de los recintos murados heredados del Bajo Imperio e, incluso, para su reforzamiento y multiplicación.

Junto a los testimonios arqueológicos, otros de carácter literario nos prueban la conservación y uso para necesidades de defensa y policía interior de numerosos recintos fortificados heredados de tiempos imperiales durante estos siglos. Tales serían los casos de Mérida, Sevilla, Medina Sidonia, y Zaragoza. Otras noticias de carácter cronístico, para el siglo v y primeros dos tercios del vi, así como relatos de fuentes arábigas sobre la conquista de España por los ejércitos islámicos, permiten afirmar también el buen estado de los recintos amurallados en ciudades como: Córdoba, Astorga, Lisboa, *Conimbriga* (Condeixa-a-velha), Lérida, Tortosa, Tarragona, Mértola, Béja, Iliberris, Écija, Ossonoba, Huesca y Orihuela. Pero nó sólo se conservaron los recintos murales heredados de tiempos de los romanos; también se procedió a una profunda restauración de algunos de ellos, o incluso a la construcción de otros completamente nuevos. Un famoso documento epigráfico nos informa de la importante restauración de las murallas de Mérida —centro del poder visigodo en el suroeste— por Eurico en el 484. Necesidades militares llevaron a reconstruir las murallas de Itálica en el 584. Cinco años después el gobierno bizantino reforzó las defensas de su capital hipánica, Cartagena. Y lo propio haría Wamba en el 674 en su capital, Toledo. La Arqueología demuestra también obras de refacción en las murallas romanas de Córdoba. Y a época de Leovigildo habría que asignar la construcción del importante recinto murado de Recópolis y de Bigastro (Cehegín, Cabecico de Roenas). Siguiendo una costumbre bajo imperial, todas estas obras de refacción o nueva construcción siempre se habrían hecho por iniciativa y a espensas del Estado, de los monarcas visigodos en su caso.

La posible reconstrucción del perímetro de muchas de estas ciudades permite constatar un hecho de sumo interés: cuál era la extensión de los recintos urbanos encerrados en dichos muros. Éstos serían, expresados en hectáreas: Gerona de 5 a 6, Barcelona 12, Zaragoza 60, Cantabria 10, León 19, Astorga 27, Lugo 34, Conímbriga 9, Coria 6.5, Mérida 49, Toledo 5, Uxama 28, Córdoba 50, Carmona 47 y Recópolis 15. Sobre la base del abandono bien testimoniado de algunos barrios enteros, o de la menor extensión de alguno de estos recintos en relación con el área ocupada por la aglomeración urbana de época alto imperial, se ha supuesto una drástica disminución demográfica de las ciudades hispánicas a partir del siglo III, siguiendo así la muy criticada tesis de F. Lot para las Galias. Pero la verdad es que parece difícil ver en las ciudades hispánicas de estos siglos una relación directa entre la extensión de su recinto amurallado y la importancia política, y previsible potencial demográfico, de las diversas ciudades. A este respecto, la disfunción más llamativa la constituye Toledo: con sus mínimas cinco hectáreas sabemos que soporta todavía en época califal una población de 37.000 almas, la segunda en magnitud de todo el Andalus. En otros casos —Barcelona, Lugo, Zaragoza— parece que los recintos tardíos siguieron prácticamente el trazado de otros anteriores alto imperiales. Por todo ello parecería legítimo preguntarse por la auténtica función de tales amurallamientos: ¿se trataba de proteger realmente a toda la aglomeración urbana o sólo a una guarnición?, ¿en qué medida la existencia de anteriores recintos extensos condicionó el retrazado de otros posteriores?

Los historiadores han señalado más de una vez las dificultades que supuso en el Bajo Imperio la defensa de determinadas ciudades romanas dotadas de recintos amurallados muy amplios, difíciles de cubrir con una guarnición siempre escasa de efectivos. Es posible que la misma elección capitalina de Toledo se hubiese visto favorecida por lo reducido de sus murallas, defendibles así con unos pocos soldados. En todo caso, la existencia cierta de lugares de habitación situados extramuros de bastantes ciudades hispánicas de la época obliga a no relacionar necesariamente extensión del recinto murado con potencial demográfico.

Dichos lugares de habitación, denominados *suburbia*, siempre solían agruparse en torno a una edificación de carácter religioso; por lo general una basílica o, con frecuencia, un monasterio. Arrabales de esta tipología se testimonian en lugares tan disímiles como Obulco (Porcuna), Sevilla, Córdoba —en torno a la basílica martirial de San Acisclo, ya existente a mediados del siglo VI—, Barcelona —junto a Santa Eulalia, construyendo un suburbio de carácter portuario—, Gerona y Segóbriga, junto a la supuesta catedral de mediados del siglo VI. Abundantes noticias literarias nos informan de la existencia de varios arrabales de este tipo en la Mérida de finales del siglo VI: el de la iglesia de San Fausto, a menos de una milla de la capital en dirección sudoccidental; el de la basílica de Santa Lucrecia, en la orilla izquierda del Guadiana; y el situado en torno a la famosísima basílica martirial de San Eulalia, junto a la puerta mural de igual nombre. Todavía mejor informados estamos de los arrabales toledanos para el siglo VII. De ellos el más importante debía ser el centrado en torno a la gran basílica de la mártir patrona de la ciudad, Santa Leocadia; junto a la basílica dedicada a ésta, y su monasterio anexo, dicho arrabal contaba con la basílica de los Santos Apóstoles Pedro y Pablo, que posiblemente constituía la iglesia palatina del conjunto palaciego de la capital visigoda, que ocupaba así una posición extramuros, fácilmente defendible de enemigos externos y de motines urbanos, situada al noroeste del recinto murado. Otro posible arrabal toledano, y situado sobre la importantísima calzada que llevaba a Zaragoza, pudo formarse en torno al gran centro monástico de San Cosme y San Damián, en Agali. Menos frecuentemente el origen del arrabal extramural pudo ser la existencia de un establecimiento portuario *(portus)*, situado a alguna distancia del núcleo urbano primitivo. Tal sería el caso de Oporto. Pues junto a la vieja acrópolis romana de *Calem* (Vila Nova de Glia), a sus pies y en la misma ribera del Duero, se desarrollaría el núcleo urbano de *Portus,* al calor de las actividades mercantiles y portuarias. Ambas constituirían la *civitas Portucalensis* testimoniada ya en el último tercio del siglo VI.

Para terminar con el problema planteado por la existencia y desarrollo de arrabales, convendría hacer una advertencia: su tipología y configuración debía prestarse a múltiples variedades. Así, frente al abigarrado y de claro carácter urbano del suburbio del *praetorium* de Toledo, el de Obulco debía tener un aspecto rural muy marcado. Aspecto semirural, con espacios abiertos dedicados a cultivos y urbanismo muy irregular, que debía ser frecuente en las agrupaciones surgidas al calor de un monasterio.

Pero penetremos en el interior de una ciudad hispana de la época, en sus calles y plazas; fijémonos ahora en su topografía. El carácter amurallado de una buena parte de las cuidades de estos siglos puede facilitarnos el estudio de su topografía o estructura viaria, al haberse constituido en un obstáculo para la relación de cambios estructurales al correr de los siglos. Aunque, si bien es verdad que la simple observación de los planos modernos de tales ciudades puede permitirnos vislumbrar algunas de sus características topográficas antiguas, la falta de precisas coordenadas cronológicas resulta frecuentemente insalvable.

La ciudad clásica del Occidente romano se había caracterizado por la constitución de una muy racional y regular red viaria de tipo ortogonal, organizada en torno a dos grandes ejes —el *cardo* y *decumanus maximi--* , en cuya intersección se ubicaba el *forum,* principal espacio abierto de la cuidad y centro cívico-religioso por exelencia. Pues bien, ¿hasta qué punto se conservó esta particular estructura urbanística en las ciudades peninsulares de la Antigüedad Tardía?

Comencemos por el análisis de la red viaria y planificación urbanística general. La simple obsevación de las plantas modernas de muchas ciudades hispánicas permite ya constatar el gran conservadurismo de su trazado, siendo frecuentemente todavía perceptibles el *cardo* y *decumanus maximi.* Uno de los casos más llamativos a este respecto podría ser el de Zaragoza, donde en algunos casos se adivinan antiguas *insulae* aisladas por trozos de calles ortogonales. Un caso semejante sería el de Mérida; ciudad cuyo trazado romano se conoce bien gracias a la conservación en buena medida de su red de cloacas. Conservadurismo también notable en Barcelona, con su foro tramutado en plaza de San Jaime, centro de la cuidad medieval. También en las actuales Córdoba y Écija se conservan bien sus ejes viarios principales, y hasta la posición de alguno de sus foros. Casos semajantes se documentan en León y la actual Idanha-a-velha, la antigua sede episcopal de Egeditania, así como en Coria y Carmona. En fin, una simple ojeada a los actuales planos de Lugo, Évora, Cáceres y Astorga, permitiría realizar deduciones semejantes a las efectuadas para los casos anteriores.

Pero todo este conservadurismo, en grandísima medida intemporal, en absoluto debe hacernos olvidar la existencia de indudables cambios y trastornos. A este respecto podría señalarse el caso mejor conocido de Barcelona. Dentro del recinto murado la construcción a comienzos del siglo v del grupo basilical catedralicio —bajo la advocación de la Santa Cruz— habría inferido una profunda transformación del trazado urbanístico de la esquina septentrional de la ciudad, con la obstrucción de algunas calles y la ruptura del reticulado regular de algunas manzanas. Algo semejante podría haber pasado en la antigua Belo, como consecuencia de la destrucción del foro monumental en el siglo iii, el retraimiento del área habitada y la construcción posterior de edificaciones más pobres y más anárquicamente dispuestas. Caso bastante parecido sería el de Itálica, que en tiempos visigodos vio el semiabandono de la antigua ciudad hadrianea, que se convirtió en lugar de pobres viviendas, construidas con materiales de derribo, con obstrucción de calles o aprovechando espacios porticados y públicos anteriores. En fin, en Ampurias la espléndida *neapolis* desde finales del siglo iii se encontraba en gran parte arruinada, habiendo surgido en ella una necrópolis paleocristiana nucleada por una pequeña y pobre *cella memoriae.*

Dentro de este capítulo de cambios y transformaciones de la topografía urbana

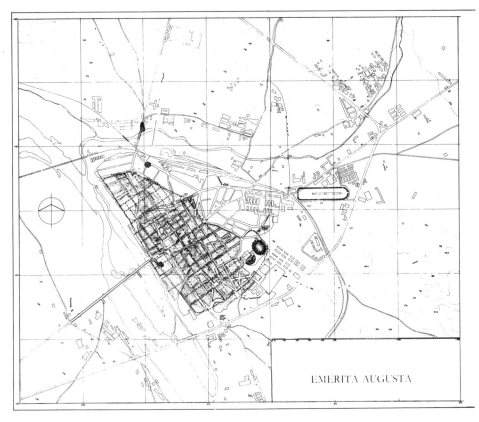

Mérida visigoda (siglos VI-VII)

habría que que citar el surgimiento de cementerios urbanos dentro de la misma
área amurallada de la ciudad. Desde el siglo V se testimonia una necrópolis de este
tipo junto a la basílica catedralicia de Barcelona, superponiéndose a edificaciones
arruinadas de época romana. Y algo parecido se testimonia en Castulo, en la ciu-
dadela de Rosas, junto a una basílica paleocristiana, y en la antigua Iluro (Mataró).
Este hecho del surgimiento de necrópolis en torno a templos basilicales o pequeños oratorios, es algo que se va a extender enormemente, y no sólo en los núcleos
urbanos, sino también en las agrupaciones rurales menores; a los casos ya citados
podríamos unir también los de San Félix de Gerona, *neapolis* ampuritana y San
Fructuoso de Tarragona. Pero la aparición de tales cementerios intraurbanos, dentro de los mismos recintos murados muchas veces, se nos presenta más bien como
un fenómeno analizable en el contexto más amplio de la evolución de las mentalidades funerarias; no como un síntoma unívoco de la decadencia de las ciudades de
la época y de su debilidad demográfica. Máxime si se documenta la continuidad de
bastantes de los antiguos cementerios extraurbanos de tiempos romanos, algunos
incluso continuación de anteriores paganos, y situados por lo general junto a las
calzadas principales. Tales áreas cementeriales se testimonian en Carmona, Itálica,
al menos hasta finales del siglo V, Mérida y, sobre todo, Barcelona, donde sabemos
de cuatro diferentes necrópolis paleocristianas situadas todas ellas fuera de su re-

259

cinto amurallado. Todo lo cual no deja de constituir más que una clara muestra de lo difícil que resulta una descripción generalizada de la topografía de las ciudades hispánicas de la época; pues en muchos aspectos con cada una de ellas se podría constituir, si tuviéramos noticias, un caso aparte.

Como ya dijimos anteriormente, un elemento esencial en la estructura de la ciudad romano-occidental había sido el foro. Testimonios literarios documentan la permanencia de las plazas públicas, como lugares normales de reunión y sociabilidad ciudadana en la Narbonense en una época tan tardía como el 589. ¿Hasta qué punto se podría trasladar dicho texto a las ciudades hispánicas? Un examen de la actual estructura urbana de muchas ciudades, junto con documentación arqueológica, testimonian la permanencia de los espacios abiertos que representaban los foros en plazas actuales, muchas de las cuales siguen siendo centros fundamentales de la vida ciudadana. En Coria, Écija y Barcelona sus foros romanos se han tramutado en sus hogañas plazas mayores. Córdoba, Évora y Carmona han visto sus foros convertidos en plazas actuales tan importantes como las de las Tendillas, Catedral-Museu y Abastos, respectivamente. En las grandes ciudades costeras o en la ribera de los grandes ríos , en época imperial debía ser frecuentemente la existencia de foros mercantiles o espacios abiertos con edificaciones especialmente dispuestas para el almacenaje de mercancías, la realización de actividades comerciales y la percepción de los diversos derechos de aduanas y arbitrios. La Arqueología parece haber detectado uno de esos foros mercantiles en Sevilla, en la zona donde hoy día se encuentra ubicada la catedral. Lo que coincide con una famosa cita de Isidoro de Sevilla referente al *mercatum,* o lugar donde se desarrollaban actividades mercantiles y donde se ubicaba el *teloneum,* local donde se cobraban los derechos de aduanas y se juzgaban los pleitos que pudiesen surgir entre los comerciantes extranjeros. A tales lugares en España, al igual que en otros puertos del Mediterráneo occidental también frecuentados por comerciantes procedentes del Oriente bizancino, se les solía denominar con el vocablo de origen griego *cataplus.*

Pero tal vez más importante que constatar esta perduración del foro como plaza pública o como lugar de comercio, sea el analizar lo sucedido con sus edificaciones anejas —templos, curia etc.—, las que verdaderamente le prestaban su fisonomía precisa y su función principal en la vida ciudadana. La administración y gobierno municipales en la España de estos siglos se caracterizó por la paulatina desaparición de las curias, del *ordo decurionum,* y la suplantación por el *comes civitatis* en todas sus funciones; proceso ciertamente lento, pero que podemos dar por terminado a mediados del siglo VII. En esta situación la curia de los foros hispánicos dejaría de cumplir con sus tradicionales funciones, ¿cuál pudo ser su destino en la nueva situación administrativa de las ciudades? A este respecto nos parece un caso muy significativo el representado por Tarragona, donde se testimonia la reutilización de la antigua fábrica curial por una basílica de tiempos visigodos. Con referencia a los grandes templos que solían estar en el foro o en sus inmediaciones, sus destinos pudieron ser varios. En unos casos —Évora, Mérida y Córdoba— sabemos que se conservarían en pie, pero abandonados o destituidos de toda función de importancia o significación en la vida ciudadana. En otras ocasiones —Carmona, Mataró e Idanha-a-Velha— se transformaron en iglesias cristianas, mostrando así una increíble permanencia y resistencia de los lugares destinados a cultos religiosos a cambiar de función a través de los siglos. Pues fuera de los casos de los grandes templos capitolinos también tenemos testimonios de cómo otros antiguos templos paganos se transformaron en lugares de culto cristiano en esta época, como sería el caso de la iglesia catedral de Astigi. Sin embargo, sería inexacto hablar de una trasformación general de los santuarios paganos en basílicas cristianas. A las dificultades de orden material —inadecuación de la estructura del templo pagano a las funciones de la iglesia cristiana—, a la especulación engendrada por unos espacios urbanos magníficamente ubicados y apetecibles a otros poderes del siglo, se unían ciertas posibles reticencias de orden mental.

La ciudad antigua se había caracterizado también por la existencia de una serie de edificaciones de funcionalidad pública, como eran los baños públicos o termas, y los lugares destinados a actividades lúdicas: circos, teatros y anfiteatros. Su mantenimiento, mutación o abandono constituyen índices preciosísimos a la hora de juzgar las continuidades o rupturas de la ciudad tardoantigua española con respecto a su predecesora inmediata.

Las termas constituían un lugar de reunión cívica, de intercambio de ideas e intereses, además de su misión higiénica primordial. Ciertas críticas por parte de algunos medios eclesiales no habrían encontrado en principio demasiado eco; y las termas seguían ocupando un lugar principalísimo en la ciudad occidental del Bajo Imperio. Y lo cierto es que Isidoro de Sevilla, en un pasaje de sus *Etymologiae,* bastante actual, se refiere a los *balnea publica* como institución aún bastante viva en su época, afirmando la existencia, anexa a ellos, de locales donde los usuarios podían obtener bebidas y comida. No poseemos demasiados datos arqueológicos al respecto, pero los existentes son muy significativos. Así, mientras en Belo se testimonia el abandono en el siglo v de unas pequeñas termas tardorromanas, en Sevilla y León se documentaba la perduración de edificaciones termales, prolongando su vida más allá de la invasión islámica, aunque disminuyendo su tamaño. Disminución de tamaño y número de este tipo de establecimientos que podría estar en relación con una muy posible reducción demográfica y de nivel de vida de muchas ciudades hispánicas de la época. En todo caso, no podría pasarse por alto el hecho del mantenimiento en general del sistema de aguas de época romana —red de cloacas, acueductos y traídas de agua— durante estos siglos.

Mayores problemas plantean las antiguas edificaciones destinadas al ofrecimiento de espectáculos públicos. Y ello en gran medida como consecuencia de la diversidad de estos últimos. La presión eclesiástica, enemiga en general de todos ellos, habría logrado la supresión a principios del siglo v de los *ludi gladiatorum,* pero no habría conseguido lo mismo para los espectáculos teatrales, principalmente de mimos, la caza de fieras en el anfiteatro y las carreras de carros en el circo. Testimonios legales visigodos permitirían así hablar de la perduración general de las carreras en las ciudades hispánicas de esta época, al menos en las más importantes —como Mérida y Zaragoza— y hasta el siglo vi. Para los primeros decenios del siglo vii sabemos de las aficiones de Eusebio, metropolitano de Tarragona, a los espectáculos teatrales y a los sangrientos *venatoria.* Cosa distinta es si forzosamente estos espectáculos seguían realizándose en sus antiguos adificios especializados heredados de tiempos romanos. Al menos sabemos que la arena del anfiteatro tarraconense habría quedado inutilizada al paso del siglo vi al vii con la construcción en su interior de una especie de *cella memoriae* en recuerdo de San Fructuoso y sus compañeros mártires.

Una institución y edificación característica de las principales ciudades mediterráneas de la época, sobre todo aquellas que mantenían un importante tráfico comercial a larga distancia, era el *xenodochium,* palabra de origen griego que designaba una especie de hostelería para peregrinos y enfermos. Pues bien, para el último tercio del siglo VI se testimonia la construcción de un importante hospital de este tipo en la ciudad de Mérida que, como sabemos, mantenía en esta época un considerable intercambio comercial incluso con el Oriente bizantino. Significativamente, el *xenodochium* emeritense habría sido construido y espléndidamente dotado por el obispo Massona, a espensas del patrimonio de la muy rica Sede emeritense.

Pues, sin duda, lo que va a dar un aspecto característico a la topografía de las ciudades hispánicas de estos siglos va a ser la aparición de un número cada vez mayor de edificaciones de carácter religioso: basílicas, monasterios, baptisterios, palacios episcopales, oratorios, capillas, etc. Cristianización de la topografía urbana, general a todo el Occidente contemporáneo, que representa el lado nuevo y con futuro de la ciudad de los últimos siglos de la Antigüedad. La situación de tales edificios en las ciudades determinará en buena medida la variada densidad poblacional en su interior, la construcción de solidaridades de barrio que, a veces, han perdurado hasta nuestros días. Su misma proliferación constituye la muestra más clara de un evergetismo ciudadano de nuevo cuño, en correspondencia con las nuevas representaciones de la sociedad y de la organización social.

Posiblemente sea de la populosa Mérida de finales del siglo VI y del VII, de la que tengamos más noticias referentes a su topografía cristiana. Junto a las basílicas suburbanas anteriormente citadas y además del grupo catedralicio dedicado a Santa María, o Santa Jerusalén, se encontraban las basílicas de San Cipriano, San Fausto y de Los mártires, todas ellas existentes a fines del siglo VI. A mediados del siglo VII pertenecería la basílica de Santa María, levantada en terrenos de la posterior alcazaba aslámica, así como la ampliación de un monasterio urbano femenino ya preexistente. De la Tarragona de finales del siglo VII tenemos noticia —además de las suburbanas antes mencionadas— de la existencia del grupo catedralicio y de otras dos basílicas más, la de San Fructuoso y la Santa Jerusalén. En Sevilla, junto a la catedral de la Santa Jerusalén, existía, al menos desde el siglo V, la importante basílica de San Vicente. En Toledo, junto a las suburbanas ya señaladas, se documentan intramuros la importante catedral de Santa María, la muy antigua de San Vicente, y las monasteriales de San Miguel y Santa Eulalia. Pero no sólo en las sedes metropolitanas se testimonia la existencia de más de un grupo basilical de carácter episcopal, pues lo mismo se puede predicar de otras ciudades hispánicas, cuando menos en el siglo VII. Así, en Zaragoza, junto a la catedral de San Vicente se encontraba la suburbana de Santa Engracia y Los 18 mártires. En las proximidades de Iliberris, en el área pretorial de la posterior Alhambra, se levantó un grupo basilical a caballo de los siglos VI y VII y a expensas de un noble local. Y otro tanto podría decirse de ciudades menores como Bigastro, Segóbriga o Medina Sidonia.

Como la mayor parte de la evidencia para tales construcciones procede de testimonios literarios o epigráficos no hallados *in situ,* no resulta fácil el estudio de su localización exacta en el interior de las ciudades. Lo que sabemos muestra una enorme variedad, sin que sea posible distinguir tendencias generales, como obedeciendo a particularismos locales que se nos escapan la mayoría de las veces. Posiblemente la carencia de suelo urbano apto en posiciones centrales en el interior de los reducidos recintos murados fue responsable de ubicaciones excéntricas de grupos basilicales de primer orden o catedralicios, tal y como se documenta en Écija, Córdoba y Segóbriga, en claro contraste con los casos de Barcelona y Carmona. No se olvide, por otro lado, la necesidad de prever espacio suficiente para realizar futuras ampliaciones de las edificaciones basilicales iniciales, tal y como se documenta arqueológicamente en Tarrasa (Egara) entre los siglos v a vii. Por otro lado, el siglo vii vio una multiplicación de los establecimientos monásticos intraurbanos que, a juzgar por el curioso opúsculo *De monachis perfectis,* llevaban aparejados amplios espacios abiertos utilizados como almacenes, pequeños huertos, hospedería, etc.

LA CIUDAD Y LA ORDENACIÓN DEL TERRITORIO

Pero la ciudad no es un fenómeno aislado, entre ella y su *hinterland* se han ido anudando históricamente una serie de interdependencias que conviene estudiar. En tiempos imperiales en el Occidente romano existía una red de ciudades cabeza de distrito y aglomeraciones de menor importancia, anejas y dependientes de las primeras. Junto a éstas existían además un número mucho menor de distritos extraterritoriales, por lo general grandes haciendas dependiente administrativamente de la *Res privata* imperial. A lo largo de los siglos de dominación imperial fue normal que se produjesen cambios de *status* entre las diversas aglomeraciones pertenecientes a un mismo distrito o *territorium.* Por tanto, la pregunta que cabe plantearse sería ¿cuál fue a este respecto la evolución sufrida en estos siglos y en la Península ibérica?

En un conocido pasaje de sus *Etymologiae,* Isidoro señala una serie de tipos de *habitats* agrupados de menor importancia que la *civitas,* de la que dependerían administrativamente: *vici, castella* y *pagi.* ¿En qué medida esta descripción no es mero recuerdo anticuarista y se corresponde con la realidad contemporánea? Abundante documentación legal señala como *territorium* a la unidad administrativa básica, cuya capitalidad es ostentada por una *civitas,* que le presta su nombre. En principio, estos *territoria* parecen coincidir en líneas generales con los antiguos municipios romanos; aunque el hecho a destacar es la tendencia a hacer coincidir las cabezas de cada territorio con las sedes episcopales. Dicho fenómeno se vio favorecido por la creciente importancia sociopolítica de los obispos, así como por el surgimiento y extensión creciente de la institución del *comes civitatis* o *territorii* como máxima autoridad civil y militar en el nivel subprovincial, y cuya residencia solía ser casi siempre la del obispo. En fin, una tardía ley de Witiza y Egica muestra cómo a principio del siglo viii la administración consideraba la siguiente jerarquización entre núcleos de población: *civitas, castellum, vicus aut villa vel diversorium.*

Este mismo hecho de tender en la Antigüedad Tardía a ordenar el territorio en torno a las sedes episcopales permite discernir algunas variaciones a lo largo de estos siglos. Estas últimas podrían ser: 1) el cambio de capitalidad de un determinado distrito; 2) la transformación del estatuto administrativo, o de su importancia, de ciertas agrupaciones urbanas; 3) la subordinación o independencia de unos núcleos urbanos con relación a otros vecinos.

Comencemos por la provincia eclesiástica de Galecia. Para el siglo v sabemos de la existencia de sedes episcopales en (*Aquis*) *Celenis* y en *Aquae Flaviae* (Chávez), que desaparecerían posteriormente, seguramente absorbidas por las de Iria y Auria (Orense) respectivamente. Cambios en la supremacía de un distrito permiten ser analizados a la luz de la historia de las sedes de Astorga y Oporto. De una supremacía de León en el siglo IV se pasó en la centuria siguiente a su eclipsamiento a favor de la vecina Astorga. En el territorio portugalense en el 572 la supremacía parecía corresponder a Magneto (Meinedo), pero dieciséis años después ya había pasado de modo definitivo a Oporto, a favor de la importancia estratégica del lugar (*Portucale castrum novum*).

También es posible señalar en Lusitania tanto fenómenos de cambio de estatuto como de transferencia de capitalidad. Hacia el 569, como consecuencia de la reforma eclesiástica dirigida por Martín de Dumio, se crearon una serie de nuevas sedes episcopales: *Egiditania* (Idanha-a-velha) y Lamego, segregándolas de *Conimbriga* y Viseo. Entre el 569 y el 625 se crearía la nueva sede de Caliabria (Castello de Calabre), convertida en cabecera de distrito administrativo desde principios del siglo VII y segregada de Viseo. Particularmente instructivo es el caso de *Conimbriga*. Saqueada y arruinada la bella ciudad romana, situada en la actual Condeixa-a-velha, a lo largo del siglo v, una buena parte de su población se trasladaría al vecino municipio de Eminio, en una posición estratégica sobre el Mondego, en una punto crucial de la calzada Lisboa-Braga. Allí acabaría por trasladarse la vieja sede episcopal que, tras unos momentos de indecisión a finales del siglo VI, optaría por conservar el viejo nombre de Conimbriga, en el que se tramutaría definitivamente el de Eminio.

Por el contrario, le Bética nos presenta muchos menos datos sobre fenómenos de esta índole, posiblemente como consecuencia del mucho mayor enraizamiento de su estructura urbana y subsiguiente ordenamiento espacial. Lo fundamental de la organización eclesiástica bética, por otro lado, estaba ya definido a principios del siglo VI, cuando el Concilio de Elvira. En todo caso, se testimonia un cambio de primacía de distrito entre Cabra y *Epagrum* (Aguilar de la Frontera) si comparamos la situación del IV con la del VI, y resuelta a favor de la primera; cosa comprobable tanto en el nivel eclesiástico como administrativo. Es también posible que a principios del siglo VII se erigiese un nuevo obispado en Medina Sidonia, coincidente con la constitución de ésta en cabeza de un nuevo distrito administrativo carente hasta entonces de otra agrupación urbana de importancia, consecuencia principalmente del ruinoso estado en que debía encontrarse desde hacía ya tiempo Gades.

Bastantes más y más claros casos de transferencia de capitalidad o ascenso de *status,* podemos estudiar en la Cartaginense. Desde mediados del siglo VII se testimonia una transferencia capitalina de Castulona a Baeza, testimoniable tanto en el terreno eclesiástico como el administrativo, consecuencia posiblemente de la progresiva ruina y despoblación de la primera. Pero donde se testimonian casos más sobresalientes para nuestro objetivo es en tierras de las actuales provincias de Murcia y Alicante. Frente al obispado único allí testimoniado a principios del siglo VI, el de Elicroca (¿Lorca?), desde principios de la siguiente centuria se documenta su desaparición junto con la constitución de los de Cartagena y Elche; para, por último, entre finales del siglo VI y principios del VII, asistir a la creación de otros dos más: Bigastro (Cehegín) y Elota (Elda). Situación que se habría simplificado tras las reconquista visigoda de estas tierras a los bizantinos a partir de *c.* 625, con la desaparición del obispado de Cartagena y unión del de Elota al de Elche en posición subordinada. Es así posible que la creación de la sedes de Elota y Bigastro tuviese su origen en la política visigoda de construir una potente línea defensiva frente a las posesiones bizantinas, protestando al mismo tiempo de la presencia imperial en las tradicionales sedes de Cartagena y Elche, cabezas naturales de unos distritos partidos ahora entre Bizancio y el Reino godo. Situación cuyuntural que habría desaparecido tras la expulsión de los imperiales. Más al norte, entre el 633 y el 636, se procedió a la creación de una nueva sede episcopal en Denia, con la consiguiente segregación de un territorio a expensas, muy posiblemente, del de Játia y Elche. La constitución entre el 597 y el 600 de las sedes episcopales de Oxoma (Burgo de Osma) y Valeria (Valera la vieja) se debería a la necesidad de ordenar unos territorios muy faltos de cohesión como consecuencia de su escasa y descendente demografía.

También para la provincia eclesiástica Tarraconense podemos señalar casos de cambio de *status,* transferencia capitalina o segregación territorial. Poco antes del 465 se erigiría la nueva sede episcopal de Egara (Tarrasa), tallándole un distrito a costa de la vecina Barcelona. En el Ampurdán se documenta un importante caso de transferencia capitalina: frente a un obispado de Rosas en el siglo V desde principios de la siguiente centuria sólo se testimonia otro de titularidad ampuritana. Dada la evidente decadencia de la antigua colonia focense y la vitalidad de la vecina Rosas —importante centro militar y administrativo del Reino visigodo de Toledo— podría, sin embargo, plantearse la duda de si no ocurrió en este caso como en el ya analizado de Coimbra: conservación para la sede de un topónimo pero auténtica residencia del prelado en la dinámica Rosas.

Para terminar, cabría señalar algunos casos de deslizamiento o transferencia del núcleo principal del centro urbano, bien hacia una colina próxima, si con anterioridad se encontraba en el llano, o bien hacia la llanura en caso contrario. Ciertamente, las circunstancias políticas difíciles de la época pudieron aconsejar en bastantes casos lo primero, sin ser obstáculo para el surgimiento de *suburbia* en el llano. Y lo cierto es que determinadas localidades del llano como Conimbriga o Ampurias perdieron importancia frente a otras vecinas situadas sobre colinas, como Eminio (Coimbra) y Rosas. La constitución de la sede episcopal portugalense en el *Castrum novum* en perjuicio de *Cale Portus,* constituye otro caso más. Pero también las poblaciones situadas en las alturas tenían sus inconvenientes: dificultades mayores para el trazado urbanístico, falta de espacio y, sobre todo, problemas para el aprovisionamiento de agua. Las dificultades para la construcción y el mantenimiento de las conducciones de agua sobreelevada de gran longitud con frecuencia eran insuperables, máxime ahora que el poder público era mucho más débil y faltaba el evergetismo cívico. Los geógrafos e historiadores islamitas aluden al estado de abandono de varios viejos acueductos hispánicos cuendo se produjo la invasión musulmana. A este respecto el caso más significativo puede ser el de Segóbriga, donde las dificultades para el mantenimiento del complejo sistema de traída de aguas del Alto Imperio pudieron ser las responsables del abandono de las importantes termas de la ciudad alta y la construcción del importe suburbio catedralicio en el llano en el siglo vi.

Tras el análisis del andamiaje físico, por así decir, de la ciudad hispánica tardoantigua y de sus relaciones con el territorio circundante, es ya hora de estudiar su contenido social y económico. De esta manera se procederá al análisis sucesivo de las relaciones entre la ciudad y la potente aristocracia fundiaria, la disolución del *ordo decurionum* bajoimperial, las clases trabajadoras que viven en la ciudad y sus diversas actividades económicas —artesanía, comercio y economía monetaria—, para terminar con los marginados y el estamento eclesiástico.

a) *La aristocracia fundiaria y la ciudad.* Es moneda corriente en los estudios sobre el Occidente de la época el afirmar se fundamental ruralización social, siendo la manifestación más llamativa de esto último el abandono radical de la ciudad por parte de las aristocracias provinciales fundiarias, que habrían optado por retirarse en sus posesiones, base de su poder económico e influencia social. Sin embargo, un estudio más sosegado ha ido haciendo ver cuántas matizaciones concretas y regionales habría que hacer a estas afirmaciones generales. Así, resulta de todo punto necesario tener en cuenta la consistencia de la vida urbana en cada zona, así como la incidencia en cada ciudad de las penetraciones bárbaras. Bastantes ciudades pudieron superar el momento violento de la invasión con suficiente tono urbano para seguir atrayendo a bastantes *potentes*. El establecimiento de los nuevos reinos romano-germanos convertiría a determinadas ciudades en polos de atracción para la aristocracia, al instalarse en ellos la Corte o pasar a ser centros administrativos regionales. La importancia creciente del obispo en la ciudad pudo favorecer también el enraizamiento de ciertos linajes aristocráticos en la ciudad y en sus destinos. ¿Cuál fue al respecto la posición y suerte de las ciudades hispánicas?

Las ciudades béticas reunían una serie de condiciones que las convirtieron en las más aptas para seguir atrayendo a sus aristocracias regionales. La Arqueología demuestra la continuidad del gusto por las principales ciudades béticas por parte de dicha aristocracia durante el siglo iv. Y una serie de indicios apunta a la idea de que las cosas no debieron variar al respecto en los siglos sucesivos, no obstante las dificultades bélicas de la zona durante el siglo v y gran parte del siguiente. Testimonios epigráficos prueban la normal habitación de descendientes de la poderosa aristocracia senatorial tardorromana, a lo largo del siglo vi, o de la nueva aristocracia hispanovisigoda en ésta y la siguiente centuria, en ciudades como Sevilla, Córdoba, Écija, *Ucubi* (Espejo), Lebrija e *Iliberris*. Los fastos episcopales de bastantes ciudades béticas también testimonian el atractivo del liderazgo de las iglesias urbanas para la vieja aristocracia de estirpe senatorial. Ciudades como Córdoba y Sevilla, sobre todo la primera, se habrían convertido en focos esenciales de la resistencia autonomista de la aristocracia local frente al poder centralista del nuevo Estado visigodo en el tercer cuarto del siglo vi.

De la Lusitania también poseemos noticias dispersas que apuntan hacia esa continuidad del carácter urbano de una parte de la aristocracia fundiaria regional, por lo menos para ciudades que, como Mérida, había podido conservar buena parte de su importancia y vitalidad. Durante todo el siglo VI sabemos de la residencia habitual de riquísimos descendientes de los senadores lusitanos tardorromanos, muchos de ellos ya bien integrados en la nueva clase dirigente del Estado visigodo. Clase de la que forman parte nobles visigodos también habitantes en Mérida u otras ciudades de Lusitania por la misma época. Representantes de esta aristocracia hispanovisigoda, ocupando lugares de gobierno tanto civil como eclesiástico, se documentan también en la Mérida del siglo VII. Durante el complejo siglo V también se testimonian epígonos de la aristocracia senatorial regional en puestos dominantes de gobierno en ciudades como Conímbriga o Lisboa.

Menores datos a este respecto tenemos de otras provincias como la Cartaginense y la Galecia, lo que puede deberse a la menor densidad de su red urbana y a la mayor decadencia de bastantes de sus antiguas ciudades. Porque lo cierto es que de la Cartaginense sólo tenemos testimonios de la presencia habitual de elementos de la nobleza en Toledo, constituida en Corte real visigoda al menos desde Atanagildo a mediados del siglo VI. Esta presencia fija de la Corte y de la administración central concentró en Toledo a un buen número de elementos conspicuos de la nueva nobleza hispanovisigoda, situación que perduraba a principios del siglo VIII en el momento de la invasión musulmana. Fuera de Toledo en la Cartaginense sólo podríamos citar otros dos casos, aunque con testimonios aislados, en Cartagena para mediados del siglo VI y Orihuela a fines del periodo. Por su parte, en toda la Galecia solamente se documenta la presencia de aristócratas residiendo de forma habitual en ciudades en caso de Lugo; y ello, tanto de epígonos de la aristocracia tardorromana en el siglo V, como de representantes de la nueva nobleza hispanovisigoda en el VII. En este último caso al calor de haberse constituido Lugo en un centro administrativo y militar de primer orden en el Reino visigodo de Toledo.

Algunos datos más tenemos para la Tarraconense. Durante el siglo V se testimonia el mantenimiento en lugares de gobierno regional y poder urbano de bastantes representantes de la antigua aristocracia senatorial tardorromana. Y ello tanto en ciudades subpirenaicas, como Huesca o Lérida, costeras como Tortosa u otras de la costa catalana, e incluso del medio-alto valle del Ebro como Tarazona, Cascante, Calahorra, Vareiga, Tricio, Leiva y Briviesca. También desde una fecha temprana se observa cómo tales aristocracias optaron por ingresar en el clero urbano, reforzado así su influencia y poder mediante la ocupación de sedes episcopales. Testimonios dispersos permiten sospechar la continuidad de una tal situación durante los siglos VI y VII, al menos en ciudades como Huesca, Lérida o Barcelona.

Del anterior análisis regional podrían deducirse algunas conclusiones generales que parece conveniente hacer resaltar aquí. En primer lugar, parece claro que la potente aristocracia fundiaria hispánica siguió residiendo, de una forma más o menos habitual, en aquellas ciudades que seguían manteniendo una vitalidad de tipo netamente urbano. Éstas se concentrarían principalmente en la Bética, partes de Lusitania —aquellas situadas en la costa o junto a un gran río— y en la costa mediterránea; zonas todas ellas de más vieja y tupida implantación urbana y con una mayor actividad comercial, como veremos más adelante. Fuera de estas áreas, los muchos más escasos datos registrados se concentran en Toledo y, en una escala mucho menor, Lugo. La primera constituye un caso aparte, al haberse establecido allí la sede regia de un Estado, como el visigodo, con fuertes tendencias centralizadoras y con una sólida red de dependencias personales entre el soberano y sus nobles de naturaleza claramente protofeudal. También el caso de Lugo presenta ciertas características definidas y singulares. Se trataba del único centro urbano de envergadura en una amplia zona de carácter muy rural y marginal; el cual, desde antiguo, siempre se había beneficiado de ser el punto esencial de apoyo de la maquinaria administrativa civil de los Estados que habían ejercido desde su fundación el dominio en dicha área geográfica.

Una segunda conclusión a señalar es la tendencia clara de estas aristocracias fundiarias de carácter urbano a ir ocupando los puestos clave de la administración del Estado o de la jerarquía eclesiástica, afincados en sus respectivas *civitates,* cabeceras de los territorios donde radicaban sus imprescindibles propiedades fundiarias. Este hecho determinaría, sin duda, un control cada vez mayor de la vida de tales ciudades por determinados linajes de dicha aristocracia fundiaria, al tiempo que una mayor inserción de ésta en la vida urbana.

La tercera conclusión afecta al llamado campo de las mentalidades. La ciudad antigua fue un máximo dentro una evolución difícilmente sostenible al cambiar las circunstancias socioeconómicas y político-ideológicas que la habían hecho posible. Pues lo cierto es que para su mantenimiento en época imperial habían sido de todo punto necesario el evergentismo de sus oligarquías municipales o del propio Estado. Por el contrario, en las ciudades hispánicas de esta época las actividades evergéticas testimoniadas corrieron en su inmensa mayoría por cuenta de las iglesias locales, en lo fundamental de sus obispos, como señalaremos más adelante. Desaparecido el tradicional evergetismo decurional por degradación patrimonial y final desaparición del *ordo,* los miembros de la gran aristocracia fundiaria con residencia urbana no habían recogido su antorcha a este respecto. El evergentismo de estos últimos, de cuantía y significación social infinitamente menor que el eclesiástico, tenía a lo que parece única dirección: la construcción y dotación patrimonial por cuenta propia de edificios de funcionalidad religiosa. Carácter eminente cristiano de las actitudes mentales que va a ser esencial para caracterizar a la aristocracia fundiaria de la España de la época, como tendremos también ocasión de comprobarlo en otros campos de su actuación.

b) *El antiguo «ordo decurionum»: su crisis y disolución.* Son dos tópicos de la moderna Historia romana señalar el florecimiento de las oligarquías municipales en las ciudades del Occidente alto imperial, así como la crisis profunda de las mismas a partir de mediados del siglo ii. Sometidos sus miembros a *munera sordida,* cada vez más pesados y numerosos, las curias occidentales habrían acabado por desaparecer tras la ruina del Estado imperial, única fuerza que en interés propio había mantenido su agonía recurriendo a claros métodos coercitivos. La falta de testimonios impide conocer en todos sus extremos la evolución, en esta crisis y metamorfosis, de las curias municipales hispánicas; aunque no parece que escapasen en modo alguno a este proceso degenerativo, ya presente en la Bética en el siglo ii. Mejor reseñados estamos de lo ocurrido con los curiales hispánicos tras el 409, hasta el punto de heberse podido trazar la historia del fin del municipio romano en España y de las instituciones de gobierno y administración urbana que le reemplazaron durante el Reino visigodo. Conviene que analicemos ahora esta cuestión, pero tan sólo en lo relativo a la perduración o no, de los curiales como grupo social compuesto de pequeños y medianos propietarios fundiarios, residentes en las ciudades y con unas funciones de gobierno que, al constituir auténticamente *munera,* habían hecho que el Estado tratase de perpetuarlos hereditariamente.

Una constitución imperial del 396 testimonia cómo ya en esa época la curias de numerosas ciudades hispánicas se encontraban faltas de miembros, no habiendo a veces ni tres. Durante los turbulentos decenios del siglo v y principios del vi los curiales habrían ido perdiendo sus tradicionales funciones de gobierno y, sobre todo, sus atribuciones y obligaciones en materia fiscal. No siendo prueba de su mantenimiento en esa época las alusiones a ellos en el *Breviarium* alariciano, dado el carácter arcaizante de esta recopilación legal, su principal fijación sudgálica, y la existencia de indicios en las propias *interpretaciones* sobre la irrealidad del cuadro institucional dibujado al respecto en la misma colección. Un documento más fiable de la realidad de la España goda de principios del siglo vi —como son las *Variae* de Cassiodoro— señala ya de modo indudable cómo en esa época las funciones fiscales de los curiales habían sido transferidas a funcionarios de *scrinia* centrales de la administración visigoda; cosa que corrobora la mucho más abundante legislación visigoda a partir de Leovigildo y Recaredo.

Las atribuciones fiscales de las curias habían sido la causa principal de su conversión en una especie de casta. Sin embargo, su pérdida, cuando menos en el siglo vi, no supone automáticamente que en esa misma época dejasen de existir por completo curiales en las ciudades peninsulares. Testimonios prosopográficos al menos así lo probarían, amén de alusiones más o menos formularias y anticuaristas hasta bien avanzado el siglo vii. Tampoco se puede descartar, por otro lado, que en aquellas curias que subsistiesen se siguiesen todavía realizando algunos actos de carácter notarial, aunque desde luego de importancia secundaria, tal y como testimonian algunas *formulae* notariales usadas en la Bética en época visigoda.

Pero lo cierto es que con la desaparición de sus obligaciones tributarias dejó de existir la razón de una voluminosa legislación, heredada del Bajo Imperio y tendente a atar hereditariamente a los curiales a su condición de tales, al tiempo que trataba el mantenimiento, con las menores pérdidas posibles, de sus recursos económicos provenientes de sus propiedades fundiarias. En esta situación en absoluto puede extrañar que en el Reino visigodo la situación de los curiales, que aún pudieran subsistir, se igualase en cuanto a sus obligaciones y características legales con las de los restantes propietarios libres y privados no miembros de los grupos social y políticamente privilegiados, la nobleza laica y eclesiástica. Dicha igualación —que suponía romper con un elemento característico de la estructura social, legalmente definida, del Bajo Imperio— se ve magníficamente reflejada en una famosa ley de Chindasvinto. A pesar de su conservadurismo, el Estado visigodo tenía que admitir la no existencia de diferencias reales, justificadoras de un distinto tratamiento legal, entre los pequeños y los medianos propietarios fundiarios, unos y otros en regresión frente a la potente nobleza laica y eclesiástica, cada vez más capaz de evadir la pesada carga tributaria que aspiraba a mantener la centralizada Monarquía visigoda. Ante tal situación, esta última no habría podido tomar más que una medida legal, a la larga más teórica que efectiva: el traslado de las generales obligaciones tributarias de las personas a las propiedades, que, de esta forma, podrían pasar teóricamente de dueño sin sufrir con ello el interés fiscal del Estado.

c) *La «plebs» urbana*. La terminología tardorromana distinguía entre los habitantes de condición libre de las ciudades a la *plebs* como grupo social amplio compuesto por todos aquellos que no gozaban de especiales privilegios o deberes, con funciones muy precisas en el gobierno civil o espiritual de la ciudad. De esta forma la plebe de las ciudades tardorromanas abarcaba ante todo a los artesanos, comerciantes y hombres de profesiones liberales de mediana fortuna, pero tradicionalmente no fundiaria, además de todos los desocupados o gente de condición humilde, aunque jurídicamente libres, que en ellas habitaban. *Plebs,* por tanto, es un término de significación difusa, abarcando un grupo humano muy heterogéneo, marcado negativamente: ni estamentos privilegiados ni esclavos, como muy bien señaló Isidoro de Sevilla. En los textos legales de época visigoda, el término *plebs* no parece en demasía técnico, caracterizando con él a toda la población libre no privilegiada. Lo que no dejaría de tener su significación para la historia social. Pues en nuestra opinión sería un claro reflejo en el vocabulario jurídico del radical proceso de simplificación que estaba sufriendo la sociedad hispana a lo largo de toda la Antigüedad tardía. Ésta habría consistido en una polarización entre la gran aristocracia fundiaria y la restante gran masa de poblección que, en uno u otro grado, se encontraba en una situación de dependencia respecto de aquélla. Pues dicha polarización exigía la desaparición de todos aquellos sectores sociales intermedios cuya diferencia de *status* jurídico era un anacronismo heredado; designando así *plebs* a cuantos podían aún vivir, aunque por lo general muy precariamente, sin caer en la dependencia estrecha de la aristocracia fundiaria, siendo así su significación económica marginal y complementaria al sistema, anclado en la fundamental base agraria.

d) *La población y actividad artesanal.* No son muchos los datos con que se cuenta para el estudio de la actividad artesanal; al proceder la mayoría de ellos de la Arqueología priman todo lo relacionado con la arquitectura. Así estamos en disposición de conocer algunos talleres escultóricos especializados, como el de marmolistas de Tarragona de tradición norteafricana y funcionando en la primera mitad del siglo v, o el de Braga de ese mismo siglo, aunque la tradición marmoraria pudo continuar allí hasta muy avanzado el vii. El estudio de la dispersa decoración escultórica ornamental ha permitido conocer importantes talleres de Córdoba, Mérida y Toledo. Los dos primeros florecerían en los siglos v y, sobre todo, vi, mostrando el emeritense claras influencias ravenantes en su última fase. Por su parte, el toledano, a partir de una primera etapa en el vi bajo influencias de los dos anteriores, tomaría un enorme auge en la siguiente centuria, sobre todo en su segunda mitad, momento en el que sus productos se difundirían incluso a puntos bastante alejados de la capital, como Segóbriga o la Meseta superior. Por el contrario la actividad musivaria, muy importante en el siglo iv, decayó mucho, hasta casi desaparecer, a partir de mediados del siglo v, salvo tal vez en la costa mediterránea.

Por desgracia, no abunda la documentación arqueológica referente a la producción cerámica; entre otras cosas porque falta el estudio definitivo que ordene la tipología de la cerámica visigoda. Solamente hoy por hoy podemos hablar de los talleres de ladrillos impresos de la Bética, en producción durante todo el ámbito temporal en estudio, o la cerámica con ornamentación figurada en relieve de tradición norteafricana, con talleres en la costa mediterránea hispánica en el siglo v, capaz incluso de exportar su producción fuera de la Península.

No mucho más se puede decir de la producción broncística, de la metalurgia y orfebrería en general, salvo de los *monetarii* y los orfebres palatinos, a los que nos referiremos más adelante. Talleres de broncistas se testimonian en época visigoda en la costa catalana y León. Este último en el siglo vii sufrió influjos estilísticos italianos. En todo caso, no estará de más advertir que existen fundadas sospechas de que una buena parte de los talleres metalúrgicos y cerámicos se asentaban en el campo, incorporados en buena medida en la estructura de la gran propiedad señorial.

Escasas son las noticias referentes a las llamadas profesiones liberales. Documentación de carácter legal permite reconocer algo el ejercicio de la Medicina. Esta actividad solía desarrollarse mediante contratos de servicios suscritos por el enfermo, obteniendo por ello sus profesionales pingües beneficios, en gran medida debido a su escaso número. La mayoría de estos profesionales debían vivir en los principales núcleos urbanos de la época, como Mérida, donde para el siglo vi se testimonian varios, en parte adscritos al hospital allí fundado por el obispo Massona. En todo caso, los médicos eran de los pocos asalariados que gozaban de prestigio social, siguiendo así una trayectoria bien testimoniada en la Antigüedad. El mantenimiento de los lugares de públicos espectáculos en algunas ciudades exige la continuidad de ciertos profesionales relacionados con ellos, tales como el auriga

Cerámica popular de los siglos v-vi. Castiltierra (Segovia). Museo Arqueológico Nacional (Madrid)

testimoniado en Mérida para el siglo v, cuya popularidad pudo ser un pálido reflejo de la de algunos colegas suyos en el Bizancio contemporáneo. En todo caso, se echa en falta a profesores y rétores, sufragados por las propias ciudades o el Estado como en tiempos imperiales. Falta que hay que poner en relación con la desaparición de la escuela pública y laica, y el subsiguiente monopolio educativo ejercido por las instituciones eclesiásticas.

Tampoco es mucho lo que sabemos sobre la organización interna de tales actividades artesanales y profesionales, así como sobre las personas que las realizaban. En todo caso, la pregunta esencial que a este respecto conviene hacerse es la de si persistió en la España de la época la típica organización corporativista y vinculista que supusieron los *collegia* bajo imperiales. Interrogante a la que tradicionalmente se le ha dado una respuesta afirmativa, aunque se haga de inmediato hincapié en su paulatina transformación y final desaparición. Pero tal respuesta descansa sobre bases más que dudosas. Ya vimos el carácter sospechosamente anticuarista que tienen las referencias del *Breviarium* alariciano a instituciones bajo imperiales. Mientras que la supuesta referencia a un *collegium* de *naucleri* hispánicos con obligaciones para con el Estado en las primeras décadas del siglo vi plantea la grave duda de la hispanidad de los navieros citados por Casiodoro y, sobre todo, la seguridad del carácter voluntario y remunerado de su actividad en beneficio del Estado. Y en relación con la famosa alusión de las *Variae* de Casiodoro a los *monetarii* hispánicos del periodo ostrogodo, en absoluto testimonia el carácter de *corporati* de éstos. Pues el Reino visigodo habría mantenido el monopolio exclusivo de la acuñación monetaria, estatalizando por completo la actividad de aquéllos.

Los *monetarii* plantean la pregunta de la posible persistencia en tiempos de los visigodos de las actividades artesanales por parte del Estado, una de las características del llamado Estado compulsivo bajo imperial. En este último, la rediticia actividad acuñadora había sido de su exclusiva incumbencia, realizándose por medio de funcionarios hereditarios. Dado el fuerte lucro que representaba dicha acuñación, con frecuencia los poderosos intentaron usurparla mediante acuñaciones falsas, cosa que al fin conseguirían en muchas regiones de Occidente con la desaparición del poder imperial, tal y como sería el caso de la Galia merovinga. Las turbulencias políticas sufridas por la Península ibérica a lo largo del siglo v y parte del vi a la fuerza habrían propiciado el surgimiento y desarrollo de intentos de dicha clase. A lo que habría tratado precisamente de poner coto el Amalo Teodorico con la constitución antes mencionada. El reforzamiento del poder central por Leovigildo, y con una clara *imitatio* constantinopolitana, impediría que la experiencia hispana acabase como la merovingia, lo que no quiere decir la inexistencia de intentos usurpatorios por parte de los particulares. Documentación legal de mediados del siglo vii permiten conocer la existencia en el *palatium* real visigodo de talleres dedicados a la fabricación de objetos de orfebrería, donde trabajarían posiblemente gentes de condición servil a las órdenes directas de un *praepositus argentariorum,* con frecuencia un esclavo de la Corona. Otras leyes visigodas permiten conocer la forma usual de trabajar los orfebres en aquella época: mediante la entrega de la preciosa materia prima por parte del consumidor y contratista de sus servicios, al igual que se documenta en el resto del mundo occidental de la época.

Pero fuera de esta referencia a orfebres muy poco es lo que sabemos del modo de trabajar de los restantes artesanos. Solamente podría afirmarse la existencia de gentes dotadas de una alta cualificación técnica, a los que se denominaba *magistri*, utilizando la antigua terminología colegial romana. Éstos podían tener a su servicio a aprendices, sobre los que podían ejercer su autoridad coercitiva. En ciertas profesiones prestigiosas, como la Medicina, dichos aprendices tenían, además, que pagar por la enseñanza práctica recibida del maestro.

Pero una tal escasez de datos sobre la organización del trabajo artesanal y su polarización en pocas actividades de cierto prestigio social y bien pagadas, en absoluto puede ser accidental. En definitiva, no es más que consecuencia del menosprecio que la ideología dominante de la época tenía para con toda actividad manual artesanal. Al decir de Isidoro de Sevilla, los antiguos *collegiati* eran un *sordidissinum genus hominum*, mientras la Medicina era una *secunda Philosophia*. Desprecio ciertamente relacionado con la condición socioeconómica y jurídica de la inmensa mayoría de quienes ejercían tales actividades banaúsicas.

e) *La actividad comercial: agentes y mercados*. El estudio del comercio y de los elementos de población urbana en él implicados puede descomponerse en dos grandes ámbitos: el gran comercio internacional, generalmente sobre objetos de lujo y alto valor añadido; y el comercio local e interior con mercaderías mucho más diversificadas. Relacionados con ambos tipos de comercio se encuentra el problema de la moneda: sentido y explicación que haya que dar a las acuñaciones monetarias del periodo, intensidad y ámbito de circulación de las monedas, etc.

El estudio del gran comercio exterior en esta época no resulta en exceso difícil, al menos en sus líneas esenciales. La Arqueología y la evidencia epigráfica se han construido en nuestras mejores guías al respecto. Sobre este tipo de datos se ha podido delimitar una serie de grandes áreas comerciales: costas atlánticas de Europa occidental; mediodía y zonas centrales de las Galias; Italia; norte de África; y cuenca oriental del Mediterráneo.

La existencia de un cierto tráfico de mercancías y pasajeros por el golfo de Vizcaya y el mar Cantábrico en estos siglo resulta cada vez más patente. Para las gentes procedentes de los puertos galaicos, y aun cantábricos, Burdeos pudo convertirse en punto de desembarco principal. Dicho tráfico marítimo no se vería interrumpido ni siquiera por ciertas depredaciones piráticas de mediados del siglo V. Testimonios numismáticos y literarios permiten ciertamente constatar la permanencia de esta ruta comercial, y con un cierto carácter de normalidad, por todo el siglo VI y VII, hasta el mismo momento de la ruina de la España visigoda. Hallazgos arqueológicos varios, fenómenos de transmisión cultural, noticias literarias de principios del siglo VII y encuentros aislados de monedas visigodas de la segunda mitad del siglo VI, parecen testimoniar unos contactos atlánticos entre nuestra Península y lugares tan alejados como Frisia y Suecia; así como nos hablan de la continuidad de una ruta atlántica que podía tener sus puntos de origen incluso en puertos del Mediterráneo oriental.

Más difícil resulta responder a la pregunta de cuáles eran los objetos de comercio que circulaban por tan amplias rutas. A primera vista, parecen descartables los productos de lujo, salvo raras excepciones de carácter oriental, vidrios renanos y paños frisones. Un lugar mucho más importante debía ser el ocupado por el comercio de esclavos, propiciado por la inestabilidad política británica y el desarrollo de la piratería en el mar del Norte, y a una cierta distancia determinados productos alimenticios, como el vino bordelés, el trigo y el estaño de los britanos.

Mejor documentados estamos del comercio entre España y las zonas del Mediodía e interior de las Galias, para lo que la Septimania visigoda pudo servir hasta cierto punto de intermediario, no obstante la constitución entre los siglos VI y VII de una especie de tierra de nadie en su frontera septentrional. De esta forma, si Marsella se constituyó en el principal puerto merovingio de arribada de mercantes hispanos, por tierra la vía de Pamplona rivalizaba con la de la Perthus. Desde la metrópoli septimana de Narbona el tráfico se encaminaría por tierra hacia Tolosa y Burdeos, para continuar después camino de Tours y del valle del Sena. Mientras que desde Arles o Marsella las mercaderías visigodas seguirían las grandes rutas de los valles del Ródano y el Saona, para alcanzar ya los centros comerciales de la Galia septentrional y renana, lugares todos ellos donde se documentan activas colonias de comerciantes orientales en el siglo VI. Documentación numismática y concomitancias plásticas parecen señalar a la Tarraconense, en especial a la zona de la actual Cataluña, como principal participante en este comercio.

También para esta última zona podemos precisar algo más el tipo de mercancía trasegada. A este respecto, puede ser muy interesante el famoso diploma otorgado por Chilperico II a la abadía de Corbie en el 716, confirmatorio de otro, de Clotario III y Childerico II, en virtud del cual se concedía a dicha institución el derecho a retirar del *cellarium fisci* de Fos (Bouches-du-Rhone) *garum,* aceite y pieles cordobesas, junto a otras mercaderías de lujo de procedencia oriental. Los tres primeros se trata de típicos productos hispánicos llegados a tal almacén muy posiblemente desde el importante puerto de Marsella.

Bastante más problemático y conflictivo se presenta el estudio de las relaciones comerciales entre las dos penínsulas del Mediterráneo occidental. En principio se podría hablar de la existencia de dos periodos: antes y después de la reconquista justinianea en España, hacia el 552. Durante el primer periodo dichas relaciones debieron ser normales y hasta abundantes, si exceptuamos el ángulo noroccidental de nuestra Península, tal y como se deduce de la frecuente comunicación del Papado romano con obispos hispánicos. El predominio ostrogodo en España a principios del siglo VI no hizo más que favorecer tales comunicaciones. La situación se alteró tras el 552. Mientras las relaciones de la *Spania* bizantina con Italia siguieron siendo fluidas, y hasta más intensas, el Reino visigodo pareció distanciarse radicalmente; al menos esto es lo que se deduce del análisis de las relaciones entre la sede romana y las diversas iglesias españolas. Pero es posible que tal hecho se debiera ante todo a razones de orden político, pudiendo subsistir unas relaciones comerciales, sobre todo con la costa mediterránea. Al menos esto es lo que permiten deducir documentación arqueológica, con objetos de lujo importados de Italia en Cataluña e influencias artísticas de procedencia ravenante y siciliana, sucesivamente, desde finales del siglo VI y toda la siguiente centuria. En definitiva, las relaciones hispanoitalianas en esta época parece se realizaron preferentemente por vía marítima, siguiendo una ruta de cabotaje por el Golfo de León en dirección de Génova y el Tirreno, y mostrando una cierta diversidad en los artículos intercambiados: desde productos de lujo y bienes culturales a otros de consumo masivo como el trigo.

También es posible distinguir dos fases en las relaciones entre España y las regiones norteafricanas, fundamentalmente las tierras de las actuales Argelia y Túnez. La Aqueología prueba la continuidad en estos primeros siglos de unas relaciones que habían sido muy intensas en época imperial romana, entre la metrópoli cartaginesa e importantes centros portuarios del Mediterráneo español o sus alrededores, como Tarragona y Sevilla, a lo que también coadyuvan datos literarios más dispersos. Es posible que estas relaciones se viesen apoyadas por la existencia de grupos de población o colonias de norteafricanos asentados en las principales ciudades comerciales hispánicas, como Mértola, Sevilla, Málaga o Mérida. Las dificultades de la Iglesia africana con las autoridades vándales y bizantinas —estas últimas, sobre todo, por la cuestión de los *Tria capitula*— pudieron provocar la emigración a España de grupos africanos, normalmente monacales, que pudieron influir bastante en la evolución cultural de la España visigoda. Pero desde finales del siglo VI las noticias sobre tales relaciones son escasísimas, cesando por completo desde mediados del siglo VII. Posiblemente el avance musulmán en África, iniciado en el 647-648 y reanudado algunos años después de forma ya continuada, tuvo que ver algo en ello.

Para finalizar, habría que referirse a las relaciones comerciales con la cuenca del Mediterráneo oriental. Datos arqueológicos, epigráficos y literarios permiten analizar tales contactos para los siglos V y VI. En concreto, sabemos que se centralizaban en los principales lugares de la costa mediterránea y atlántica, así como de los cursos de los ríos Guadalquivir y Guadiana. Tales relaciones se apoyaban en

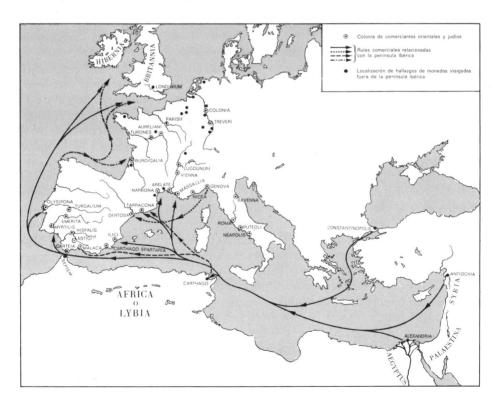

El comercio exterior. Siglos V-VII

una serie de colonias de comerciantes de origen oriental, con abundancia entre ellos de los de credo judaico, existentes en las principales ciudades del área: Tortosa, Elche, Cartagena, Málaga, Carteya, Écija Sevilla, Mérida, Trujillo y Lisboa. También parece claro que tales relaciones se vieron facilitadas por el establecimiento de la provincia bizantina de *Spania*. Sin embargo, el panorama cambia radicalmente a partir de los primeros decenios de las séptima centuria, momento a partir del cual nuestros datos se enrarecen hasta prácticamente desaparecer. Ciertamente, resulta atractivo ver, como causa principal de dicho debilitamiento, la ocupación temporal de Siria, Palestina y Egipto por los sasánidas, entre el 613 y el 629, y luego definitivamente por los musulmanes a partir del 639-640, así como la constitución de una flota musulmana en el 649.

No podemos ocultar que hoy día las conocidas tesis pirennistas han sido muy matizadas en lo tocante al cierre del comercio mediterráneo por el avance musulmán por sus orillas; pero también sería ilógico negar como factor de trastorno de dicho comercio a hechos como las operaciones de las flotas omeya y bizantina en el Egeo y el Mediterráneo occidental, que pudieron afectar hasta a las mismas costas levantinas hispánicas muy a finales del siglo VII. Pero sería exagerado negar la continuidad de unas relaciones comerciales, aunque atenuadas, entre España y el Oriente en esta época. La famosa prohibición de Egica a los judíos reticentes de acudir al *cataplus* —o instalaciones porturias— prueba la permanencia a fines del siglo VII de un comercio exterior efectuado por la vía marítima y en el que participaran gentes especializadas de origen oriental; misma conclusión a que conduce la misma inclusión por Ervigio en su *Liber Iudicum* revisado de todas las *antiquae* del tercer título del libro XI *de transmarinis negotiatoribus*.

Pero, aunque reconozcamos esta mayor debilidad del comercio exterior de nuestra Península a partir del segundo cuarto del siglo VII, resulta muy problemático ver en ello una causa poderosa de la crisis económica del Reino visigodo, tal y como se ha hecho a veces. En primer lugar no debe olvidarse que la economía hispánica de la época giró en torno a la fundamental producción agrícola, no siendo el comercio exterior más que un sector marginal en lo económico y en lo social. Máxime cuando la inmensa mayoría de las mercaderías vehiculadas por este comercio eran de lujo, de escaso volumen y peso y de un elevado valor añadido, cuando menos de carácter especulativo. Resulta difícil pensar que objetos tales como vidrios de lujo orientales o renanos, sedas y otros tejidos suntuosos orientales, joyas y especias pudieran tener una incidencia grande en un nivel macroeconómico. En definitiva se trataría de un comercio para satisfacer la apetencia de objetos de alto valor y duraderos, susceptibles en su mayor parte de atesoramiento, por parte de la pequeña minoría dominante.

Traídas en su mayoría tales mercaderías de lujo por comerciantes ultramarinos, frecuentemente de procedencia oriental, unas veces serían entregadas en préstamos a sus agentes intermediarios en la Península para su venta posterior. Pero otras muchas veces se procedía a su venta en los mismos puntos de desembarco, en los llamamdos *telonea,* a las vez almacenes e instalaciones aduaneras. Marginalidad de este comercio que en absoluto equivale a impotencia de sus agentes especializados. Pues se sabe que tales comerciantes orientales, bien estructurados en sus colonias, gozaban del suficiente poder como para exigir en plena dominación visigoda una jurisdicción singular, con jueces especiales, habiendo llegado en ocasiones a imponer a sus candidatos en sedes episcopales de la importancia de la de Mérida a mediados del siglo VI, o conseguir con frecuencia zafarse de la fiscalidad visigoda.

Diversa significación económica habría de tener, ciertamente, el comercio local. Éste debería descomponerse en comercio realizado en las zonas rurales y practicado en las ciudades. Ciertamente que aquí solamente nos vamos a referir al segundo, aunque con frecuencia sea difícil separar los datos a nuestra disposición entre uno y otro.

Un primer aspecto a tener en cuenta en el estudio del comercio interior sería el de la rutas o vías de comunicación. Ciertamente, la Península ibérica había heredado de los tiempos de la dominación romana una buena red de calzadas. Numerosos testimonios señalan cómo en lo esencial esa red se mantuvo en uso durante los siglos aquí considerados. El relatos de campañas militares como la de Wamba o las de Tarik y Muza ayudan a ver cómo seguían siendo utilizadas las principales calzadas romanas: la de Cádiz a Sevilla y desde ésta a Mérida y Astorga, que se prolongaba posteriormente hasta Lugo y Brigancio pasando por el Bierzo; la de Mérida a Toledo, que continuaba hasta Zaragoza para dirigirse desde aquí a Tarragona y Barcelona por Huesca y Lérida; la Vía Augusta, que unía la costa catalana con Septimania por la Junquera; la que desde Toledo por Compluto atravesaba el Sistema central; la que enlazaba Segovia con la Ruta de la plata por Coca; la que unía Sevilla con el sudeste por Écija, Iliberris, Guadix, Baza y Lorca; o la que unía Sevilla con Córdoba para atravesar posteriormente Sierra Morena por Andújar y Vilchez, prolongándose por Consuegra hasta Toledo; o la que remontando el Ebro por Calahorra enlazada luego con la antigua gran calzada estratégica de Burdeos a Astorga. Sin contar un número mucho más crecido de calzadas secundarias y caminos locales.

Una serie de leyes *antiquae* muestran el interés de los reyes visigodos desde finales del siglo VI por mantener la seguridad viaria, tratando de mantener expeditos y en buen estado los caminos, y de impedir el bandidaje. Interés que habría hecho que el Estado visigodo intentase por todos los medios mantener en servicio el antiguo *cursus publicus* bajo imperial, al menos hasta mediados del siglo VII. Ciertamente que las prestaciones coercitivas de carromatos y animales de tiro y carga para tal *cursus* por parte de los particulares seguían dando lugar a abusos incontables de los altos funcionarios de la administración y de los poderosos en general; de los que tenemos testimonios desde los tiempos del gobierno de Teodorico el Amalo a Chindasvinto. Este último monarca habría tratado de cortar una parte de los abusos ordenando que algunas de las funciones y servicios del *cursus* fuesen sufragadas por sus propios beneficiarios. En todo caso, sectores dominantes de la sociedad hispanovisigoda habrían conseguido liberarse de unas pocas prestaciones y cargas que continuaban siendo unos auténticos *munera sordida*.

Para los transportes por vía terrestre se utilizaba o la carreta, tirada por caballos o bueyes, o la carga directa a lomos de caballerías. De una y otra cosa hay abundantes testimonios. No obstante el mal estado de muchos caminos y el deseo de una mayor rapidez hacía que con frecuencia se optase por el segundo, aunque más costoso, sistema. Porque lo cierto es que con frecuencia los caminos resultaban impracticables en la España goda: nieves y barros en invierno, desbordamiento de ríos y torrentes, con rotura de puentes romanos de escasa luz, en primavera y otoño. Cuando no era así, un bandolerismo, consecuencia directa de una situación social inestable y de la debilidad del poder público, hacía el resto. Y ello sin contar el elevado precio que alcanzaban animales de tiro y carga, cuya funcionalidad bélica podía ser mucho más rentable para los grupos dominantes.

Todos estos factores ciertamente no hacían más que aumentar los costes del transporte terrestre, impidiendo un comercio interior a larga distancia y de mercaderías de consumo masivo y no demasiado valor por ello mismo. Datos de otros lugares del mundo mediterráneo de la época permiten sospechar que una mercancía como el trigo pudiese doblar su precio a los 500 kms. de su transporte por vía terrestre. Lo que ayuda a explicar el dramatismo para la gente menuda de las malas cosechas en lugares alejados del mar. Así, por vía terrestre y a larga distancia no podría transportarse más que objetos manufacturados de mediano o alto precio, tal y como nos testimonian algunos datos. Mercaderías de gran consumo, fundamentalmente productos alimenticios, sólo permitirían su transporte a corta distancia por vía terrestre, tal como el que se realizaba hacia la ciudad desde las áreas rurales circunvecinas; con mucha frecuencia entre los diversos dominios de los grandes propietarios y sus centros de consumo en la ciudad.

El transporte interior sólo podía verse facilitado en caso de existir alguna vía fluvial próxima. Lo que en el caso de nuestra Península sólo puede suponerse para ciertos cursos inferiores del Guadalquivir, Guadiana, Ebro y Duero. A este respecto, resulta revelador que ciudades florecientes de la época —como Sevilla, Mérida, Zaragoza— se encuentren ubicadas al borde de alguno de estos ríos. El Estado visigodo procuraba el mantenimiento expedito y en un nivel alto de agua, de dichos cursos fluviales. Al tiempo que se documenta también la existencia de grupos de bateleros profesionales.

Para la realización de este comercio interior se habilitaban en las ciudades, o poblaciones de alguna importancia, lugares y fechas apropiadas. Una serie de indicios apuntan al mantenimiento en estos siglos del sistema bajo imperial de ferias anuales o mercados semanales —*forum nundinae* o *mercatum*— bajo la vigilancia de funcionarios estatales con una clara intencionalidad fiscal. Testimonios legales nos hablan de lugares especializados a tales fines como el *cataplus* o el *conventus mercantium,* a la vez que sabemos del mantenimiento de los viejos peajes y tasas de aduanas. Isidoro de Sevilla se refiere al *mercatum* como un lugar destinado a la compra-venta de artículos, y señala, además, una cierta intervención estatal en tales mercados a la hora de establecer el precio de las mercancías. Esta última estaría destinada tanto a fijar la tasa a pagar al fisco por la operación lucrativa como el llamado *iustum pretium,* resultado en teoría del libre juego de la oferta y la demanda, tratándose de evitar con él cualquier maniobra artificial para restringir la oferta. Con independencia de ello se documenta también la existencia de *tabernae* o pequeñas tiendas al detalle.

f) *La estructura de la distribución de bienes de consumo: hacia un nuevo modelo económico.* Descritas así las actividades comerciales, en sus rutas y agentes, convendría ahora reflexionar sobre su significado macroeconómico. Con respecto al gran comercio exterior, ya vimos cómo contó con agentes especializados e independientes de los medios de producción de los bienes por ellos intercambiados. Pero también señalamos que dicho comercio y sus agentes tenían una localización geográfica muy precisa en la España de la época, al tiempo que su naturaleza era bastante marginal, dado el tipo de objetos intercambiados. En lo relativo al comercio interior, las dificultades y costos del transporte terrestre suponían un grave handicap para su desarrollo sobre objetos de primera necesidad y consumo masivo. Pero es que, además, la mayor parte de la población o tenía propiedades fundiarias o trabajaba en las de otros. Este hecho, junto con las características del agro de la época —con una agricultura extensiva, pero con una clara tendencia al policultivo en cada unidad de explotación– , y la estructura de las rentas señoriales, condicionarían la debilidad estructural, y hasta marginalidad, de este comercio interior. Su debilidad, por otra parte, se veía agravada por el proceso de creciente proletarización de una gran masa de la población, que veía así disminuida su capacidad adquisitiva. De tal forma que el análisis de la significación macroeconómica del comercio podría basarse en el estudio de los siguientes indicadores: 1) falta de un número suficiente de gentes con exclusividad a tales actividades de comercio interior; 2) circulación de bienes de consumo al margen de los circuitos comerciales normales; 3) características de las acuñaciones monetarias y función y utilidad básica de la moneda.

Mientras las fuentes nos hablan de comerciantes especializados en el gran comercio exterior, nada semejante nos dicen en lo relativo al interior. Testimonios diversos relativos a la gran propiedad monástica y laica, respectivamente, nos indican cómo en el siglo VIII era normal que los grandes propietarios procediesen a la venta directa de sus excedentes de productos agrarios, contando para ello con sus agentes propios, con frecuencia de condición no libre. Por otro lado, ya vimos cómo muchos artesanos libres trabajaban por encargo, contra la entrega por adelantado de la materia prima necesaria por cuenta de quien contrataba los servicios; escapando así una porción muy importante de la producción artesanal a los circuitos comerciales especializados. En fin, entre las gentes que se dedicaban a este comercio interior abundaban las que no eran comerciantes de profesión, sino totalmente coyunturales; señalándose, incluso, la presencia de clérigos en este tipo de actividades, netamente secundarias en sus microeconomías.

Resulta también indudable que frecuentemente circulaban bienes de consumo al margen de los intercambios comerciales; y, por tanto, sin necesitar usar moneda ni agentes especializados en los intercambios. El carácter normalmente disperso, discontinuo, de la gran propiedad fundiaria hacía que ésta produjese bienes distintos y complementarios, que revertían al propietario en forma de rentas señoriales en especie. Por otro lado, entre los poderosos estaba bastante desarrollada lo que podríamos denominar, siguiendo a Marcel Mauss, una economía de regalo. Testimonios hagiográficos y el rico epistolario de Braulio de Zaragoza a este respecto son muy significativos. Sin duda que debía ser la Iglesia la más favorecida por tales donaciones de objetos de consumo. Documentación arqueológica —como los famosos tesoros de Guarrazar y Torredonjimeno— y literaria indican puntualmente hasta qué punto en las iglesias principales se acumulaban importantes tesoros formados por las donaciones de los grandes y de los reyes. En todo caso, el testimonio conciliar recuerda la generosidad de la existencia en cada iglesia de un cierto número de objetos de valor, imprescindibles para las necesidades del culto. Pero, al mismo tiempo, las instituciones eclesiásticas con sus limosnas y restantes obras de caridad actuaban como un inmenso redistribuidor de los bienes de consumo en ellas acumulados. A este respecto los testimonios hagiográficos ofrecen abundante material para las potentes iglesias metropolitanas de Mérida, Sevilla y Toledo, tanto en el siglo VI como en el VII; y famoso es el caso del obispo Ricimiro de Dumio que, a su muerte hacia el 654, habría repartido una buena porción de las riquezas mobiliares de su iglesia entre los pobres, así como asignado a éstos una parte de las rentas de sus propiedades fundiarias. Por otro lado en todos los monasterios, urbanos y rurales, eran normales las distribuciones de bienes de consumo en forma directa entre los necesitados.

De todo lo que se lleva dicho se deduce una conclusión: sin negar la existencia de una importante circulación de bienes de consumo, es evidente que una buena parte de ésta escapaba a la normal comercial. Para ello la Iglesia y la difusión de la doctrina cristiana habían tenido una significación muy importante. Y junto a esto último tampoco habría sido despreciable el papel jugado por el regalo, la generosidad, como factor de cohesión social y como extensión tanto de la superior autoridad y poder como de la fidelidad y obediencia; cosa típica de una sociedad no desarrollada, no capitalista, pero fuertemente jerarquizada. Es decir, esta circulación crecida de bienes de consumo al margen de los circuitos comerciales tendría su principal razón de ser más en actitudes mentales, en causas de orden político e ideológico, que en necesidades puramente económicas.

La historia de la moneda en la Península ibérica en estos siglos tiene dos fases distintas, separadas por el comienzo de las acuñaciones a nombre del rey Leovigildo hacia el 575. Hasta entonces habrían circulado en un primer momento viejas monedas imperiales, basadas en el patrón del sólido áureo, y sobre todo falsificaciones locales —también de los reyes suevos y visigodos— del monedaje imperial contemporáneo, tanto de sólidos como de tercios o trientes; sólo esporádicamente, y en el siglo V, los suevos habrían acuñado pequeñas cantidades de moneda argéntea. Por su parte, los bizantinos asentados en España habrían procedido a acuñar piezas imperiales en una ceca hispánica, además de hacer uso de las de otras de su Imperio. A partir de Leovigildo se testimonian ya sólo acuñaciones de trientes áureos en España, constituyendo un cuerpo numismático lo suficientemente homogéneo como para hacer algunas observaciones de interés en lo tocante a metrología y cecas. Sin entrar en mayores detalles, se puede decir que el peso de los trientes visigodos, tras alcanzar un nivel máximo en tiempos de Recaredo —cercano al teórico de 1,516 gr. de oro fino—, tendería a decrecer en los reinados sucesivos hasta llegar al promedio general de los de Witiza de 1,25 gr., con la sola excepción de los de Chindasvinto-Recesvinto, muy cercanos al nivel teórico. Observaciones generales que pueden extenderse, aunque con mayores incoherencias, en lo que respecta a la ley: desde una muy cercana a los 18 kilates de las acuñaciones de Leovigildo y Recaredo, a partir del siglo VII asistimos a un continuo envilecimiento siempre por debajo de los 16 kilates, que descendería, tras una recuperación en tiempos de Chindasvinto-Recesvinto y Wamba, hasta los 10 kilates de las de Witiza. Notándose, no obstante, una gran diversidad entre unas cecas y otras, aunque se observa por lo general mejores pesos y leyes en los especímenes salidos de la ceca toledana. Tendencia a la baja que sólo se explica por una continuada disminución de la masa áurea a disposición del gobierno central. Constantemente sometido a punciones de diverso tipo, el Tesoro regio habría visto disminuir a lo largo del siglo VII sus fuentes de aprovisionamiento de metal amarillo, por la imposibilidad de realizar con éxito guerras contra vecinos ricos y, sobre todo, como consecuencia de cambios fundamentales producidos en la administración fiscal. Sometido a la presión de los poderosos —capaces de arrancar exenciones fiscales, como la Iglesia, o de no cumplir con sus obligaciones— el Estado visigodo se vería obligado a lo largo del siglo VII a aumentar la presión tributaria sobre los humildes, no obstante los esfuerzos de monarcas enérgicos como Chindasvinto o Wamba. Pero los humildes al final estarían tan proletarizados que no hubo más remedio que proceder a condonaciones generales de los tributos, como la famosa de Ervigio del 683 o de Egica del 691. Por otro lado, sabemos que el Estado visigodo heredó del Bajo Imperio un sistema impositivo basado en los tributos indirectos pagados en moneda y en los directos sobre la tierra y la fuerza de trabajo, teóricamente a pagar en especie, pero normalmente metalizados mediante la conocida operación de la *adaeratio*. Pero a medida que avanzó el siglo VII se fue perdiendo la práctica de la aderación para los fundamentales impuestos directos. La historia de los Presupuestos de la Monarquía visigoda en la segunda mitad de dicha centuria es la del recurso cada vez mayor al patrimonio fundiario de la Corona para hacer frente a los principales de sus *out put,* feudalizando a marchas forzadas al principal de ellos, el ejército. Y todo ello como consecuencia de una drástica disminución de los recursos en metal noble acuñable por otra parte del Estado visigodo. En conclusión, pues, envilecimiento de la moneda, y parte de la razón de la sola acuñación de piezas áureas, hay que comprenderlo en razón de la política fiscal del Estado visigodo, y no de la economía de éste.

Esta explicación, en términos esencialmente políticos del fenómeno monetario visigodo, queda, además, refrendada si se analizan ciertas características de la distribución y evolución de las cecas, así como de las formas esenciales del crédito y el ahorro en aquella época.

Sin poder entrar en detalles, sí conviene afirmar aquí que parece evidente una finalidad militar, para pagar a los soldados, de una parte considerable de las acuñaciones de trientes visigodos. Las leyendas de clara propaganda y significación militar, la existencia de numerosas cecas o acuñaciones esporádicas con lo que se han

Moneda de Chindasvinto

quedado en llamar «cuños de jornada», coincidiendo con campañas realizadas en esos lugares, y expedientes semejantes en el Bajo Imperio y Bizancio contemporáneo, parecen así mostrarlo. Del total de 79 cecas testimoniadas para el Reino visigodo de Toledo entre Leovigildo y Agila II a partir de mediados del siglo VII, y coincidiendo con las profundas reformas administrativas de Chindasvinto y Recesvinto, solamente continuaron emitiendo aquellas ubicadas en centros urbanos de una considerable importancia y que habían demostrado una evidente frecuencia emisora: Tarragona, Zaragoza, Barcelona, Gerona, Rosas, Toledo, Mentesa, Guadix, Recópolis, Valencia, Sevilla, Córdoba, Cabra, Iliberris, Tucci, Mérida, Idanha, Elbora, Salamanca, Braga, Lugo y Tuy. Aunque el proceso reduccionista se aceleró con Chindasvinto-Recesvinto, lo cierto es que ya venía de atrás: entre el 612 y el 642 se abandonaron nada menos que 20 cecas, frente a la 9 que lo hicieron en los primeros años de Chindasvinto. Este monarca habría tratado así de concentrar sus emisiones en unas pocas cecas más controlables por el poder central y más acordes con las menores posibilidades de aprovisionamiento de metal acuñable por parte del Estado y con las menores necesidades del Estado de dichos especímenes monetarios, como consecuencia del proceso de protofeudalización avanzado en que se encontraba inmersa la Hacienda visigoda. De manera que las aparentes confusión y heterogeneidad de la estructuración en cecas de las acuñaciones visigodas quedarían explicadas también en clave fundamentalmente política —ante todo cambios en los componentes de la Hacienda—, totalmente ajena a la circulación comercial.

Convendría ahora que nos refiriéramos brevemente a las formas esenciales que tenían el crédito y el ahorro en esta época, y el sentido que ello pueda tener para la significación de la moneda. A pesar de las reiteradas condenas eclesiásticas, la usura siguió practicándose abundantemente en estos siglos. La legislación visigoda, siguiendo moldes tardorromanos, fija el interés legítimo de los préstamos en numerario en el 12,50 por 100 anual. Parece evidente que tales préstamos se realizaban con la finalidad de financiar operaciones comerciales; de modo que en muchas ocasiones la cuantía del préstamo era elevada, poco coherente con posibles compras al detalle, sino con la realización de inversiones presumiblemente productivas o subvenir a necesidades momentáneas de elevada cuantía, como podía ser el pago de multas o de los impuestos aderados. Las llamadas *formulae* notariales visigodas nos hablan de préstamos por valor de varios solidos. Y debe recordarse que con un solido era posible a finales del siglo V subvenir a las necesidades alimenticias durante todo un año de un niño de diez años; otra ley, también *antiqua*, fija el salario anual de un adulto al servicio de un comerciante en tres sueldos. Cifras todas ellas que contrastan vivamente con los precios de ciertos objetos manufacturados de uso no cotidiano o con bienes de inversión productiva: de 6 a 12 solidos varió el precio de un ejemplar del *Liber Iudicum* a lo largo de la segunda mitad del siglo VII; 2 solidos por una encina grande, o cinco por un olivo en plena producción. El bajo costo de la alimentación y de los jornales también contrasta con lo elevado de las sumas señaladas en la legislación visigoda en concepto de multas, así como las liquidadas como impuestos.

Las *Vidas de los santos padres emeritenses* muestran lo frecuente de los préstamos en dinero asumidos por gentes humildes en la Mérida de la época. Las nada infre-cuentes hambrunas, con alzas escandalosas en los precios de los productos alimen-ticios, eran ocasiones propicias para el endeudamiento de los humildes. De forma que no puede extrañar que el evergetismo eclesiástico tratase de jugar un cierto pa-pel en el crédito en dinero. La famosa institución bancaria creada por Massona a finales del siglo VI con sus préstamos sin interés estaba destinada a ayudar a las po-bres gentes en tales trances, a la vista de lo módico de los medios con que fue dota-da: dos mil solidos.

Pero la verdad es que con tales préstamos en dinero las gentes de la época nor-malmente no pretenderían subvenir a necesidades cotidianas, para esto se solía acudir al préstamos directo en especie: vino, aceite y variedades de cereal por lo general. Préstamos éstos para los que la legislación visigoda sitúa un máximo inte-rés del 50 por 100 anual. En nuestra opinión, la existencia generalizada de tales préstamos en especie constituye un claro e importante testimonio de la escasa im-portancia de la moneda en el intercambio comercial cotidiano. A este respecto re-sulta de extremado interés un texto conciliar del 516, por el que se intenta regular las actividades usurarias del clero. Al parecer, éstas solían consistir en el préstamo de dinero que el deudor solía satisfacer posteriormente en especie, prohibiéndose cobrar interés en el caso de pagarse en dinero. Texto que en parte coincide con otros de carácter formular y que, en nuestra opinión, obedecen a unas situaciones cíclicas muy características: en un momento inmediato, tras la cosecha, un campe-sino solía verse obligado a realizar perentorios pagos en numerario —nor-malmente los impuestos directos aderados a pagar en otoño—, precisamente cuan-do más bajos estaban los precios de dichos productos agrarios; y en esos casos el prestamista intentaría aprovecharse exigiendo el depósito de las especies, que lue-go lanzaría al mercado en los momentos críticos del enlace de cosechas.

Documentos como este último, junto con los referentes al diverso valor adqui-sitivo de la moneda, pensamos que son decisivos a la hora de caracterizar adecua-damente la «economía» monetaria de la España visigoda. En su conjunto, nos pre-sentan a una sociedad en la que la posesión de las buenas, y de alto valor adquisiti-vo —sobre todo para productos de uso diario y consumo masivo—, monedas de oro es el privilegio de una minoría. Esta evidente falta de numerario en sectores mayo-ritarios de la población se debía también a la aparición de formas de ahorro en me-tal, amonedado o no, a largo plazo; lo que de hecho equivalía a su retirada de la circulación. Los reyes, la nobleza y la Iglesia se vieron especialmente inclinados a este tipo de ahorro o auténtica tesorización. Diversos testimonios literarios y ar-queológicos nos prueban la importancia de algunos tesoros eclesiásticos y, sobre todo, del gran tesoro real visigodo, cuyo núcleo originario se había formado en el saco romano del 410. Otros testimonios nos pueden dar una idea de la riqueza áu-rea atesorada por la alta nobleza visigoda al final de su existencia: como los 27.000 solidos pagados en concepto de multa en el 743 por el hijo del famoso conde Teo-domiro de Orihuela, o los 2.000.000 de solidos que pudo pagar Muza al califa al-Walid gracias al botín conseguido por el primero entre la nobleza visigoda.

Esta pequeña masa de circulante, en continuada disminución, trajo como con-secuencia inmediata una situación típicamente deflacionista, testimoniada en el enorme poder adquisitivo de productos de consumo que tenían las piezas áureas. Pero una tal deflación tendría efectos muy diversos según los varios sectores o grupos sociales. Pues sería enormemente favorable para cuantos pudiesen tener un buen número de estas piezas: sin duda los miembros de la aristocracia laica y eclesiástica. Por el contrario, era brutalmente desfavorable para los que tuviesen dificultades para conserguirlas: los humildes, grupos serviles y pequeños artesanos y propietarios libres. Desventaja que se agigantaba con las dos valutas de crédito existente —según fuese en especie o en dinero— y, sobre todo, con el mantenimiento, al menos hasta bien entrado el siglo VII, del abusivo sistema de la *adaeratio*. Una situación deflacionista que ponía en una relación comercial muy desfavorable tanto a los productos agrícolas como al trabajo humano no cualificado. Con todo lo cual se producía una drástica disminución de la capacidad adquisitiva de la porción más amplia de la sociedad. Proceso de pérdida del poder adquisitivo que, como vimos en otro capítulo, se vio ayudado y agudizado por la paralela e irresistible tendencia a la desaparición de la pequeña y mediana propiedad fundiaria. Tan brutal contracción de la oferta forzosamente tuvo que producir la del mercado y una atonía de la dristribución comercial de objetos de consumo masivo.

Es dentro de este marco macroeconómico como puede comprenderse por qué en el Reino visigodo exclusivamente se acuñó moneda de oro. Aunque normalmente se ha afirmado la circulación continuada de los viejos especímenes de plata y bronce bajo imperiales, la verdad es que una serie de dificultades hablan en su contra. La vida normal de una emisión monetaria en la Antigüedad nunca es muy larga por razones de sobra conocidas; y la Arqueología no testimonia la presencia de tales especímenes imperiales en los contextos de época visigoda. Tampoco valen las referencias a siliquas en algunos documentos legales. Pues estas últimas hacía mucho tiempo que habían dejado de ser monedas «reales» para convertirse meramente en de «cuenta», lo mismo que la libra áurea o el solido en el Reino visigodo. Una serie de pruebas apuntan la idea del progresivo abandono por el gobierno imperial a lo largo del siglo V de las amonedaciones de bronce, dejándolas en manos locales y sometiéndolas así a un proceso inflacionario galopante que acabaría por quitarles todo poder adquisitivo, eliminando así su utilidad para las transacciones comerciales. De esta forma la acuñación exclusiva de trientes áureos se habría debido a una serie de factores entre sí concomitantes. El Estado —fiero defensor de su regalía— tenía poderosas razones económicas y políticas para ello. Junto a los mayores márgenes de ganancia de la acuñación del oro, la verdad es que este último se había convertido en auténtico símbolo de la soberanía, del poder real autónomo e independiente de Bizancio. Por eso el Estado visigodo buscó incansablemente aumentar sus reservas de metal amarillo, mediante multas en metálico y tributos aderados: finalidad a sus ojos principal de la moneda. Pero es que, además, la estructura de los intercambios de bienes de consumo permitía suprimir las acuñaciones de moneda fraccionaria de bajo metal: pues los intercambios de este tipo de bienes eran ciertamente muy amplios, pero en grandísima medida se realizaban al margen del comercio o mediante el simple trueque de bienes. Para el pago de los impuestos, de las multas y para los intercambios comerciales de alto precio los trientes acuñados eran por completo apropiados. La misma limitada extensión geográfica de la circulación monetaria visigoda nos está demostrando que ésta era su primordial función: principal medio de pagos al y por el Estado. Lo que no obstaculiza que la propia estructura de los intercambios y la disminución de la masa monetaria en circulación, así como su concentración en un número cada vez menor de personas, junto con la protofeudalización del aparato estatal, hiciesen cada vez más innecesaria y difícil hasta esa misma circulación de carácter eminentemente político. Por eso el abandono en pleno siglo VII de la fundamental práctica de la *adaeratio*.

g) *Los marginados: mendigos y adivinos.* Los pobres habían constituido una constante de la ciudad helenístico-romana. La tendencia deflacionista bajo-imperial no hizo más que aumentar la tradicional atracción ejercida por los núcleos urbanos sobre los desarraigados de todo tipo. Aunque las noticias no sean abundantes —el pobre nunca interesó a los escritores de la época—, es evidente que las gentes miserables constituían un contingente numeroso y cotidiano en las ciudades peninsulares de la época, al menos en las más importantes.

Las causas de la pobreza no parecen difíciles de adivinar. La creciente concentración de la propiedad fundiaria en manos de los *potentes* empobreció a numerosos pequeños propietarios. La mayor presión ejercida sobre el campesinado dependiente hizo que muchos de ellos buscasen en la huida la salvación: la figura del *servus fugitivus* será algo alarmantemente frecuente en la España del siglo VII. La baja productividad del suelo, las pesadas cargas fiscales y las mayores exigencias señoriales hacían de las economías campesinas estructuras en extremo endebles, expuestas a las frecuentes catástrofes naturales o irregularidades de una agricultura preferentemente de secano y mediterránea.

Cuando los malos tiempos se presentaban, los caminos hispánicos podían verse poblados de grupos enteros de campesinos convertidos en mendigos. Estas auténticas *turbae egentium* por lo general encaminaban sus pasos a las instalaciones caritativas de los monasterios o hacia los centros urbanos. Pero tampoco las pobres gentes de la ciudad estaban al margen de las catástrofes o malas cosechas. La Mérida del siglo VI nos testimonia el grave espectro del hambre que se cernía periódicamente sobre las ciudades peninsulares del momento. En tales circunstancias un paliativo fundamental era el ejercicido por el evergentismo de caridad de las instituciones eclesiásticas urbanas: distribuciones diarias de alimentos y ofrecimiento de alojamiento y cuidados para los enfermos. Cuando éstos faltaban o no eran suficientes, a los más audaces les quedaba disfrutar del anonimato urbano para ejercer el latrocinio, del que no se libraban ni siquiera los muertos en sus sepulturas.

Entre estas pobres gentes que intentarían así vivir al socaire de las instituciones caritativas de las ciudades podían encontrarse personas de actividades un tanto extrañas y marginales: tales como brujas y adivinos. La repetición, con progresivo aumento de las penas, de las prohibiciones, heredadas del Bajo Imperio, sobre tales actividades con Chindasvinto y Ervigio no hace más que probar lo extendido de tales prácticas: A ellas acudían no sólo gentes de baja extracción social y escasa formación intelectual, sino los miembros mismos de la Administración y, por tanto, la nobleza; hasta los mismos clérigos y obispos podían frecuentarlas. Sin embargo, los especialistas de tales prácticas debían ser siempre gentes de muy baja condición social y económica, a los que no valía la pena imponer penas pecuniarias imposibles de pagar.

h) *El estamento eclesiástico: obispos y clero urbano.* Por último, habría que referirse a la importancia y función ejercida en la vida urbana de la época por el estamento eclesiástico, aunque algunos aspectos fueron ya señalados con anterioridad, como el del evergetismo, y otros lo fueron en otro capítulo al tratar de la propiedad fundiaria.

Las tormentas bélicas y políticas que se abatieron sobre España a partir del 407 tuvieron consecuencias decisivas en lo tocante al gobierno y administración urbanos. La creciente importancia en tales esferas de la aristocracia hispanorromana, ya señalada, vino en gran medida de la mano del poder adquirido por los obispos, erigidos en máximos representantes de sus ciudades en los momentos cruciales del tránsito del poder imperial al visigodo. Con ello los obispos no hicieron más que culminar un largo recorrido iniciado ya en tiempos de Constantino el Grande cuando menos. En Occidente, la paulatina ruina de la administración imperial, el desprestigio y hudimiento de los antiguos *curiales,* dejaron al obispo como la única instancia de gobierno regularmente organizada en las ciudades.

Desde los primeros años conflictivos del siglo v veremos ya a bastantes obispos hispánicos convertidos en verdaderos representantes de sus ciudades y actuar como tales. En la políticamente atormentada región galaica de la época a partir del 431 veremos a obispos —como Hidacio de Chávez o Sinfosio de Astorga— actuar como emisarios de sus greys ante las autoridades imperiales o ante los reyes suevos. Y esta intervención de los obispos galaicos en la turbulenta política del momento explicará el surgimiento de apetencias y luchas por el cargo episcopal entre diversas facciones, no solamente reducibles a priscilianistas y antipriscilianistas. Pero una tal situación no era privativa de Galicia. De la Bética —región muy autónoma a partir de la tercera década del siglo v— tenemos testimonios semejantes, tal como la disputa por la sede hispalense entre Sabino y Epifanio, que podían ocultar una nueva diversidad de posiciones frente a los suevos a mediados de la centuria quinta. Y algo parecido podríamos decir del asesinato en 449 del obispo León de Tarazona por un grupo bagáudico. Pues de la importancia y poder de los obispos tarraconenses en la segunda mitad de dicho siglo nos hablan las quejas elevadas por el metropolita Ascanio y otros colegas al Papa Hilario en el 469: testimonio evidente de la colusión de intereses entre obispos y miembros de las aristocracias locales de sus ciudades en contra de los más generales del Servicio divino.

La posterior extensión del poder visigodo a zonas más amplias de España no parece que altere tal situación ni evolución del poder y funciones de los obispos. Durante buena parte del siglo vi —hasta la rebelión de Hermenegildo— la Iglesia católica hispana gozó de gran libertad de movimientos, como lo demuestra la abundancia de concilios de la época. Durante estos años la disciplina y la jerarquía eclesiástica se reestructuraron y fortalecieron, gozando los obispos de una libertad e independencia en consonancia con la inestabilidad y debilidad del poder central visigodo. Así, no puede extrañar que fuese en estos años cuando la jurisdicción episcopal en causas civiles se viese generalizada, condicionada tan sólo a la aceptación de las partes litigantes; pudiendo contar los obispos con la ayuda del poder civil visigodo para hacer cumplir sus sentencias. Especialmente ilustrativa del poder e influencia de los obispos católicos en estos momentos es la situación emeritense, de la que estamos particularmente bien informados. Desde el 483 vemos a los obispos emeritenses colaborando estrechamente con el gobierno visigodo, ejerciendo funciones evergéticas de titularidad hasta entonces municipal o imperial. A mediados del siglo VI los obispos de Mérida ejercen una especie de protectorado sobre la activa colonia de comerciantes orientales allí asentada, habiendo podido ésta influir a la hora de elegir metropolitano. Las numerosas anécdotas referidas en las *Vitas patrum emeritensium* —para los obispados de Paulo, Fidel y Massona— muestran a los metropolitanos de Lusitania ejerciendo funciones de gobierno local y contando para ello con un efectivo poder ejecutivo. Y sobre todo nos señalan a dichos prelados monopolizando las tradicionales funciones evergéticas de toda ciudad antigua: obras de caridad para los pobres, construcción de asilos y hospitales para enfermos y peregrinos, costeo de una medicina municipal y gratuita. En tales condiciones, en absoluto puede extrañar que el puesto de obispo de Mérida en dicha época fuese muy codiciado, siendo con frecuencia centro de intrigas políticas, no sólo entre facciones locales, eclesiales y laicas, sino también con alguna interferencia del poder regio visigodo, como en tiempos de Leovigildo.

Con la conversión de Recaredo y la nobleza gótica al catolicismo y la constitución de la Iglesia católica hispana en nacional y de Estado, la situación de los obispos experimentó cambios significativos en sus funciones y poder en el ámbito urbano. Si los obispos perdieron cierta autonomía —como representantes exclusivos que hasta ese momento habían sido de los súbditos católicos ante el soberano godo—, en contrapartida vieron ahora claramente fijados sus privilegios y definidas sus funciones de gobierno, todo ello en un esquema de colaboración y apoyo mutuo entre el Estado y la Iglesia. A partir de entonces los obispos desempeñan un papel de primer orden en la recaudación de los tributos, supervisando a los funcionarios civiles en la posible comisión de abusos; dependiendo también de ellos el nombramiento de funcionarios judiciales y fiscales a un nivel municipal, tales como el *defensor* y el *numerarius*. En fin, a los obispos les sería reconocido un cierto derecho de supervisión y vigilancia sobre la actividad judicial de los jueces laicos; la legislación de Chindasvinto y Recesvinto situaría al obispo como un juez de segunda instancia, por encima del conde de la ciudad y emparejado al poderoso *dux provinciae*, cosa que Ervigio sólo limitaría a la posterior aprobación regia del fallo episcopal. Con ello los obispos visigodos veían plenamente reconocido su derecho a proteger a los miembros de su comunidad frente a los posibles abusos de los *potentes*, siguiendo así las directrices de la conocida *Armentheologie* desarrollada por Isidoro de Sevilla. Como extensión de sus funciones, los obispos se convirtieron también en fedatarios públicos, con atribución de específicas funciones de policía ejecutiva, sobre todo en aquello que caía más o menos dentro del ámbito de su tradicional *cura morum:* idolatría, sodomía, aborto e infanticidio, incesto y ruptura del voto de castidad, y vigilancia sobre los judioconversos.

Todo ello presupone unos enormes poderes de los obispos del Reino visigodo católico, que se verían reforzados con la continuidad de sus tradicionales labores evergéticas en sus ciudades. En último término, su poder y autoridad descansaban —además de su prestigio ideológico— en el disfrute y administración de unos patrimonios eclesiásticos en continuo aumento, como consecuencia de sucesivas donaciones regias y privadas, y en las rentas obtenidas de las iglesias rurales de fundación privada, multiplicadas en estos años por todo el territorio de sus diócesis. Los obispos del siglo VII adquirirían así unos hábitos y protocolo mayestático, símbolo de su poder y prestigio urbanos. Y en tales circunstancias el puesto de obispo no dejaría de ser continuamente más apetecido: la simonía y las presiones regias en el nombramiento de los obispos no harían más que crecer en perjuicio de la tradicional autonomía del clero catedralicio. Junto con concubinas y barraganas, los obispos del siglo VII no retrocederían en la utilización en beneficio propio de los bienes de sus sedes, mezclándose en intrigas políticas que podían llegar inclusive hasta la traición al rey. En definitiva, signos de una politización feudalizante del obispo que no era más que el trasunto del entronque social de los prelados de la época en la cada vez más potente nobleza visigoda.

La prosopografía demuestra claramente esa unidad de extración nobiliaria de la mayoría del episcopado del Reino visigodo de Toledo. Conocemos la existencia de potentes dinastías episcopales, acaparadoras de sedes durante varias generaciones o de varias de implantación más o menos regional, y ello desde mediados del siglo VI en adelante. Tales serían los casos de la familia de Justiniano de Valencia en la Tarraconense oriental y Levante, de la de Paulo en Mérida, Isidoro en Andalucía occidental, Braulio en el valle medio del Ebro, o de Fructuoso de Braga en la Narbonense. El caso de esta última es muy esclarecedor, pues los miembros de este poderoso linaje —al que pertenecía el rey Sisenando— acapararon sillas episcopales y altos cargos en la administración civil y militar del reino. En fin, los bien conocidos fastos episcopales de sedes como Toledo y Mérida nos prueban el continuado acceso a ellas de miembros de la nobleza a todo lo largo del siglo VII. Ejemplo de continuidad en el poder local de una misma familia a lo largo de los siglos V a VII sería el caso del obispo *Cantaber* de Coimbra hacia el 666, perteneciente posiblemente a una poderosa familia de origen senatorial y local testimoniada ya a principios del siglo V. El análisis de los textos conciliares del siglo VII, por otra parte, demuestra nítidamente cómo los obispos fueron por lo general los portavoces ilustrados y coherentes de las ideas y programas políticos de la nobleza visigoda, explicándose así cómo a partir de VI Concilio de Toledo se intentase hacer descansar la espinosísima sucesión real en un colegio electoral compuesto por los obispos y miembros de la alta nobleza laica; convirtiéndose así los concilios nacionales del VII en auténtico órgano político colegiado de todos los miembros de la nobleza, laica y eclesiástica, y el monarca, ideado para mantener el equilibrio y la cohesión interna entre todos sus componentes. En fin, son este origen sociológico y sus funciones políticas los que explican que en el siglo VII los obispos visigodos, al igual que los nobles laicos, se esforzasen por contar con un número cada vez mayor de personas ligadas a ellos por un lazo de fidelidad y servicio, a cambio de lo cual les recompensaban con concesiones fundiarias a título condicional o de auténtica donación, señalando al final Wamba en su ley militar la obligación de los obispos de acudir al ejército real con las personas de ellos dependientes, como cualquier otro noble laico.

En torno a las sedes episcopales existía un número bastante crecido de clérigos de distinta dignidad e importancia: subdiáconos, diáconos, arcedianos, presbíteros, arciprestes, clérigos menores, etc. Todos ellos habrían aumentado al hacerlo el número de basílicas urbanas a lo largo de estos siglos. Desde un punto de vista económico y social, la posición de estos clérigos —fundamentalmente de arcedianos, arciprestes y primicerios— debía ser bastante envidiable. Normal era que to-

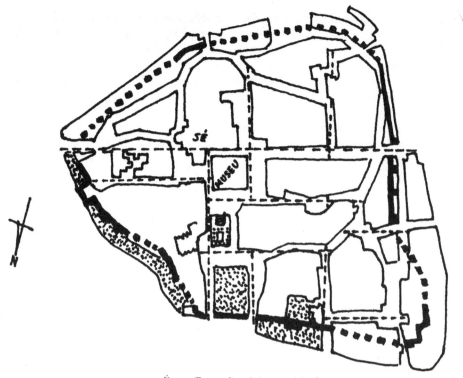

Évora (Portugal), cristiana y visigoda

dos los clérigos catedralicios recibiesen para su sustento entregas de tierras a título condicional completamente gratuitas y generalmente vitalicias. Que algunos de estos predios tenían dimensiones considerables no cabe dudarlo, como lo demostraría la conocida anécdota de Lucidio durante el episcopado toledano de Eugenio I (636-646). Y a ello habría que añadir las oblaciones, tributos y, sobre todo, una parte de las rentas totales del patrimonio de la sede. Y es en un tal contexto en el que se explican las frecuentes protestas del clero diocesano por las liberalidades efectuadas por el obispo sobre dicho patrimonio. Por otro lado, es muy posible que desde el 589 los clérigos gozasen de ciertos privilegios e inmunidades fiscales. De modo que bastantes clérigos debían gozar de una posición económica suficientemente desahogada como para permitirles dedicarse a actividades comerciales complementarias o incluso a préstamos usurarios en dinero muy remunerativos. En tales circunstancias la condición de clérigo no podía por menos de ser envidiada. Simonía y presión regia se testimonian a la hora de colacionar determinados puestos clericales. Y con frecuencia entrarían en el clero miembros de la nobleza, con las miras puestas en alcanzar la cúspide del episcopado, aunque algunos se quedarían en el camino por unas razones u otras.

Para reclutar al clero diocesano las sedes episcopales hipánicas contaban con el instrumento educativo de las llamadas escuelas episcopales. Éstas acabaron constituyéndose en los siglos VI y VII en las únicas instituciones de enseñanza existentes en España, fuera de los monasterios, una vez desaparecidas por completo las antiguas escuelas de retórica. Reglamentadas y generalizadas en el Concilio de Toledo del 531, serían completamente reorganizadas en el IV Concilio de Toledo bajo la directa inspiración de Isidoro hispalense, pudiendo coexistir en las ciudades importantes junto con la escuela catedralicia otras situadas al amparo de alguna basílica urbana de especial renombre, tal como era el caso de la de Santa Eulalia en la Mérida del siglo VI y VII. La existencia de estas escuelas episcopales como única alternativa de enseñanza organizada en las ciudades es un inicio más de la clericalización de las ciudades de la época. En las que el clero, y en especial el obispo, se ha convertido en el elemento más activo y con una función más diferenciada con respecto a los núcleos de población rural. Pero de ello se hablará detalladamente en un capítulo posterior.

PARTE TERCERA

Estructuras administrativas y político-ideológicas

Capítulo VI

Antecedentes del estado visigodo de Toledo

La administración tardorromana en las Españas del siglo v

La organización político-administrativa reinante en la Península ibérica en vísperas de la gran invasión del 409 representaba la culminación de un radical proceso de reformas que había tenido su momento inicial y más decisivo durante la llamada época de la Tetrarquía. Hacia el 293 el emperador Diocleciano (284-315) habría realizado una profundísima reorganización administrativa de todo el Imperio romano, en obediencia a dos principios básicos que representaban una ruptura radical con los usos del Alto Imperio. Por una parte el astuto y autoritario emperador ilirio multiplicaría el número de las provincias hasta entonces existentes en el Imperio. Con ello no sólo se proponía conseguir una mejor y más eficaz administración, sino que trataba también de evitar grandes concentraciones de poder en manos de una sola persona que pudiesen excitarle a la rebelión armada contra el poder central; lo que había sido práctica habitual durante el periodo precedente llamado de la «Anarquía militar». Y unos mismos objetivos tendría el segundo principio básico de la reforma: la radical separación entre el poder civil y el militar, tanto en la Administración central como en la territorial. Durante la primera mitad del siglo iv, por obra de Constantino el Grande (306-337) y su hijo Constancio II (337-361) principalmente, el sistema se completaría con la formación de conjuntos provinciales amplios, la Prefectura del Pretorio, bajo el gobierno de auténticos vice-emperadores en todo lo tocante a la esfera civil, y de otros de carácter más regional, la Diócesis. Esta última, bajo el gobierno de un Vicario con amplias atribuciones judiciales y fiscales, se constituía como instancia intermedia entre la provincia y la respectiva Prefectura del Pretorio, a la vez que en instrumento de contrapeso y vigilancia del emperador sobre el Prefecto del pretorio correspondiente, pues el Vicario podía apelar directamente al emperador.

Según la imagen que de la estructura administrativa se deduce de la fundamental *Notitia dignitatum* para el Imperio romano de época teodosiana, todo el occidente europeo estaba englobado en una sola Prefectura del Pretorio, la de las Galias. En todo lo referente a la justicia y a las finanzas tan amplio territorio se encontraba gobernado por un Prefecto del Pretorio, de un rango *ilustre* y con sede en Tréveris, que se habría trasladado posteriormente a Arlés tras la ruptura de la frontera del

Rin por los invasores bárbaros del 406. Dependientes de tal Prefectura gálica existían cuatro Diócesis: la de Bretaña (Gran Bretaña), la de las Galias (provincias septentrionales galas), la de las Siete provincias (mediodía de las Galias) y la de las Españas. La Diócesis de las Españas se encontraba bajo el gobierno de un Vicario con capital muy probablemente en Mérida. Con poderes delegados del Prefecto del Pretorio de las Galias en lo fiscal y más autónomos en lo judicial el Vicario tenía autoridad sobre los gobernadores civiles de siete provincias. Además de la Mauritania Tingitana, en territorio del actual Marruecos, y de las islas Baleares, las restantes cinco provincias peninsulares eran: Bética, Lusitania, Cartaginense, Galecia y Tarraconense; con capital respectiva en Sevilla, Mérida, Cartagena, Braga y Tarragona. De éstas, las dos primeras correspondían a sus homónimas de tiempos alto-imperiales, abarcando respectivamente casi toda la Andalucía occidental y buena parte de la oriental, y las actuales tierras de Portugal, Extremadura, Salamanca y Zamora hasta el límite septentrional del Duero. Las otras tres provincias eran el resultado de la subdivisión de la gran provincia altoimperial de la Hispania Citerior. La provincia Cartaginense abarcaba el sudeste, Levante, submeseta sur y sus estribaciones septentrionales del Sistema central por tierras de Segovia. La Tarraconense contenía el valle del Ebro y sus apéndices naturales del área pirenaica y Cataluña. El restante cuadrante noroccidental correspondía a la provincia de Galecia, con unos límites orientales con la Tarraconense siguiendo una línea que iría entre las actuales Vitoria y Reinosa, para continuar después por la divisoria de aguas del Sistema Ibérico. Sus límites con la Lusitania y la Cartaginense vendrían marcados por el curso inferior y medio del Duero, hasta incluir las tierras más septentrionales de la actual provincia de Segovia (Coca). Tarraconense, Islas Baleares y Cartaginense en el momento de la *Notitia* se encontraban bajo el mando de un *praeses,* o gobernador civil de rango inferior; mientras que Lusitania, Bética y Galecia lo tenían de superior rango consultar. Pero tanto gobernadores presidiales como consulares tenían las mismas atribuciones y funciones: fiscales y de cuidado de la red de calzadas y postas, delegadas del Vicario, y judiciales, que lo estaban directamente del Prefecto del Pretorio.

La reforma iniciada por Diocleciano habría sido también, y muy fundamentalmete, fiscal, con el fin de conseguir una más racional y exhaustiva recaudación tributaria de los recursos económicos y sociales del Imperio con vistas a sufragar los cada vez mayores gastos militasres. Dicha reforma se basó en el principio de primar los impuestos directos y teóricamente calculados en especie, por afectar a la capacidades productivas de cada territorio. El resultado de ello sería la constitución de un doble impuesto, aunque en parte intercambiable, sobre la base de la propiedad fundiaria y de la fuerza de trabajo humana y animal que en aquella existía: lo que los modernos solemos conocer como *iugatio-capitatio,* cuyas muy profundas consecuencias económicas y sociales en España analizamos en otro capítulo. Dicho impuesto era calculado en especie (grano, vino, aceite, prestaciones de transporte, etc.), aunque podía abonarse por los contribuyentes en dinero mediante unas tarifas de equivalencia *(adaeratio)* fijadas periódicamente por el gobierno. La recaudación de tales impuestos exigía una administración minuciosa, completa y escasamente eficiente; pues a los fallos propios de toda excesiva burocracia se unían las no infrecuentes incapacidades de los humildes para pagar sus impuestos, y la impotencia de los recaudadores para hacer pagar a los poderosos. Las presio-

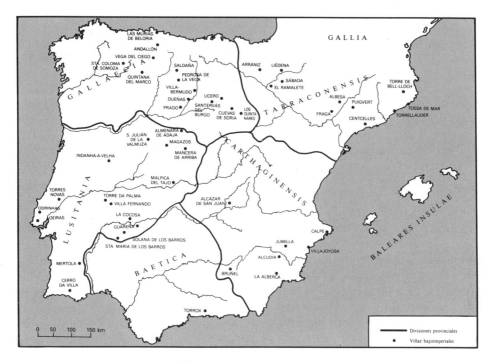

Divisiones provinciales en 409

nes de unos y otros habrían obligado al Estado a hacer descansar la ingrata función de la recaudación directa sobre las Curias municipales, para lo que contaban con sus propios funcionarios especializados *(exceptores* y *exactores)*. Pero sometidos a las fiscalizaciones de los superiores funcionarios fiscales de los gobernadores provinciales y del Vicario, a las exigencias cada vez mayores de la fiscalidad imperial y a la insolidaridad de los poderosos, los curiales habrían ya comenzado a escasear en muchas ciudades hispánicas a principios del siglo v, sometidos como estaban a la insufrible carga de la responsabilidad colectiva por la recaudación de la suma ordenada por el gobierno y al carácter hereditario de sus funciones. Hacia mediados del siglo v en las partes de España que el gobierno imperial todavía mantenía en su poder los escasos curiales supervivientes habrían cedido sus funciones fiscales a los grandes propietarios en lo referente a los patrimonios de estos últimos y con las gentes que los trabajaban, en lo que se conoce como derechos de *autopragia* de carácter claramente protofeudal.

Junto con la *capitatio-iugatio* ocupaban también un lugar muy importante en la fiscalidad bajoimperial los ingresos en especie que el emperador obtenía de su gran patrimonio fundiario, en concepto de rentas, prestaciones de trabajo, alquiler a intermediarios *(conductores)*, etc. Patrimonio principalmente fundiario que en el caso concreto de la Península Ibérica debía ser bastante considerable, como consecuencia de las terribles confiscaciones realizadas sobre los senadores hispanos por Septimio Severo a finales del siglo II, y del mismo origen hispano de la familia teodosiana. Para la administración de tal patrimonio existía un Racional en la Diócesis española, dependiente diretamente del Ministerio central encabezado por el Conde «de las finanzas privadas» (*Comes rerum privatarum*). Por último, el gobierno imperial contaba con una serie de recursos financieros provenientes de la fábricas estatales —entre las que existía una dedicada al teñido de púrpura (*bafium*) en las Baleares—, minas —ya muy en decadencia en el siglo IV—, e impuestos indirectos a recaudar en dinero. Para la administración de todos estos últimos recursos a principios del siglo V existía en la Diócesis española un alto magistrado, el Conde «de las sagradas larguezas» o «de los tesoros» hispanos, dependiente directamente del Ministerio financiero central encabezado por el Conde «de las sagradas larguezas».

La estrecha implicación con la administración fiscal era, pues, la nota característica del antiguo gobierno municipal de la Curia a principios del siglo V. Compuesta teóricamente de los ciudadanos más honorables de la ciudad, lo cierto es que la Curia había perdido buena parte de su autonomía, y desde luego toda su atracción para aquellos que querían medrar en política. El cargo de *curialis* se había convertido en un auténtico *munus* desde que se decretó la responsabilidad colectiva e ilimitada de los miembros de la Curia en su función recaudadora. Las pesadísimas obligaciones fiscales habrían así reducido progresivamente las posibilidades de ejercitar un evergetismo urbano de cierto fuste a los curiales, que anteriormente había constituido lo más atractivo del cargo. Decretada la obligación hereditaria de la pertenencia a la Curia, lo cierto es que los ciudadanos más influyentes de cada ciudad hispana ya habrían escapado de tan penoso ministerio a principios del siglo V mediante su ingreso en aquellas categorías sociojurídicas exentas del tal *munus*: el orden senatorial y más ampliamente el clero cristiano. En todo caso, desde hacía tiempo el gobierno imperial venía vigilando muy de cerca la actuación de las curias en todo lo tocante a su teórica autonomía financiera mediante el nombramiento de agentes delegados del gobernador provincial: los *curatores civitatis*. Y en los últimos decenios del siglo IV también el gobierno imperial habría cercenado las últimas posibilidades de actuación de las Curias mediante el nombramiento en cada ciudad de un *defensor plebis* o *civitatis* para impedir los posibles abusos en el terreno judicial y fiscal de los acorralados curiales sobre los más indefensos y humildes ciudadanos, lo que podría terminar provocando motines y revueltas sociales siempre temidos por el gobieno imperial. Por otra parte, desde la conversión al Cristianismo de Constantino buena parte de las funciones prestigiosas y autónomas de las antiguas curias habían ido siendo asumidas por el obipo y su clero catedralicio. Reconocida la plena validez civil de los tribunales eclesiásticos (*audentia episcopalis*) y en plano de igualdad con el presidido por el gobernador provincial, los obispos habrían ido desarrollando una acción evergética cada vez más importante a través de su economía de caridad. Para ello los obispos podían contar con los recursos del patrimonio eclesiástico, lleno de privilegios fiscales y formado a partir de la transferencia a la Iglesia de buena parte de las propiedades de los antiguos templos paganos, de nuevas donaciones estatales y del número creciente de las privadas.

La profunda reorganización fiscal iniciada por Diocleciano —y que tantas implicaciones en el terreno social y económico del Imperio habría de tener— habría tenido un objetivo principalísimo: poder hacer frente a los gastos cuantiosos de un ejército que se necesitaba reforzar ante los crecientes enemigos del Imperio en el exterior y el estallido de rebeliones y revueltas de etiología diversa en el interior. El nuevo ejército bajoimperial diseñado por reformas de Diocleciano y Constantino rompía con la vieja tradición romana de una defensa estática y fronteriza. Las fuerzas militares regulares se distribuyeron así en dos grandes grupos: los limitáneos, o tropas de defensa en línea sobre las fronteras o a lo largo de rutas estratégicas, y los comitatenses que constituían varios cuerpos de ejército de maniobra, situados en el interior del imperio para su pronta utilización ante una emergencia externa o interna. Los limitáneos se formaron a partir de las antiguas unidades del ejército imperial, legiones y *cohortes* con una fortaleza numérica de entre 1.000 y 300 hombres por unidad. Eran tropas principalmente de infantería y más preparadas para la vigilancia y protección de fronteras y vías de comunicación que para la auténtica batalla campal. Por el contrario, el *comitatus* se constituyó a base de unidades, en su mayoría de 500 hombres, de nueva creación o con otras antiguas de la máxima calidad; mejor armadas y pagadas las tropas comitatenses se convirtieron en el auténtico ejército de choque y línea al que se encargó la defensa de los centros neurálgicos del Imperio y la misma seguridad del gobierno imperial, para lo cual se confió muy especialmente en la caballería.

Carente de fronteras externas amenazadas por enemigos peligrosos, la Diócesis hispánica a finales del siglo IV sólo contaba con tropas limitáneas. Tal y como figura en la *Notitia dignitatum* el ejército regular estacionado entonces en la Península totalizaría no mucho más de 3.000 hombres repartidos en seis unidades, todas ellas menos una propias de la guarnición hispánica desde mediados del siglo II cuando menos. Todas tenían sus cuarteles generales situados a lo largo de la gran ruta estratégica que comunicaba el Finisterre galaico con el País Vasco francés: Lugo, León, Rosinos de Vidriales (Petaonio), Retortillo (Juliobriga) e Iruña (Veleya). Tradiciones del ejército romano en nuestra Península desde tiempos de Augusto y la escasa consistencia de la vida urbana en estas tierras al norte del Duero posiblemente aconsejarían confiar a lo esencial de las tropas acuarteladas en España la misión de control de caminos, del fundamental transporte estatal (*cursus publicus*), y de personas en dichas regiones norteñas. Por el contrario, en otras zonas más urbanizadas esas fundamentales labores de policía, patrulla y custodia de bienes y servicios públicos, podían estar encomendadas fundamentalmente a milicias locales reclutadas y avitualladas por los grupos dirigentes municipales. Aunque incluso en las zonas septentrionales antes mencionadas también se utilizarían milicias locales no regulares para tareas de vigilancia y control, como podía ser el caso de los pasos pirenaicos; destacando entre todos estos cuerpos paramilitares el de los *burgarii* ubicados en pequeños edificios defensivos (*burgi*) en lugares estratégicos de las calzadas; y pagados principalmente mediante la concesión hereditaria de tierras públicas vecinas a los acuartelamientos.

Los graves trastornos políticos y militares que para la Diócesis de las Españas supusieron la usurpación de Constantino III y las penetraciones bárbaras del 409, acabaron por deducir a la nada las tropas regulares que acabamos de mencionar. Lo que de útil quedase de ellas sería trasladado a Italia, con el resto de las tropas regulares de los usurpadores vencidos, cuando la restauración de la Prefectura de las Galias por el patricio Constancio. Por otro lado, la presencia de potentes ejércitos, con importante contingentes equestres, de los hostiles vándalos y suevos exigía en ese momento la presencia de tropas comitatenses en la Península. Junto a la utilización de los federados visigodos de Valia a partir del 416 el gobierno de Ravena destinó a la Península contingentes de tropas comitanteses, reforzadas luego en el 418 con la retirada del grueso de los federados visigodos a su asentamiento aquitano. Según nos indica la *Notitia dignitatum,* para esas fechas las tropas comitatenses actuantes permanentemente en España sumaban unos 10.500 hombres, a los que se uniría un número inferior de contingentes de visigodos federados y para la realización de determinadas campañas. Tan importante fuerza militar romana se encontraría bajo el mando de un general de elevada graduación y nueva creación: el Conde de las Españas, dependiente directamente del gobierno central y no de la Capitanía general de las Galias (*Magisterium utriusque militiae per Gallias*). A pesar de conseguir algunos éxitos iniciales muy esperanzadores, este poderoso ejército imperial de maniobra destacado en España sería completamente derrotado, y en gran parte aniquilado, en el 422, en el fiasco de la expedición de Castino. A partir de ese momento ignoramos qué clase de tropas romanas pudo subsistir en lo que quedaba de la Diócesis hispánica bajo control del gobierno de Ravena. En todo caso, lo que sí que se puede afirmar es que a partir de entonces las fundamentales tareas de guarnición de las ciudades y de protección de las vías de comunicación serían asumidas por milicias locales reclutadas entre los grandes propietarios hispanorromanos, bien atrincherados en las ciudades amuralladas y en sus *villae* fortificadas; también sería normal que esos mismos grandes propietarios, o comunidades urbanas hispanas, procedieran a realizar pactos con grupos particulares de bárbaros, asegurándose su concurso armado contra el pago de libramientos en metálico y especie. Posiblemente a este tipo de tropas se debería la aparición de una serie de necrópolis rurales, con un ajuar muy característico conocido como «Subcultura del Duero». Éstas se dispersan por una serie de áreas de indudable valor estratégico a la vista de la coyuntura político-militar del momento: en torno a la desembocadura del Duero; a lo largo de la calzada que unía Oporto con Lisboa; en la calzada que desde Lisboa a Sevilla por Alcacer do Sal y Mértola; en varios caminos transversales que unían dicho eje logitudinal portugués con la Meseta; a lo largo de la importante Vía de la plata; en la comunicación de Mérida con Zaragoza por la Vía galiana; y en las existentes entre ambas sudmesetas. Pero sin duda el hecho de mayor trascendencia para el futuro sería la práctica sustitución de las tropas comitatenses romanas por federados visigodos; masiva a partir de la expedición de Teodorico II en el 456-457. Sustitución que con Eurico (466-488) adquiriría ya un tono completamente autónomo en busca de conseguir la dominación de las tierras peninsulares por el Estado godo de Tolosa, para lo que se procedería al establecimiento de guarniciones visigodas permanentes en lugares y a lo largo de ejes ruteros estratégicos, según un complejo plan que examinamos en otro lugar de esta obra (§ I.1.3). En todo caso, a partir de mediados del siglo V las tropas auténticamente romanas debían ser tan pocas que se optó por la supresión del generalato hispano creado en 416. Hacia el 460 las escasas tropas romanas que quedasen en la provincia tarraconense —la única todavía bajo control de Ravena— y los contingentes de federados visigodos, cada vez más díscolos, que pudieran estar al cuidado y protección de la misma, se encontraban situados bajo el mando de un general de baja graduación y nueva creación: el Duque de la Tarraconense que, a lo que parece, había asumido también las atribuciones civiles de un gobernador provincial.

El estudio de las estructuras político-administrativas de los germanos con anterioridad a las grandes invasiones o migraciones del siglo v presenta dificultades no siempre posibles de superar. Estas proceden en primer término de las fuentes. Entre las literarias ocupa un lugar aparte, por derecho propio, la *Germania* de Tácito. Lleno de perspicacias e intuiciones afortunadas, Tácito, sin embargo, no supo verse libre de ciertos tópicos, ya presentes en sus antecesores grecorromanos desde Posidonio, y de una intencionada acentuación de las diferencias entre las costumbres germanas y las romanas. Por desgracia, fuentes literarias auténticamente germanas no se encuentran hasta épocas posteriores. Se trataría de las llamadas *Leyes bárbaras;* aunque éstas a partir del siglo v presentan ya graves contaminaciones del llamado Derecho vulgar romano. Más auténticamente germanas son las famosas *sagas* islandesas, anteriores a la invasión de la isla por los reyes noruegos. Especie de cantares de gesta que presentan la dificultad de manejo de todo material legendario. En conjunto sólo pueden ser utilizables si nos prestan informaciones concordante con las noticias trasmitidas por los autores clásicos, y, sobre todo, por Tácito.

Por otro lado, la investigación arqueológica ha realizado avances en los últimos cincuenta años, sobre todo gracias a los hallazgos en las grandes turberas de Dinamarca y de Pomerania; y puede servir de importante fuente de información en determinados aspectos: para el estudio de los tipos de asentamientos de las granjas aisladas o *Einzelhofen,* de las aldeas agrupadas o *Markdörfer,* de los ritos religiosos, de las desigualdades sociales, etc. Pero nunca las fuentes arqueológicas pueden ir más allá de una cierta complementariedad con respecto a las literarias. Por todo ello se impone la necesidad de utilización de fuentes fragmentarias, no muy abundantes, y de época diversa, a la luz de una sana y prudente metodología comparativista. Otra serie de dificultades son, más bien, lo que podríamos llamar perturbaciones ideológicas, fruto de las convulsiones políticas y culturales por las que ha pasado la nación alemana, toda Europa central, entre mediados del siglo xix y mediados del actual. Teorías como la de la *Markgenossenschaft* y de los *Gemeinfreien,* frente a la de la *Adelherrschaft* y de los *Einzelhöfen,* en el fondo tienen su origen en ciertas concepciones políticas propias de las convulsiones de la nación alemana entre el hundimiento del II y el III Reich.

Los hallazgos arqueológicos realizados en necrópolis permiten deducir una diversidad de oposiciones sociales y fortalezas económicas muy considerable hacia el siglo ii d.C. Tumbas principescas de Pomerania, por ejemplo, del grupo de Lüdsow, presentan un ajuar rico y de importancia; abundancia de armas, con claras influencias romanas, que parece denotar la existencia de una clase dirigente de guerreros. La prospección arqueológica de los asentamientos germanos de la época permiten deducir informaciones cercanas a las anteriores, o complementarias; así, por ejemplo junto a la mayoría de las pobres casas aldeanas o granjas aisladas de los campesinos, destacan a veces edificaciones de mayor tamaño, desprovistas de clara funcionalidad campesina, y, en su lugar, tienen almacenes, talleres artesanos y, con frecuencia, fortificaciones. Sin duda son las habitaciones de una aristocracia dirigente que ejerce su poder sobre campesinos dependientes de los alrededores.

Pues bien, las fuentes literarias, y en primer lugar la *Germania* de Tácito, permiten suponer para esta época unas estructuras sociales y políticas en todo coincidientes con lo que se puede deducir de los incontrovertibles datos arqueológicos a que antes me he referido: la existencia de una poderosa minoría dirigente de funcionalidad militar eminente. Grupo dirigente que ejerce un poder de gobierno directo sobre amplios sectores de la sociedad, en los que se incluye la mayoría campesina, con *estatus* jurídico vario. Este tipo de gobierno directo es lo que los tratadistas de Derecho alemán llaman la *Hausherrschaft*, es decir, «la soberanía doméstica». Células políticas familiares que descansan sobre la noción más antigua, y ya en vía de descomposición, de la unidad de linaje o *Sippe,* que constituye el verdadero armazón de las relaciones sociales, económicas y políticas. Y junto a éstas, unas instancias u organismos suprafamiliares, más o menos maduros, la «nación», o unidad política básica, lo que los romanos denominan *civitas,* y que los tratadistas alemanes actuales denominan el *Stamm,* es decir, el pueblo o estirpe. Y por debajo y por encima de él el *Gau,* la unidad de valle, lo que los romanos denominan *pagusi,* y la Confederación de pueblos, la *Stammesverband.*

Cada una de ellas tiene sus instituciones propias, como *la asamblea,* en lengua alemana *Thing;* reyes y jefes o caudillos militares, los duques de que habla Tácito; un consejo principesco, etc. Cada una de estas instituciones tienen una mayor o menor vigencia, dependiendo de factores con frecuencia externos: influencias célticas, romanas o iranias; guerras o victorias de cada uno de los pueblos. Pero veámoslas a continuación con más detenimiento.

Tácito nos habla de la existencia entre los germanos de *nobiles,* de *liberti* e *ingenui,* y de *servi.* Nobles, libertos, hombres libres y esclavos. Distinción cuatripartita que descansa en otra más simple y fundamental: la existente entre hombres libres y esclavos. Pues el término de «ingenuos» es utilizado por Tácito en un doble sentido. En primer lugar comprende a todos los hombres libres, incluidos los nobles. Y en un sentido más restringido incluye a todos los hombres libres con exclusión de los nobles. Debe rechazarse la opinión contraria de Neckel, que negaba la verdadera libertad a todos los que no fuesen nobles. Existen entre los germanos hombres libres que en absoluto tenían relación de dependencia alguna con un noble; lo contrario sólo podría afirmarse de algunos pueblos muy concretos y como consecuencia de una vivencia histórica muy particular, tal vez los visigodos. De modo que la noción de libertad se constituye en fundamental para poder comprender en profundidad la estructura política de los germanos.

Comencemos en principio por tratar de definir esta noción de modo negativo, intentando ver en qué consistía la «no libertad». Para ello resulta esencial un parágrafo de la *Germania* de Tácito, el 24: «En lo que se refiere a los no-libres, no los utilizan los germanos como hacemos nosotros (los romanos), repartiendo a los miembros de la misma cuadrilla en grupos según sus funciones, sino que cada uno tiene su resisdencia *(sedem),* y sus penates, que gobierna a su antojo. El dueño *(dominus)* les impone, como a los colonos, una cierta renta en cereal, o en ganado, o en tejidos. A eso se limita su esclavitud. Las exigencias interiores de la casa son propias de la mujer y de los niños. Golpear a los no-libres, o castigarlos con cadenas o trabajos forzados es cosa desacostumbrada; alguna vez se les da muerte, pero no por mor de la disciplina o por severidad, sino en un acto de cólera, como se da muerte a un enemigo, y es así que impunemente.» De este texto fundamental se deduce con claridad que la condición de los germanos no-libres, de los llamados esclavos, difería radicalmente de los esclavos romanos: sus obligaciones para con su dueño eran limitadas, tenían su propia residencia y su propia familia legítima. En una palabra: los esclavos germanos eran personas, sujetos de derecho en cierta medida comparables a los colonos romanos, como reconoce el propio Tácito. Sin embargo, la última parte del pasaje de Tácito, la que se refiere al castigo y al dar muerte a los esclavos, plantea ciertas dudas. Parece como si Tácito quisiera ocultar el castigo a los esclavos, al relegarlo a un segundo lugar, y hacerlo depender de ciertas condiciones muy concretas. Del pasaje se deduce, con certidumbre meridiana, que los dueños ejercían sobre sus esclavos el derecho de represión, en uso del cual podían llegar incluso a castigales con la muerte; castigo que nacía de un hecho esencial: la no existencia por encima del *dominus* de ninguna instancia de gobierno que pudiese exigirle cuentas de su actuación.

En este poder ejercido sobre los no-libres, que, por otro lado, no eran propiamente esclavos, residía esa asencial soberanía doméstica, a la que antes me he referido. La soberanía se ejercía sobre una familia, sobre una residencia, unas posesiones fundiarias y los campesinos que vivían y trabajaban en éstas, de forma tal que el *dominus,* respecto a estos no-libres, se comportaba más como un gobernante que como un dueño, como un pequeño Estado.

El término *nobiles* no aparece más que dos veces en Tácito empleado como un sustantivo, y en ambas ocasiones los *nobiles* parecen oponerse a los simplemente ingenuos como un grupo superior. Junto al término *nobiles,* Tácito emplea con frecuencia otro, que parece bajo ciertas condiciones intercambiable: el de *princeps,* príncipe. El contenido social y político de este término fue sobre todo analizado por el gran historiador alemán Hans Dannenbauer. En su opinión, un *princeps* se distinguiría por lo siguiente. En primer lugar, por la posesión de un *comitatus,* lo que los tratadistas alemanes denominan *Gefolge;* es decir, un séquito de hombres libres, unidos a él por un juramento de fidelidad, que le acompañan a la guerra, comparten sus penalidades y botín conseguido en la victoria. En segundo lugar, un *princeps* posee dominios fundiarios y generalmente una plaza fuerte, un burgo. Todo lo cual le capacita para ejercer una fundamental *Hausherrschaft.* De este último atributo se deduce también la existencia de un séquito de hombres no-libres unidos a él por una relación no de fidelidad, sino de obsequio, de obediencia ciega; séquito que puede ser armado y que, en unión del *comitatus,* componen la verdadera fuerza militar del *princeps.*

Sobre estas condiciones, salvo lo referente a la plaza fuerte, hay testimonios abundantísimos, y nadie osa hoy en día poner en duda las conclusiones de Dannenbauer. Tampoco admite dudas la tesis de Dannenbauer según la cual los príncipes constituían el grupo de las grandes familias nobles de un determinado pueblo, de las que la familia real —en caso de existir— solamente se distinguiría cuantitativamente por su mayor nobleza.

Las informaciones de Tácito no dejan lugar a dudas sobre el carácter extremadamente limitado del poder de los reyes o de los caudillos militares, *duces,* de los que hablaré más adelante. Más que una verdadera *potestas iubendi,* poder de ordenar, los reyes estaban en posesión de una *auctoritas suadendi;* es decir, de una cierta autoridad moral, sagrada, que les permitía aconsejar y ser generalmente bien oídos sus consejos. Estos términos deben ser entendidos a la luz de la traición constitucional romana, de la que es representante Tácito, principalmente de la distinción en que se basó el Principado de Augusto entre *potestas* y *auctoritas*. Lo cual en absoluto quiere decir que Tácito ignora un proceso político fundamental que se estaba desarrollando entre los germanos de su época; sobre todo entre los llamados germanos orientales, principalmente los godos. La concentración del poder de los reyes iba aparejado del encumbramiento de ciertos esclavos o no-libres reales, consecuencia de la supremacía de la *Hausherrschaft* o soberanía particular del soberano. Pero este proceso, que significaba en la visión de Tácito —senador muy crítico de la monarquía imperial romana— una disminución de la tradicional libertad germánica, en absoluto equivalía a la destrucción de esta libertad, ni aún en el caso de los godos, el más monárquico de los pueblos germánicos del momento, como puso de manifiesto F. Altheim. Pero, sin duda, en el caso donde sólo había príncipes y no había reyes, al decir de Tácito, la libertad era total.

Las instancias que en la época de Tácito estaban trabajando por transformar en verdadera *potestas iubendi* el poder regio eran fundamentalmente dos. En primer lugar, el muy agudo sentimiento legitimista de los pueblos germánicos, lo que engendraba una cierta veneración instintiva hacia la *stirpes regia*, la familia real o clan regio, y el carácter hereditario de la realeza en el seno de una misma familia. Esto último tendría consecuencias posteriores en el plano literario; el afán de los literatos al servicio de la Corona por crear genealogías, a veces fantásticas. En segundo lugar, la existencia junto a los reyes, además del *comitatus* propio de cualquier príncipe noble, de un poderoso séquito de semi-libres. Mérito especial de Kuhn y de Bosl ha sido señalar la importancia en la formación de las realezas germánicas de estos precedentes de los ministeriales medievales de Alemania. Sin duda, estos séquitos semi-libres son un préstamo de origen céltico. Tal vez Inmink vaya demasiado lejos al creer que estos séquitos sólo se encontraban alrededor de los reyes; pues se trata de una consecuencia directa, a mi entender, de la *Hausherrschaft*, o soberanía doméstica. Pero ciertamente su potencial sería mayor, como consecuencia de los más cuantiosos recursos económicos de los reyes. Estos séquitos reales se constituirían así en grupos de guerreros profesionales desarraigados del resto de la estructura político-social del pueblo, e íntimamente ligados a la suerte de su *rex et dominus*. De todo lo anteriormente dicho se deduce, en conclusión, que los reyes germánicos, en época de Tácito, ejercían una especie de gobierno distinto en esencia del ejercido por los príncipes, en el caso de un pueblo carente de institución real. Por ello tal vez sea correcto negar la noción de *Adelsherrschaft*, es decir, gobierno de la nobleza, tan querida por Hans Dannenbauer; y que este historiador había visto, sobre todo, en el caso de los alamanes de los siglos III y IV. El verdadero gobierno de estos príncipes no había pasado de la esfera de la soberanía doméstica y, por tanto, no había efectado más que a los no-libres.

Y sin embargo, a pesar de todo cuanto llevamos dicho, no cabe duda que tanto los reyes como los príncipes —nobles, en el caso de pueblos republicanos— ejercían una autoridad en el ámbito de una unidad política más amplia, el pueblo, *stamm* o *civitas*.

En la *Germania* de Tácito la *civitas* —término tomado del vocabulario administrativo romano y que en absoluto debe traducirse por ciudad; correspondiendo al pueblo, al *Stamm* de los historiadores alemanas— es la unidad política esencial

Sarcófago de Alcaudete (Jaén) de los siglos V-VI. Escenas veterotestamentarias. Museo Arqueológico Nacional (Madrid)

en que se articulaban los pueblos germánicos en ese momento. La génesis de la *civitas* ha sido bien analizada en un fundamental trabajo del profesor Reinhard Wenskus, *La formación de las estirpes e instituciones. El devenir de las naciones de la proto-Edad Media.*

El *stamm,* la *civitas,* habría surgido de la unión de grupos de individuos de su *Sippe* en torno a un núcleo preexistente que gozaba de un gran prestigio. Por lo general este grupo preexistente se encontraba compuesto por una estirpe regia, lo que haría que la realeza fuese una institución originaria. La *civitas* poseía un territorio bastante bien delimitado, sobre todo en la Germania occidental, donde los espacios libres eran menores. Siguiendo una costumbre de origen céltico, este territorio propio de cada *civitas* pudo ser rodeado de vallas o fosos indicativos de una propiedad popular, de donde se derivaría la noción posterior del *limes* romano. La *civitas* posee también unas instituciones propias de «gobierno» (aunque se trate de un gobierno embrionario, por esa fundamental soberanía doméstica a que antes me he referido). Estas instituciones, además de la realeza, que podría no existir en caso de pueblos republicanos, eran, fundamentalmente, la asamblea, o consejo público y los tribunales de justicia. La asamblea, *Thing,* estaba compuesta por todos los hombres libres de la comunidad y se denomina en el lenguaje de la historia del Derecho alemán la «comunidad de guerreros». En ésta se discutían asuntos de interés general, fundamentalmente la guerra o la paz contra terceros, o también sobre ceremonias religiosas comunes, eligiéndose en su seno a una serie de nobles —príncipes— encargados de aplicar la justicia en los cantones y aldeas de la comunidad. Pero el papel de los nobles no se limitaba sólo a esto, sino que, ocupando una posición preponderante, formaban en conjunto una especie de consejo probuleútico con capacidad decisoria incluso en asuntos de menor importancia.

Junto con el rey, los príncipes eran quienes llevaban la voz cantante en las asambleas, limitándose los demás hombres libres a aprobar o rechazar sus pro-

303

puestas, por lo general aunque en último término, en los hombres libres recaía la verdadera soberanía de la asamblea, icluso el decidir cuándo ésta comenzaba. Ahora bien, la existencia de esta asamblea no prueba su capacidad de gobernar, la existencia de un verdadero poder público, pues sólo deliberaba y decidía sobre asuntos de interés general. Y algo semejante puede afirmarse sobre la existencia o no de una verdadera jurisdicción pública.

De Tácito se deducen dos tipos de tribunales de justicia. En primer lugar, el consejo general o asamblea, constituido, él mismo, en tribunal de justicia. En segundo lugar, los tribunales locales de las aldeas o pagos, formados por príncipes deputados por la asamblea asistidos por unos funcionarios a los que se da el nombre de Centenarios. La competencia de los tribunales locales en verdad era muy limitada. Un famoso pasaje de Tácito, párrafo 21 de la *Germania,* señala el fundamental predominio de la corresponsabilidad familiar y la venganza de sangre, que generalmente se veía atemperada por la práctica normal de la composición pecuniaria *(Wergeld),* normalmente en ganado. Todo lo cual dejaba un muy pequeño campo de acción para la justicia y jurisdicción suprafamiliar y de carácter público. En el fondo, los tribunales locales sólo actuaban como árbitros en aquellos casos que así lo decidiesen voluntariamente las partes en litigio. Y si la sumisión al juicio de tales tribunales no era obligatoria, lo que tendría su reflejo en la época franca en la *actio Legis,* o convención previa al juicio, no se puede afirmar que éstos tuviesen una jurisdicción en el sentido estricto del término.

Algo más completo de resolver es la jurisdicción de la asamblea convertida en tribunal; en parte por el mismo vocabulario empleado al respecto por Tácito, impregnado, como no podía ser de otro modo, de concepciones de derecho público romano. En concreto, Tácito nos habla del juicio, en tales tribunales, de delitos de una naturaleza especial: o bien se tratan de delitos cometidos contra toda la comunidad; o bien que, en su gravedad, pueden poner en peligro la existencia misma de ésta. Es decir, delitos que ponía ya de por sí a su ejecutor fuera de la comunidad, lo que le convertía en un verdero enemigo público. Se trataba de individuos que de una manera u otra habían roto la paz que debía reinar en el seno de la comunidad, al no atenerse a sus costumbres o a sus leyes fundamentales; o mejor dicho, al mostrar con total claridad su intención de no atenerse a ellas, porque en la ley de los germanos más que la acción en sí cuenta la intención de la acción.

A quien se situaba así fuera de la Ley y de la comunidad, verdadero enemigo de ella, más que castigarlo lo que se hacía era aniquilarlo. En este sentido puede resultar de interés señalar que la ejecución de tales personas tenía un cierto carácter ritual y sagrado. El consejo actuaría de esta forma como comunidad sacral, más que como comunidad política, por lo que le presidía el sacerdote supremo, el único que ejecutaba el castigo, mostrándose así como verdadero ejecutor divino. Era en el fondo la divinidad la que ordenaba ese aniquilamiento del que se había puesto frente a la comunidad. Por lo que tampoco de ella se podría deducir la existencia de un poder verdaderamente público, estatal, aplicando un derecho penal en sentido estricto. Derecho penal que no existiría así en la *civitas* germánica, fuera de la esfera restringida de la soberanía doméstica, de aplicación a los no-libres y, tal vez, a los miembros de la familia.

Esta última afirmación de la no existencia de un derecho penal y de un poder superior a la simple *Hausherrschaft,* con capacidad de ejecutar castigos, parece encontrar una sola dificultad: la controvertidísima afirmación de Tácito de que en casos de delitos menores, juzgados en las asambleas, los convictos eran castigados con penas en ganados; multa que se repartía entre los perjudicados o sus familiares, y el rey o la comunidad. Afirmación esta última que, a primera vista, parecería admitir la existencia de un cierto poder de represión ejercido por la asamblea, que es capaz de imponer una multa; pero un atento análisis del pasaje de Tácito puede arrojar también en este caso resultados muy diferentes.

La sociedad germánica, que concedía, como hemos visto, una importancia fundamental a la vía de hecho que significaba el principio de la venganza de sangre, por no tener, carecía incluso de leyes escritas. Pero reconocía una poderosísima autoridad, la de la costumbre, o precedente. Y para poder aplicar correctamente esta costumbre —que constituía el contenido esencial del Derecho germánico— eran necesarias dos cosas: en primer lugar, conocer la costumbre, y, en segundo lugar, interpretarla correctamente en cada caso concreto.

A falta de un gobierno que monopolizase esa interpretación, encontrar el justo «derecho» en principio también debería ser competencia de los individuos privados, lo que era más una cuestión de formalidades externas que de verdaderos contenidos éticos. De todo ello se deducía que una serie de actos humanos eran para los germanos, en sí mismos, indiferentes; pudiéndose considerar solamente como delitos en la medida en que hubiesen sido dirigidos por una intención ilícita, contraria a derecho. Pero la calificación de tal ilicitud sólo podría realizarse como consecuencia de un juicio ante un tribunal, el local o el de la asamblea, que al declarar la ilicitud de un acto situaba a su ejecutante fuera de la ley, y opuesto ya a la comunidad entera. Y era para evitar tan peligrosa situación —la de ser declarado como enemigo público y, por tanto, ser reo de muerte— para lo que se admitía la composición pecuniaria. Pero al ser la parte vejada no una familia, sino toda la comunidad, debía entregarse a ésta, a la comunidad, esa composición pecuniaria en concepto de compra de la paz comunal, tal como testimonia Tácito. En la fuentes posteriores germánicas de la Alta Edad Media, a esta composición se la denomina de forma muy significativa: *Fritkaup*, «compra de la paz».

En conclusión, pues, puede afirmarse que en tiempos de Tácito las sociedades germánicas carecían de un verdadero gobierno de carácter público, no existiendo ningún órgano político capaz de ejercer en sí un poder de coerción sobre todos los hombres libres que componían la comunidad política que era la *civitas* o el *Stamm*. En consecuencia ésta última era bastante diferente de lo que entendemos hoy día por Estado. De modo que la sociedad germánica de la época en lo que respecta a los hombres libres carecía de la distinción fundamental de gobernantes o súbditos. En ese sentido la sociedad germánica era radicalmente libre, muy distinta de la del Imperio romano, como Tácito se lamentaba.

Pero la no existencia, en términos estrictos de derecho público, de un poder de gobierno en absoluto equivale a negar la existencia de autoridad en la sociedad germánica y al margen de la soberanía doméstica. Una fuente fundamental de autoridad, como el propio Tácito reconoce, la constituían los reyes.

Ha sido el historiador alemán W. Schlesinger quien ha intentado explicar más coherentemente la naturaleza de la realeza germánica, y cómo ésta pudo desembocar en las monarquías de tipo absoluto de tiempo de las grandes invasiones. Según Schlesinger, la nueva realeza de tiempo de las invasiones habría sido el resultado de la fusión de dos funciones de mando distintas, de las que nos informa el propio Tácito: el *rex* y el *dux*. El *rex* es elegido *ex nobilitate*, y el *dux, ex virtute*, de acuerdo con su valor militar. Éstos habían tenido su primera razón de ser en dos esferas diferentes de la vida comunal: la de la *civitas*, como comunidad étnica y entidad sacral, en el caso del *rex*; y la de los séquitos armados de hombres libres (el *comitatus* o *Gefolge*), en el caso de los duques. La amalgama de ambas esferas o funciones se había producido como consecuencia de una guerra favorable coronada por la conquista definitiva de nuevos territorios y el consiguiente proceso de asentamiento, lo que los historiadores alemanes denominan *Landnahme*, o «toma de la tierra». De tal forma que se podía decir que la nueva realeza, más que de la institución real, en sentido estricto de que nos habla Tácito, derivaría de la institución ducal, de los caudillos militares, de la denominada «realeza militar».

Tal concepción salva la dificultad presentada por la frecuente heterogeneidad étnica de los súbditos de la nueva realeza. Es normal ver en las fuentes que nos hablan de los pueblos germánicos de los siglos v y iv cómo se agregan a un grupo vencedor otros despojos de pueblos vencidos. En el ejército de los Hunos, que lucharon con Atila contra los romanos y los visigodos en los Campos Cataláunicos, figuran multitud de ostrogodos. Genserico era rey de los vándalos, pero se le unieron numerosos alanos después de que su rey fuese muerto por los visigodos en España. Entre otras cosas, esta amalgama étnica, al frente de la cual se encontraba un rey, se producía en virtud del proceso del *Heerhaufen*. Cuando el rey germánico de época de las grandes invasiones se proponía realizar una expedición militar, solía anunciarla a los cuatro vientos; y a él, si era un personaje famoso por sus éxitos militares, solían acudir gentes jóvenes, aventureros, codiciosos de ganar botín y fama.

Además del *Heerhaufen*, toda esta amalgama étnica en torno a un rey se producía a través del proceso, magistralmente expuesto por Wenskus, del *Stammesbildung*. La *Stammesbildung* explica dos cosas: la exigüidad de las patrias de los germanos, y la fortuna increíble de algunos pueblos y su rápida desaparición. Casi todos los pueblos germánicos, según la tradición, proceden de un espacio pequeñísimo, de *Skandia*, de un isla en el Mar Báltico de Escandinavia. Esto parece a primera vista imposible. Lo que pasa es que cuando un grupo aristocrático, aglutinado en torno a una estirpe regia, tenía éxito militar y derrotaba a otro pueblo matando a su núcleo aristocrático, la gran multitud de los vencidos era inmediatamente anexionada por el vencedor, perdiendo su nombre étnico y quedando inscrita en el nuevo pueblo en un proceso de etnogénesis. Estos nuevos reyes de la época de las grandes invasiones, más que soberanos nacionales eran caudillos militares, duques, que, con la finalidad de conquistar nuevas tierras, habían reunido bajo sus órdenes a cuantos estaban dispuestos a participar en la empresa. Es evidente que esta teoría de la «realeza militar» (*Heerkönigtum*) de W. S. Schlesinger presenta cietas dificultades o puntos débiles, fundamentalmente la importancia, que testimonian casi todas las fuentes de la época de las invasiones, de que el caudillo militar pertenezca a una auténtica y prestigiosa estirpe regia, lo que en ocasiones llevaba a realizar verdaderas falsificaciones genealógicas, como ocurrió con Teodorico el Amalo.

Por otra parte, mientras que un *dux* de los que nos habla Tácito no incluía todas las funciones regias, fundamentalmente las de tipo religioso, un rey sí tenía todas las funciones de un *dux* y algunas más, las religiosas. El propio Schlesinger admite la existencia, con anterioridad incluso a la crucial época de Tácito, de realezas germánicas del nuevo estilo, propio de la época de las grandes invasiones del siglo v. Sería, por ejemplo, el caso de Ariminio, del que se dice que era de estirpe real, en época de Augusto. Por eso se podría mejor afirmar que la mayoría de las grandes realezas germánicas de la época de las grandes invasiones del siglo v habrían de ser de tipo mixto. A la fuerza de los séquitos armados, tanto de semi-libres como de libres, y de la dinámica centrípeta desarrollada por sus victorias, la realeza militar de carácter electivo (la *Heerkönigtum*) uniría el prestigio de la antigua realeza sagrada, la antigua realeza tradicional, que permitía la formación de duraderas dinastías; que, remontándose a unos antepasados míticos, se construyeron en grupos ideológicos básicos de un proceso de etnogénesis, del *Stammesbildung* del que antes he hablado. Este carácter mixto sería particularmente notable en el caso de los germanos orientales, donde realezas poderosas, como la de los godos, habrían surgido más tempranamente como consecuencia de sus procesos migratorios en gran escala, desde las orillas del bajo Vístula hasta Crimea, y la siguiente conquista territorial, habiendo podido convertir así a un rey tradicional de una fracción tribal en caudillo federal, cuyo éxito en la conducción de la guerra y en la labor migratoria transformaría su prepotencia en permanente.

Las grandes convulsiones a que se verían sometidas las sociedades germánicas entre los siglos III y v, favorecerían el surgimiento y la consolidación de estas realezas de tipo nuevo, cuyas potencialidades ya estaban implícitas en sus séquitos armados y en su fundamental derecho de *bann,* algo esencial en la constitución de una realeza absoluta. El derecho de *bann,* propio de los reyes, posibilitaba a éstos ejercer funciones de policía, judiciales y dictar ordenanzas puntuales sobre la base del deber y el derecho de los reyes de mantener la paz pública. Ante todo, el factor fundamental que favorecería dicho proceso sería la guerra, sobre todo, un estado de guerra ofensiva más o menos permanente, que permitiría y exigiría a todo *princeps,* y con mayor motivo a un *rex* tradicional con cualidades militares, a agrupar en torno suyo a grupos de individuos animosos o incluso fracciones populares enteras en búsqueda de nuevas tierras donde asentarse. En muchos casos serían estos grupos los que, tras un victorioso asentamiento, decidirían conferir a su caudillo el prestigioso título de la realeza tradicional, constituyéndose ellos mismos, elementos heterogéneos, en una nueva nación, en un nuevo *Stamm.* El caso más típico es el de Odoacro: un caudillo militar al servicio de Roma es elegido rey para realizar una toma de poder inmediato, el dominio de Italia; siendo elegido rey por una asamblea de guerreros germánicos, al servicio del Imperio hasta ese momento, étnicamente heterogéneos.

Esta importancia fundamental de la guerra ofensiva, victoriosa, del *Landnahme,* explicaría por qué entre los germanos occidentales el proceso de formación de monarquías del nuevo estilo sería más tardío, lento, y con frecuencia débil. En los dos primeros siglos de la Era, los germanos occidentales, aunque contaban con estirpes regias, parecen haber evitado monarquías duraderas, prolongándose en el tiempo más allá de las circunstancias excepcionales que las habían propiciado. El caso típico a este respecto sería el de Ariminio, no obstante su enorme éxito. La eliminación de todo poder romano entre el Rin y el Elba no impidió que cayese víctima de las disensiones y del innato odio de sus condicionales hacia las realezas duraderas.

Ciertamente, la política romana había desempeñado algún papel en esta no concreción de las monarquías absolutas en la Germania occidental, al propiciar las rencillas intestinas, intertribales y los resabios republicanos. Sin embargo, convendría, para finalizar, tratar de explicar, en un marco más estrictamente institucional y jurídico, cómo se pudo producir el paso de una realeza de tipo tradicional, con una simple *auctoritas suadendi,* a la nueva realeza poseedora de una verdadera *potestas iubendi,* con poder de ordenar. A este respecto, el historiador holandés Immink ha insistido con gran perspicacia en la importancia fundamental del contacto con Roma, de la influencia de las nociones jurídicas romanas. En concreto, Immnik se ha fijado en cómo algunos ejemplos precursores de la nueva realeza habrían recibido una definitiva sanción a sus supremos poderes reales mediante la donación del título real por el emperador.

Al obrar de esta forma, los emperadores romanos no hacían sino continuar con una vieja práctica romana para con sus *amici* y *socii* del exterior que reconocían la supremacía romana, la *maiestas populi Romani.* El reconocimiento de la majestad del pueblo romano por estos aliados no implicaba el reconocimiento de la soberanía romana, simplemente significaba el reconocimiento de su superior *auctoritas.* De esta forma, tenemos ejemplos de la misma solicitud por un pueblo germánico de un rey a Roma —el caso de los cuados en tiempo de Marco Aurelio—, o mejor, de la confirmación de un rey elegido por un pueblo germánico por el Senado romano. En un acto de esta naturaleza parece ocioso insistir en las ventajas que unos y otros obtenían. El rey germano, al obtener la sanción del emperador, podía exhibir ante sus súbditos la autoridad y el esplendor de Roma, y en el caso de que sus súbditos no lo quisiesen admitir podía llamar en socorro a sus aliados romanos del otro lado de la frontera. Y los romanos podían contar con un aliado fiel entre un pueblo cercano a sus fronteras.

Los reyes germánicos así confirmados parece que podrían en adelante hacer basar su nueva *potestas iubendi,* típica de la concepción de la realeza romana, por influencia de la autoridad y el mismo poder militar romanos que les habían sancionado y les protegerían. Por eso no puede extrañar que un gran número de los reyes germanos del nuevo tipo se encontrasen en los tiempos de las grandes invasiones en una especie de relación de clientela con el emperador, fijada en un *foedus* o tratado. Este tratado solía otorgar a los reyes germanos plena autonomía interna para con su pueblo. Y es esta misma práctica la que facilitaría el fenómeno cada vez más normal de la investidura de los reyes germánicos establecidos en suelo imperial de altos cargos de la administración romana. Generalmente, los reyes germánicos del siglo v establecidos en suelo imperial, aparte de reyes reconocidos por un *foedus,* con poder sobre sus connacionales, suelen tener un alto cargo de la administración romana, sobre todo son *magistri militiae,* generalísimos del ejército. En ese sentido, adquieren una cierta autoridad y poder sobre los propios provinciales romanos.

No puede resultar extraño que, a la postre, el cargo de tales magistraturas, investidas de una amplia *potestas,* acabasen informando también las relaciones establecidas como *reges* con sus connacionales germanos. Es normal que los poderes casi ilimitados que tenían como funcionarios romanos para con la población provincial se fuesen confundiendo poco a poco con los que ejerciesen con sus súbditos germanos; a lo que contribuía también su función de intermediarios entre su pueblo y el gobierno imperial, y en asuntos de tanto interés como la distribución de subsidios alimenticios. Generalmente, era muy normal que en estos *foedera* se estableciese la obligación por parte del Imperio de entregar periódicamente avituallamiento al pueblo germánico; pero la entrega se hacía al rey, no al pueblo, por lo tanto, era el rey el que lo distribuía. Era una relación personal de reconocimiento de lealtad entre el rey germánico y el emperador.

Serían influencias romanas, todavía más poderosas, las que acabarían, una vez asentados estos pueblos germánicos en antiguo suelo provincial romano, por transformar las relaciones e instituciones jurídico-políticas en plenamente públicas y estables, con estructuras administrativas bien articuladas y complejas. Pero esto último ya corresponde a otro capítulo muy diverso de la historia de los pueblos germánicos, mejor dicho, de los pueblos romano-germánicos.

La primera síntesis: el Estado visigodo de Tolosa

Antecedente inmediato del Reino visigodo de Toledo sería el Estado tolosano, donde ya se produjo una primera síntesis en lo administrativo y político entre las tradiciones de raigambre germánica y las romanas bajoimperiales. Las primeras afectaron especialmente a la organización de la Administración central, donde se sintetizaron el *palatium* romano y el *Hall* germano; es decir, concepciones magistraturales de carácter público con otras de tipo patrimonial basadas en lazos de dependencia personal, del soberano para con sus nobles. Por el contrario, la Administración territorial siguió siendo básicamente romana y bajoimperial; y, en todo caso, se daría una cierta duplicidad funcional al establecerse junto a las antiguas autoridades civiles romanas otras góticas, en principio de carácter militar, pero con tendencia a ir asumiendo funciones propias de las primeras sobre la base de su mayor capacidad ejecutiva y poder real.

La formulación de la realeza visigoda en el siglo v se sitúa en el tránsito de la originaria realeza militar propia de un *reiks* germánico a la magistratura imperial tardorromana. De lo primero derivaba su carácter de suprema jefatura del ejército, al principio ejercida personalmente con bastante frecuencia, y su dirección de la política exterior y de la maquinaria administrativa; esta última entendida como proyección de la fundamental «soberanía doméstica». De tal forma que los reyes visigodos de Tolosa habrían utilizado para tales fines a personas e instrumentos insertos en las relaciones de dependencia surgidas de aquélla. Así parece muy probable que una parte importante del poder de los reyes de Tolosa se basaba en sus séquitos militares de semilibres; destacando como un oficial militar fundamental el *thiufadus,* situado al frente de regimientos de entre 500 y 1.000 guerreros. Pues la etimología gótica de dicho término, al significar «jefe de los siervos» está indicando su origen en tales séquitos de semilibres de funcionalidad militar; mientras que su generalización posterior en el vocabulario técnico del ejército visigodo parece prueba evidente de la importancia muy grande de tales séquitos en la formación de la potencia militar visigoda en el siglo v. Por las mismas razones se comprende que para el cumplimiento de determinadas tareas de política militar y exterior de gran importancia, como fue el caso del intento de control del Reino suevo por Teodorico II, se utilizasen los servicios de algún miembro destacado de dichos séquitos reales; como sería el varno Agiulfo para ese mismo objetivo. Fracasado el expediente de controlar a los suevos mediante un dependiente de este tipo, el rey visigodo ensayaría la utilización de otro lazo de dependencia más laxo y menos humillante para con los suevos, y derivado de los tradicionales séquitos de jóvenes nobles *(Gefolge)*: el «prohijamiento por las armas» *(Waffensohn)* del nuevo monarca suevo Remismundo. Y también sería de tradición germánica la utilización del matrimonio por parte de los reyes visigodos para acrecentar su poder, tanto en el interior como en el exterior, con las clientelas militares y nobiliarias que aportaban las nuevas esposas regias. Máxime si se tiene en cuenta que una princesa germánica, al contraer matrimonio con un rey extranjero, solía presentarse en su nueva patria acompañada de un potente séquito militar permanente; o bien capitalizaba en torno suyo antiguos lazos de dependencia familiar hacia su linaje en el seno del pueblo de su marido, y establecidos en otro tiempo por algún antepasado suyo. Concepciones políticas en las que se explicarían tanto la política matrimonial con los reyes suevos por parte de Teodorico II, con el linaje amalo de Teodorico el Grande por parte de Alarico II, y con la Corte merovingia de Burgundia por Atanagildo ya en la segunda mitad del siglo vi, como la boda de Teudis con una rica hispanorromana.

Estas mismas realidades sociopolíticas de tradición germánica pueden también explicar el sistema seguido en la sucesión real; problema muy discutido y en el que los anacronismos y prejuicios de los modernos han contado con frecuencia más de lo debido. La originaria «realeza militar» instaurada por Alarico tendía ciertamente a una monarquía de carácter electivo, y en manos de los jefes militares del ejército, poseedores de importantes séquitos. Y actos electorales de este tipo, más o menos contaminados también por el lenguaje institucional de la aclamación del emperador romano por el ejército, se producirían cuando la sucesión de Alarico por Ataulfo, dueño de un poderosísimo séquito de godos panonios ecuestrizados; de Alarico II por su bastardo Gesaleico; y, sobre todo, en la de Ataulfo por Sigerico, perteneciente al linaje de los Roxomones, desde hacía varias generaciones rival a muerte del de los Baltos. Sin embargo, las tradiciones de la realeza de tipo sagrado de los godos de las llanuras pónticas, el viejo prestigio de estirpes como la de los Baltos —por no hablar de los Amalos a partir del 507—, los éxitos militares y políticos obtenidos por algunos reyes, así como el mismo modelo ofrecido por la sucesión imperial en tiempos de la dinastía teodosiana, favorecían el mantenimiento de la realeza visigoda en el seno de un mismo linaje e incluso hasta la sucesión familiar de padres a hijos. Fenómeno que sería una realidad por más de cuatro generaciones a partir de Teodorico I. Sólo los gravísimos fracasos militares y tragedias personales de Alarico II y Amalarico habrían sido capaces de paralizar lo que parecía ya una irremediable tendencia hacia la monarquía hereditaria. En todo caso, el fin del linaje directo de los Baltos con Amalarico habría visto su momentánea sustitución por el prestigio y poder de miembros secundarios de la estirpe Amala, como Teudis y Teudiselo, favorecidos por la presencia de séquitos armados de ostrogodos en el Reino visigodo en las primeras décadas del siglo vi. E incluso sería posible pensar en una postrer restauración del linaje de los Baltos, aunque en alguna rama secundaria, con la triunfante rebelión de Atanagildo, al que las fuentes testimonian unos orígenes familiares nobilísimos y cuyas relaciones de parentesco con la familia real del segundo Reino burgundio podrían remontarse muy posiblemente al matrimonio del balto Eurico con Ragnagilda, hija de Chilperico I de Burgundia. De tal forma que no parece que fueran las tradiciones germánicas las que más hicieron para que al final en la teoría política visigoda del siglo VII se impusiera la elección nobiliaria del rey. A ello contribuirían mucho más el mismo debilitamiento de la monarquía como consecuencia de las derrotas exteriores del siglo VI y el creciente poderío nobiliario con la conversión de la vieja nobleza gótica en latifundista y su fusión con los epígonos senatoriales tardorromanos. En el mismo terreno de la teoría política contra una monarquía hereditaria trabajaría un agudo proceso de imperialización, de imitación formal de la monarquía imperial romana, sufrido por la institución real visigoda, sobre todo en tiempos de Leovigildo.

Estas últimas afirmaciones se basan también en la constatación de que en tiempos del Reino de Tolosa no parece que existiera ningún consejo nobiliario gótico, con especiales funciones legislativas o consultivas, y cuyo origen estuviera en las viejas asambleas de los ancianos-jefes de linajes, todavía testimoniadas entre los godos de la Dacia del siglo IV. Contra lo que ha afirmado Sánchez Albornoz, tampoco se testimonia en el siglo V un poder institucionalizado de una supuesta asamblea general del pueblo visigodo, compuesta por todos los varones libres capaces de empuñar las armas, y heredera de la originaria *Wehrgemeinde* germánica. Pues la capacidad de proclamación real por parte del ejército, bien testimoniada en el caso de Turismundo, más parece que se remonte a la misma tradición de la «realeza militar» de Alarico I y, sobre todo, al imitable procedimiento de la proclamación del emperador romano por el ejército. En todo caso, esta misma aclamación protocolaria por el ejército se testimoniaría en la elección de Wamba en el 672, y dentro de un desarrollo institucional enormemente imperializado. En último término, como veremos más adelante, el ejército visigodo de tiempos del Reino de Tolosa se encontraba muy lejos de estar compuesto principalmente por guerreros godos libres en un sentido pleno de la palabra. El comienzo del control de la Monarquía visigoda por los nobles no sería sino un acontecimiento tardío, fruto del mismo declive del poder real con Alarico II y de la ominosa amenaza franca. Y, en todo

Sarcófago de Leocadio. Primicerio con San Pedro y Abraham, siglo IV (Tarragona)

caso, ésta se desarrollaría según fórmulas institucionales que tenían más de romanas que de germánicas y con la participación conjunta de nobles godos y provinciales romanos. De tal manera que los mecanismos consultivos y de participación legislativa puestos en funcionamiento por Alarico II —con la promulgación de su Breviario y con el Concilio de Agde— tienen su filiación tardorromana directa en los viejos *concilia provinciarum* imperiales.

Rasgos mixtos de tradición germánica y romana tuvo, como indicamos al principio, la Administración central. La estructura formal de la Corte de Tolosa ciertamente se asemejaba a la del *Palatium* imperial. En la medida en que todos sus miembros se insertaban en una *comitiva,* muy posiblemente organizada como la imperial en dos rangos jerarquizados, distinguidos sus miembros por el tratamiento de *spectabiles,* los inferiores, e *illustres,* los superiores, al igual que sus modelos imperiales. Sin embargo, dentro de esta estructura romana se habían insertado algunos elementos de tradición germánica y que tenían que ver con los orígenes de la realeza visigoda en una «soberanía doméstica» más, cuyo titular poseía una importante *Gefolge* militar, transformada ahora en guardia de *corps* del soberano. A tales orígenes se debería la presencia del *comes armiger,* llamado también *spathariorum,* por estar al frente del séquito de gala de nobles guerreros armados con espadas de gran tamaño y ricamente adornadas en su empuñadura *(spatha),* y del *comes scantiarum.* La palabra gótica *scantja* hace referencia a la función de servir la mesa, dispuesta en el *Hall* germánico y compartida por el *Hausherr* y los miembros de su *Gefolge.* Sin embargo, en el palacio de Tolosa las funciones del Conde de las escancias no debían ya ser tan exclusivamente domésticas ni protocolarias; pudiendo ya muy bien haber asumido funciones hacendísticas relacionadas con la intendencia del palacio y de los gastos de él derivados, entre los que, sin duda, se encontraría el aprovisionamiento del ejército real en camapaña. Un origen romano completo tendría ya, sin embargo, el Condestable *(comes stabuli),* cuyas funciones, al igual que su homólogo imperial, tendrían que ver con el importantísimo capítulo del aprovisionamiento y mantenimiento del arma de caballería, que desde los tiempos de Ataulfo tenía extraordinaria importancia en el conjunto de la fuerza militar dependiente directamente del soberano como su séquito propio. En este sentido, parecería probable que el Condestable y el conde de las escancias hubieran asumido el control central del muy importante patrimonio fundiario que había constituido la antigua *Res privata* imperial, y que en el vocabulario técnico del Reino tolosano aparece ahora ya mencionada como *Domus dominica,* según figura en las interpretaciones del Breviario alariciano.

Porque la verdad es que, pese a las evidentes exageraciones de Sidonio Apolinar, la Corte tolosana de mediados del siglo v se encontraba ya muy romanizada. Los poderes —y su ejercicio— del rey visigodo encontraban sus fuentes inmediatas en el ejercicio normal de las altas magistraturas imperiales de la época. Y más concretamente, la figura y funciones del soberano visigodo en su ámbito regional y en sus relaciones para con la población provincial romana era la heredera directa del Prefecto del Pretorio y de un *magister militum* regional; cargo este último que en su día había intentado alcanzar Alarico I. Del ejercicio fáctico de tales funciones magistraturales del Imperio derivaría la misma capacidad legislativa desarrollada por Eurico y Teodorico II, haciendo uso e interpretando el Derecho romano vulgar para hacer frente a las nuevas situaciones creadas por el asentamiento gótico en territorio galo y a la manera de los tradicionales edictos pretoriales. Capacidad legislativa del soberano godo enraizada en sus funciones magistraturales romanas que venían así a superar las limitaciones de la tradicional realeza germánica, costreñida a la interpretación de un Derecho consuetudinario, conocido entre los ostrogodos como *belagines*. Esas mismas funciones magistraturales eran las que permitieron al soberano visigodo realizar las tareas fiscales en su ámbito geográfico, que hasta entonces habían venido siendo desarrolladas por los funcionarios del Prefecto del Pretorio galo y sus funcionarios; así las de avituallamiento del ejército y jurisdicción propia para las causas en las que hubieran intervenido militares, propias de los altos oficiales del ejército imperial hasta ese momento; o la misma superior jurisdicción, del rey en última instancia y de sus delegados directos los *comites* en primera, sobre los ciudadanos romanos de su reino. Por el contrario, el monarca tolosano nunca habría llegado a acuñar moneda con su propio nombre —como hicieron los soberanos vándalos e incluso el suevo Requiario—, por constituir esto una regalía exclusivamente imperial. Pero a diferencia de los monarcas del segundo Reino burgundio los visigodos de Tolosa desde un primer momento no habrían considerado necesaria la investidura oficial de tales magistraturas imperiales romanas, constituyéndose así en una más avanzada posición jurídica para instaurar un auténtico Estado independiente del Imperio, y no sólo en lo que respectaba a sus súbditos populares góticos, sino también en relación con los antiguos provinciales romanos. Pues, sobre estos últimos el soberanos visigodo ejercía su jurisdicción no como un magistrado imperial —aunque, de hecho, si fuesen de ese tipo las funciones del soberano godo—, sino bajo el mismo título regio y la misma cobertura legal que usaba para con los súbditos godos. De tal modo que desde un principio el Reino visigodo caminó por la senda de convertirse en un Estado unitario y territorial.

Rasgos completamente romanos e imperiales tendrían los departamentos financieros —a parte de los antes mencionados del Condestable y el Conde de las escancias— y de la cancillería del *Palatium* visigodo. Bajo la denominación de *consiliarius* se ejercerían todas las funciones burocráticas encomendadas en la Corte imperial al «Cuestor del sagrado palacio» y al «Maestre de las secretarías» (*Magister officiorum*). Un «Conde de los tesoros» habría asumido las funciones propias de su antecesor directo: el «Conde de las sagradas larguezas» o «de los tesoros» existente en cada Diócesis bajoimperial. El carácter especializado y muy burocratizado que exigía tales funciones cancillerescas y fiscales haría que los reyes de Tolosa optasen por nombrar al frente de tales servicios centrales a expertos provinciales romanos, como serían los casos de León y Aniano; consiliarios de Eurico y Alarico II respectivamente.

La organización administrativa territorial existente en el momento de la instauración del Reino de Tolosa habría continuado en lo esencial. Las curias municipales habrían continuado funcionando en la medida de sus posibilidades en el terreno judicial y fiscal, así como los gobernadores civiles provinciales, a los que las interpretaciones del Breviario de Alarico llaman genéricamente *rectores provinciae*. En este terreno la única novedad destacable habría sido la aparición y progresiva extensión de los «Condes de ciudad». Estos delegados regios —pues pertenecían a la *comitiva* palatina— ejercían altas funciones de inspección, vigilancia y gobierno en el territorio de una *civitas,* tanto en el terreno fiscal como en el judicial. Pero investidos de especiales funciones militares, como comandantes de la guarnición que pudiera haber en su ciudad, sus funciones se extendían también al muy importante capítulo del avituallamiento del ejército, ejerciendo también de jueces de apelación de los militares bajo su mando, así como en las causas en las que intervinieran un militar godo y un provincial romano. Pero la institución del «Conde de ciudad», destinada a tener un grandísimo futuro en todo el Occidente altomedieval, no parece que fuera una exclusiva invención visigoda ni específicamente de tradición germánica. Por el contrario, habría sido un creación de mediados del siglo v y para solventar la situación de excepción creada en algunos territorios de la Galia imperial como cosecuencia del clima de inseguridad reinante, que exigía la imposición de un alto comisario imperial investido de plenos poderes ejecutivos y con una fuerza militar a su disposición al lado de las tambaleantes Curias municipales, que en muchos casos habrían ya dejado de existir ante la misma falta de ciudadanos aptos para cumplir las funciones de curial.

En lo relativo al ejército, también se puede hablar de la mezcla de elementos de tradición romana y germánica; aunque no se puede olvidar que era en el ejército donde más tempranamente se había realizado la síntesis de ambos elementos en el Bajo Imperio, dada la importancia creciente que habían ido tomando los regimientos de germanos federados en los ejércitos comitatenses imperiales. A este respecto, y no obstante que con frecuencia se ha dicho lo contrario, la teórica organización decimal del ejército visigodo tenía raíz romana. De tal forma que las unidades básicas eran las comandadas por el centenario, quingentenario y milenario; con una composición teórica de cien, quinientos y mil soldados, respectivamente. Las dos últimas se correspondían así con los *auxilia* y legiones bajoimpreiales; aunque tanto en las unidades imperiales como en las visigodas dichas cifras no constituyesen más que un horizonte teórico, en la práctica no siempre alcanzado. Es muy posible que dicha organización decimal del ejército los visigodos la hubieran adaptado en una fecha temprana, fruto de sus contactos con las realidades militares del Imperio en el siglo IV. En todo caso, esa igualdad de estructuras militares facilitaría el enrolamiento en masa de tropas visigodas en los ejércitos romanos como *foederati;* política perseguida con ahínco por Alarico I y sus primeros sucesores.

Parece también bastante probable que el comandante de un regimiento de mil hombres teóricos, aunque tuviese el nombre técnico latino oficial de *millenarius* —y así figura en el llamado Código de Eurico—, con muchísima frecuencia recibe el nombre de *thiufadus,* al tiempo que su unidad regimental podía denominarse tanto con el término latino de *millena* como con el gótico de *thiufa.* Dichas equivalencias terminológicas, cuya oficialidad no sería total hasta mucho tiempo después, pueden ser muy reveladoras de los orígenes históricos del ejército de la Monarquía visigoda de Tolosa. Pues, como vimos anteriormente, la etimología gótica del término *thiufadus* apunta a una fuerza militar en manos de los reyes visigodos de la que componente muy importante eran los séquitos de no-libres enraizados en la misma «soberanía doméstica» del soberano. Pero si para el rey godo su fuerza más fiable la podía constituir este tipo de séquito, en absoluto éstos eran los únicos que existían en la hueste del Reino tolosano. Del fragmentario llamado Código de Eurico se deduce que un componente básico de las expediciones militares visigodas lo constituían los nobles seguidos de sus séquitos de esclavos y de hombres libres. Unos y otros eran armados por cuenta de su señor, recibiendo los segundos bienes fundiarios de carácter beneficial y a título condicional por el servicio de armas que hacían a su señor —convertido en su patrono según la nomenclatura jurídica romana— y mientras se mantuvieran en él. Unos tales soldados privados recibían una doble denominación, de origen romano y germánico respectivamente: bucelarios y sayones. Desde el punto de vista de las tradiciones góticas germánicas, es indudable que tales clientelas militares hundían sus raíces en la institución de la *Gefolge* y de los séquitos de no-libres derivados de la «soberanía doméstica». Pero la penetración y asentamiento en el Imperio habrían resultado decisivos tanto para su configuración jurídica como para su extensión y estabilización. Pues ciertamente que, según se desprende del llamado Código de Eurico, tales séquitos militares se encontraban ya totalmente adaptados al molde jurídico que constituía el *patrocinium* tardorromano, y al que nos referimos en otro capítulo. Por otro lado, el asentamiento (*Landnahme*) visigodo y las grandes y progresivas conquistas del Reino de Tolosa a lo largo del siglo v habrían convertido a bastantes nobles godos en poderosos propietarios fundiarios, dueños de importantes fincas en explotación con las que poder beneficiar a tales clientes de principal funcionalidad militar, al tiempo que poder reclutar en las mismas a sus más sujetos séquitos de esclavos llegada la ocasión.

Como hemos visto, ciertamente los monarcas de Tolosa procuraron por todos los medios mantener en funcionamiento la compleja maquinaria fiscal del Imperio con vistas a sufragar los gastos estatales, en los que capítulo principalísimo lo constituía el ejército. Y ya hemos aludido a la distribución de pagas en especie (*annonae*) entre soldados visigodos que constituían las guarniciones estacionadas en las ciudades y otros puntos estratégicos. Sin embargo, es evidente que tales ingresos fiscales en un primer momento debieron calcularse como insuficientes para el mantenimiento del conjunto militar movilizado por los soberanos godos en el momento de su asentamiento en Aquitania. Para remediar tal déficit estructural, el *foedus* firmado entre el Imperio y Valia en el 418 permitió la confiscación de dos terceras partes de las tierras de cultivo de determinados dominios sudgálicos, donde proceder a asentar a una buena parte del ejército visigodo y en sustitución de las entregas en efectivo que el gobierno imperial había venido haciendo hasta ese momento para contar con los servicios como *foederati* de tales tropas. Aunque ignoramos si este tipo de repartos de tierras se realizó, de forma genérica y planificada, en las tierras hispánicas anexionadas al Reino tolosano durante el siglo v, lo que no cabe duda es que tanto los reyes como los magnates visigodos procedieron a realizar asentamientos de gentes de clara funcionalidad militar en lugares de gran importancia estratégica, contando con que su avituallamiento y recompensa vendría de los recursos producidos por las fincas donde se les asentaba, tal como vimos en su momento. La fuerte estratificación social que se deduce de los ajuares depositados en varias de las necrópolis correspondientes a dichos asentamientos, su mismo tamaño más bien reducido y la disposición espacial de sus tumbas, permiten sospechar que dichos asentamientos frecuentemente fueron la obra de un noble godo rodeado de sus clientelas de funcionalidad militar de estatuto jurídico diverso, tal como sería el caso bien conocido de la necrópolis ubicada en Daganzo de Arriba (Madrid). Por su parte, la conocida anécdota de la subida al trono de Teudis en el 531 vendría a demostrar cómo para esa época los elementos básicos de la fuerza militar del Estado visigodo lo constituían dichos séquitos nobiliarios, cuyos componentes podían ser recompensados o se encontraban asentados en las fincas de tales nobles.

La anécdota de Teudis demuestra también otra cosa más: la capacidad de los epígonos senatoriales existentes en el Reino visigodo para contar con sus propias fuerzas militares, suceptibles de constituir a su vez parte esencial del ejército real. La asunción por el llamado Código de Eurico de las clientelas militares de la aristocracia senatorial tardorromana —hasta entonces más o menos inútilmente prohibidas por la legislación imperial— bajo la fórmula del bucelariato, es también indicio que a esas alturas del siglo v los reyes de Tolosa contaban con las fuerzas militares que los nobles romanos pudieran reclutar de sus importantes dominios fundiarios. Esta creciente participación militar del elemento provincial romano en los ejércitos visigodos de Tolosa explica suficientemente la presencia de romanos como generales del Reino de Tolosa en sus últimos decenios; como serían los casos del famoso Victorio, conde y activo colaborador de Eurico, y de Vicencio, el último gobernador militar del Imperio de la Tarraconense y pasado al servicio de Eurico en el 473. En la crucial batalla de Vouillé en el 507 habrían luchado en defensa del Reino de Tolosa y codo con codo los guerreros y nobles godos y los provinciales romanos reclutados y comandados por los epígonos de la nobleza senatorial, como fueron aquellos auverneses liderados por un hijo de Sidonio Apolinar.

Capítulo VII

El Reino de Toledo

El poder monárquico: teoría y realidad

El título oficial, que figura en los Concilios toledanos, del soberano era en el siglo VII el de *Rex Gothorum*. Es decir, no obstante el enorme proceso de territorialización sufrido por la vieja «monarquía militar» visigoda ésta seguía todavía conservando esa esencial seña de identificación gentilicia. De tal modo que, a la vista de tal denominación, alguien podría deducir que el Reino de Toledo era todavía un Estado gentil *(Staatsvolker)*. Cuando la *intelligentsiya* hispanovisigoda consideró necesario fundamentar la total independencia de su Estado frente al poder del Imperio romano, problema muy candente durante los últimos decenios del siglo VI, se recurrió a esta concepción gentil-patrimonial del reino y a la vieja noción helenística del derecho de conquista. Para Isidoro de Sevilla, la soberanía visigoda tenía su fundamento en la victoria militar alcanzada por los antepasados de los monarcas toledanos sobre los emperadores romanos, y específicamente en la conquista de la sede imperial epónima por Alarico en el 410. Pues, al igual que la vieja Roma imperial había obtenido el dominio del Mundo merced a sus victorias sobre los restantes pueblos —*urbs omnium victrix* (Isidoro, *Historia de los godos,* 67)—, el Reino visigodo, al vencerla y conquistarla, había heredado su derecho de gobierno sobre una antigua tierra subyugada por Roma anteriormente. Tal gentilidad gótica del Estado de Toledo tenía su consecuencia a la hora de habilitar un candidato a soberano. El V Concilio de Toledo (636) en su canon tercero solemnemente declaró que sólo eran aptos para alcanzar el trono aquellos que pertenecieran a la nobleza del pueblo godo *(gothicae gentis nobilitas)*. Aunque bien es verdad que dentro de este mismo pensamiento gentil los contornos étnicos de lo gótico no coincidían con los propios de un investigador moderno, siendo ya un indicio de los objetivos perseguidos por tal ideología. Pues para Isidoro de Sevilla el antepasado directo del Reino visigodo había sido el fabuloso *Regnum scytharum;* de tal forma que los antepasados étnicos directos de los godos venían a ser los legendarios escitas cuyas cualidades de valor y justicia habían sido narradas por toda una larga y antigua tradición historiográfica grecorromana. De tal manera que, como ha señalado muy acertadamente Hans J. Diesner, Isidoro otorgaba así al Reino visigodo una legitimidad aretológica e incluso cronológica, comparable, si no superior, a la del Imperio, y desde luego muy por encima de la propia de los otros reinos bárbaros de Occidente. Pues el mismo santo hispalense contraponía a sus venerables escitogodos a la barbarie de los pueblos germánicos, personificados esencialmente en el Reino franco de los Merovingios, el tradicional enemigo de los reyes visigodos. De tal forma que mediante sus victorias los godos habrían venido así a sustituir a los romanos en su civilizada oposición a la barbarie, que seguía representada por las *gentes* germánicas en opinión del docto obispo hispalense.

Moneda de Recaredo

Pero a pesar de esta utilización del viejo rasgo germánico, típico de las monarquías de la época de las invasiones, de la realeza gentilicia con el fin de fundamentar la legitimidad del Reino de Toledo frente a Bizancio y los vecinos francos, lo cierto es que Isidoro de Sevilla no pensaba que el *Regum gothorum* hubiera existido con anterioridad a la penetración del poder tolosano en la Península ibérica; cosa que el hispalense databa de tiempos de Teodorico II, hacia el 456. Ocupación, que no conquista hispana, por los godos, y que Isidoro expresó muy plásticamente en su famoso *Laude de España* —escrito como prólogo a su nacionalista *Historia de los godos*— como resultado del matrimonio voluntario entre la fecunda España, «reina de todas las provincias» y «madre de naciones», y la valerosa estirpe de los godos. Unión libre y voluntaria por ambas partes, pues habían liberado a la provincia hispana del sojuzgamiento romano. Pensamiento isidoriano que habría tenido su completo refrendo constitucional a lo más tarde en el IV Concilio de Toledo del 633. En esta importantísima reunión de obispos y magnates laicos, bajo la batuta ideología del propio Isidoro, se habría intentado fundamentar el Estado toledano sobre el juramento de fidelidad hecho por todos los súbditos del reino en favor del pueblo, patria y rey de los godos. Como ha señalado perspicazmente Dietrich Claude, dicho juramento de fidelidad derivaba directamente de uno bastante antiguo de tradición germánica, que estaba en la base de la formación de la «realeza militar» visigoda por Alarico I, al haberse confeccionado a partir del juramento de lealtad y fidelidad a su señor por parte de los miembros del séquito de hombres libres (*Gefolge*) del rey godo. Pero en su primitiva formulación germanizante dicho juramento de fidelidad sólo lo habría sido al rey. Las menciones al pueblo y patria de los godos habrían sido bastante posteriores, seguramente tras el periodo de dominación ostrogoda, pues el juramento ostrogodo comparable no las incluye. Tal añadido, además de expresar una cierta victoria de la nobleza —que se veía como la legítima representante del pueblo (*gens*) godo— sobre la monarquía, habría así

318

significado la plena territorialización bajo moldes romanos del Reino visigodo, al tiempo que una íntima identificación entre este último y el espacio peninsular, de cuya unidad se convertía en garante para el futuro la Monarquía visigoda. Patria hispana que en la concepción isidoriana y del IV Concilio de Toledo en su famoso canon 75 constituye a la vez el patrimonio y el territorio propio del rey y de la nación (*gens*) de los godos. Pero es que en ese mismo pensamiento político esta última no habría terminado de conformarse realmente hasta el solemne acontecimiento constitucional de la conversión al catolicismo en el III Concilio de Toledo del 589, como muy acertadamente ha señalado últimamente Suzanne Teillet. Nación goda compuesta por las diversas comunidades cívicas que conviven en el reino (*populi*), como dice el propio Isidoro, y en la que se incluyen ya tanto a hispanorromanos como a gentes de estirpe gótica. De tal forma que la antes citada exclusión de la realeza de los ajenos a la nobleza goda, hecha por el V Concilio de Toledo, no se dirigía más que contra gentes de humilde cuna o de origen extranjero (*extraneae gentis*), sin duda romano-bizantino y sobre todo franco-merovingio.

La ruina definitiva de la provincia bizantina de *Spania* y el caos y crisis en que se debatió el Imperio romano a partir de los comienzos de la invasión islámica en Oriente acabó por polarizar en los reinos francos la idea de poder extranjero hostil al Reino de Toledo. Lo que conllevó en la conciencia nacionalista de la *intelligentsiya* toledana a concertar su exaltación en el territorio peninsular del Reino visigodo y en sus gentes. Julián de Toledo, escribiendo de la rebelión de Paulo contra Wamba en Septimania y la Tarraconense, llegó hasta la diatriba y el insulto contra los habitantes galos del Reino visigodo, oponiendo a ellos el intachable ejército hispano, reclutado en el corazón del *Regnum Hispaniae*. Tal identificación entre el viejo concepto del *Regnum gothorum*, de sabor barbarizante, y la *patria* de *Hispania* (España), antiguo término geográfico romano, llevaría sin duda a abandonar la antigua y oficial terminología visigoda para designar a su provincia septimana, *Gallia*, que sería sustituida por *Gothia;* mientras al resto de la antigua Galia romana se le llamaba ya a finales del siglo VII Francia, término primitivamente sólo asignado al Reino merovingio de Austrasia. En todo caso, y como ha señalado Suzanne Teillet, la generalización en el mismo Reino toledano de la designación de Reino de España —surgida previamente en ambientes merovingios con Gregorio de Tours— significaba la plena territorialización de la antigua Monarquía gentil visigoda, al tiempo que el surgimiento pleno de un protonacionalismo hispanogodo en la unidad territorial de la Península Ibérica y en el carácter visigodo de todos sus habitantes sin distinción. Como podrá deducir el lector, la trascendencia de ambas cosas para el surgimiento de la idea de Reconquista tras la invasión agarena del 711 —que alguien ha considerado como elemento politicoideológico básico de toda la Edad Media peninsular y en el nacimiento de la Nación española moderna— sería decisiva.

El antes mencionado juramento de fidelidad al pueblo, la patria y el rey visigodos por parte de todos los súbditos del Reino de Toledo representaba ciertamente uno de sus elementos constitucionales esenciales. Aunque modificado por nociones generales de Derecho público de tipo imperial-romano y por formulaciones cristianas, su origen se remontaba a los séquitos de hombres libres propios de la «realeza militar» germana, tal y como hemos señalado. En dicho horizonte germánico, y dado el carácter mutuo de tales relaciones clientelares (*Gefolgschaftsverhält-*

nis), tal juramento se completaba por otro prestado por el rey a los miembros de su clientela, también basado en la lealtad y fidelidad de éste hacia aquéllos. Convertido el primero, con las modificaciones pertinentes, en uno de los pilares constitucionales del Estado, este segundo juramento también se habría conservado, pero asumiendo a su vez características de Derecho público propias de la tradición estatal romana. Según se puede deducir del juramento prestado por Egica en el momento de subir al trono (XV Concilio de Toledo, tomo regio), éste consistía en la promesa real de comportarse lealmente para con el pueblo y la patria, lo que se concretaba en una administración estricta de la Justicia en su acción de gobierno. Además, dicho juramente pudo verse ampliado como consecuencia de ciertos acontecimientos históricos o del creciente poder de la nobleza. En el 638 el juramento real se completó con la promesa de velar en el futuro por la fe católica frente a los judíos; y en el 653 se haría otro tanto con la obligación real de distinguir nítidamente entre los bienes de la Corona y los suyos propios. Además, el rey visigodo se encontraba sometido al imperio de la Ley como los restantes súbditos (*L. V.,* II, 1, 2). No obstante, se reconocía que la única fuente de ésta era el mismo soberano, que mediante aquélla imponía la justicia en el reino, tanto por su fuerza represiva como normativa e instigadora en pro del bienestar (*salus*) del pueblo y la incolumidad (*stabilitas*) de la patria. Ese esencial sometimiento del rey visigodo a la Ley se especificó especialmente en la limitación regia para poder indultar a quienes hubiesen cometido un delito de alta traición contra el pueblo y la patria, tanto llamando o ayudando a un invasor extranjero como provocando disturbios en el interior del reino. En esos casos la presión nobiliaria habría impuesto al enérgico Chindasvinto la necesidad de contar con el voto favorable de los obispos y altos dignatarios palatinos (*L. V.,* VI, 1, 7). Al igual que ese mismo creciente poder nobiliario habría impuesto a Ervigio un auténtico *habeas corpus* para la alta nobleza palatina, sólo juzgable de alta traición por un tribunal de pares compuesto por el soberano, los obispos y los dignatarios palatinos.

Si las limitaciones a la plena capacidad jurisdiccional del rey en los casos de la alta traición alguien creyera poder derivarlas del viejo concepto germano de «traición a la patria» (*Landesverrat*), y no de la creciente feudalización del Estado como parece lo más probable, todavía más problemático parece la documentación de un auténtico «derecho de resistencia» (*Winderstandsrecht*) de tradición germánica, y derivado del primitivo carácter contractual del juramento real, al que antes nos hemos referido. Una huella de él se ha tratado de ver en el conocido juicio presidido por el rey Wamba contra el vencido rebelde Paulo; y en el cual el monarca previamente interroga al acusado si anteriomente le había causado algún mal o cometido alguna injusticia que justificase su insurrección. Sin embargo, el pasaje pudiera simplemente interpretarse en un sentido retórico; testimonio del cultivo por el piadoso Wamba de la cardinal virtud cristiana de la humildad, según el retrato aretológico que Julián de Toledo quiso hacer del rey Wamba en su obra histórica. La sacralización de la persona y función reales, según un esquema teocrático descendente, habría transferido al Juicio divino el castigo y deposición del mal rey, según se expresaron los participantes en el XVI Concilio de Toledo (a. 693) en el canon diez. Aunque sobre esto último volveremos a tratar más adelante, no estará de más señalar ahora cómo tales concepciones venían a impedir cualquier ejercicio efectivo de dicho «derecho de resistencia». De tal forma que la conocida advertencia asidoriana de «Serás rey si obras con rectitud, si no lo haces no lo serás» (*Etymologiae*, IX, 3, 4) en absoluto debería interpretarse como una justificación de tal derecho e incluso del regicidio, como a veces se ha supuesto. Entre otras cosas porque, como ha señalado muy certeramente Hans-J. Diesner, Isidoro de Sevilla se oponía resueltamente a cualquier resistencia frente a la injusticia, fuese de una forma pasiva o activa; dado que tal injusticia de los gobernantes no podía ser otra cosa que un castigo divino debido a los pecados del pueblo (*malitia plebis*, vid. *Sententiae*, III, 48, 11).

Pero bastante más importante que estas posibles señas de identidad germánicas de la Monarquía toledana fue la imitación de la realeza imperial protobizantina, de la que constituía un modelo especialmente apreciable en Occidente el gran Justiniano. Los inicios de tal *imperialización* de la realeza visigoda deben conectarse con el periodo de predominio ostrogodo. Teodorico el Amalo, aunque rey de una nación germánica (*Heerkönig*), había derrotado a Odoacro en Italia por mandato del emperador legítimo, residente en ese momento en Constantinopla; y para tal fin había sido investido del título de Patricio romano. Asemejándose su posterior aclamación real por el ejército de federados godos a las imperiales, Teodorico sin embargo se habría esforzado por obtener en el 497 el reconocimiento por Anastasio de su dominio sobre Italia. Dicho reconocimiento se concretó en el envío por Anastasio de las insignias palatinas y vestimenta (*ornamenta Palatii, vestis regia*) que habían constituido en otro tiempo los distintivos de los emperadores romanos occidentales de Ravena. Signos externos del poder imperial que se completaba con la utilización del sobrenombre, convertido ya en título real, de Flavio, que recordaba su entronque con la prestigiosa segunda dinastía Flavia, la de Constantino y Teodosio, mediante su «adopción por las armas» por el emperador Zenón. Con capacidad para designar un cónsul y habiendo emitido moneda áurea, Teodorico podía ser considerado así un verdadero *princeps romanus;* e incluso hasta un Augusto o emperador, como reza una significativa inscripción contemporánea. Política imperializante que, con respecto a su gobierno sobre el Reino visigodo, se habría complementado con la constitución de estructuras administrativas centralizadas de tipo y tradición imperiales. Tales serían la creación de una Prefectura de las Españas y la vinculación de los dominios de la Corona a la administración palaciega del *Cubiculum*, siguiendo un modelo protobizantino, como tuvimos ocasión de analizar en su momento. Otro soberano de estirpe ostrogoda, Teudis, continuaría con esta tradición imperializante de la Monarquía visigoda. Asumió, ya sin ningún motivo de herencia personal o familiar, el título de Flavio, propio de los emperadores protobizantinos. Más importante es que Teudis asumiese una potestad legislativa que no se limitaba a publicar normas legales complementarias a la legislación romano-imperial, o a aclarar el sentido de esta última adaptándola a las circunstancias del momento como habían hecho sus antecesores Eurico y Alarico II, sino que Teudis en su famosa ley sobre las costas procesales se igualó simbólicamente a los emperadores legisladores cuyos decretos se encontraban contenidos en el Breviario alariciano del Código de Teodosio, al mandar incluir dicha ley en el seno de dicha colección, sustituyendo a legislación imperial anterior y con un clarísimo carácter territorial, afectando tanto a la población de origen provincial romano como a la goda. Dicha ley de Teudis está dada en Toledo, siendo muy posible que datase de entonces la erección de la pequeña ciudad del Tajo en *sedes regia* fija, otra indudable característica de la monarquía protobizantina.

Pero sin duda el gran artífice de la «imperialización» de la Monarquía visigoda sería Leovigildo (569-585). Y ello bajo la obsesión del modelo ofrecido por Justiniano, del que, como señaló en su día Karl F. Stroheker, el monarca godo se propuso ser su más auténtico contrapunto. No es momento de tratar aquí *in extenso* de esta problemática, como ya se hizo en su correspondiente capítulo; pero sí convendrían resaltar sus aspectos fundamentales.

Según nos indican diversas crónicas de la época, Leovigildo habría sido el primer monarca visigodo en utilizar vestimentas reales como las del Emperador bizantino, corona y trono. Al tiempo que habría iniciado la acuñación de moneda áurea con su efigie y nombre. A partir de Leovigildo, los monarcas toledanos acumularían al título tradicional e imperial de Flavio otros apelativos y tratamientos protocolarios propios de la realeza imperial bizantina del siglo v, que serían especialmente utilizados en documentos oficiales y, sobre todo, de fuente eclesiástica muy apegada a la tradición imperial: *serenissimus, tranquillissimus* y hasta *princeps* y *divus*. El poder y autoridad de los reyes de Toledo sería definido al igual que los imperiales como *maiestas,* aunque siempre en compañía del *populus,* según pautas romanas. A semejanza de Constantinopla, Toledo sería plenamente confirmada como sede del Reino. La celebración del sínodo arriano del 580 en Toledo iniciaría una larga serie de reuniones conciliares de carácter eclesiástico y político a la vez y con un ámbito nacional, a diferencia de los tradicionales concilios eclesiales de naturaleza provincial que hasta entonces habían existido. La conversión de Recaredo a la fe católica, la constitución de la Iglesia católica en estatal y el fundacional III Concilio de Toledo no harían más que confirmar lo ya iniciado por Leovigildo y terminar de constituir a Toledo en la *Urbs regia* y en la nueva Constantinopla de Occidente. Como ha señalado muy oportunamente E. Ewig, hasta la misma topografía toledana recordaría un tanto a la de Constantinopla del Bósforo. Al igual que en aquélla, se constituyó un barrio palaciego, donde junto al palacio real (*praetorium*) existía una basílica palatina dedicada a los Santos Pedro y Pablo, donde al igual que en la de sus homónimos de Constantinopla se realizaban ciertas ceremonias religiosas especialmente relacionadas con la realeza. Años después, en el 618, otro monarca visigoso particularmente interesado por la imitación imperial —y al que en su momento señalamos como el Heraclio de Occidente—, Sisebuto, construiría la basílica de Santa Leocadia, dedicada a la hasta entonces oscura mártir local. A imitación de la Santa Sofía constantinopolitana, también la de Santa Leocadia se encontraba en las proximidades del palacio real, en ese mismo barrio pretoriense. Si la localización de esta última en el lugar donde se levantó siglos después la ermita de su misma advocación fuera cierta, también en Toledo todo el conjunto palaciego se encontraría en las inmediaciones del viejo circo o hipódromo, como en Constantinopla; un lugar especialmente apropiado para que el soberano pudiera recibir protocolarias salutaciones por parte del pueblo capitalino y de su ejército, como afirma Julián de Toledo en el momento de la coronación de Wamba.

Esta importantísima *imitatio Imperii* de Leovigildo se denunciaría también en su fundamental actividad legisladora. Como vimos en su momento, la legislación leovigildiana implicaría una clara conciencia por parte del monarca de serlo de un reino unificado y plenamente territorializado a la manera del Imperio romano, poniendo especial interés en borrar cualquier huella de una posible distinción entre los súbditos en función de su origen: provincial romano o gótico. Si es válido realizar deducciones sobre el carácter del llamado por los modernos *Codex Revisus* leovigildiano a partir de las 319 leyes calificadas de *antiquae* y recogidas en el posterior Código de Recesvinto, éste se habría caracterizado por refundir en una sola recopilación textos legales de procedencia anterior diversa, tanto del Breviario alariciano como de la legislación visigoda complementaria tradicionalmente atribuida a Eurico. De esta forma, Leovigildo no sólo imitaba a Justiniano al reunir en un sólo *corpus* legal enmendado textos de procedencia anterior, del Teodosiano, junto a otros muchos de producción propia, sino que dejaba también por sentada la total aquiparación entre el rey godo y los emperadores romanos. Pues no sólo colocaba en un igual plano leyes de procedencia imperial, a través del Breviario alariciano, con otras emanadas de la autoridad de monarcas visigodos, sino que todas se refundían ahora en un texto corrido en el que se omitía significativamente la procedencia imperial de bastantes de ellas.

Una última muestra de la imperialización regia impulsada por Leovigildo sería la misma asociación al trono de sus hijos Hermenegildo y Recaredo; convertidos en plenos *consortes regni,* pero sin una partición territorial del reino, es decir, a la manera de los césares protobizantinos y no de los «reinos partitivos» *(Teilreicher)* merovingios, según concepciones patrimonialistas de la realeza de tradición germánica. Asociación al trono del hijo que seguiría también pautas protobizantinas al hacer figurar la efigie de este último en las monedas, al lado o en el reverso, junto a las del monarca *senior,* como se documenta en la posterior amonedación de Chindasvinto y de Egica con respecto a sus hijos y sucesores Rescesvinto y Witiza. Y también al igual que Justiniano Leovigildo levantaría nuevas ciudades, cuya onomástica hacía referencia a hechos de armas o a la continuidad dinástica: Victoriaco y Recópolis.

Estas mismas tendencias imperializantes habrían contribuido también a configurar la Monarquía toledana como electiva, no obstante el influyente ejemplo hereditario efrecido por los vecinos merovingios y la misma realidad vivida por el Reino de Tolosa. Pues lo cierto es que tras la muerte de Amalarico (531), ninguna familia habría sido capaz de monopolizar la corona durante más de dos reinados sucesivos. Es más, en el 633 el fundamental IV Concilio de Toledo intentaría, bajo la dirección de la *intellegentsiya* eclesiástica capitaneada por el romanizante Isidoro de Sevilla, de una vez por todas institucionalizar la elección por una asamblea constituida por todos los obispos del reino y la alta nobleza laica; lo que sería posteriormente confirmado en el V (636). Intento de reglamentación que no era más que un episodio del durísimo conflicto que enfrentaba a la monarquía y la aristocracia; al basarse cada vez más el poder de la primera en los mismos apoyos que la segunda, las clientelas de gentes armadas beneficiadas mediante concesiones fundiarias, y necesitar la segunda el favor del soberano reinante para la conservación de sus patrimonios, base también de sus propias clientelas, como vimos en un capítulo precedente. Porque lo que no se puede admitir es que el fracaso de los intentos hereditarios se debiese a la falta de una estirpe regia del tipo de la de los Baltos tras la desaparición de Amalarico. Pues ya hemos tenido ocasión de comprobar cómo es muy posible que dicho linaje no se hubiera extinguido del todo con el hijo de Alarico II; además de que con Teudis y Teudiselo posiblemente estemos ante representantes secundarios del gran linaje de los Amalos, como se señaló en su momento.

Conscientes de la posición cada vez más débil ante las apetencias de sus rivales de la nobleza, los reyes visigodos habrían querido fortalecer su posición con otros instrumentos. En el IV Concilio de Toledo el nuevo rey Sisenando, sabedor de la amenaza nobiliaria, fruto como era él de una conjura, habría recibido una salvaguardia eclesiástica. Pues los padres conciliares allí reunidos bajo la guía de Isidoro de Sevilla habrían saludado al representante de la función real como un nuevo David, protegido por la ley divina de los ataques de sus enemigos como persona sagrada que era. Al desarrollar así la concepción isidoriana de la realeza como un *ministerium Dei,* ciertamente el rey visigodo se ponía bajo la tutela de la Iglesia, pero situada fuera de este mundo la posible sanción a sus actos. Desarrollando así una determinada concepción teocrática de la función real, derivada en gran medida de Gregorio el Grande, el hispalense comparaba al monarca godo con los reyes ungidos por el sacerdocio del Antiguo Testamento. Afirmación esta última que ha hecho pensar si no fue entonces cuando se creó la singular ceremonia de la unción del nuevo rey por el metropolitano de Toledo. Aunque ciertamente el primer testimonio seguro de ella sea de Wamba y se avenga muy bien con el papel predominante que logró asumir el metropolitano toledano Julián como primado indiscutible de toda la Iglesia visigoda.

Como vimos en su momento, esta teocratización de la Monarquía visigoda se habría iniciado con Recaredo y el III Concilio de Toledo. Pero la mayor posición de fuerza de dicho monarca habría hecho que ésta se realizase según pautas imperiales. Recaredo, saludado como *orthodoxus rex* a la manera bizantina y como nuevo Constantino, se atribuyó funciones apostólicas, que en cierta medida le situaban por encima de la misma Iglesia, cuyo máximo representante, el metropolita de Toledo, lo más que habría llegado a hacer sería coronar al soberano a la manera inaugurada en Constantinopla por el emperador Marciano. La posición mucho más débil de reyes como Sisenando, Wamba o Ervigio habría hecho evolucionar dicha sacralización real en un sentido mucho más teocrático y subordinacionistas de la Monarquía respecto de la Iglesia. De lo que sería la expresión más clara tanto la ceremonia de la unción real como el mismo retrato del príncipe cristiano ideal que realizó el poderoso Julián de Toledo en su *Historia de Wamba,* como señalamos en su momento. Un rey ortodoxo y cristiano campeón de le fe que reina sobre una auténtica patria cristiana, trasunto de la celestial y cuyo centro espiritual era Toledo, saludada como sede de mártires y de obispos santos por Hildefonso de Toledo en sus *Varones ilustres.*

LA ORGANIZACIÓN ADMINISTRATIVA

El estudio de la Administración del Reino de Toledo viene en gran medida condicionado por la misma naturaleza de sus fuentes. Éstas se centran fundamentalmente en el abundante material legal recogido en el *Liber Iudicum,* promulgado en tiempos de Recesvinto, aunque su preparación había ya adelantado mucho con Chindasvinto, y al que se le añadirían leyes posteriores de Wamba, Ervigio, Egica y Witiza. Material legal que, al estar dotado de datación a partir del reinado de Recaredo, atendiendo al rey autor de cada norma legal, permite obtener una visión diacrónica y evolutiva de esa misma organización administrativa. Máxime si se tiene en cuenta que no pocas de las leyes recogidas en dicho código y provenientes de legisladores diferentes ofrecen no sólo numerosas repeticiones, sino, lo que es más importante, contradicciones. Un primer examen cuantitativo de dicho material legal permitirá observar la existencia de dos grandes bloques: uno más antiguo, calificado como leyes *antiquae* y que, como vimos, parece proceder del llamado *Codex Revisus* de Leovigildo; y otro posterior compuesto de leyes de Chindasvinto y su hijo Recesvinto. Entre ambos conjuntos no sólo se observan diferencias estilísticas, sino también un cambio drástico en el vocabulario técnico de la Administración. De tal forma que cabría pensar que en tiempos del reinado conjunto de Chindasvinto y Recesvinto se llevó a cabo una consciente y amplia reforma administrativa. Como veremos más adelante, dicha reforma se habría caracterizado por una fundamental militarización del aparato administrativo, rompiendo con las tradiciones heredadas del Bajo Imperio y que distinguían netamente entre las esferas de lo civil y de lo militar. Como tales modificaciones no sólo se inspirarían en modelos foráneos —los Exarcados bizantinos—, sino que obedecían a un intento de los monarcas citados por acomodar mejor la Administración a unas realidades socioeconómicas ya plenamente protofeudales, como vimos en su lugar, parece oportuno tratar de tales reformas y de la situación administrativa del Reino visigodo en la segunda mitad del siglo VII en un siguiente apartado bajo la rúbrica del «Estado protofeudal». Por tanto, en este otro expondremos principalmente el organigrama administrativo que cabe suponer en el Reino toledano en el momento del cambio de centuria, del siglo VI al VII, sobre la base fundamental de las leyes *antiquae.* Aunque no obstante señalaremos ya los elementos contradictorios y las líneas de fuerza que explicarían su posterior evolución y la necesaria revolución feudal en la Administración sancionada por la legislación de Chindasvinto y su hijo Recesvinto.

Todos los indicios existentes parecen inducir a pensar que la autoría decisiva en la conformación del organigrama administrativo observable en las *antiquae* —y en otros documentos de la época, principalmente de naturaleza conciliar—, corresponde al gran Leovigildo. De tal forma que este activo monarca habría ultimado y, sobre todo, sistematizado un amplio plan de unificación, centralización y reorganización administrativas del Estado, muy ampliado en lo territorial, bajo moldes esencialmente imperial-bizantinos. Para ello también parece probable que Leovigildo utilizase y continuase la labor de restauración de antiguas estructuras administrativas tardorromanas en la Península Ibérica, y de acomodación de los elementos heredados del Reino de Tolosa a los nuevos modelos protobizantinos, ya emprendida por Teodorico el Amalo cuando su reinado sobre el Reino visigodo.

Territorialmente, la organización judicial y policial, funciones gubernativas típicas, se basarán en torno a los gobernadores provinciales y los Condes de ciudad. Los primeros reciben en los documentos de la época las denominaciones genéricas de *iudices* o *rectores provinciae*. En sí constituyen la principal herencia bajoimperial, al tener atribuciones exclusivamente civiles. Sin embargo, su generalización e igualación de titulaciones denuncian un espíritu sistematizador muy propio del Bizancio de las primeras décadas del siglo VI. Aunque Toedorico como Leovigildo tendrían sumo interés en mostrar una faceta restauradora de la vieja estructura imperial, la constitución de la provincia bizantina de *Spania* y la misma persistencia del Reino suevo hasta el 584, impusieron obstáculos insalvables para una restaruración de las viejas provincias bajoimperiales de España en sus antiguos límites . Nuevas realidades políticas a las que la Iglesia católica, no obstante su marcado conservadurismo, no habría sido capaz de sustraerse tampoco, optando por acomodarse a la nueva estructura provincial del Reino visigodo. Ciertos indicios conciliares —especialmente las actas del II Concilio de Toledo del 531— parecen indicar que dicha reforma provincial sería bastante anterior a Leovigildo, debida muy posiblemente al periodo ostrogodo. De acuerdo con ella, la provincia Lusitania, con capital en Mérida, habría visto amputadas sus áreas más noroccidentales, ocupadas por el Reino suevo; situación que perduraría incluso después de la anexión de este último y hasta la época de Recesvinto. La Bética, con capital eclesiástica en Sevilla, y civil en ésta o en Córdoba, se mantendría más o menos incambiada salvo durante el periodo de dominación bizantina en sus costas mediterráneas. Y algo semejante podríamos decir de la Tarraconense, con la capital de Tarragona; así como de la antigua Narbonense, con capital en Narbona, llamada ahora más frecuentemente Septimania o Galia (gótica). Por el contrario, la Cartaginense habría sufrido importantísimos cambios. Ya antes de la ocupación bizantina el ascenso político de Toledo, convertida en centro neurálgico de la ocupación visigoda de la Península y luego en su sede regia, habría favorecido un intento de sus obispos de construirse una provincia eclesiástica en el centro de la Península, a base de las tierras castellano-manchegas de la vieja Cartaginense imperial y del las áreas de la submeseta septentrional que en otro tiempo habían pertenecido a la Galecia y que ahora habían quedado desgajadas como consecuencia de la presencia del Reino suevo en sus más importantes partes atlánticas. Es posible que el intento, a lo que parece victorioso, del obispo toledano Montano de constituir en el 531 una nueva provincia eclesiástica en dichas zonas, con capital en Toledo y bajo la denominación de «Carpetania (y Celtiberia)» se basase en la previa constitución de una semejante demarcación provincial en lo civil; origen de lo cual sería la más tardía ocupación visigoda de las áreas mediterráneas de la Cartaginense, sobre todo del sudeste, donde se encontraba la vieja capital de Cartagena. Sin duda que la ocupación bizantina y la creación de la provincia imperial de *Spania* con capital civil y eclesiástica en Cartagena vendría a reforzar lo anterior. Tal situación se mantendría hasta el 610, cuando el rey Gundemaro plantearía en el terreno propagandístico sus derechos a ocupar todo el espacio peninsular. En la famosa Constitución de los obispos cartaginenses, y decreto real de igual contenido, se restauraría la vieja provincia Cartaginense en su antigua extensión, pero aumentada con las tierras de la Meseta norte que habían formado parte de la efímera provincia carpetana, y con capitalidad eclesiástica y civil en Toledo. Reconstrucción propagandística y teórica que pasaría a ser del todo efectiva unos años después, cuando, hacia el 624, Suintila ocupase las últimas plazas bizantinas en el sudeste, destruyendo la vieja capital de Cartagena, cuya sede eclesiástica no se restauraría, continuando en Bigastro, como vimos en su momento. Cuando se conquistó el Reino suevo se restauraría la vieja provincia de Galecia, con capital civil y eclesiástica en Braga, aunque ampliada hacia el sur con tierras lusitanas, hasta tiempos de Recesvinto, y mutilada hacia occidente en favor de la Cartaginense de Toledo.

Como vimos en un apartado anterior, los Condes de ciudad (*comites civitatis*) habían hecho su aparición ya en tiempos del Reino de Tolosa. Pero sería con Leovigildo cuando tal institución se extendería y generalizaría por todo el Reino visigodo. Las funciones del conde son tanto civiles —administración de justicia, por lo que recibe también el nombre de *iudex civitatis*, policía y fiscalidad— como militares, y se extienden a toda la población de su demarcación. Ésta suele denominarse *territorium*, estando centrada en torno a un núcleo urbano de una cierta importancia. Frecuentemente la cabeza del condado coincidía con una sede episcopal; aunque no siempre, pues en algunos territorios podía haber disparidad, posiblemente derivada de la existencia de un número algo menor de condados que de sedes episcopales; y tal debía ser el caso de la nueva ciudad de Recópolis, con ceca y palacio real y carente de obispo. Una reconstrucción completa del listado de condados visigodos no es posible, salvo en Septimania y Cataluña, donde coincidirían con los testimoniados a comienzos de la Reconquista cristiana. Sin embargo, un elenco bastante aproximado podría deducirse del mapa de obispados visigodos y de las Coras de la España islámica del siglo IX. Por debajo del conde en cada territorio existía un Vicario, antecesor del vizconde medieval. A finales del siglo VI las Curias municipales se habrían visto por completo vaciadas de funciones y contenido, y en la mayoría de las ciudades no debían ya ni existir curiales. De esta forma un funcionario judicial menor como era el *defensor civitatis* había subsistido como juez de primera instancia y para causas menores, pero ya como un funcionario cuya elección en tiempos de Recaredo (*L. V.,* XII, 1, 2) dependía del obispo, ejerciendo su mandato durante dos años. Pues, como consecuencia de la conversión de Recaredo y de la constitución de la Iglesia católica en estatal, los obispos no hicieron más que consolidar sus funciones de juez en su ámbito urbano. Hasta el punto que a mediados del siglo VII el tribunal episcopal habría logrado obtener funciones de vigilancia y casación sobre el condal.

A un nivel inferior a la ciudad y su territorio se documenta una serie de personas investidas de funciones judiciales de menor importancia. Por lo que son designadas en las leyes genéricamente con el calificativo de *Iudex loci*; encontrándose situadas, en todo caso, bajo las órdenes y vigilancia del conde de su territorio. Tales jueces podían ser los administradores de los importantes latifundios de la Corona, llamados *vilici*, o los mismos grandes propietarios o sus representantes en el dominio; personas todas ellas que en la legislación reciben el significativo nombre de *maiores loci*. Dichos propietarios ejercían así funciones judiciales y coercitivas sobre los campesinos que vivían y trabajaban en sus dominios, aunque no fuesen de condición esclava. Lo que significaba la existencia en el Reino visigodo en esta época de un importantísimo derecho señorial, arrancado al Estado de herencia bajoimperial, paralelo a los de autopragia concedidos en Bizancio a partir de principios del siglo VI, a lo que nos referimos en otro capítulo anterior.

Inexistentes o incapaces de cumplir con sus cometidos judiciales las Curias municipales desde hacía tiempo, mucho más lo eran con respecto a las fiscales de naturaleza recaudatoria, como señalamos ya para un momento anterior. Las labores recaudatorias tradicionales desempeñadas por las Curias debían estar ahora en manos de los antiguos «contadores» (*numerarii*) dependientes de los gobernadores provinciales, pero distribuidos por las diversas ciudades —posiblemente uno por cada distrito ciudadano—, en tiempos de Recaredo pasaron a ser nombrados por el obispo local por un tiempo de dos años. Obedeciendo a tales derechos de autopragia antes citados, los grandes propietarios y sus agentes, o los de la Corona (*vilici*), también ejercían funciones recaudatorias en el ámbito de sus propiedades.

Más importante que conocer a los funcionarios encargados de la recaudación es analizar la estructura de los ingresos fiscales. No hay duda que en el Reino de Toledo el impuesto directo principal siguió siendo la vieja *capitatio-iugatio* bajoimperial. Dicho impuesto recaía sobre la persona y sobre la riqueza fundiaria, distinguiéndose en este último caso entre tierras cerealísticas, viñedos y olivares. El principal problema que se plantea en relación a este impuesto es saber si afectaba a toda la población, o de él se encontraban exentas las gentes de raza goda. No obstante que ha sido bastante general defender esto último la verdad es que se carece de datos para ello, pues los normalmente aducidos —*L. V.,* X, 1, 15 y 16— no prueban sino un extremado interés del Estado porque en las transacciones inmobiliarias el comprador estuviese en condición económica de seguir pagando los impuestos que sobre dicho bien recaían. La igualación jurídica y constitucional entre elemento germánico y provincial bajo la denominación de *gothi,* que hemos analizado en el apartado anterior, impediría tal distinción fiscal. Otra cosa distinta es que, según el poderío de la nobleza hispanovisigoda fue en aumento, el Estado se viese impotente de hacerles pagar sus impuestos. Incluso estos nobles, titulares de funciones públicas de gobierno, detraerían de las arcas del Estado los impuestos que recaudasen en sus distritos, llegando a imponer en provecho propio nuevos impuestos y prestaciones de trabajo personal a las gentes bajo su jurisdicción, como denunció Ervigio en su *Edicto de condonación de impuestos* del 683. Pero todo ello se relaciona con la cuestión de la feudalización del Estado y la sociedad visigodas, analizado en un capítulo anterior.

También sabemos que a finales del siglo VI se seguía utilizando para la recaudación de dicha capitación, fijada en especie (*species annonariae*), la antigua práctica tardorromana de su conversión en moneda (*adaeratio*). Pero la necesidad imperiosa que entonces tenían los reyes de obtener metal acuñado por este medio hizo que se implantasen tarifas verdaderamente abusivas: del orden de cuatro veces superiores a los precios vigentes en el mercado libre para esos mismos productos como muestra el documento *Sobre el fisco de Barcelona* del 592. Y, naturalmente, la utilización de la práctica de la aderación para la recaudación de los impuestos exigibles en especie presupone, al mismo tiempo, la existencia de la *coemptio;* es decir, la venta obligatoria de productos de consumo al Estado a un precio fijado por éste, generalmente algo más bajo que el de mercado. De todo ello derivaban abusos y corruptelas que recaían especialmente sobre las gentes más humildes de la sociedad y beneficiaban a los oficiales civiles y militares encargados de tales funciones; como muy bien denuncian las ordenanzas de Teodorico a sus lugartenientes en el Reino visigodo, Ampelio y Liuverit.

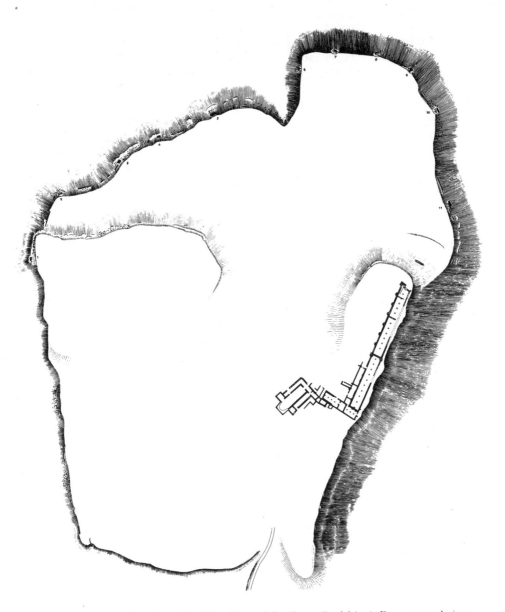

Plano de Recópolis. Cerro de la Oliva (Zorita de los Canes, Guadalajara). Estructuras palaciegas

La recaudación hecha por dichos funcionarios locales y provinciales era organizada por la oficina del Conde del Patrimonio *(comes patrimonii)*, para lo que contaba con unos inspectores especiales, también llamados *numerarii*, encargados de vigilar todo el proceso, especialmente en lo referente a las tarifas de la aderación y gastos de gestión de la recaudación *(sportulae)*. A partir del III Concilio de Toledo, y como consecuencia de los acuerdos llegados entre Receredo y la Iglesia católica, dichas funciones de fijación de la tarifa de la aderación y del reparto entre los contribuyentes de la masa impositiva *(peraequatio)* eran compartidas entre los funcio-

329

narios del Conde del Patrimonio y los obispos. A cuyo fin se propuso la celebración de concilios provinciales cada noviembre, donde junto a los asuntos eclesiásticos se tratasen estos otros fiscales y se dirimiesen, en presencia de los obispos y de los gobernadores provinciales, las quejas presentadas por los contribuyentes.

Tales funcionarios centrales del Conde del Patrimonio muy posiblemente eran los herederos directos de los otros dependientes de los prefectos del pretorio y vicarios. Desaparecida la recién creada Prefectura de las Españas en tiempos de Amalarico o Teudis, como vimos en su lugar, la nueva Comitiva del Patrimonio debió ser creada con posterioridad; tal vez por Leovigildo y a imitación de claros modelos bizantinos. Pero además de tener a su cargo la gestión suprema de todo lo relacionado con la capitación el Conde del Patrimonio ejercía la administración del patrimonio fundiario del Estado. En lo local, esta última estaba confiada a los *vilici* o capataces de las fincas de la Corona, en cuyo interior ejercían amplias atribuciones de tipo fiscal, judicial y policial, como hemos visto anteriormente. En un plano superior se encontraban situados los llamados *actores rerum fiscalium,* especialmente aquellos que estaban encargados de todos los dominios reales sitos en una misma provincia del reino y que a partir del III Concilio de Toledo también asistían a los concilios provinciales cada noviembre, a los que nos hemos referido con anterioridad. Posiblemente también tendrían que ver con la administración fiscal los ya existentes en el Reino de Tolosa Condes de las Escancias y de los Establos, así como el recién creado de la Alcoba real (*Cubiculum*). A imitación bizantina, los Condes del Cubículo y de las Escancias podían ser varios; y todos ellos podrían tener asignada la administración de unas determinadas fincas reales, o podrían disponer de una cuota de los impuestos recaudados por el Conde del Patrimonio, con el fin de subvenir a las necesidades de gasto engendradas por las administración central del Palacio y el ejército.

También se habrían continuado recaudando los antiguos impuestos indirectos, que gravaban principalmente las mercancías extranjeras en las aduanas. Y lo mismo podemos decir de la vieja tasa que gravaba la fortuna personal de los mercaderes, y que recibía el nombre de *auri lustralis collatio.* Bajo la denominación de *solutio auraria* figura en las interpretaciones del Breviario alaricano y en las *Etimologías* isidorianas. Su permanencia en la época de predominio ostrogodo, por otra parte, se testimonia por la antes mencionada recomendación legal de Teodorico a sus lugartenientes en el Reino visigodo, al igual que las tasas de aduanas, denominándoselas respectivamente *canon transmarinorum* y *canon telonei.* En lo que respecta a estas últimas tasas de aduanas, su mantenimiento está asegurado incluso hasta finales del siglo VII, por legislación ervigiana antijudía que sigue mencionando la presencia en los puertos de locales *ad hoc* destinados a la tasación de las mercancías y pago de los derechos de aduana, y llamados *catabula.* Como en tiempos del Reino de Tolosa, estos impuestos indirectos seguirían bajo la supervisión de un Conde de los Tesoros central, del que dependería también la acuñación de moneda, encomendada a unos funcionarios denominados *monetarii,* y fábricas palaciegas de orfebrería.

En lo que respecta a la Cancillería el Reino de Toledo, debía encontrarse organizado a la manera bizantina; dependiendo toda ella de un Conde de los Notarios. La presencia de una oficina cancilleresca en palacio es casi segura, debiendo haberse especializado en la emisión de documentos regios dotados de características diplomáticas específicas, a imitación de la cancillería bizantina. Sin embargo, para la redacción de escritos de mayor enjundia, como pudo ser el *Liber Iudicum* de Recesvinto, la Cancillería toledana habría tenido que pedir el auxilio de personal ajeno, como sería el escritorio de la sede de Zaragoza bajo la batuta intelectual del obispo Braulio.

También es de destacar que el personal subalterno de todas las oficinas o ministerios centrales del reino de Toledo era en buena parte de condición esclava y propiedad de la Corona. Estos funcionarios, denominados *servi fiscales,* también serían utilizados para la administración del patrimonio fundiario estatal. Dotados de poder y de gran libertad de acción, los esclavos fiscales se verían favorecidos con la posibilidad de poseer un capital (*pecunium*) propio, que incluía hasta otros esclavos. Al igual que los emperadores protobizantinos, algunos soberanos enérgicos habrían tratado de construir con ellos una especie de aristocracia de servicio muy adicta que oponer a la nobleza. Lo que finalmente fracasaría, como establece el canon sexto del XIII Concilio de Toledo, que impide a los reyes encumbrar a un esclavo fiscal por encima de un hombre libre y entregarle patrimonios confiscados a otros.

El principal *in put* de reino de Toledo en estos años finales del siglo VI y principios del VII era el ejército. Sufragado todavía en buena parte por medio de los recursos fiscales, muchos de ellos recaudados en directo en virtud del procedimiento de la aderación antes descrito, una porción muy importante de la moneda acuñada por los monarcas visigodos iría destinada a pagar los gastos del ejército. Ello explica que bastantes de las cecas visigodas —especialmente aquéllas situadas en lugares de escasa importancia— sean de las llamadas móviles o de campaña. Es decir, el Estado mayor del ejército real, a imitación de los protobizantinos, llevaría consigo cuños especiales, el llamado tercer tipo de Leovigildo en la catalogación de O. Gil Farrés. Con sólo realizar una pequeña variación en el cuño permitiría la acuñación de monedas con denominación de ceca diferente. Dichas emisiones de campaña —generalmente dotadas de lemas propagandísticos de significación militar— se concentran sobre todo en las proximidades de las zonas donde hubo campañas militares, y allí donde no existían núcleos urbanos importantes, sedes de aparatos administrativos permanentes; lo que viene a coincidir generalmente con localidades del norte de la Península desde donde reyes como Leovigildo, Recaredo, Sisebuto o Suintila realizaron expediciones contra los rebeldes vascones, cántabros, astures y runcones.

En lo referente a la división interna y composición social del ejército, no parece que se experimentasen cambios importantes con respecto a la situación del Reino de Tolosa. Si cabe, reyes enérgicos como Leovigildo pudieron tratar de reforzar el reclutamiento real independiente de los contingentes clientelares aportados por la nobleza. Por el contrario, sí que se detectan importantes cambios en lo tocante a la territorialización organizativa del ejército; que serían, muy probablemente, obra de Leovigildo y realizadas bajo moldes protobizantinos ensayados en los exarcados de Italia y África y, sin duda, en la misma provincia imperial de *Spania*. Especial importancia tendría a este respecto la constitución de sistemas defensivos de natulareza fronteriza por parte de Leovigildo. Dichas fronteras militarizadas se establecieron principalmente en Septimania frente a los merovingios y en el sur y sudeste frente a los imperiales; y en menor medida en el norte, desde Lugo hasta Olite-Tafalla (*Ologicus* y *Taifalia*) y Pamplona, frente a las rebeldes y mal sometidas poblaciones de la Cornisa cantábrica. *Limes* este sin duda de menor importancia, dada la menor capacidad bélica del enemigo, y que debía estar enfocado pricipalmente a controlar las principales rutas de penetración. La conquista del Reino suevo, por el contrario, habría permitido el desmontaje del complejo sistema defensivo organizado en el siglo v por los visigodos de Tolosa en el occidente hispano; tras una etapa intermedia, inmediata a la conquista, de establecimiento de guarniciones godas en las principales ciudades suevas.

Aunque el detalle topográfico concreto de estos *limites* visigodos haya sido tratado en su momento oportuno en los capítulos de Historia política, sí interesa señalar aquí algunas características estructurales comunes a todos ellos. Con modulaciones regionales importantes dichos sistemas fronterizos se componían de una primera línea de plazas fuertes o campamentos fortificados, denominados *castella* y *castra*, y una segunda de ciudades importantes bien fortificadas, y generalemente asiento de una ceca. Entre sí todos estos puntos defensivos se organizaban, y se relacionaban entre sí, a lo largo de una gran ruta o calzada estratégica, sistema que se testimonia muy bien en el sudeste y sobre la base de la antigua *via augusta*. En otras ocasiones, como en Septimania, también se utilizó el procedimiento de crear una auténtica tierra de nadie o desierto estratégico que impidiese la penetración hostil y el mantenimiento sobre el terreno de los ejércitos enemigos. Especial cuidado se prestó a la defensa de los pasos fronterizos de los Pirineos catalanes, donde se constituiría un potente distrito militarizado erizado de castillos en las principales rutas de paso, y a los que se dio el significativo nombre de *clausurae*.

Un muy cercano modelo protobizantino —tanto de los Exarcados occidentales como de Egipto— habría seguido la organización del mando militar territorial realizada muy seguramente por Leovigildo. Dicho mando se estructuró sobre la base de grandes Capitanías generales, cuyos límites coincidían con las provincias civiles. Al frente de ellas se situaban los Duques de los ejércitos provinciales (*duces exercitus provinciae*). Éstos tenían en principio exclusivas atribuciones militares y de mantenimiento del orden, situándose a sus órdenes los diversos Condes de ciudad, a través de los cuales tendrían acceso a recursos fiscales para el mantenimiento del ejército de guarnición bajo sus órdenes. Para la realización de expediciones militares de mayor envergadura se podían utilizar ejércitos y Duques provinciales de regiones diversas a la del escenario bélico.

El Reino de Toledo: Estado protofeudal

En el apartado anterior ya manifestamos que la preparación de un nuevo código legal por Chindavinto y Recesvinto, y su final publicación por este último, se correspondió en gran medida a una profunda reorganización administrativa llevada a cabo por dichos monarcas. Y también adelantamos que dicha reorganización consistió, ante todo, en una militarización, con la supeditación, o incluso desaparición, de los funcionarios civiles a los militares, que vieron así ampliadas sus funciones.

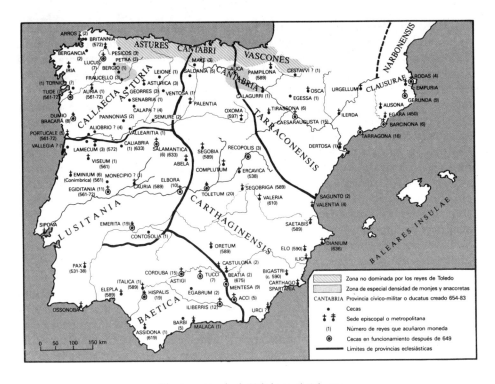

El reino visigodo de Toledo en el siglo VII

Dicha militarización es sobre todo visible en el caso de los Duques provinciales constituidos por Leovigildo en una división militar del Reino en Capitanías generales, coincidentes con las seis provincias civiles. Pues bien, en la nueva legislación de Chindasvinto estos seis *duces exercitus provinciae* pasaron a desempeñar todas las funciones de naturaleza fiscal y judicial encomendadas anteriormente a los gobernadores civiles provinciales, que muy posiblemente habrían desaparecido. Para el desempeño de sus funciones fiscales, estos duques asumieron antiguos cargos de la administración central de la Hacienda: *comes patrimonii, thesaurorum, cubiculariorum* y *scantiarum.* Al asumir así funciones civiles, estos duques pasaron a denominarse simplemente *duces provinciae.* Sin embargo, dado el avanzado estado de feudalización de la sociedad y Estado visigodos en la segunda mitas del siglo VII, reflejado en la asunción de prerrogativas señoriales por parte de los grandes propietarios siguiendo las prácticas autoprácticas ya señaladas, no cabe duda que lo esencial de las funciones públicas de dichos duques tenía que ver con el ejército y la seguridad militar del reino. Desaparecida la presencia bizantina en España, el principal peligro de invasiones y depredaciones hostiles en el interior de la Península quedó reducido al septentrión ante la contumaz rebeldía de las poblaciones que habitaban la Cornisa cantábrica, como tuvimos ocasión de comprobar en los capítulos de historia política. Por ello, parece muy probable que lo esencial de las tropas permanentes del Estado, y no pertenecientes a las mesnadas particulares de los grandes propietarios, se concentrase en unos cuantos puntos estratégicos del sistema fronterizo establecido con anterioridad en el norte de la Meseta y en Galicia, además de en las vitales áreas de las *Clausurae* pirenaicas y de la fronteriza Septimania. Con tal motivo la antigua división en seis provincias al tramutarse ahora en una división en *ducatus* sufrió algunos cambios. En concreto, datos prosopográficos hacen muy posible el que con anterioridad al 683 se creasen dos nuevas provincias o ducados en el norte peninsular. Uno de ellos recibiría el nombre de Asturias, y tendría por capitalidad a Astorga; mientras que el segundo recibiría el nombre de Cantabria con capital en la plaza fuerte de Amaya. Por su parte, la capital ducal de la antigua provincia de Galecia se trasladaría al norte, a la plaza fuerte de Lugo, más cercana a las bases de partida de los rebeldes astures trasmontanos y runcones. Esta división en ducados no sólo servía a los intereses generales de una mejor defensa del territorio más amenazado, sino también impedía concentraciones excesivas de fuerzas militares en manos de un solo duque, que así podría poner más fácilmente en peligro la estabilidad del soberano reinante.

Las funciones fiscales asumidas por los Duques provinciales y los ministerios financieros asumidos para poder hacer frente a sus principales gastos, derivados del avituallamiento de las tropas a su mando, indican por otra parte cambios sustanciales en la estructura de los ingresos fiscales del Estado visigodo. La creciente feudalización del Reino de Toledo, y las usurpaciones de funciones públicas por parte de los grandes propietarios, en su mayoría también ostentadores de los principales cargos de la Administración territorial y de la jerarquía episcopal, tendrían como efecto una disminución drástica de los ingresos de la Corona vía impuestos directos; dificultades bien expresadas en el decreto de Ervigio sobre la condonación de los tributos atrasados, que comentamos en su lugar. Como consecuencia de ello, el Estado visigodo habría tenido que descansar fiscalmente cada vez más sobre las rentas directas provenientes del patrimonio fundiario de la Corona, cuya administración estaba confiada a esos cargos condales ahora asumidos por los Duques provinciales. Todo lo cual redundó en unas menores necesidades por parte del Estado de acuñar moneda áurea para hacer frente a los gastos militares, correspondiente también a una drástica disminución de la masa áurea acuñable en disposición del fisco real. Masa aurea que se veía además fuertemente drenada por la tesorización creciente de la Iglesia y la nobleza, la disminución, si no desaparición, de los impuestos aderados, la ralentización de los intercambios con el exterior y la dificultad de obtener botín de guerra. A tales dificultades monetarias y a la necesidad de mantener una moneda de la mejor ley posible, como símbolo del prestigio y poder de cada monarca, se debería la profunda reorganización monetaria por Chindasvinto. Ésta consistiría en una drástica reducción del número de cecas, culminando un proceso ya iniciado en el 612, y que afectaría principalmente a las llamadas cecas de campaña destinadas, como vimos, al pago del ejército. A partir de ese momento sólo subsistirían las cecas ubicadas en importantes centros urbanos y administrativos: Sevilla, Córdoba, Tucci y Cabra en la Bética; Mérida, Salamanca, Idanha y Elbora en Lusitania; Braga, Tuy y Lugo en Galicia; Toledo, Mentesa y Valencia en la Cartaginense; Zaragoza, Tarragona, Barcelona, Gerona y Rosas en la Tarraconense; y Narbona en la Narbonense.

Pero ni siquiera estas drásticas reducciones en las emisiones de trientes áureos serían suficientes ante las crecientes faltas de ingresos en metal por parte de la Hacienda. Los últimos soberanos visigodos se vieron así obligados a realizar acuñaciones de moneda devaluada, tanto en su ley como en su peso, esforzándose sólo por mantener una cierta dignidad en la ceca palatina de Toledo, como se señaló en el capítulo referente a la Economía. Falto de ingresos fiscales para sufragar un ejército de carácter público, el Estado visigodo al final tendría que rendirse a la evidencia. Las leyes militares de Wamba y Ervigio, examinadas en su lugar, demuestran cómo en esa época lo esencial del ejército real se encontraba compuesto por las mesnadas privadas, armadas y avitualladas también privadamente, de los grandes propietarios del Reino visigodo, tanto laicos como eclesiásticos; todo un ejército feudal en el pleno sentido de la palabra.

En un nivel inferior, el del *territorium* centrado por lo general a un núcleo urbano importante, siguió como antes el Conde de la ciudad, también con atribuciones judiciales, fiscales y militares. Por el contrario, parece que habría desaparecido el antiguo cargo del *defensor civitatis,* de carácter exclusivamente civil y muy relacionado con la antigua organización de la Curia municipal, para esta época ya totalmente desaparecida como tal organización administrativa e incluso como corporación social jurídicamente diferenciada, como ya señalamos al estudiar la sociedad urbana. Como agentes gubernativos inferiores aparecen ahora el Vicario del conde y el Tiufado, Quingentenario y Centenario; los tres últimos de los cuales no habían tenido más que funciones militares en el periodo precedente.

Las causas de tal militarización administrativa habría ciertamente que buscarlas en el estado de inseguridad reinante a mediados del siglo VII, con un poder central debilitado, y en el avanzado estado de feudalización de las estructuras sociales y políticas del Reino visigodo, que analizamos en otro capítulo anterior. En tal situación parecía necesario reestructurar la Administración sobre bases mucho más simples y concordantes con la realidad social, con la existencia de una nobleza con lazos de dependencia muy amplios y cruzados entre sí y con los reyes, y con una funcionalidad militar muy marcada. Por otro lado, esta simplificación y militarización administrativa no era más que la extensión al Reino de Toledo de soluciones administrativas semejantes a las que por entonces se estaban tomando en Bizancio, a partir de situaciones precedentes también semejantes: régimen de los Exarcados en el siglo VII y a comienzos de la llamada organización Temática.

Como vimos en su momento, el enérgico Chindasvinto también trató de conseguir con esta reforma un más estricto control de la nobleza. Pero las profundas purgas realizadas en esta última habrían acabado por reducirla al estrecho círculo de la alta nobleza palatina, compuesta por aquellas personas que ocupaban cargos de gobierno en la administración central y territorial y que formaban el llamado *officium palatinum,* y a los obispos, también pertenecientes en su mayoría a las mismas familias. La debilidad real creciente obligó a la Corona a entregar importantes bienes fundiarios a los miembros de dicha alta nobleza, tanto en plena propiedad como a título condicional *sub stipendio,* como analizamos en su momento, y a transigir con las usurpaciones de sus atribuciones públicas, tramutadas en auténticos derechos señoriales hereditarios. Y en tal contexto, las reformas administrativas de Chindasvinto a la postre habrían resultado contraproducentes a los fines de fortalecer el poder de los reyes y de preservar la Corona visigoda en el seno de su familia. Pues concentró en una pocas manos, en los ocho Duques provinciales, un enorme poder, que acabaría por consolidarse en unas cuantas familias, cabeza de redes de dependencias protofeudales en sus ducados. Todos los últimos reyes o usurpadores que no fueron hijos de reyes fueron anteriormente Duques provinciales. Cuando se produjo la invasión agarena del 711, la disgregación del poder central en manos de estos duques era tan grande que los invasores les llamaron virreyes de España. De tal forma que a la marea invasora del Estado visigodo subsistiría, bien bajo soberanía islámica, carolingia o independientes al abrigo de los montes y poblaciones septentrionales, representantes de estas grandes familias ducales o condales. Poderes locales todos ellos basados en el dominio que venían ejerciendo desde hacía tiempo en unas mismas regiones, en las que se concentraban también sus propiedades fundiarias, en plena propiedad o como tierras beneficiales, y sus redes de dependencia personal de sus habitantes hacia ellos. De esta forma el camino hacia la disgregación del centralizado Reino toledano en auténticos Principados territoriales feudales parecía ya completamente abierto a principios del siglo VIII. Tan sólo el *accidente* de la invasión del 711 sería capaz de impedirlo, aunque sólo momentáneamente si bien se mira.

Porque, como indicamos con anterioridad al hablar de la sucesión real, refiriéndonos a la decisión adoptada en el V Concilio de Toledo, las contradicciones entre los intereses de los reyes y de la nobleza, y en definitiva y sobre todo entre los de los distintos nobles, dada la estructura socioeconómica del reino sólo tenía una única solución institucional: la constitución de un supremo órgano político colegiado de todos los miembros de la nobleza y el monarca, capaz de mantener el equilibrio y cohesión interna entre todos sus componentes. Orden político en el que la rígida reglamentación electiva del rey y la inviolabilidad condicionada de los *justos* patrimonios de los *fideles regis* —y por tanto, el evitar todas las arbitrarias y facciosas confiscaciones y donaciones— habrían de constituir sus pilares básicos y esenciales ¿Fue esto mera teoría, un pensamiento utópico? Dramáticamente sí; pero creemos firmemente que fue más de una vez entrevisto por alguna otra mente eximia del siglo, por alguno de aquellos miembros más cultos y políticamente más clarividentes de la nobleza: el episcopado visigodo. De otra forma, ¿cómo interpretar algunas manifestaciones programáticas de algún concilio —por ejemplo, el IV de Toledo—, o el pensamiento político de San Julián al que antes aludíamos? Pero si no se trata de una mera elucubración de nosotros los modernos, sí ciertamente de una utopía. La mayoría de los nobles y de los reyes de la segunda mitad del siglo VII obraron primordialmente en pos de intereses personales y de facción y, por tanto, a la fuerza entre sí opuestos. Y los Concilios, aquel instrumento que en algún momento estuvo a punto de convertirse en dicho supremo órgano colegiado, muchas veces no fueron sino instrumento de partido en manos del rey y de su facción nobiliaria. E inexistente o caricaturizada tal instancia institucional, aquellos dos principios básicos se convertían en contraproducente persecución de una sólida base electora y, por tanto, compra de votos al conjuro de la contradictoria pareja confiscación/donación; en definitiva, atroz lucha por el trono entre los miembros de la alta nobleza. Por tanto, a falta de la solución pactista e institucional el recuso a la *ultima ratio* fue cada vez más frecuente, ¿la rebelión, la contienda civil, una institución más del Estado visigodo? Pero la *ultima ratio,* y su enorme frecuencia, conllevaba un riesgo grande y creciente ante la tremenda agudización de las tensiones sociales ¿No sería preferible renunciar a las posibles esperanzas de una personal supremacía política y conformarse con una prepotencia local en la seguridad de un *status* socieconómico? Autonomismo e independencia localistas, sometimiento al Califa o al príncipe carolingio, ambos complacientes para con los antiguos poderes locales y seguros mantenedores del orden socioeconómico antes imperante; tres aspectos —o mejor dicho, tres grados— de una misma salida a la dramática e inestable situación del Estado visigodo a finales del siglo VII y principios del VIII.

PARTE CUARTA

Civilización y mentalidades

Capítulo VIII

Una sociedad y un tiempo cristianos

Cuando se produjeron las invasiones bárbaras en la Península ibérica a principios del siglo v estaban ya lejanos, más en la memoria que en el tiempo, los días en que el Cristianismo y la Iglesia podían pasar por ideología e institución hostiles al orden establecido del Imperio romano. Cuando en los últimos años del siglo iv el aristócrata Paulino de Nola se retiró a los dominios de su mujer Terasia, en la vecindad del municipio de Compluto (Alcalá de Henares), se había perdido en esta última el recuerdo del lugar exacto del enterramiento de los niños Justo y Pastor, mátires cristianos de la última persecución de Diocleciano, ocurrida hacía menos de un siglo. Para principios del siglo v el Cristianismo y la Iglesia habían ganado la batalla, ocupando una posición principal en un imperio que se confesaba tanto romano como cristiano. En él las potentes aristocracias de Occidente se declaraban cristianas, y el núcleo de senadores paganizantes que se agrupaban en torno a Nicomaco Flaviano habían perdido toda esperanza de restauración; y tras el desastre de la Rivera Frígida algunos pensaron que para ellos ya no había más solución que el suicidio. Si las usurpaciones y las invasiones de principios del siglo v pudieron hacer resucitar en algunos cierta esperanza de restauración pagana, cuando menos de hacer bajar los humos a los intelectuales cristianos, esta última muy pronto se habría desvanecido. Pues, a fin de cuentas, el emperador protegido de Dios, Honorio, habría vencido a todos sus enemigos, y a la altura del 420 el problema bárbaro en Occidente presentaba muy buenas perspectivas de liquidación. Si el tiempo se encargaría de desmentir esto último, también es cierto que para entonces los nuevos poderes bárbaros ya hacía tiempo que se habían cristianizado y en absoluto se mostraban reacios a compartir el poder con las todavía muy potentes aristocracias provinciales romanas. A la altura de finales del siglo v, los males y catástrofes del momento ninguna nostalgia paganizante podían ya despertar en Occidente, y su explicación se realizaba por completo en lenguaje cristiano: bien eran resultado del Juicio de Dios, a la manera augustiana, por los pecados de los hombres; o bien eran signos evidentes de la proximidad del fin de los tiempos, como muy posiblemente pensaría el obispo galaico Hidacio cuando escribía las últimas líneas de su *Crónica* en el 469. Desde luego, hacía tiempo que dichas aristocracias venían empleando conceptos y formas cristianas para ejercer sus relaciones de poder y de dominación social.

A este último respecto, el transfondo sociológico que subyace en los dos primeros concilios conservados de la Iglesia hispana es esclarecedor por las profundas diferencias que muestran. En el llamado Concilio de Ilíberris de principios del siglo IV la cristiandad hispana parece ser todavía sustancialmente de asentamiento urbano. La nula referencia a prácticas cristianas realizadas en las grandes residencias campestres de la aristocracia de la época, las *villae*, parece venir a señalar que el fermento cristiano todavía no había logrado introducirse suficientemente en los medios sociales de la potente aristocracia terrateniente hispana; lo que se correspondía con un reclutamiento del clero en el seno de los grupos intermedios urbanos. En el 380, cuando se celebró el llamado primer Concilio de Zaragoza, las cosas habían cambiado radicalmente. Pues en su canon segundo se señala cómo no era raro la celebración de reuniones y ceremonias cristianas fuera del ámbito de las tradicionales basílicas urbanas, habilitándose para ello espacios específicos en el seno de las grandes *villae* de la aristocracia terrateniente, dispersas por espacios rurales alejados de la cuidad.

Pero la plena integración de la vieja aristocracia senatoria y terrateniente en la Iglesia no habría de dejar de tener profundas consecuencias para el mismo Cristianismo, que en los cruciales siglos IV y V habría de sufrir una doble e importantísima mutación. Por un lado, la nueva religión del Estado se acomodó a la ideología secular dominante, abandonando como heréticas ciertas tendencias favorables a una vuelta a la primitiva Iglesia apostólica, más o menos igualitarista, escasamente clerical y expectante de un cercano Reino cristiano caracterizado por la destrucción del Estado opresor romano. Por otro lado, la paulatina desaparición del poder imperial produjo profundos cambios en las formas y medios tradicionales de dominación en un nivel local. La imposibilidad de conseguir puestos de poder en provincias mediante la influencia en la Corte imperial, así como los interesantes Ministerios centrales y generalatos, cortaron en flor la vocación nuevamente participativa en la política demostrada por la aristocracia senatorial occidental con el advenimiento de la casa del hispano Teodosio. Al mismo tiempo, las invasiones y la fragmentación política hacían desaparecer los típicos patrimonios transprovinciales de dicha aristocracia. Como consecuencia de todo ello, las apetencias de poder y dominación de tales gentes forzosamente se contrayeron a horizontes locales, convirtiéndose en una aristocracia provinciana con una marcada tendencia a residir nuevamente en los núcleos urbanos más importantes. Pues estos últimos eran los únicos en los que se podía llevar un tono de vida de una cierta dignidad y desarrollar un simbolismo del poder que fuese, en cierta manera, reflejo del propio de la antigua Corte imperial. Pero la misma desaparición del poder imperial significó la de sus representantes en un nivel provincial e incluso local. Cuando menos el acceso a tales puestos de gobierno, o sus sustitutos en los nuevos reinos romano-germánicos, se vería mediatizado a la integración, frecuentemente en minoría, en los nuevos grupos dirigentes de tales Estados. Lo que, entre otras cosas, repugnaba a muchos representantes de la antigua aristocracia senatorial, poseedores de una orgullosa conciencia de la superioridad de su *civitas romana;* tal y como lamentaría

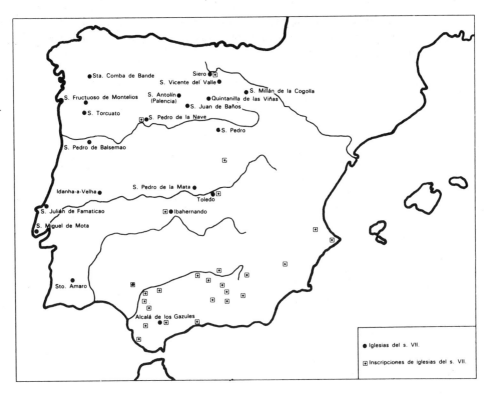

Localización de iglesias visigodas, según P. de Blol

el cultísimo Sidonio Apolinar en tiempos del reinado de Eurico, crucial para los destinos de su querida Auvernia. En tal situación, la entrada de tales aristócratas en la jerarquía eclesiástica —tanto episcopal como monástica— parecía la única salida digna y auténtica salvaguardadora de su propia identidad cultural y de su predominio socioeconómico en el seno de su comunidad. Máxime si se considera que el patrimonio eclesiástico no había dejado de crecer desde los tiempos de Constantino; a salvo de fragmentaciones hereditarias y de confiscaciones políticas, dicho patrimonio se había beneficiado también de exenciones fiscales. Su mismo carácter sagrado le protegería de las apetencias codiciosas de los invasores bárbaros. En la Península ibérica, una vez constituidos los reinos romanogermánicos, las donaciones patrimoniales a la Iglesia, por parte de la Corona y de los particulares, serían un fenómeno constante y en aumento, como tuvimos ocasión de analizar en su momento.

Poco antes de las invasiones del 409 el irónico senador pagano Símmaco aconsejaba a un senador hispano empobrecido, su amigo Tuencio, la conveniencia de optar a una mitra episcopal, para así acceder a sus privilegios económicos. Esta entrada en el episcopado por parte de epígonos senatoriales, primero, y representantes de la nobleza hispanovisigoda, después, no habría dejado de crecer en los siglos siguientes; llegándose a constituir auténticas dinastías episcopales y la patrimonialización familiar de determinadas sedes, tal y como oportunamente reseñamos en un capítulo anterior. Como igualmente analizamos en otro lugar, causas diversas

343

favorecieron la construcción de monasterios por parte de esas mismas personas, que seguirían manteniendo su dominio sobre sus antiguos patrimonios y servidores mediante su conversión en abades, con excesiva frecuencia a título prácticamente hereditario; tal y como sería el caso extremo de los llamado monasterios familiares y de tipo pactista, especialmente numerosos en el noroeste y en la segunda mitad del siglo VII.

Los episodios conocidos de enfrentamiento dogmático entre Iglesias cristianas rivales —Priscilianismo y Arrianismo contra Iglesia católica mayoritaria— revelan desde finales del siglo IV otra faceta de este nuevo discurso cristiano en las relaciones de poder. La salida a uña de caballo de Prisciliano y los suyos de la Mérida de hacia el 419, perseguidos por una multitud vociferante instigada por el obispo rival Hidacio de Mérida; la huida del monje cazapriscilianista Frontón de la Tarragona del 419, hostigado por una amenazante multitud dirigida por el metropolitano local; o la humillante derrota en público debate del obispo arriano Sunna por el católico Masona en la Mérida de hacia el 580, o la huida posterior de Nepopis, no obstante el apoyo regio a ambos; todos estos episodios obedecen a unas mismas pautas de conducta social y de simbolización cristiana del liderazgo en las comunidades urbanas de dichos siglos. De tal forma que al actuar así la vociferante y peligrosa multitud no parece que de verdad distinguiera criterios de ortodoxia o herejía a base de complejas discusiones dogmáticas; por más que así nos lo traten de presentar unas fuentes clericales apologéticas y sesgadas. Lo que con ello venían a demostrar estas buenas y sencillas gentes —la mayoría analfabetas e incapaces de seguir un debate teológico en un latín técnico— era su apoyo incondicional al liderazgo moral que sobre ellas ejercía su obispo. Pues era este liderazgo el que capacitaba al obispo para sancionar las conductas de los conciudadanos, según fuesen o no conformes a los valores cristianos reconocidos. De tal forma que la admisión por el obispo a la Eucaristía constituía la prueba de la probidad moral de cualquiera; y su excomunión tenía bastante más fuerza que el mismo poder jurisdiccional y sancionador que la legislación del Reino de Toledo vino a reconocer a los obispos a partir de Recaredo. En todo caso, los pretendidos linchamientos de Mérida y Tarragona, antes mencionados, venían a traducir al nuevo lenguaje cristiano la normal y tradicional solidaridad de los miembros de toda pequeña comunidad, muy jerarquizada, contra el extranjero o extraño —fuera el noble heresiarca Prisciliano, el intrigante monje Frontón, o los obispos Sunna y Nepolis, gótico el primero y posiblemente oriental o egipcio el segundo—, que venía a poner en duda la moralidad, ortodoxia o legitimidad de sus líderes. En definitiva, esa capacidad episcopal de definir la ortodoxia de la herejía para con sus conciudadanos y fieles venía también a ser una prueba más de la ya muy acabada identificación entre Cristianismo, y su cabeza jerárquica local, y mundo urbano. Y a este respecto puede resultar enormemente significativo, como ha señalado recientemente R. Van Dam, lo ocurrido en Menorca poco antes del 417. Cuando el obispo local Severo acudió a la cabeza de su fieles en defensa de la minoría cristiana existente en una vecina comunidad urbana de mayoría judía. Como auténtico capitán de los soldados de Cristo, y ayudados por el patrono San Esteban —cuyas reliquias acababan de llegar a la isla—, el obispo Severo expulsaría de la ciudad a la comunidad judía, erigiendo en la vieja sinagoga una basílica sujeta a su liderazgo moral y a su jurisdicción diocesana.

El menorquino Severo habría así ampliado la extensión social de su patronazgo mediante la cristianización de los paganos. Pero en otra ocasiones la erección de basílicas y una mayor profundidad de la cristianización del territorio diocesano podía dar lugar a la constitución de nuevas sedes episcopales, lo que no dejaba de traer consigo serios conflictos entre la jerarquía episcopal de la región. En unos casos las nuevas diócesis servirían para fortalecer los deseos de poder y liderazgo de una poderosa familia local contra el predominio de otra asentada en un núcleo urbano más o menos vecino y que desde la jurisdicción episcopal pretendía extender su poder por toda la región, convirtiendo a la ciudad-sede en núcleo privilegiado y ordenador de un patrimonio más amplio, superando así los límites de los antiguos *territoria* municipales romanos. En otras ocasiones las nuevas sedes podían servir para construir instrumentos y ámbitos de poder personal y familiar más seguros para el obispo segregador, que podía sentirse inseguro ante la existencia de facciones rivales en su propia ciudad-episcopal; o, en todo caso, la nueva sede, ocupada rápidamente por un obispo de su elección, habría de servir para contar con un apoyo y colaborador en el conjunto del episcopado provincial, produciendo los subsiguientes desequilibrios en cualquier tipo de reunión o actuación colectiva. Ejemplos de los primeros serían la ordenación de Siagrio y Pastor a costa de los intereses del obispo lucense Agrestio en el 432. De lo segundo serían muestras la ordenación por Nundinario de Barcelona de su protegido Ireneo para la antes inexistente sede de Egara y la innominada realizada por Silvano de Calahorra, una y otra poco antes del 465. Pues éste último habría nombrado para la vecina diócesis de Tarazona a un presbítero amigo suyo, sin contar con los demás coepíscopos tarraconenses y en especial con el de Zaragoza, que lógicamente aspiraría a una especie de supremacía *de facto* en toda la zona del medio y alto Ebro.

Las anécdotas de Prisciliano y Severo de Menorca indican bien a las claras el liderazgo moral ejercido por los obispos hispanos en las vísperas de las invasiones del 409. Pero dicho liderazgo urbano en absoluto habría decaído con estas últimas, sino más bien todo lo contrario. A ello favorecerían fundamentalmente la ruina y debilidad creciente de las antiguas magistraturas municipales y la paulatina asunción de funciones de gobierno local por los obispos. Ante los invasores y la ausencia de soldados imperiales, los muros de las ciudades episcopales se constituyeron en baluarte eficaz; defensa a la que ideológicamente contribuiría no poco la protección sagrada ofrecida por los santos patronos celestiales de cada ciudad, de los que era intermediario el obispo. Una hábil propaganda eclesiástica y episcopal —bien representada por Isidoro de Sevilla, Gregorio de Tours o los anónimos autores de *Las vidas de los santos padres emeritenses* o de la llamada *Crónica* del 754— nos ha recordado así para los siglos v y vii el papel desempeñado en la defensa de sus ciudades respectivas por las reliquias de Santa Eulalia en Mérida, San Vicente en Zaragoza, San Acisclo en Córdoba y Santa Leocadia en Toledo.

Pero dicha propaganda era ciertamente creíble porque se acompañaba de gestos y acciones de índole práctica; junto a la plástica representación de dicha protección figurada en lugares públicos, laicos y sacros, del estilo de la que mandó esculpir el rey Wamba en la puerta principal de la capital toledana. Así, a lo largo del decisivo siglo v y en la marginal y apartada Galecia, el obispo Hidacio nos informa del papel desempeñado por algunos obispos como intermediarios entre su comunidad urbana y el poder suevo, o incluso el más lejano imperial. Lo que de paso llevaba aparejado que los diversos poderes en conflicto en tan turbulenta época identificasen en la persona del obispo ciertos intereses políticos, contrarios o favorables a ellos. A lo que obedecería el apresamiento de Hidacio por un grupo suevo en el 460; la sustitución del obispo Sabino de Sevilla por Epifanio en el 411, apoyado seguramente en los mismos suevos; o el asesinato del obispo León de Tarazona en el 449 por la Bagauda aracelitana. La extensión del Estado de Tolosa en absoluto habría perjudicado dicha ascendencia moral de los obispos hispanos sobre sus comunidades. Un conocido canon del Concilio de Tarragona del 516 muestra cómo para aquella epoca los obispos hispanos habían ampliado sus funciones judiciales a todo tipo de causas, con la excepción de las criminales, para lo que bastaba el consentimiento de las dos partes litigantes. Como demuestra la colaboración en el gobierno visigodo de Mérida en tiempos de Eurico entre su obispo Zenón y el general godo Salla, los monarcas visigodos pudieron ver en los obispos católicos un eficaz representante de los intereses de los grupos dirigentes y comunidades urbanas hispanorromanas, cuya colaboración resultaría precisa e imprescindible. Lo que explicaría el sumo tacto con que los monarcas arrianos del siglo VI trataron a la Iglesia y jerarquía católicas, bien demostrada en la abundancia y regularidad de las reuniones conciliares de carácter provincial de las que tenemos testimonio para dichas décadas.

Con la conversión oficial de Recaredo y miembros de la nobleza gótica al Catolicismo en el 539 y la constitución de la Iglesia católica en nacional y oficial del Estado, la situación de los obispos sin duda que tuvo que experimentar cambios en relación a su significación y funciones. Pues, evidentemente, en el Concilio III de Toledo se habría llegado a un tácito acuerdo entre la monarquía y la jerarquía episcopal, en virtud de la cual ambos poderes obtendrían una serie de ventajas, prestándose mutua ayuda. Es evidente que los obispos perdieron cierta autonomía política que hasta entonces habían podido disfrutar, como máximos representantes de los católicos frente a las autoridades del Estado visigodo arriano, pero por contra vieron fijadas de una manera clara y definida funciones estrictamente de gobierno, así como obtuvieron con el resto del clero claros privilegios. De todo lo cual se informó oportunamente en capítulos anteriores. En todo, caso la Monarquía visigoda conseguía la protección de tan poderoso liderazgo moral e ideológico, evitando los recientes sobresaltos del reinado de Leovigildo; aunque también renunciaba a contar con un episcopado tan sumiso como sin duda lo habría sido el arriano.

En definitiva, todo cuanto llevamos visto presupone unos enormes poderes en los obispos de finales del siglo VI y del siglo VII; poderes y autoridad que se verían reforzados por la continuación de sus tradicionales labores evergéticas en sus ciudades, y de las que estamos especialmente bien informados por la Mérida de la segunda mitad del siglo VI, como señalamos en otro capítulo. Recuérdese, por otro lado, que sería ahora cuando las ciudades peninsulares vieron crecer de manera muy significativa el número y riqueza de sus edificaciones religiosas, en un proceso de total cristianización de la topografía urbana, de enormes consecuencias, como tuvimos ocasión de analizar en su momento. Cristianización urbana que no era más que otra muestra del poder y liderazgo del obispo, y del clero en general, en las comunidades urbanas. Dicho poder y autoridad descansaban, en último término, en el disfrute y administración de unos patrimonios fundiarios eclesiásticos cada vez más numerosos y en las rentas obtenidas por la multiplicación de las iglesias rurales de fundación privada, un tercio de las cuales pertenecía al obispo. En esta situación no puede extrañar que los obispos del siglo VII adquiriesen ciertos hábitos que resaltaban de manera muy clara su poder y autoridad en el seno de sus comunidades. Según nos informa el Concilio III de Braga del 675, para aquellas fechas en las celebraciones solemnes de los diversos santos los obispos gallegos se hacían llevar en procesión hacia las iglesias titulares conducidos por diáconos porteadores con blancas vestimentas, al modo de cohorte angélica, y cargados al cuello con reliquias de los mártires, y todo ello según denuncian los padres conciliares, «para hincharse delante de los hombres con una gloria más fastuosa».

En tales circunstancias, el puesto de obispo debió ser cada vez más apetecido, tal y como tuvimos ocasión de señalar en su momento. Si para principios del siglo V, y finales del VI, tanto la cuestión priscilianista como la famosa epístola IX de Consencio a San Agustín, nos muestran obispos hispánicos procedentes de la más alta nobleza senatorial peninsular, incluso muy bien relacionada con poderosas facciones nobiliarias de la Galia y de la misma Roma, los fastos episcopales para las centurias siguientes nos señalan los mismos hechos. De lo que sería el mejor testimonio, como vimos en su momento, la poderosa familia de San Fructuoso de Braga. Pues los miembros de dicho linaje a mediados del siglo VII se repartían entre sedes episcopales, altísimos cargos en la administración militar y hasta el mismo trono toledano con Sisenando.

Pero esta atracción de la antigua aristocracia senatorial, y de la nueva hispanovisigoda, por la jerarquía episcopal también fue posible porque la misma ideología de la Iglesia, entre tanto, se había adaptado al tradicional lenguaje del poder en el ámbito local. Para ello fue fundamental que la jerarquía eclesiástica lograse ver reconocido su total monopolio sobre el control de la Ciencia revelada, acabando con el elemento disturbiador que en el siglo IV había supuesto la presencia de otras personas a las que la comunidad también prestaba tal capacidad de control: desde magos y médicos a doctores de las Escrituras pertenecientes al estado laical. Especialmente peligrosos como competidores habían sido estos últimos por ser gentes cultivadas y casi siempre pertenecientes a la misma nobleza senatorial y resultar problemático su sometimiento a una jerarquía episcopal todavía en muchos casos de menor capacidad intelectual e influencia sociopolítica que ellos.

El conflicto priscilianista, en último término, habría venido a solucionar tales incoherencias y a eliminar dichos puntos de fricción. Por un lado, el mismo heresiarca y sus aliados habrían percibido que su victoria sobre una facción del episcopado hispano sólo podría producirse mediante su misma integración en la jerarquía episcopal, lo que explica la afanosa búsqueda de una diócesis para el propio Prisciliano: fracasado el intento de Mérida se resolvería con la constitución de la nueva sede de Ávila. El concilio veladamente antipriscilianista de Zaragoza no haría más que desautorizar como herético cualquier intento de exégesis escrituraria al margen de la jerarquía episcopal y fuera de las instituciones educativas y de catequesis de la Iglesia, ubicadas en las basílicas urbanas. Los rebrotes priscilianistas posteriores denunciados por gentes como Toribio de Astorga a mediados del siglo V, si encierran alguna veracidad en su concreción acusadora habrían sido ya protagonizados por obispos y clérigos, no por doctores laicos.

Frente a magos y médicos, la primacía episcopal se habría asentado sobre la base de la superior fuerza que les brindaba su exclusivista posición de intermediarios entre la comunidad terrenal y la celestial de los santos. Esto último se explicitaba en tres fenómenos: *a)* su capacidad exorcista, obligando a los demonios a revelarse, lo que hacía de los obispos «similares a Dios»; *b)* la custodia de las reliquias de los santos; y *c)* la dirección de la ceremonia colectiva de la misa y demás rituales litúrgicos mediante los cuales se producía una sincronía entre el tiempo terrestre y el celestial.

El antes mencionado canon del III Concilio de Braga del 675 señala cómo acostumbraban los obispos a expresar su liderazgo y autoridad mediante la pública exposición de reliquias colgando de las vestimentas en ceremonias procesionales que resultaban un eco del antiguo *adventus* del emperador y sus funcionarios en la ciudad. Pues bien, desde los tiempos de Martín de Tours, el control de las reliquias, la construcción de basílicas y oratorios sobre las tumbas de mártires y santos locales, considerados patronos de la comunidad, se habían constituido en palancas de poder y prestigio personal del obispo introductor del culto, al tiempo que un medio para perpetuar la función episcopal en el seno de una misma familia. A este respecto es bastante ilustrativo el caso de Mérida en la segunda mitad del siglo vi. Allí, el oriental *parvenue* Paulo habría sido capaz de asegurarse su hegemonía ante sus rivales del clero emeritense y de trasmitir el obispado a su sobrino Fidel mediante el control de la importante basílica martirial de Santa Eulalia, cuyo patrimonio se vería muy fortalecido con el inmenso legado hecho por unos epígonos senatoriales, *primarii civitatis,* al obispo Paulo. Y habría sido dicho control de las reliquias de la mártir Eulalia lo que permitiría a Massona realizar su ingente obra evergética que le colocó en una situación tal de liderazgo ciudadano que ni el enérgico Leovigildo habría sido capaz de arruinar. De tal forma que, cuando a mediados del siglo vii se compuso el anónimo tratado hagiográfico de los «Padres de Mérida», la posesión y control de las reliquias de Eulalia podía pasar ya como un signo distintivo de los obispos de Mérida, aunque en un principio no parece que lo fuese más que de una facción del clero local. En las primeras dos décadas del siglo vii en Córdoba el obispo Agapio pudo ver en la íntima relación personal con un nuevo culto martirial la mejor forma de fortalecer su precaria posición dentro del clero cordobés y bético. Efectivamente, dicho obispo fue brutalmente criticado por su sucesor y antiguos coespíscopos en el II Concilio de Sevilla de 619; acusándosele, entre otras cosas, de haber sido ordenado ilegítimamente obispo, dada su anterior condición de *vir militaris,* muy posiblemente a instancias del rey Sisebuto. En una tal posición de debilidad, Agapio habría procedido a instaurar un nuevo culto martirial en Córdoba, que, a diferencia del tradicional del patrón de la ciudad, San Acisclo, no tuviera que compartir con ningún otro rival. A tal efecto habría procedido a la *inventio* «casual» del cuerpo de San Zoilo, hasta entonces un santo menor y que nunca lograría traspasar los límites cordobeses, a diferencia de Acisclo y sus compañeros. Con el apoyo regio, Agapio trataría de realzar su nuevo culto, consagrando a él una antigua basílica dedicada a San Félix y posiblemente mandando componer una *passio* modelada sobre la prestigiosa de San Vicente y en la que su nombre quedase unido para siempre al de la *inventio* y refundación de su culto. La poderosa familia episcopal de Braulio habría tratado de fortalecer su posición en Zaragoza y región circundante mediante su íntima unión con importantes cultos y santuarios martiriales locales, como serían los de San Vicente y los Dieciocho mártires. Y a San Braulio se debería la expansión del culto de San Millán, hasta entonces un santón del alto Ebro, mediante la composición de una *vita,* himno y misa, en las que se cimentaría la irradiación del monasterio construido sobre su tumba en San Millán de la Cogolla y del que debería ser abad su hermano Fruminiano. También otra conocida familia episcopal del siglo VI originaria del nordeste habría podido tratar de imponer su predominio fuera de su región mediante una especial relación con un gran culto martial. Pues, frente a las sedes muy vecinas de Huesca, Urgell y Egara de sus hermanos, Justiniano fue obispo de la lejana y más importante Valencia. Pero, como señala su conocido epitafio, Justiniano antes de ser obispo pudo ser abad de un importante monasterio valenciano, tal vez del que existiera junto a la capilla martial del prestigiosísimo Vicente, basílica que en todo caso habría beneficiado con nuevas construcciones y donaciones durante su episcopado. En fin, un último ejemplo de la importancia de controlar un culto martial para reforzar un episcopado en entredicho nos lo ofrece el intento, al final fracasado, del rey Wamba de crear un nuevo obispado para su protegido Cuniuldo contra los intereses de algunos obispos lusitanos, aprovechando para ello las reliquias y culto local de un mártir Pimenio en la aldehuela de *Aquis,* por lo demás desconocido.

Pero, en definitiva, los santos y el culto de reliquias con sus basílicas y altares consagrados, eran los puentes entre el cielo y la tierra, cuyos tiempos diversos se sincronizaban en virtud de las celebraciones litúrgicas. De tal forma que el calendario litúrgico era algo así como la transposición terrenal del celestial, propio de los santos. Por eso se explica el interés de las diversas iglesias por unificar sus usos litúrgicos, especialmente desde que se consiguió la unidad de la Iglesia hispana, primero con la conversión de Recaredo y luego con la expulsión de los bizantinos.

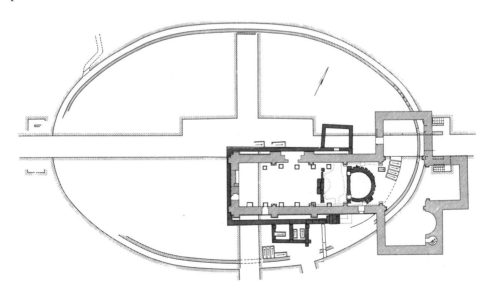

Basílica martial de San Fructuoso. Anfiteatro de Tarragona

Pues, en el fondo, la celebración de la misa de cada día no era más que un reflejo de una jornada en el cielo, además del momento exacto en que se podía entrar en contacto personal, mediante la comunión, con los patronos celestiales de cada comunidad. Además de ello la misa, controlada en la catedral por su obispo, jugaba un papel en pro de la cohesión entre todos los miembros de la comunidad cristiana. Pues el único colectivo social que se diferenciaba en las ceremonias litúrgicas y en el supremo momento de la consagración era el estamento clerical, que trataba así de realizar su supremacía social.

Esa consideración del año litúrgico como trasunto celestial, y su necesaria sincronización, explica el interés por la fijación de unas mismas fechas para las grandes festividades litúrgicas comunes a todas las iglesias, y en especial la Pascua, que regía a las restantes. Intento de armonización que se observa en todos los momentos centralizadores de la Iglesia hispana: con Martín de Dumio en el Reino suevo de mediados del siglo VI, con Leandro e Isidoro de Sevilla en los Concilios III y VI de Toledo. El calendario litúrgico así establecido fijaba unos momentos hábiles y otros inhábiles para las tareas normales de la comunidad, con la existencia del descanso absoluto el domingo y fiestas de los santos. Aunque tales demandas temporales no siempre se avendrían con el calendario de los ciclos agrícolas, mucho más impredecibles que el calendario litúrgico. Esta imposible total concordancia entre ambos calendarios ayudaría también a establecer una radical diferenciación entre aquellas personas que podían acomodar su vida por completo al calendario litúrgico, nobles y clérigos, y quienes no, los campesinos fundamentalmente. Diferenciación socioeconómica que en grandísima medida era trasunto de la oposición entre vida urbana y vida rústica, con lo que el tradicional desprecio hacia la *rusticitas* se plasmaba ahora en el nuevo lenguaje cristiano. Lo que también venía expresado por la imposibilidad de celebrar ciertas ceremonias sagradas fuera de las basílicas urbanas y por el obispo.

Esto último nos está indicando cómo la nueva ideología de la jerarquía eclesiástica habría tratado de continuar con muchos trazos del tradicional *otium* literario y culto de la antigua aristocracia senatorial, y que en las Españas del siglo IV todavía era mayoritariamente protagonizado por laicos, paganos o cristianos. Incluso el ideal de la *rusticatio,* típica de los grandes senadores de finales de la República romana, habría sido apropiado por la jerarquía eclesiástica, transformándolo en el deseo de llevar una vida monástica en un *eremos* retirado de la ciudad —como propugnaba en la romanizada Bética Isidoro de Sevilla para los monasterios de su regla—, dedicada al cultivo del espíritu con el estudio de los textos sagrados; y cuyos modelos ultrapirenaicos iban desde el Marmoutiers martiniano al Vivario de Cassiodoro. De tal forma que el renacimiento cultural clasicista de la Iglesia hispana en el siglo VI, como muy bien ha señalado Díaz y Díaz, puede considerarse como un medio de mantener su continuidad con el pasado, reforzando su identidad con la gloriosa clase dirigente anterior en las nuevas circunstancias políticas, mostrando al mismo tiempo sus distancias para con la nueva nobleza laica de estirpe bárbara; en definitiva, como un instrumento de autoafirmación de su identidad, continuidad y superioridad frente a los nuevos poderes políticos, una vez que había desaparecido la creencia en la *aeternitas* del Imperio. Con la aceptación de la jerarquía arriano-gótica en la católico-arriana a partir del 589 dicho renacimiento cultural, muy bien plasmado en Isidoro y posteriormente en Julián de Toledo, tendría que reorientarse en un sentido exclusivísticamente hispanogodo, integrador de la nueva nobleza hispanogoda en la que la jerarquía episcopal quería reservarse un papel de árbitro prepotente por su riqueza, a salvo de vaivenes políticos, y por su monopolio ideológico, tal y como señalamos anteriormente. Para todo ello la jerarquía episcopal desde el 531, cuando menos, había tratado de organizar en exclusiva un sistema de enseñanza eclesiástica, el único existente en España desde que con el fin del poder imperial y la ruina de las oligarquías municipales se había arruinado la escuela pública. Pero sobre esto último trataremos más adelante.

Iglesia episcopal e Iglesia monástica

El primer documento oficial de la Iglesia hispana, las actas del llamado Concilio de Elvira de principios del siglo VI, documenta un Cristianismo de carácter urbano y episcopal firmemente arraigado en el mediodía peninsular, pues del total de diecinueve obispos allí presentes trece son meridionales. Los restantes seis obispos se encuentran diseminados por la ancha geografía hispana, sin que parezca obedecer a una planificada ordenación del territorio con vistas a su cristianización. Entre tales obispados se encuentran los de Mérida y Zaragoza; populosas e importantes ciudades situadas en el gran eje rutero del noreste-suroeste, en el que se ubicaban también las cristiandades testimoniadas en esa misma época de Toledo, Talavera de la Reina (Elbora) y ¿*Calagurris*? *Fibularia* (c. de Huesca), las tres de carácter episcopal, y de Alcalá de Henares (*Complutum*). Fuera de estas sedes de la estratégica *via galliana* en el sínodo iliberritano sólo se testimonia el obispado de León; islote cristiano de origen militar ya existente a mediados del siglo III. Lista sinodal a la que sólo cabría sumar el obispado de Tarragona, ya en vigor en tiempos del emperador Valeriano.

La carencia de actas conciliares impide conocer con seguridad el número de sedes episcopales existentes a principios del siglo V. Sin embargo, los datos fragmentados que tenemos permiten sospechar la existencia ya de una red de obispados bastante tupida, abarcando a todo el espacio peninsular y estructurada jerárquicamente en provincias eclesiásticas bajo la autoridad de un obispo metropolitano, coincidentes con las provincias civiles bajoimperiales. Con puntos de irradiación en todas sus zonas tan sólo se producirían en los tiempos posteriores cambios de alguna consideración en las áreas de más marcado carácter rural de la submeseta norte y del extremo noroccidental. En la primera los últimos obispados en constituirse serían los de Palencia, no antes del 531, Oxma y Oca, muy probablemente posteriores a mediados del siglo VI. Anterior al 531 sería la red episcopal de la submeseta sur, con los obispados de Compluto, Singüenza, Ercávica y Segóbriga; con la sola falta de Valeria, posiblemente no constituido antes del 600. De principios del siglo V, por el contrario, sería la terminación de la estructura episcopal del nordeste, con las sedes de Huesca, Lérida, Gerona, Barcelona y Rosas —trasladada luego a Ampurias—, y aumentada en el 465 con la de Egara (Tarrasa), segregada de la de Barcelona. Antigua también parece la definitiva ordenación episcopal de Levante, con sus obispados de Cartagena, Elche, Denia, Játiva y Valencia. Por su parte, la estructuración definitiva del noroeste sería debida a la labor reorganizadora de la nueva Iglesia estatal sueva por Martín Dumiense poco antes del II Concilio de Braga del 572. Los únicos cambios de importancia que se introducirían en todo este esquema diocesano en el siglo VI y primeras dos décadas del VII serían consecuencias de problemas fronterizos y de particiones de diócesis y provincias eclesiásticas por la existencia de tres poderes soberanos, y enfrentados, en el solar peninsular: el Reino suevo, el visigodo y la provincia bizantina de *Spania*. Tales serían la extensión de la provincia eclesiástica de Braga por el norte de la de Mérida, hasta tiempos de Recesvinto; y la extensión de la Cartaginense, con la nueva metrópoli toledana, por las tierras centrales de la submeseta norte a costa de la provincia galaica. Ascensión toledana que se habría iniciado ya en el 531 y que se habría visto favorecida por la dominación bizantina posterior en la vieja metrópoli de Cartagena, y la destrucción de esta última por Suintila, desapareciendo así su obispado, sustituido por el de la vecina Bigastro (Cehegín). En todo caso, hasta el 610 se habría mantenido una solución transitoria haciendo a Toledo metrópoli de una nueva provincia de Celtiberia (y Carpetania), a base de los territorios de la Cartaginense dominados por el Reino visigodo; como también habría sido transitoria la sede de Elota (Elda), sustituta de la antigua de Elche mientras ésta estuvo en poder bizantino.

De esta forma, la estructura diocesana del Reino visigodo de Toledo en el siglo VII habría tenido la siguiente configuración, tal y como figuran en las listas canónicas de época mozárabe (*Nomina sedium episcopalium* de los códices Emilianense y Albeldense):

Provincia Cartaginense, con la sede primada en Toledo, y obispados sufragáneos en: Ercávica, Baeza (sustituta de la arruinada Castulo a partir del 675), Baza, Bigastro, Compluto, Denia, Elche, Játiva, Acci (Guadix), Mentesa (La Guardia, Jaén), Oreto (¿Granátula? Jaén), Oxma, Palencia, Segóbriga, Segovia, Sigüenza, Valencia, Valeria y Urci (¿Gador? Almería).

Provincia Bética, con sede metropolitana en Sevilla, y obispados sufragáneos en: Cabra, Córdoba, Écija, Iliberris (Granada), Itálica, Málaga, Asido (Medina Sidonia), Niebla y Tucci (Martos, Jaén).

Provincia de Lusitania, con sede metropolitana en Mérida, y obispos sufragáneos en: Ávila, Paz Julia (Beja), Caliabria, Coimbra, Coria, Egitania (Idanha-avelha), Elbora (Talavera de la Reina), Lamego, Lisboa, Ossonoba (Faro), Salamanca y Viseo.

Provincia de Galecia, con sede metropoltana en Braga, y obispados sufragáneos en: Astorga, Britonia (Santa María de Bretoña, Lugo), Dumio, Iria, Lugo, Oporto, Orense, Tuy y, circunstancialmente, Laniobriga (Lañobre, La Coruña).

Provincia Tarraconense, con sede metropolitana en Tarragona, y obispados sufragáneos en: Ampurias, Barcelona, Calahorra, Egara (Tarrasa), Gerona, Huesca, Lérida, Oca, Pamplona, Tarazona, Tortosa, Urgell, Ausona (Vich) y Zaragoza.

A la que habría que añadir la extrapeninsular provincia Narbonense, con sede metropolitana en Narbona, y obispados sufragáneos en: Agde, Béziers, Carcasona, Elna (Roselló), Lodève, Maguelonne, Nimes y, en alguna ocasión, Uzés.

El carácter episcopal de la Iglesia hispanovisigoda convertía al obispo en jefe de la iglesia local y pastor de la comunidad diocesana, con la triple potestad de jurisdicción, gobierno y magisterio; y ello sin contar las extensiones civiles de su jurisdicción y el poder emanado de su liderazgo social y moral, a los que nos referimos anteriormente. Por todo ello, la selección del episcopado constituía asunto de primera importancia en la vida de la Iglesia hispana y de cada comunidad diocesana en particular. En un plano teórico, la Iglesia hispana se amoldaba a la tradicional doctrina expuesta en el Concilio de Nicea (325); según la cual el obispo debía ser elegido por el clero y el pueblo de cada comunidad, que realizaban una postulación y daban testimonio de un candidato finalmente aprobado y consagrado por el obispo metropolitano con la ayuda de algunos otros obispos de la misma provincia eclesiástica. A esta teoría se avinieron tanto la reformada Iglesia sueva como la visigoda tras el 589, tal y como testimonian los llamados *Capitula Martini,* obra de Martín de Braga, y el canon 19 del IV Concilio de Toledo del 633.

Sin embargo, ese mismo texto conciliar antes citado testimonia las numerosas irregularidades que estaban siendo moneda corriente en la selección del episcopado en el Reino de Toledo: que iban desde la simonía y la designación directa por su antecesor hasta el nombramiento de candidatos inhabilitados para el episcopado según la Ley canónica. Sin embargo, los buenos deseos de un concilio conducido por Isidoro de Sevilla, bastante pesimista con la situación de su época y de los poderosos, nada podían contra las apetencias del poder político y de la nobleza sobre las sedes episcopales. Es más, ciertas obras hagiográficas —como las *Vidas de los santos padres emeritenses* o *Los varones ilustres* de Hildefonso de Toledo— testimonian bien a las claras la falta de rechazo social a alguna de las prácticas denunciadas por el VI Concilio toledano; como podían ser la designación por el antecesor, y hasta la herencia en la misma familia de la cátedra episcopal, o el nombramiento de gentes que habían previamente desempeñado una activa función de gobierno, alejados de los intereses de los *pauperes,* como denunciaría Isidoro, e incluso en el ejército. Pero sin duda el principal factor desnaturalizador de la vieja norma canónica habría sido la irrupción de la regalía a partir del 589. Sin duda, una de las principales concesiones *de facto* hechas por la Iglesia católica a la Monarquía visigoda para que acediera a abandonar el arrianismo, cuyos obispos habían sido siempre fieles criaturas de sus soberanos. Y ya el II Concilio de Barcelona del 599 consideró la *sacra regalia* como un procedimiento tan válido para acceder al episcopado como la tradicional postulación por el pueblo y clero locales. La designación real a lo largo del siglo VII —y no obstante los deseos de enérgicos obispos como Isidoro, al socaire de la debiliad de un monarca como Sisenando— se acabaría así convirtiendo en norma, relegando a simples trámites formales las exigencias electorales canónicas; tal y como bien demuestra las historias de intrigas e intromisiones regias que para la sede toledana nos narró Hildefonso de Toledo en el proemio de sus *Varones ilustres.* Hasta que finalmente la regalía fuese canónicamente sancionada en el XII Concilio de Toledo del 681. La nueva norma sería el resultado de la estrecha colaboración alcanzada entre el rey Ervigio y el poderoso metropolita toledano Julián, como tuvimos ocasión de señalar en su momento. En virtud de ella, la canonización de la regalía fue de la mano de la del primado del obispo de la capital del reino. Pues, so pretexto de eliminar los problemas de las largas vacancias de sede, el canon sexto de dicho concilio otorgó al obispo de Toledo la potestad de prestar la preceptiva anuencia metropolitana y consagrar a cualquier candidato a una sede episcopal de cualquier provincia y que hubiera sido designado por el monarca.

La Primacia toledana alcanzada por Julián de Toledo asumió también otras características propias de las existentes en el Imperio bizantino con referencia al Patriarcado constantinopolitano. Una de ellas sería la obligación de residencia en la catedral de Toledo durante cierto tiempo cada año, impuesta a todos los obispos de la Cartaginense, constituyéndose así en una especie de «sínodo primacial» a la manera del *synodos endêmousa* del patriarca constantinopolitano. La otra sería el claro papel de liderazgo teológico de toda la Iglesia hispana que asumiría el prelado toledano también por estas mismas fechas; tal y como se deduce de la agria polémica y correspondencia entre Julián de Toledo y el Vaticano a propósito de la confirmación por la Iglesia visigoda de las actas del III Concilio Ecuménico de Constantinopla, que el toledano creyó oportuno acompañar con la encubierta enmienda de su *Apologético*. Abierta la disputa con Roma, Julián, en uso de sus atribuciones primaciales, habría convocado con el sostén regio un curiosísimo concilio para apoyar su postura teológica; pues el XIV Concilio de Toledo del 684, aunque teóricamente provincial de la Cartaginense, contó con la representación de las otras sedes metropolitanas del reino.

Significativamente, tal vez los metropolitanos visigodos no asistieron personalmente al XIV Concilio de Toledo, enviando representantes; lo que ha sido interpretado por algunos como una solapada oposición a las apetencias del toledano. En todo caso, los metropolitanos en sus provincias también habrían tratado de imponer su autoridad sobre el resto de sus obispos sufragáneos. Desnaturalizada su originaria potestad principal de consagrar a los obispos de su provincias como consecuencia de la regalía, los metropolitanos se centrarían en su capacidad de convocar los concilios provinciales e imponer en ellos una unificada doctrina, al tiempo que exigir la presencia protocolaria de los sufragáneos en la metrópoli con ocasión de determinadas festividades como Navidad y Pascua, todo lo cual habría conducido ineludiblemente a la transformación de la antiguas metrópolis visigodas en auténticos arzobispados. Significativamente, el concilio provincial que mayor énfasis puso en la defensa de tales privilegios metropolitanos, el de Mérida del 666, tiene sus actas suscritas en primer lugar por el obispo emeritense Proficio, al que se califica de *archiepiscopus* en un caso único en toda la documentación visigoda.

En todo caso, lo que sí que habría supuesto la instauración de un Primado de la Iglesia visigoda en la sede toledana, más o menos reconocido por la Ley canónica, habría sido una mayor conciencia de identidad de dicha Iglesia frente al exterior, incluido el mismo Papado romano. En este sentido no se puede olvidar que, si la disputa de Julián con Roma no llegó a mayores, fundamentalmente por la prudencia pontificia, la ruptura entre ambas Iglesias se habría producido poco más de medio siglo después con Elipando y con motivo de la cuestión adopcionista. En definitiva, la historia de la diferencias entre la Iglesia hispana y Roma se remontaba a los mismos orígenes de la Iglesia católica estatal visigoda en el 589, cuando el propio Papa Gregorio Magno tardó dos años en comunicar con Recaredo para congratularse de la conversión al catolicismo de la Monarquía visigoda. Lo que no sería otra cosa que la consecuencia de la interdependencia existente en aquella época entre el Pontificado romano y el Imperio bizantino, enemigo mortal del Reino de Toledo. Constituida la provincia imperial de *Spania,* el Vaticano habría continuado manteniendo estrechas relaciones jurisdiccionales con los obispados hispánicos de ésta, tal y como testimonia la activa intervención del Papa Gregorio en el asunto de la deposición del obispo de Málaga por el gobernador imperial Comenciolo. Mismas relaciones estrechas y de recuerdo de la superior jurisdicción romana que habían existido con anterioridad, cuando la existencia de una misma Monarquía ostrogoda en Italia y España o cuando la Tarraconense y otra tierras peninsulares todavía formaban parte del Imperio romano. De ello son testimonio las decretales pontificias del siglo v conservadas en la colección canónica visigoda (la *Hispana),* y los nombramientos de vicarios apostólicos a Juan de Elche en el 517 y a Salustio de Sevilla en el 521, y a los que aludimos en otro lugar. En todo caso tales estrechas relaciones entre las Iglesias hispanas y Roma en tiempo de la Monarquía visigoda arriana era también un medio para la clase dirigente hispanorromana —cuyos claros portavoces eran los obispos, como señalamos anteriormente— de mostrar su vinculación con el pasado glorioso de Roma y así manifestar su conciencia de superioridad cultural y distanciamiento político con el mismo fenómeno del Estado visigodo arriano.

Como dijimos anteriormente, una de las principales prerrogativas de los metropolitanos era la convocatoria y presidencia de periódicos concilios de carácter provincial. En ellos, reunidos los obispos de toda la provincia eclesiástica, se atendían a cuestiones referentes al culto y gobierno de las iglesias locales, al tiempo que se zanjaban las diferencias que hubieran podido surgir entre algunos coepíscopos. Con una periodicidad que la tradición nicena quería anual, se nos han conservado las actas de varios de ellos celebrados en la Tarraconense y Cartaginense a lo largo del siglo VI: Tarragona (516), Gerona (517), II de Toledo (531), Barcelona I (540), Lérida (546) y Valencia (546). Aunque en absoluto parece correcto pensar que no hubo nada más que estas reuniones sinodales, ni que los monarcas visigodas obstaculizasen de manera constante la celebración de este tipo de reuniones. Con la construcción de la Iglesia estatal sueva católica bajo la égida de Martín de Dumio se celebraron los dos importantes concilios I y II de Braga del 561 y 572, respectivamente.

Con la constitución de la Iglesia estatal visigoda y católica en el 589 se trató de introducir de forma taxativa la vieja doctrina de la obligación de celebrar un concilio provincial cada año. Convertida en Iglesia de Estado y concedidas a los obispos amplias prerrogativas de gobierno, dichos concilios provinciales se trataron de diseñar entonces como instrumento de cooperación entre el gobierno eclesiástico y el civil, fiel reflejo del reconocimiento constitucional del liderazgo ejercido por los obispos en sus comunidades. A tal fin se decretó la celebración en otoño de tales reuniones, coincidiendo con el momento en que se procedía a la recaudación de los impuestos directos; con lo que se ponía bajo control episcopal todo lo relacionado con la ejecución de la política fiscal: establecimiento de las tasas de aderación y audiencia a los contribuyentes quejosos. La colección *Hispana* ha conservado de esta época una serie de concilios provinciales que obedecen más o menos a estos principios, o a las necesidades de reforma surgidas de la conversión al catolicismo de la Monarquía visigoda: Narbona (589), Sevilla I (590), Zaragoza II

(592), Toledo (597), Huesca (598), Barcelona II (599), Toledo (610), Egara (614) y Sevilla (619). Aunque tenemos noticias de la existencia de otros concilios provinciales, de los que no se nos han conservado las actas —como el famoso de la Bética de tiempos de Suintila—, también parece seguro que no se pudo mantener siempre el ritmo de una reunión por año y provincia. Con posterioridad a la época isidoriana, especialmente fecunda en tales tipos de concilios, se nos han conservado las actas de algunos otros concilios provinciales, especialmente importantes por el carácter general de las decisiones en ellos asumidas en lo tocante al culto, liturgia y disciplina eclesiástica: Toledo IX (655), Mérida (666), Toledo XI (675), Braga III (675); coincidentes en su mayor parte con aquellas épocas en que no se celebraron los llamados concilios generales.

Bastante más reciente es la institución de reuniones periódicas de carácter conciliar y que abarcasen a la totalidad de las provincias eclesiásticas del Reino visigodo. Reuniones de este tipo habían existido desde bastante antiguo, siempre que a la Monarquía le interesó llegar a un acuerdo o consenso general con una fuerza social importante como era la de los obispos católicos. Y a una finalidad de este tipo obedecieron el Concilio de Agde del 506, o el que estaba propuesto celebrar al año siguiente con la presencia de los obispos hispanos, y el fundamental de Toledo del 589. Pero, pasadas las necesidades de dichos acuerdos, nunca más los soberanos visigodos volverían a considerar oportuno celebrar una reunión, en la que el elevado número de los obispos presentes pudiera inducir a éstos a presentar un frente unitario ante ciertas apetencias cesaropapistas de la Monarquía toledana. Las cosas cambiarían cuando, en el 633, un soberano débil y necesitado del apoyo eclesiástico y nobiliario, como Sisenando, reunió el llamado Concilio IV de Toledo. Bajo el liderazgo de Isidoro de Sevilla, la Iglesia visigoda trató entonces de imponer la necesidad de un concilio general siempre que cuestiones de Fe o asuntos de interés general así lo aconsejasen. A partir de entonces se celebrarían trece concilios generales, siendo particularmente abundantes en los reinados de soberanos débiles frente al poder nobiliario o especialmente necesitados del apoyo de la Iglesia en su permanente conflicto con la nobleza laica: Toledo V (636) y VI (638) reinando Chintila; Toledo VII (646) con Chindasvinto; Toledo VIII (653), IX (655) y X (656) bajo el reinado de Recesvinto; Toledo XII (681) y XIII (683) con Ervigio; Toledo XV (688), Zaragoza III (691), Toledo XVI (693) y XVII (694) bajo el gobierno de Egica; y Toledo XVIII (703), cuyas actas no han llegado hasta nosotros, reinando ya Witiza.

La mayor densidad de concilios generales en los últimos tiempos de la Monarquía toledana se relaciona evidentemente con la clara protofeudalización del Estado, abocado a la constitución de un instrumento institucionalizado del pactismo exigido por el conflicto latente monarquía-nobleza si no se quería terminar rápidamente en la disolución del propio Estado. En este sentido los concilios generales visigodos acabaron por convertirse en el precedente inmediato de los posteriores *Concilia* del Imperio carolingio, teniendo en ellos un peso cada vez más importante el tratamiento de los asuntos seculares y la presencia de los altos funcionarios palatinos, institucionalizada a partir del VIII de Toledo. Que algo que estaba a punto de convertirse en órgano esencial del discurso político del Reino toledano y en expresión misma del carácter protofeudal y pactista del Estado concediera un protagonismo tan grande al elemento eclesiástico y tuviese las formas de las reuniones sinodales del episcopado, no sólo es fiel reflejo del peso político y social de los obispos y de las evidentes relaciones de éstos con la nobleza laica; en último término, era una consecuencia más de esa cristianización del lenguaje del poder a la que aludíamos en el apartado precedente.

La politización de los concilios generales visigodos no era, sin embargo, una característica de última hora: de hecho, había estado presente en sus primeras muestras: en el de Agde, y todavía más en el de Toledo del 589. De esta forma, los concilios generales de Toledo habrían sido siempre asambleas mixtas, tanto por su composición como por su temática. Convocados por el rey, dichos concilios se solían reunir en la capital toledana y en las basílicas palatinas de Santa Leocadía o de los Santos Apóstoles Pedro y Pablo. Las sesiones se abrían con la lectura por el soberano del llamado «tomo regio», donde proponía los temas que pretendía se debatiesen. En los temas de exclusivo carácter religioso en las deliberaciones estaban presente exclusivamente los obispos, mientras que en las de tema político intervenían también los altos oficiales palatinos, constituidos a partir del VIII Concilio de Toledo por todos los duques provinciales. El poder real reconocía plenos efectos civiles a las resoluciones que allí se pudieran tomar; a cuyo efecto las actas conciliares podían ir seguidas de una ley regia confirmatoria de su contenido, que se hizo habitual a partir del XII Concilio de Toledo.

A finales del siglo iv, el Cristianismo hispano había dejado de ser un fenómeno exclusivamente urbano. De la mano de la potente nobleza senatorial terrateniente hispana, que se suele conocer como de Teodosio, la cristianización de los campos peninsulares se había ya iniciado con particular intensidad, tal y como permite suponer la obra del llamado presbítero Eugenio para el área circunpirenaica. En los siglos sucesivos dicho proceso no haría más que calumniar. En pleno Reino de Toledo, no obstante que a veces se haya dicho lo contrario, la cristianización de los campos peninsulares podría darse por completa; y así lo testimonia tan agudo observador del Califato cordobés del siglo ix como lo fue el espía fatimí Ibn Hawqal al afirmar que la mayor debilidad de aquél radicaba en la existencia de enormes masas de campesinos cristianos, prestos a la rebelión. Dígase lo que se quiera, el paganismo había dejado de ser un problema en los campos hispanos del siglo vii, de ahí la escasa o nula atención puesta a la acción misional para con los paganos en la literatura eclesiástica y en los concilios; lo que contrasta abiertamente con la atención prestada al problema de la conversión de los judíos, que ya analizamos en su momento oportuno.

Pero una cosa es afirmar el carácter cristiano del campo hispanovisigodo y otra muy distinta pensar que se trataba de un cristianismo arraigado en concepciones teológicas complejas y coherentes. El campo visigodo se encontraba cristianizado como una expresión y consecuencia más de la cristianización del lenguaje del poder y de la dominación. Obra inicial y fundamental de nobles senadores y de sus parientes episcopales se había realizado siguiendo las pautas trazadas en la Galia por San Martín de Tours a finales del siglo iv. Se trataba, por tanto, de un cristianismo que había sabido desviar en su favor las tradiciones y referencias espaciales y temporales de la antiquísima religiosidad campesina: solapamiento de festividades cristianas con otras paganas fundamentales del ciclo agrícola, y advocación a los santos y mártires de anteriores lugares de culto; lo que, en muchos casos, no iba más allá de una superficial apariencia cristiana de anteriores prácticas mágicas y fetichistas. En la medida en que tales prácticas se pretendiesen seguir realizando al margen de los representantes de la jerarquía eclesiástica y con una plástica demasiado patente de su paganismo —aspecto más o menos lascivo de muchas fiestas y bailes populares, originarios de desaparecidos ritos de fecundidad; o continuidad de espacios y objetos religiosos sin la presencia de un recinto de culto cristiano—, ésta tenía que denunciarlo y pedir al brazo secular su erradicación. Como ha señalado recientemente M. Sotomayor, al tratar de muchas prácticas idolátricas y supersticiones entre sus fieles galaicos, en su *De correctione rusticorum,* San Martín de Braga no pretende otra cosa que corregirlas entre unos fieles sincera y oficialmente cristianos y que acuden a la instrucción pastoral de su obispo. En otro caso, no se entendería la alusión del XVI Concilio de Toledo a la posible permisividad dada por algún obispo a dichas prácticas paganizantes. Porque, en definitiva, lo que tanto la Iglesia como los campesinos de la época pensaban de dichas prácticas no era su carácter pagano, sino satánico y, por tanto, más peligrosas para un cristiano. Al irrogarse el clero el monopolio del exorcismo contra el diablo, la misma presencia de tales prácticas se convertía en un elemento más de ese lenguaje cristiano del poder y la dominación, estando la misma Iglesia más o menos insconcientemente interesada en su mantenimiento.

El canon 11 del XII Concilio de Toledo, también dedicado a la represión de dichas prácticas, señala a los señores como directamente responsables de la vigilancia de la pureza cristiana de las costumbres de sus campesinos, haciéndoles así partícipes de ese lenguaje cristiano del poder en el campo hispanovisigodo. Porque la verdad es que la cristianización de los campos desde un primer momento no había venido más que a reforzar la dominación ejercida por dichas gentes sobre los campesinos, al sacralizar en muchos casos la red de dependencias sociales y económicas que se focalizaba en la antigua residencia señorial o *villa* tardorromana. Oposición a tales dominaciones que, en determinados casos, pudo degenerar en auténtica negativa campesina a la implantación de una capilla o a la actividad en ella de clérigos, considerados como dominadores suplementarios; causa sin duda de la desgraciada muerte de un discípulo de Valerio en el Bierzo de finales del siglo VII a manos de un campesino al que, no obstante, en absoluto el hagiógrafo señala como pagano.

Dicho carácter señorial de la Iglesia rural hispanovisigoda existía ya desde un principio, como prueban las actas del I Concilio de Zaragoza del 300, como no podía ser de otro modo. La arqueología de la época muestra una constante de enorme interés a este respecto. En una básica y generalizada continuidad de las grandes mansiones señoriales *(villae)* del Bajo Imperio a lo largo de los siglos V y VII se observa una mutación capital en sus elementos centrales, donde se concentraba toda la simbología del poder y el prestigio cultural. De tal forma que los antiguos ámbitos tricóricos del triclinio de la residencia señorial, decorados con ricos pavimentos musivarios de temática paganizante tradicional, son sustituidos por edificaciones de funcionalidad religiosa: *martyrium,* que sirve a la vez de mausoleo señorial y capilla; iglesia rural y hasta un conjunto monástico. Ejemplos de todo ello se observan en lugares tan alejados en el espacio y en el tiempo como: Vega del Mar (Málaga), la Alberca y Ajezares (Murcia), Casa Herrera (Badajoz), Torre de Palma (Alemtejo, Portugal), las Tamujas y Vegas de Pueblo Nuevo (Toledo), Fraga (Lérida). Testimonios arqueológicos que están en continuo aumento y que se complementan con noticias semejantes de los textos literarios; como puedan ser los referentes a la construcción de comunidades monásticas por gentes como Fructuoso e Hildefonso de Toledo a mediados del siglo VII en sus fincas patrimoniales del Bierzo (Compludo) o de la región toledana *(villa Deibiensis)*, o la edificación de una basílica rural a finales del siglo VII en el gran dominio de Ebronanto en el Bierzo por parte de la noble familia de Ricimiro.

La legislación conciliar hispanovisigoda alude ciertamente a esta realidad de la multiplicación de los templos de culto cristiano edificados en ambiente rural a expensas de ricos laicos, tal y como certifica el canon 33 del IV Concilio de Toledo, que señala también cómo la construcción de una basílica rural iba acompañada de la adscripción a ella de unos bienes raíces y fuerza de trabajo (esclavos) suficientes para el mantenimiento del culto y del clero adscrito a ella. Además del «amor de Cristo y a los mártires», los fundadores de tales basílicas podían verse también motivados por la esperanza de hacerse con una parte sustancial de las ofrendas que la piedad campesina aportase a dichos templos, tal y como ya denunció el canon sexto del Conclio II de Braga. Esta consideración de las basílicas rurales como un instrumento de lucro, de dominación socioeconómica sobre los campesinos, habría de ser fuente de conflicto entre los fundadores privados de dichas basílicas y los obispos. Teóricamente, toda iglesia construida en el territorio de una diócesis visigoda se encontraba sometida a la autoridad y jurisdicción del ordinario del lugar. No pudiéndose hablar de distinción en España entre iglesias rurales parroquiales e iglesias rurales privadas sin derechos parroquiales. El llamado *Parrochiale,* o división de la Iglesia sueva en la segunda mitad del siglo VI, más que una auténtica división en parroquias, lo que ofrece son los límites diocesanos, señalando los distritos territoriales que correspondían a cada obispado. De esta forma los obispos hispanos se reservaron siempre una serie de atribuciones y funciones sobre todas las iglesias rurales, exactamente iguales a las que tenían sobre las basílicas urbanas distintas de la catedral: consagración de la basílica y nombramiento de su *rector,* consagración del Crisma pascual y reserva de una porción de la renta, denominada *tertia* episcopal. Derechos episcopales que sin duda pudieron incitar a más de un prelado a considerar a tales basílicas rurales, y al patrimonio adscrito a ellas, como su propia propiedad al mismo título que la de la iglesia catedral. De tal forma que la misma legislación conciliar tuvo que limitar tales derechos episcopales, reconociendo otros a los fundadores de tales basílicas rurales, según las pautas del Derecho romano sobre el *ius fundi,* constituyéndose a partir del IX Concilio de Toledo lo que G. Martínez Diez ha llamado con toda propiedad «iglesias de patronato» y a las que nos referimos en un capítulo anterior al hablar de la gran propiedad eclesiástica. En virtud de ello, a los propietarios-fundadores se les reconocía el derecho de presentación del clero rector y de vigilar, ellos y sus herederos, por el cuidado y mantenimiento del culto en dicha iglesia rural. De tal forma que los obispos vieron limitada la libre disposición de su tercia al mantenimiento de la iglesia y el culto. Pero ni siquiera con estas precauciones era siempre posible el mantenimiento decoroso de las iglesias rurales, cuya misma multiplicación había hecho aparecer el fenómeno de iglesias muy pobres, insuficientemente dotadas para el mantenimiento de un rector propio. Por ello, el XVI Concilio de Toledo llegaría a estipular que aquella que no contase con un mínimo patrimonial, estipulado en diez esclavos y la tierra que éstos pudieran trabajar, debería asociarse con otras vecinas para sostener entre todas a un presbítero como rector. Lo que sin duda habría acabado por constituir el germen de una jerarquización entre las iglesias rurales y el surgimiento en España de un auténtico régimen parroquial.

Pero, como dijimos anteriormente, los nobles hispanovisigodos no sólo construyeron y dotaron basílicas y oratorios en sus propiedades. Con muchas frecuencia tales fundaciones piadosas fueron monasterios. Motivos teológicos y socioeconómicos podían incluso hacer más atractiva la dotación de monasterios por parte de particulares. Según la costumbre canónica, los monasterios se encontraban al margen de la estricta jurisdicción del ordinario en cuya diócesis estuviesen ubicados. Según estableció el VI Concilio de Toledo, la intervención episcopal sobre los monasterios de su diócesis quedó limitada a la institución de los titulares de los principales oficios eclesiásticos dentro del monasterio, procurar el bien espiritual de los monjes y cortar posibles abusos. En el aspecto económico —asunto nada despreciable, pues un monasterio en principio exigía una dotación patrimonial bastante más extensa que una iglesia rural—, el obispo en absoluto podía intervenir ni tenía derecho a detraer una parte de las ofrendas y rentas depositadas en el monasterio por los fieles. Situación privilegiada que habría dado lugar a ciertos abusos por parte de fundadores que tratarían de hacer pasar por monasterio lo que, en el fondo, no era sino una pequeña basílica rural carente de una verdadera congregación, tal y como denuncia el Concilio de Lérida del 546.

Los orígenes del monaquismo hispanovisigodo son muy antiguos. Las pautas seguidas por la rápida cristianización de finales del siglo IV, sin duda muy cercanas a las instauradas en las Galias por Martín de Tours, hicieron que el movimiento monástico en España tuviese un claro carácter aristocrático. Dejando a un lado el posible conflicto antes señalado, la verdad es que iglesia monástica y episcopal no constituyeron dos realidades encontradas. Los monasterios hispanovisigodos fueron igual de frecuentes en los ambientes urbanos —como tuvimos ocasión de señalar al estudiar la ciudad— como rurales; siendo muy normal que los primeros de ellos fueran de fundación episcopal. Monasterios urbanos y suburbanos, famosos por su especial vinculación a una basílica prestigiosa con mucha frecuencia, se constituyeron en auténticos semilleros de futuros obispos; como pudieron ser los casos de Dumio para Braga, Agali para Toledo y Santa Eulalia para Mérida. La ideología eclesiástica de la época acabaría así por exaltar la figura del monje-obispo como el máximo grado de perfección alcanzable por el cristiano en este mundo. Hasta el punto que el rigorista movimiento monástico impulsado a mediados del siglo VII por San Fructuoso en el noroeste español llegaría a institucionalizar, siguiendo anteriores moldes de la Iglesia sueva, la figura del obispo-monje situado al frente de toda la congregación pluricenobítica, seguramente personalizada en el obispo-abad del monasterio de Dumio, que con frecuencia en esta época lo era también de la sede metropolitana de Braga. Más conflictivas pudieron ser las relaciones entre Iglesia episcopal y los movimientos eremíticos y anacoréticos. Tal y

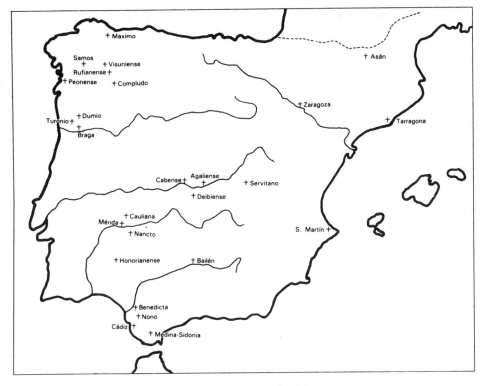

Monasterios de la España visigoda (siglos VI-VII)

como apuntan las tensas vivencias de San Millán de la Cogolla con el obispo de Tarazona a mediados del siglo VI, y de San Valerio del Bierzo con el ordinario de Astorga a finales del VII. Las mismas actas conciliares reflejan una cierta suspicacia de la Iglesia episcopal y oficial hacia la figura del anacoreta, vagabundo y no demasiado respetuso con la jerarquía eclesiástica ni con el monopolio que ésta afirmaba tener de la doctrina cristiana. Aunque no resulta fácil ver en estos anacoretas una particular forma de protesta social como a veces se ha pretendido. Los mismos prejuicios hacia ellos de obispos y abades deben entenderse dirigidos a su no conformidad con las pautas de conducta establecidas para el clero y correspondientes a su papel de liderazgo ideológico y moral en sus diversas comunidades. Liderazgo que, sociológicamente, debería desarrollarse en comunidad de ideas y formas de vida con los poderes laicos locales. Por eso, el interesante canon quinto del Concilio VII de Toledo no tiene ningún inconveniente en aceptar a aquellos anacoretas que vivían recluidos en celdas adjuntas a alguna iglesia o monasterio; es decir, bajo la jurisdicción conocida de representantes de la jerarquía eclesiástica y en el seno de sus instituciones ordinarias. En todo caso, no debe olvidarse que el conflictivo San Millán acabaría por ser considerado como el fundador de un respetable cenobio, gobernado por abades pertenecientes a poderosas familias episcopales como la de San Braulio de Zaragoza. Y algo parecido podríamos predicar de Valerio Bergidense, al fin integrado en un monasterio de la congregación fructuosiana.

Más problemática para la sociedad laica pudiera ser la queja que el anónimo hagiógrafo de la *Vita Fructuosi* puso en boca del duque de la Bética ante el mostruoso éxito social alcanzado por el movimiento monástico de San Fructuoso: al expresar ante el rey su temor que la gran cantidad de prosélitos conseguida por el santo pudiera poner en peligro el reclutamiento militar. Evidentemente, en una sociedad en avanzado estado de feudalización, como la visigoda de mediados del siglo VII, el máximo elemento de conflicto en el seno de la clase dominante se establecía por el control del mayor número de dependencias personales, tanto de posibles empuñadores del arado como de la espada. Y en este sentido la vida monástica, aparte de sinceros deseos de santificación, ofrecía evidentes ventajas para los humildes y los poderosos. Los primeros veían en la fraternidad y relativa igualdad social propias de la vida monástica y su ascetismo un consuelo a las injusticias de este mundo, una especie de prefiguración del igualitario Reino de los cielos; convertidos en humildes monjes, estas pobres gentes podían considerarse estamento privilegiado dentro del trasunto celestial que constituía el espacio terrenal limitado por la cerca monástica, en el que la divisoria se marcaba entre clérigos y laicos. En todo caso, la cercanía de la reliquias de los santos lo que sí aseguraba a sus monjes era una considerable perdurabilidad de sus condiciones de vida en una época donde la inseguridad era moneda corriente: patrimonios monásticos no sometidos a las particiones y confiscaciones propias de los laicos, sino generalmente incrementados con las donaciones de los fieles o nuevos poderosos ingresados en el cenobio y, en todo caso, beneficiados por toda una serie de crecientes privilegios fiscales que hacían menos dolorosa la renta señorial. Por su parte, los poderosos laicos fundadores de monasterios veían en ellos la consecución de esa misma seguridad frente a particiones hereditarias, confiscaciones regias y contestación de un campesinado doblemente abrumado por la renta señorial y la fiscalidad estatal. En definitiva, el noble convertido en abad veía doblado su liderazgo social tradicional con el indiscutido ideológico y moral unido a la jerarquía eclesiástica.

Examinado el monaquismo hispanovisigodo bajo esta perspectiva feudalizante, podríamos comprender mejor las esenciales transformaciones sufridas por él en estos siglos, tanto en sus formas institucionales como en sus fuentes de inspiración ideológicas. De inspiración episcopal y originado en ambientes aristocráticos tardorromanos de gran tradición cultural, los monasterios hispanos de los siglos V y VI serían de ubicación preferentemente urbana y con una clara dependencia del obispo del lugar. Mientras que en lo social se seguía manteniendo un cierto reflejo de las divisiones que se daban en el mundo: imposibilidad de profesar para los esclavos, liberación a los monjes del trabajo manual y condiciones de privilegio para los profesos de condición noble, tal y como señala la llamada Regla de San Leandro para la congregación cenobítica de su madre, Túrtura, y hermana Florentina. En todos ellos la regulación de la vida se encomendaba a lo que dispusiera el ordinario del lugar, que normalmente no haría otra cosa que adaptar para la ocasión alguna regla monástica prestigiosa: más concretamente las de San Agustín, del Maestro por el intermedio lerinense y de San Cesario de Arlés. Preponderancia agustiniana que se veía confirmada a mediados del siglo VI con la llegada al mediodía peninsular de comunidades monásticas norteafricanas, que huían tanto de las razzias beréberes como de la oposición de la iglesia africana a la política religiosa de Constantinopla; como serían los casos bien conocidos del cenobio del africano

Nancto en las proximidades de Mérida, o del Servitano, fundado por cien monjes africanos bajo el abad Donato en las proximidades de la celtibérica Ercávica. Modelos lerinense y agustiniano que primarían en dichos cenobios la actividad cultural contemplativa, con una activa vida literaria, especialmente centrada en la gran literatura latina cristiana, pero que apreciaba la buena formación retórica alcanzable por la lectura de ciertas obras paganas tradicionales.

Sin embargo, el mismo siglo VI ya habría contemplado la aparición de un nuevo elemento de enorme trascendencia para el futuro. La creación del cenobio dumiense por Martín de Braga en el Reino suevo supuso la aclimatación en la Península de la gran tradición monástica oriental, con sus traducciones latinas de *Las Sentencias de los Padres de Egipto* y las *Palabras de los ancianos del desierto*. Con ellas se introducían unas mayores dosis de ascetismo y rigorismo, con la existencia de una retirada del mundo —es decir, de la ciudad y de la formación cultural tradicional de la aristocracia tardorromana— y un mayor igualitarismo social entre los monjes, sin distingos de su situación anterior a la entrada en el convento, salvo la exigencia de obediencia total al abad. La llamada regla monástica de Isidoro de Sevilla representa una cierta postura de compromiso, con un mayor rigorismo, exigencia de alejamiento de los núcleos urbanos, pero al mismo tiempo drástica separación social entre los monjes, liberados en gran parte de trabajo manual y entregados al estudio, y el resto de los campesinos que trabajan el patrimonio fundiario del monasterio. Pero, a partir del movimiento monástico de Fructuoso, se impondrían las nuevas tendencias centradas en un rigorismo de tradición oriental, en un igualitarismo social, con la posibilidad de la entrada masiva en el monacato de esclavos, que continuarían trabajando como monjes las tierras del monasterio, y un reducidísimo bagaje cultural, basado en la lectura en comunidad de ciertos tratados hagiográficos y reglas monásticas. La segunda de las reglas de inspiración frustuosiana, aquella que se aplicó en la llamada por J. Orlandis congregación monástica dumiense, la *Regula Communis,* sancionó la posibilidad de que familias enteras —matrimonios con sus hijos— residieran de forma permanente en los monasterios. Origen de un monasticismo dúplice que haría grandes avances a finales del siglo VII en el cuadrante noroccidental peninsular, y en el que el ideal de la *Theópolis* se incardinaría en una fructífica simbiosis con las realidades sociales protofeudales: lo que no dejaría de dar lugar a abusos y falta de seriedad en muchos de estos monasterios familiares, bien denunciados en el tratado valeriano *De genere monachorum.* Porque no se puede alvidar que en dichos monasterios era normal la firma de un *pactum* por parte de los monjes hacia el abad en el momento de entrar en el cenobio, en el que los primeros se comprometían a obedecer al abad cumpliendo los mandatos de la regla, y el segundo a defenderlos y protegerlos, espiritual y materialmente. Monaquismo pactista que era el perfecto corolario de una sociedad en la que las relaciones de dependencia a varios niveles estaban sustituyendo al mismo Estado de tradición tardorromana. En ello es donde hay que encontrar la explicación de las semejanzas entre este monaquismo visigodo tardío y el irlandés contemporáneo, uno u otro propio de sociedades en las que los lazos de dependencia personal de índole privada superaban a los públicos; más que en hipotéticas herencias culturales debidas a una indemostrable inmigración bretónica en la región de Mondoñedo a principios del siglo VI y base del posterior monasterio Máximo o de Santa María de Bretoña, como han querido algunos.

CAPÍTULO IX

Transmisión y objetivos de la cultura cristiana

La enseñanza eclesiástica

A finales del siglo VI, el obispo de la Cartagena bizantina, Liciniano, escribiendo a Gregorio Magno se queja del bajo nivel cultural del clero de su provincia; afirmando la imposibilidad de cumplir las ordenanzas papales de no conceder las órdenes del clero a los analfabetos. Retórica afirmación de Liciniano que no ha dejado de levantar comentarios sobre la incultura reinante en la Iglesia hispana de la época. Sin embargo, lleva razón Díaz y Díaz cuando propone leerla a la luz de un renovado interés de la Iglesia occidental en el siglo VI por elevar el nivel cultural del clero. Interés que se explica por la toma de conciencia por parte de la Iglesia católica hispana de que, ante la realidad indiscutible del nuevo poder bárbaro y arriano, resultaba de todo punto imprescindible resaltar sus lazos de continuidad con el pasado como receptora de la civilización tardoantigua cristiana y latina. Una conciencia, como ha dicho Díaz y Díaz, de que la reconstrucción cultural define y caracteriza a los hispanorromanos frente a los visigodos arrianos, dueños del poder político. Origen de una recreación de los programas educativos en el seno de la Iglesia que habría estado ya en la visión de la antigua Roma y su cultura propuesta por Sidonio Apolinar, y más tarde por el mismo Casiodoro y Ennodio en la Italia ostrogoda.

Por eso no debe extrañar que el primer testimonio de la existencia de una enseñanza más o menos reglada en el seno de la Iglesia hispana proceda del II Concilio de Toledo del 531, cuando en su canon primero establece la enseñanza obligatoria, por clérigos especializados y bajo la vigilancia del obispo y en su residencia, de los niños confiados a ésta para su posterior ingreso en el clero. Sin duda que, cuando se tomó tal decisión, los obispos hispanos debían ser plenamente conscientes de la falta de cualquier otra forma de educación reglamentada en España. Y debía hacer ya algún tiempo que habrían desaparecido las tradicionales escuelas municipales romanas, víctimas del naufragio general del municipio tardorromano basado en el gobierno de la Curia y en las actividades evergéticas por ésta sufragadas. De tal forma que la aparición en su lugar de esta escuela episcopal sería una consecuencia más de ese liderazgo urbano ejercido por los obispos hispanorromanos de la época.

Ignoramos los resultados más o menos inmediatos de la decisión del 531. Una visión del panorama cultural y literario de la Iglesia en España en el siglo VI permitiría formular una contestación ambigua. Evidentemente, algunas escuelas episcopales comenzarían entonces a funcionar de modo más o menos regular, al menos en lugares como Mérida o Sevilla, donde habrían podido educarse gentes como Massona o Leandro. Sin embargo, las lamentaciones de Liciniano están ahí, así como las sucesivas rebajas de los concilios en orden a los requisitos culturales de los candidatos al clero. Situación, pues, ambigua, sin unos ciclos de enseñanza definidos, y basada más en el voluntarismo de determinados obispos, que habría conducido a Isidoro de Sevilla a proponer en el IV Concilio de Toledo la obligación imperativa de todos los obispos de establecer escuelas en sus sedes respectivas para la correcta formación del futuro clero. Según se establece en los cánones 24 y 25 de dicho sínodo, tales escuelas se conciben en régimen de internado, en edificio anejo a la sede catedral, y en dos ciclos. El primero es de carácter integrado bajo tutela de un maestro único y abarca a la infancia y la adolescencia. La formación que en este primer ciclo se propone es elemental y pone su énfasis no tanto en los aspectos intelectuales como morales, considerándose complementaria a la acción familiar. Y, por supuesto, no se contempla la posibilidad de que todos los jóvenes de este primer ciclo aducativo tengan que recibir posteriormente las órdenes sagradas. Por el contrario, el segundo ciclo de estas escuelas sí se consideraba destinado a la formación del clero, pues su proyecto educativo persigue que el alumno pueda sin excesivas dificultades leer y comprender los textos sagrados escnciales, utilizando para ello ampliamente la memoria mediante la recitación del Salterio, los cánticos o himnos y el ritual; todo ello contenido en el llamado *liber manuale,* que el *Liber ordinum* de la Iglesia visigoda consideraba distintivo del prebítero y cuyo conocimiento por el candidato a dicho grado el VIII Concilio de Toledo consideró obligatorio que el obispo examinase antes de ordenarle. Para conseguir estos objetivos, previamente se realizarían ejercicios de lectura y escritura, así como se da-

El Credo epigráfico en una iglesia de Toledo (siglo VII). Museo de los Concilios (Toledo)

Pizarra con inscripción cursiva del siglo VI. Peralejos de Solís (Salamanca)

rían unas nociones mínimas de gramática; poniendo especial énfasis en las figuras de las letras y en la formación de ligaduras, en el caso de la escritura, y en la división de palabras y cláusulas y al ritmo y entonación, en el caso de la lectura.

No obstante que documentación de carácter formular nos demuestra que incluso en los estratos superiores de la sociedad hispanovisigoda se daban auténticos analfabetos, como el obispo Arvito de Oporto del 589, esta enseñanza de las primeras letras debió estar suficientemente extendida, incluso fuera de los ámbitos puramente eclesiásticos y urbanos. Prueba de ello es esa importancia y veneración que se otorga al documento escrito en las relaciones jurídicas, que suponen la actuación normal de notarios y exigen las firmas autentificadoras de los autores del documento y de los escribas. Y testimonio de esta relativa extensión de la escritura y la lectura son las llamadas pizarras visigóticas a las que nos referimos en la introducción de este libro. Provenientes en su mayoría de un área rural y marginal del Reino de Toledo, testimonian no sólo el uso normal del documento escrito en tales ambientes y por gentes de condición baja, incluso posiblemente servil, sino la existencia de escuelas primarias de carácter rural, de donde procederían algunas pizarras que son evidentes ejercicios escolares. A estas escuelas rurales parecen referirse los cánones 10 y 18 de los Concilios VI de Toledo y de Mérida, respectivamente, al aconsejar que los libertos de la Iglesia llevasen a sus hijos a su antigua iglesia con el fin de proceder a su educación por el párroco, o que éste instruyese a algunos esclavos para que así pudieran ayudarle en los oficios divinos.

Sociológicamente, estas enseñanzas elemental y media sin duda constituían la base de la vida cultural de la España visigoda. Sin embargo, como no podía ser de otra forma en una sociedad brutalmente desigualitaria y heredera de una cultura antigua fundamentalmente elitista y minoritaria, el corazón cultural del Reino toledano lo constituían determinados hogares de cultura superior. Ésta se desarrollaba tanto en el seno de algunas escuelas catedralicias antes descritas, como en otras monásticas, y de las que trataremos después. Su misma existencia se debería a razones un tanto fortuitas y coyuturales: fundamentalmente la presencia al frente de tales instituciones de una personalidad intelectual de relieve. De esta forma se ha solido hablar de escuela episcopal de Sevilla en tiempos de Isidoro; de Zaragoza cuando el episcopado de Braulio (631-651); de Agali en Toledo en tiempos del futuro metropolitano Eugenio I; o catedralicia toledana cuando el episcopado de Julián (680-690); o la episcopal de Palencia en tiempos de Conancio (609-639). Este personalismo de la enseñanza superior hacía que la vida de estas escuelas dependiese de la de dichas figuras, que las impregnaban en sus objetivos de sus particulares saberes y apetencias: especialización en el canto y la música de la de Conancio; en el cálculo y la Astronomía de la de Agali con Eugenio; las Humanidades sagradas y profanas en las sevillana y zaragozana, etc. Pero, no obstante estas imperfecciones y deficiencias, no cabe duda que se debe a la labor de tales escuelas el surgimiento de unas cuantas cumbres intelectuales cuya labor en las letras y saberes profanos y, sobre todo, sagrados dio a la España visigoda un renombre e irradiación cultural en todo el Occidente europeo en el crítico siglo VII, la época en la que los tradicionales focos de la cultura latina, Italia y África, se encontraban bastante apagados. Sin la labor de tales escuelas elitistas visigodas hubiera sido bastante más difícil el llamado renacimiento carolingio.

La enseñanza superior practicada en tales hogares de cultura seguía basándose en el cultivo de la retórica: la formación del orador había sido el objetivo primordial de la cultura clásica y las necesidades pastorales de la Iglesia continuaron primándolo. Para la consecución de tales capacidades oratorias, especialmente alabadas en las grandes personalidades de la Iglesia visigoda, los estudios gramaticales tenían una enorme importancia, desde sus aspectos morfológicos y lexicales a la misma prosodia, para pasar en una segunda etapa al estudio propiamente retórico, de las figuras y recursos del pensamiento y la dicción. Ejemplo máximo y vivo de tales enseñanzas gramaticales y retóricas lo constituye el *Ars grammaticae* de Julián de Toledo, sin duda fiel reflejo de lo que se practicaba en su escuela episcopal a finales del siglo VII, y que demuestra lo apegados que estos estudios se encontraban a los moldes heredados de la Antigüedad. Novedoso, por el contrario, en esta enseñanza superior de exclusiva finalidad eclesiástica era el papel central otorgado a los estudios bíblicos, de las Sagradas Escrituras. De tal forma que se pretendía que el libro sagrado ofreciese tanto los fundamentos dogmáticos como los ideales morales y hasta estéticos de la cultura visigoda. Para ello era fundamental el dominio de la exégesis bíblica, en la que desde finales del siglo VI se constituyeron en guía fundamental los comentarios de Gregorio Magno, cuya recepción hispánica se habría debido tanto a Liciniano y Leandro en el siglo VI como a Tajón de Zaragoza medio siglo después. Junto con la Biblia, el otro pilar del ciclo de esta enseñanza superior lo constituía la liturgia: salmodia, canto, lecturas semitonadas y homilética. Esta última introducía al estudioso ya en un segundo ciclo destinado a dotarle de la plena capacidad oratoria con la composición de un tema. En esta segunda etapa no fue infrecuente que se siguiera echando mano del viejo repertorio tradicional clásico; lo que venía a enlazar a dicha enseñanza superior con el viejo ideal senatorial tardorronamo del *otium* culto, y al que ya nos hemos referido. Sin embargo, es evidente que dicho repertorio, en el mejor de los casos —como en Isidoro de Sevilla—, sufrió de dos graves mutilaciones. En primer lugar, se redujo sobre todo a obras de carácter poético, consideradas menos peligrosas desde el punto de vista de la Fe. Y, sobre todo, más que la consulta directa de los autores antiguos se utilizaron repertorios y centones de citas, antológicas y resúmenes. Por el contrario, era normal la consulta directa y lectura completa de los máximos representantes de la Patrística latina, fundamentalmente poetas como Prudencio, Sedulio y Draconcio. Con todo ello, no sólo se pretendía dotar a los alumnos de una cierta capacidad compositiva de textos por escrito, sino que más importante era conseguir un perfecto dominio del lenguaje hablado. Para ello el adiestramiento de la memoria resultaba esencial, consiguiéndose la repetición de ristras enormes de citas eruditas, cuyo enunciado pudiera dar la impresión de un amplísimo dominio cultural. Y junto con la memorización la otra técnica empleada para conseguir un dominio de la oratoria y de la composición escrita era el de la vieja *disputatio* de la enseñanza retórica clásica. De forma que ejercicios de discusión de temas teológicos o morales constituían lo esencial de la jornada educativa de tales escuelas superiores en sus últimas etapas.

Como hemos dicho anteriormente, bastantes de estas llamadas escuelas superiores se encontraban ubicadas en monasterios más que en las mismas sedes episcopales. Aunque también es verdad que en muchos casos estos monasterios tenían un carácter urbano o semiurbano y se encontraban íntimamente unidos a la vida de una determinada sede episcopal: como podían ser los casos de la escuela del monasterio de Santa Eulalia en Mérida en el siglo VI, la del Agaliense en Toledo, o la del cenobio adjunto a la basílica martirial de Santa Engracia en Zaragoza. Esta relativa preponderancia de las escuelas monásticas en la cultura visigoda del siglo VII habría obedecido a dos causas: mejores condiciones para la formación de bibliotecas en dichas instituciones y acentuación de los elementos propiamente cristianos frente a los propios de las Humanidades clásicas en el ideal cultural del clérigo de la época.

Las dificultades de hacerse con papiro desde la ruptura del Imperio romano y, sobre todo, más tarde, tras la ocupación sasánida y luego islámica de Egipto, hicieron depender la transmisión literaria en la España visigoda por completo del pergamino. Este último trabajado en la nueva forma de códice presentaba unas indudables ventajas de calidad, duración y facilidad de manejo, pero su precio le convertía también en un bien escaso, tendente a ser reutilizado mediante la raspadura de escritos anteriores. De esta forma el dramático recurso a las lajas de pizarra como material barato de escritura, a lo que nos referimos anteriormente, se completa con la insistente petición de pergamino y códices que copiar que se encuentra en la correspondencia entre Isidoro de Toledo y Braulio de Zaragoza, en el viaje de Tajón a Roma para buscar obras de Gregorio el Grande, o en el préstamo de obras de Julián de Toledo entre el obispo Suniefredo de Narbona y sus colegas del noreste a finales del siglo VII. Una prueba también de ello es el mismo incremento experimentado por el precio de un ejemplar del *Liber iudicum,* que pasó de seis sólidos en tiempos de Recesvinto a doce en los de Ervigio.

Dado el carácter memorístico, erudito y de centón que hemos señalado en la enseñanza visigótica superior, no parece acertado reconstruir el contenido de algunas de estas bibliotecas episcopales o monásticas a base de las citas de autores que puedan detectarse en la obras literarias de los miembros de tales escuelas. Por el contrario, parece un camino más seguro, aunque difícil y siempre incompleto, el de rastrear la procedencia visigótica de nuestros códices medievales, tal y como ha propuesto Díaz y Díaz. Bajo esta perspectiva, el supuesto conocimiento de la gran literatura clásica latina que a veces se supuso para gentes como Isidoro de Sevilla, Braulio de Zaragoza o Julián de Toledo puede quedar reducido a unas proporciones bastante más modestas y más acordes con el espíritu de la época. De esta forma la poesía se limitaría a Lucrecio, Virgilio, Marcial y Claudiano, así como el centón conocido como los *disticha Catonis.* La erudición no contaría más que con extractos de Plinio el Viejo y con los resúmenes tardíos de gentes como Marciano Capela y Fulgencio el mitógrafo. La Historiografía clásica estaría representada ciertamente por la obra de Salustio; y la Filosofía por la de Séneca, en cierto modo considerado como criptocristiano. Frente a estos paganos, la representación en las bibliotecas monásticas y episcopales visigodas de autores cistianos resulta apabullante: Tertuliano, Cipriano, Hilario, Ambrosio, Agustín, Jerónimo, Sulpicio Severo, León Magno, Genadio, Gregorio Magno, Eutropio, Orosio, Hidacio, Juvenco, Prudencio, Sedulio, Draconcio, Coripo, Ausonio, Venancio Fortunato, Boecio, Casiodoro; y traducciones como las *Vitae Patrum,* Orígenes, Eusebio de Cesarea, Juan Crisóstomo y Evagrio Póntico. Caso aparte era la presencia de los tratados médicos de Hipócrates, Oribasio y Rufo y de las imprescindibles obras gramaticales de Donato, Sacerdos, Audaz, Caper y Probo.

No parece que podamos dudar de la existencia de bibliotecas de carácter no estrictamente eclesiástico en la España visigoda. Junto a la que parece que existía en la casa toledana de un tal conde Lorenzo, citada por Braulio para la primera mitad del siglo VII, pero de la que prácticamente sólo sabemos que se habría dispersado a la muerte de su fundador, también se podría pensar en otra existente en la Cancillería real del palacio de Toledo. Ciertamente, esta última contaría con obras de carácter jurídico, que estaría en la base de la redacción del *Liber iudicum* por Chindasvinto y Recesvinto. Pero tampoco parece improbable que dicha biblioteca palatina contase con algunas obras profanas y con abundante literatura eclesiástica: en ambas habría bebido el rey Sisebuto, capaz en su obra literaria de no hacer mal papel con bastantes de las grandes figuras eclesiásticas de su tiempo. Pero sin duda las principales bibliotecas, como ya hemos dicho, serían las situadas en algunos grandes monasterios. A este respecto no se podría pasar por alto la obligación que Isidoro de Sevilla en su regla impuso a sus monjes de leer asiduamente, con la obligación por el abad de explicar los textos difíciles. Y una de las cosas que habría hecho célebre al monasterio Servitano fundado en el siglo VI por los monjes de origen africano del abad Donato habría sido su rica biblioteca emigrada con ellos desde el vecino continente. Pero tampoco deberíamos hacernos excesivas ilusiones. Una buena parte de esas lecturas y comentarios monásticos deberían versar sobre un repertorio verdaderamente reducido: aparte de los textos propiamente sagrados, habría que citar las vidas de santos, sobre todo de carácter monástico, y las reglas monásticas; unas y otras recopiladas en conjuntos como las *Sentencias* y *Vidas de los padres,* obra de Martín Dumiense, y los llamados *codices regularum,* de cuya difusión es testimonio la llegada de ejemplares hasta nosotros. En definitiva, un conjunto librario que ocuparía poco espacio, y al que se refiere la conocida anécdota del hagiógrafo de San Fructuoso, al presentarnos al padre de monasterios viajando con su biblioteca monástica en las alforjas de un pollino. En este sentido, la cultura clásica de Isidoro, aunque sea fruto de segundas lecturas de autores africanos, y la erudición memorística de Braulio, aunque fuese por intermedio de Agustín y Jerónimo, contrastan con el ambiente cultural del círculo monástico fructuosiano del noroeste hispano de finales del siglo VII. Pues este último se nutría ya solamente de autores eclesiásticos, y casi en exclusividad de los textos sagrados y tratados hagiográficos. Y, ciertamente, era allí donde posiblemente palpitase más la auténtica civilización de la España visigótica final.

Sería bajo estos presupuestos cómo en gran parte habría que considerar la obra literaria que ha llegado hasta nosotros de la España visigoda, y cuya valoración como testimonio histórico hicimos al principio, en la introducción a este libro. Bástenos señalar ahora unos cuantos rasgos esenciales de toda ella.

En primer lugar cabría destacar el carácter isagógico de una buena parte de la producción literaria. Es decir, en un literatura destinada principalmente a la formación espiritual —dogmática y, sobre todo, pastoral del clero— era necesario primar la elaboración de manuales y repertorios, las colecciones de sentencias con las que se practicase en la escuela y que favoreciesen el dominio de la lengua literaria y sus recursos orales. Vocación isagógica que estaría en el centro de la gran producción de la cumbre de las letras visigodas: Isidoro de Sevilla. Pues las obras centrales de éste —las *Sententiae, Differentiae, Etymologiae* y *De ecclesiasticis officiis*— demuestran cómo la fundamental enseñanza gramatical puede constituirse en un instrumento universal para la adquisición y clasificación de conocimientos mediante la utilización de las cuatro categorías esenciales de la diferencia, la etimología, la analogía y la glosa o definición. De esta forma, las *Etymologiae* de Isidoro, gracias a sus ambiciones enciclopedísticas tanto en lo referente a los saberes profanos como a los sacros de la Patrística, pudo concentrarse en una auténtica suma de ese ideal de *cultura christiana* propuesto por Agustín de Hipona.

La segunda gran característica de esta literatura sería su vocación pastoral, buscando dar respuesta a los problemas concretos del presente y solucionar pragmáticamente los problemas de la Teología tradicional. Vocación pastoral que, como ha señalado acertadamente Díaz y Díaz, sería sobre todo visible en la obra de los grandes obispos toledanos del siglo VII, especialmente en los casos de Hildefonso, con su *De cognitione baptismi* y su *De perpetua virginitate Sanctae Mariae;* y Julián, en obras como *De comprobatione sextae aetatis Mundi, Antikeimenon* y *Prognosticon futuri saeculi,* en los que la refutación de la propaganda judía se mezcla con un mensaje tranquilizador ante las perspectivas escatológicas del momento, y que ya tenía un precedente en los *Comentarios al Apocalipsis* del obispo Apringio de Beja de mediados del siglo VI. Hasta en la misma actividad poética, tanto en Eugenio de Toledo como en el más rebuscado Valerio del Bierzo, la voluntad isagógica es patente: para servir tanto a la formación moral de sus discípulos como a su adiestramiento en las más complejas técnicas de la retórica. Y ello por no hablar de las obras hagiográficas e históricas, donde los aspectos isagógicos, de formación moral y de demostración del gobierno de la Providencia, se unen a los de una propaganda política del momento: de la conversión de Recaredo e identidad del Reino visigodo en Juan de Biclaro, a la hostilidad y superioridad goda frente a Bizancio en Isidoro de Sevilla, y la exaltación del patriotismo hispano frente a la Galia merovingia en la *Vita Desiderii* de Sisebuto o en la *Historia Wambae* de Julián de Toledo.

La plástica: cultura cristiana para iletrados

Como acabamos de ver, la civilización hispanovisigoda es en un alto grado de carácter literario. Pero, no obstante la valoración del documento escrito, el carácter imprescindible de éste, y una relativa extensión del conocimiento de la escritura, lo cierto es que mucha gente estaba incapacitada para acceder a tales expresiones literarias de la cultura. Incluso en un plano oral, las gentes más sencillas carentes de toda formación cultural, es posible que no fueran capaces de seguir la totalidad de las mismas homilías y textos litúrgicos que han llegado hasta nosotros de época visigoda. Y ello porque, aunque no hay duda que la España visigoda siguió hablando latín, éste distaba ya mucho del clásico, al que los intelectuales de la época seguían anclados en su formación retórica. Los cambios y mutaciones no sólo habían afectado a la fonética, separando ya mucho la pronunciación de la anotación escrita, sino también a la morfología. Las formas casuales habían retrocedido en beneficio de las construcciones preposicionales y adverbiales; las mismas declinaciones se habían simplificado, al igual que las conjugaciones y el sistema de demostrativos.

Como consecuencia de todo ello, los grupos dirigentes de la sociedad visigoda necesitaban de otros vehículos, que no fuese el solo documento escrito, para hacer llegar su mensaje ideológico y propagandístico a todos los rincones sociales del reino. Y en ello los recursos ofrecidos por la plástica artística y la arquitectura habrían de demostrarse imprescindibles.

Desde muy temprano, el Cristianismo había echado mano de los recursos plásticos para difundir su mensaje y mejor realizar su vocación pastoral. Uno de los hallazgos del llamado arte paleocristiano habría sido la adaptación de los recursos estilísticos e iconográficos clásicos a los nuevos programas iconográficos y anecdotario salidos de los textos sagrados. Lo que se plasmaría en el relieve, la musivaria, pintura y artes menores. Y a este respecto no podríamos olvidar que mejor que cualquier homilía o la lectura de la *Vita Martini* de Sulpicio Severo a los fines de difundir entre los fieles cristianos las virtudes y milagros de San Martín servían las pinturas que sabemos decoraban las paredes de su gran basílica de Tours. Por desgracia, el carácter perecedero de la pintura reduce enormemente los testimonios que hoy tenemos para hacernos una idea de lo que podían ser tales programas decorativos de carácter narrativo en los edificios religiosos hispanos; y los mismos relieves y mosaicos sufrieron del fanatismo del Islam peninsular, sobre todo en la rica Andalucía y a partir del siglo IX. Aunque de vez en cuando alguna pieza llegada hasta nosotros, como la pilastra con escenas taumatúrgicas evangélicas conservada en la iglesia de San Salvador de Toledo, nos ofrezca un pálido reflejo de lo que deberían ser estos catecismos y Evangelios para analfabetos.

Incensario bizantino de taller siciliano. Aubenga (Mallorca). Museo Episcopal de Palma

De ello, los testimonios más antiguos y abundantes nos los ofrecen ciertamente los sarcófagos paleocristianos. Aunque los programas iconográficos de todos ellos, con escenas principalmente bíblicas y de los mismos Evangelios apócrifos, suelen ser bastante comunes, sus recursos estilísticos y calidades variaban bastante. De tal modo que se puede observar un nítido contraste entre los procedentes de áreas costeras, abiertas a las importaciones romanas, africanas y del mediodía galo, que terminan por asimilar —como demuestra el llamado taller de Tarragona—, y las del interior. Entre estas últimas destaca el curioso grupo de sarcófagos de la Bureba del siglo v, llenos de recursos estilísticos que pueden remontarse a tiempos prerromanos, tales como la técnica de la talla a bisel. En todo caso, la simplicidad e indigenismo del diseño contrastaría con la sofisticación de su mismo programa iconográfico —tal como la del «sueño perpetuo» de las célebres Actas martiriales de Perpetua y Felicidad—; fiel reflejo de los abismos y puntos comunes que existían entre las clases dirigentes y los campesinos de tal zona peninsular. Contrastes sin duda subsumidos al final en la unidad de la fe cristiana de unos y otros. De tal forma que según se avanza en el siglo v los testimonios musivarios que tenemos de las *villae* señoriales hispanas acabarían por abandonar sus viejos temas de la mitología pagana para amoldarse a los símbolos y temas de la nueva religión: mosaicos de Fraga, Alfaro, Coscojuela de Fontova, etc. Arte musivario que, como elemento decorativo rico de los ambientes arquitectónicos de prestigio, acabaría por emigrar de esos mismos ámbitos privados y laicos a los de las basílicas cristianas, como muestran los ejemplos de las Baleares de los siglos v y vi (La Illeta de Torelló, Son Peretó).

La simplificación de los esquemas iconográficos y recursos estilísticos que hemos señalado en los sarcófagos de la Bureba acabaría por imponerse a partir de mediados del siglo vi. De tal forma que las muestras que han llegado de la decoración esculpida de tiempos del Reino de Toledo indican una mayor querencia por los temas de carácter geométrico, e incluso vegetal, más fácilmente esquematizables que los propiamente figurativos. Pero incluso en estos últimos la tendencia al grafismo es evidente. Tendencia esta última que también se veía motivada por la misma influencia de temas y programas iconográficos transplantados a la piedra, pero que debían de provenir de materiales más raros como tapices orientales, manuscritos y joyas. Así, el origen libresco de las escenas veterotestamentarias figuradas en los capiteles de la iglesia de San Pedro de la Nave (Zamora) de finales del siglo vii sería la mejor prueba de que se trata de una plástica concebida como la literatura de los pobres y analfabetos. En todo caso, estas pobres gentes que acudían en ciertas solemnidades a las basílicas cristianas, o presenciaban las ceremonias protocolarias de la vida religiosa o de la Corte toledana, tocarían con los ojos unas vestimentas lujosas y exóticas, joyas deslumbrantes como las coronas votivas de Guarrazar (Toledo) o Torredonjimeno (Jaén), que les acercaban, y por un momento les hacían partícipes del universo del poder, haciéndoles percibir una realidad placentera que sus creencias religiosas les hacían esperar en la próxima vida celestial futura.

Esta misma constatación del poder y participación del reflejo terrenal de una vivencia celestial que afectaba por igual a todas las clases y grupos sociales, se podían experimentar en la arquitectura; con mayor motivo aún. Al estudiar la ciudad hispanovisigoda, ya observamos los lugares preferenciales que ocuparon las edificaciones de carácter religioso, y cómo éstos se convirtieron en auténticos centros y puntos de referencia en la ordenación del espacio urbano. Las descripciones que nos han llegado del conjunto de edificaciones palaciegas de la capital toledana, y lo que se atestigua arqueológicamente en la residencia real secundaria de Recópolis, demuestran, por su parte, el extremado entrelazamiento entre el poder laico y el religioso, pues puntos de referencia en uno y otro lugar parece que los ocupaban las capillas palatinas según modelos protobizantinos. Realidad plástica que no venía sino a traducir esa misma teocratización a la que aludíamos al hablar de la ideología real hispanovisigoda.

Y, por último, los espacios basilicales; esos auténticos trozos del cielo transplantados a la tierra y donde todos los fieles, sin distinción de clase o condición social y económica, podían participar por un momento de unos minutos de vida celestial en compañía de los santos patronos del lugar. Sin embargo una constatación que hay que realizar en relación a la arquitectura religiosa hispanovisigoda es que creó edificios para ser vistos también desde el exterior. Por eso el cuidado que se puso en ofrecer unas fachadas noblemente trabajadas en sillar o, cuando menos, en sillarejo y enriquecidas con placas decoradas en relieve, incluso en las pobres muestras de pequeñas iglesias rurales que se nos han conservado del siglo VII: San Pedro de la Nave, San Pedro de Balsemão, Quintanilla de las Viñas, iglesia de Pedro, etc. Por eso también el interés en ofrecer desde el exterior la máxima simbología del Cristianismo, la planta cruciforme, y en disponer de un lugar elevado situado en una posición central en la geometría del edificio, lo que produjo una clara preferencia final por la planta de cruz griega sobre la tradicional basílica latina, más abundante en las muestras de los siglos V y VI. Lugar elevado central que representaba el auténtico punto de unión entre los santos del cielo y los fieles de la tierra. Interés por el exterior de los edificios religiosos que también puede ponerse en relación con su tamaño, a todas luces insuficiente para acomodar en su interior a un número elevado de fieles.

La otra gran característica de la arquitectura religiosa hispana de la época, que aquí nos interesaría resaltar, es la de haber reflejado en su evolución los vaivenes de la historia peninsular en estos siglos: de una fragmentación regional muy considerable, con la creación de centros de poder como Mérida y Sevilla, dotados de activas relaciones con otras áreas mediterráneas, a la unidad del Reino de Toledo, muy cerrado en sí mismo tras haber conseguido una afortunada síntesis a base de elementos de origen diverso.

Con anterioridad al siglo VII cabría destacar fundamentalmente la existencia de dos grandes grupos regionales: uno en el nordeste y otro meridional. En el primer grupo destaca el núcleo episcopal de la catedral paleocristiana de Barcelona; la formulación definitiva del mismo, con su iglesia de planta basilical latina y su baptisterio, remontaría probablemente a los primeros años del siglo VI, mostrando influencias provenzales y de la Italia del norte. Junto a este conjunto catedralicio destacaría el grupo de las basílicas baleáricas: Son Bou, Torelló y La Illeta del Rey. Todas ellas del tipo clásico rectangular, con prototipos en Siria y África del norte, y una cronología entre el siglo V y principios del VI. Por su parte, el grupo meridional se despliega en ejemplares de carácter rural y señorial, faltando el precioso testimonio de los grupos catedralicios urbanos, víctimas sin duda de la barbarie fanática musulmana de los siglos posteriores. Así, la mayoría de los restos encontrados corresponden a pequeñas basílicas o edificaciones de carácter martirial, encuadradas por lo general en el ámbito de una residencia señorial. Tal sería el caso del pequeño edificio de la Alberca (Murcia), probablemente del siglo v e inspirado en construcciones martiriales de Iliria, tal vez bajo la mediación de modelos norteafricanos. Inpiración africana muy visible en la basílica murciana de Aljezares, construida en la segunda mitad del siglo vi, y en la que la pobreza constructiva debía contrastar con la riqueza de su decoración interior, en la que ya se atisba una clara tendencia por ese grafismo al que nos referimos anteriormente. De clarísima influencia africana es también la basílica malacitana de Vega del Mar, así como las de La Cocosa (Badajoz) y Torre de Palma (Alemtejo). Todas ellas pertenecieron a residencias señoriales, tal vez transformadas con posterioridad en comunidades monásticas; construidas en el siglo vi, la influencia de las plantas basilicales africanas de tipo rectangular se reflejaría en la existencia de dos ábsides opuestos en los dos lados menores, y cuya precisa finalidad litúrgica sigue sin estar clara.

En la arquitectura que podríamos considerar propiamente del Reino de Toledo una primera época, hasta mediados del siglo vii, todavía estaría caracterizada por la existencia de focos de irradiación artística de carácter regional: centrados fundamentalmente en la Bética (Sevilla y Córdoba), Mérida y Toledo. Por desgracia, los dos primeros han de ser juzgados esencialmente por los restos de sus elementos decorativos, brutalmente reaprovechados en obras de época musulmana: mezquita de Córdoba y alcazaba de Mérida, principalmente. En Andalucía, es posible así que las influencias africanas anteriores, con una permanencia de las plantas basilicales clásicas, se mantuviese durante cierto tiempo, y resistiendo bastante a lo que pudiéramos considerar el arte aúlico toledano. Por el contrario el foco emeritense, con irradiación por la fachada atlántica, hasta Lisboa y Braga, mostraría unas marcadas influencias orientales y bizantinas. Por su parte, sería hacia finales del siglo vi cuando se formaría un arte propiamente toledano al calor de la Corte. En su constitución influirían técnicas y programas iconográficos tradicionales de tiempos paleocristianos, con claros influjos bizantinos, sin duda provenientes de la importación de miniaturas y marfiles, mostrando una gran fuerza de irradiación hacia el norte y el noroeste. Las circunstancias de la conquista musulmana, y posterior reconquista cristiana, han hecho que sean estas regiones las únicas de donde han llegado ejemplares arquitectónicos más o menos completos. Aunque desgraciadamente carezcamos de muestras propiamente toledanas, y una idea de lo que fuese el arte aúlico, sólo se puede realizar a partir de los reducidos ejemplares de San Juan de Baños y Santa María de Melque. La basílica de San Juan de Baños fue fundada por el rey Recesvinto en el 661, presentando bajo una planta de apariencia basilical clásica una evidente originalidad «visigótica», visible en su cabecera dotada de tres ábsides exentos y de planta rectangular que, junto a su porche de igual traza, debían dar al edificio una modulación extremadamente coherente. Más tardía es la iglesia monástica de Santa María de Melque (Toledo), cuya planta de cruz griega coincidiría con la de los ejemplares conservados del noroeste, ya en la segunda mitad del siglo vii: prueba evidente de esa creciente unidad artística de características toledanas, a la que nos referimos anteriormente. Dichos ejemplares serían los de Santa Comba de Bande, San Fructuoso de Montelios, San Pedro de

Placa con ornamentación vegetal del siglo v. Museo de Arte Romano de Mérida

Balsemão y San Pedro de la Nave. En todos ellos se observan claras influencias bizantinas, sobre todo en sus elementos escultóricos, y hasta en los mismos programas arquitectónicos, destacando en especial el caso de San Fructuoso de Montelios, basílica posiblemente diseñada por el propio obispo santo. La más tardía de todas ellas, la zamorana de San Pedro de la Nave, ofrecería finalmente una muy lograda síntesis visigótica de las tradiciones bizantinas y occidentales, al incluir en un típica planta de cruz griega una especie de elemento central de tres naves de tipo basilical latino. Originalidad visigótica que, posiblemente, se encontrase también en la tardía iglesia de Quintanilla de las Viñas (Burgos).

Fuentes y bibliografía

Fuentes

Braulio, *Epistolae*, ed. L. Riesco Terrero, *Epistolario de san Braulio*, Sevilla, 1975.
Braulio, *Vita Aemiliani*, ed. L. Vázquez de Parga, Madrid, 1943.
Cassiodorus, *Variae*, ed. *Monumenta Germaniae Historica. Auctores Antiquissimi*, XIII, 1-385.
Chronica Regum Visigothorum, ed. *Monumenta Germaniae Historica Leges*, I, 1, 457-461.
Chronicae Caesaraugustanae reliquiae, ed. *Monumenta Germaniae Historica. Auctores Antiquissimi*, XI, 222-23.
Codex Euricianus, ed. A. d'Ors, *El Código de Eurico* (Estudios visigodos, II), Roma-Madrid, 1960.
Codex Theodosianus (incluye *Breviarium Alarici*), ed. T. Mommsen, *Theodosiani libri XVI cum constitutionibus Sirmondianis et leges novellae ad Theodosianum pertinentes*, Berlín, 1954².
Concilios visigóticos e hispano-romanos, ed. J. Vives, Barcelona-Madrid, 1963.
Continuatio Hispana, ed. J. E. López Pereira, Zaragoza, 1980.
De fisco Barcinonensi, ed. J. Vives, *Concilios...*, 54.
Epistolae Wisigoticae, ed. J. Gil, *Miscellanea wisigothica*, Sevilla, 1972.
Eugenius, *Carmina*, ed. *Monumenta Germaniae Historica. Auctores Antiquissimi*, XIV, 231-70.
Exemplar induci inter Martianum et Aventium episcopos, ed. F. Dahn, *Könige*, VI², 615-20.
Felix Toletanus, *Vita s. Iuliani*, ed. *Patrologia Latina*, 96, 445-52.
Formulae Visigothicae, ed. J. Gil, *Miscellanea...*, 69-112.
Fredegarius et alii, *Chronicae*, ed. *Monumenta Germaniae Historica Scriptores Regum Merovingiarum*, II, 18-168.
Fructuosus, *Regulae*, ed. J. Campos e I. Roca, *Santos Padres Españoles*, II, Madrid, 1971, 127-211.
Gregorius Magnus, *Epistolae*, ed. *Monumenta Germaniae Historica. Epistolae*, I-II.
Gregoris Turonensis, *Historia Francorum*, ed. *Monumenta Germaniae Historica. Scriptores Regum Merovingiarum*, I, 31-450.
Hydatius, *Continuatio chronic. Hieronym.*, ed. E. Tranoy, *Hydace*, París, 1973.
Hildefonsus, *De viris illustribus*, ed. C. Codoñer, Salamanca, 1972.
Inscripciones cristianas de la Esp. romana y visigoda, ed. J. Vives, Barcelona, 1969².
Isidorus Hispalensis, *Chronica*, ed. *Monumenta Germaniae Historica. Auctores Antiquissimi*, XI, 424-81.
Isidorus Hispalensis, *Historia Gothorum Vandalorum et Sueborum*, ed. C. Rodríguez, León, 1975.
Isidorus Hispalensis, *Etimologías*, ed. Y. Oroz, Madrid, 1982.
Isidorus Hispalensis, *Regula*, ed. J. Campos e I. Roca, *Santos Padres Españoles*, II, 90-125.
Isidorus Hispalensis, *De viris illustribus*, ed. C. Codoñer, Salamanca, 1964.
Iohannes Biclarensis, *Chronica*, ed. Julio Campos, Madrid, 1960.
Iulianus Toletanus, *Historia Wambae regis, Monumenta Germaniae Historica. Scriptores Regum Merovingiarum*, V, 501-35. *Vita s. Hildesonfi*, ed. *Patrología Latina*, 96, 207 y ss.
Jordanes, *Getica*, ed. Monumenta Germaniae Historica. Auctores Antiquissimi, V, 1, 53-138.

Lex Visigothorum, ed. *Monumenta Germaniae Historica. Leges,* I, 1, 35-456.

Martinus Bracarensis, *Opera omnia,* ed. W. Barlow, New Haven, 1950.

Orosius, *Historiae adversum paganos,* ed. C. Zangemeister, Viena, 1882.

Procopius, *Bella gothicum et vandalicum,* ed. I. Haury, Leipzig, 1905.

Salvianus, *De gubernatione Dei,* ed. G. Lagarrigue (Sources Chrétiennes), París, 1975.

Sidonius Apollinaris, *Carmina,* ed. *Monumenta Germaniae Historia. Auctores Antiquissimi,* VIII, 173-264. *Epistolae ibíd.,* 1-172.

Testamentum Vicentii episcopi, ed. F. Fita, *Boletín de la Real Academia de la Historia,* 49 (1906), 137-69.

Valerius Bergidensis, *Opera omnia,* ed. C. M. Aherne, Washington D. C., 1949.

Vitas sanctorum patrum Emeretensium, ed. J. N. Garvin, Washington D. C., 1946.

Vita sancti Fructuosi, ed. M. C. Díaz y Díaz, Braga, 1974.

Bibliografía

ABADAL, R., *Dels Visigots als Catalans*, I, Barcelona, 1969.
CLAUDE, D., *Geschichte der Westegoten*, Stuttgart-Berlín-Colonia-Maguncia, 1970.
COLLINS, R., *Early Medieval Spain, Unity in Diversity, 400-1000*, Londres, 1983.
DAHN, F., *Die Könige der Germanen*, V, Wurzburgo, 1870; VI², Leipzig, 1885.
FERREIRO, A., *The Visigoths in Gaul and Spain A. D. 408-711. A Bibligraphy*, Leiden, 1988.
FOLZ, R.-GUILLOU, A.-MUSSET, L.-SOURDEL, D., *De l'Antiquité au monde médiéval*, París, 1972.
GONZÁLEZ, A.-GARCÍA MORENO, L. A. (eds.), *Los Visigodos. Historia y Civilización*, Murcia, 1986.
GARCÍA MORENO, L. A., *Prosopografía del Reino visigodo de Toledo*, Salamanca, 1974.
GARCÍA MORENO, L. A., *Romanismo y Germanismo. El surgir de los pueblos hispánicos* (=Historia de España dirigida por Tuñón de Lara, II), Barcelona, 1982.
JAMES, E. (ed.), *Visigothic Spain. New Approaches*, Oxford, 1980.
KAMPERS, G., *Personengeschichtliche Studiem zum Westgotenreich in Spanien*, Münster, 1979.
LIVERMORE, H., *Los orígenes de España y Portugal*, Santiago de Compostela, 1979.
MUSSET, L., *Las invasiones. Las oleadas germánicas*, Barcelona, 1967.
ORLANDIS, J., *Historia del reino visigodo español*, Madrid, 1988.
ORLANDIS, J., *Historia de la España visigoda*, Madrid, 1977.
STEIN, E., *Histoire du Bas Empire*, I-II, París-Brujas, 1949.
STRATOS, A. N., *Byzantium in the seventh century*, Amsterdam, 1968-1981.
STROHEKER, K. F., *Germanentum und Spätantike*, Stuttgart, 1937.
THOMPSON, E. A., *Los godos en España*. Madrid, 1973.
TORRES LÓPEZ, M. y otros, *Historia de España dirigida por R. Menéndez Pidal*, III², Madrid, 1963.

DE LA INVASIÓN DEL 409 A LOS DEL 711.
LA DIALÉCTICA DE LOS ACONTECIMIENTOS

ARCE, J., *El último siglo de la España romana: 284-409*, Madrid, 1982.
BACHRACH, B. S., *Early Medieval Jewish Policy in Western Europe*, Minneapolis, 1977.
BARBERO, A.-VIGIL, M., *Los orígenes sociales de la Reconquista*, Esplugas de Llobregat, 1973.
BESGA MARROQUÍN, A., *La situación política de los pueblos del Norte de España en la época visigoda*, Bilbao, 1973.
CLAUDE, D. *Adel, Kirche und Königtum im Westgotenreich*, Sigmaringen, 1971.
COURTOIS, Ch., *Les Vandales et l'Afrique*, París, 1955.
DEMOUGEOT, E., *La formation de l'Europe et les invasions barbares*, I-II, París, 1969-1979.
DIESNER, H.-J., *Politik und Ideologie in Westgotenreich von Toledo: Chindasvind*, Berlín, 1979.
GARCÍA IGLESIAS, L., *Los judíos en la España antigua*, Madrid, 1978.
GARCÍA MORENO, L. A., *El fin del Reino visigodo de Toledo*, Madrid, 1975.

GARCÍA MORENO, L. A., «España y el Imperio en época teodosiana», en *I Concilio Caesarau-gustano*, Zaragoza, 1980, 27-63.

GARCÍA MORENO, L. A., «Nueva luz sobre la España de las invasiones de principios del siglo V. La epístola XI de Consencio a S. Agustín», en *Verbo de Dios y Palabras Humanas* (M. Merino, ed.), Pamplona, 1988, 153-174.

GARCÍA MORENO, L. A., «Ceuta y el Estrecho de Gibraltar durante la Antigüedad Tardía», en *Congreso Internacional sobre el Estrecho de Gibraltar*, Madrid, 1988, I, 1095-1114.

GIBERT, R., «El Reino visigodo y el particularismo español», en *Estudios Visigodos*, I, Roma-Madrid, 1956, 15-47.

GIL, J., «Judíos y cristianos en la Hispania del siglo VII», *Hispania Sacra*, 30, 1979, 1-102.

HAMANN, S., *Vorgeschichte und Geschichte der Sueben in Spanien*, Munich, 1971.

HILLGARTH, J. N., «Coins and chronicles: propaganda in sixth century Spain and Byzantine background», *Historia*, 15, 1966, 483-508.

JIMÉNEZ GARNICA, A. M.ª, *Orígenes y desarrollo del Reino Visigodo de Tolosa*, Valladolid, 1983.

KATZ, S., *The Jews in the Visigothic and Frankisch Kingdon of Spain and Gaul*, Cambridge, Mass., 1937.

MATTHEWS, J., *Western Aristocracies and Imperial Court, A. D. 364-425*, Oxford, 1975.

NELSON, C. A. S., *Regionalism in Visigothic Spain*, University of Kansas, 1970.

PALOL, P., *Castilla la Vieja entre el Imperio romano y el Reino visigodo*, Valladolid, 1970.

REINHARDT, W., *Historia general del reino hispano de los suevos*, Madrid, 1952.

ROUCHE, M., *L'Aquitaine des Wisigoths aux arabes*, París, 1979.

SCHMIDT, L., *Geschichte der deutschen Stämme bis zum ausgang der Völkerwanderung*, II², Munich, 1934.

STROHEKER, K. F., *Eurich, König der Westgoten*, Stuttgart, 1937.

THOMPSON, E. A., «The End of Roman Spain», *Nottingham Mediaeval Studies*, 20, 1976, 3-28; 21, 1977, 3-31; 22, 1978, 3-22.

THOMPSON, E. A., *The Visigoths in the Time of Ulfila*, Oxford, 1966.

TORRES, C., *Galicia Sueva*, La Coruña, 1977.

VÁZQUEZ DE PARGA, L., *San Hermenegildo ante las fuentes históricas*, Madrid, 1973.

ZÖLLNER, E., *Geschichte der Franken*, Munich, 1970.

WOLFRAM, H., *Geschichte der Goten*, Munich, 1979.

SOCIEDADES Y ECONOMÍAS. DIALÉCTICAS ANTIGUAS Y NUEVAS

BARBERO, A.-VIGIL, M., *La formación del feudalismo en la Península Ibérica*, Barcelona, 1978.

BARRAL Y ALTET, X., *La circulation des monnaies suèves et visigotiques*, Munich, 1976.

CLAUDE, D., *Der Handel in westlichen Mittelmeer während der Frühmittelalter*, Gottinga, 1985.

DÍAS MARTÍNEZ, P., *Formas económicas y sociales en el monacato visigodo*, Salamanca, 1987.

DIESNER, H.-J., «König Wamba und der westgotische Frühfeudalismus», *Jahrbuch der Österreichischen Byzantinischen Gesellschaft*, 18, 1969, 5-27.

DOERHAERD, R., *Occidente durante la alta Edad media. Economías y sociedades*, Barcelona, 1974.

DUBY, G., *Guerreros y campesinos*, Madrid, 1976.

GARCÍA MORENO, L. A., «Colonias de comerciantes orientales en la Península ibérica, ss. V-VII», *Habis*, 3, 1972, 127-154.

GARCÍA MORENO, L. A., «La tecnología rural en España durante la Antigüedad tardía», *Memorias de Historia Antigua*, 3, 1979, 217-237.

GARCÍA MORENO, L. A., «El paisaje rural y algunos problemas ganaderos en España durante la Antigüedad Tardía», en *Estudios en Homenaje a D. Claudio Sánchez Albornoz en sus 90 años*, I, Buenos Aires, 1983, 401-426.

GARCÍA MORENO, L. A., «Imposición y política fiscal en la España visigoda», en *Historia de la Hacienda española (Antigua y Medieval)*, Madrid, 1982, 263-300.

GARCÍA MORENO, L. A., «El término "sors" y relacionados en el "Liber Iudicum". De nuevo el problema de la división de las tierras entre godos y provinciales», *Anuario de Historia del Derecho Español*, 53, 1983, 137-175.

GIL FARRÉS, O., «Consideraciones acerca del "tipo tercero" de Leovigildo», *Numisma*, 17, 1935, 25-61.
GOFFART, W., *Barbarians and Romans. The techniques of acommodation*, Princeton, 1980.
KING, P. D., *Derecho y sociedad en el Reino visigodo*, Madrid, 1981.
KORSUNSKIJ, A. R., *España goda. Cuestiones de Historia socioeconómica y política* (en ruso con resumen en castellano), Moscú, 1969.
LACARRA, J. M.ª, *Estudios de Alta Edad Media Española*, Valencia, 1971.
MILES, G. C., *The coinage of the Visigoths of Spain: Leovigild to Achila II*, Nueva York, 1952.
MARTÍNEZ DÍEZ, G., *El Patrimonio eclesiástico en la España visigoda*, Comillas, 1959.
NJEUSSYCHIN, A. I., *Die Entstehung der abhängigen Bauernschaft als Klasse der frühfeudalen Gesellschaft in Westeuropa vom 6. bis 8. Jahrhundert*, Berlin, 1961.
NEHLSEN, H., *Sklavenrecht zwischen Antike und Mittelalter*, I, Gottinga, 1972.
PÉREZ DE BENAVIDES, M. M.ᴬ, *El testamento visigótico*, Granada, 1975.
PÉREZ PUJOL, E., *Historia de las instituciones sociales de la España goda*, Valencia, 1896.
PETIT, C., *Fiadores y fianzas en derecho romano-visigodo*, Sevilla, 1983.
SAITTA, B., *Società e potere nella Spagna Visigotica*, Catania, 1987.
SÁNCHEZ ALBORNOZ, C., *En torno a los orígenes del Feudalismo*, I-III[2], Buenos Aires, 1974-1979.
SÁNCHEZ ALBORNOZ, C., *Estudios sobre las instituciones medievales españolas*, México, 1965.
SÁNCHEZ ALBORNOZ, C., *Estudios visigodos*, Roma, 1970.
SÁNCHEZ ALBORNOZ, C., *Investigaciones y documentos sobre las instituciones hispanas*, Santiago de Chile, 1970.
TOMASINI, J., *The Barbaric Tremissis in Spain and Southern France: Anastasius to Leovigild*, Nueva York, 1964.
TORRES LÓPEZ, M., «El origen del sistema de "Iglesias propias"», *Anuario de Historia del Derecho Español*, 5, 1928, 83-217.

ESTRUCTURAS ADMINISTRARIVAS Y POLÍTICO-IDEOLÓGICAS

BARBERO, A., «El pensamiento político visigodo y las primeras unciones en la Europa medieval», *Hispania*, 30, 1970, 245-326.
CLAUDE, D., «Gentile und territoriale Staatsideen in Westgotenreich», *Frühmittelalterliche Studien*, 6, 1972, 1-38.
GARCÍA GALLO, A., «Consideración crítica de los estudios sobre la legislación y la costumbre visigodas», *Anuario de Historia del Derecho Español*, 44, 1974, 343-464.
GARCÍA MORENO, L. A., «Estudios sobre la organización administrativa del Reino visigodo de Toledo», *Anuario de Historia del Derecho Español*, 44, 1974, 5-155.
KÄMPFT, H. (ed.), *Herrschaft und Staat in Mittelalter*, Darmstadt, 1972.
MERÊA, P., *Estudios de Direito visigotico*, Coimbra, 1948.
MESSMER, H., *Hispania-Idee und Gotenmythos*, Zúrich, 1960.
ORLANDIS, J., *El poder real y la sucesión al trono en la monarquía visigoda*, Roma-Madrid, 1962.
REYDELLET, M., *La royauté dans la littérature latine de Sidoine Apollinaire à Isidore de Séville*, Roma, 1981.
SCHLESSINGER, W., *Beiträge zur deutschen Verfassungsgeschichte des Mittelalters*, Gottinga, 1962.
TEILLET, S., *Des Goths a la Nation gothique. Los origines de l'idée de nation en Occident du Ve au VIIe siècle*, París, 1984.
ZEUMER, K., *Historia de la legislación visigoda*, Barcelona, 1944.
WENSKUS, R., *Stammesbildung und Verfassung*, Colonia-Viena, 1977[2].

Actas do Congresso de Estudos da Commemoração do XIII centenário da morte de S. Frutuoso, Braga, 1968.

Caballero, L., *Santa María de Melque*, Madrid, 1979.

Diesner, H. J., *Isidor von Sevilla und seine Zeit*, Berlín, 1973.

Díaz y Díaz, M. C., *Index Scriptorum Latinorum Medii Aevi Hispanorum*, Salamanca, 1958.

Díaz y Díaz, M. C., *De Isidoro al siglo XI*, Barcelona, 1976.

Estudios sobre la España Visigoda (=*Anales Toledanos*, III), Toledo, 1971.

Fernández Alonso, J., *La cura pastoral en la España romanovisigoda*, Roma, 1955.

Fontaine, J., *L'Art préroman hispanique*, I, col. Zodiaque, 1973.

Fontaine, J., *Isidore de Séville et la culture classique dans l'Espagne wisigotique*, París, 1959.

Fontaine, J., *Naissance de la poésie dans l'Occident chrétien*, París, 1981.

Fontaine, J., *Etudes sur la poésie latine tardive. D'Ausone à Prudence*, París, 1980.

García Moreno, L. A., «La cristianización de la topografía de las ciudades de la Península Ibérica durante la Antigüedad Tardía», *Archivo Español de Arqueología*, 50-51, 1977-1978, 311-321.

García Rodríguez, C., *El culto de los santos en la España romana y visigoda*, Madrid, 1966.

Gonzálvez, R. (ed.), *Innovación y continuidad en la España visigótica*, Toledo, 1981.

Lozano Sebastián, F. J., *La penitencia canónica en la España romano-visigoda*, Toledo, 1981.

Lynch, C. H.-Galindo, P., *San Braulio. Obispo de Zaragoza (631-651). Su vida y su obra*, Madrid, 1950.

Orlandis, J., *La Iglesia en la España visigótica y medieval*, Pamplona, 1976.

Orlandis, J., *Estudios sobre las instituciones monásticas medievales*, Pamplona, 1971.

Orlandis, J.-Ramos Lissón, D., *Concilias hispanorromanos y visigodos*, Pamplona, 1987.

Oroz, J.-Díaz y Días, M. C., *San Isidoro de Sevilla. Etimologías* (edición bilingüe con introducción y notas), Madrid, 1982.

Jiménez Duque, B., *La espiritualidad romanovisigoda y mozárabe*, Madrid, 1977.

Palol, P., *Arqueología cristiana de la España romana*, Valladolid-Madrid, 1967.

Palol, P., *Arte hispánico de la época visigoda*, Barcelona, 1968.

Pijuan, J., *La liturgia bautismal en la España romano-visigoda*, Toledo, 1981.

Prinz, F., *Frühes Mönchtum in Frankreich*, Munich, 1965.

Puertas Tricas, R., *Iglesias hispánicas (siglos IV al VIII). Testimonios literarios*, Madrid, 1975.

La Patrología toledano-visigoda, Madrid, 1970.

Recchia, V., *Sisebuto di Toledo: il «Carmen de Luna»*, Bari, 1971.

Sánchez Salor, E., *Jerarquías eclesiásticas y monacales en época visigoda*, Salamanca, 1976.

Riché, P., *Education et Culture dans l'Occident barbare (VIᵉ-VIIIᵉ siècles)*, París, 1962.

Riché, P., *Les écoles et lKenseignement dans l'Occident chrétien de la fin du Vᵉ siècle aun milieu du Xᵉ siècle*, París, 1979.

Schäferdiek, K., *Die Kirche in den Reichen der Westgoten und Suewen bis zur Errichtung der westgotischen katholischen Staatskirche*, Berlín, 1967.

Schlunk, H.-Hauschild, T., *Hispania Antigua. Die Denkmäler der frühchristlilchen und westgotischen Zeit*, Maguncia, 1978.

Sotomayor, M., «Penetración de la Iglesia en los medios rurales de la España tardorromana y visigoda», en *Sftimane di studio del Centro italiano dr studi sull'alto Medioevo*, XVIII, Spoleto, 1982, 639-683.

Sotomayor, M.-González, T., *La Iglesia en la España romana y visigoda*, Madrid, 1979.

Van Dam, R., *Leadership and Community in Late Antique Gaul*, Berkeley, 1985.

Zeiss, H., *Die Grabfunde aus dem spanischen Westgotenreich*, Berlín-Leipzig, 1934.

Índice